U0639181

天津市重点出版扶持项目

国家出版基金项目
NATIONAL PUBLICATION FOUNDATION

20世纪中西马哲学会通的历程和逻辑

赵敦华　李元／著

Process and Logic of Interactions among Chinese
Traditional Philosophy, Western Philosophy and

MARXIST
PHILOSOPHY
IN THE TWENTIETH CENTURY

天津出版传媒集团

天津人民出版社

图书在版编目(ＣＩＰ)数据

20世纪中西马哲学会通的历程和逻辑 / 赵敦华, 李
元著. -- 天津 : 天津人民出版社, 2020.11
ISBN 978-7-201-16720-6

Ⅰ.①2… Ⅱ.①赵… ②李… Ⅲ.①马克思主义哲学
—研究②比较哲学—研究—中国、西方国家 Ⅳ.
①B0-0②B1-03

中国版本图书馆 CIP 数据核字(2020)第 229519 号

20 世纪中西马哲学会通的历程和逻辑
20SHIJI ZHONGXIMA ZHEXUE HUITONG DE LICHENG HE LUOJI

出　　版	天津人民出版社	
出 版 人	刘　庆	
地　　址	天津市和平区西康路35号康岳大厦	
邮政编码	300051	
邮购电话	(022)23332469	
电子信箱	reader@tjrmcbs.com	

责任编辑	林　雨	
特约编辑	武建臣	
责任校对	张擎国　丁　磊	
封面设计	春天·书装工作室	

印　　刷	河北鹏润印刷有限公司	
经　　销	新华书店	
开　　本	710毫米×1000毫米 1/16	
印　　张	35.5	
插　　页	6	
字　　数	500千字	
版次印次	2020年11月第1版　2020年11月第1次印刷	
定　　价	168.00元	

版权所有　侵权必究
图书如出现印装质量问题,请致电联系调换(022-23332469)

前　言

国家社科重大招标项目"20 世纪中国传统哲学与马克思主义哲学、西方哲学关系研究"在中国哲学从古代形态到现代转型的历史过程中,具体探讨了 20 世纪中西马哲学会通的历程和逻辑,对解决我国哲学社会科学繁荣发展面临的重大问题和障碍,体现和贯彻"不忘本来,吸收外来,面向未来"的理论建设方向,具有重要理论意义和现实针对性。

经过竞标评审的程序,2013 年 11 月,由我主持的课题组承担了该项重大课题的研究。我们认真落实项目招标申请书设计的方案,积极采纳本项目评审和咨询专家的改进建议,"确定马、中、西对话中的若干重大问题,不能面面俱到地进行论述","关切重大理论问题与重大的现实问题的内在关系,从时代性的问题出发去把握和阐释中、西、马的关系,深刻地揭示中国哲学现代形态生成和发展的历史和逻辑"。经过五年多的努力工作,除了完成 4 部论著,还在重要学术期刊和《人民日报》《光明日报》《中国社会科学报》等主流媒体发布七十余篇论文的阶段性成果。本书是这些论文的精编荟萃。

全书各个部分以问题意识为导向,用历史事实和典型案例回答了哲学界关心的中国哲学、西方哲学、马克思主义哲学三者能不能会通以及如何会通的问题。我们的研究表明:20 世纪哲学在中国有"马克思主义哲学中国化"(sinonization)、"中国传统哲学现代化"(modernization)和"西方哲学处境化"(contextualization)三个趋势。"化"者,彻头彻尾、表里如一之谓也。有关"三化"的提法会有很多问题,存在不同观念的分歧和争论。在中国哲学界内部,马克思主义哲学是"经典的"还是"本地的"? 中国传统思想是"现代化"还是

"本土化"? 西方哲学是中国"处境化"还是西方"本色化"? 为了解决上述争论和问题,首先要从事实出发,进行历史的考察,看一看马克思主义哲学中国化、传统中国哲学现代化和西方哲学处境化的"三化",是不是 20 世纪中国哲学界的真实情况。还要看一看,"三化"是彼此独立或平行,还是彼此交叉、相互依赖的关系,如果是后者,那就要理解"三化"的辩证关系。

我和各子课题负责人虽是西方哲学专业出身,但我们没有囿于学科界限,在平时教学和治学中也涉及西方马克思主义、中西比较哲学等内容。我们对中西马哲学辩证关系的研究,有五点体会。

一、中西马哲学的辩证统一在于"三化"

20 世纪"三化"历史的教训是不能把马克思主义哲学同中西哲学对立起来,也不能把中国哲学同西方哲学对立起来。但经验不能只用两个"不能"的否定判断来概括,如何表达"三化"的关系呢? 有种观点认为马哲和中西哲学非此即彼,不是唯物论就是唯心论。这种观点在"三化"第三阶段是主流,现在在第四阶段各派观点纷纭:有人认为三者有中心和边缘关系,以马哲为中心,以中西哲为两翼;有人认为以马哲和中哲为中心,马哲为体,中哲为魂,而西哲只是附属作用;还有人干脆把三者分开,主张中西马哲学"三足鼎立"。这些主张虽然能自圆其说,但都不是辩证关系。如果不想重复劳而无功的抽象论述,现在需要的是把"三化"看作矛盾统一的辩证关系。矛盾是对立的非此即彼,要统一起来,就需要一个亦此亦彼的中介。"中介"原是黑格尔辩证法的环节,马克思把中介视作分析实践过程的理论工具。分析中西马的"三化"过程,可以把亦此亦彼的"中介"看作一种传递关系:设 a=b, b=c,则 a=c。在 20 世纪"三化"的历史过程中,b 是西方哲学,a 是中国传统哲学,而 c 是马克思主义哲学。西方哲学一方面与中国哲学有长期双向交流关系,另一方面又是马克思主义哲学的来源,以西方哲学为中介,在马克思主义哲学与传统中国哲学之间搭建了一座桥梁,达到了中西马哲学的辩证统一。

二、把握中国哲学的主体和西方哲学的"他者"的相辅相成

"他者"实际上是自我的一面镜子,在这面镜子中,我们可以看出中国哲学文化与西方哲学文化的差别在什么地方,它们的相似点在什么地方;中国哲学相对于西方哲学,优势在什么地方,缺点在什么地方。首先是与"他者"的"同异"。我们在对中国哲学和西方哲学进行比较的时候,究竟是强调同还是强调异?我看《庄子·德充符》里有句话讲得好:"自其异者视之,肝胆楚越也。自其同者视之,万物皆一也。"就是说,强调同、强调异,都有充足的理由。我觉得唐君毅先生有句话说得也很好,在第一个阶段,要在异中求同,第二阶段,就要在同者之间求大异,但这还不是目的,最后要在大异中求大同。其次,面对"他者"这面镜子,是看到自己的缺点,还是看到我们的优势?讲西方哲学如何强势,中国哲学如何后天不足,过于夸大西方哲学的价值,确实对我们的文化自信、理论自信不利。正确的方法应该是"取长补短、相得益彰"。现在有人觉得,中西哲学不相称,我国哲学界过多倚重西方哲学的范畴、原则和方法。我觉得这三者应该分开来讲。先说范畴,中国学者和中国哲学家从来没有照搬西方哲学的范畴,他们总是把西方哲学的范畴转换成中国哲学的范畴。金岳霖先生、冯友兰先生、贺麟先生、牟宗三先生,实际上都创造了很多中国哲学的新范畴。至于方法,那肯定是有借鉴的,我觉得这种借鉴是学术圈的良性互动。举两个例子吧。冯友兰的"贞元六书"中哲学思辨最强的有两本,一本是《新理学》,一本是《新知言》。《新理学》吸收了新实在论的形式构造方法,把理学转化成一个形式系统;《新知言》广泛地吸收了西方的行而上学的方法,从柏拉图、斯宾诺莎、康德,一直到当时的维也纳学派,他说的这些方法是"正"的方法,他用中国哲学的"负"的方法来作补充。牟宗三对康德哲学有研究,但他不是照搬,而是创造了很多自己的哲学范畴,像"心体""性体"等。在《中西哲学之会通十四讲》这本书的最后,他说,西方哲学与中国(东方)哲学之相会通,只有通过康德的现象和物自体这个架构才有可能,其他都是不相干的。在这个架构当中,只有做得好和做得不好的区别,没

有东方和西方的区别。我觉得这对我们也有很大的启示意义。再说原则，我觉得虽然中国哲学和西方哲学在原则上有很大的差异，但五四运动以后有成就的中国哲学家，都是在原则方面有所借鉴、有所作为的。比如说熊十力，作为大陆新儒家的创始者，从范畴、语言、方法上，他的著作都体现了中国传统哲学的底蕴，但是在原则上他接受西方新思想，在20世纪40年代他就说，人类进化到今天，制礼要本着独立、自由、平等诸原则。这些老一辈学者们都为我们树立了榜样，所以我们现在一定要在"同异"和"优劣"之间达到一个中道，这样才能够真正地提升我们哲学的创造力，才能够真正提升我们民族的自信心。

三、处理中西马哲学共同面临的史论关系问题

按照我读北大前辈的著作及受他们亲炙的体会，哲学史和哲学理论至少有四种关联。

第一种是用线索贯穿史料的治学路数。冯友兰的《中国哲学史》是这方面的杰作。有人说他借鉴了西方哲学史的架构来裁剪中国思想史料，我看未必如此。晚清学术中已有"欲知大道，必先为史"的见识，章太炎明确提出"夷六艺于古史"的主张。冯友兰的聪明之处是在古代文献中理出子学、经学、佛学和理学的次序和理路，实与"以西解中"无涉。北大学者在浸淫于史料的"块块"与线索的"条条"之间游刃有余、得心应手，即使在"革命阶级的唯物论与反动阶级的唯心论两军对阵"教条的禁锢中，也能借着"历史与逻辑相统一"的方法，按照历史线索和具体观点编写内容翔实的中西哲学史料，由此形成了一个好传统，每写一部哲学史教材，都要编写相应的资料选编或原著选读，除中西哲学史外，东方哲学史、现代中国哲学、现代西方哲学、中西美学史、西方伦理学史，皆是如此。

第二种是经典释义的蹊径。它承袭了考据学的传统，也与西方古典学的风格接近。中国古代的小学难以与义理分割，文本注释更侧重于文意解释，而非字词疏通。张岱年对史料进行辨伪与证真、区分与会综，厘定史料的次序和训诂的原则。他的《中国哲学大纲》就是按照这种方法论对哲学范畴分

门别类,而不是按历史线索论述。治西方哲学的前辈们,遵循"信达雅"的翻译标准,注重词句格义和文本解释。在陈康译注的柏拉图《巴门尼德篇》中注释多于译文,"反客为主"的文风体现了翻译者的主体意识。贺麟、洪谦、熊伟、王太庆、张世英等人的西方哲学译作和著述之所以能使西方哲学融入现代汉语的语境,依靠的是对中西思想的双向理解。

第三种关联以问题为导向。冯友兰的《新理学》《新知言》、金岳霖的《论道》和《知识论》、熊十力的《新唯识论》等是这方面的代表。这些作品对主旨的辨析、论证下了深入、细致的功夫,比哲学通史更能激发人的思考和讨论,这种哲学传统在西方被称作"苏格拉底方法",在中国被称作"道问学",马克思主义称之为理论与实际相结合。汤用彤著作代表的治学传统与上述三种类型都相关,但又难以归属于任何一种。《汉魏两晋南北朝佛教史》和《魏晋玄学论稿》等书的宗旨是"文化移植论中最根本的问题"(汤一介语)。这些书综合了前面三种类型中的"史料"和"线索"、"考证"和"问题",不但史论结合,而且论从史出,用通贯的思想史切实解答近代以来所争论的外来文化与本土文化的关系问题。这样的学术批评史在国外很流行,不少新理论由此开端,我们现在十分需要弘扬这一治学方法。

在 20 世纪八九十年代,有人就做过思想家和学问家的区分、哲学家和哲学史家的区分,实际上我们现在还是比较看重这样的区分。关于思想和学问、哲学和哲学史的关系,我想借助康德的一句话来讲:思想没有学问,或者哲学没有哲学史,它就是空的;反过来说,如果学问没有思想,哲学史没有哲学,它就是盲的。我觉得这两者要结合起来,关键是怎么结合。我提过一个观点,哲学和哲学史的关系有三种模式:一种就是"以论代史",把哲学原理当作哲学史,它的缺陷就是比较空;还有一种就是"就史论史",最近比较广泛流行的一个范式,谈哲学史当中的一个人、一个观点、一个片段,把它重新组织一下,或者翻译了几条新的资料,我们常常提到的碎片化、琐屑化的倾向,实际上就是讲哲学史研究"就史论史",它在哲学理论上是盲的;我提出一种"论从史出",这是一个发展趋势,现在国际上比较成功的哲学理论基本都是从哲学的文本研究、哲学史的研究出发,在一个确定的视野,按照确定的方向、确定的方法来对史料和文本进行重新解释,得出一些创新式的结论。我们现在既要克服"以论代史",又要克服"就史论史",这两种模式都有失偏颇。当然,有一些人专门做哲学史的研究,专门做哲学史料的整理、翻译,做非常细致、精致的研究,这也是需要的,应该提倡;同样,有些人出于普及的目的,讲一些宏大的哲学理论,并在每一个观点上都有哲学文本和哲学史的论据,也应该提倡。但是从创新方面讲,从哲学的未来发展方面讲,"论从史出"是我们需要提倡和发展的。

四、把握"三化"与全球化的特殊与普遍的辩证法

"三化"是在中国条件下发展出来的哲学特殊形态,离不开世界学术的潮流。坚持哲学的中国文化本位,这本身没有错,但如果把传统思想的本位和世界哲学的共性对立起来,那就违反了辩证法。辩证法的精髓就是共性与个性的关系,认为共性寓于个性之中,特殊性含有普遍性。世界哲学如果离开了东西方各国哲学,特别是离开了中国哲学,那就是没有具体内容的空壳子;反之,如果马克思主义中国化没有包含马克思主义的普遍真理,如果中国传统哲学现代化失去了"为天地立心,为生民立命,为往圣继绝学,为万世开太平"("横渠四句")的终极关怀,如果西方哲学处境化祛除了哲学"爱智求真"的本性,那就成了故步自封、狭隘自大的说教。因此,"三化"不但要彼此会通,还要与世界各国哲学会通,让世界了解中国,使中国走向世界。

五、"大哲学"与其他学科的"互补逻辑"

我一直在讲大哲学,"大哲学"这个概念,需要经过澄明和辨析。首先,"大哲学"的"大",是什么意思呢? 马克思预言:"必然会出现这样的时代:……那时,哲学不再是同其他各特定体系相对的特定体系,而变成面对世界的一般哲学,变成当代世界的哲学。""大"是"一般"的意思,是相对于"特定"而言的。特定的哲学是历史上一个个特定的哲学体系,大哲学超越了康德哲学、黑格尔哲学、柏拉图、亚里士多德这些特定体系的范围,面对的是世界各国哲学, 面对的是全球化时代的大问题。如果说哲学家比平常人要有一点优

势，那么这一优势就在于他能够更敏锐地捕捉到时代问题，能够用哲学的话语提出问题，找到解决问题的方案。

其次，大哲学不是什么呢？大哲学不是大而化之的大话，那样的话是空话，即使耸人听闻，也不能解决问题，没有意义。哲学是一个说理的、论证的学问，大哲学不等于粗疏的宏大话语，在细致、严谨、周全这些方面，和以前特定的哲学体系有连续性和贯通之处。只是大哲学说理、论证的学问，不再限于文本、思辨，需要更多现实经验作为证据，还要参照其他文化传统的思想。还有，大哲学和纯哲学有什么不一样？纯哲学的研究范围是特定的哲学体系，这个体系以外的东西是不纯粹的；而大哲学包容了以前哲学领域之外的问题、领域、学科，当然也不是无所不包，而是进行跨学科、交叉学科和新学科的思考。如果说大哲学是做哲学和其他学科的跨学科、交叉学科和新学科研究，那么我们从哪里下手呢？相对来说，哲学与人文社会科学其他学科的跨界、交叉比较容易，取得了不少成就，现在尤其要重视哲学与科技的关系。

最后，我来谈谈这个关系到哲学发展前途的重大问题。本来，哲学这个门类包括科学技术哲学的二级学科，但现在一般把哲学和科学技术哲学看作主流和分支的关系，或者看作"文科背景"和"理科背景"两种哲学的平行关系。我觉得应把哲学和科学技术哲学、逻辑学看作互补性的逻辑关系。

互补逻辑本是法国当代哲学家德里达提出的一个批判性概念，他认为西方哲学传统是逻格斯中心主义，就是以哲学理性为中心，以文学修辞为边缘，把边缘仅仅看成中心的补充，但在哲学家的写作中，文学修辞成了中心，哲学理性被排挤到边缘，他由此认为理性和非理性没有界限，哲学和文学只是不同的写作风格。21世纪初德里达访华时对媒体说："中国古代没有哲学，只有思想。"他是在褒奖的意义上说这句话的，夸奖中国思想没有落入西方哲学的窠臼。

我不赞成德里达关于修辞和逻辑的"互补逻辑"，更不同意由此衍生出来"中国古代无哲学"的结论，但可以反其意而用之。西方哲学传统的确是逻格斯中心主义或理性主义，但理性的力量不是靠文学修辞的补充而加强的，而是哲学理性和科学理性之间的相互加强。哲学和科学技术的互补逻辑是一荣皆荣、一损俱损的关系。一荣皆荣的例子是古希腊哲学的科学精神，近代哲学与新兴的自然科学结盟；一损俱损的例子是中世纪的神学世界观和20世纪西方哲学的危机。

整个20世纪西方哲学都笼罩在危机的阴影之下，哲学危机的出路无非两条——终结或转型。但终结和转型不一定是非此即彼的关系，德文 Ausgang 本来就有终结和出路双重含义。非理性、反科学的文人哲学终结了，科技革命的发展为哲学指出了一条出路。1848 年发表的《共产党宣言》就谈到全球化的趋势，明确指出了工业化时代的开始，此后 170 多年时间，又有电器化、信息化时代，而我们现在已经处于智能化时代。智能化时代对科学、对哲学都提出了严峻挑战。有人说哲学属于人文学科，与科学技术没有关系，有人批判说科技发明对人类、对地球有毁灭作用。实际上，方兴未艾的科学技术各个领域，都在呼唤哲学的介入，哲学比历史上任何时候都需要直接面对社会伦理、生命价值和创造性思维的具体实践问题。只要能够处理哲学与科学技术的关系，用技术去创造，让哲学进行创新，哲学就会有所作为、有所突破。

赵敦华

2020 年 5 月

目 录 contents

第一部分　20世纪马克思主义哲学中国化、中国传统哲学现代化和西方哲学处境化的"三化"历程

第二部分　马克思主义哲学中国化

第三部分　中国传统哲学现代化

第四部分　西方哲学处境化

附 录

第一部分

20 世纪马克思主义哲学中国化、中国传统哲学现代化和西方哲学处境化的"三化"历程

1990 年，不少西方哲学研究者有风声鹤唳之感，陈修斋先生指出："既然今天仍旧甚至更加需要引进西方哲学，那么对于以往三百年或者至少一个半世纪以来引进西方哲学的历程进行一番回顾，总结其经验教训，探索其规律性，以作当前和今后引进工作的借鉴，就是很有必要，也是很有意义的事。这件工作本来早就应该做了，可惜的是以往虽也有人在这方面尝试过，做过一些初步的或局部的工作，但在此以前还始终没有人来对西方哲学传入中国的过程，做过全面、系统的考察，因而留下了社会主义文化建设中一块亟待填补的空白。"①秉承师嘱，不惮对百年中国西方哲学处境化的经验和教训做点总结。谈不上全面系统、探索规律性，只是笔者的感悟，对一百多年马克思主义中国化的"三化"过程进行反思。

历史上，中西哲学会通的历程筚路蓝缕。对于 20 世纪哲学在中国走的道路，我们的研究不只是整理历史的资料和评述现有的成果，更重要的是总结一百多年来中西马哲学对话和会通了哪些重要经验，概括出其中的逻辑。在此基础上我提出，20 世纪中西马会通的历程和逻辑中具有"马克思主义哲学中国化""中国传统哲学现代化"和"西方哲学处境化"的三大趋势。这里所说的逻辑指马克思主义哲学中国化、中国传统哲学现代化和西方哲学处境化（以下简称"三化"）之间健康互动的辩证关系。"化"者，彻头彻尾、表里如一之谓。"三化"不是平行独立的路线，在不同的社会历史环境中，经历了

---

① 黄见德等：《西方哲学东渐史（1840—1949）》，武汉出版社，1991 年，序，第 2~3 页。

分分合合的百年进程。按照不同年代"三化"既相区别又密切相关的特点,20世纪哲学可分成以下四个阶段:

第一阶段是"三化"肇端阶段(1900—1930年)。与19世纪翻译引进西学的目的不同,20世纪初有识之士为了改造中国文化而虚心学习西学,把文化作为立国之本。引进西学的"自觉意识"有这样的逻辑:文化决定人格和国民性,有什么样的国民就有什么样的制度,因此为了改造中国社会,必须引进先进的西学,而中国人迫切需要的西学是近代西方哲学的政治哲学的自由观念和认识论哲学的科学真理思维方式。沿着这条思路,20世纪初移植的西方哲学萌芽长成了新文化运动的大树,旋即通过五四运动使爱国主义精神在全中国开花结果。

第二阶段是"中西马会通"起始和马克思主义广泛传播的"三化"彰显阶段(1931—1949年)。1931年出现的思潮转折,其政治原因是中国共产党在1927年以后开展的"两条战线"的革命——武装革命和文化革命。九一八事变以后,进步青年学生和各界爱国人士纷纷抗议国民党的不抵抗政策,冲破了严格的思想禁锢,为"左"倾进步思想文化运动打开了缺口。马克思和苏联哲学家的著作开始被翻译出版,与五四运动时期西方哲学的传播相衔接。

这一阶段,我们为什么要认为从1931年开始呢?贺麟敏锐地看到,九一八事变后的几年内,辩证唯物论盛行于国内,对青年的思想影响很大,蔚为一种社会思潮。除此之外,将1931年确定为一个新阶段的开端还有学术的原因。一批学有专攻的爱国留学生回国报效,改变了中国哲学界学术队伍贫乏的知识和人才结构,这是这一阶段"三化"取得重要进展的一个重要原因。通过"唯物辩证法"论争,哲学界很多人认同马克思的唯物辩证法是哲学的科学方法,尤其在1936年共产党人和进步知识分子发起的"新启蒙运动"影响下,旗帜鲜明地把思想上的理性主义、个人生活的自由解放、政治上的民主主义,与挽救民族危亡的爱国主义结合起来,哲学界和知识分子纷纷认同中国共产党的新民主主义纲领的先进性。

第三阶段是"三化"的艰难探索阶段(1950—1978年)。"处境化"是个中性概念,"处境"不但指顺境,也指逆境。逆境中的西方哲学不但遭受挫折,而且锤炼队伍,保留火种,蓄势待发,所谓"艰难困苦,玉汝于成"是也。西方哲学处境化即使在逆境中也能曲折潜行,是处境的客观原因和主观原因使然。

五四新文化运动的思想启蒙以降,领导中国现代化的历史任务最终选择了中国共产党。在将近一百年的励精图治和浴血奋战中,中国共产党披荆斩棘,成为中国革命和建设中当之无愧的中流砥柱,带领中国人民最终完成了新民主主义和社会主义革命的艰巨任务,并在新中国确立了以马克思主义为指导思想的社会主义制度和社会主义民主国家形式,完成了近代以来中华民族最为广泛、深刻而成功的社会变革,在中华文化发展史上取得了具有里程碑意义的伟大成就,为当代中国的现代化奠定了根本的经济基础、政治前提和制度保障,扭转了中华民族的孱弱命运。

第四阶段是"三化"的发扬踔厉阶段(1978 年至今)。本阶段西方哲学研究和翻译领域扩展之快、覆盖范围之全、学术著述数量之多、规模之大,任何综述都有挂一漏万之嫌。四十多年的改革开放,中国共产党带领全国人民为持续走向繁荣富强的、中华民族的伟大复兴的历史飞跃而奋斗。1978 年,中华外国哲学史学会在芜湖召开年会,以批判日丹诺夫哲学史定义为突破口拨乱反正,借解放思想、改革开放的春风,前一阶段保存的火种已成燎原之势。本阶段西方哲学接续百年处境化的趋势,脚踏中国大地稳健前行。迄今为止,本阶段成就不可胜数,"百花齐放,百家争鸣"八个字不足以形容其繁荣盛况,我们且用"百花齐放,全面开花;百家争鸣,论题众多"两句话来概括其广阔和深湛。

然而社会主义会在一定历史时期与资本主义长期共存是我们必须面对的历史现实。我们从事共产主义的伟大事业,在没有现成经验可以借鉴的情况下,仅仅依靠自己的力量解决任何一个重大社会理论和实践问题是不可能的。正如汤一介先生所说:"无论是对中国传统哲学的树立,或是现代型'中国哲学'的建构,都离不开西方哲学,都是由西方哲学传入引起的,所以我们可以说'中国哲学'的建立受惠于西方。"[①]同时,自然科学和人的实践相联系的历史具有必然性,通过学习借鉴西方先进的自然科学和工业生产,

---

① 汤一介:《西方哲学冲击下的中国现代哲学》,《文史哲》,2008 年第 2 期。

"日益在实践上进入人的生活,改造人的生活,并为人的解放做准备"①。其最终目标是使"社会主义是人的不再以宗教的扬弃为中介的积极的自我意识,正像现实生活是人的不再以私有财产的扬弃即共产主义为中介的积极的现实一样"②。如今,我们正处于百年未遇的理论大发展和大繁荣时期。"三化"趋势的提法引起国内许多前沿理论学科的极大兴趣,尤其在当代中国哲学现代化的前沿问题上新观点层出不穷。例如,中国哲学界内部属于"经典的"还是"本地的"马克思主义哲学?中国传统思想属于"现代化"还是"本土化"?中国的西方哲学属于"处境化"还是"本色化"?诸如此类问题,还存在不同观点的分歧和争论。改革开放以来,在中国语境中建立和逐渐成熟起来的中国特色社会主义理论,其核心是马克思主义。如何进一步研究马克思哲学与马克思主义的关系就提上了议事日程。

"马克思哲学"是一门学科,包含丰富的理论内容:马克思主义、列宁主义、毛泽东思想、中国特色社会主义理论等。③本书论述的"马克思哲学"就是限定在马克思恩格斯文本解释范围的一个哲学纲领。当前研究马克思哲学文本不仅出于应对全球的自由主义思潮对马克思主义哲学挑战的有力回应,也是面对现代西方哲学和西方马克思主义的理论挑战,是在全球文明的互鉴中显示当代"中国智慧"的哲学魅力,更是把全球化背景下"中国问题"的主体性当作我们哲学工作者研究新的出发点和落脚点,用中西马哲学融合的视角解决"中国问题"的哲学方法论之所在。

同时,在20世纪发展起来的西方马克思主义需要处理好与全球化的关系。尤其是卡尔·波普尔出版《开放社会及其敌人》后,其研究的问题矛头直指马克思主义经典理论的结论和全球化背景下的现代西方社会中具有现实意义的诸多理论问题。例如对于主体性问题而言,马克思主义是否已经过时的问题、现代科学技术革命与人的关系问题、虚拟与现实的关系问题、发达资本主义社会阶级关系变化的问题、经济危机从生产领域转化为消费领域的问题,以及面对美元体系的持续冲击,如何以欧洲市场为支点推进人民币

---

① 赵敦华:《马克思哲学要义》,江苏人民出版社,2018年,第213页。
② 同上,第210页。
③ 参见赵敦华:《马克思哲学要义》,江苏人民出版社,2018年,第6页。

国际化的交易环境①等。因此,一方面我们必须密切关注并实事求是地分析和研究西方哲学,尤其是西方马克思主义提出的这些问题的意义,更为重要的是,我们要能够敏锐地指出上述问题的症结所在,并且针锋相对地回答和批驳这些理论中的错误之处。这对于丰富发展和深化马克思主义研究,坚定中国特色社会主义的理论自信、道路自信和文化自信都大有裨益,同时也必然大大提高我们对当代西方哲学研究的整体水平。这就是所谓的当代中国哲学是中西马融合的中国哲学智慧的深刻内涵。另一方面,我们也需要进一步加大马克思关于资本主义国家理论、"主体性"哲学的文本研究。例如在《政治经济学批判》《论犹太人问题》《1857—1858年经济学手稿》和《德意志意识形态》中,马克思对西方国家市民社会和共同体理论的论述,以及马克思对市民社会是资本主义社会特有产物的判断等经典文本的主体性研究,为中国传统哲学现代化、马克思主义中国化及唯物史观与辩证法研究奠定了思想基础。

我们未来的任务是艰巨的。要在马克思主义哲学指导下不断克服西方哲学的当代局限性,克服探索马克思主义中国化过程中的教条主义、主观主义和自由主义思想,我们必须做好几代人前仆后继、持续不懈努力的思想准备。我们哲学工作者不能懈怠,后工业化社会中更加要关注和克服资本主义市民社会、宗教和国家共同体弊端,要持续不断地通过实践(劳动)的政治经济学批判,首先将西方近代以来抽象的、表象主义的、基础主义的认知哲学去伪存真,其次要在现代的"中西文明互鉴"中,结合中国的社会制度、国情、历史和文化传统,在社会主义制度的劳动和分工条件下,研究在后工业社会中扩大和完善中国民主与法治现代化的哲学基础,在当代中国的时代答卷上回答马克思主义的新问题,在中西马的大哲学观视角下开展原创性理论研究。

---

① See Zavyalova Natalya, BRICS Money Talks: Comparative Socio-cultural Communicative Taxonomy of the New Development Bank, *Research in International Business and Finance*, Vol.39, Part A, 2017.

第一章　20世纪初中国哲学的"三化"与思想启蒙

一、我们需要继续解放思想

1783年,柏林"启蒙之友协会"发起"什么是启蒙"的讨论,许多著名学者参与这场讨论,一系列文章在《柏林月刊》上发表,康德的论文《答复这个问题:"什么是启蒙运动?"》是其中最著名的一篇。自康德之后,黑格尔、尼采、卡西尔、卢卡奇、阿多诺、哈贝马斯和福柯等西方哲学家,结合了西方的现实和传统,对启蒙精神进行了持续不断的反思。马克思和恩格斯总结吸取了18世纪启蒙时代的思想精华,创立了无产阶级的学说。毫无疑问,西方启蒙及对它的反思总结,对中国人的思想有很大影响。

但是我们现在重提"什么是启蒙"的问题,追问的不是西方问题,而是地地道道的中国问题;"中国启蒙"也不仅是历史问题,更重要的是现实问题。然而一提到中国启蒙, 很多人本能地会想到五四运动,"五四等于中国启蒙运动"已经成为一个思维定式。其实,五四时期的人根本没有使用"启蒙"这个词,充其量只是用西方文艺复兴来类比新文化运动。用启蒙的概念来概括五四运动,那是1936年"新启蒙运动"的事情,但那场运动和它的概括很快就被人遗忘了。直到20世纪80年代, 海内外才把五四运动等同于启蒙运动,那时西方对启蒙已是一片讨伐声。在这样的思想背景中讨论中国启蒙或五四运动,更多的意见是用顺应超越启蒙、批判现代性、告别革命的思潮来总结中国启蒙的"失败教训"。

现在我们重提中国启蒙的问题,是不是要重蹈中西之争、古今之争、体用之争、传统与现代之争、保守与革命之争的覆辙呢？如果我们不想坐而论道,以致陷入自清末开始的"百年争论"的怪圈,就要老老实实地直面中国的问题、中国的历史、中国的现实,认真地思考我们现在处于什么时代,仔仔细细地分析我们面临的时代问题是什么。

(一)新民主主义与中国启蒙

"启蒙"的概念与"哲学"不同。中国古代无哲学之名而有哲学之实,中国古代既有启蒙之名又有启蒙之实。汉儒的"祛弊启蒙"是启蒙之名的由来,17世纪王夫之、黄宗羲、顾炎武的思想是启蒙之实。侯外庐的《中国近代启蒙思想史》从17世纪明末清初写到20世纪初的章太炎、王国维,并在附录中评论了孙中山的"革命民主主义"和鲁迅、毛泽东的"新民主主义",明确说新时代"在中国即以五四为起点"。[①]

把中国近代史划分为旧民主主义和新民主主义两个阶段,在史学界一直有争议。争议的焦点在哪里呢？大家对1840年以来中国所受的帝国主义的欺侮都会同仇敌忾,大概也都会同意中国近代史的一个主题是反帝,虽然各家各派对"帝国主义"的定义和所指不尽相同,但要说中国近代史的另一个主题是反封建,那就歧见丛生了。

现在很多人不同意中国古代社会是封建社会的观点。他们说,"封建"的意义是"封邦裂国",只适用于中国先秦时期和西方的中世纪,而不适用于秦汉以后的古代社会。其实,无论中西方,土地分封和中央集权制并行不悖。中世纪诸侯邦国是封建制,它们的政治代表"神圣罗马帝国"有名无实,既不神圣,又不在罗马,也不是帝国。但这不等于说中世纪没有中央集权制,罗马教廷就是中央集权制的神权政治。即使在近现代,英法德等欧洲"民族国家"的君主集权制或立宪制,同贵族封建制也长期并存,就连英国这样的老牌资本主义国家也保留着大贵族的地产。

---

① 参见侯外庐:《中国近代启蒙思想史》,人民出版社,1993年,第381、400、401页。

在中国,中央集权的政治统治是否意味着社会制度没有封建性质呢? 毛泽东和党内理论家们合作的《中国革命和中国共产党》分析了"中国封建时代经济制度和政治制度"的四个特点,前三个特点涉及社会经济制度,包括"自给自足的自然经济占主要地位","封建的统治阶级——地主、贵族和皇帝,拥有最大部分的土地",而农民交高赋税"奉献给地主、贵族和皇室享用",还要为封建阶级国家服劳役。最后一个特点是中国社会的政治制度,"如果说,秦以前的一个时代是诸侯割据称雄的封建国家,那末,自秦始皇统一中国以后,就建立了专制主义的中央集权的封建国家";中央集权的国家"在某种程度上仍旧保留着封建割据的状态。在封建国家中,皇帝有至高无上的权力,在各地方分设官职以掌兵、刑、钱、谷等事,并依靠地主绅士作为全部封建统治的基础"。①不怀偏见的人都会承认,这些论述实事求是地概括了中国古代社会的特征。

新民主主义的纲领是反帝反封建,这个纲领依据的是对世界局势和中国国情的分析:在帝国主义统治世界的条件下,中国封建势力只有依赖帝国主义才能维持自己的统治,反过来,帝国主义只有勾结封建势力并通过在中国的买办才能在中国攫取最大利益。日本帝国主义企图直接统治中国,独霸列强的在华利益,发动野蛮战争侵略中国,成为中国人民最凶恶、最危险的敌人。因此,新民主主义的透彻逻辑是:反帝必须反封建,反帝反封建首先要反抗日本帝国主义的侵略。

孙中山的三民主义反对帝国主义的侵略掠夺,但对中国社会的封建性质缺乏透彻认识。国民党取得政权之后,背离了孙中山联俄联共的政策,把共产主义等同于苏俄帝国主义的恶意输入,把封建制度当作统治的基础,把封建主义当作"中国文化固有的道德价值"和"复兴民族"的立国纲领。1931年蒋介石说,共产主义不适合中国国情,中国共产党"毁弃了民族固有伦理、道德、精神、文化";1943年蒋介石在《中国之命运》一书中,把抗战胜利后建国纲领的思想基础定位于"四维八德","而四维八德又以'忠孝'为根本",所谓忠孝,就是个人对国家的依赖服从,"个人唯在国家民族之中,始可以生存

---

① 《毛泽东选集》(第二卷),人民出版社,1991年,第624页。

发展"。①蒋介石对帝国主义的认识混乱不堪,他把苏联等同于帝国主义。他虽然坚决反对日本侵略,却没有认识到日本军国主义的法西斯主义实质,因此一面领导抗日战争,一面宣扬"一个政党、一个领袖、一个主义"的法西斯主义。对待美国,蒋介石一方面依赖、迎合,另一方面对其限制自己权力及推行美国式民主的企图心怀不满。这是一个不懂理论的精神表象、没有战略眼光的军事统帅、不了解国情的政治独裁者,他的失败岂不是历史的必然吗?

与国民党针锋相对,共产党在 1927 年之后开展"两种革命",即"农村革命深入和文化革命深入"。在文化战线,针对伪满洲国遗老推行"尊皇王道"的奴才教育,也针对蒋介石营造封建氛围的"新生活运动",共产党人和进步知识分子在 1936 年发起"新启蒙运动",旗帜鲜明地把中国启蒙的任务——文化上的理性主义、思想上的自由解放、政治上的民主主义、挽救民族危亡的爱国主义结合起来。

"新启蒙运动"时间虽短,但意义重大。发起启蒙的共产党理论家陈伯达后来到了延安,毛泽东 1940 年的《论联合政府》把"新启蒙运动"思想成果发扬光大。该文明确指出:"没有一个新民主主义的联合统一的国家,没有新民主主义的国家经济的发展,没有私人资本主义经济和合作社经济的发展,没有民族的科学的大众的文化即新民主主义文化的发展,没有几万万人民的个性的解放和个性的发展,一句话,没有一个由共产党领导的新式的资产阶级性质的彻底的民主革命,要想在殖民地半殖民地半封建的废墟上建立起社会主义社会来,那只是完全的空想。"②"民族的科学的大众的文化"和"几万万人民的个性的解放和个性的发展"的追求是中西文化的优秀成分和马克思主义相结合的产物。1939 年的《中国革命和中国共产党》中肯定"中国是世界文明发达最早的国家之一",中华民族"以刻苦耐劳著称于世,同时又是酷爱自由、富于革命传统",有"优秀的历史遗产"的民族;③而西方自文艺复兴以来一直追求个人自由和个性解放。《共产党宣言》说,在未来的新社会里,"每一个人的自由发展是一切人自由发展的条件";恩格斯晚年说,除这

---

① 参见陈廷湘、李慧宇:《中国新文化思想史纲》,四川大学出版社,1995 年,第 167、168、173 页。

② 《毛泽东选集》(第三卷),人民出版社,1991 年,第 1060 页。

③ 《毛泽东选集》(第二卷),人民出版社,1991 年,第 623 页。

句话外,"再也找不出合适的"话来概括新时代的特征。①

《新民主主义论》是新社会政治、经济和文化的纲领。通过这个广泛团结中国人民的纲领,早在军事胜利之前,中国共产党已经主导了政治合法性的话语权,取得了葛兰西所说的"文化霸权"。新民主主义革命的胜利难道不是中国人民的历史选择吗?

(二)改革开放和中国启蒙

中华人民共和国的成立标志着新民主主义革命取得反帝的胜利,中国人民站起来了。新中国成立不久,"新民主主义革命"迅速被转变为"社会主义革命",然而封建主义的残余仍然存在。

对于封建主义根深蒂固的危害,老一辈革命家从来不缺乏清醒认识。比如,周恩来在 1951 年就指出:"由于中国社会曾经长期地受着封建主义的统治,虽然土地改革运动已经或正在从经济基础上给封建制度以根本的摧毁,而封建思想和封建婚姻制度的残余,不仅在一部分人民中,甚至在不少的干部中,依然留有深固的影响。"②再如,刘少奇在 1957 年深刻地指出:"等级制度是一种封建制度,我们抄袭了封建制度。如果有这种制度开始萌芽,我看应该废除。那些生活待遇上要求很高的人我看是危险的,将来要跌交子。"③还如,针对"在农村大批资本主义,天天喊割资本主义的尾巴"的做法,万里在 1980 年提出了"到底怎么估计资本主义和封建主义的影响"的问题,他说:"书记处讨论过,封建思想的余毒是不可轻视的,封建主义还影响着我们的各个方面,不仅在思想上、政治上有,在经济上也有。"④

邓小平在 1980 年深刻分析了封建余毒得以流行的历史原因:"我们进行了二十八年的新民主主义革命,推翻封建主义的反动统治和封建土地所有制,是成功的、彻底的。但是,肃清思想政治方面的封建主义残余影响这个任务,因为我们对它的重要性估计不足,以后很快转入社会主义革命,所以

---

① 参见《马克思恩格斯选集》(第一卷),人民出版社,1995 年,第 294 页。
② 《周恩来选集》(下卷),人民出版社,1984 年,第 55 页。
③ 《刘少奇选集》(下卷),人民出版社,1985 年,第 305 页。
④ 《万里文选》,人民出版社,1995 年,第 158 页。

没有能够完成。"①

痛定思痛,温故知新,中断的中国式启蒙必须重启。启蒙思想向来是社会革命的先声。1978年开始的拨乱反正、思想解放为改革开放的社会变革提供了思想准备和理论支持,改革开放的胜利果实又反过来巩固和发展了实事求是、解放思想的路线。

邓小平在1982年全面总结了新中国成立以来政治思想的经验教训,提出了在思想上、制度上肃清封建主义遗毒的改革目标。邓小平指出:"从党和国家的领导制度、干部制度方面来说,主要的弊端就是官僚主义现象,权力过分集中的现象,家长制现象,干部领导职务终身制现象和形形色色的特权现象。"②他深刻地分析了产生这些弊端的根源:"上面讲到的种种弊端,多少都带有封建主义色彩","封建主义的残余影响"广泛存在,包括"社会关系中残存的宗法观念、等级观念;上下级关系和干群关系中在身份上的某些不平等现象;公民权利义务观念薄弱;经济领域中的某些'官工'、'官商'、'官农'式的体制和作风;片面强调经济工作中的地区、部门的行政划分和管辖,以至画地为牢,以邻为壑……文化领域中的专制主义作风;不承认科学和教育对于社会主义的极大重要性……对外关系中的闭关锁国、夜郎自大;等等"。邓小平专门以"宗法观念"为例指出:"'文化大革命'中,一人当官,鸡犬升天,一人倒霉,株连九族","甚至现在,任人唯亲、任人唯派的恶劣作风"没有得到纠正,"一些干部利用职权,非法安排家属亲友进城、就业、提干等现象还很不少。可见宗法观念的余毒决不能轻视"。③

邓小平高瞻远瞩,指出:"现在应该明确提出继续肃清思想政治方面的封建主义残余影响的任务,并在制度上做一系列切实的改革,否则国家和人民还要遭受损失"。他号召,"从封建主义遗毒中摆脱出来,解放思想,提高觉悟,适应现代化建设的需要,努力为人民作贡献,为社会作贡献,为人类作贡献"④。

---

① 《邓小平文选》(第二卷),人民出版社,1994年,第335页。
② 同上,第327页。
③ 同上,第335页。
④ 同上,第335~336页。

邓小平提出要分清、肃清封建主义遗毒的几个政策界限:"不允许借反封建主义之名来反社会主义,也决不允许用'四人帮'所宣扬的那套假社会主义来搞封建主义";"其次,也要划清文化遗产中民主性精华同封建性糟粕的界限。还要划清封建主义遗毒同我们工作中由于缺乏经验而产生的某些不科学的办法、不健全的制度的界限";既要"在制度上做一系列切实的改革",也要广大干部和群众进行"自我教育和自我改造"。①

邓小平要求:"在思想政治方面肃清封建主义残余影响的同时,决不能丝毫放松和忽视对资产阶级思想和小资产阶级思想的批判,对极端个人主义和无政府主义的批判","必须把肃清封建主义残余影响的工作,同对于资产阶级损人利己、唯利是图思想和其他腐化思想的批判结合起来"。②批判资产阶级思想也要"采取科学的态度",不能片面提"兴无灭资"的口号,不能"把我们现行的一些有利于发展生产、发展社会主义事业的改革,也当作资本主义去批判","以防重犯过去的错误"。对资本主义中哪些是需要批判、防止、克服、抵制的思想和倾向,以及如何正确地进行批判等问题,"有必要继续进行研究并作出妥善的规定"。③

邓小平提出把肃清封建遗毒同批判资产阶级腐朽思想结合起来也有现实针对性。资产阶级腐朽思想的影响已不限于损人利己、唯利是图的个人品德问题,而主要表现为资本主义与封建主义的遗毒相结合,成为滋生腐败的温床。在全球化时代,西方资本主义腐朽的东西总是要和各地封建主义落后的东西沆瀣一气、狼狈为奸。马克思在揭露英国在印度的殖民统治时说:"不列颠东印度公司在亚洲专制的基础上建立起来的欧洲式专制,这两种专制结合起来要比萨尔赛达庙(原编者注:位于孟买北部的庙宇)里任何狰狞的神像都更为可怕。"④中国封建社会有官商勾结、买官卖官的固有恶习。在全球化时代,无论国际资本,还是国内资本,出于利润最大化的本性,总要千方百计地寻租政治权力来攫取巨额的不法利益,这是普遍适用于发达资本主

① 《邓小平文选》(第二卷),人民出版社,1994年,第335页。
② 同上,第336、338页。
③ 同上,第338页。
④ 《马克思恩格斯选集》(第一卷),人民出版社,1995年,第761页。

义国家、发展中国家和经济落后国家的一条政治经济学规律。世界上比较成功的治理经验证明,只有健全的法制、全社会的民主监督才能制止资本和权力相互勾结,损害国家利益和公众权益;相反,不受制约的权力和资本、没有监督的制度和畸形运作的资本市场, 则是少数特权人物和不法分子以权谋私、化公为私的天堂。

习近平给全党全国敲起了警钟:"大量事实告诉我们, 腐败问题越演越烈,最终必然会要亡党亡国! 我们要警惕啊! "①党中央治理腐败坚定不移、步伐稳健,治标也治本,用行之有效的治标手段争取时间,以治本为根本目的,"老虎""苍蝇"一起打,最终把权力关进制度的笼子,以实现国家和社会的长治久安。持续不断地贯彻落实这一战略决策和一系列方针政策是一项长期、艰苦的工作,需要全面深化改革的协调和配合。

(三)社会主义核心价值观和中国启蒙

以习近平为首的党中央启动了全面深化改革的航程。应该看到,现在的深化改革与改革开放初期的社会环境和舆论环境迥然不同。当年,党中央一系列政治、思想路线,从结束"无产阶级专政下的继续革命"到"实践是检验真理的唯一标准",从"以经济建设为中心,实现四个现代化"到全面改革开放,得到全国上下一致拥护,形成了"团结起来,振兴中华""从我做起,从现在做起"的共识和合力,全国人民一心一意搞建设,聚精会神谋发展,为四十多年的发展聚集了人气和精神动力。然而在改革开放的新时代,始终有封建主义遗毒和资本主义腐朽思想假冒、歪曲、否定中国式社会主义的思潮,始终有企图开历史倒车的主张。由于各种意识形态及其代表的利益集团多年的对立和博弈,现在思想解放每前进一步都充满争议,改革开放每一项重大决策都会遇到阻力,几乎没有社会共识可言。

2014 年 5 月 4 日,习近平在北京大学指出:"人类社会发展的历史表明,对一个民族、一个国家来说,最持久、最深层的力量是全社会共同认可的核

---

① "习近平在十八届中共中央政治局第一次集体学习时的讲话",中国政府网,http://www.gov. cn/lbhd/2012–11/19/content_2269332.htm,2012 年 11 月 19 日。

心价值观,核心价值观承载着一个民族、一个国家的精神追求,体现着一个社会评判曲折是非的价值标准。"这就说明,只有社会主义核心价值观才能凝聚全民族、全社会的思想,为实现全面深化改革的共同目标提供团结协作的动力。

党的十八大把我国的社会主义核心价值观概括为二十四个字,分为三个层次:在国家的层面,富强、民主、文明、和谐;在社会的层面,自由、平等、公正、法治;在公民个人的层面,爱国、敬业、诚信、友善。按照国家、社会和公民个人这三个层次建构社会主义核心价值观体系是全方位的政治、经济、文化、制度和道德建设。邓小平说:"我们把改革当作一种革命。"①今天全面深化改革更是全方位、深刻的社会变革,不破不立,需要结合彻底肃清封建主义残余和坚决抵制腐朽的资本主义倾向的"破",才能把握建构社会主义核心价值观体系的"立"。如何全面地理解这三个层次十二种价值取向的历史地位、现实功能和它们的辩证关系,以下分别述之。

第一,国家的富强、民主、文明、和谐是中华民族长期不懈追求的目标。在旧民主主义时期,在"夷之初旦,明而未融"之际,黄宗羲期待"三代之盛"复兴的"大壮",康有为托古改制的"大同社会",孙中山的"天下大同"思想对人类未来社会的美好憧憬,无不寄托着富强、民主、文明、和谐的理想。新民主主义革命朝向这个理想前进了一大步,《新民主主义论》宣布:"不但要把一个政治上受压迫、经济上受剥削的中国,变为一个政治上自由和经济上繁荣的中国,而且要把一个被旧文化统治因而愚昧落后的中国,变为一个被新文化统治因而文明先进的中国。"②改革开放的伟大实践正在把理想逐步变为现实。邓小平说:"我们进行社会主义现代化建设,是要在经济上赶上发达的资本主义国家,在政治上创造比资本主义国家的民主更高更切实的民主,并且造就比这些国家更多更优秀的人才。"③他明确指出,经济是否发达、政治是否民主、文化能否造就优秀人才,是衡量社会主义制度是否优越的三条标准,"所以,党和国家的各种制度究竟好不好,完善不完善,必须用是否有利

---

① 《邓小平文选》(第三卷),人民出版社,1993年,第82页。
② 《毛泽东选集》(第二卷),人民出版社,1991年,第663页。
③ 《邓小平文选》(第二卷),人民出版社,1994年,第322页。

于实现这三条来检验"①。经过四十多年坚持不懈的奋发努力，中国经济创造了世界奇迹，"四个现代化"从蓝图变为现实，强国不再是梦想，小康走进千万人家，习近平提出"中国梦"，鼓舞中国人民为在21世纪实现民族复兴的更高理想而奋发努力。

人类不能没有理想与追求，人类历史就是按照更真实、更完善、更美好的目标，不断把理想的合理性转变为存在的现实性的进步过程。在西方，柏拉图的"理想国"、伽利略的自由落体公式、数学中的虚数、莫尔的乌托邦、卢梭的自然状态等，都是这样的乌托邦。社会进步、科学昌明的每一步，都使人发现并证实了自身的创造力量——建设理想世界的力量。而我们看到中国启蒙的历史和现实已经并正在证明的真理是：实现中国的富强、民主、文明、和谐，是中国人三百多年追求的价值取向，顺应世界历史的潮流，符合人类社会前进的方向，富强、民主、文明、和谐也是世界各国普遍追求的理想。如果在国家层面放弃了这些价值追求，中国就要永远落后，中国特色社会主义就谈不上比资本主义更加优越，甚至有被开除"球籍"的危险。

第二，社会的自由、平等、公正、法治是任何一个文明、健康、有序的现代社会都必备的公共价值。这四者承担着彼此有别而又相互联系的社会功能，其中自由和平等是基本准则，公正和法治是制度保障。这四项社会价值是在人类历史中形成的，虽然经过了长期的摸索，但是如何处理它们之间的关系至今仍是现代社会的治理难题。

原来，自由和平等既是伙伴也是对头。人类社会是按照从不平等到平等、从人身依附到人身自由的逻辑发展的，自由和平等是大多数社会成员的共同诉求，当他们争取到平等和自由的权利之后，却发现这两种权利的行使常常造成社会矛盾：或者是多数人以众暴寡，或者是少数人以强凌弱。以平等自由为原则的自由主义于是陷入悖论：或者强调人人平等而牺牲少数人的自由权，或者强调自由权不可侵犯而限制人人平等。由于西方民主制的平等权是公民的普选权，因此平等与自由的悖论造成西方民主制的困境：一方面，多数人赞成的投票结果不一定符合社会的长远利益，反映社会长远利益

---

① 《邓小平文选》（第二卷），人民出版社，1994年，第323页。

的决策往往不能通过;另一方面,少数人的意志可以合法地强加给多数人,造成损害社会利益的后果。

中国当然不能盲从自由主义,照搬西方民主制。中国之所以不采用西方民主制,不是因为它具有虚伪性和欺骗性,而是因为它有内在缺陷,不能解决中国问题。对西方民主制,我们应引以为鉴,避免资本主义的历史错误和现实弊端,包括西方资产阶级意识形态的纷争。

中国思想界"姓社"与"姓资"、"左派"与"右派"、"保守主义"与"激进主义"、"平民主义"与"精英主义"、"威权主义"与"自由主义"的争论,正是西方意识形态虚假意识的折射,有其特殊的历史根源。在历史上,中国民族资产阶级的软弱性决定了它不能提出行之有效的民主革命和民主建国的纲领,充其量只是一知半解、浮皮潦草地引进西方自由主义和其他政治学说,根本无力推翻封建主义和帝国主义的统治,这也决定了只有在中国共产党的领导下,新民主主义革命才能取得胜利。中国民族资产阶级领导的民主主义革命之所以半途而废,除了有封建残余的影响之外,还有其他因素的作用:中国封建社会的小农经济占主导地位,小农的狭隘意识和平均主义倾向既有反抗剥削的革命性,也有破坏社会秩序的盲目性;中国资本主义不发达,产生了以城市平民为主的小资产阶级;小农意识和小资产阶级狂热性是"左"派幼稚病的社会根源,多次危害中国革命事业,新中国成立后"宁左勿右"的倾向对社会主义事业的危害,人们记忆犹新。

在中国和国际的社会主义事业遭受挫折的时期,西方发达资本主义社会的意识形态也在分化重组:一方面,大资产阶级顽固地维护既得利益,抵制资本主义制度和治理方式的变革,他们的意识形态是自由主义的右翼,被称作"新保守主义"和"新右派";另一方面,小资产阶级知识分子用无政府主义和民粹主义激烈批判、猛烈冲击资本主义秩序,但只满足于在大众媒体上博人眼球,提不出切实可行的社会改革方案,他们中有的是自由主义的左翼,有的是西方马克思主义者,有的是后现代主义的代表,一般统称为"新左派",其思想特征是审美浪漫主义的政治化。激进左派知识分子反对启蒙主义纲领,表明小资产阶级的意识形态已经丧失了资产阶级革命时期的理性自信和进步理想。

不错,现代西方仍保留着传统中的一些优秀成分,发展出一些有活力的思想,科学地总结了社会治理的一些成功经验。但是貌似对立的两派争论是资产阶级内部各阶层、资产阶级"积极成员"和"消极成员"的意识形态纷争,纷争表面上水火不容,实质上共同反映了资产阶级的腐朽性,没有先进性可言。这些腐朽思想和虚假意识一经被引进中国,便风行一时,并披上中国外衣,成了可供猎奇的本土思想。

社会主义核心价值观提倡的民主、自由、公正、法治是中国人民的诉求,其思想根源主要来自中国启蒙思想,并吸收了中国传统思想和世界各国思想中的优秀因素。但是这些价值观的侧重点是"向前看"的引领,而不是"向后看"的历史总结。在改革开放已经深刻地改变了中国社会面貌的情况下,当务之急不是要不要民主、自由、人权的问题,而是如何巩固和维护新民主主义革命所承诺的、改革开放的社会变革所兑现的、人民已经获得的公民权利和社会公益。为了进一步推进四个现代化,全面深化改革要实现社会治理现代化,因此在社会的层面,建构社会主义核心价值观重在公正的制度建设和法治建设,这是踏踏实实的工作,将在社会实践中不断摸索前行。

第三,爱国、敬业、诚信、友善不但是个人美德,也是公民义务。每个人都是现代社会中的人,既然享有公民权利和社会公益,就要承担相应的责任和义务。不能把建构社会主义核心价值观片面化为只是提倡传统美德。封建帝王出于"家天下"的自私和偏见,不敢也不可能触动封建制度,只能陷入王朝循环的"周期律"。而中国共产党代表中国人民的根本利益,中国共产党人除了人民的利益没有自己的私利,就一定有决心、有能力通过深化改革,革除制度上的弊端,建设公正的制度和健全的法制,从根本上预防腐败,以保障人民的权利和全社会的公益。

当然,制度建设的重要性并不否定道德的重要作用,生活的富裕不会自然而然地导致道德的提升,精神文明并不自发地随着物质文明一同进步,因此要重视道德和精神的反作用。人们早就注意到,社会制度与人的素质之间有一个"循环论证":一方面,制度是人创造的并由人执行,有什么样的人就有什么样的制度;另一方面,制度造就人性,坏的制度"逆向淘汰"善人,"优先繁殖"恶人,有什么样的制度就有什么样的人。但是制度的改造和习俗的变更不是一个理论问题,而是一个实践问题;不是一个自然过程,而是社会历史过程。制度和人的改变的一致性只能被理解为不断改革的社会实践。这就是"实践第一"的观点,这就是历史的辩证法。综上所述,依据"过去—现在—未来"三维一体的社会进程看问题,中国式启蒙是未竟的事业,我们与启蒙同时代。

二、西学考验中国文化的心理承受力

都说现在有股"国学热"。相比之下,西学不如国学那样热,人们对"西学"的概念还很生疏,误解更多。比如,望文生义地认为西学就是西方人的学问,想当然地把西学的传播等同于"西化",简单化地把西学的主流概括为"西方话语霸权",如此等等。这些糊涂认识已经并且正在阻碍中国学术的现代化和国际化。为此,有必要对"西学"概念作理性的分析,并在理论与实践的结合上回答西学研究面临的四个理论问题。

(一)西学是现代中国学术的有机组成部分

"西学"的概念是历史的产物,最先是指在西方产生并传播到中国的学说。最早的西学应该是印度的佛学,但佛教一开始就有慈悲精神,只是采用"西土"和"东土"的地域之分,并不在意"中国的"和"印度的"佛教的区分。直到现在,人们也不把佛学或印度学叫作"西学"。"西学"这个名称是从16世纪末开始出现的。虽然笔者手头没有资料证明"西学"的名称最早出于何处,但可以想象它是在何种历史条件下产生的。当时的传教士自称来自"大西"或"泰西",利玛窦在《天主实义》中,用"西儒""西士"和"西哲"等称呼来代表基督教神学家和西方哲学家。在这种情况下,中国人很自然地把他们带来的学说,包括西方的神学、哲学、科学、数学等统称为"西学"。明末清初的西学还主要是由西方传教士介绍的,少数中国人(如徐光启、李之藻)与他们共同译介。到了清末,中国人自己就开始大量译介西学著作了。洋务运动时设立了两个翻译馆,即上海的江南制造局翻译馆和北京的同文翻译馆,译介了几百种西学著作。自从五四运动之后,中国人主动地引进西方的学说,并全面、深入地研究、介绍和评价这些学说，从自然科学到社会科学和人文学科，每一个学科领域莫不如此。

在中国现代文化的语境中，"西学"的意义和内容与三百多年前相比，已经有了很大的变化。现在所说的"西学"不仅指"西方人的学问"，更应该被理解为"中国人研究的西方学问"。我强调这一点，首先是基于这样一个基本的事实：西方人从来不把自己的学问叫作"西学"，只有中国人才把西方的学问叫作"西学"。西文中有"sinology"（"汉学"或"中国学"），也有"orientalism"（"东方学"）。韦氏字典对"orientalism"词条的释义有两项：一是东方人特别的特征或习俗的表现；二是研究东方问题的学术或学问。但西文中的"occiden-talism"只是指"西方人和西方文化的特别性质"，而没有"学术或学问"（scholarship or learning）的意思，因此不是指"西方学"或"西学"。同样，西方人把研究中国的学问称为"汉学"或"中国学"（sinology），而现代中国对中国传统文化和思想的研究则被称为"国学"。"国学"和"汉学"是两个不同的概念，现在把"国学"翻译为"sinology"是一个错误，与"国学"相对的英文应该是"Chinese national learning"。这是中国学术所特有的一个术语，其他国家如德国、法国和英美的学术，并不冠以"national learning"这样的称号。

"西学"不是一个西文的概念，而是一个中文的概念，这个看似简单的语言事实，却蕴涵着值得我们深思的含义。如果说西学是指中国人研究西方的学说，那么西学就是用中文写作和表达的学问，这是把西学归为中国现代学术的一个主要理由。研究西学的"中国人"不属于种族或国籍的范畴，而属于文化的范畴。海德格尔说，语言是存在之家。如果这里的"存在"指人的文化认同，那么这句话确实说出了一个真理：在人文学科领域，一个人用什么语言表达，他就属于什么文化。一个人身在国外，即使加入了外国籍，只要他在用中文思考、写作、表达，他就仍然属于中国文化。关键不在研究的对象，而在研究所使用的语言。以中国为对象的西文研究是属于西方学术的汉学，而以西方为对象的中文研究则是属于中国学术的西学。

（二）西学是创造性的理论转变

由于没有把西学当作中国学术的有机组成部分，出现了两种误解。有一种意见认为,中国的西学研究者只是一味地翻译、介绍西方学说,只是起了"留声机"或复印机的作用,没有自己的建树。持这种看法的人把翻译、介绍当作是机械的复制;他们不懂得,翻译也是创造,不仅要在中文中选择或创造与西文术语的意义接近的语词,更重要的是,翻译材料的选择和思想的创造密不可分。中国人从来都是根据文化思想发展的需要来选择翻译著作的。比如,严复在"图存救亡"的形势下翻译《天演论》,五四运动之后对西方文学著作的翻译,新中国成立前后对马克思主义著作的翻译,改革开放之后对西方哲学社会科学著作的大规模翻译,都是中国学者的自觉选择,代表了中国现代学术和新文化建设的发展方向。

至于使用中文表述西方学说,更是一种再创造。我们习惯于把"介绍"和"评论"分为两截,其实任何介绍都是解释和再解释,任何解释都是在一定理论和价值判断的指导下进行的,没有对一种学说的创造性的理解和批判性的评价,西学的中国式表述或介绍根本不可能开展和深入。在一次关于康德哲学的国际研讨会上,有一位西方学者不无困惑地问道:"你们理解的康德怎么与我们的理解不一样?"笔者的回答是:"不一样是正常的,因为中国学者是用中文理解和思考康德的,如果与西文的理解完全一致,那反倒不正常了。"中西学者对西方学说理解的差异性恰恰表明,中国的西学研究不是对西方学说的简单重复,而是带有不同程度的创造性的理论转变。

既然西学是中国人研究的、用中文表达的西方学说,那么不管你愿意不愿意、自觉不自觉,西学研究中都有一个中国人的立场、中国人的眼光的问题。我们强调要用中国人的眼光来研究西学,这里说的"中国人的眼光",指的是一种文化自觉意识和理论标准,它决定着我们观察问题的角度、解释模式和表达方式,以及选择素材和审视结论的价值取向。但是一些西学研究者缺乏这种文化自觉,他们错误地把西学等同于西方学术,以为西方学术界的评价标准就是西学的标准,西方的学术成果就是西学的最高成果,这是对于西学的另一种误解,结果造成了这样一种倾向:西学研究者在不知不觉中成了崇拜者,言必称"一世",以"一世"之言定是非,有人戏称之为"二世现象"。失去了中国人的眼光,也就失去了西学在中国的活力和存在的合理性。

西方人创立了某些学说,并不意味着他们对这些学说具有优先的、终审性的解释权,更不意味着只能按照西方人的眼光看待西方学说。我国西方哲学研究的前辈陈康先生说,如若中国人研究西方哲学的产品"也能使欧美的专门学者以不通中文为恨(这绝非原则上不可能的事,成否只在人为),甚至因此欲学习中文,那时中国人在学术方面的能力始真正昭著于全世界;否则不外乎是往雅典去表现武艺,往斯巴达去表现悲剧,无人可与之竞争,因此也表现不出自己超过他人的特长来"①。陈康先生的宏愿尚未实现,反观西方人汉学研究的成就,在某些方面却达到了使中国学者以不懂西文为憾的地步。西方汉学家之所以能够达到这一成就,就是因为他们用自己特有的眼光解读了中国文本和思想。这从反面提示和激励中国学者:只有用中国人的眼光解读西学,才能在西方人称雄的学术领域显示出中国人的优势。

每一个民族对外来思想和文化的理解,都离不开对自己文化之固有价值标准和思维方式的实现和选择。正如西方的汉学家总是用他们的眼光看待中国思想和文化一样,中国的西学研究者也应该用中国人的眼光看待西方思想和文化。只有在学术研究和交流中坚持这种平等原则,中西学术才能开展真正有效的对话,达到真正的相互理解。反之,盲目地崇拜西方的学术标准和运行方式,盲目地跟随西方的时髦学说,人云亦云,我们就永远不能站在平等的立场上与西方人论道辩理,永远不能像我们的祖先那样创立为后世所称道的,可以与西方学说相匹配的普遍意义的理论。

事实上,中国学者研究西学,离不开中国人固有的思维方式和价值观念。语言是思维的媒介,只要你用中文去翻译、理解和表达西方学说,你就必然是以中国人的特有方式在思维。退一步说,即使你能完全运用西文来理解和表达,几千年的文化传统仍然会潜移默化地在头脑中起作用。打一个比方,语言好比是眼镜,思维好比是眼睛,文化传统好比是视网膜,人们可以换一副眼镜,也可以治疗自己的眼睛,但不能改换视网膜。身为中国人,却硬要以西方人的眼光看问题,这无异于弄瞎了自己的眼睛。虽然我们指出中国学者不可避免地接受了中国文化的影响,但这并不意味着每一个中国学者都在自觉地运用中国人的眼光。运用中国人的眼光是中国文化意识的自觉;用中

---

① [古希腊]柏拉图:《柏拉图巴曼尼得斯篇》,陈康译,商务印书馆,1982年,"序",第10页。

国人的眼光解读西学,是中国学术界面临的新的任务。

(三)西学的普遍性:考验中国文化的心理承受力

当中国人只是把"西学"理解为西方人的学说时,内心中就把"西学"当作了一种地域性的特殊学说,或多或少地有把"中学"与"西学"对立起来的情结。明末清初的卫道士以"圣学"的名义批驳"西学","西学"中除了天文历算在"天学"的名义下被接受以外,其余部分都被排拒了出去。即使是对"天学"的接受,也要找一个"西学中源"说为借口。康熙皇帝写了《三角形论》,根据"毕达哥拉斯定理"与《周髀算经》里"勾股定理"的相似性,说明西方的数学、天文学是西周末年周王室的一些人流落到西方时带去的。不但康熙如此说,反清的第一流的学者如黄宗羲、方以智、王锡阐等人对此也深信不疑。①这就说明,是否承认西学的普遍性,不是一个政治问题或其他性质的问题,而是一个考验中国文化的心理承受力的根本性问题。当西学在清末再次涌入中国时,这个问题再次尖锐地摆在中国人面前,张之洞提出"中学为体,西学为用"也是为了对付这个问题。"中学"指"三纲五常","西学"指"声、光、电、化"。他承认西方科学技术的普遍实用价值,这比认为修铁路破坏了风水的保守派开明了很多。直到五四时期,才用"民主"和"科学"这两面大旗代替了"三纲五常",用"西学"之本代替了"中学"之本,但这还只是一个口号标识式的变化,并没有真正从思想上解决问题。

五四运动之后,中西的"体用"之争仍在继续。"中体西用"说尚在继续,又出现了相反的"西体中用"说,还有"互为体用"说。何兆武感慨地说:"'五四'时期,'民主'和'科学'已经是全人类共同的取向,然而100年后神州大陆竟又掀起来一阵'中学''西学'之争,实在是叫人有些不知所以了。难道时代又倒流了?我们又回到了100年以前的思想认识的水平了吗?"他又说:"学术是不分东西的,学术只有真假之分、高低之分,但是没有中西之分。"②我觉得更确切的说法是,学术虽有中西之分,但普遍意义的理论和价值观没

---

① 参见江晓原:《试论清代"西学中源"说》,《自然科学史研究》,1988年第7卷第2期。

② 系何兆武2006年11月8日在人民大会堂常委厅"中国科学与人文论坛"上的讲座发言,主题为"中学、西学与现代"。

有中西之分。一个来自西方的学说,在其普遍性还没有被承认、被接受的情况下,它被归于西学;当其普遍性被承认、被接受的时候,西学的"帽子"就被摘掉了。比如,来自西方的科学技术曾被当作西学的一部分,但现在,除了少数反科学(或在反"科学主义"的名义下)、否认科学知识普遍性的人之外,中国人已经不把自然科学称为"西方科学",也不把现代技术称为"洋术"了。

以上事实说明,中国人对西学普遍性的认识有一个历史过程。我们归于西学的某些(当然不是全部)学说所包含的知识和价值观是普遍的,我们对这些知识或价值观的普遍性的认识和认可是逐步的、与时俱进的。它们中的一些已经被接受,如科学技术、马克思主义等,但还有很多学说的普遍性,我们至今还没有认识到,或者某些人已经认识到了,认识还不一致。比如,大多数人现在都承认"科学"和"民主"具有普遍的、正面的价值,但对"什么是科学""什么是民主"等问题,仍争论不休。包含在西学中的一些其他价值,如"自由""人权""法治""正义""竞争",更是有争议的话题。有人否认它们具有普遍价值,说它们只是一个抽象的概念,其意义因时而异、因地而异。因此,中国人的"人权"不同于西方人的"人权",处理一个国家内部事务的"正义"标准不适用于国际事务。这些争论在很多情况下是围绕具体的、实践的问题展开的,不完全是理论问题。但理论应该为来自实践的问题提供正确的解释和理解。中国研究者应该责无旁贷地正视西学的普遍性问题,回答西学理论中包含哪些有益的知识和价值、它们适用于中国的条件是什么等迫切需要解决的问题。

即使在西学内部,对各种自称是(实际上也是)普遍的知识或价值,也从来就存在着争议。不同的学说有不同的理解,一方面,我们可以从西学中寻找赞成某种知识或价值的普遍性的观点,也可以轻而易举地找到相反的观点,这种情况使西学研究者感到困惑,也阻碍了他们对西学的是非功过作出自己的判断;另一方面,我们也要看到,西学中相对主义、特殊主义的倾向并没有掩盖一些核心价值的基本共识。比如,西学中关于自由的学说众说纷纭,却连一个公认的"自由"的定义都没有。然而落实到法律、制度上的自由(liberty)是坚定不移的,那就是四项基本自由:信仰自由,言论自由,免除恐惧的自由,免除匮乏的自由。这四项基本自由不应该仅仅是西方人有权享受的自由，而应该是全世界的人都有权享受的自由。中国现在要建设小康社会、和谐社会，也需要这四项基本自由。在此范围内，应该肯定"自由"是人类普遍的价值。再比如，"人权"也有普遍性。马克思在《论犹太人问题》一文中区分了公民权(droitsdu citoyen)和人权(droits de l'homme)。人权只是"可以做和可以从事任何不损害他人的事情的权利"，其实际应用"就是私人财产这一人权"。①马克思肯定，人权的观念反映了平等和利己的人际关系，是历史的进步。在商品经济不发达的前资本主义时期，个人依附于部落、家族，没有个人的自由和权利可言。在资本主义社会，商品在全社会范围的自由的、平等的交换造就了具有平等地位的个人，他们的平等地位表现为"法律关系上平等的人"②。但是为了让人"在最无愧于和最适合于他们的人类本性的条件下"③生活，马克思认为，不能满足于资产阶级已经争取到的个人("利己的人")的人权，而是要通过争取公民权的社会变革，建立自由人的联合共同体。马克思的论述为我们现在理解"人权"的普遍性提供了一个范式：人权既是历史的产物，也是人类的普遍价值；既是个人的权利，也是社会中的公民权；既是法律规定的形式上的平等，也是在社会中实现的实质上的平等。

应该承认，现在的"西学"之中，包含着"科学""民主""人权""法治""竞争""公正"等一些人类共同的价值。这些价值虽然起源于西方，但是西方人发现的不等于是西方人独有的。我们必须要有这样的胸怀：对那些西方人发现而中国本土文化中缺少的普遍知识或价值，我们更应该虚心地去学习、借鉴和吸收。当然，中国人发现的也可以是全人类共有的，我们要全面地认识中国思想和文化的价值，积极地向全世界推广这些价值。我们之所以要推广中国文化，不只是要展现民族自信心和自豪感，更重要的是要对整个世界做出我们应有的贡献。正如一位西方汉学家所说："中国哲学是否具有普遍性的潜力，这不但对于中国，而且对我们自己也是一个重要的问题。它关系人性和人的尊严仅仅只是一种特殊文明的偏见，只具有相对有效的后果，还是

---

① 《马克思恩格斯全集》(第3卷)，人民出版社，2002年，第183页。
② 《马克思恩格斯全集》(第44卷下)，人民出版社，2003年，第195页。
③ 《马克思恩格斯全集》(第46卷下)，人民出版社，2003年，第928页。

有着共同理性说服力的基础这样一个问题。"①对这个问题的回答,需要西学和国学的共同努力。

(四)西学不等于"西方话语霸权"

在"中学"和"西学"对峙的理论背景中,经常会听到这样一种声音:西学是西方话语霸权的产物。如果仔细分析,这样的说法包含三层意思:第一,西方文化是现代世界的强势文化,所以称"霸";第二,西方话语的核心是"西方中心论";第三,西方人把"西方中心论"强加给中国,所以是外来的"霸权"。如果说第一点是当今世界的事实,第二点曾经是历史事实,但在现时代要大打折扣,那么第三点则完全不符合事实,也缺乏理论根据,只是一种情绪化的宣泄。

西方学术的话语确实有"西方中心论"的传统,对此要作历史分析。在地理隔绝的古代和文化交流不便的近代,发达的文明都把自身视为世界的中心,中国文化不也有"华夏中心论"的传统吗?地理大发现之后,西方人轻视殖民地文化,但对中国文化可以说经历了由褒到贬的过程。18世纪,中国文化在欧洲引起的"中国热"浪潮,激发了启蒙运动重要思想家的理想、精神和理论创作。②当西方现代主义在19世纪发展成熟之后,西方人对中国的印象发生了180度大转弯,在黑格尔、韦伯等德国思想家的笔下,中国成为落后的典型,中国文化注定要被历史进步所抛弃。"西方中心论"于19世纪和20世纪初在西方学术界盛行,但在20世纪下半叶遭到了全面批判,在西方世界已经被列入"政治不正确"(political incorrectness)的话语。

吊诡的是,现在中国人对"西方中心论"的批判,或直接引自西方,或受到西方学术风气转变的启发和鼓舞,仍然没有摆脱"西方话语"的控制。比如,很多中国学者或利用西方后现代主义对西方哲学和文化传统进行批判,或利用西方的"后殖民时代"和"反全球化"的理论全面批判西方意识形态和政治。再比如,利用西方人对中国文化传统的赞扬来"证明"中国传统文化的

---

① Roetz, H., *Confucian Ethics of the Axial Age*, State University of New York Press, 1993, p.6.

② 参见[德]利奇温:《十八世纪中国与欧洲文化的接触》,朱杰勤译,商务印书馆,1962年。

先进性。连自己推崇孔子的自信都没有,偏偏要引证所谓"75位诺贝尔奖得主的巴黎宣言"来"证明"孔子思想对于21世纪人类生存的必要性。一些学者对这条谣传津津乐道,不正反映出他们热衷于"西方话语"的心理吗?这一现象说明,西学对中国现代学术的影响是全面的、深刻的,很多情况下是潜移默化的。一些人自觉或不自觉地使用这一部分西方话语来反对那一部分西方话语。"西方话语"在思想多元化的时代,早就不是一个整体概念;当我们谈到"西方话语霸权"时,首先需要澄清的问题是:什么话语?谁的霸权?

总的说来,中国西学研究中翻译、介绍和解释的话语,是中国现代学术和文化所需要的话语。我在前面已经说过,中国人总是根据中国新文化建设的发展方向,自觉地有选择地引进西方学说。凡是在中国流行的西方学说,都不是西方人强加给我们的,而是我们主动索取的。鲁迅正是在此意义上提倡"拿来主义"。诚然,在"拿来"的东西中,不都是普遍的知识或价值,很多学说包含着偏见、偏差和错误。但在一个学说中,错误和真理、偏见和正确不是截然分开的两部分。正如黑格尔所说:"我们必须断言真理不是一种铸成了的硬币,可以现成地拿过来就用。同样地,既不是现成地有一种虚假也不是现成地有一种过恶。"①在西方话语中,真理和虚假是在历史的解释过程中逐步被区别开来的。当然,没有不偏不倚的解释,任何解释都有特定的预设和前提。如果把解释的预设和前提称作偏见的话,那么它们是伽达默尔所说的"合法的偏见"。他说,正是这些合法的偏见显示了"人的有限的、历史的存在方式"。②如果有些解释是思想界公认的,那么这些解释的预设和前提也就成为"权威的偏见"。西方的启蒙学者曾经反对一切偏见和权威,而中国对"西方话语霸权"的群起而攻之,则是对西方启蒙反偏见、反权威的话语的效仿。从解释学的观点看问题,所谓"话语霸权"正是"权威的霸权"。权威的霸权不等于西方人的霸权,对权威的服从是对普遍知识的认可,是对真理的服从。西学在中国传播的事实也是如此。西学虽然不可避免地包含着偏见,却不是不可避免的错误。一些开始被认为是"偏见"的学说包含着普遍的思想和价

---

① [德]黑格尔:《精神现象学》(上卷),贺麟等译,商务印书馆,1979年,第25页。
② Gadamer, *Truth and Method*, Continuum, 1975, p.246.

值,而有些被证明确实是偏见的东西,在传播的过程中逐渐得到纠正,或被自然地淘汰了。

西方话语的权威不是强加给中国人的,中国人在主动学习、接受和运用这些权威话语的过程中,成为学术思想交流的受益者,而不是受害者、受骗者。并且中外文化和思想的交流从来都是双向的,不但来自西方的学说深刻地改变了中国人的思想和社会面貌,而且中国思想也在西方产生了影响。近一百多年来,西方文化是强势文化,西方对中国的影响确实比中国对西方的影响要大,这是中国在经济、政治和社会发展上的落后状态所决定的。但这不意味着,中国传统思想文化的内容或特质决定了它永远只能成为弱势文化,只能成为历史博物馆里的古董。现在,我们提倡国学,并不是简单地恢复中国古代传统思想文化,而是要使中国传统的思想文化获得现代价值,成为有生命力的学说。

最后,有必要谈谈国学和西学的关系问题。首先需要澄清的是,"国学"是"五四"前后才出现的一个概念:当时有一批中西贯通的学者,以西方的学说为参照,自觉地研究中国传统的学说,"整理国故",保存国粹,这才出现了"国学"这个概念。如同西学一样,国学也是中国现代学术的组成部分,而不是传统的经史子集,不是古代的学问。既然国学要以现代的眼光来重新诠释、重新理解、重新整理中国传统的思想,要有现代学术的视野、术语和标准,那就离不开西学。离开了西学,国学就不能建立成熟的理论,充其量只是新闻媒体和网络上流行的通俗文化。另外,西学离开了国学,失去了传统文化的底蕴和文化自觉意识,也难以对世界学术做出独特的贡献。因此笔者认为,国学和西学是中国现代学术的两个组成部分,两者相互依存,相得益彰。

三、启蒙理性与历史理性

(一)康德的问题:启蒙理性是否等于运用知性的自由?

在西方哲学史上,"启蒙"(Enlightenment/Aufkl:arung)一词似乎有着专门所指。一提到它,人们自然就联想起那个使人类理性获得巨大解放的思想运动——18世纪的法国启蒙运动。但是法国启蒙学者在用理性的光芒照射外部对象时,却没有反躬自身,反思"什么是启蒙"的问题。在法国大革命的前夕,康德提出并回答了这个问题。他说:"启蒙运动就是人类走出自我招致(Selbst verschudet)的不成熟状态。不成熟状态就是不经别人的引导,就对运用自己的知性(Verstand)无能为力。当其原因不在于缺乏知性,而在于不经别人的引导就缺乏勇气与决心去加以运用时,那么这种不成熟状态就是自我招致的了。Sapere aude! 要有勇气运用你自己的知性! 这就是启蒙运动的口号。"①

按照康德的一贯思想,知性是人类的先天能力,人为什么不能独立运用自己的知性,为什么需要通过启蒙才能成熟呢? 康德的回答是,"懒惰和怯弱"使得人们在自然成年之后仍把自己的思想置于监护人之下。按照他的分析,人们之所以懒惰,是因为被私利束缚,"只要能对我合算,我就无须去思想";人们之所以怯弱,是因为监护人为了"使自己的牲口愚蠢"而夸大独立思考的危险,使人们成为"温驯的畜生",不敢冒险地"从锁着他们的摇车里面迈出一步"。启蒙的应有之义就是自由,即摆脱私利的奴役和监护人控制的思想自由。但问题是,思想自由是每个人应有的权利,还是监护人所赐予的呢?

康德对这个问题含糊其词,他一方面说,"如果一个人径直放弃启蒙,那么不仅对他本人,而且对于后代来说,他都违反并且践踏了人类的神圣权利";另一方面说,"公众要启蒙自己,却是很可能的;只要允许他们自由"。人们不禁要问:什么样的自由需要得到允许? 由谁来允许? 康德没有直接回答这些问题,却作了一个相关的区分:公开运用和私下运用知性的自由。前者指"任何人作为学者在全部听众面前所能做的那种运用",后者指"一个人在其所受任的一定公职岗位或者职务上所能运用的自己的知性"。以士兵为例,他必须服从上级的命令,这是他的职责所在,也是私下运用知性的结果,如果质疑该命令的合理性,那就会坏了大事。然而当他作为一名学者而对该项命令的错误加以评论,并提交给公众进行判断时,那是在公开运用自己的

---

① [德]康德:《历史理性批判文集》,何兆武译,商务印书馆,1990年,第22页。

自由,他的行为不应被制止,而是值得赞许的。同样,一位牧师必须按照他所服务的教会之教义来回答会众的问题,这是他私下运用知性的自由。然而从学者的身份出发,他却有以他本人的名义发言、公开运用自己知性的自由。

"私下运用理性的自由"不是指私人事务上的自由,而是指摆脱个人私利的自由。按照康德的道德学说,道德义务是出于善良意志和纯粹理性。如果把执行公职的责任当作道德义务,人们只要摆脱个人私利即可;或者说,只要自己良心允许,就不需要得到他人的允许。

康德更重视"公开运用知性的自由",说它是"一切可以称之为自由的东西之中最无害的东西","唯有它才能带来人类的启蒙",不应该受到限制。但问题是,一个学者公开运用知性的自由,当他面向公众表达自己的意见时,是否要得到一向承担着公众思想监护人职责的当权者的允许呢?康德似乎面临着一个两难困境:他一方面要求摆脱了不成熟状态的学者勇敢地公开运用知性,向民众宣传启蒙思想;另一方面也要承认当权者有监护民众思想的职责,因而也有私下运用知性的自由。

问题是,当学者公开运用知性的自由与当权者私下运用知性的自由发生冲突时,何者理应服从呢?康德回避了这个问题,而试图论证两者的冲突不应发生。他说:"当大自然……打开了为她所极为精心照料着的幼芽时,也就是要求思想自由的倾向与任务时,它也就要逐步地反作用于人民的心灵面貌(从而他们慢慢地就能掌握自由);并且终于还会反作用于政权原则,使之发现按照人的尊严——人并不仅仅是机器而已——去看待人,也是有利于政权本身的。"①康德在这里论证了大自然倾向(人逐步脱离不成熟状态而公开运用知性)和政权原则(按照人的尊严看待人)的一致性。

如果说启蒙运动代表了大自然倾向,那么腓特烈大帝则是政权原则的代表者,因此康德直言不讳地说,"启蒙的时代"就是"腓特烈的时代"。他以赞扬的口吻说:只有一个自己已经启蒙,并不惧怕幽灵,同时拥有一支保障公共和平的百万精兵的统治者,能够说出一个共和国不敢说的话:尽管争辩,不管你想争辩多少,想争辩什么,但必须服从!"必须服从"的命令最终解决

---

① [德]康德:《历史理性批判文集》,何兆武译,商务印书馆,1990年,第30~31页。

了读者心中的困惑:原来知性的争辩自由必须得到开明(已经启蒙)的当权者的允许。

(二)康德的解决方案:知性和判断力的关系

康德的《答复这个问题:"什么是启蒙运动?"》是一篇短文,显然回答不了如何运用知性的全部问题。不过,当康德用"运用自己的知性(verstand)"来定义启蒙时,他自觉地选择了"知性",而不是"理性"。这使得我们可以在康德的感性、知性和理性三重区分的哲学体系中,重新思考启蒙理性的问题。

康德为什么要用知性定义启蒙呢? 可能是因为他认为知性是知识的能力,而启蒙被视为知识的进步。正如卡西勒所说,启蒙时代"自始至终地信奉理智的进步的观点"①。"理智"即"知性","理智的进步"即"知识的进步"。比如,孔多塞的《人类精神进步史表纲要》一书表达了法国启蒙学者的一个信念:社会进步的原因是"自然界对于人类能力的完善化"②。自然界既是人的认识对象,也是人类天性的来源。随着人对自然的认识发展到真正科学知识的阶段,人的知识能力必定要摆脱黑暗落后的社会势力,推动社会的进步。

按照"知识进步"的启蒙观来看康德,他提出的"自然科学何以可能"和"形而上学何以可能"并不是两个独立的问题。前一个问题要通过人的知识能力(在感性对象)的运用来解释科学的成果;后一个问题则要限制知识能力,为(实践)理性的私下运用留下地盘。

从启蒙的观点看问题,我认为康德所重视的公开运用的知性,既不是运用于道德和宗教领域的实践理性,也不是运用于自然领域的理论理性,而是运用于社会公共领域的判断力。正如康德所说,判断力的"正确运用是如此地必要和被普遍地要求着,因而在健全知性这一名目下所指的没有别的,而正是这种能力";"判断力只针对知性的应用"。③在我看来,《判断力批判》与其说是为了在理性与感性之间架起桥梁,不如说是为了在私下运用的知性与在自然领域运用的知性之间架起桥梁。知性的公开运用不过是和谐、崇高

① [德]卡西勒:《启蒙哲学》,顾伟铭等译,山东人民出版社,1988 年,第 3 页。
② [法]孔多塞:《人类精神进步史表纲要》,何兆武等译,江苏教育出版社,2006 年,第 2 页。
③ [德]康德:《判断力批判》,邓晓芒译,杨祖陶校,人民出版社,2002 年,第 3 页。

的鉴赏力和合目的性对社会公共事务的判断。

在康德批判哲学的体系中,无论在自然领域,还是在社会领域,知性都起着至关重要的作用。知性认识的对象是经过知性和感性综合的现象,不可知的对象是刺激感性的物自体,不管是否可知,客体与主体都不是对立关系。然而康德的后继者费希特和谢林取消了物自体与现象的区分,把客体等同于外物。他们都面临着知性与外物的对立,都把克服两者对立的方案称为绝对唯心论。如果我们注重的不是理论的标签,就可以发现,黑格尔的绝对唯心论包含着完全不同的理性概念。

(三)黑格尔的历史理性

在《精神现象学》序言中,黑格尔把他所处的启蒙时代评价为"一个新时期的降生和过渡的时代":一方面,"升起的太阳就如闪电般一下子建立起了新世界的形相";另一方面,"新世界也正如一个初生儿那样还不是一个完全的现实"。①黑格尔接着分析说,新世界的变革和不成熟都与它的"文化形式"——知性有关。他说:"科学的知性形式向一切人提供、为一切人铺平了通往科学的道路。"这肯定了康德等人的知性观为自然科学奠定基础的积极作用。但是康德等人未能满足"通过知性以求达取理性知识"的"正当要求",最后走向了形式主义。这就是在批评康德否认了理性对象的可知性。其结果是,要么放弃了对"绝对"或"真理"的追求,要么把单调的形式和抽象普遍性等同为"绝对"。②

在《小逻辑》中,黑格尔更详细地分析了"单纯抽象知性的思维"的历史局限性。这种知性思维方式既是康德以前的旧形而上学的特征,也是康德批判哲学的特征。"旧形而上学的思维是有限的思维"③,因此只能以有限、片面的事物为知识对象,而不能认识无限,不能把握真理的全部。关于上帝的本体论证明暴露了旧形而上学思维的缺点,但康德用同样的知性思维方式批判了旧形而上学,也认为思维不可能是无限的。黑格尔对批判哲学有这样的

---

① [德]黑格尔:《精神现象学》(上卷),贺麟等译,商务印书馆,1979 年,第 7 页。
② 参见[德]黑格尔:《精神现象学》(上卷),贺麟等译,商务印书馆,1979 年,第 8~9 页。
③ [德]黑格尔:《小逻辑》,贺麟译,商务印书馆,1980 年,第 97 页。

评论:"批判哲学有一个很大的消极的功绩,在于它使人确信,知性的范畴是属于有限的范围,在这些范畴内活动的知识没有达到真理。但批判哲学的片面性,在于认为知性范畴之所以有限,乃因为它们仅属于我们的主观思维,而物自体永远停留在彼岸世界里。事实上,知性范畴的有限性并不由于其主观性,而是由于其本身性质。"①黑格尔以前的哲学家聚焦于对人的知识能力的批判性考察,因而把思维限制在知性范围,把真理限制在关于有限对象的知识上。费希特虽然看到用对象的有限性来限制思维的"欠缺",从而"以自我作为哲学发展的出发点",但是"费希特也仍然停滞在康德哲学的结论里,认为只有有限的东西才可认识,而无限便超出思维的范围"。总的来说,批判哲学的缺点认为"思维的终结的、不可克服的规定是抽象的普遍性、形式的同一性。于是就把思维当作是真理相反对的","因此便宣称思维不能够认识真理"。②

黑格尔指出了从笛卡尔开始的近代哲学和德国批判哲学的一个共同缺陷,那就是把知性当作思维本质。他说,正因为知性的特征在于它的有限性,所以它不能被等同为思维的本质。因为思维的本质在真理,而"真理本身是无限的",所以"思维的本质事实上本身就是无限的","我们必须把有限的、单纯知性的思维与无限的理性的思维区别开"。③理性思维与知性思维的区别在于,其对象是无限、绝对,而不是有限;其内容是真理的全部,而不是有限的知识;理性在自身活动中逐步实现具体的普遍性,而不是抽象的普遍性;达到对立面的实质性同一,而不是形式的同一性。

辩证法概括了理性思维的这些特点,但理性不只是思维。理性与知性的根本不同在于,知性停留在意识自身,而理性既是主体,也是实体,是存在着的精神。如果有人问黑格尔:如何证明理性自身的存在呢? 黑格尔会说,理性在世界历史中证明了自身的存在。用他的原话说:"哲学用以观察历史的唯一的'思想'便是理性这个简单的概念。'理性'是世界的主宰,世界历史因此是一种合理的过程。这一种信念和见识,在历史的领域中是一个假定,但是它在哲学中,便不是一个假定了。思考的认识在哲学中证明:'理性'——我

---

① [德]黑格尔:《小逻辑》,贺麟译,商务印书馆,1980 年,第 150 页。
② 同上,第 151~152 页。
③ 同上,第 96 页。

们这里就用这个名词,无需查究宇宙对于上帝的关系——就是实体,也就是无限的权力。它自身是一切自然生命和精神生命的无限素材与无限形式——即推动该内容的东西。理性是宇宙的实体。"①"理性"在黑格尔不同时期著作中有不同含义,但在这里,黑格尔明确地用"理性"这一单纯概念表示世界历史的主宰,黑格尔意义上的"理性"可被恰当地称作"历史理性"。"历史理性"也可用"客观精神""世界理性""世界精神"等不同术语来表示。

"历史理性"的提出在哲学史上具有变革意义。理性是传统形而上学的主题,形而上学在传统上是用理性来思考理性对象所获得的理性知识。黑格尔看到,康德的批判摧毁了形而上学的理性知识和对象,于是他把理性引入世界历史,使理性获得了新生。

(四)马克思的历史辩证法

按照我们的分析,黑格尔的历史理性是对批判哲学进行再批判,超越了旧形而上学理性观和近代以来以知识论为中心的知性观的产物。历史理性是理解马克思唯物史观与黑格尔辩证法的中介。马克思之所以继承黑格尔的辩证法,是因为他的辩证法与历史观有着内在联系。马克思发现黑格尔辩证法"神秘外壳中的合理内核"②,把黑格尔阐发的世界历史首先并主要看成物质生产方式的运动。黑格尔的历史理性观作为马克思哲学的来源,无论如何夸大也不过分。在现实中,人们对这个主要的、直接的来源的认识不是夸大,而是不足。其原因是,没有充分认识黑格尔的理性观是对以近代认识论和启蒙理性为代表的理性主义的一场变革。比如,哈耶克说,社会科学中有两种理性主义纲领:一是进化理性主义,一是建构理性主义。前者认为理性认识处在不断进化的过程中,自觉接受经验的修订、调适和证伪。后者则宣布:"应当运用理性所赋予的设计能力,按部就班地创造一种文明。"③这些自由主义者指责马克思通过黑格尔受到了法国启蒙运动的影响,用理性作为

---

① [德]黑格尔:《历史哲学》,王造时译,上海书店出版社,1999年,第8~9页。

② 《马克思恩格斯选集》(第二卷),人民出版社,1995年,第112页。

③ [英]哈耶克:《理性主义的类型》,《哈耶克文选》,冯克利译,江苏人民出版社,2006年,第595页。

审查一切的标准,却不知道理性本身也要受审查,因而是"致命的自负"。

以哈耶克为代表的自由主义者在学术上犯了两个错误。首先,他们在启蒙运动、黑格尔和马克思的"理性"之间画了一个等号,还说这三者有共同的根源,即从培根、霍布斯、笛卡尔直到卢梭的"理性主义传统",但这是一个空疏的概括。其次,"理性主义"的标签混淆了一个根本事实:马克思关于未来社会的展望既不是什么尽善尽美的理性设计,也不是其理论的预设和基础。如果把马克思哲学也归于理性主义的话,那么马克思所关注的是理性的现实基础、社会条件和实际作用,而不是理性本身的纯粹形式和内容。

恩格斯在批判启蒙时代的理性主义时说,启蒙学者是"非常革命"的,"他们不承认任何外界的权威,不管这种权威是什么样的。宗教、自然观、社会、国家制度,一切都受到了最无情的批判;一切都必须在理性的法庭面前为自己的存在作辩护或者放弃存在的权利。思维着的知性成了衡量一切的唯一尺度"①。"理性法庭"的说法非常形象地概括了启蒙理性所具有的至上的裁判地位。接着,恩格斯引用了黑格尔的话,启蒙时代"是世界用头立地的时代"②。本来,黑格尔的这句话是为了说明应当"依照思想,建筑现实"③,但恩格斯反其意而用之,说明不仅要用理性来批判现实,还要用现实来批判理性。即使像社会主义这样的进步思想,也要接受现实的批判和革命实践的检验。因此,恩格斯稍后对空想社会主义者有这样的评论:"对所有这些人来说,社会主义是绝对真理、理性和正义的表现,只要把它发现出来,它就能用自己的力量征服世界。"④如果"所有这些人"也包括历史上的一切崇尚"绝对真理、理性和正义"的人,那么这句话就适用于所有理性主义者(虽然他们不都是社会主义者)。可见,"理性"对于马克思主义而言并不是一个根本的范畴,理性并不只存在于人或神的心灵之中,理性的来源和力量来自于社会现实。

马克思说:"不使哲学成为现实,就不能够消灭哲学。"⑤这里所说的哲学

① 《马克思恩格斯选集》(第三卷),人民出版社,1995年,第355页。
② 同上,第356页。
③ [德]黑格尔:《历史哲学》,王造时译,上海书店出版社,1999年,第441页。
④ 《马克思恩格斯选集》(第三卷),人民出版社,1995年,第358页。
⑤ 《马克思恩格斯选集》(第一卷),人民出版社,1995年,第8页。

不是一般意义上的哲学,而是理性主义的思辨哲学。这句话和我们耳熟能详的其他话,如"批判的武器当然不能代替武器的批判,物质力量只能用物质力量来摧毁"[①],"哲学家们只是用不同的方式解释世界,而问题在于改变世界"[②]等,共同说明了这样的道理:理性只有接受现实的审查和批判,才能审判和批判现实。与其说马克思是在否定哲学理论和理性批判的作用,不如说是在强调理性的现实基础和实践功能。

四、百年再回首:北大与启蒙

提起"民主与科学"这句西方启蒙运动的口号,人们自然会想到20世纪初的北京大学。然而,北京大学建校伊始,指导思想仍然是张之洞的"中学为体,西学为用"。经过一二十年时间,人们发现老的思想不灵,国家的危机仍然在不断加剧,这才面向外国寻找真理,终于在以北京大学为策源地的新文化运动和五四运动中,提出了"民主和科学"的口号。"民主和科学"在当时虽是作为两位洋"先生"("德先生"和"赛先生")被请到中国来的,它代表的却是中国自己的知识分子爱国进步、振兴中华民族文化传统和民族解放的历史趋势。因此,"民主与科学"的口号一经提出,便风靡大江南北,开启了一代新风,包括马克思主义在内的新思潮广泛传播,在20世纪40年代后期造就了新民主主义的建国纲领。

1912年,北京大学设立"哲学门",哲学从此成为中国现代大学的独立学科。1914年,北大哲学门正式招生,标志着现代的中国哲学教育的开始。一百多年来,在中国传统社会向现代社会转型的过程中,北大哲学系的学者和学界同人一道,完成了中国哲学从传统形态向现代形态转变的历史使命。今天,冷静地反思中国哲学从传统形态向现代形态的转变是如何发生的这样一个问题,对中国哲学的发展不无意义。

中国古代虽无"哲学"之名,却有哲学之实。从孔子、老子开始的古代哲

---

① 《马克思恩格斯选集》(第一卷),人民出版社,1995年,第9页。
② 同上,第61页。

人皆"志于道"。他们以"闻道""知道"为人生目标,以"弘道""传道"为终极关怀。"道"就是中国智慧。中国历代哲人追求智慧的传统,是一个与西方哲学的"爱智"传统平行发展的、可与之相媲美的哲学传统。当然,中国哲学并不是古代教育的科目,哲学思想散见于经、史、子、集各个部类的古籍中。只是依托北京大学哲学系和后来建立的其他大学的哲学系,中国哲学才具备了名副其实的现代形态。

作为中国现代大学最早的哲学系,这里既是培育人才的"哲学家摇篮",又是哲学家施展才华的历史舞台。在这个历史舞台上,发生了一幕幕至今仍震撼着中国人心灵的场景:从马克思唯物史观的讲授与传播,到"中国哲学史"这门独立学科的创建;从东方哲学与西方哲学的冲突和较量,到外国哲学的传播译介;从儒家的复兴,到佛教精义的现代阐发;从马克思主义哲学史学科体系的重建,到传统人文精神的弘扬。我们今天回顾这一个个历史场景,可以清晰地辨认出一条承前启后的思想脉络:综合马克思主义哲学、外国哲学与中国传统哲学,创造出适应现代化和社会发展的中国哲学的新形态。

创建中国哲学的现代形态,这是北大哲学系一百多年历史的发展线索,是她的主题和目标。正是由于存在着这样一条发展线索,在北大哲学系发生的一个个事件才具有了历史的意义,而不是随着岁月消逝而湮灭的片断。正是有了共同的主题和目标,不同时期、不同学科、不同志向和不同风格的诸多哲学家,才能汇集在这里,他们的智慧才能形成强大的合力。也正是为了建设新哲学的共同目标,北大和清华、南开的哲学家们组成的西南联大哲学系,才能在抗日战争的艰苦岁月里,为中华民族的生存和复兴提供精神支柱;1952年院系调整后来到北京大学的全国各地的哲学家,才能在适应环境的同时,反映时代精神、普及哲学教育、培养哲学人才。20世纪80年代以后,北大哲学系继承了前辈的优良学风和传统,用理论创新、学科建设和人才培养等方面的丰硕成果,建构了现代形态的中国哲学的基础和大厦。

一百年在人类历史的长河中只是一瞬间,但是北大的哲学家,乃至中国的哲学家们,抓住了这个稍纵即逝的历史机遇,在一个不长的历史时期,就把有着两千多年历史的传统哲学转变为现代形态的中国哲学,这不能不说是一个历史的奇迹。19 世纪 30 年代,在古老的中华帝国行将崩溃之际,黑格尔在他的《历史哲学》中写道,中国有着古老的历史,但没有哲学;有形的太阳是从东方升起的,但"自觉的太阳"只悬挂在西方的天空。一百多年的历史证明,黑格尔这一历史哲学的论断错了。新建的现代形态的中国哲学好似火焰中重生的金凤凰,她与暮色中起飞的密涅瓦的猫头鹰相比,丝毫不显逊色。她又好似东方地平线上喷薄欲出的太阳,她的前景胜似西方哲学的烂漫晚霞。

为了建立中国哲学的现代形态,几代哲学家贡献了毕生的精力和智慧。在北大哲学系教师中,迄今为止,理论前沿中最长寿者是冯友兰先生和张岱年先生。这两位老人在平静地告别这个世界时,发出的却是时代的最强音。冯友兰先生的临终遗言是:"中国哲学一定要走向世界。"张岱年先生的遗愿是:"北大的学术,中国的学术,一定要走向世界。"

中国哲学走向世界——这不仅是几代中国哲学家的夙愿,而且是时代的需要。随着我国现代化建设事业的快速发展,中国不但已经成为经济大国、政治大国,而且将成为文化大国、思想大国。我们相信,只要我们勇于创新,继续综合马克思主义哲学、中国传统哲学和外国哲学的优秀成果,就一定能够实现前辈们的遗愿,把中国哲学推向世界,为中华民族的复兴和中国的和平崛起,为人类不同文明的相互交流与和谐发展,做出更大的贡献。

我们今天重温这段与北京大学有关的历史,是为了强调:"民主和科学"不是一句口号,它是与社会发展的现实紧密结合在一起的时代精神。"时代精神"这个词是通过马克思著作的翻译才在中国流行开来的。马克思在 1842 年说:"任何真正的哲学都是自己时代的精神上的精华。"[①]在此意义上,五四的时代精神不属于西学东渐的一个思潮, 与清末和民国初学术思潮也属于两个时代,甚至与 1915 年开始的新文化运动也不尽相同。胡适把新文化运动称作中国的文艺复兴,这样说是准确的。新文化运动是思想解放思潮,五四运动则是社会政治运动,两者既有联系也不相同。新文化运动的思想解放对两千年中国文化传统和新传入的外国思潮进行理性"审判",虽然"法

---

① 《马克思恩格斯全集》(第 1 卷),人民出版社,1995 年,第 220 页。

官"们有不同的理性标准,但他们遵循相同的裁判规则,共同造就了中国现代语言、学术和政治。无论有多大的政治分歧,复辟帝制已不可能,开历史倒车不得人心,原封不动地照搬古语旧学没有立足之地。任何没有偏见的人都不会否认,一代学术宗师的涌现和民智大开的新风尚是新文化运动的历史贡献;五四运动则是大批先进分子推动的现代政治变革的社会效应。两者相互激荡、彼此呼应,而又不相混淆。我曾把五四精神称作中国式启蒙的时代精神①,是基于以下历史事实和分析。

五四精神的"民主和科学"和"爱国与进步"不是两条分离的、平行的思想路线,而是同一时代精神的两个方面。中共创始人和第一代核心是在五四精神熏陶下成长起来的,五四时代的知识青年在抗战时期大多去了延安和其他根据地,有统计资料表明其80%跟随共产党,只有20%去了国统区,其中还有一些是地下党。我认为这个结果不能只用两党争取人才的政策不同来解释,更深层次的原因是顺应还是违背五四的时代精神。

国民党1927年得到政权后开历史倒车,在思想上否定五四精神。比如,1931年蒋介石说,共产主义不适合中国国情,共产党"毁弃了民族固有伦理、道德、精神、文化"。再如,1934年国民党中央通过"尊孔祀圣"决议,规定各地学校必须读经;蒋介石在南昌发起以"礼义廉耻"为中心准则的"新生活运动",与伪满洲国的复古运动遥相呼应。日本帝国主义为了实现"大东亚共荣圈"的侵略美梦,乞灵于封建主义意识形态,伪满洲国的国文教材充斥着"靖国神社、仁德皇帝、忠孝一体、孝子故事、曾国藩谕子书"等内容,伪满"总理"、清朝遗老郑孝胥用"仁义道德"和"王道政治"的谬论来配合日本侵略者的"王道乐土"。②还如,1943年蒋介石在《中国之命运》一书中,把抗战胜利后建国纲领的思想基础定位于"四维八德"。

与此针锋相对,中国共产党坚持五四运动反帝反封建的进步方向,把从苏俄引进马克思主义与从西方引进法德启蒙思想结合起来,1931年之后,倡

---

① 参见赵敦华:《何谓"中国启蒙"——论近代中国的三次启蒙》,《探索与争鸣》,2014年第10期。本书中的"我"皆指赵敦华。

② 转引自陈亚杰:《"马克思主义中国化"的起源语境》,中共中央党校博士论文,2005年5月,第17、18页。

导抗日救亡、民族解放、人民民主、社会开明和个性自由"五位一体"的"新启蒙运动"。一些倡导者后来去延安，成为中共理论家，与毛泽东等领导人集体创立了新民主主义，即中国共产党夺取政权的理论纲领。国民党倒行逆施的结果是，既没有人才也没有理论；违背五四时代精神的结果是，丧失了人心，失败实属必然。

2019年纪念新文化运动100年时，学术界对五四运动有不少负面的批评意见。有论者认为，五四运动前后引入各种新学，割裂了中国传统文化的命脉，"德先生"和"赛先生"俨然成了"德菩萨"和"赛菩萨"。笔者不敢苟同，因为这不符合事实。

五四前后"新学"的滥觞是多元的，既有向西看，也有向东看，比如梁漱溟立足中国的东西方文化分别；既有科学精神，也有人文精神，例如学衡派引进美国白碧德的新人文主义而主张"融合新旧，撷精立极，昌明国粹，融化新知"，张君劢引进柏格森的形而上学而引起"科玄之争"。总的来说，五四时期思潮可分西化派、保守派和革命派三种类型，但三者的眼界都试图融汇中西思想或新旧学说。比如，梁漱溟认为引进西方文化之中的民主与科学这两种精神是中国文化的"当务之急"，保守派另外一个代表杜亚泉主张"中西文化融合论"。再如，西化派的胡适坦陈，"就全体来说，我在我的一切著述对孔子和早期的仲尼之徒如孟子都是相当尊崇的"，他身体力行"整理国故"，和学生顾颉刚、俞平伯等人创立新史学，根本没有"割裂"而是接续了中国传统文化的命脉。还如，革命派的经典《中国革命和中国共产党》，深入批判"中国封建时代的经济制度和政治制度"，同时充分肯定："中国是世界文明发达最早的国家之一"，中华民族"以刻苦耐劳著称于世，同时又是酷爱自由、富于革命传统"和"优秀的历史遗产"的民族。①

再者，民主和科学在中国从来没有成为被盲目崇拜的"菩萨"，"民主与科学"的精神无论怎么强调也不为过；相反的倾向倒是值得警惕防范，现在打着"弘扬国学"旗号的愚昧和迷信，还不够令人怵目惊心吗？

当然，我们今天对"民主与科学"的理解不能停留在历史诠释的层面，更

① 《毛泽东选集》（第二卷），人民出版社，1991年，第623页。

不能局限于五四前后的一二十年。中国社会已经发生了天翻地覆的变化，在迈向现代化和民族复兴的历史时刻，我们应当赋予"民主与科学"新的时代精神和思想内涵，使这一光荣的历史传统仍然能够成为推动社会进步的精神动力。对"民主与科学"的精神，我们要有新的探索，新的实践。

在肯定"民主与科学"的历史功绩的同时，应该看到它在被引进中国之时就有着先天不足的弱点。20世纪初，西方思想界的主流，一是实证主义，一是功利主义。当中国人从西方引进"民主与科学"观念时，不可避免地把实证主义的科学观和功利主义的民主观带了进来。这两种思潮在后来的发展中与马克思主义分道扬镳，且不能适应中国社会实际。受此连累，"民主与科学"的应用范围受到很大限制，没有普及和发展，也未能真正融入国民素质之中。在"民主与科学"思想的故乡，西方思想家也认识到了这种危害：实证主义的科学观导致唯科学主义，产生出一种新的教条主义；功利主义的民主观主张用忽视甚至牺牲社会正义为代价，来换取"最大限度的幸福"，其后果或是流于自由放任，或是沦为极权专制。这些批判出自深奥的学理或哲学，但有强烈的现实针对性，有其合理性与可借鉴之处。我们需要从中国社会的实际出发，对"民主与科学"的精神实质做些反思。

"民主与科学"不只是分别适用于科学界与政治界的两种分离的思想，也不是只适用于这两个领域的局部观念。它应是适用于全社会的时代精神，应成为全民族的思想素质的要素。提倡"科教兴国""科技强国"，在笔者看来，首先需要提倡的就是"民主与科学"的精神。科教之所以能够兴国，固然因为科学技术是第一生产力，但只有人才是生产力的第一要素。我们理解的第一生产力，不仅仅是高科技的手段，更重要的是具有科学精神，因而能够正确掌握并不断创造科技新成果的人。同样重要的是，民主与科学不能分家。缺乏民主的精神氛围以及民主制度所能保障的思想和学术自由，科学难以发展，甚至会被窒息；同样，没有科学的开放精神、理性标准、求实态度和创新作风，也不会有真正的民主观念与制度。只有达到了民主与科学相统一的精神，才不致把"科学"与"民主"分别局限在科学家和政治家的职业范围之内，而让"科教兴国""科技强国"的成果惠及人民。

实证主义者和功利主义者也曾想把民主与科学推广到全社会，但是他们只是把民主与科学作为达到某个预先确定的目标的手段。按实证主义科学观,科学是达到真理的唯一途径,这就是经验证实的方法。按功利主义的民主观,民主是最大限度地实现社会成员幸福的手段,其唯一途径就是"大多数人的统治",就是以全民选举为合法性基础的代议制。实证主义和功利主义有共通之处:他们一方面以预定的目标来限定民主与科学的精神内涵,另一方面把民主与科学的功能归结为一些狭隘的手段和方法,这不符合"民主与科学"的批判创新的思维方式和自由开放的价值取向。我们应该把民主与科学理解为一种动态的机制,渗透于这一机制的精神,从肯定方面说,就是实事求是,即按照事实的变化,不断地设置、调整和修订自身的目的和手段;从否定方面说,这也是自我批判的精神,即不断地主动清除自身的错误、落后和腐朽的成分。在这两种情况下,民主与科学都是一种参与和对话的动态机制,科学的活力在于信息的交流与竞争,社会的活力在于权力的分化、配置与制衡。

北京大学作为"民主与科学"思想在中国的摇篮,更有责任在新的历史条件下弘扬这一光荣传统。一个首要的任务是按照"民主与科学"的时代精神,培养跨世纪的新人。现在,素质教育已成为北京大学教学改革的一个重点。北京大学的素质教育和专业教育,除有丰富的中外文化资源之外,更有"民主与科学"这笔宝贵的精神遗产,值得我们好好地开发利用。北京大学素有学术自由的氛围和风气,我们应该珍惜它、爱护它,不容许任何人破坏它。只有在学术自由的氛围中,才会有百花齐放、百家争鸣的思想繁荣,才会有创新的源头活水,才能弥补北京大学半个多世纪以来大师稀少、没有学派的缺憾,才能让北京大学跻身于世界第一流大学的那一天早日到来。北京大学在很多青年人的心目中是一片精神上的净土。这是"民主与科学"传统给北京大学带来的荣誉,也要靠"民主与科学"的精神来维护。现在,腐败风气无孔不入,学术界、教育界也不是世外桃源。我们要正视问题的严重性:学术界、教育界的腐败是严重、危险的腐败。为了抵御和清除学术界、教育界的不正之风、腐败之风,我们依然要借助"民主与科学"的精神,因循科学的态度和措施、民主和作风的管理,维护学术的尊严和教育的纯洁。

五、走出中西哲学逻辑思维的传统误区

为了"证明"中西文化有着根本不同的特质,一些人说中国人和西方人有完全不同的"思维模式",中国人重综合,西方人重分析;中国人讲融会贯通,西方人讲二元对立;中国人擅长形象思维,西方人擅长抽象思维。这些说法都基于这样一个区分:西方人的思维模式是逻辑的,而中国人的思维模式则是非逻辑的。且不说"思维模式"是一个可疑的西方哲学概念,认为中国人和西方人有着固定不变的、相互对立的思维模式,这本身就是"二元对立"的"西式思维",我们中国人凭什么要相信它? 不过,这套说法还有不少似是而非的"证据",大有让人不得不信的势头。比如,人们常说,西方人发明了数学、科学和逻辑的体系,而中国人有源远流长的"天人合一"传统;西方哲学充满了推理和证明,中国哲学充满了诗意和体悟,如此等等,岂不是都表明了中西思维模式的根本不同? 在笔者看来,这些数学、科学和哲学上的"证据",都经不住推敲,真正有分量的证据可能来自语言学。一些比较语言学家和语言哲学家用中文和西文在表意方式和语法结构上的差异,证明这两种文字使用者有不同的思维方式:西文使用者需要动用大脑左半部分掌管抽象思维的部分,中文使用者则经常使用大脑右半部分负责感知图像的部分,因此两者的思维方式分别侧重于逻辑和直观。但这还只是一个假说,如果这个假说能够成立,需要有这样的证明:在日常使用中,西文的逻辑性强,而中文的逻辑性不强。但是西方人写的逻辑学教科书和普及性读物,经常引用日常口语、网络语言、公共宣传语,乃至学术著作中也存在大量的此类例句,这说明西文中充满着不合逻辑的表达方式。这就证明,西文并无"逻辑性"这样的内在特质,逻辑性强是训练出来的。我常想,如果中国人也能用同样的方式证明:

第一,中文里符合逻辑的表达方式不输于西文;

第二,中文里的不合逻辑的表达类似于西文;

第三,同样的规则和训练,对中文和西文的使用者有同样的效果。加强表达的逻辑性,纠正不符合和违反逻辑的表达。

那么从语言学上来证明中西思维模式根本不同的企图，便不攻自破了。刘培育主编的"逻辑时空丛书"，其"总序"中提到，这套书是受到英国逻辑学家斯泰宾的《有效思维》启发而撰，是"针对 20 世纪 30 年代的英国社会不讲逻辑、甚至反对讲逻辑的情况而写的"。读者可以发现，英文中的那些逻辑错误、混乱和模糊之处，中文里同样具有。反过来看，英文中的逻辑推理，中文同样可以用自己的方式表示。在这一方面，彭漪涟的《古诗词中的逻辑》使人大开眼界。一般认为，中国古代诗词是中文"形象思维"的"非逻辑性"的最好例证。但此书证明，古诗词中亦有抽象思维才能把握的意境，亦有逻辑推理。比如"官仓老鼠大如斗，见人开仓亦不走"，作者分析道，第一句说明官仓贮粮丰富（否则老鼠不硕），第二句说明疏于管理（否则老鼠怕人）。笔者要补充一句：这几两句是后两句"健儿无粮百姓饥，谁遣朝朝入君口"的力量所在。如果官仓无粮，或者有粮而又妥善地保管，以备更大的用途，只要其中有一点为真，那么"健儿无粮百姓饥"就怪不得官府了。只有在这两点都不能成立的情况下，后两句的谴责才义正辞严。如果允许我用非逻辑的方式表扬逻辑，我要说，这句诗是"辞严"（逻辑推理严密）而"义正"。《咬文嚼字的逻辑》《点击思维》《逻辑与智慧新编》《笑话、幽默与逻辑》等书的作者，饶有兴致地写了大量无意或有意地不符合或违反逻辑而产生了意料之中或意料之外的效果的案例。这在西文中也比比皆是。

就拿无处不在的"人"来说，英国反达尔文进化论的人用"你的祖先是猴子"羞辱支持"猿是人的祖先"的人；中国售货员用"为人民服务不是为你服务"拒斥顾客。他们都混淆了集合概念与普遍概念：那个英国人把进化论中的集合概念"人"当作了适用于每个人的普遍概念，而那个中国人把"人民"这一普遍概念当成不适用每个人的集合概念。不要以为这样的错误只是生活中的小插曲，它也可以引起著名的哲学争论。在西方，柏拉图说"人是无毛的两脚动物"，这里的"人"是集合概念；亚里士多德说"人是有理性的动物"，这里的"人"是普遍概念。在中国，孟子说"人性善"，荀子说"人性恶"，他们所说的"人性"虽然都是集合概念，但孟子的"人性"是属概念（"人"），荀子的"人性"是种概念（"动物"）。这四个人都在说人，但说的不是同样的"人"，却分别在西方和中国引起了历史悠久的争论。时至今日人们还在争论不休，甚至还有新的发展,如用孟子的"性善说"反对亚里士多德的"理性说"。因为混淆了"人"的概念,不知有多少人耗费了时间和精力,由此可知,学习逻辑多么重要。

第二章　新中国成立后
中国哲学"三化"的历史探索

一、新中国成立后中国哲学"三化"面临的十大难题

　　笔者以为,20世纪哲学在中国走的道路是马克思主义哲学中国化、中国传统哲学现代化和西方哲学处境化。在20世纪前半段,一方面,西方哲学在吸收中国传统文化的环境中广泛传播,另一方面,本土学者受西学思想震荡而调整发扬中国传统哲学,两方面的互动彰显了中西哲学会通的最初成效。再者,马克思哲学与西方哲学本是同源,即使在纯学术的层面也可会通。在思想启蒙和抗日救亡的共同任务为中西马哲学会通创造的良好氛围下,20世纪40年代已经出现了会通中西或会通西马的一批著述,并正朝向会通中西马的方向发展。学术发展的趋势与政治氛围分不开。据汪子嵩先生回忆,西南联大的教授"观点有左的,也有右的,较多的是被称为'中间路线'的。有些讲得激烈些,有的温和些,尽管各自论点不同,可一旦自由受到威胁,态度就很快一致了"①。

　　20世纪后半段,由于苏联教条主义的影响,中西马会通之路一度堵塞。1945年,苏共中央主管意识形态的书记日丹诺夫在西方哲学史座谈会上,提出了关于哲学史的定义:"科学的哲学史,是科学的唯物主义世界观及其规

---

① 汪子嵩:《往事旧友,欲说还休》,生活·读书·新知三联书店,2015年,第52页。

律底胚胎、发生与发展的历史。唯物主义既然是从与唯心主义派别斗争中生长和发展起来的,那么哲学史也就是唯物主义与唯心主义斗争的历史"①。根据这一定义,"所有的哲学派别分成了两大阵营——唯物主义和唯心主义阵营。唯物主义和唯心主义之间的斗争,进步的唯物主义路线在这一斗争中的形成和发展,是哲学在许多世纪以来全部发展的规律。在唯物主义反对唯心主义的斗争中,表现出社会的进步阶级反对反动阶级的斗争"②。日丹诺夫的定义在我国影响极大,它与《联共党史》(第三章第四节)一道,被奉为哲学研究的圭臬,学术自由条件下的中西马哲学会通趋向遂被中断。

在"双百"方针口号鼓舞下,北京大学哲学系在 1957 年 1 月 22 日召开"中国哲学史座谈会",中西哲学史的著名学者指出,日丹诺夫定义既不符合哲学史事实,也缺乏理论依据。但在当时条件下,不可能改变这个定义所代表的教条主义指导方针。直到 1978 年,在芜湖召开的全国外国哲学会议,借解放思想、拨乱反正的东风,彻底推翻了日丹诺夫哲学史定义。

改革开放四十多年来,中国的哲学界取得了令人瞩目的新成果。第一,马克思主义哲学界突破了苏联教科书体系,提出了"实践唯物主义"等新的观点,开拓了"马克思主义人学""马克思主义文本研究"等新的方向,并以积极的态度与现代西方哲学展开对话,吸收外国马克思主义研究中的合理成分;第二,哲学史界突破了日丹诺夫的模式,从具体的史料出发总结哲学史发展的线索,实事求是地理解和评价历史上的哲学家。各种西方哲学思潮流派得到广泛而深入的研究,中国传统哲学思想也得以复兴,发扬光大,迄今为止成就不可胜数,"百花齐放,百家争鸣"不足以形容其繁荣盛况,我们且用"百花齐放,全面开花;百家争鸣,论题众多"两句话来概括其广阔和深湛。哲学研究和翻译领域扩展之快,覆盖范围之全,学术著述数量之多,规模之大,任何综述都有挂一漏万之嫌。

但是我们不能盲目乐观,应该看到,被中断的学术的黄金时代并没有得到接续,对历史上的中外哲学家(包括 20 世纪初的中国哲学家),基本上还

---

① 《日丹诺夫同志关于西方哲学史的发言》,立三译,东北书店,1948 年,第 4 页。

② [苏联]罗森塔尔、尤金编:《简明哲学辞典》,生活·读书·新知三联书店,1975 年,第 373~374 页。

只是"照着讲",而不是"接着讲"。贺麟在《当代中国哲学》"序言"中批评"对于同时代人的思想学术不愿有所批评称述"的"错误而不健全的态度",说明了"率直无忌公开批评"与"合理的持平平正"不相抵触的理由。 笔者为之折服。笔者不敢说自己的批评是确定的公论,但为学术氛围的活跃和发展计,发表出来以就教于方家。

(一)西方哲学研究方法论问题

西方哲学史属于历史科学,现代西方哲学是对过去和当前流派的回顾和追踪。中国传统中经史关系的见解不可避免地嵌入西方哲学研究中。一方面,"哲学就是哲学史"或"哲学是认识史"等主张,犹如古人说"六经皆史";另一方面,"哲学史家不是哲学家""思想胜于学问"等主张,犹如古人说"先立乎其大""六经皆我注脚"。

在处境化背景中,西方哲学方法论中始终有史与论、述与评关系的讨论。绝大多数主张史论结合、评述搭配的中允之论;实际上是对大批判的专断的否定,以及对戴帽穿鞋式的点缀的不满。但是在用马克思主义理论取代哲学史和用黑格尔辩证法带动哲学史的处境中形成了一种惯性,不采取以论代史或以论带史的方法,人们不知道史论结合的途径,西方哲学研究的"集体下意识"是据史论史,或以史料的堆砌或编撰为翔实,或把编译和转述当创见。

史论结合的创新方法在于论从史出,把社会和思想的"外史"和哲学史自身发展的"内史"相结合,把依据某一学说设计的主题和逻辑线索与有选择的文本材料融为一体,用哲学历时性的纵切面表现或证明学说的共时性横切面。论从史出的方法要以据史论史的丰富材料为选择范围,也要有以论带史的学派训练。在尚未具备这些条件的情况下,据史论史、以论带史和论从史出的各种尝试和互动是必要的、有益的。

不过论从史出并不是西方哲学创新的唯一方法。西方哲学以哲学文本为主要研究对象,限制了对引领时代新问题的视角,历史只是观察和理解现在和未来的一个视角,哲学文本只是影响现实的一类思想材料。中国的哲学学科门类范围广大,为西方哲学跨学科和新兴学科的探索创造了条件。可以预见,哲学跨学科和新兴学科的方法将为西方哲学的创新提供更多思路。

(二)西方哲学术语中译问题

西方哲学的中译术语大多是 20 世纪初从日本引进的,不过日本人在翻译时借助了不少中国古代已有的词汇,如"形而上学""本体""宇宙";或把中国单音词合成为多音词,如"哲学""存有",这些借词相当于"出口转内销",是东西交流的产物,对西方哲学处境化的历史贡献怎么评价也不为过。在翻译《马克思恩格斯全集》中文一版和黑格尔著作的过程中,西方哲学的学者对已经流行的西方哲学术语精雕细琢, 体味其在不同语境中的含义。随着马克思主义哲学中国化的推行,源自西方哲学的概念成为中国哲学界的"普通话"。

在深入理解的基础上,中国学者对西方哲学概念进行了重译。重译的要求首先发生于希腊哲学领域。王太庆、汪子嵩等人首先提出,以希腊文系词einai 及其名词形式的概念既不能译作"有"或"存在",而按其本意应译为"是",希腊文 eidos 或 idea 不应译作"理念",而应译作"相"。这一主张被很多人接受。继而,研究现象学的学者把康德严格区分的"先验"和"超验"都译作"超越"或"超绝","先验论"译作"超越论"。另外,有感于过去对"唯心论"的负面评价,一些人用"观念论"取而代之,"唯物论"则译作"物质论"或"质料论",以淡化"唯物"与"唯心"的对立。

在不同语境中,西方哲学概念意义有所不同,中译术语随之改变无可厚非。有争议的问题是:具体文本具体对待,还是术语一律,意义统一,甚至马克思主义哲学中的"存在"也要译作"是","德国唯心论"译作"德国观念论",康德的"先验论"译作"超越论",那就不合理了。不过中译术语只要标注外文原文,只要在上下文中自圆其说,使用不同术语无碍大局。关于中译术语问题的继续争议,可以深化对西方哲学概念的理解。

(三)中西哲学会通问题

黑格尔关于中国古代有宗教而无哲学的论断,在 20 世纪初中国哲学史成为世界性学科的情况下,似乎已经难以成立了。但是 2002 年,德里达访华时褒奖"中国古代没有哲学,只有思想"的一句话,却引起了"中国哲学合法性"的讨论。德里达的话之所以有如此影响,在于迎合了复古思潮。当今复古派不是五四时期的保守派,当时的保守派和自由派从不同的方向推进中西会通,而当今复古派则釜底抽薪,如果中国古代没有哲学,中西哲学会通岂不是根本就不存在;而如果"中国思想"与哲学在本质上完全不同,也就否定了中西思想会通的可能。

不那么极端的复古派和保守派承认中国哲学的存在,主要是通过"比较哲学"表明立场。比较哲学现在还不是成熟的学问,没有明确的界定和方法。从事中西哲学比较可以没有原则和立场,不论时空差距,从古今中外文本中摘取貌似相近的观点或命题加以比较,其主观随意性造成庄子所说的同异悖论。

抱有明确原则和立场的人大多强调中西哲学的差异,但他们的价值判断相反。复古派从中西差异中看到中国优于西方,而自由派则相反,两者似乎重演五四时期"向东走"还是"向西走"的争论。跨文化比较的目的应是以对方为镜子照看自己的缺点,本应保持"多讲自己的缺点"和"自己的优点留给对方讲"的谦虚态度。比较哲学如果靠贬低对方来抬高自己,难免背离比较的初衷而陷入"那喀索斯式自恋"。

根据自己对中西哲学文本的解读,我认为中西哲学确实属于不同时代和不同文化传统的哲学形态,差异很多,但至少在一点上是相同的,这就是都力图张扬人的尊严,以这个"最大公约数"为出发点,我们可以逐步扩大中西哲学的会通。

如果不是从字眼而是从事实出发,我们可以发现中国古代不但有名副其实的哲学,而且中国古代哲学的主体——士人阶层充满着大义凛然的尊严感。从孔子的"三军可夺帅也,不可夺其志也",孟子的"浩然之气",到文天祥的《正气歌》,人们感受到的是面对强暴的尊严。实际上,士大夫尊严感最为高扬的时期恰恰在皇权最黑暗的朝代,如东汉的"党锢"和明朝的"廷杖"。直到清朝的文字狱,才把士大夫彻底打成了奴才。对此,黑格尔发表了洞若观火的评论:"尊严的基础就在于它涉及一个为我而在的不可触动的领域",在清朝,皇帝把所有人都看作奴才,"人所享有的第一尊严,即成为自由人,这种抽象的内在性,在这里并没有得到承认"。黑格尔还说,株连和严酷的刑罚"完全否认了道德的自由,否认了犯罪的归属,否认了道德的独立性","体罚也最能让人感到屈辱",对士大夫的自尊更是致命打击,因为黑格尔说:"对于有教养者来说,这种惩罚之所以是最高的处罚,是因为它在法律面前宣告他的意志一文不值","教育的程度越高,对于体罚也越敏感。一个承认并维护法律的官员,一旦遭受体罚便是奇耻大辱,因为他的道德地位被剥夺了"。①

黑格尔做出这样的评价不是偶然的,在他之前,康德强调人的尊严是有理性的人的内在价值的最大值。②虽然自由、自主和尊严一直是西方哲学的主题,但人的尊严只是在缺乏和失去的时候才显得尤为可贵。在启蒙时代,英法等国人民在争得平等自由权利的情况下不觉得尊严的可贵,甚至对滥用自由有损人的尊严的暴力熟视无睹。德国在封建专制的统治下,黑格尔和康德一样把人的尊严作为自由和自立的"不可触动性"的前提。黑格尔解释说:"我通过我的意志能成为什么东西,是属于我的,并且不能被触动。如果有人抱有敌意地触动这个领域,那就是对我的极大伤害。"③但黑格尔比康德更进一步认为,尊严的内在价值只是道德主观性原则,需要客观的法权制度的保护,公民的尊严才能巩固发展。

康德和黑格尔在哲学上是欧洲中心论者,但他们对中国清朝时代的道德政治批判值得我们反省。在这一点上要向马克思学习。马克思并不因为黑格尔的唯心论而全盘否定黑格尔的批判精神,相反,他继承了康德、黑格尔的批判哲学,更加彻底地批判蔑视和践踏人的尊严的一切制度。马克思批判封建专制说:"专制制度的唯一思想就是轻视人,使人非人化……专制君主总是把人看得很低贱。这些人在他眼里沉沦下去而且是为了他而沉沦在庸碌生活的泥沼里。"④马克思批判资本主义制度说:"它把人的尊严变成了交

① [德]黑格尔:《世界史哲学讲演录(1822—1823)》,刘立群等译,商务印书馆,2015年,第132~134页。

② 参见《康德著作集》,李秋零译,中国人民大学出版社,2008年,第289页。

③ [德]黑格尔:《世界史哲学讲演录(1822—1823)》,刘立群等译,商务印书馆,2015年,第132页。

④ 《马克思恩格斯全集》(第47卷),2004年,人民出版社,第58~59页。

换价值。"①他把康德的道德自律转变为革命的"绝对命令:必须推翻那使人成为被侮辱、被奴役、被遗弃和被蔑视的东西的一切关系"②。

20世纪伊始,西方哲学在中国传播的动因正是寻求独立人格和思想尊严。梁启超在1905年用笛卡尔的"我思故我在"解释"格物致知",他说:"我有耳目,我物我格,我有心思,我理我穷。"他引入近代西方哲学意在"破世界之奴性,摧毁千古之迷梦",要使中国富强和繁荣,就必须像培根和笛卡尔那样反对奴性,既不做中国旧学的奴隶,也不做西方新学的奴隶。③新儒家破除等级观念,把士大夫的尊严转变为人人平等的权利。比如,熊十力要把礼制之"安分"变成"各得分愿"。他说:"古代封建社会之言礼也,以别尊卑、定上下为其中心思想……而无所谓自由与独立。及人类进化,脱去封建之余习,则其制礼也,一本诸独立,自由,平等诸原则,人人各尽其知能,才力,各得分愿。"④

综上所述,20世纪中西哲学会通的出发点和基础是三者共同追求的人的尊严。四十多年来的哲学的繁荣和发展见证了学术尊严的力量。

党的十九大报告深刻地指出,我国社会的主要矛盾已经转化为人民日益增长的美好生活需要和不平衡不充分的发展之间的矛盾。人民日益增长的美好生活需要,不仅是更多的物质满足,而且是文化上、精神上的真善美追求,还是在民主、法治、公平、尊严,以及安全、环境等方面的日益迫切需求。《中华人民共和国宪法》第三十八条庄严宣布:"中华人民共和国公民的人格尊严不受侵犯。禁止用任何方法对公民进行侮辱、诽谤和诬告陷害。"中国公民无论职务高低、收入多寡,人格的尊严是平等的,不可侵犯。我国哲学工作者也在为人民对美好生活的需要而工作,尤其需要用思考公民尊严问题的论述,彰显学者的思想尊严。康德说:"除非我学会了尊重人,除非我的哲学恢复了一切人的公共权利,否则我并不比一个普通劳动者更有用。"⑤这

---

① 《马克思恩格斯文集》(第二卷),人民出版社,2009年,第34页。
② 《马克思恩格斯文集》(第一卷),人民出版社,2009年,第11页。
③ 参见梁启超:《饮冰室合集·文集之十三》,中华书局,1936年,第12页。
④ 黄克剑、王欣、万承厚编:《熊十力集》,群言出版社,1993年,第313页。
⑤ N. K. Smith, *A Commentarty to Kant's Critique of Pure Reason*, *Humanities*, New Jersey, 1918, p.LVII.

句名言至今仍可以用于表达会通中西马的时代精神。

(四)西方哲学与西方马克思主义哲学关系问题

马克思主义哲学的来源是西方哲学史，现代西方哲学的流派各有自己的马克思主义解释。由于马克思主义哲学和西方哲学分属不同的二级学科，不少西方哲学专家对马克思主义哲学退避三舍；而马克思主义哲学专家对西方马克思主义的研究往往被同行讥为"西马非马"，对马克思哲学与康德、黑格尔联系的研究被当作"以西解马"。在西方，马克思主义哲学与西方哲学同根同源，不可分割；在中国处境中，西方哲学与马克思主义哲学相辅相成，难解难分。这个道理好懂，但实行起来就不那么容易了，这里用得上"知易行难"这句话。现在迫切需要在马克思主义哲学与西方哲学专家之间，开展专题性的讨论争鸣，推动马克思主义哲学中国化与西方哲学处境化共同发展。

(五)中世纪哲学性质问题

哲学和宗教的关系是哲学和宗教学共同研究的问题，围绕中世纪哲学性质和地位问题的讨论，代表了宗教哲学研究不同的视角和观点。比如，中世纪哲学只是西方哲学史中的一个断代史，还是宗教哲学的典范？如果强调前者，则中世纪哲学的主要问题是逻辑与语言、唯名论与唯实论、存在与本质、意志与理智等西方哲学史一直讨论的共同问题；如果强调后者，则中世纪哲学的主要问题是信仰与理性、神学与哲学关系问题，哲学问题、范畴和方法在信仰和神学的框架中获得特殊意义。再如，中世纪哲学的性质是基督教哲学，还是一般意义上的宗教哲学？如果是前者，则是突出了基督教在西方文明中整合希腊哲学、希伯来宗教和罗马法制的作用；如果是后者，则是突出了基督教、伊斯兰教和犹太教的宗教哲学平等对待，强调中世纪文化的多元性。还如，中世纪哲学的起始如何划分？是按世界史划分的5—14世纪的哲学，还是按照思想史划分的从早期教父到15—16世纪的哲学？较短的中世纪哲学基本上是天主教哲学，与近代哲学有断裂；而较长的中世纪哲学包括新教继承的使徒统绪和社会思想，可与近代哲学相衔接。显然，这些问题的讨论对西方宗教哲学的研究具有示范作用。

(六)康德与黑格尔的重要性和相互关系问题

作为马克思主义的重要来源，黑格尔在第三阶段的西方哲学研究中独领风骚。1981年李泽厚提出要康德还是要黑格尔的问题。现在看来，那些主张康德比黑格尔更重要的理由不能成立，但正如现代解释学所说，偏见和误解是思想的传播和接受的常态，回到康德的呼声唤醒了从第一阶段对康德的兴趣，康德哲学的翻译和研究是本阶段的显学。与此同时，由于增加了来自西方马克思主义和现代西方哲学译介研究的助力，黑格尔哲学研究势头不减。哲学界普遍认为康德和黑格尔同等重要，但更重要的问题是如何更全面地理解两者的关系。黑格尔的评论或与马克思主义哲学相接近的程度，未必是看待康德与黑格尔关系的唯一标准或最佳视角。在更宽阔的视野中，看待康德开启的现代性哲学变革和黑格尔按照理性思辨的辩证思维的拓展推进，以及他们在包括马克思主义哲学在内的现代思想的各自影响，对哲学各领域具有全局性的重要意义。

(七)启蒙与现代性的是非功过

西方的文艺复兴和启蒙运动，极大地促进了资本主义以科学技术与生产力为代表的现代自然科学的发展，从笛卡尔、培根到康德、黑格尔的哲学都用各自不同的理论形式表现科学、平等、自由、共和的启蒙时代精神。启蒙时代的精神产生的社会影响如此巨大，在西方哲学史上是罕见的。这些西方哲学家也因启蒙精神而受到中国境遇中读者们的重视和积极评价。马克思主义哲学也曾高度评估启蒙运动的积极作用。但是近年来随着民族复古主义和文化保守主义的勃起盛行，反对启蒙的声浪高涨，新文化运动和五四时期再次被用来诋毁马克思主义和中国共产党，甚至把它当作"全盘西化""割裂传统"的祸端。

姑且不说反启蒙的责难如何违背历史事实，以及本书导论所梳理的马克思主义哲学中国化、中国传统哲学现代化和西方哲学处境化的"三化"特点中，第一阶段和第二阶段的思想线索，单从方法论上说，据史论中的严肃文本研究，也不支持将启蒙与传统对立、民族性与时代性割裂的学理结论。反启蒙的学术仅仅局限于以古学为标准,如此进行的"重估"现代性,必然得出颠倒进步和倒退的伪价值。尽管其也是历史性地通过古经"解读"和近现代文本"批判",貌似"恢复"人心和社会正道,"挽救"现代衰落的危机的动机,却无法真正"纠正"文化变动的偏差。这种所谓"论从史出"的方法论体现的仅仅是断章取义地裁剪历史的"小裁缝"历史观,失去了"大历史"应有的见识。严肃的西方哲学史研究应当以此为戒,继续发力,深入研究近代和德国古典哲学文本,在启蒙时代的背景和视野中,宏观与微观相结合,做出史论结合的新解释,以及推陈出新、实事求是的评价。

(八)后现代主义的哲学评价问题

西方反现代性、批判启蒙的生力军是后现代主义。启蒙思想中科学、平等与自由的张力已包含现代性与后现代分歧的萌芽,尼采以自由否定平等,用意欲取代理性,以艺术的浪漫反对制度的规范,成为后现代主义的祖师爷。尼采以个性解放的启蒙形象在中国流行。即使在五四时期,个性自由与民主科学的追求也有张力,20世纪80年代,个人诗化创造与社会改革实践在价值观上有不同取向,只不过当时启蒙的氛围掩盖了这种分歧。

后现代主义被引入中国以后,具有多重面相,既迎合了反科学实用、推崇艺术和美文的浪漫文人习气,又迎合了热衷于激进左翼知识分子的无政府主义思潮,还与反对权利平等的高贵精英的复古保守心态相呼应。由此不难理解,它在中国被当作时髦新潮受到热捧,甚至在西方哲学领域,也受到礼遇,被当作纠正理性主义弊病的划时代转折。

但是在承袭启蒙理性的学者看来,后现代主义在哲学上没有超越时代,非但不能纠现代性之偏,相反,它执现代性内部张力之偏,从一个极端走向另一个极端,偏执于艺术和审美的个性,否定科学的普遍有效性和公共道德。"后学"的解构不过是无本质、无结构、无真相的否定,建构性的"后学"在实践上是无能的。在政治上,"后学"对资本主义激进的文化批判和心理批判不伤及社会制度的皮毛,不触及社会不公正、不合理的实质,只是通过宣泄不满来安慰民众,换取对现实的承认和接受。他们貌似激进,实际上是新生的保守派。

(九)政治哲学中的"左""右"之争

总结中西马哲学会通的"三化"历程,前两个阶段的教训是各派势力借助外国学说张目,即五四时期自由派借英美自由主义、保守派借欧陆保守主义、抗战时期爱国主义借助德意志民族主义,第三阶段的教训是照搬苏联的马克思主义,而不顾中国国情和目标。在第四阶段,国内对于西方政治哲学的译介研究繁荣,但研究者仍没有摆脱"挟洋自重"的心态,借助西方左派与右派的名声造势。在中国处境中的"左"和"右"与西方的价值观大不相同,甚至相反,因此要打引号。

比如,文化保守主义和政治自由主义都守护自由主义基本价值,两者没有泾渭分明的界限。而在中国境遇中,两者被引申为保守传统的"左派"与鼓吹西方价值的"右派"的怒怼。再如,当代自由主义与经济利益、公共政策直接挂钩,主张国家调节、福利社会的属于自由主义左派,主张自由竞争、不干预主义的属于自由主义右派,而兼顾左右主张的属于中间派或温和派;而在国际事务中,左派和中间派倾向于"人权高于主权"的人道主义干预,而右派则倾向于"国家利益第一"的孤立主义;左中右的区分只是相对的、暂时的,因时事和局势变化随时转化。在中国境遇中,"新左派"维护国家主权和权威,而主张自由市场经济、社会公正和公民尊严权利的被视为"右派"。还如,利奥·施特劳斯和卡尔·施密特的政治哲学在美国被用于强化传统宗教价值和国家权威,属于右派,但"转口"中国后,与批判现代性和反对启蒙主张相结合,成为"新左派"重要的西学资源。

"左""右"对立有其敏感性,一些学者避谈、忌谈这个问题,因此缺乏公议辩理的学术争论。不过,学界人士心知肚明,即使一些看似纯学术问题的讨论,也有同声相应、同气相求的不同原则和立场。只有了解中国国情,才能悟得其中三昧,兹不赘述。

(十)海德格尔与纳粹的关系问题

在此问题上,西方舆论界和学术界多次掀起轩然大波。海德格尔这位20世纪最有影响力的哲学家与纳粹这个人类历史上臭名昭著的罪恶组织有牵连,在西方是一个爆炸性新闻,从1945年至今一直是政治与学术关系的典型案例,随着材料越挖越多,学界的看法趋于一致。中国学者与舆论对这个问题比较淡定,看法比较平和。大多数专家认为这样或那样的牵连无损于海德格尔哲学极为深奥的原创性和划时代的影响,学者只在牵连的程度与性质问题上有所分歧。有的认为海德格尔与纳粹只是偶然邂逅,并无过错;有的认为海德格尔只是短暂介入纳粹运动,没有罪责;有的认为海德格尔只是犯了普通德国人当时都犯的过错,无须专门道歉;有的认为海德格尔过错严重,哲学家比普通人负有更大的社会责任,但这些都是政治问题,应与哲学分开。

中国处境中"政治正确性"的标准与西方不同。在西方,只要触犯了反犹主义的底线,就要受到道德和政治上的审判,如果有学者身份,更要深挖其思想根源。在中国境遇中,德语哲学专家多少有些德意志情结,一些人对纳粹和反犹主义无切肤之痛。海德格尔对现代技术的彻底否定、对现代性的全面批判、对诗化语言的偏好,引起众多文学、艺术和哲学爱好者的共鸣,而他在现象学运动中享有显赫名声和地位,似乎是难以挑战的哲学权威。不过,透露海德格尔反犹思想的"黑皮书"公开出版之后,情况有点改变。比如,倪梁康不但清理了海德格尔在人格和思想上对胡塞尔的背叛,而且谈及海德格尔"反犹主义的哲学论证",这可算是学界的大胆言论了。

二、中国的西方哲学研究中的十个误解

西方哲学传统的核心和基础是形而上学。形而上学的研究对象 Being (相当于希腊文的动词 einai 及其动名词 on,拉丁文的 esse,英文的动词不定式 to be 和动名词 being,德文的 Sein,法文的 être),是西方哲学的中心范畴。从古到今的西方哲学充满了对 Being 的意义的辨析和改变。在西方哲学史上,Being 有各种不同的意义,任何固定的意义都被颠覆,被颠覆的意义又被更正和修改。Being 的意义的每一次变动都伴随着形而上学体系的新旧交替。由于 Being 的意义的复杂性,西方哲学界多次对这一问题进行讨论,其中也包括如何用现代西文翻译希腊哲学中与 einai 相关的术语的问题,但至今

也没有一致的意见。

与西方人的哲学史研究相比，中国人对 Being 意义的理解有着更多的隔膜和特殊的困难。中国人的西方哲学是由点到面展开的，长期以来，缺乏对西方哲学的整体把握，特别是把西方哲学史和现代西方哲学分为两截。这种状况阻碍了中国人对 Being 意义的全面理解。人们往往以自己熟悉的某一个哲学家或哲学派别的论点为依据，用一个中译概念固定 Being 的单一意义，而不了解其他哲学家和哲学派别对 Being 的意义的规定，也不了解现代西方哲学关于 Being 意义的多样性及其联系的复杂性的讨论。

中国人较早接触的西方哲学是康德和黑格尔的哲学，他们发现康德、黑格尔关于 Sein 的论述与中国传统哲学所说的"本体"和"有"甚为契合，于是把 Being 理解为"有"。马克思主义成为主导的意识形态之后，中国人又采用了恩格斯关于 Sein 的意义的解释。恩格斯说："Wenn wir vom Sein sprechen，und bloss vom Sein，so kann die Einheit nur darin bestehn，dasalle die Gegen-stande，um die es sich handelt—sind，existieren."[①]这句话明确地把 Sein 的意义归结为"存在的，实有的"（existieren）。后来海德格尔和存在主义成为显学，他们关于 Being 的理解进一步支持了"存在"的译法。最近，一些学者从希腊哲学的文本出发，指出 Being 的哲学含义是从"是"动词的意义引申而来的，因此应以"是"取代"存在"的译法。

以上三种理解各执一词，各有各的道理。但是他们的道理都只是一个哲学家或哲学派别的道理，如果把这个道理推广到西方哲学的全部，难免以偏概全。正是这种以偏概全的片面性，使中国人对西方哲学的一些基本观点产生了误解。这些误解的广泛流行，降低了中国的西方哲学研究的质量，不能与西方哲学的国际研究接轨。以下用十个例证说明中国人对 Being 的片面理解而产生的误解的广泛性。

---

① *Marx Engels Werke*，20，Dietz Verlag，s.40. 中译本参见恩格斯：《反杜林论》，人民出版社，1970 年，第 40 页。恩格斯说："当我们说到存有，并且仅仅说到存有的时候，统一性只能在于：我们所说的一切对象是存在的，实有的。"

(一)"思维与存在是同一的"

这句话出自巴门尼德残篇之三:"To gar auto noein estin te kai einai(For the same thing is there both to be thought of and to be)."①这句话过去被译为"思想和存在是同一的",被当作唯心主义的"思维与存在同一性"的最早命题。这里的关键词组 estin te(it is)被译为"存在"。但实际上,它的直接意义是"所是的",这一句的意思是:"所思的与所是的是一回事。"其中,"所是的"指系词"是"所能连接的一切判断,"所思的"指思想内容。巴门尼德在这里不过宣称了"思想内容与判断是同一"的道理。他认为,这是知道系词用法普遍性的人都懂得的自明真理。正是依赖这样一个"共同的、我将再三强调的出发点"(残篇之五),他后来关于"是者"的论证才具有某种逻辑必然性。过去把"是"理解为"存在",巴门尼德的思想被理解为"思维与存在的同一性",而且被贴上了"唯心主义"的标签。似乎他主张想到的东西就是存在的,似乎这一论断没有任何理由,于是他的思想变成了武断的、荒谬的唯心主义。这是对西方形而上学传统的漫画式的解释。

(二)"人是事物存在或不存在的尺度"

这句话出自普罗泰戈拉。柏拉图的《泰阿泰德篇》的 152a 转述了普罗泰戈拉的话,约翰·麦克道尔(John McDowell)的英译本译作:"Man is the measure of all things:of those which are,that they are,and of those which are not,that they are not."由于"是"动词(to be)以及动名词复数(those which are)都被译为"存在",于是那句话被翻译为:"人是万物的尺度,是存在者存在的尺度,也是不存在者不存在的尺度。"这一翻译造成了一个误解,使人觉得普罗泰戈拉在这里宣扬一个赤裸裸的唯心主义命题:人决定着万物的存在或不存在。麦克道尔在他的译本的注释中说,在后一部分"'是'动词的不完全形式出现了四次"。其意义是:"我知道 x 是(或不是)f","x 是(或不是)f,全靠我来衡量"。②

---

① 英文译文见 G.S.Kirk,*The Presocratic Philosophers*,2nd. ed.,Cambridge,1983。
② Plato,*Theaetetus*,transl with notes by John McDowell,Clarendon Press,1978,p.16,pp.118–119.

正确的翻译应该是："人是万物的尺度,是所是的东西是什么的尺度,是不是的东西不是什么的尺度。"普罗泰戈拉的观点是,人是认识的主体,只有人才能知道事物为什么是这样而不是那样的道理。

从以后苏格拉底的反驳来看,苏格拉底并不反对"人是尺度"说,他只是否认普罗泰戈拉的感觉主义,因为后者所说的"尺度",只是感觉而已。每个人有不同的感觉,不同的人都有不同的尺度,相对主义的知识标准必然会取消人类知识。苏格拉底的潜台词是:只有理智才能成为人类衡量一切事物的尺度。

(三)"理念论是野蛮的、骇人听闻的、荒谬的唯心论"

柏拉图认为,在可感事物以外还有不可感的理念,并且理念比可感事物更加真实。这被斥为"野蛮的、骇人听闻的、荒谬的",是"幼稚的原始唯心主义"。我们说:且慢,不要把柏拉图理解为胡言乱语的疯子。让我们先来理解他为自己的观点提出了什么论证,看一看这些论证是否符合逻辑,是否具有理性。

柏拉图所说的"理念"是判断的对象,属于 Being 的范畴。《理想国》里有这样的论证:"知识在本性上与是者相对应";"无知必然地归诸不是者";"意见的对象既不为是者,又不为不是者","它既是又不是,这类事物介于纯粹地、绝对地一个东西和完全不是一个什么东西之间"。①柏拉图关于知识与意见的区分调和了巴门尼德和赫拉克利特的矛盾。柏拉图同意巴门尼德的意见,任何能被认识的对象必须为"是者","不是者"是无法被认识的。他也同意赫拉克利特的说法:可感事物的运动变化不是完全不可认识的。但他补充说,这种认识并不是知识、真理,而是等而次之的意见。意见是不确定的,"既是又不是"正是意见含糊不清、似是而非的特征。柏拉图说:"这些东西具有含糊的两重性,使人不能明确地知道它们中任何一个是或不是什么,也不

---

① [古希腊]柏拉图:《理想国》,477a~479e。

知道它们都是或都不是什么。"①

柏拉图对理念论所做的论证表明,他没有把 Being 理解为"存在",而是把它理解为判断的对象"是者"。理念因为享有完全的 Being 而能够被判断,具有知识的确定性。同样,可感事物并非不存在,只是由于介于"是"与"不是"之间,因而不能被确定地认识,只能成为意见的对象。"是""非是""既是又不是"的区分是如何确切地判断认识对象的认识论的区分,而不是关于世界的本原的唯物论、唯心论或不可知论的区分。柏拉图对知识的对象(理念)与意见的对象(可感事物)所作的区分是可以理解的,其中的道理如同我们经常所说的:"感觉到的东西不一定能被理解,只有理解了的东西才能被更深刻地感知。"②

(四)"亚里士多德提出了相互矛盾的两种关于第一实体的学说"

这是指亚里士多德在《范畴篇》中肯定第一实体是具体事物,如"一个人,一匹马,等等",而在《形而上学》Z 卷又说第一实体是形式和本质。如果认为第一种学说是唯物主义,第二种学说是唯心主义,那么两者当然是矛盾的。如果以为具体事物必定是个别的,形式和本质必定是一般的,那么两者当然也是矛盾的。但是如果理解"是"在亚里士多德逻辑学和形而上学中的中心地位,就不难理解这两者关于第一实体的学说并不矛盾。

"实体"(ousia)是"是"动词(einai)的阴性名词,"是者"(to on)则是中性名词。"实体"的意义仍然离不开"是"。亚里士多德是联系"是"动词的逻辑功能来规定实体的意义的。"是"动词的逻辑功能有三种,与此相对应,"实体"的意义也有三种。①系词"是"在判断中的意义是"属于","S 是 P"的意义是"P 属于 S"。系词的功能意味着,属性依附于实体,只有实体才是独立的、在先的"是者",是"是者"的中心意义,而属性是派生的、次要的"是者"。②"S 是"表示 S 是自身,如说"There is S"。在这样的用法里,"是"指称 S 的存在。这意味着,只能做主词的个别事物专名指称第一实体,而表示种属的通名指

---

①② [古希腊]柏拉图:《理想国》,479b。

称第二实体。③定义的形式是"S 是 Df"。被定义的词与定义的位置却可以互换而意义不变，如"人是有理性的动物"与"有理性的动物是人"的意义是等值的。这是因为，"是"在这里表示等同关系。两者之间的等同意味着，定义表达的本质就是实体本身。①

比较②③两处的结论，两者有不同的逻辑根据，分别与"S 是自身"和"S 是 Df"这两种逻辑形式相对应。这两种逻辑形式并不是矛盾的，而是并行不悖的，我们也不能说由此而产生的两种关于第一实体的学说必定在逻辑上是矛盾的。实际上，亚里士多德用以表示"事物自身"的术语是"这一个"(tode ti)，用以表示本质的术语是"其所是"(ti estin)。他在《形而上学》Z 卷开头明确地把这两个术语当作同义语互换使用，但他没有论述为什么两者是等同的。这为后世的不同解释留下了余地。后来的唯名论把事物本身解释为个别的，而实在论把形式和本质解释为普遍的，因此产生唯名论和实在论的争论。这一争论与亚里士多德著作语焉不详有关，但不能从其著作中存在"事物"与"本质"的字面意义的差异，就说亚里士多德提出了两种相矛盾的学说。

(五)上帝是"自有永有的"

据《圣经》，摩西问上帝耶和华的名字，上帝说：I am who am（《出埃及记》，3：14）。中文《圣经》和合本把这句话译为"我是永有自有的"；天主教本则译为"我是自有者"，并在注释中说："亦可译做'我是永存者'，或'我是使万物生存者'"。这些翻译以"有"或"存在"的译法为依据，用后来的哲学观念代替了原文的意义。《旧约》是以当时的希伯来的日常语言写成。耶和华(Jehovah)的希伯来文的发音是 Yahweb，即"雅威"，指 YHWH，即"我是"的意思。耶和华说"I am who am"，不过是说他的名字就是耶和华，并无哲学上深奥的意义。直到后来，基督教早期教父根据希腊哲学的 Being 的范畴，根据这句话把上帝理解为最高的 Being，其意义是最高的本体。现有的中文《圣经》的翻译把上帝理解为"有"或"存在"，而掩盖了其中的"本体"的意义。希腊文

---

① 参见[古希腊]亚里士多德：《形而上学》，1030b 5。

关于本体的概念有两个：hypostasis，和 ousia。早期教父用这两个不同的概念表示上帝的本体，产生了旷日持久的争论。最后才达成了"三位一体"共识，即用 hypostasis 表示上帝的位格，用 ousia 表示上帝的本体。如果不知道上帝的"所是"与希腊本体论之间的联系，就不能看出基督教的"三位一体"说的来历和根据。

（六）"本体论证明混淆了现实存在与想象中的存在"

Being 也是安瑟伦关于上帝存在的本体论证明的前提。证明的前提是"a being than which nothing greater can be conceived"。这句话可被译为，不能设想的比之更完满的"所有者"，或者，可设想的无以复加的完满的"所有者"。这里的 being 不能译为"存在"，否则上帝的 being 就表示上帝已经存在，不需要进一步地证明了，关于上帝存在的证明就毫无意义可言了。证明的结论是，我必须设想上帝存在（I must conceive the God being）。这里的 being 必须译为存在，否则证明没有达到目的。Being 在拉丁文中是同一个词：esse。但安瑟伦在前提和结论中赋予该词以不同的含义。他的论证是这样一个逻辑推理：上帝既然是不能设想比之更完满的所有者，它必然具有存在，否则他所具有的就不完满，就不能被设想为无以复加的完满的所有者。因此，我们必然设想上帝存在。

安瑟伦的证明是 being 的意义的转化，从"万有"过渡到"存在"。他并不像人们通常所理解的那样，从想象上帝存在到上帝实际存在。与安瑟伦同时代的高尼罗就是这样反驳的。他说，我们可以想象一个最完美的海岛，难道这个海岛必定存在吗？安瑟伦辩解说，不可比之更完满的所有者不是任何一个具体的东西，我们可以想象一个海岛集中了所有海岛最美好的性质，但不能设想它具有一切事物的完满性。安瑟伦的答辩是有效的，因为证明中的 being 是"所有者"，而不是具体的"事物"（thing）或"东西"（something）。

康德对"本体论证明"的批评击中了要害。他说，"存在"并不是属性。我们可以想象上帝具有最完满的属性，却不能因此设想上帝必然存在。正如我想象口袋里有 50 块金币，不等于想象 50 块金币真的存在于我的口袋里。康德澄清了人们对 Sein 的歧义，指出它可以在判断中把属性与主词联系起来，但不能单独地指示主词的存在。如果不理解本体论证明中 being 的意义从"有"(属性)过渡到"存在"的吊诡,康德批判的有效性是不可理解的。

(七)"我思故我在"

笛卡尔的第一原则是"Cogito,ergo sum"。这句话中的"是"(sum/am)的意义指实体的本质,这就是"我思"(cogito)。就是说,"自我"的本质在于思想属性。现在人们习惯把笛卡尔的第一原则说成是"我思故我在",这容易产生误解,以为笛卡尔通过"我思"肯定我的存在。实际上,笛卡尔的问题不是"我有什么样的存在",而是"我有什么样的本质"。"我思"不是人的存在,而是人的本质。按照笛卡尔主义,人的存在是灵魂和身体的结合,人的身体和其他事物一样,都以"广延"为本质,只有"我思"才是人区别于其他一切事物的本质。

"我思"也把人与上帝区别开来。"我思故我是"之所以有那么大的威力,就是因为这个命题与中世纪形而上学的基本信条"我是我所是"根本对立。比较这两个命题,可以看出它们句式相近,但意义截然不同。"我是我所是"的意思是,"我"(上帝)不需要任何根据,但这同时也意味着不能从上帝自身来认识上帝;而"我思故我是"的意思却是,"我"(个人)以"我思"为根据,"我思"不但使一个人认识到自己的本质,并且能为上帝的存在提供依据。正是由于这两个命题的明显反差,笛卡尔的"我思故我是"产生了修辞上的效应,成为与经院哲学划清了界限的新哲学的第一原则。

(八)"存在等于被感知"

巴克莱说:"Esse ist percipi",正确的翻译应该是:"所是的就是被感知的"。他的理由是,任何事物都是可感性质的集合,我们只有通过感觉才能知道事物是什么。他的理由依赖对事物"是什么"的判断与事物"所具有的属性"("可感性质的集合")之间的必然联系,而没有把外物存在归结为感觉的意思。但是现在人们习惯把这一命题说成"存在就是被感知",把它当作主观唯心主义的典型。不独中国人对巴克莱有误解,即使是在西方,巴克莱也被人解释为只相信自己的感觉才是真实存在的"发疯的钢琴",他的学说被说成是只要用脚踢一下石头,或者举起一只手就可被轻易打倒的谬论。实际上,巴克莱并没有否定感觉以外的事物的真实存在。他明确地说,他和大家一样承认在个人的心灵以外,有山水河海和动植物,以及其他人的存在,只不过它们不是独立于任何心灵的物质存在,而是精神实体上帝的创造物;我们对它们性质的知觉也是上帝铭刻在我们心灵上的印记。①他的感觉主义和精神实在论在逻辑上是一致的。

(九)"黑格尔的《逻辑学》开始于存在论"

对于黑格尔的逻辑学的起点和终点都是 Sein 这一范畴的意义,有"存在"和"有"两种不同的翻译和理解。贺麟先生在《小逻辑》1980 年新版前言中说:"过去我一直把 Sein 译成'有',把 Existenz 译成'存在',显然不够恰当。"②在新版中,贺麟改弦易辙,把 Sein 译为"存在",把 Existenz 译为"实存"。显然,翻译上的变化的背后是对黑格尔的逻辑学的不同理解。在黑格尔的体系中,Sein 这一范畴被置于"质"(Qualitat)的范畴中,Sein 指的是一种质的规定性。在康德已经明确地区分了"属性"与"存在"之后,黑格尔似乎没有理由把 Sein 的意义规定为存在。实际上,Sein 的意义是"有",而不是"存在"。黑格尔说,"Sein 是绝对的一个谓词"③,他的意思似乎与康德所说"Sein 不是一个真实的谓词"相反,其实,他不过是用辩证的语言表达了与康德相同的意思。因为绝对意义上的 Sein,即孤零零的"纯有",只是"纯粹规定性的思想",因而等于"无"。只是发展到 Dasein(现译为"限有",最好译为"实有")时,"有"才成为有质的规定性的思想,即康德所说的谓词概念的思想内容。黑格尔把"存在"(Existenz)作为"本质"(Wesen)大范畴之中的一个小范畴,认为本质是存在的根据。他显然认为,存在不仅需要质的规定性,而且需要量的规定性,"存在"总是事物的存在,而不是性质的存在,性质只是思想的实有。根据这样的解释,我们不难理解为什么黑格尔只是在"质""量"及统一两者的"度"之后才提出了作为本质论范畴的"存在",并且紧接着把"事物"(Ding)这一范畴

---

① 参见[英]乔治·贝克莱:《人类知识原理》,张桂权译,商务印书馆,1973 年。
② [德]黑格尔:《小逻辑》,贺麟译,商务印书馆,1980 年,第 X X 页。
③ 同上,第 189 页。

作为"存在"的"反思"建立起来。"反思"在"本质论"中表示范畴两相对立而又互相规定的不可分割的关系,这与我们关于"在"与"物"相联系、"有"与"质"相联系的观点相吻合。

黑格尔还明确地区分了"有"和"具有"。他说:"'有'(Sein)的关系进一步成为'具有'(Haben)的关系。"①"有"与"具有"的区别在于,"有"作为一种规定性只是一个"东西"(Einiges),而不是具体的"物"(Ding)。黑格尔因而谈到实有的东西是"自有""自为的有",因为它们是独立的质而不附着于物。附着于物的性质叫"特质"(Eigenschaft),不可与自有自为的"质"相混淆,黑格尔说,"有"的关系表示"东西"与"直接同一":"一个东西所以为东西,只因它有其质",但是"物"与"特质"是可分离的:"失掉了某一特质并不因此而失掉此物的存在。"②当然,黑格尔在区分"有"与"具有"的同时也说明了两者的联系,"有"过渡到"具有"的范畴与从"实有"到"存在"、从"东西"到"物"、从"质"到"特质"的辩证运动过程是相一致的。

总而言之,黑格尔的逻辑学是各种范畴规定性的过渡、反思和发展,都是从"有"的这种规定性到"有"的那种规定性的辩证运动。在此意义上,逻辑学的起点和终点都是"有",他把哲学史上与"有"的意义相关的"存在""事物""实体"等范畴都作为一个个环节包含在"有"的运动中。黑格尔的形而上学是不折不扣的存有论。

(十)Being 的全部意义为"是"

这是最近兴起的一种主张,不但希腊哲学中的 Being 的意义为"是",全部西方哲学,甚至马克思主义哲学中的 Being 的意义也为"是"。按照这种"从古到今,一'是'到底"的理解,"本体论"应被译为"是论",恩格斯所说的哲学基本问题应是"思与是的关系问题"。甚至海德格尔所说的 Sein 也为"是",Ontologische Differenz"是论的区分",这是关于"是"与"是者"(Seiendes)的区分。

马克思主义哲学中 Being 的意义暂且不论,海德格尔始终从"存在"(Exis-

---

①② [德]黑格尔:《小逻辑》,贺麟译,商务印书馆,1980 年,第 269 页。

tenz)入手来分析 Sein 的意义,他再三说明了 Sein 的首要的、基本的意义是存在的道理。并且,海德格尔明确地反对把 Sein 的意义归结为系词"是"。他认为,人们在使用逻辑判断之前已经对存在的意义有了在先的理解。他说:"对'是'(ist)的解释,不管它在语言中被表达的是自身意思,还是词最终指示的意思,都导致我们了解到属于存在性分析的问题的语境。"又说:"对于浮浅的命题与判断理论所曲解的作为系词的'是',我们要规定它的存在论的意义。"①另外,海德格尔在专门讨论判断理论的著作《逻辑的形而上学基础》一书中,联系亚里士多德和莱布尼茨的逻辑学说,对系词"是"的意义做了批判性的分析,把它在判断中的联系和表述作用归结为存在性的意义。按照他的解释,"A 是 B"中的"是"不仅仅起着联系事物 A 及其规定性 B 的作用,更重要的作用在于指示做判断的"此在"与 A 和 B 的关系。②如果把 Sein 译作"是",不仅没有突出 Sein 与"存在"的联系,而且违反了海德格尔对从系词"是"引申出 Sein 的形而上学的传统做法的批判。

三、中西形而上学"同源分流"论

(一)问题的缘起

中国古代究竟有没有哲学?这是一个现在大家都关心的问题。中国古代有发达的道德和政治哲学,这不成问题,问题的关键是有没有形而上学。中国学者最近讨论涉及的问题核心是,形而上学的研究对象是什么,中国古代有没有与西方形而上学的不同的研究对象? 有人认为,形而上学或本体论是关于 Being 的学问,而汉语中没有一个可以与 Being 相对应的哲学术语,因此中国古代没有形而上学。为中国形而上学进行辩护的人认为,中西形而上学从根本上有着不同的研究对象,西方的形而上学以 Being 为对象,而中国则不是这样。牟宗三说:"中文说一物之存在不以动词'是'来表示,而是以

---

① Martin Heidegger, *Being and Time*, London, 1962, p.202.
② Martin Heidegger, *The Metaphysical Foundations of Logic*, Indiana, 1984, pp.100–101.

'生'字来表示。"他还说，从"是"字入手是静态的，从"生"字入手却是动态的。①唐君毅说："中国人心目中之宇宙只为一种流行，一种动态；一切宇宙中之事物均只为一种过程，此过程以外别无固定之体以为其支持者(Substratum)。"另一方面，"西洋思想始于欲在现象外求本体，将一切现象均视作物之附性非真正之实在，故恒欲撇开现象以探索支持宇宙之固定不变真实本体"。②张东荪把"生"和"流行""过程"等理解为西方人所说的 Becoming，以此与 Being 相区别。他说，中国人的心思根本是"非亚里士多德的"，"《周易》也罢，《老子》也罢，都是注重于讲 Becoming 而不注重于 Being"。③

那些否定或质疑的理由显然是站不住脚的。不能根据西文"本体论"的字面意义和亚里士多德的《形而上学》的内容，就把一切类型的形而上学思想归结为对 Being 的研究；更不能以此为标准，否定中国古代有形而上学。辩护者认为中西形而上学有着不同的研究对象，分别以动态的"生"和静态的"是"为对象，这是很有见地的看法，但是不能以此为理由断定中西形而上学毫无共同之处。

我要说明的观点是：第一，中西形而上学的分歧既不是亘古不变的事实，也不是由于中西思维方式有什么"本质上"的不同。中西形而上学都起源于某种动态的宇宙观，两者有着共同的思考对象和思想特征。第二，在以后的发展过程中，中西形而上学关注不同的问题，围绕这些不同的问题分别形成了不同的思想传统，犹如康德所说的"道德形而上学"与"自然形而上学"的分野。我把这些观点概括为中西形而上学的"同源分流"。下面用文本的材料来证明中西形而上学先"同源"而后"分流"的思想历程。

(二)中西宇宙发生学的共同特点

张东荪认为中国人关心 Becoming 而西方人关心 Being，他之所以能用这两个西文概念表现中西形而上学的差异，是因为两者在西方哲学中已经被

---

① 参见牟宗三：《圆善论》，台湾学生书局，1985 年，第 337~338 页。
② 唐君毅：《中西哲学思想之比较论文集》，台湾学生书局，1988 年，第 9、10 页。
③ 张东荪：《知识与文化》，北溟出版社，1976 年，第 64、58 页。

当作对立的概念来使用。在黑格尔的《逻辑学》中，Werden（Becoming）被译为"变易"，这是仅次于 Sein（"有"）和 Nichts（"无"）的第三个纯范畴。与 Becoming 相对应的希腊词汇是 genensis。柏拉图对这个词的解释是："我们平常所说的'是'什么的东西，都在'变易'（genesthai）之中，是运动、变化和组合的结果。"他接着说："在这一点上，我们看到的事实是，以前一切有智慧的人，除了巴门尼德外，都持相同的立场。持这一立场的有普罗泰戈拉、赫拉克利特和恩培多克勒，再加上两个诗人，喜剧作家埃庇卡摩斯和悲剧作家荷马。比如，荷马说：'海洋是众神所生，他们的母亲是忒提斯'，他的意思是说，一切事物都生于流动和运动。"①

柏拉图指出了这样一个事实：关于 Being 的思想先于对 Being 的思考。早在希腊哲学之前，荷马史诗和赫西俄德《神谱》中包含着万物生成变化的宇宙图画。最早的一批希腊哲学家都是自然哲学家，他们继承了早期神话中的宇宙发生学，差别只是在于，世界的本原是自然，而不是神，推动万物生成变化的是水、气、火等自然力量，而不是神的意欲。

古代中国也是如此。我们现在把 Becoming 翻译为"变易""变化""生成"。我们之所以能如此翻译，那是因为古汉语中的"变化"或"变""化""易""生"和"成"等概念都是相通的，都表示宇宙的变化状态、过程和产物。中西早期的宇宙生成观具有以下一些显著的共同特征。

第一，宇宙生成变化是自然力量的运动造成的。最早的希腊哲学家把这种自然力量描述为"水"（泰勒斯），"气"（阿那克西米尼）和"火"（赫拉克利特）等。中国也有以气或水为生成变化的动力的思想。如西周的伯阳父即有"天地之气"（《国语·周语》）的说法，庄子说："通天下一气耳"（《庄子·知北游》）。《管子·水地》以水为万物的根本特征，其中说，"水，具材也"，"万物莫不以生"，"万物之本原也"。近年发现的郭店竹简里有一篇论宇宙发生的文章，其中说"太一生水，水反辅太一，是以成天……是故太一藏于水，行于时。周而又[始，以为]万物母"②。这些论述可与西方第一个哲学家泰勒斯的观点

① Plato, *Theaetetus*, transl with notes by John McDowell, Clarendon Press, 1978, 152e.
② 陈鼓应主编：《道家文化研究》（第十七辑），生活·读书·新知三联书店，1999 年，第 301~302 页。

相媲美。

第二,在很多民族的神话中,都有世界起源于混沌的说法。中西早期哲学继承了这一思想传统。需要注意的是,最早的哲学家所说的"气""水""火"等本原不能被等同为元素,它们分别指不同的混沌状态。如阿那克西米尼说:"气的形状是这样的:当它处于最平稳状态时,不为视力所见,但却呈现于热、冷、潮湿和运动中。"①这样的气是一团漩涡,热则浓聚,冷则稀疏,从中生成出各种元素和万物。汉语的"太一"有"混沌"之意,但"混沌"一词最早见《庄子·应帝王》:"中央之帝为浑沌","南海之帝倏"和"北海之帝忽"为报答与浑沌相遇之恩,为混沌开七窍:"日凿一窍,七日而浑沌死。"这一寓言生动地说明,空间和时间(倏忽)包含在混沌之中("倏与忽时相与遇于浑沌之地"),具体事物起源于混沌。汉代的《论衡·谈天》把宇宙原初状态说成"元气为分,浑沌为一"。在此之前已有类似的思想。如老子说:"有物混成,先天地生"(《老子·二十五章》,以下凡引《老子》只注篇名),又说:"道之为物,惟恍惟惚"(《二十一章》)。这些都是对原初的混沌的描述。《周易》中说:"天地氤氲,万物化醇"(《系辞下》),这也在说从天地未开的混沌状态到万物的分化。

第三,由于混沌没有具体的形状和性质,因此也被称作"无"。中西都有"有生于无"的宇宙生成观。阿那克西曼德把万物的本原称作"无定"(apeiron/indefinite),因为它没有任何规定性,既无边界,也无性质。或者更确切地说,在原初状态中,各种事物与性质共生共处,相反的东西相互抵消、中和,因而必然呈现出无差别、无规定的状态;具体事物只有在脱离出这一整体的情况下才会表现出特定的性质和形状。老子说:"天下万物生于有,有生于无"(《四十章》),又说:"无名,天地之始"(《一章》)。"道"之所以无名,一是因为它是无固定形象"有物混成",二是因为它是无具体性质的法则。

第四,宇宙处在永恒的循环变化的过程,万物起源于原初状态,又回归于原初状态。如阿那克西米尼说:"气是万物的本原,万物生成于它又归复于它。"赫拉克利特说:"万物都等换为火,火又等换为万物。"循环运动如圆周,

---

① 苗力田主编:《古希腊哲学》,中国人民大学出版社,1999年,第31页。

"在圆周上,终点就是起点。"①老子不但说道生成万物,而且说万物复归于道:"夫物芸芸,各复归其根。"(《十六章》)《易经》指出宇宙运动的原则是"原始反终"(《系辞上》),并对变化循环过程作具体描述,"日往则月来,月往则日来","寒往则暑来,暑往则寒来","往者屈也,来者信(伸)也"(《系辞下》)。

(三)中西形而上学的原初形态

张岱年在《中国哲学大纲》中,把中国形而上学区分为大化论和本根论。他说:"西方传统的形而上学(Metaphysics)分为 Ontology 与 Cosmology。中国古代哲学中,本根论相当于西方的 Ontology,大化论相当于西方的 Cosmology。"②严格地说,大化论相当于现在所说的宇宙发生学(Cosmogony)。"本根"指"宇宙中之最究竟者"。③亚里士多德同样把形而上学分为两个部分,首先是关于 Being 自身的研究,其次是研究 Being 因其本性而具有的必然属性。亚里士多德把 Being 的意义归结为"本体",把 Being 的必然属性归结为本体的"本原和最初原因"。亚里士多德把"本原和最初的原因"当作 Being 的应有之意,而张岱年则认为,宇宙的根本是生成变化(Becoming)的原因。两者的差别与其说是中西形而上学的差异,不如说是西方形而上学的成熟形态与中西形而上学原初形态的差异。历史的事实是,无论是中国古代哲学,还是早期希腊的自然哲学,都是关于宇宙变易过程及其原因的研究。如果摆脱了亚里士多德关于形而上学定义的束缚,我们应该承认,最早一批中西哲学家关于宇宙发生过程及其原因的思考是形而上学的原初形态。因此,我们应采用张岱年的区分,把原初形而上学分为两个部分:一是宇宙发生学,二是探索宇宙生成变化原因的本原论或本根论。我们在前面已经看到,中西宇宙发生学有着基本相同的特征,那么中西原初形而上学的第二部分是否也有基本相同的特征呢? 我的回答是肯定的。

首先,不论是"本根",还是"本原",都有两层意思:一是指万物的原初状

---

① 苗力田主编:《古希腊哲学》,中国人民大学出版社,1999 年,第 24、34、37 页。
② 《张岱年全集》(第二卷),河北人民出版社,1996 年,第 124 页。
③ 同上,第 39 页。

态,二是指万物生成变化的原因,这两层意思的关联在于,古人认为,在原初状态中起作用的那些力量和性质,始终贯穿于宇宙变化的全过程,控制着万物的发生和演化。张岱年说:"老子是第一个提起本根问题的人。"①在《老子》中,道是宇宙的原初状态,是"天地之始"(《二十六章》),"万物之宗"(《四章》),"玄牝之门,是谓天地根"(《五章》)。另一方面,老子又说,道"为天下式"(《二十八章》),即天下万物的变化法则。道"独立而不改,周行而不殆",因此又被称为"一";"是以圣人抱一为天下式"(《二十二章》)。作为原初状态的道和作为变化法则的道是什么关系呢? 老子既说"道生一"(《四十二章》),又说:"道法自然"(《二十五章》);既说"有无相生"(《二章》),又说"有生于无"。不要以为老子在道以上又设定了更高的"自然",在道以下设定了"一"和"有"。他只不过是在说,万物的变化法则("一""有")来自原初的变化状态("自然""无");原初状态(道)生成出天地万物之后,道并没有随之消失,原始状态的力量(道)始终贯穿于万物变化之中;因此,"万物得一以生"(《三十九章》),"无之以为用"(《十一章》),"道冲而用之或不盈"(《四章》)。

赫拉克利特所说的 logos 也有"原初状态"和"法则"两层意思。他说:"世界秩序(一切皆相同的东西)不是任何神或人所创造的,它过去、现在、未来永远是永恒的活火,在一定分寸上燃烧,在一定分寸上熄灭。"②"世界秩序"即 logos,它既是火的活动状态(活火),也是决定着火的燃烧分寸的不变的原则。他又说:"自然喜欢隐藏自己。"这里的"自然"作"本性"解,指在事物内部支配事物运动的 logos。就是说,logos 与火是同一本原的内、外两个方面。

其次,本原或本根作为万物生成变化的终极原因,与现代意义上的"原因"或"因果性"的概念不同,终极原因是互为因果的作用或相反事物的循环。比如,阿那克西曼德认为,在"无定"分化为万物、万物归复于"无定"的循环运动中,分化是生成,复归是消亡,不同事物的生死是此长彼消的关系,一些事物的生成必然伴随着另一些事物的消亡。他于是提出"补偿原则":从"无定"中分离出事物的生成过程是对"无定"的损害,因而要使一些事物回

---

① 《张岱年全集》(第二卷),河北人民出版社,1996 年,第 39 页。
② 北京大学外国哲学史教研室编译:《西方哲学原著选读》(上册),商务印书馆,1981 年,第 21 页。

归"无定"作为补偿。这是"时间的安排"和"报应","根据必然性而发生"。[①]在古希腊语里,"原因"和"有罪责"是同一个词 aitia。阿那克西曼德用损害与补偿的比喻第一次表达了古希腊人循环往复的因果观。赫拉克利特认为火与万物相互转化,转化的原因是一事物的不足和另一事物的多余。他说,"世界的构成是不足,焚烧则是多余";"火在升腾中判决和处罚万物"。[②]"判决和处罚"也是在用比喻说明万物消亡的原因。老子说:"反者道之动"(《四十章》),事物之所以变化,是因为它们总要向相反方向运动。老子用"天道"表达了类似于"补偿原则"的思想,"有余者损之,不足者补之。天之道损有余而补不足"(《七十七章》),"功成身退,天之道"(《九章》)。

最后,是语言表达方式上的相似性。既然一切事物都处在生成变化之中,它们没有自身的规定性,而与将要生成或复归的东西相等同,因此,老子和赫拉克利特都用所谓的"辩证法"的语言表达他们的思想。赫拉克利特说话的一般形式是"既是又不是"。如,"我们踏入又不踏入同一条河流,我们存在又不存在","不朽的有朽,有朽的不朽","智慧既愿意又不愿意被人称为宙斯",等等。此外,残篇中另有一些话,说明相反的东西是相同的。如,"神是昼也是夜,是死也是不死,是战也是和,是饱也是饥","在我们身上的生和死,醒和梦,少和老始终是同一的","善与恶是一回事","上坡路和下坡路是同一条路",等等。[③]

由于古汉语中没有用"是"作系词,因此《老子》中没有"既是又不是"的句式。老子采用"正言若反"(《七十八章》)的方式,表达方式有三:一是物极必反,如"曲则全,枉则直,洼则盈,敝则新"(《二十二章》);二是相反相成,如"难易相成,高下相盈"(《二章》)等;三是正反相通,如"大直若屈,大巧若拙"(《四十五章》)等。这些说话方式的意思与赫拉克利特的相似,都是在说明,万事万物都处在生成变化之中,没有固定的性质和状态,一切事物都向它们的反面转化。

---

① 苗力田主编:《古希腊哲学》,人民大学出版社,1989年,第24页。
② 同上,第37页。
③ 参见北京大学外国哲学史教研史编译:《西方哲学原著选读》(上册),商务印书馆,1981年。

(四)西方"自然形而上学"传统的形成

我们现在看到的中西形而上学之间的差异，其实是中西形而上学从原初形态向成熟形态发展的结果。在此过程中，中西形而上学面临着不同的问题，采取不同的应对，由此造成了中西形而上学后来的不同发展方向。康德区分了"自然形而上学"和"道德形而上学"。可以说，中西原初的形而上学后来分别朝着这两个不同的方向发展。

康德所说的"自然形而上学"以知识论为基础，它的中心问题是：人能够确定地知道什么？这一问题最初的形式是：如何避免语言和思想中的矛盾？这个问题是赫拉克利特的 logos 给希腊哲学家带来的困惑。logos 的本意是理性的话语，但赫拉克利特的说话方式至少在形式上是不符合理性的。他想要表达的意思是，任何事物都有两种相反的性质，处在相反的状态。为此，他使用了"A 既是 B，又不是 B"这一在形式上自相矛盾的表达方式。希腊语与印欧语系其他语种一样，判断句中必须有系词"是"。使用系词的一个后果是，不能同时使用"是"和"不是"，否则就要造成明显的自相矛盾。赫拉克利特要阐释"生成"的思想，但希腊文中的"生成"与"是"动词没有词源和词义上的联系，因此他不得不使用"既是又不是"的判断，来表达"相反相成"的生成原则。

巴门尼德首先发现了赫拉克利特话语的矛盾。他区分了两条认识路线：真理之路和意见之路。真理之路是确定的，"是者为是，不是者为不是"(Being is, Non-being is not)；意见之路是不确定的，即认为"是者与非是者既相同又不相同"。这正是赫拉克利特所说的"既是……又不是"的生成的逻辑。巴门尼德对这种说法提出激烈批评，指责说这种话的人是"彷徨不定"，"无所适从"，"既聋又瞎"，"不辨是非"(巴门尼德哲学残篇 6)。他要告诉人们的真理是，"是者是，它不可能不是"，"不是者不是，它必须不是"(巴门尼德哲学残篇 2)。这里所说的是"是"动词在判断中的逻辑必然性：A 必然是 A，非 A 不可能是 A。但巴门尼德的形式逻辑也是初步的，他不能用后来被亚里士多德确定的同一律、矛盾律来反驳，而是用"是"和"不是"在意义上的矛盾来反驳两者的等同。巴门尼德认为 logos 与"是者"之间的联系是这样一条自明的真理:"所思的与所是的是一回事。""所是的"指系词"是"所能连接的一切判断,"所思的"指思想内容,思想内容当然与判断是一回事。巴门尼德从这一近乎同义反复的道理出发,根据"是"动词的逻辑意义,论证宇宙的本原为"是者"。

柏拉图不满意巴门尼德只是从逻辑形式上规定知识的确定性。他在《巴门尼德篇》和《智者篇》等对话中说明,"既是又不是"是合乎理性(logos)的话语,人们可以用矛盾方式表达和理解"既是又不是"的话语。《理想国》里有这样的论证:"知识在本性上与是者相对应";"无知必然地归诸不是者";"意见的对象既不是'是者',又不是'不是者'"。①柏拉图一方面同意巴门尼德的意见,知识的对象必须为是者,不是者是无法被认识的;另一方面也同意赫拉克利特的说法:生成变化的事物也是可认识的。但他补充说:"这种认识并不是知识、真理,而是等而次之的意见,因为意见是不确定的,含糊不清、似是而非。"②意见好像这样一个谜语:一个不是男人的男人,看见又看不见,用一块不是石头的石头,打又没有打一只站在不是一根棍子的棍子上的不是鸟的鸟(谜底:一个独眼太监用一块浮石打却没有打中一只站在芦苇上的蝙蝠)。这个谜语无疑是对赫拉克利特的"既是又不是"的话语的嘲笑。在《泰阿泰德篇》中,柏拉图说明,古往今来的智者(包括以前的哲学家)都自诩富有知识,但实际上他们都以"变易"为认识对象,因此只能获得相互矛盾的意见。

亚里士多德可以说是综合了巴门尼德和柏拉图的观点。他比巴门尼德的高明之处在于建立了一个逻辑体系,并根据"是"动词的逻辑功能,建立了一个形而上学的体系。在亚里士多德首创形式逻辑体系中,系动词"是"的用法最为普遍,也最为重要。这是一个推理、判断和概念的体系。三段式推理的基本单元是判断,最基本的判断是直称肯定判断 S 是 P。"是"动词可以联系一切概念,可以说"是"无所不在。亚里士多德从"是"动词的普遍性和重要性,推出了第一哲学的首要对象是"是者"。他把对"是"动词极为普遍的用法的逻辑分析和柏拉图对"是者"的哲学意义所作的深入探讨结合起来,用"是

---

① ［古希腊］柏拉图:《理想国》,477a~479e。
② 同上,479b。

者"概括了诸如"本原""存在""本质""一与多""不变与变""善""真理"等研究对象。哲学自从围绕着这样一个统一的对象之后,便可展开多层次、全方位的系统性研究。在此意义上,说亚里士多德使形而上学成为最高的科学并不是夸张之词。经过巴门尼德到柏拉图,再到亚里士多德的发展,西方形而上学在二千多年的时间里形成了稳定的传统。我们现在所说的西方形而上学主要指这一传统,而几乎忘记了在它之前,西方还有原初的形而上学思想。

(五)中国"道德形而上学"传统的形成

中国形而上学始终面临的问题是,宇宙生成之道如何影响人的行为准则? 这是关于"天道"与"人道"的关系问题。老子所说的道是自然之道,自然之道可以,而且应该支配人类的行为。如果人不遵守自然之道,另外制定出特别的社会准则,那是违反自然的人道,人道是天道的退化堕落,堕落的最后阶段是礼。"夫礼者,忠信之薄而乱之首"(《三十八章》),这一句明显是向周礼提出的挑战。

孔子以传承周礼为己任,却未能对老子的挑战做出回应。子贡说,"夫子之言性与天道,不可得而闻也"(《论语·公冶长》);《论语》中又有"子罕言利与命与仁"(《论语·子罕》)一句。对这两句颇有争议的话,我的理解是,孔子把"性""利""仁"视为人力可为的领域,而"天道"和"命"则属于人力不可为的领域。虽然这两个领域是孔子常谈论的话题,但他没有或很少谈论这两个领域的关系。我的这一理解符合我们阅读《论语》时得到的印象。在《论语》中,孔子似乎有意在回避老子经常谈论的"天道"与"人道"、"自然"与"人为"的关系问题,或者说,他无意提出关于天人关系的形而上学。

儒家的道德形而上学是由思孟学派建立的。孟子把人性、人道和天道伦理化,建立了一个"万物皆备于我","尽心知性知天"的一以贯之的学说。《中庸》用以联结"天道"和"人道"的概念是"诚"。正如朱伯崑所说:"'诚'作为一种道德范畴,相当于道德义务感。"[①]就字义而言,"诚"训"信",是履行义务的承诺。但是"诚"不只是局限于人际关系的德性,"天"对万物的存在和运动负

---

① 　朱伯崑:《先秦伦理学概论》,北京大学出版社,1984 年,第 141 页。

有义务,所以说"诚者,天之道也"。在人的道德自觉意识中,人追溯义务的本原而产生道德义务感,所以说,"思诚者,人之道也"(《中庸·第二十章》,亦见《孟子·离娄上》)。"诚"既指人的德性,又指统摄天地人的形而上的本体,两者统一于"义务"。

《中庸》描述的世界是一个由"义务"联结的网络,在其中,一个人不但对他人、社会、国家负有义务,对天,对物也有义务;并且,"义务"不专属于人,自然界对人和物也负有义务。"义务"不但解释社会的伦理、政治和宗教,而且解释自然界的生成变化,还解释人的精神世界。"诚"不仅表现为关系,而且是本体。"诚"作为关系是"对它者的义务",作为本体是"对自身的义务"。对自身的义务是"自成",是内向的,是不动的本体,"故至诚无息"。但是,"诚者,非自成己而已也,所以成物也"(《中庸·第二十五章》)。"成物"是对它者所尽的义务,是"诚"的本性的显明,是外向的运动和变化。"对自身的义务"与"对它者的义务"的结合不但表现为天地之间生生不息的运动,而且人也以"成己成物"的不懈努力,达到"与天地参"(《中庸·第二十二章》)。

思孟学派的形而上学并没有立即成为显学,墨家、庄子、名家和荀子、法家也提出了与之竞争的思想。但就理论趋向而言,先秦的形而上学只有两派:一是以老庄为代表的、以自然为本根的形而上学,一是思孟学派以道德为基础的形而上学。这两派的关系不像西方哲学中的以一派替代另一派,而是两者的综合。《易传》是最初综合的产物。《易传》传统上被看作儒家的经典。冯友兰把《中庸》和《易传》并称为"儒家的形而上学"。①《易传》按照道德形而上学的观点,描绘了一个道德的宇宙:宇宙的生成有德性("天地之大德曰生"),宇宙的基本要素也有德性("一阴一阳之谓道,继之者善也")。

《易传》还赋予《易经》的占卜之辞以道德意义,其解释原则是,卦象之所以能够指导文化的创造,是因为它们已经包含了文化的信息;卦象之所以包含文化的信息,是因为它们所取法的宇宙是道德世界。比如,"乾""坤"是基本的卦象,是因为它们是万物的基本属性,而万物的属性是德性:"乾知大始,坤作成物";从乾的"知",还生发出"易知""亲""久"等"贤人之德",而坤的

---

① 参见冯友兰:《中国哲学简史》,第十五章"儒家的形而上学"。

"作",则可生发出"简能""从""功""大"等"贤人之业"(《易传·系辞上》)。

除了儒家的道德形而上学思想之外,《易传》还包含着道家的宇宙发生学和"天道观"。正如罗炽在总结《易传》中的道家思想时所说:"天道一阴一阳,相互感应、消长盈虚、自然无为,生生不已。天地化育万物没有私心,也不显露出其作为,没有圣人能忧患的那种人格。风雨变化、品物流形、日月更替、寒暑交章,各因其性而生,和谐共处而长。这里描绘了一幅人与万物以及各种自然现象在阴阳二气氤氲交感、相摩相荡中周流变化、生成发展的美妙图景,对殷周以降及于春秋战国儒家孔孟的天道观是一个根本的否定。"①也许,最后一句言重了。在《易传》中,儒道两家的"天道观"是相互补充,而不是相互否定的。

中国形而上学的成熟形态是儒、道和阴阳家等各家思想的合流,它虽然在汉武帝"独尊儒术"时,因董仲舒的"天人感应"的学说而成为显学,但它的基本形态在《孟子》《中庸》和《周易》等书中已经形成了,因此,这些典籍后来成为宋明"理学"和"心学"的道德形而上学体系的主要思想来源。

(六)关于同源分流原因的解释

以上揭示了中西形而上学同源而分流的思想历程。思想史如同其他历史事实一样,只是现象,我们还需要进一步解释:中西形而上学为什么有共同的来源? 造成两者分流的原因是什么?

形而上学的起因和发展归根到底在于人适应环境的方式。我们的解释需要从进化论这个最坚实的根底开始。现代达尔文主义认为,现存的人类属于同一人种,即现代智人,这一人种的特征是在"自然选择"的压力下形成的适应环境的独特方式,包括人类繁殖、抚养后代、利用自然资源和社会交往等方面的行为模式,以及与这些行为模式相对应的心理机制。新近诞生的进化心理学认为,与近一万年文明的变迁相比,人类在几百万年的进化过程中形成的心理机制是相对稳定的,是现代智人的共同特征。那种认为中国人与

---

① 罗炽:《〈易传〉与道家思维方式合论》,载陈鼓应主编:《道家文化研究》(第十二辑),生活·读书·新知三联书店,1998年,第53页。

西方人有着完全不同的"思维模式"的看法,实际上是把人类分为不同"种族"的过时观念的残余。

形而上学起源的原因深藏在人类心理机制的基本特征之中。形而上学的普遍性在于它反映了人类心理机制的某些特征,人类如不具有这些特征,早就被"自然选择"所淘汰。比如,人类的知觉的一个基本特征是对运动着的事物的结果的判断,这是猿猴传承给人类的一个进化特征。正如进化生物学家辛普森(G.G.Simpson)所说:"对自己即将跳过去的树枝缺乏合乎实际的知觉的猿,眨眼间就会变成一只死猿,因而不再是我们的祖先。"[①]人类的脑容量比猿类大,知觉内容的复杂性也随之增大,他们所知觉(包括表象、记忆和想象)到的事物充满着无限的复杂性。只有把知觉到的复杂性降低到能够使人做出适当反应的程度,人才能适应环境。"自然选择"只是保留既有无限的感觉能力,又能够降低复杂性的大脑,而不是一味偏爱容量大的大脑。尼安德特人的脑容量比现代智人的还要大,但他们灭绝了。现代智人在进化的后期,其大脑中最终形成了降低复杂性的机制,因此存活下来。

尼格拉·卢曼在《宗教的功能》一书中,用"降低复杂性"的心理机制来解释"神"的观念的起源。[②]形而上学的思想和神话世界观一样,也来自人类降低复杂性的心理机制。普遍存在于各民族的"创始神话"都有降低复杂性的功能,它们用不同的故事叙说了相同的世界观:存在着一个共同的生命本源,从中分化出对立的两种力量和万物,万物始终分享着生命本源的力量和性质。原初形而上学用更加有效的途径降低复杂多变的现象,或是发现知觉对象之间的联系和因果关系,或是把它们分成对立的两部分,或是把它们组织在一个等级体系中。这些途径所导致的结果,就是宇宙发生论和对宇宙生成变化终结原因的解释。

很多民族都有神话世界观,但只有少数的民族发展出形而上学思想。这是因为不是每一个民族都能满足从神话到形而上学转变所需要的条件。所有民族的语言一开始都只有表达个别事物和感性特征的词语,从语言到文

---

① 舒远招:《从进化的观点看认识——福尔迈进化认识论研究》,湖南教育出版社,2000 年,第95 页。

② See N. Luhmann, *Funktionder Religion*, Frankfurt, 1977.

字,再使用文字表达思想(而不只是记事),再把思想固定在可以传授和批评的经典之中,这些是语言的不同发展阶段。并不是每一个民族的语言都经历了所有这些阶段,即使经历了这些阶段的民族,也不必然具备需要发展形而上学的社会历史条件。只有那些既经历了所有这些语言发展阶段,又迫切需要使用一系列抽象的概念来解释纷繁复杂的自然和社会现象的民族,才能最终发展出形而上学的思想。古代希腊和中国恰好满足了这些条件。最早的中西哲学家们用"本原""本根""一""道""logos"等最普遍的概念概括运动变化的原因,用两两对立的概念描述一切现象的性质和方向。如果说神话世界观应对的是史前时期和文明初期的人类所遭遇的复杂的环境,那么原初形而上学的概念系统使人能够面对文明成熟时期的更加复杂的环境,采取适时适度的应对措施。

黑格尔说:如果一个有文化的民族没有形而上学,那"就像一座庙,其他方面都装饰得富丽堂皇,却没有至圣的神"①。中国和希腊等文化传统之所以具有不朽的生命力,得益于形而上学这尊"至圣之神"的庇护;反过来,另外一些文化传统虽然留下了富丽堂皇的神殿,但由于没有这尊神,不可避免地消失在历史的长河中。正反两方面的事实证明,形而上学是在文明高度发展的条件下,人类的心理机制表现出的一种思想方式。

形而上学的功能和特征不仅决定于人类心理机制的普遍性和必然性,而且决定于概念的语言载体和社会作用等具体的历史条件。后者是造成中西形而上学分流的主要原因。希腊原初形而上学关于"变易"原则的判断与希腊文中判断系词的确定意义在形式上有矛盾,由此产生的困惑是:如何能够确定地知道变易的现象?欧几里得几何学的创立,为希腊人树立了知识的样板。希腊哲学家按照这一样板,通过对系词意义与知识对象关系的论证,以演绎方法为标准,以逻辑判断系统为结构,建立了以自然为对象的形而上学传统。在中国,由于汉语中没有单独的系词,中国哲学家没有遭遇到希腊人的困惑,但他们有自己的问题。汉语的抽象概念仍保持着表示个别事物和感性性质的意义,通过比喻和想象的手法,形而上学概念的意义与日常生活

---

① [德]黑格尔:《逻辑学》(上卷),杨一之译,商务印书馆,1966年,第2页。

中的熟悉现象相互对应,密切关联。反过来说,当社会生活发生难以想象的变动时,人们对社会准则和自然法则的关系产生怀疑,不知道究竟是自然法则发生了紊乱,还是社会准则失去了效力。道家的效法自然和儒家的宇宙道德化的立场最后达到了一个平衡点,建立了以道德为基础的天人相通的形而上学传统。

需要说明的是,当我们使用"道德形而上学"和"自然形而上学"分别表示中西形而上学的成熟形态时,这一区分并不意味着西方的不研究道德问题,或中国的没有自然学问。在西方形而上学传统中,人的精神(灵魂)和社会、政治、道德也是自然生成的事物,可以用研究自然物的方法和知识体系,获得关于人的精神和社会的确定知识。在中国形而上学传统中,自然界具有人和社会的伦理属性,"格物"(研究自然物)和"格心"(净化心灵),同属道德修养过程。这两种不同的形而上学传统归根到底还是人类心理"降低复杂性"机制的两种倾向,或者先把人自身的属性归约为单纯的本质,然后透过它来"过滤"复杂的外部现象;或者先把外部世界归约为简明的原则和结构,然后用它来约束人的复杂的内心世界。中西形而上学的分流的普遍意义在于,两者以系统化、理论化的形式表明了人类心理机制的这两种倾向。

四、马克思哲学与西方哲学的"正本清源"方案

(一)现实中的马克思主义哲学与西方哲学的关系

关于马克思主义哲学与西方哲学的关系,有两种完全相反的理解。一种观点认为,马克思主义哲学属于西方哲学,即使认为马克思主义哲学是哲学上的革命性的变革,也不能由此而把它与西方哲学隔离开来。其理由是,现代分析哲学和现象学也都自诩为哲学上的革命,但从来没有人因此而否认分析哲学和现象学属于西方哲学;同样,不能因为马克思主义哲学自称或者实际上是西方哲学史上的革命性变革,而否认它属于西方哲学。西方世界的哲学家大都持这样的观点。不管他们是否承认马克思的哲学是不是哲学上的根本变革,他们都把马克思的哲学当作西方哲学的一个部分。尽管对马克

思主义哲学的态度有褒有贬,篇幅有多有少,但比较完整的西方哲学史著作都有专门介绍马克思的章节。

另一种相反观点则认为,马克思主义哲学的根本变革使得它摆脱了西方哲学的传统和发展道路,使得它与现代西方哲学背道而驰。其理由是,马克思主义是放之四海而皆准的普遍真理,而西方哲学在马克思主义诞生之前只有部分真理,而后的现代西方哲学甚至连部分真理也失去了。持这种观点的人担心,马克思主义哲学如果不与西方哲学彻底划清界限,不但会把西方哲学史上的部分真理等同于普遍真理,而且会混淆马克思主义哲学的真理与现代西方哲学的谬误。这一种观点曾长期被视为马克思主义的"正统",但它不是马克思本人的观点,其来源是苏共中央主管意识形态的书记日丹诺夫提出的哲学史定义。

改革开放之前写的哲学史著作,几乎无一例外地遵从"两军对阵"的模式。在这种形势下,西方哲学史变成了马克思主义哲学的附庸,是为了理解马克思主义经典著作中提到的西方哲学家而写的注脚;至于现代西方哲学,更是马克思主义哲学的反面教材,是供批判的靶子。

改革开放四十多年来,中国的哲学界取得了两个令人瞩目的新成果。第一,马克思主义哲学界突破了苏联教科书体系,提出了"实践唯物主义"等新的观点;并以积极的态度与现代西方哲学展开对话,吸收西方马克思主义的合理成分。第二,哲学史界突破了日丹诺夫关于"哲学史是唯物论和唯心论两军对阵的历史"的模式,从具体的史料出发总结哲学史发展的线索,实事求是地理解和评价历史上的哲学家。这两方面的新成果为我们重新审视马克思主义哲学和西方哲学的关系,提供了有利的条件。

另一方面,我们也应该看到,在马克思主义哲学与西方哲学之间,还存在着阻碍相互对话和沟通的障碍。按照中国特有的学科分类,马克思主义哲学和外国哲学是两门独立的哲学二级学科;西方哲学从属于外国哲学,西方哲学又被分割成西方哲学史和现代西方哲学两个部分。在这样的学术环境中,哲学思想被层层分割的"学科"限制在狭隘的专业之内,哲学研究者以某一专业的某一方向为职业,画地为牢,以邻为壑,互不来往。研究西方哲学的人专攻西方哲学的某一派别、某一哲学家,甚至某一哲学家的某一著作或理论,本是无可厚非的;但如果因此而视马克思主义哲学为陌路,那就未免太狭隘了。现在,马克思主义哲学的研究者关注西方研究马克思主义的新成果,这是一个可喜的现象。但如果只是把目光盯在西方那些研究马克思主义的人的身上,那也不能在广阔的视野中全面地理解马克思主义哲学与西方哲学的关系。

中国的哲学界把马克思主义哲学和西方哲学当作两个独立的学科的做法,可能有政治上的考虑;但从学理上说,两者的分离是没有道理的。面对这样的现实,我们应该重新审视马克思主义哲学与西方哲学的关系,消除外部力量在两者之间设置的隔阂。这两个思想领域的贯通,可以澄清西方哲学与马克思主义哲学的渊源关系,而且也可以说明马克思主义哲学对西方哲学,乃至人类思想的独特贡献和深远影响。

(二)"斯坦普方案"和"列宁方案"

从原则上说,马克思主义哲学既有继承西方哲学的历史连续性,又是突破传统的历史变革。但问题是,如何把连续性和历史变革统一起来? 在此问题上,有两种不同的解决方案。一种方案是按照从西方哲学到马克思主义哲学的发展的历史顺序,用两者的相同之处说明马克思主义哲学的历史连续性,用两者的差异说明马克思主义哲学的历史变革。另一种方案是根据马克思主义哲学的需要,确定它在哪些方面与西方哲学有历史连续性,在哪些方面实现了变革。

不难看出,这两种解决方案与前面谈到的对马克思主义哲学与西方哲学关系的两种理解有着对称关系。一般说来,主张马克思主义哲学属于西方哲学的人倾向于按照连续性的观点,看待马克思主义哲学的独创性或历史变革;而主张马克思主义哲学超越了西方哲学的人,倾向于按照他们所理解的革命性的特征,解释马克思主义哲学的历史来源。我们可以通过两个案例的分析,评价这两个方案。

萨缪尔·斯坦普的《从苏格拉底到萨特的哲学史》,在美国是颇有影响的教科书,这本书可以说是上述第一种方案的一个范例。该书按照历史的顺序,在第21章叙述了马克思的哲学,标题是"卡尔·马克思:辩证唯物主义"。

作者说:"马克思所说的并不完全是独创的。他的很多经济学思想可以在李嘉图著作中找到，他的一些哲学观点和构想可以在黑格尔和费尔巴哈著作中找到,关于阶级斗争的历史观可以在圣西门的著作中找到,关于劳动的价值论可以在洛克的著作中找到。马克思的独创在于他从这些思想来源中,提出了一个统一的思想结构,用作社会分析和社会革命的有力的工具。"①关于这个"统一的思想结构",作者谈了四点:①五种历史形态的理论,②生产方式和经济基础的理论,③劳动异化的理论,④上层建筑的理论。按照作者的解释,①是马克思的辩证法,②③和④是马克思的唯物主义。作者完全在社会领域中谈论辩证唯物主义,这也是他把马克思哲学当作"社会分析和社会革命的有力的工具"的理由所在。

列宁的《马克思主义的三个来源和三个组成部分》一文,对马克思主义哲学的来源和性质有不同的说法。列宁用"辩证唯物主义"和"历史唯物主义"表示马克思主义哲学。关于辩证唯物主义,列宁写道:马克思"用德国古典哲学的成果,特别是用黑格尔的体系(它又导致了费尔巴哈的唯物主义)的成果丰富了哲学"。至于历史唯物主义的来源是什么,列宁没有说,只是说:"马克思加深和发展了哲学唯物主义,而且把它贯彻到底,把它对自然界的认识推广到对人类社会的认识。"②在《卡尔·马克思》一文中,列宁更加明确地说明,辩证唯物主义的唯物主义来自费尔巴哈(马克思"首先是路·费尔巴哈的信奉者");辩证法来自黑格尔("马克思和恩格斯认为,黑格尔辩证法……是德国古典哲学的最大成就"③)。列宁对马克思主义的解释代表了上面所说的第二个方案,即根据马克思主义哲学的需要来决定其历史来源的方案。这一方案在苏联和我国占主导地位。现在,在已经突破了苏联的教科书体系的理论条件下,我们可以反思这样一个问题,如果马克思主义哲学并不等同于辩证唯物主义和历史唯物主义的体系,马克思主义哲学的历史来源是否只是,或主要是黑格尔的辩证法和费尔巴哈的唯物论呢?

---

① S. N. Stempf, *Socrates to Sartre: A History of Philosophy*, 5th. ed., McGraw-Hill, 1996, pp.401-402.

② 《列宁选集》(第二卷),人民出版社,1995年,第311页。

③ 同上,第418、421页。

我们可以通过斯坦普和列宁对辩证唯物主义的不同解释，说明上述两个方案的得失。斯坦普的看法的优点是把较多的西方思想的资源都吸纳进马克思哲学中，除了黑格尔和费尔巴哈，李嘉图、圣西门和洛克的思想也被当作马克思哲学思想的来源。列宁虽然没有提到洛克，但也把李嘉图和圣西门的思想作为马克思主义的来源。不过，按照列宁的区分，马克思主义哲学与政治经济学和科学社会主义是三个部分，李嘉图和圣西门的思想分别是马克思主义政治经济学和科学社会主义的历史来源，但不是马克思哲学的来源。这样的区分其主要根据是列宁对恩格斯的《反杜林论》的三个部分的理解，但在马克思的著作中，并不存在这三个部分的区分。斯坦普虽然扩大了马克思哲学的历史来源，但缩小了它的变革意义。在他看来，马克思哲学只是"社会分析和社会革命"的工具。在这一问题上，列宁有更为正确的看法。列宁认为，辩证唯物主义是原则和基础，而历史唯物主义是应用和推广。虽然列宁对马克思主义哲学所作的区分及对这两部分关系的论述，并不是无可非议的，但他认为马克思的哲学是"哲学唯物论"，而不只限于一定的社会理论，这无疑是正确的。

总之，"斯坦普方案"有利于理解马克思哲学的历史来源，但不利于理解马克思哲学的变革意义。"列宁方案"从马克思主义哲学的革命性意义出发，说明它的历史来源，具有理论上的优势；但这一方案不利于对马克思主义哲学的历史来源的全面理解。对这两个方案，我们应该取长补短，使之相得益彰。

（三）"正本清源"的方案

在"斯坦普方案"和"列宁方案"的基础上，我们提出"正本清源"的新方案。这一方案把马克思哲学与西方哲学的关系概括为"本"和"源"的关系。"本"即马克思哲学的根本，"源"指它的来源。我们把对马克思哲学的历史变革和连续性的正确理解概括为"正本清源"的方案。"正本"就是要正确理解马克思哲学的独创性和所实现的历史变革，"清源"就是要全面地梳理和总结马克思哲学的历史来源，说明它与西方哲学的连续性。"正本"和"清源"的关系就是马克思哲学的变革和它的历史连续性的关系。这一关系有下面两个方面。

一方面，"正本"才能"清源"。就是说，只有首先对马克思哲学的独创性有正确的理解，才能准确地发现它的历史来源。否则，只是凭借对马克思主义经典著作的只言片语的理解，到西方哲学的史料中去寻章摘句，难免把西方哲学史变成马克思主义哲学的注释。列宁的方案从马克思主义哲学的整体特征出发理解它的历史来源，这是"依本求源"的做法，本来是可以避免对马克思主义哲学和西方哲学关系注释式和任意性的理解的。但多年来，我们对马克思哲学之本的理解有偏差，才造成了对它的历史来源和连续性简单化的狭隘理解。现在的任务首先是"正本"，先把关注的焦点调整到正确的方向，才能有进一步的新发现。"正本"而"清源"，就是为了吸取列宁方案的优点，并从根本上克服对马克思哲学片面的、僵化的理解。

另一方面，"源"不清，则"本"不正。就是说，没有对马克思哲学的历史来源的全面理解和清晰的疏理，也不可能理解它的变革。从理解的逻辑顺序上说，先要"正本"，才能"清源"；但从历史发展的时间顺序上说，西方哲学是来源，马克思哲学是从源远流长的传统中产生出的根本变革。如果看不到西方哲学的丰富源泉是如何汇入马克思哲学之中的，那么马克思主义哲学只会是几条干瘪的教条。以斯坦普为代表的方案从各方面的西方思想资源理解马克思哲学的独创性，这是"由源溯本"的做法。但是他看待马克思哲学的视野太狭隘，因此也没有把马克思哲学的丰富来源梳理清楚。我们提出"正本清源"的方案，结合了列宁的"依本求源"方案和斯坦普代表的"由源溯本"方案的优点。我们的目标不但是全面地解释马克思哲学与它以前的西方哲学的关系，而且是说明马克思哲学诞生之后与现代西方哲学的关系。我们要说明的是，马克思哲学实现的根本变革并没有使它脱离与西方哲学的关系。这是因为，影响马克思哲学的那些传统的哲学思想，也影响着现代西方哲学的流派。只有理解马克思哲学与现代西方哲学共同的历史背景和来源，我们才能更加深刻地解释两者交流对话的必然性和合理性。

（四）"正本清源"是否适用于一般意义的"马克思主义哲学"

至此，我们只是用"正本清源"的方案说明马克思哲学与西方哲学之间的关系，还没有讨论马克思主义哲学与西方哲学的关系问题。应该看到，"马克思主义哲学"是一个比"马克思哲学"更为宽泛的概念。"马克思哲学"指马克思和恩格斯的哲学思想，马克思之后的"马克思主义"是表示不同思想的集合概念。这个集合包括的要素有：第二国际及其后的社会民主党人的马克思主义，共产党之外的西方马克思主义，苏俄的列宁主义和斯大林主义，第三国际其他思想家的马克思主义，第四国际的马克思主义，中国的毛泽东思想、邓小平理论、"三个代表"重要思想、科学发展观和习近平新时代中国特色社会主义思想等。不管哪一种马克思主义，都有自己的哲学思想。我们把所有这些马克思主义的哲学基础称为"马克思主义哲学"。

在经历了国际共产主义运动的风风雨雨之后，马克思主义者应该总结经验教训，响应马克思的"全世界无产者，联合起来"的号召，用开放的态度理解和运用马克思主义哲学，不要把某一种马克思主义哲学定为一尊，奉之为正统，也不要把某一种马克思主义哲学斥为异端，视之如仇敌。为此，更有必要对各种不同的"马克思主义哲学"进行"正本清源"的分析。

马克思哲学是一切号称马克思主义的学说的哲学之本，但不同的马克思主义又有不同的哲学，这应如何解释呢？我们说，"马克思哲学"是马克思和恩格斯的哲学思想，这两位马克思主义的创始人思想可以说是"合而不同"；两者的合作并不意味着没有差异，但差异也不意味着矛盾和对立；既不能否认马克思与恩格斯思想上的差异性，也不能把两者对立起来。马克思哲学中的不同思想和表达也是马克思主义哲学的多样性和差异性的部分原因。不同的马克思主义或者以马克思和恩格斯的共同哲学思想，或者以马克思的哲学思想，或者以恩格斯所独有的哲学思想为本，由此造成了它们的哲学之本的部分差异。

不同的马克思主义之间的差异，来自不同的文化传统和社会背景。例如，列宁主义、斯大林主义与第二国际的马克思主义的对立，一方面出自人们对马克思哲学的不同理解；另一方面哲学思想上的差异在现实中，被各种社会的、政治的、经济的、文化的因素放大，变得势不两立了。现在，我们要从理论上分析这些矛盾和对立的原因。一方面要看不同的马克思主义与马克思哲学之间的联系，另一方面要看这些马克思主义含有哪些马克思哲学所没有的新内容。这些新内容往往是在"修正"或"发展"的名义下，被增加在后来的马克思主义之中的。通过这两方面的分析，我们可以理解，不同的马克思主义在哲学上的相同之处，它们都有马克思哲学的根据；它们的不同之处，既来自它们对马克思哲学中的不同因素的运用，也来自它们各自增加的新内容。

我们把"正本清源"的方案应用于一般意义上的马克思主义哲学，一方面要看到不同的马克思主义都有马克思哲学的根据，由于这一共同的来源，它们有相同的哲学之本；另一方面，由于马克思哲学包含着不同因素，不同的马克思主义吸收了这些不同的哲学因素，而且有不同社会、民族和文化传统的特殊来源。在这些特殊来源中，有一些属于西方世界，与西方哲学有着直接或间接的联系，如第二国际的马克思主义就是这样，西方马克思主义更是如此。我们现在当然可以在西方哲学的范围内，研究这些学说的哲学基础。但是另一些马克思主义，如列宁主义、斯大林主义，其独特性来自苏俄的政治和经济的现实与文化传统。而毛泽东思想，我们常说，是把马克思主义、列宁主义的普遍真理与中国革命的具体实践相结合的产物。"中国革命的具体实践"包含着毛泽东思想所特有的中国来源。因此，苏俄和中国社会中产生的马克思主义，包括第四国际的马克思主义，其哲学基础不能被归于西方哲学，而分别与俄国、中国或其他东方国家的哲学文化传统有着密切的联系。正是由于不同的马克思主义有来源不同的哲学基础，我们不能笼统地说它们属于或不属于西方哲学。

(五)什么是马克思哲学之本

我们肯定马克思哲学是一切马克思主义的哲学之本，但马克思哲学也有自身的根本原则。马克思哲学之本是什么？这是一个涉及什么是马克思哲学，什么是马克思主义的根本问题。我以为，把新唯物主义、人本主义和自由解放学说作为马克思哲学之本是合适的。

关于马克思哲学,列宁说:"马克思主义的哲学就是唯物主义。"①说马克思哲学之本是唯物主义,大概没有人会提出异议。但问题是,这是什么样的唯物主义?马克思之所以选择唯物主义作为他的哲学基础,并不是唯物主义具有某种内在的真理。相反,他认为历史上的唯物主义和唯心主义作为解释世界的理论,各有各的长处和短处。他的博士论文虽然以公认的唯物主义者德谟克利特和伊壁鸠鲁为题,却丝毫没有提及他们的唯物主义思想。相反,在论文的题词中,他赞扬"令人坚信不疑的、光明灿烂的唯心主义",认为"唯有唯心主义才知道那能唤起世界上一切英才的真理","唯心主义不是幻想,而是真理"。②直到《1844年经济学哲学手稿》中,他把自己的学说称为"彻底的自然主义或人道主义",并说,这一学说"既不同于唯心主义,也不同于唯物主义,同时又是把这二者结合起来的真理"③。有人可能会说,这些提法只是表达了他早期思想没有摆脱唯心主义的"错误影响",不能作为马克思哲学的根本。对此,我们要问,在被恩格斯称为包含着新世界观的天才萌芽的《关于费尔巴哈的提纲》中,马克思对旧唯物主义所做的彻底批判,又应该如何理解呢?在那里及以后的著作中,马克思对旧唯物主义的批判一点也不比对唯心主义的批判更温和、留情。相反,他指出,唯物主义所不知道的人的"能动的方面却被唯心主义抽象地发展了"④。这仍然是在肯定旧唯物主义和唯心主义各有各的长处和短处。

按照日丹诺夫的公式,唯物主义等于进步的、革命的阶级的思想,于是,站到历史上最先进的无产阶级立场上的马克思必然要选择唯物主义。但是马克思从来没有像日丹诺夫那样理解唯物主义的社会意义。相反,在《黑格尔法哲学批判》中,马克思批判说,普鲁士式的"官僚政治的普遍精神"是"粗陋的唯物主义","消极服从的唯物主义","信仰权威的唯物主义"和"某种例行公事、成规、成见和传统的机械论的唯物主义"。⑤在以后的著作中,马克思

---

① 《列宁选集》(第二卷),人民出版社,1995年,第310页。
② 《马克思恩格斯全集》(第1卷),人民出版社,1995年,第9页。
③ 《马克思恩格斯全集》(第3卷),人民出版社,2002年,第324页。
④ 《马克思恩格斯选集》(第一卷),人民出版社,1995年,第54页。
⑤ 《马克思恩格斯全集》(第3卷),人民出版社,2002年,第60页。

也没有否认旧唯物主义与保守的、落后的社会力量之间有一定的联系。

马克思把他的唯物主义称为"新唯物主义"（"新唯物主义的立脚点则是人类社会或社会的人类"①）及"实践的唯物主义"（"实践的唯物主义者即共产主义者"②）。要理解马克思哲学的唯物主义，必须同时理解他的人本主义和自由理论。在我看来，马克思的唯物主义是一种能够彻底地解释人的学说。他在《〈黑格尔法哲学批判〉导言》中写道："理论只要彻底，就能说服人。所谓彻底，就是抓住事物的根本。但是，人的根本就是人本身。"③那么能够抓住"人本身"这一根本的理论是什么呢？马克思在对青年黑格尔派的批判过程中逐渐认识到，真正的唯物主义同时也是人本主义。

在《神圣家族》一书中，马克思把18世纪的唯物主义观点概括为"关于人性本善和人们智力平等，关于经验、习惯、教育的万能，关于外部环境对人的影响，关于工业的重大意义，关于享乐的合理性等等"。他说，这些"唯物主义学说，同共产主义和社会主义之间有着必然的联系。既然人是从感性世界和感性世界中的经验中汲取自己的一切知识、感觉等等，那就必须这样安排周围的世界，使人在其中能认识和领会真正合乎人性的东西，使他能认识到自己是人。既然正确理解的利益是整个道德的基础，那就必须使个别人的私人利益符合于全人类的利益。既然从唯物主义意义上来说人是不自由的，就是说，既然人不是由于有逃避某种事物的消极力量，而是由于有表现本身的真正个性的积极力量才得到自由……应当消灭犯罪行为的反社会的根源，并使每个人都有必要的社会活动场所来显露他的重要的生命力。既然人的性格是由环境造成的，那就必须使环境成为合乎人性的环境。既然人天生就是社会的生物，那他就只有在社会中才能发展自己的真正的天性……诸如此类的说法，甚至在最老的法国唯物主义者的著作中也可以几乎一字不差地找到"④。不难看出，马克思在这里所肯定的同唯物主义有着"必然联系"的"共产主义和社会主义"是符合人性的、摆脱了罪恶的社会环境的、获得个性自

---

① 《马克思恩格斯选集》（第一卷），人民出版社，1995年，第57页。
② 同上，第75页。
③ 同上，第9页。
④ 《马克思恩格斯全集》（第2卷），人民出版社，1957年，第166~167页。

由的"以人为本"的学说,即人本主义(Humanism,亦译为人道主义)的学说。

当然,马克思既不满足于法国的18世纪唯物主义,也不满足于19世纪的社会主义。他认为,以往的唯物主义和人本主义充其量只是追求特定的阶级或社会组织的政治上的解放,而要实现人类的彻底解放,必须从根本上消除人的异化,即消除劳动的异化。为此,他转向了政治经济学批判。马克思在《资本论》中关于劳动和价值关系的论述,对资本主义生产、交换、消费和流通的全过程的分析,都是以他的新唯物主义为前提和基础的。他的政治经济学与唯物主义和人本主义的关系,可被概括为以下一个逻辑推论的系列。

(1)劳动是人的本质力量;

(2)劳动在人的历史中被异化;

(3)劳动异化最后造成了商品生产;

(4)商品具有使用价值和交换价值两重性;

(5a)创造使用价值的劳动以自然物的独立存在为前提;

(5b)创造交换价值的劳动是人的基本的社会存在;

(6a)5a 必须承认唯物主义的一般原则;

(6b)5b 必须以实践的、历史的观点看待人与自然,以及人与人的关系;

(7)商品的使用价值和交换价值是统一的,6a 和 6b 因而也是统一的;

(8)因此,关于自然和社会的唯物主义同时也是关于实践和历史的人本主义。

马克思哲学同无产阶级革命有着密不可分的关系:"哲学把无产阶级当作自己的物质武器,同样,无产阶级也把哲学当作自己的精神武器。"无产阶级是哲学的物质武器,因为无产阶级革命是达到"人的高度的革命";哲学是无产阶级的精神武器,因为哲学的批判将人的本质"提高到真正的人的问题"。马克思改造了康德的绝对命令。他说,德国哲学的批判"最后归结为人是人的最高本质这样一个学说,从而也归结为这样的绝对命令:必须推翻那些使人成为被侮辱、被奴役、被遗弃和被蔑视的东西的一切关系"。[①]

我们经常说,马克思主义的理想是解放全人类。但是这一理想,如果没

---

① 《马克思恩格斯选集》(第一卷),人民出版社,1995年,第15、9、6、9~10页。

有一种能够说服人的关于人的自由解放的学说,只能是空想。注意,"解放"(liberalization)就是"自由"(liberty)的普遍化,正如"现代化"(modernization)是"现代性"(modernity)的普遍化一样。解放就是自由化,自由化就是解放,这个道理是如此明显,以至于不需要超出字面意义的解释。但现在,一些人一听到"自由化"就紧张,就如临大敌,他们把"自由化"等同于"资产阶级自由化",这不啻把"自由""解放"当作资产阶级的专利。须知资产阶级自由化作为资产阶级的解放,已经在世界历史的进程中完成,人类现在面临的任务是全人类的解放,即人的自由化。只要这一任务还没有完成,马克思的自由解放学说就不会过时。

概括地说,马克思的自由解放学说认为,为了免除压迫和奴役,必须从根本上消除产生压迫和奴役的原因。马克思通过政治经济学的批判,揭示了产生压迫的根本原因在于劳动的异化所产生的生产资料的私有制;政治上的不平等,经济上的匮乏,心理上的恐惧,归根到底产生于这一经济上的原因。马克思以争取现实的自由权为出发点,通过消灭劳动异化的途径,最后达到解放全人类的目标。1884年,意大利一个名叫卡内帕的社会主义者要恩格斯用一句话来概括社会主义社会的本质。他说,但丁用"一些人统治,一些人受难"来概括旧社会,但还没有人用一句话概括新社会。恩格斯回答说:"除了《共产党宣言》中的下面这句话,我再也找不出合适的了。"①恩格斯所引用的那句话,就是《共产党宣言》中所说的"每个人的自由发展是一切人的自由发展的条件"②。从恩格斯的概括来看,个人的自由对于马克思主义的创始人来说是何等重要!

我们说,经过根本变革的唯物主义、人本主义和自由解放学说是马克思哲学之本,但这不是说,马克思哲学以这三个学说为根本。唯物主义、人本主义和自由学说在历史上有不同的思想来源,属于不同的哲学派别。但在马克思哲学中,这三个学说是相通的,它们的差异只是理论层次的不同。唯物主义是关于人和世界关系的学说,马克思的人本主义的价值观使他得以用劳

① 《马克思恩格斯选集》(第四卷),人民出版社,1995年,第730页。
② 《马克思恩格斯选集》(第一卷),人民出版社,1995年,第294页。

动的、实践的观点,分析"环境的改变和人的活动的一致"①,论述自然界的物质形态与社会生产方式的统一。他的哲学没有西方哲学上的"以物为本"与"以人为本"的对立,是唯物主义和人本主义的统一学说。这一学说以人的自由为价值尺度,衡量各种社会形态的进步,并以全人类的解放为目标,批判一切不合理、不公正的社会现象。在实践的层面上,唯物主义、人本主义和自由解放学说的统一,意味着以经济活动为基础,关注人的实际利益,争取社会公正和政治民主,最终通过消灭私有制的途径,使人类彻底摆脱劳动的异化和外在力量的奴役。马克思哲学就是这种理论和实践相结合、以唯物主义为基础、以人本主义的价值观为标准、以自由解放为目标和方向的统一的学说。

说到这里,我想已经不需要就马克思哲学与西方哲学的对话的可能性说太多的话了。有一些西方哲学史知识的人知道,唯物主义、唯心主义、人本主义和自由学说都有源远流长的历史。即使我们承认马克思哲学是西方哲学史上的根本变革,那么这一根本变革的对象是"变得敌视人了"的旧唯物主义,②是对那种把人的异化只是当作精神和意识的异化的唯心主义,而并不像过去所理解的那样,只是继承了唯物主义以反对唯心主义,继承了辩证法以反对"形而上学"。相反,这一哲学上的变革一方面超越了历史上的唯物主义和唯心主义的对立,继承了西方哲学的人本主义和争取自由解放的传统;另一方面超出了以往哲学的历史局限性和阶级局限性,为哲学规定了更高的任务和实现的途径,即人类的自由和解放。马克思的新唯物主义与西方哲学在根本旨趣上是相通的,在发展方向上是一致的。在此意义上,马克思哲学不但可以与传统的西方哲学的各种学说对话,而且可以与现代西方哲学的各个流派对话。

(六)什么是马克思哲学之源

我们现在追溯马克思哲学的西方哲学来源,有两种方法:第一种是显性的、直接的方法,第二种是隐性的、间接的方法。为了全面理解马克思哲学的

---

① 《马克思恩格斯选集》(第一卷),人民出版社,1995年,第59页。
② 参见《马克思恩格斯全集》(第2卷),人民出版社,1957年,第164页。

来源,这两种方法缺一不可。

第一种方法是迄今为止通常使用的方法,即说明哪些西方哲学直接影响了马克思的思想,阐述它们如何影响马克思的历史过程。正如马克思和恩格斯所承认的那样,对他们的哲学直接产生了重要影响的哲学家是黑格尔和费尔巴哈。马克思本人的著作也包含着从青年黑格尔派到共产主义、从费尔巴哈的唯物主义到新唯物主义的明显的发展线索。作为一个历史事实,黑格尔和费尔巴哈的哲学确实与马克思哲学的联系最直接、最密切。但是列宁认为,马克思哲学的主要来源是黑格尔的辩证法和费尔巴哈的唯物主义,然而这不是在陈述一个历史事实,而是对马克思哲学与黑格尔和费尔巴哈哲学有着密切联系这一历史事实做出了自己的解释。在我看来,这种解释,一方面缩小了黑格尔对马克思的影响,另一方面又扩大了费尔巴哈的影响。

列宁的解释之所以缩小了黑格尔对马克思的影响,是因为他没有看到,黑格尔哲学不仅是马克思的辩证法的来源,而且是马克思哲学的很多观点的来源。黑格尔的辩证法是与他的体系密切联系的方法,使用他的方法虽然不一定要全盘接受他的体系,但接受他的体系的部分观点是不可缺少的。马克思对黑格尔辩证法的继承,不是简单地"抛弃体系,接受方法",也不像"把头脚颠倒的体系颠倒过来"。马克思哲学不但批判地继承了黑格尔的辩证法,而且批判地吸收了黑格尔哲学体系中的一些观点,如"存在""定在""扬弃""异化""劳动""自由""市民社会""国家"和"法"等。黑格尔在阐述这些观点的意义时,把西方哲学的各个环节贯穿起来。可以说,不理解西方哲学的全部历史,就不能理解黑格尔哲学,也不能理解马克思对黑格尔哲学的继承和发展。

费尔巴哈对马克思从青年黑格尔派向无神论和唯物主义的转变起到了重要作用,但由此说费尔巴哈思想是马克思的唯物主义的主要来源,那是扩大了费尔巴哈的影响。费尔巴哈使马克思认识到黑格尔的唯心论和宗教的虚幻,却没有决定马克思的唯物主义的性质和内容。马克思的唯物主义主要是他从对政治经济学和社会主义学说的研究中概括出来的哲学思想。他的"新唯物主义"或"实践的唯物主义"对包括费尔巴哈的唯物主义的批判多于继承。马克思之前的政治经济学和社会主义学说,更多地影响了马克思的唯物主义。由于列宁把政治经济学和社会主义与哲学并列为马克思主义的三个组成部分,各个部分分别有自身的来源,因此未能把英国古典政治经济学和空想社会主义作为马克思哲学的历史来源。

追溯马克思哲学历史来源的第二种方法,即隐性的、间接的方法,还没有被马克思主义者所运用,却被反马克思主义者所运用。波普尔的《开放的社会及其敌人》是运用这一方法的一个范例。这部书的上卷的副标题是"柏拉图的魅力",下卷的副标题是"预言的高潮:黑格尔、马克思及其后果"。从这些标题就可以看出,波普尔攻击的重点是柏拉图、黑格尔和马克思的理论。他把整个西方哲学的传统解释为历史主义,历史主义开始于赫拉克利特,在马克思的哲学中发展到了顶巅。波普尔勾勒的历史主义发展线索是一种隐性的、间接的解释,他把从柏拉图到黑格尔的西方哲学传统当作马克思哲学的历史来源,构成了对马克思主义的一个最严重的挑战。伯林评价说,波普尔的这本书对马克思主义哲学进行了"迄今为止的任何作者所能作的最彻底(mostscrupulous)、最难对付(mostformidable)的批判"①。英国哲学家麦基(B.Magee)甚至说:"我不明白任何一个有理性的人在读了波普尔对马克思的批判之后,如何还能继续成为马克思主义者。"②虽然很多有理性的人在读了波普尔的书之后仍然相信马克思主义,但他们至今还没有对这一批判做出有力的回应。一个重要原因是,他们囿于"马克思主义三个组成部分和三个来源"的框架,缺乏波普尔那样的宏大宽阔的历史视野,他们对这类反马克思主义的攻击作出的反批判,不是在同样领域中和在同等水平上的论战。这一事实从反面告诉我们,揭示马克思哲学的隐性的、间接的历史来源,是必要和重要的。

众所周知,马克思是一个"希腊迷",他的著作多次提到希腊文学和艺术的永恒的魅力。如果认为希腊哲学对马克思的思想没有影响,那是不可想象的。当然,希腊哲学的影响是隐性的、间接的,通常是通过德国古典哲学影响到马克思的。比如,马克思在博士论文中说:"这篇论文仅仅看作是一部更大

---

① I. Beilin, *Marx, His Life and Environment*, 3rd. ed., Oxford University Press, 1963, p.287.

② B. Magee, *Karl Popper*, Viking Press, p.89.

著作的先导，在那部著作中我将联系整个希腊思辨详细地阐述伊壁鸠鲁主义、斯多亚主义和怀疑主义这一组哲学。"①那部"更大的著作"没有写出来，但我们可以追问：马克思的写作意图是什么？他为什么要把伊壁鸠鲁主义、斯多亚主义和怀疑主义归为同一组哲学？如果联系到黑格尔的《精神现象学》中的分类，就可以理解，斯多亚主义和怀疑主义代表了"自我意识的自由"。在这一点上，黑格尔与康德不同，康德认为，人在对自然的认识中没有自由的意识。在康德与黑格尔不同的自由观中，马克思支持黑格尔的观点，他的博士论文说明，伊壁鸠鲁的自然哲学达到了自我意识的自由。不难想象，他打算进一步论证黑格尔的观点：自我意识的自由也表现在斯多亚主义和怀疑主义之中。②虽然马克思没有实现他的这一写作计划，但我们可以看到，马克思哲学关于人对自然的认识和实践与人的自由相联系的思想，与他对希腊自然哲学的理解，对康德和黑格尔的自由观的理解，有着某种隐性的、间接的联系。

阿伦特说，马克思的共产主义理想"不是乌托邦，而是一定的政治社会条件的产物，柏拉图和亚里士多德在雅典城邦的模式中经历了这些同样的条件，这也是我们传统所依赖的基础"③。这段话已经成为西方很多马克思思想产生研究者的共识。他们把希腊哲学，特别是亚里士多德的哲学，当作西方思想传统里对马克思产生潜移默化影响的主要因素。在《马克思和亚里士多德》论文集中，12位学者撰文一致指出，亚里士多德哲学是马克思哲学的间接的，却是一个不容忽视的历史来源。④近三十年来，学者们使用隐性的、间接的方法的研究成果越来越多。比如，哥尔德说明了亚里士多德的"四因说"与马克思关于劳动的学说之间的联系；⑤卡因说明了亚里士多德代表的希腊政治观和实践观对马克思的"类存在"观点的影响；⑥罗克茂说明了亚里

① 《马克思恩格斯全集》(第1卷)，人民出版社，1995年，第10~11页。

② See H. F. Mins, Marx's doctoral dissertation, *Science and Society*, vol.12, 1948, pp.157-169.

③ H. Arendt, *Between Past and Future*, Viking, 1968, p.19.

④ See G. E. McCarthy, ed., *Marx and Aristotle*, Rowman and Littlefield, 1992.

⑤ See C. Gould, *Marx's Social Ontology*, MIT Press, 1980.

⑥ See P. Kain, *Schiller, Hegel and Marx: State, Society, and the Aesthetic Ideal of Ancient Greece*, McGill-Queen's University Press, 1982.

士多德的《形而上学》和《尼各马可伦理学》中的"活动"概念对马克思的"类存在"概念的影响;①施瓦茨说明了亚里士多德的"政治动物"的思想对马克思的"类存在"的影响;②伯伦克特比较了亚里士多德的德性伦理与马克思的社会伦理;③缪斯说明了古典的政治自由和公共领域的思想和马克思关于人类解放的思想之间的联系;④麦察罗斯谈到亚里士多德主义的自然法传统对马克思的社会存在理论的影响;⑤如此等等。这些研究运用隐性的、间接的比较方法,在西方哲学的大传统中,研究马克思哲学的思想来源和资源。我们应该在借鉴和吸收这些成果的基础上,对马克思哲学的历史来源,做出全面、系统的解释。

五、我们需要建立对非普遍知识的认知能力

自改革开放以来,共性与个性、普遍与特殊的哲学范畴,一个个原本关乎抽象与具体、特殊与普遍的纯粹西方哲学术语,从来没有像今天这样如此靠近我们的日常生活。人类究竟应该选择哪种生存方式的呼声也伴随着对非普遍知识认知的思考进入哲学界最为深刻而激烈的讨论之中。

(一)普遍知识的性质

"普遍"(universality)这个概念,最初是用来标志一种知识性质的。尽管盖梯尔(E. L. Gettier)总结了柏拉图在《泰阿泰德篇》中对知识的三种论述,即"知识是得到论证的真的信念"⑥"知识就是感知"和"知识是正确的观点",但

---

① See T. Rockmore, *Fichte, Marx, and the German Philosophical Tradition*, Southern Illinois University Press, 1980.

② See N. Schwartz, *Distinction between public and private life*, *Political Theory*, May, 1979.

③ See A. Brenkert, *Marx's Ethics of Freedom*, Routlege, 1983.

④ See H. Mewes, *On the concept of politics in the early work of Karl Marx*, *Social Research*, Summer, 1976.

⑤ See I. Meszaros, *Marx's Theory of Alienation*, Harper and Row, 1970.

⑥ 这个结论可以追溯到美国哲学家盖梯尔在英国杂志《分析》发表的论文《有理由的真信念就是知识吗?》。

是现在看来,普遍性的知识才是柏拉图知识论的实质。这些关于知识的"定义"并不符合柏拉图本人的知识观。柏拉图首创的"理念"应该被理解为具有普遍性质的东西,理念是"多中之一",它对于理解现实世界中与之同名的一类事物具有决定性的作用,即事物因分有理念才是其所是。在其理念论的基础上,柏拉图实际上在《巴曼尼德斯篇》中就已经提出"知识并不处在那些感觉印象之中"①,真正的知识是关于永恒不变的、同一的、必然的理念的知识。后来,亚里士多德明确提出"普遍知识"的概念,即所谓有关原理、原因的知识,认为把握了原理和原因,其他的事情也就容易明白了。亚里士多德在《形而上学》中指出:"若说原理的性质不是'普遍'而是'个别的',它们将是不可知的;任何知识的认识均需凭其普遍性。那么,若说有诸原理的知识,那么,必定有其他原理先于这些个别性原理为他们做普遍的说明。"②即便是后世的近现代西方哲学家,对普遍问题的哲学理解也都不无例外地遵循着这一认识论传统。西方哲学为思维提供普遍有效性基础的这一思维传统,一方面来自于柏拉图所开创的理念论;另一方面来自于西方人的思维习惯、语言表达方式及言说方式所体现出的特定思维方式。

关于普遍知识的性质有"严格的"普遍和"相对的"普遍之分。用英语表达为"universal"和"general"。普遍知识指的是严格意义上的绝对普遍知识;而相对普遍指的是通过经验概括得到的"知识"(common sense),我们通常所说的普遍,其实指的是经验概括的知识,是被认为一切理智正常的人都具有的最大的共同性。这种"普遍"不是理论概括的和抽象意义的,而是类似"共识""同意"意义上的日常语言运用。因此,日常生活中人们常将作为知识性质的这种普遍性与"普通的"(ordinary)或"通俗的"(vulgar)含义等同起来。

如果澄清了有关普遍知识的以上这些性质,那么我们就应当知道所谓的普遍,是知识本身具有的性质,而不是普遍接受的知识。因此,如果把普遍知识当作人类知识的"全部"或者包容"一切"的知识,那么无论是对普遍还是对知识都是一种误解。普遍知识恰恰是人类以一种特定的方式对待世界

---

① [古希腊]柏拉图:《巴曼尼德斯篇》,陈康译注,商务印书馆,1982年,第186页。
② [古希腊]亚里士多德:《形而上学》,吴寿彭译,商务印书馆,1983年,第68页。

的产物,它只是一种特定形式的知识,它仅仅是人所能具有的各种知识中的一种。相对于人类具有的其他丰富的知识而言,普遍知识必定是有局限性的知识。

普遍知识表明这种知识本身具有普遍性,尽管它必须有人接受而绝不是无须任何人接受,但与接受它的人数多少无关。例如,真正懂得并承认陈景润解答歌德巴赫猜想的人在全世界是不多的,但这并不妨碍知识本身的普遍性。按牛顿定理,一个物体在没有外力作用下,静止的恒静止,运动的恒直线运动。尤其是后半句所表达的情况在日常生活中是见不到的,但是那是普遍性的知识。这类知识具有普遍性的标志不在于有多少人接受它,而在于它与一个普遍性的概念体系的一致性。陈景润之所以成功,是因为其运用的概念和推论符合数学的规范;牛顿的定理之所以成立,是因为从前提到结论的推论符合形式逻辑。普遍知识构成的逻辑性决定了普遍知识是合理的知识,也是必然的知识,因为它不允许违反逻辑的推论。普遍知识的合理性、有效性与现实性是有区别的。现实性需要通过实验得到直接或间接的验证,有效性则是指根据这种知识产生了某种预期的实际效果。牛顿定理与天体运动轨迹的相符,以及根据牛顿定理成功推论某个天体存在,才是牛顿定理的现实性和有效性的体现。

普遍知识的"普遍",是指知识本身所具有的一种特征,我们还可以通过不同知识的比较了解普遍知识的这种性质。例如,中国古代用勾三股四弦五表达直角三角形三条边的关系,比较 $a^2+b^2=c^2$ 的公式,后者表达了全部直角三角形任何可能长的三条边之间的关系,没有例外;前者只表达了其中的一个特例。普遍知识也是具有必然性的知识,它逻辑地统摄特殊知识。

但是我们也应当指出,普遍知识之所以具有明白事理的功效,一个重要的原因是,人在获得普遍知识的时候,同时为自己设立了"普遍—特殊"的认知框架和思维方式,即概念、判断和推理。一切都是在这个思维方式的框架里的理解,或者说,人所理解的就是自己设立的这个框架。就好比面对千差万别的生命世界,人一定觉得很惘然,而一旦把它们纳入种、类、纲、目……那样的框架,就为它们建立了一种可理解的关系。理解总是对于事物及其关系的理解,而这种关系的建立在于那个框架的设立。事实上,物种是否正好被这个框架所容纳,这是可疑的。这就是有些物种不容易说清究竟应当分在哪一类,而有些被认为有进化关系的却找不到可信的中间环节的原因。

有了"普遍—特殊"这个认知框架,人类就可以从杂乱中理出秩序,从无序中看出规律,通过概念的演绎推断各种可能结果。这种思维方式的最大作用便是对自然科学的促进,或者反过来说,自然科学就是在这种思维方式的作用下产生的:先假定对某些有限经验事实的描述具有超越经验的普遍性,然后逻辑地推论出它可能有的普遍性的结论,但这样的结论还只是一种假设,当推论得到的可能性结论在实验室或实际生活中得到证实或实现,这样的知识才能成为自然科学。

(二)西方反对普遍知识的倾向

历史已经证明了自然科学知识对于改善人类生存状况和促进社会进步的巨大意义。然而值得注意的是,伴随着自然科学的发展,西方也总是有一种与之相对立的倾向。表达对立倾向的人也是闻名于世的哲学家,他们的意见有没有合理的因素呢? 让我们先看一下他们发表了些什么意见。

最初发出声音的是法国人卢梭的一篇惊世骇俗的论文。1750 年卢梭在第戎科学院的一次有奖征文活动中,以《论科学与艺术》一文论证了科学和艺术发展的最后结果无益于人类,对科学的发展是否有利于人类进步发表自己的见解,获得头奖。他认为:"天文学诞生于迷信;辩证术诞生于野心、仇恨、温媚和撒谎;几何学诞生于贪婪;物理学诞生于好奇心,所有一切甚至道德本身,都诞生于人类的骄傲,因此,科学与艺术都是从我们的罪恶中诞生的。"[①]

科学和艺术是同财富、奢侈、闲逸密切联系在一起的,因此它们不但没有给人类带来好处和价值,相反却带来种种害处和恶行,不但无助于敦风化俗、促进人精神风貌的提高,反而会伤风败俗,导致人类腐败、衰弱和退化。正是科学、艺术的兴起和发达导致了埃及、希腊和罗马等众多历史古国被其他尚处于自然状态的民族所征服,导致了它们的悲壮衰落。

后来, 由于康德论证了普遍必然的自然科学知识原来是人类理性能力

---

① [法]卢梭:《论科学与艺术》,何兆武译,商务印书馆,1959 年,第 16 页。

的作品,人类理性因而得到高扬的时候,这种对立的方面也就表现为对非理性主义的呼声。例如,叔本华、尼采在哲学中讨论过意志和表象。如果理性对应于普遍知识、对应于自然科学,那么对于人的非理性能力的强调,就是对自然科学知识意义的间接降温。在这个意义上,后来的存在主义曾把情绪、感受当作哲学的主题,也是这条路线的延伸。

狄尔泰对自然科学与人文学科的划分在今天看来似乎不足为奇,然而如果我们了解,随着自然科学的节节胜利,它的方法论也被广泛地用于人类一切知识,甚至成为唯一的方法,那么狄尔泰的上述划分对于西方精神发展的积极意义就显现出来了。要知道,康德把逻辑上不自相矛盾作为普遍伦理命题的标准,黑格尔把人类精神的历史看作绝对理念逻辑的展开过程。狄尔泰为西方人文学科争取到了应有的地位,弥补了传统学科体系的缺陷,"民俗学"成为文化研究的重要组成部分。

法兰克福学派激烈地抨击过理性主义和本质主义对人的扭曲和异化,这些论述都是对传统知识论哲学的突破。它的突出之处是结合现代工业社会人的处境,着重从伦理的角度对资本主义社会技术化造成的后果加以批评,从而揭露了技术统治对于人的本性而言是起戕害作用的。

涉及人自身命运的问题总是宇宙之中最为根本的问题。人类不会因为普遍知识没有充分观照到这个问题而放弃对人类自身的这种关切。在全球化背景下,现代科技社会发展增添人类知识丰富多样性的同时,也流露出对促进人类生存与发展,创造和谐的科技与人文智能,超越单纯普遍知识思维方式的深刻意图。体现在现代科技越发达的社会,对现代科技思维方式,即本质主义和理性主义把活生生的人排除在外,或者最多也是像谈论关于自然的知识一样来谈论人,这种人与自然关系的思考就越发深刻而尖锐。尤其值得注意的是,法国后现代主义者福柯的知识考古学方法和利奥塔等人关于知识问题的直接评论。利奥塔说:"我们检视目前科学知识的局域——就会发现,有时候科学似乎比从前更受制于统治力量,加上新科技的来到,统治力量与新科技之间,相互产生了冲突,而知识的地位,又陷入一种新的困境,有变成双方主要赌注的危险。所谓双重合法化的问题,不但没有丧失其重要地位而销匿幕后,反倒一跃而居于舞台中心。因为知识问题以其最完美的形式显现,反过来揭示知识和权力只不过是一个问题的两面:谁决定知识为何?谁又决定什么是必须决定的?在此以前,在我们这个计算机时代里,科学问题已经愈来愈是一个有关统治者施政的问题了。"①因此,现代哲学家提出回到知识的原初含义中去,认为知识包括"'如何操作的技术','如何生存','如何理解'……等观念。因此知识只是一个能力问题。这种能力的发挥,远远超过简单'真理标准'的认识和实践,再进一步,扩延到效率(技术是否合格),公正和快乐(伦理智慧),声音和色彩之美(听觉和视觉的感知性)等标准的认定和应用"②。

以上回顾,刻画出近代以来西方人对于知识的两种对立的态度。对立的情况是这样的,一方面是自然科学知识的迅猛发展;另一方面,最后明确为不是反对一切知识,而是对于自然科学知识掩盖、忽略、否定等非自然科学知识倾向的反对。这一对立往往又与理性主义和非理性主义的对立交织在一起。

自然科学知识对于非自然科学的掩盖、忽略,甚至否定的倾向是存在的。如果没有这种倾向,就不会有狄尔泰呼吁人文历史科学区别于自然科学的必要。福柯和利奥塔经过对知识的考古,恢复知识的本来意义也就没有什么意义了。在自然科学知识盛行的情况下,许多不能纳入自然科学的知识往往被当作有局限的、不确定的、个别的经验知识予以贬斥,甚至当作神秘主义和迷信的东西而遭到舍弃。随着自然科学的传入,这种倾向在中国也表现出来了,最典型的莫过于对待中医的问题,有的人因为中医不是科学而大加挞伐。

那么站在对面的那些哲学家仅仅是为非自然科学的知识张目吗?难道他们对于具有普遍性的知识的重要性不买账吗?

(三)不能排斥非普遍知识的理由

毫无疑问,自然科学知识对于人类生存是具有重要意义的知识。但是同

---

① [法]让-弗朗索瓦·利奥塔:《后现代状况》,岛子译,湖南美术出版社,1996年,第47页。
② 同上,第75~76页。

样毫无疑问的是,自然科学的知识并不能取代非自然科学的知识,那些非自然科学的即非普遍必然的知识对于人的生存同样是不可缺的。

自然科学知识是具有普遍必然性的知识,换句话说,它是确定的知识,在给定的条件下是可以重复的,因而是不会因人而异的。这样,严格来说,只有数学和理论物理学才是这样的知识,也就是康德在《纯粹理性批判》中追问的"数学知识何以可能?""自然科学知识何以可能?"中的数学和自然科学知识。但是,并不是所有的知识都是普遍必然性的知识,例如关于股票市场的知识,如果这门知识是具有普遍必然性的知识,那么掌握了这门知识的人就一定只赚不亏了。事实上,经济理论方面哪怕根据统计计算出来的概率也不能保证是确定的。至于伦理学、价值学……就更难形成普遍必然的知识。柏拉图早期的许多对话揭露,在一种情况下被认为是美德的行为,在另一种情况下,却可能不是美德。伦理和价值问题涉及人的评价活动,而对同一件事情各人的评价不会完全一样,这不仅决定于人的社会地位等外在标志,而且还与人的教育程度、个人的秉性爱好等有关。事实上,我们大学的许多课程并不是普遍必然的知识,所以文学艺术专业培养出来的人不一定是文学艺术家,这本不奇怪。虽然大学里有许多课程不教授普遍必然的知识,但是并不是说它们对于人生、社会生活都是不重要的。一种知识重要与否不在于这种知识本身是否具有普遍必然性,而在于它们在人生和社会中的作用,但这还不是为非普遍知识辩护的全部理由。

康德的研究得出了一个重要的结论,即数学和自然科学知识的普遍必然性是人类对经验材料进行整理的结果,这种整理方式即人类自己固有的认知能力。换一句话说,与普遍知识对应的是人类自己的一种思维方式,即康德以范畴表达的先天认知能力,只有进入这样一种认知状态,才能建构出普遍必然的知识。康德的反思,让我们看到了普遍知识的局限性。

如果普遍知识只是与人类逻辑地运用知性范畴有关,那么是否要求人类在一切场合都运用相同的方式?康德并没有这样要求,他只是询问普遍必然的知识何以可能。但是由于对普遍必然知识的看重,人们往往会不知不觉地用这种方式去对待其他的知识。在美学领域,人们想给美找到一个普遍性的定义,以便以此为标准,去判断其他具体事物美还是不美;在伦理领域,找出善的定义,以判断具体行为善还是不善。我们确实看到学术界的这种讨论,但是我们也看到,这种讨论至今没有结论。相反,有人(例如摩尔)倒是证明,善这样的东西是不可定义的。

如果不同形态的知识联系着人自己的一种生存方式,那么以普遍知识压倒其他知识,就意味着以一种生存方式压倒其他可能的生存方式,这就更严重了。然而问题在于,人类并非只具有普遍必然性的知识,反过来说,人类并非只停留在逻辑思维的方式中。世界的复杂性和人类生活的多样性需要人类运用各种生存方式,只停留在与普遍知识相关的思想方式中是不可取的。生活没有既定答案,无论这种思维方式曾经取得多少辉煌成就,都不能替代当代人正在进行的其他各种思维方式和生存方式的生命实践。全球化下人类的生活状态提出了从经典的、传统的知识科学观转向新型的智慧科学观转变的时代课题。

人类历史的文化是完全能够按照人类的生存需要不断发展的,这正是回到知识原初意义对于历史文化研究的应有之义。尊重人的全面自由发展的现象本身,就必须将约束生命存续与发展的一切异化的观念,对脱离生活实际的、抽象概念所把握的理论、主义加以"悬置",从生命价值的意义出发寻求理论发展的现实诉求。《德意志意识形态》中关于"自主个人"和"真实集体"互为前提的论述①、《1857—1858 年经济学手稿》中有关人类历史从"人的依赖关系"经过"以物的依赖性为基础的人的独立性"到"建立在个人全面发展和他们共同的社会生产能力成为他们的社会财富这一基础上的自由个性"的论述②,都揭示了全球范围内人自由而全面发展的客观条件和历史趋势。人类历史和社会生产力的发展归根结底是人类自身追求全面自由发展。

我们绝对不是要贬低普遍知识的重要性,但是如果把普遍知识当作唯一可靠的知识而贬低或排斥非普遍知识认知的意义,那就会从科学走向科学主义、人类中心主义和逻格斯中心主义,归根结底是对人类生命意义的约束和压迫,是对人的全面发展的逆行,这是需要引起当代中国哲学注意的问题。

---

① 参见《马克思恩格斯选集》(第一卷),人民出版社,1995 年,第 119 页。
② 参见《马克思恩格斯全集》(第 33 卷),人民出版社,1995 年,第 107~108 页。

第三章　改革开放后
中国哲学"三化"的实践开拓

一、马克思哲学何以是当代世界的哲学

"西方马克思主义"从卢卡奇、葛兰西开始，与黑格尔哲学结下不解之缘。他们的哲学解释在不同程度上显示了黑格尔与马克思哲学的相关性或因果性。西方马克思主义流派繁多，一个原因是各家各派对黑格尔辩证法的态度和理解不同；更重要的是，他们用 20 世纪重要哲学家的学说和观点解释评判马克思哲学，用"六经注我"的态度和方法对待马克思文本。

西方马克思主义形形色色、观点纷杂，但罕有全面梳理马克思恩格斯文本的哲学解释。常见的做法是把不符合自己心意观点的马克思文本，以"不成熟""青年和老年不一致""没有代表性"等为由，轻易地把它们排斥在外。阿尔都塞算是熟悉马克思全部文本的西方马克思主义者，但他囿于结构主义的观点和方法，难免有荒谬之处。比如，他把马克思思想分为"意识形态"和"科学"两个阶段，甚至认为连《资本论》也没有跨越这两个阶段之间的"认识论断裂"，直到 1877 年之后的《哥达纲领批判》和《评阿·瓦格纳的〈政治经济学教科书〉》才符合他的科学标准。西方马克思主义对马克思文本的断章取义或过度诠释，完全有悖于马克思恩格斯的科学态度。恩格斯说："一个人如果想研究科学问题，首先要学会按照作者写作的原样去阅读自己要加以

利用的著作,并且首先不要读出原著中没有的东西。"①"不要读出原著中没有的东西"是理解马克思思想的必要条件,但还不是充分条件。要充分理解马克思哲学,必须关注不同文本联结起来的综合意义或文本中遗留的问题,并试图在其他作家,尤其是后来的马克思主义经典作家的文本中寻求这些问题的解决方案。

对马克思文本的哲学解释,要避免受包括西方马克思主义流派在内的各种先入为主观点的影响,但这不意味着可以忽视西方学者的研究成果,"闭门造车"。实际上,研究马克思思想的西方学者大多数秉承独立的学术观点,不能简单地把他们划归"西方马克思主义"或狭义的"马克思学"范畴。我国马克思主义哲学界近三十多年讨论的热点问题,西方学者都已经提出并进行过深入研究。虽然我们不一定赞成他们的结论,但必须承认他们在仔细研读文本方面做的功课值得借鉴。

既然马克思主义哲学已是一门成熟的发达学科,为什么还要"马克思哲学"呢? 按照列宁的经典定义,"马克思主义哲学"是与"政治经济学"和"科学社会主义"并列的学科领域,在中国语境里,包括马克思主义、列宁主义、毛泽东思想、中国特色社会主义理论等发展阶段;而"马克思主义哲学史"学科按照时间顺序梳理辩证唯物主义和历史唯物主义原理的起源和发展。"马克思哲学"则是限定在马克思恩格斯文本解释范围的哲学纲领。马克思哲学对文本的梳理和哲学解释所围绕的问题,不等于辩证唯物主义和历史唯物主义原理的分门别类,也不按照"马克思主义哲学史"学科的时间顺序,而是按照马克思恩格斯主要文本的主题,如启蒙、批判、政治解放、实践和辩证法等,对文本做哲学解释。这些主题包括不同时期的文本,有交叉重叠之处,哲学解释的长处在于能从不同侧面和层次,把在不同领域的关于这些主题的思想贯穿、联结和综合起来,使之成为连续发展而又有内在联系的思想,具备这些特征的文本解释被黑格尔称作科学(Wissenschaft),即使在当代也不失为标准意义的哲学。要言之,"马克思哲学"不是一个标签,而是实现在文本解释中的具体的哲学思想整体。

---

① 《马克思恩格斯文集》(第七卷),人民出版社,2009 年,第 26 页。

研究纲领与学科建设的一般关系是,研究纲领充实和校准学科内容,学科发展方向界定研究纲领的范围和重点。同样,马克思哲学与马克思主义哲学相辅相成。那种认为马克思哲学有取代或僭越马克思主义哲学之嫌的担心大可不必。马克思哲学固然"以马克思的文本为中心",但并不因此而不能"以我们正在做的事情为中心"。从理论上说,唯物史观通过对人类社会发展的研究,马克思经济学通过对劳动时间的把握,把传统哲学理解的"过去""现在""未来"三个时间维度,勾连成"过去—现在—将来"的时代精神,马克思哲学既有对过去的反思,也包含对现实性的关注,还有面向未来的展望。正因为如此,马克思哲学的不同发展阶段、不同地区的后继者们得以继承马克思的历史反思,不但对马克思哲学的现实性和世界性抱有同等强烈的现实感和迫切感,而且把马克思对未来的展望转变为自己所处时代亟待解决的问题。马克思主义发展史已经并正在表明,对马克思恩格斯文本全面准确的把握,与我们现在正在做的事情息息相关。

(一)马克思哲学在当代的历史教训

马克思哲学的历史效应不但是理论问题,也是实践问题。马克思哲学理论与实践的关系是"运筹帷幄,决胜千里",失误与结局的关系是"失之毫厘,谬以千里";片面的解释的理论效应在世界格局里被放大,导致马克思主义被歪曲、误导、滥用,造成实践上的危害。

马克思恩格斯生前似乎看到自己学说的这种历史命运。恩格斯晚年多次说到,马克思曾针对法德流行的马克思主义说:"我只知道我自己不是马克思主义者。"马克思恩格斯的预见不幸变成事实。第二国际的领袖和理论家把《资本论》所说的"以铁的必然性发生作用并且正在实现的趋势"和唯物史观基本原理,片面地解释为"经济决定论",而列宁等人把对资本主义罪恶的谴责提升为无产阶级的意识形态。在与第二国际的论战中,列宁取得了胜利。胜利的原因是一战时局突变,无产阶级在生产力相对落后的俄国夺取并巩固政权。第三国际全力把世界革命推进到殖民地、半殖民地国家,二战之后组成了社会主义阵营,民族解放运动汹涌澎湃,社会主义的旗帜在取得独立的国家风靡一时,资本主义国家的西方马克思主义和左翼思想枝繁叶茂。

但是这些看似有利于马克思列宁主义的大好形势,并没有阻止苏联东欧社会主义阵营的失败。与此同时,中国则进入了建设中国特色社会主义的新探索。

一百多年的社会主义运动经历了曲折,那些违背马克思哲学的倒行逆施,打着马克思主义旗号堂而皇之,人们既不能把它们归咎于马克思主义,也不能否认马克思恩格斯的某些论述被误解和滥用。为了在理论上克服误解,在实践上纠正滥用,必须全面准确地把握运用马克思哲学。从马克思哲学的观点看,至少有五条历史教训应该记取。

第一,国家政权不能废除经济规律。马克思说:"无论哪一个社会形态,在它所能容纳的全部生产力发挥出来以前,是决不会灭亡的;而新的更高的生产关系,在它的物质存在条件在旧社会的胎胞里成熟以前,是决不会出现的。"①这是唯物史观颠扑不破的经济规律。工人阶级政党在社会危机和动荡时期,利用阶级意识的动员力和政党的组织力,一举夺取政权。然而正如马克思晚年看到的那样,从资本主义到社会主义有一个过渡时期。事实证明,这是一个相当长的历史时期,适应或阻碍经济基础的上层建筑可以加快或延缓这个过渡进程。急于求成、违反经济规律的政策,不可避免地破坏生产力,生产关系和上层建筑甚至相应地倒退到比资本主义更落后的时代。

第二,把无产阶级的阶级意识提升为人民的文明精神。工人阶级政党掌权之后,理应牢记马克思反对工人运动内部派别狭隘和落后思想意识的政治智慧,而不能想当然地夸大劳苦大众的优秀品德,把剥削制度的罪恶归咎为地主、资本家的个人罪责,也不能否认知识分子创作的劳动价值,毁坏历史文化遗产。在消灭阶级和社会主义条件下,工人阶级的阶级意识应扩大提升为人民的文明精神和社会良俗。

旧社会中下层群众尤其需要自我教育。正如马克思指出的那样,残酷剥削在贫苦群众身上留下非人性的烙印和不良习俗。《共产党宣言》说:"流氓无产阶级是旧社会最下层中消极的腐化的部分,他们在一些地方也被无产

---

① 《马克思恩格斯文集》(第二卷),人民出版社,2009年,第592页。

阶级卷进到运动里来。"①

革命运动中的流氓无产者自然会把自己身上非人性的腐败放大成制度的弊病，把小团体利益和帮派习俗扩大为全社会的恶俗。在经济文化落后的国家，执政者的思想行为更容易沾染小农意识狭隘性、小资产阶级狂热性和流氓无产者破坏性的习气，进而推广愚昧的破坏性政策，对社会和人民心灵造成极大危害。列宁说："只有了解人类创造的一切财富以丰富自己的头脑，才能成为共产主义者。"②无产阶级不能"臆造自己的特殊文化"，而是"吸收和改造两千多年来人类思想和文化发展中一切有价值的东西"。③如果不学习、不欣赏、不参与创造人类文化成果，就只剩下恣情享受集体物质财富的肉欲，那就比挥霍的没落贵族和节欲的资产者更贪婪、更低下。事实已经证明，贫困不是社会主义；事实还证明，精神的愚昧更不是社会主义。

第三，以社会主义民主政治和法治防止国家政权变质。在资本主义到社会主义的过渡时期，国家职能长期存在是必要的，但国家机器运转的新旧两种方式决定了国家和社会是前进还是倒退。马克思总结的巴黎公社历史经验是前所未有的国家政权的先进样板，但巴黎公社存在时间太短、范围太小、受限太多，世界大国没有效仿的可能性。相反，旧的国家机器保持着强有力的惯性，权力的集中甚至产生加速度。强大的国家经济调节功能没有促进生产力发展，没有杜绝贫富两极分化、消灭阶级；相反，集中的计划经济效益低下，主观短视的财富分配制度扩大城乡差别，固化工农差别；被扣除的公共收入很少投入社会福利，浪费和贪污严重。国家保障人民权益和社会安全的政治功能常被滥用，内斗倾轧，激化社会矛盾，甚至造成新的阶级对立。一方面把持财富和权力的少数人腐化堕落，另一方面广大人民正当权利和生活资料受限制甚至被剥夺。特权阶级与普通民众的社会矛盾，比市民社会奢侈和贫困的分化后果更加严重。

第四，发展生产力以满足人民日益增长的需要。工人阶级执政国家的宗旨是保障和满足最大多数人民的最大利益，由此需要根据生产力发展水平，

① 《马克思恩格斯文集》(第二卷)，人民出版社，2009年，第42页。

② 《列宁专题文集·论无产阶级专政》，人民出版社，2009年，第281~282页。

③ 《列宁专题文集·论社会主义》，人民出版社，2009年，第167页。

逐步满足人民日益增长的需要;在保证生产力和社会发展的条件下,扩大社会福利,实现共同富裕,满足人民的美好愿望。人民群众的美好生活是多层次、全方位的,不仅仅是更多更好的物质满足,还有提高社会文明程度的需要,包括文化上、精神上对真善美的追求,还有在民主、法治、公平、正义,以及安全、尊严、文明等方面的日益迫切需求。为了满足这些日益增长的需要,生产力充分发展、物质财富极大丰富是前提,而生产关系和上层建筑的社会主义性质是根本保障。没有这两条,就没有人民的权利和主人翁的地位,也不会有在公共事务中当家做主的主动性、积极性和创造性,甚至连公有制和人民政权也会名存实亡。

第五,意识形态的多元化、国际化和本土化。1890 年,"许多大学生、著作家和其他没落的年轻资产者纷纷涌入"德国社会民主党,恩格斯说:"马克思大概会把海涅对自己的模仿者说的话转送给这些先生们:'我播下的是龙种,而收获的却是跳蚤。'"①马克思恩格斯对冒牌马克思主义的批判,也适用于第二国际的小资产阶级。二战之后,西方发达资本主义社会的意识形态也在分化重组:一方面是大资产阶级顽固地维护既得利益,抵制资本主义制度和治理方式的变革,他们的意识形态是自由主义的右翼;另一方面,小资产阶级知识分子用无政府主义和民粹主义激烈批判、猛烈冲击资本主义秩序。号称左翼的知识分子的意识形态无论如何激进,都属于《共产党宣言》中列举的"封建的社会主义""僧侣的社会主义""小资产阶级的社会主义""真正的"或"夸夸其谈"的社会主义、"保守的资产阶级社会主义""批判的空想的"或无政府主义的社会主义。可是,这些过时思想和虚假意识被引进中国,便时髦起来,披上中国外衣,成为可供猎奇的资源。

(二)如何启迪现时代:马克思哲学的现实意义

马克思哲学不只留下历史经验教训,更重要的是启迪现时代的针对性和现实性。需要回答的现实问题是,马克思阐明的资本主义发展趋势过时了吗? 马克思指出的剩余价值剥削不存在了吗? 人民追求的共同富裕和美好生

---

① 《马克思恩格斯选集》(第四卷),人民出版社,1995 年,第 695 页。

活的社会是不可能实现的乌托邦吗？对这三个重大问题,社会各界有识之士和全世界觉悟了的劳动人民给予了否定的回答。这一认识的合理性是基于马克思哲学的现实性。关于马克思哲学的现实性,至少可以总结出五条。

第一,人类进入全球化时代。《共产党宣言》说:"资产阶级,由于开拓了世界市场,使一切国家的生产和消费都成为世界性的了。"①马克思在172年前预见的全球化成为众所周知的现实。具有戏剧意义的是,资产阶级意识形态家首先认识到马克思的贡献。苏联解体之后,《纽约客》杂志1997年10月20日号上刊登了专栏作家约翰·卡西迪(John Cassidy)题为"回到马克思"的文章,该文记录了作者与一位牛津大学同学的谈话。他们在大学听到的是批判反对马克思的声音,这位同学毕业后在华尔街一家投资公司任高级职务。在他的豪华住宅里,他说:"在华尔街待得越长,我就越肯定马克思是对的。诺贝尔奖正在等待复苏马克思并将其整合成融贯模型的经济学家。"作者以为他在开玩笑。他认真地给出理由:马克思的遗产主要不在社会主义如何运作的教义,而在于"马克思精彩论述全球化、不平等、政治腐败、独占、技术进步、高级文化的衰落,当代经济学家们正在重新思考这些问题"②。这个例子说明,资产阶级及其经济学家为马克思的全球化预言成为现实而欢欣鼓舞。他们关心资本主义发达国家如何持续获取超额利润,同时避免马克思揭示的资本主义由盛到衰的历史命运。其实,马克思留给当今全球化时代的遗产非常丰富。全球化不仅给发达资本主义国家带来机遇和发展,而且改变了世界格局;全球化没有改变资本积累的趋势,没有改变发达资本主义社会内贫富分化的趋势,而且在世界范围内造成更残酷的资本原始积累,产生更普遍、更严重的贫富对立。全球化的本质是资本的世界扩张,由此带来的不仅是经济问题,而且是政治问题、文化问题。马克思哲学依然是分析、解决问题的有力武器。

第二,科学技术变成第一生产力。马克思说:"手推磨产生的是封建主的

---

① 《马克思恩格斯文集》(第二卷),人民出版社,2009年,第35页。

② John Cassidy, The Return of Karl Marx, *The New Yorker*, 1997-10-20.

社会,蒸汽磨产生的是工业资本家的社会。"①马克思之后,科技革命突飞猛进,生产力从蒸汽机时代走向电气化、信息化和智能化的时代。科学技术已成为第一生产力。正如马克思看到的那样,采用新机器、新技术的动力是获取"异常高的利润",它的趋势是"新的国际分工"在产业结构、劳动资料的开发和销售、劳动者知识和技能的素质等方面带来的生产方式变革。资本主义的经济理论和市场管理策略随之发展。比如,由于技术进步对市场竞争带来巨大压力,产生了"内生增长"的理论模型;再如,新技术生产的新商品不断刺激消费者的新需求,生产者必须了解消费者的选择环境与选择的互动,才能获得更大利润。

在新技术主宰市场的情况下,劳动力的构成发生了巨大变化。工人阶级分化为脑力劳动者、生产管理者、第三产业服务者组成的所谓"白领阶层"和体力劳动的"蓝领阶层",按照收入分为"中产阶级"和包括失业者的"低收入阶层"。马克思时代的无产阶级似乎已经消逝。恩格斯编辑《资本论》(第三卷)最后一章"阶级"时,提出了"是什么形成阶级"的问题。马克思说,乍一看来,雇佣工人、资本家、土地所有者这三大阶级的个人分别靠工资、利润和地租生活。不过,马克思产生了疑惑:"从这个观点看,例如,医生和官吏似乎也形成阶级……对于社会分工在工人、资本家和土地所有者中间造成的利益和地位的无止境的划分……似乎同样也可以这样说。[手稿至此中断]"②马克思预感的问题在今天已经有了答案:无论收入多少、工作岗位高低、名称变化等"无止境的划分",自食其力的工薪阶层始终构成工人阶级的主体。科学技术成为第一生产力带来的生产关系和阶级关系的变化,只是证明资本主义生产方式尚有相当大的发展空间,而不能证明它的永恒存在及其合理性,更不能证明工人阶级已经不存在或变得无足轻重。全球化时代仍然是贫富分化、阶级冲突、意识形态冲突的时代,虽然这些矛盾和冲突的表现形式和领域与马克思时代有所不同,但本质上是世界范围内的资本主义、封建主义与工人阶级为主体的劳动人民的矛盾。马克思哲学的阶级分析、历史趋势

---

① 《马克思恩格斯文集》(第一卷),人民出版社,2009年,第602页。
② 《马克思恩格斯文集》(第七卷),人民出版社,2009年,第1002页。

和剩余价值学说仍然适用于全球化时代。

第三,发达资本主义的资本积累趋势没有改变。在技术和产品快速更新换代的情况下,资本主义生产的自由竞争势必导致资本积累和垄断。这一趋势造成的经济危机和社会动荡,迫使资产阶级政府使用强有力的经济调控手段,立法遏制市场垄断和财富集中,增加社会福利的投入。无论在哪种情况下,《资本论》关于资本积累的一般规律都在起作用,有时起柔性作用,有时起刚性作用。皮凯蒂在2014年出版的《21世纪资本论》中,用上百年的经济数据分析表明:"自2010年以来,全球财富不公平程度似乎与欧洲在1900—1910年的财富差距相似。最富的0.1%大约拥有全球财富总额的20%,最富的1%拥有约50%,而最富的10%拥有总额的80%~90%,在全球财富分布图上处于下半段的一半人口所拥有的财富绝对在全球财富总额的5%以下。"①把这些数据与《资本论》第二十三章第五节"资本主义积累一般规律的例证"列举的19世纪中叶英国的一些统计数据相比较,何其相似。这些证据说明,资本集中的趋势没有改变。2008年金融危机中,美联储主席格林斯潘坦陈,他没有料到华尔街金融寡头无限的贪婪和掠夺,但又把他们的贪婪归结为人性的弱点。其实,正如马克思早已论证的那样,无限制追求剩余价值的贪婪是资本生产和积累的动力,只要资本主义生产方式不改变,资本的贪婪无度总会以各种顽强持久的方式表达出来,资产阶级政府的有限监管只是杯水车薪,而资产阶级意识形态家却为资本的贪婪大唱赞歌,如电影《华尔街》中盖葛所说:"贪婪,抱歉我找不到更好的词,贪婪是好的,贪婪是对的,贪婪是有用的,贪婪是可以清理一切的。贪婪是不断进化和进步的精华所在,贪婪是一切形式所在,对于生活,对于爱情,对于知识一定要贪婪,贪婪就是人们的动力。"与之形成强烈对照的是《资本论》对资本贪婪的愤慨谴责,对贪婪的臧否反映出马克思对资本积累客观趋势做出的完全相反的价值评估。

第四,跨国公司和金融寡头正在实施经济统治。《共产党宣言》积极评价资本扩张对较落后生产方式的摧毁,而马克思晚年发现了资本主义和当地封建势力相勾结共同摧残农村公社的苗头,于是既不再谴责农村公社的原

---

① [法]托马斯·皮凯蒂:《21世纪资本论》,巴曙松等译,中信出版社,2014年,第347页。

始和野蛮,也停止赞扬西方殖民者客观的历史进步作用。二战以后,资本主义国家用跨国公司和金融寡头控制新独立国家的经济,它们与当地官僚和资本家沆瀣一气,在落后国家重演18—19世纪西方资本原始积累的悲惨世界。被剥夺了生产资料的农民被抛进血汗工厂和贫民窟,成为城市中的无产者;跨国公司转移低端产业,大肆掠夺资源,破坏生态环境。一些新兴大国在资本主义全球市场中虽然提高了国民生产总值,但由于经济和政治不稳定、社会不公正引发激烈冲突,不时陷入"中等收入国家陷阱"。更有甚者,金融寡头通过制造海外市场的金融危机,把本国的金融危机转嫁到其他国家,贪婪地追逐暴利。哪里有剥削和压迫,哪里就有反抗和斗争。发达资本主义国家"中产阶级"和低收入群体反抗大资产阶级统治的斗争,新兴国家人民反抗外国和本国垄断资本势力的斗争,新兴国家和落后国家要求独立自主与发达资本主义国家施加政治和经济控制的矛盾,错综复杂,此起彼伏,这是世界动荡不安的重要根源。

第五,经济、政治、文化和军事的一体化冲突凸显。恩格斯在1890年9月致布鲁赫的信中说,历史发展"最终的结果总是从许多单个的意志的相互冲突中产生出来的,而其中每一个意志,又是由于许多特殊的生活条件,才成为它所成为的那样。这样就有无数互相交错的力量,有无数个力的平行四边形,由此就产生出一个合力,即历史结果"①。恩格斯的这些话对于观察当今全球化世界局势不失启发意义。在国际资产阶级、新兴国家统治阶层和本国人民、落后国家的封建势力和部落主义,以及这些社会集团之间经济利益、政治、宗教、军事的合力的共同作用下,资本虽然实现了全球统治,但对世界政治、文化和意识形态领域没有实现完全的控制,甚至完全失序,引起世界各区域的冲突和战争。从唯物史观看,所谓"文明冲突"不过是"冷战"之后文化传统、宗教和意识形态的冲突;战争是政治和意识形态斗争的延续,反恐战争是发达资本主义国家边缘政治与落后地区部落主义、封建主义、极端宗教势力冲突的最高形式;移民问题是因全球劳动力市场需求和地区冲突共同推动的人口迁徙所造成;世界气候和环境问题是资本世界市场膨胀

---

① 《马克思恩格斯文集》(第十卷),人民出版社,2009年,第592页。

的自然效应。全球化时代经济、政治、文化、意识形态和军事的矛盾冲突相互交织,牵一发而动全身,需要全球综合治理的新秩序才能应付。

马克思在1842年阐释他的哲学说:"任何真正的哲学都是自己时代的精神上的精华,因此,必然会出现这样的时代,那时哲学不仅在内部通过自己的内容,而且在外部通过自己的表现,同自己时代的现实世界接触并相互作用。那时,哲学不再是同其他各特定体系相对的特定体系,而变成面对世界的一般哲学,变成当代世界的哲学。各种外部表现证明,哲学正获得这样的意义,哲学正变成文化的活的灵魂,哲学正在世界化,而世界正在哲学化。"①

不能因为这是青年马克思的文字,就否认它是马克思毕生恪守的哲学观。实际上,马克思用翔实的外部世界的材料,用哲学体系之外其他科学的成就,在不同时期的著述中,不断刻画和充实了"面对世界的一般哲学"的外在表现、具体意义和现实性,为当今的哲学树立了榜样,马克思哲学对解决全球化时代的难题大有可为。

二、"大哲学"观及其当代哲学意蕴

"世界正在哲学化"。一个新时代的到来,并不是单纯的国内生产总值(GDP)指标。"各种外部表现证明,哲学正获得这样的意义,哲学正变成文化的活的灵魂。"②伴随全球化和信息化时代到来的,是我们传统的生存方式、价值体系、文化内涵、话语体系、思维方式发生深刻变化的社会现实。哲学作为我们"时代精神的精华",认识论观念、哲学形态、研究范式、学科建制正发生深刻的时代转变。新的社会现实引发我们在更深刻的领域重新思考"什么是哲学",并以更为开放的态度使马克思主义哲学成为当代中国文化活的灵魂。

(一)西方哲学的危机与"大哲学"观念的提出

当代中国哲学研究之所以要具备"大"视野,不仅出自世界哲学自身的要求,而且是19世纪末至今的一百多年来,中国哲学从传统形态向现代形

①② 《马克思恩格斯全集》(第1卷),人民出版社,1995年,第220页。

态转变的经验总结。马克思主义哲学和传统中国哲学都不是直接知识,需要通过一种中介沟通这两种当代不同的哲学形态。然而,近代西方哲学所引发的思想文化危机至今还未彻底地清算,而这项总结工作对搭建马克思主义哲学和传统中国哲学的桥梁,对中国特色社会主义理论的创新发展意义重大。

1999 年,我在《哲学动态》第 1 期中率先提出"大哲学"观念,之后发表了一系列关于"大哲学"观念的论文:《"大哲学"视野中的现代中国的哲学》《"大哲学观"和比较哲学的方法》《大哲学观与中国现代的哲学发展》《研究马克思哲学和西方哲学的"正本清源"方案》《中国的西方哲学研究的十个误解》等。"大哲学"观念在学术界产生了较大的影响,打通"中西马"的呼声接踵而至。所谓"大哲学"观念,是指马克思主义哲学中国化、传统中国哲学现代化和西方哲学处境化,三者相互融合的产物。其本质是指在塑造当代中国哲学的现代形态历史过程中,从马克思主义的传播,"中国哲学史"这门世界性学科的创建、东方哲学与西方哲学的冲突和较量、外国哲学的传播译介、新儒家的复兴及佛教精义的阐发过程中,看待当代中国哲学的基本态度。在我的原创性专著《马克思哲学要义》一书中,这种"大"意味着马克思主义哲学研究将会转移到一个很大的领域。吴晓明教授指出:"以前我们主要是从教科书方面对马克思主义哲学做出一般判断,而作者则提出了另外一个领域,即意义的领域。所以《马克思哲学要义》不是在一个知识框架中讨论马克思主义哲学,而是在今天的意义领域当中去讨论、判断马克思的哲学,这一点是非常重要的。"①他认为,能否坚持这种大哲学方向,是能否坚守马克思哲学研究正脉的标志。

尽管西方哲学对当代中国的意义不应仅仅停留在哲学史阶段,但东西方现当代哲学的发展都是从西方哲学史上对黑格尔的批判开始的,因此西方哲学首先担当了这样的历史中介。黑格尔被西方世界誉为西方近代最后一位哲学家和现代哲学的第一位哲学家。张世英先生针对黑格尔哲学研究现实,描绘了我国哲学未来发展的途径:"超越一切在场东西的藩篱和限制,

---

① 吴晓明:《把握马克思主义哲学的学术"正脉"》,《凤凰评论》,2018 年 5 月 23 日。

放眼一切未出场的东西,就会展现出一个无限广阔的天地,这就是当今哲学所指引我们的新方向"①。

然而在全球化和信息化的今天,西方哲学的近代危机已从西方强势蔓延到东方,哲学的"在场"仍然荆棘密布,阻挡着"未出场"的广阔天地。由此可见,在"大哲学观"视野中的当代中国哲学以何种格局和姿态看世界和看自己,对塑造未来中西马哲学研究对话的基本方向具有深远影响。

1. 深刻研究关于17—19世纪西方近代哲学,尤其是马克思哲学对黑格尔以来西方哲学形而上学经验教训的总结

17世纪科学革命时期,以黑格尔为代表的西方哲学家创造了和新科学结盟的哲学体系,可以说,科技革命和哲学同步的进程,不断推进着西方哲学的发展,而且强势影响到东方世界。如果哲学家还以传统的形而上学观念,或者是近代认识论为标准,对科技的创新指手画脚,进行先验裁判,质疑他们这也不对,那也有危害,这样下去科技专家就会对哲学不屑一顾,大众也会热衷于科技创新和科技文化,而不会对哲学产生兴趣。因此,现代哲学所面临的危机,不仅仅在西方,在中国我们也看到了。东西方的哲学家们都感受到,"即便所有可能的科学问题都得到了回答,我们的生活问题却还全然未曾被触及到"②问题的意义所在。"不管科学多么重要,单靠科学是不够的。不仅科学理论不可能是百分之百的真理,科学方法不可能放之四海而皆准,而且其应用还可能带来负面效应。"③美国现代科学家G.萨顿也赞同这样的意义世界:"它将赞美科学所包含的人性意义,并使它重新和人生联系在一起","我们必须使科学人本主义化,最好是说明科学与人类其他活动的多种多样关系——科学与我们人类本性的关系"。④

尽管后现代哲学吟唱了形而上学的悲歌,但当代西方哲学对如何走出后形而上学仍骑虎难下。"西方世界正在经历继公元前5世纪自然哲学危机、罗马后期伦理化哲学危机、16世纪经院哲学危机之后的第四次哲学危

---

① 张世英:《哲学的新方向》,《北京大学学报》(哲学社会科学版),1998年第2期。

② Wittgenstein, *Tractatus Logico-Philosophicus*, Routledge Kegan Paul Ltd., 1955, p.186.

③ 沈铭贤:《科学哲学与生命伦理》,上海社会科学院出版社,2008年,第165~166页。

④ [美]萨顿:《科学史和新人文主义》,陈恒六等译,华夏出版社,1989年,第125页。

机。前三次哲学危机之后都迎来哲学的进一步发展,但西方哲学现在仍在第四次危机的阴影之下,前途未卜。"①西方哲学在 20 世纪经历了形而上学的颠覆,现在只是人文学科和社会科学的一个普通专业,危机重重。②西方哲学的根源来自形而上学,一旦形而上学的大厦倾倒,后形而上学的理论空白由什么来弥补呢? 利奥塔提出"回到知识的原初含义中去",知识包括"'如何操作的技术','如何生存','如何理解'……等观念。因此知识只是一个能力问题。这种能力的发挥,远远超过简单'真理标准'的认识和实践,再进一步,扩延到效率(技术是否合格),公正和快乐(伦理智慧),声音和色彩之美(听觉和视觉的感知性)等标准的认定和应用"③。现代知识观表现出由狭隘认识论向人文科学的大视野转化的迹象。

西方形而上学从认识论进入历史,进入 20 世纪中晚期的实践领域后,哈贝马斯说,十几年来世界出现的四种哲学思潮对当代西方世界产生了重大影响。它们分别是分析哲学、现象学、西方马克思主义和结构主义④。值得注意的是,它们都与马克思主义哲学有着千丝万缕的联系。现代哲学的视角继续得到扩大和融合,马克思主义哲学正是在这样的历史背景下逐渐进入了西方公众的主流视野。马克思早在《政治经济学批判》中就批判总结了西方近代哲学陷入困境和危机的教训、摆脱抽象思维和感性直观、澄清绝对理性主义和经验主义等的界限,强调现实生活和实践在哲学中的决定性作用。马克思尽管肯定了物质世界的客观性和先在性这个唯物主义的基本原则,对 17、18 世纪的唯物主义和 19 世纪唯心主义给予极高的历史评价,但由于他们不是从社会化的人的感性活动、实践的观点去看物质世界,因此还无法完成揭示物质世界的辩证法意义的哲学任务。马克思通过对以物质资料生产的劳动为基础的无产阶级的现实生活和实践的意义的深刻分析最终将唯物主义和辩证法有机结合起来,从而有了与以往西方资产阶级哲学家根本不同的哲学认识,完成了西方哲学的现代革命。

---

① 赵敦华:《甲子学术自述》,《紫竹评论》,2018 年 4 月 17 日。
② 参见赵敦华:《中国的西方哲学的问题和任务》,《哲学动态》,2014 年第 1 期。
③ [法]让-弗朗索瓦·利奥塔:《后现代状况》,岛子译,湖南美术出版社,1996 年,第 75~76 页。
④ 参见[德]哈贝马斯:《后形而上学思想》,曹卫东、付德根译,译林出版社,2003 年。

然而现代西方哲学并没有很好地继承马克思哲学的思想遗产。尽管哈贝马斯的"语言交往哲学"、霍耐特的"政治伦理学"、弗雷泽的"反思的正义"理论,借助马克思主义思想对未来社会理想蓝图进行构建,或诉诸"后形而上学""形而上学的复兴"批判"现代性"或"后现代性"的社会弊端,但总体上西方哲学持续了"后形而上学"的迷茫。当代哲学在理论上经受了理性主义、科学主义到普遍主义的洗礼后,实践中的世界则面临更为严峻的生存挑战和价值选择问题:金融危机、环境生态危机、信任危机、文化危机……2008年的国际金融危机和2018年美国的贸易保护主义政策都是这样的反面论据,最终使"经济人"走向了理性的反面;片面的形而上学逻辑并没有促成世界哲学的繁荣,却成为全球化新殖民主义霸权和贸易保护主义的变种。由此可见,黑格尔以来近代西方哲学形而上学的教训需要欧洲学者进行总结,当代中国学者更需要对其加以深刻总结。甚至可以说,对马克思关于西方近代哲学的总结性认识有多深刻和彻底,我们对当代中国哲学的使命及未来中国哲学发展方向的理解和研究的成果就会有多深刻和丰富。当代科技对21世纪哲学未来的发展提供了很多新的课题,开拓了广大的发展空间。如果今天我们还一味地简单重复"画地为牢",那么哲学就只能走向衰老而无法获得新生。

2. 辨明21世纪当代哲学的前沿问题

"一个时代的迫切问题,有着和任何在内容上有根据的因而也是合理的问题的共同的命运……问题是时代的格言,是表现时代自己内心状态的最实际的呼声。"①如果把21世纪当代中国哲学发展趋势用一句话来概括,那就是"哲学的古代形态向现代形态的转型"。在这一历史中,不管是马克思主义哲学,还是中国传统哲学,还是现代中国哲学发展,基本上都围绕三个前沿问题展开,即"马克思主义的中国化""中国传统哲学的现代化"和"西方哲学的处境化"。

具体来说,马克思主义哲学中国化、中国传统哲学现代化和西方哲学处境化既有区别,也有联系,在中国现代的处境中,"三化"不是彼此独立或平

---

① 《马克思恩格斯全集》(第1卷),人民出版社,1995年,第203页。

行的三条路线,而是彼此交织、相互促进的同一历程。"三化"是"一荣皆荣、一损俱损"的关系,如果没有西方哲学的处境化,马克思主义哲学中国化和中国传统哲学现代化就不可能开启,开启后也难以推进。只有在"三化"大背景下阐述,西方哲学的处境化的程度和特点才可以得到充分彰显。

"三化"所揭示的哲学问题不能再使用传统形而上学的思维方式和研究视角,以免其中的三个概念"处境化"(contextualization)、"本土化"(indigenization)和"本色化"(inculturation)在不同语境中造成术语的混用。哲学研究者应该在"大哲学观"的整体视角下,注意词义辨析和概念分析,正确使用这三个概念。中国传统哲学没有中国化和本土化问题,却有适应中国现代处境的问题,具有如何保持传统本色的问题。因此,中国传统哲学现代化的关键问题是处境化和本色化的结合;西方哲学处境化主要是研究主体和表现方式,而研究对象和内容与原产地一样,依然是西方哲学文本,西方文本的对象性规定了话语和解释的界限不能被本土化或本色化。

"三化"的逻辑发展不是单纯思辨的过程,而是发生在历史和现实中的活生生的经验。"三化"是史论激荡的历史过程,从新文化运动前后就是如此。到 20 世纪三四十年代,三者关系就更加密切和突出。新中国成立后的一段时间,虽然走了一段弯路,但是这个"三化"还是给我们留下了一些宝贵的遗产。改革开放四十多年来,这三者的关系就更加密切。虽然有分歧、有争论甚至有冲突,但是在这个趋势中,冲突和争论往往是达到和解的必要途径。因此,无论是东西方,还是当代中国哲学的中西马哲学的对话,都需要更深入地触及关于"哲学"概念本身的多元文化理解背景问题并深入持久下去,如此我们才能真正构建中国哲学的现代新形态,真正走到世界哲学的前列。

3. 确定当代哲学"史论结合""论从史出"的研究方法和现代汉语的话语形式

中国的西方哲学属于哲学史领域,如同其他历史性学科一样,都面临史论关系问题。在处境化背景中,西方哲学方法论中始终有史与论、述与评关系的讨论。但是人们在用马克思主义理论取代哲学史和用黑格尔辩证法带动哲学史的处境中形成了一种惯性,即不采取以论代史或以论带史的方法,不知道史论结合的途径,西方哲学研究的"集体下意识"是据史论史,或以史料的堆砌、编撰为翔实,或把编译和转述当创见。因此,在"以论代史""就史论史"和"史论结合"这三种模式中,"大哲学观"主张"史论结合""论从史出"。

"史论结合"的创新方法正是"论从史出":把社会和思想的"外史"和哲学史自身发展的"内史"相结合,把依据某学说设计的主题和逻辑线索与有选择的文本材料融为一体,用哲学历时性的纵切面表现或证明学说的共时性横切面。论从史出的方法要以"据史论史"的丰富材料为选择范围,也要有以论带史的学派训练。在尚未具备这些条件的情况下,据史论史、以论带史和论从史出的各种尝试和互动都是必要而有益的。直到如今我才意识到自己长期从事的哲学史研究也面临危机,而且是哲学史危机和西方哲学危机互为因果。我们的主体性在于,并不是任何历史都能产生理论,历史性学科的研究者首先要弄清历史的意义。没有现成的和被动等待历史与之结合的理论,理论应被历史中的人所揭示。因此,真正的史论结合必然是"论从史出"。

德语中有两个表示历史的术语"Geschichte"和"Historie",前者是不以人的意志为转移的历史规律,后者是人观察、理解和记录的历史;前者是客观历史,后者是主观历史;前者是塑造人的时间过程,后者是建构历史的人的活动。从对象历史到主观历史是意识的对象化过程,即按照意识的分类标准,把历史过程分割为一个个独立的对象,把意识投射在对象之上加以描述和说明,建立对象间关系,这样才能把历史当作自我意识的对象和思想的建构物。①主观历史是对象历史,或历史的对象化;而客观历史是历史的主题化或主题历史。正如对象历史不是客观对象,主题历史也不是思想主题,而是客观规律的主旨。主题历史在黑格尔那里是绝对精神的世界历史,在马克思那里是人类生产方式的历史实践。黑格尔之后,主观历史在西方甚嚣尘上,黑格尔和马克思阐明的客观历史或被否定,或被替换成思想史、当代史、解释史、文化史等。当代哲学史从主观历史发展到主题历史,并不意味着要恪守

---

① 参见赵敦华:《甲子学术自述》,《紫竹评论》,2018 年 4 月 17 日。

黑格尔的方法,或只关注生产方式的实践。但黑格尔的基本设想是正确的,那就是主题历史是真理的自我展开,哲学史上的理论只是真理显现的一个个环节,甚至历代人发现的历史规律也只是真理的环节。哲学家不能像黑格尔那样声称把握了绝对真理,却不能不相信绝对真理的客观存在,客观真理在历史中向人显现,"天命"是人注定要接受的真理显示,人把他所理解的真理显现写出来就是哲学。

目前,国际上比较成功的哲学理论基本都是从哲学的文本研究、哲学史的研究出发,在一个确定的视野,按照确定的方向和研究方法对史料和文本进行重新解释,得到一些创新式的结论。[1]即便是"论从史出"已经相当国际化的人文学科,海量史料中仍然存在一个针对当代的历史识别问题,这就离不开正确的历史观、人生观和世界观。因此,我们既要克服"以论代史",又要克服"就史论史"的误区。正如以前英美的分析哲学和欧陆哲学是对立的,但是现在欧陆哲学,特别是德国和法国的哲学有分析化的趋势,这实际上是二者的结合,分析哲学比较强调论证的精细、理论的建构,对文本和哲学史的重视不够;欧陆哲学对文本和哲学史都很重视,但语言的清晰性又不够。因此,以"论从史出"作为基础研究方法,并不是说它是西方哲学创新的唯一方法。西方哲学以哲学文本为主要研究对象,限制了对引领时代新问题的视角,历史只是观察理解现在和未来的一个视角,哲学文本只是影响现实的一类思想材料。中国的哲学学科门类范围广大,为西方哲学跨学科和新兴学科的探索创造了条件。可以预见,哲学跨学科和新兴学科的研究方法将为西方哲学的创新提供更多路径。

除了研究方法,不同语境下的西方哲学概念研究也是深化意义的重要途径。所谓"西方哲学处境化",是指以中国学者为主体、以中文为媒介,主体的语言、思维和研究对象好比眼睛、视网膜与视野的关系。我们常说,语言是思想的外壳,但语言不是像衣服包裹身体那样的思想外壳,而是思维的载体和形式。只要你用中文去翻译、理解和表达西方思想,那么你必然是以中国人的特有思维方式去做。人们可以换一副眼镜,也可以治疗自己的眼睛,但

---

[1]　参见赵敦华:《甲子学术自述》,《紫竹评论》,2018 年 4 月 17 日。

不能改换视网膜。任何比喻都有局限,这个比喻不是说民族的思维方式是先天的,也不是说思维方式等于民族文化传统,而是强调与社会生活方式相适应的意识及其思维形式的作用是潜移默化的,只有通过语言表达才能被实现。

现代汉语中的哲学词汇是中西哲学和语言的"双向格义"的产物,可以而且应该成为中西哲学的共同语言。即使在印欧语系中,不同语言共同体对同一哲学文本的解释也各有特色。当希腊文本被译成拉丁文,当希腊文和拉丁文被译成现代西语加以表述和研究,当18世纪的西方近代哲学分化为"三国演义"①时,英国哲学、法国哲学和德国哲学各有特色。从费希特到海德格尔等德国哲学家臆想的只有希腊文和德文才是地道的哲学语言的观念,早已被二战后法语哲学和英语哲学兴起的事实戳穿。同一语系的西方国家对西方哲学的研究尚且各具特色,西方哲学在中国也当有中国的特色。事实上,使用现代汉语不但成功地引进和移植了中国现代化需要的西方哲学思想,推动了马克思主义哲学的中国化,而且把中国哲学史推向世界。现代汉语是中国哲学、外国哲学和马克思主义哲学在当代中国交流对话的基础,现代汉语可以澄清西方形而上学最难表述的意义。②

因此,"三化"的提出不是为了追赶时髦而编撰出来的新标签,而是"情理所致,事出必然"。如果我们能在哲学意义未经展现出的领域做出创新和突破,使这三种不同的哲学具有兼容性,我们就有理由期待未来世界的哲学不得不说现代汉语。各种文化处境中的哲学需要有一个兼容性平台,这样面向世界的哲学创新才是通畅可行的。这符合20世纪以来一百多年世界哲学和世界历史发展趋势的客观要求。

(二)中西哲学比较的问题

当代中国的哲学包括中国传统哲学、马克思主义哲学和西方哲学。我国哲学界中西马三足鼎立并以邻为壑,这种状况是不正常的。比较哲学的对象

---

① 赵敦华:《马克思哲学要义》,江苏人民出版社,2018年,第15页。
② 参见赵敦华:《甲子学术自述》,《紫竹评论》,2018年4月17日。

不应只限于哲学史，而应该成为哲学一般的方法。广义地说，哲学的方法就是比较的方法，大到反映民族精神的国别哲学，反映时代精神的断代哲学，中到各个哲学流派，各个哲学家，小到一个个哲学观点和概念，需要并可以加以比较。① 21 世纪对人类共同前途命运的主题无可逃避地成为中西哲学荟萃的一个焦点，人类在全球化背景下的生存现状、所遭遇的困境，成为中西哲学共同面对的生活背景，对广义的"哲学"概念的内涵提出了新的要求。西方哲学是当代中国哲学的中介和有机组成部分，因而将广义的哲学概念理解为中国与西方面向世界的生命关系的"大哲学"观念，就有了更多的契合之处。

时代对哲学观念提出了创新要求。当代中西哲学比较研究的新一轮发展，必须更深入地触及关于"哲学"概念本身的多元文化理解背景问题。面对哲学危机，是墨守成规，满足于哲学的专业历史知识和现有认识水平，还是以科技创新、智能工业革命的新问题为导向，开拓哲学与其他学科的跨学科、交叉科学和新学科的探索？ 如果中西哲学要回应时代和人生的这些挑战，超出作为范畴、观念、概念、真理、知识等内涵的传统哲学理解的"头脑变革"就势在必行。也就是说"大哲学观"要求哲学不能再局限于向上求索，去追问抽象、绝对、超验的知识（真理），而是要调头向下，深入生活的泥土。

这是一个哲学观念更新的时代。更新不意味着死亡，而是破茧而出。在中西比较之下，西方哲学研究中的中国文化意识，远不如中国哲学研究中的西方文化意识浓厚。我们需要用中国人的眼光来解读西方哲学，这是建设中国现代文化的一个关键所在。②我们这里说的"中国人眼光"有着特殊的内涵，是指以中国文化为参照理解西方哲学。它是一种理论上的标准，它决定着我们观察问题的角度、思维模式和表达方式，以及选择和判断的价值取向。这种理论标准包括诸方面的要求。

20 世纪的西方哲学家不约而同发出"哲学终结了"的感慨。杜威认为，欧洲中心主义哲学等所有西方哲学的问题就在于"总是要探究那不变的、最终

---

① 参见赵敦华：《"大哲学"的观念和比较哲学的方法》，《哲学动态》，1999 年第 1 期。
② 参见赵敦华：《用中国人的眼光读西方》，《北京大学学报》，1994 年第 4 期。

的和超验的逻辑",这就是西方哲学本体论的思维方法,最后"到达一片无人问津的荒漠才进行改革"。①因此,这样的西方哲学必然走进死胡同。而 21 世纪的今天,不是说时代不需要哲学了,相反今天我们比任何时代都更加迫切地需要哲学观念的创新,建立新的理论体系、学科体系和话语体系。

2003 年,中国媒体将学术界关于"中国哲学的合法性"问题评选为当年的十大学术热点之一。十多年来,中西哲学比较研究呈现越发活跃之势。国内的中西哲学比较研究在一个问题上达成基本共识:西方哲学是以本体论为特征的形而上学,现代哲学最为迫切的就是重建哲学观念、研究范式、学科建制、话语逻辑等一系列问题。符号意义的生成之处,就是人存在于其中的时间,只有符号及其解释,才能把过去的经验的滞留,结合成为人的理解与解释的基础,前瞻未来。把"不在场"变成"在场"。

钱穆先生在《中国近三百年学术史》中提出如何面对现代西方知识视野下中国传统的边缘化问题。近代中国哲学对西方哲学的依傍可以说是中国人的科学救国、文化救国的富国强国之梦。20 世纪初,中国在近代的发展步履维艰,中国哲学前辈们希望以具有西方哲学特色的普遍性为五千多年灿烂的中国文化在世界民族之林争得一席之地。时至今日,西方哲学界提及牟宗三、金岳霖、冯友兰、张岱年的名字仍心存敬意。在 20 世纪 90 年代,经历了中国哲学的合法性危机后,我们对这个问题回答得如何? 过去很长一段时间,国内进行的中国哲学学科建设及其方法论研究,都是基于西方哲学的传统。那么如何在时代变迁的历史洪流中"以西方哲学为中介",研究当代中国哲学的思维贡献与历史责任, 这既是国内从事中西哲学比较研究的学者的责任,也是对中西马哲学会通提出的新的要求。

哲学的兴盛是大国"软"实力的重要标志:德国哲学兴盛时,德国人让哲学说德语;希腊人兴盛时,哲学说古希腊语;在当今世界,哲学实际上在说英语。1993 年,笔者在国内率先提出"用中国人眼光看西方哲学"的观点。如果我们能在"大哲学观"背景下做出创造性成果,使这三种不同的哲学思维会

---

① John Dewey, *Dewey Omnibus*, Vol.1, edited by Larry Hickman and Thomas Alexander, Bloom-inton, Indiana University Press, 1998, p.41.

通,我们就有理由期待未来世界的哲学也说现代汉语。孔子生活的轴心时代是人类精神的突破时期,其中一个表现是人类道德自觉意识的滥觞。西方人认为,自觉意识是个人的自我意识。我们承认孔子是轴心时代的代表人物,就不能不承认他开创了道德自觉意识。他的"仁""忠恕"与"己"密切联系,使得"己"的意义表达出西方人所说"自我""个人""人格"等观念的意义,孔子所说的"己"处还表达出西方哲学没有说出的,在孟子那里发展成的"心"的概念,在中国哲学中进一步彰显出"自由意志"的观念。"己"的意义标志着道德主体和道德自觉的意识的重大突破,这不仅对于中国伦理精神,而且对于人类精神,都有普遍的价值。①

孔子和孟子都讲"时中"。所谓"时",就是进退、出处、远近、迟速,都能因其所宜而为之,不拘于一曲,不名于一德,无所不备,无所不可,金声玉振,渊渊其渊,圣而不可知之之谓。这是统摄忧乐而又超越忧乐的境界。②"时中",就是要根据时间、地点、人和环境等,把这些综合因素整体结合起来,从而决定什么是恰当的,什么是不恰当的;什么可以做,什么不可以做。这就是"道并行而不悖"。随着年龄的增长,阅历的丰富,对天地万物之道的感悟机会愈多,身心修养也就随之增强。孔子曰"人能弘道"(《论语·季氏》),庄子也说"道,行之而成"(《庄子·齐物论》)。但到底能否认识世界宇宙,获得"真理",既与认识世界普遍性的客观能力有关,也与个人身心一体的修养相关。与西方哲学追求知识(真理)的过程相比,中国哲学是与生命合一的。今天的哲学家、科学家中的明理者所见也不过如此,即承认科学的局限,承认哲学逻辑对其自身认识能力的限制。相比西方民主、科学、自由的价值观,中国哲学还有更切近人之身心的学问即性命之学,我们把这种智慧称为中国哲学。

因此,中国哲学史作为一门世界性的学科,其建立和发展又反过来为西方哲学提供了一个参照系。二者各有千秋,思路不同。以中国文化为参照来研究西方哲学,不但不会陷入狭隘性和片面性,反而可以扩大西方哲学研究

---

① 参见赵敦华:《中西哲学术语的双向格义》,《中国哲学史》,2003 年第 3 期。
② 参见庞朴:"忧乐圆融——中国的人文精神",中国孔子协会,http://www.kongzixuehui.org/,2011年 10 月 8 日。

的视野,并使西方哲学的精华融会到未来的世界新文化之中。①跨文化比较的目的应是以对方为镜子观照自己的缺点,应保持"多讲自己的缺点"和"自己的优点留给对方讲"的谦虚态度。在这个意义上,新一轮的中西哲学比较研究的新方向需要在各自学科研究的基础上,针对新的问题和对象,破旧立新、推陈出新,从根本上改造形而上学体系。形而上学的改造实为哲学与科学关系的终极问题,在此问题上,西方哲学和中国哲学都没有既定答案和先验优势,没有捷径可走,迫切需要双方研究专家之间,开展专题性的讨论争鸣,推动马克思主义哲学中国化与西方哲学处境化的发展。因此,我们要积极开展中西哲学的比较研究。这种比较研究在西方哲学界是薄弱环节,在我国则刚刚起步,但我们要认识到中国人在这一领域的优势。宗白华先生说,中国人理解西方文化,要比西方人理解中国文化更为容易,因此更适合于担负融会中西文化以建设世界的新任务。②

在中国,西方哲学学科的建制是早于中国哲学与马克思主义哲学学科的。从这个角度来看,通过西方哲学与我们自身对话,研究和论证中国哲学从哪里来的合法性问题;通过西方哲学与马克思主义哲学对话,研究中国特色社会主义道路向哪里去的问题。中国哲学与马克思主义哲学的创新,关键在于结合本土国情。因此马克思主义与中国哲学传统的结合,包括两方面的基本内容:一方面,是探索马克思主义哲学与中国哲学传统的结合点;另一方面,是探索当代马克思主义的中国化创新和当代中国哲学未来发展方向的结合。只有充分展开这两个层次的创新实践,马克思主义哲学才能真正融入当代中国哲学精神,成为其有机的组成部分。在这个过程中,西方哲学是个中介。中国学者在西方哲学中所发现的价值首先是它对中国哲学和文化的价值,我们只能按照这一价值标准区别良莠,判别是非,去伪存真,改造西方哲学的异己成分,吸收其合理因素和优秀成果,这是创造宏伟博大的中国现代文明的一个不可缺少的步骤。③

我们沿着西方哲学这个"中介",当代中国哲学和马克思主义哲学中国化展开精彩纷呈的中西比较和中西马哲学对话。按照第四次危机的三个发

---

①②③　参见赵敦华:《用中国人的眼光解读西方哲学》,《北京大学学报》,1994年第4期。

展阶段来安排现代西方哲学结构时,我们发现:以西方哲学作为中介,但如果不能跳出既有的西方哲学视角重新理解中西马背景下的当代哲学,西方哲学的危机便是无解。历史上曾有三个阶段,西方哲学摆脱危机的努力都遇到难以逾越的屏障,特别是后现代主义的怀疑主义、相对主义和虚无主义,结果反而使西方哲学陷入更深的困境。这三个阶段是:①二战之前的"哲学革命"阶段;②二战后至 20 世纪 60 年代的哲学投身社会阶段;③20 世纪 70 年代之后的后现代主义思潮阶段。①对此,笔者也曾设想通过达尔文主义纲领帮助西方哲学摆脱危机,然而后来认识到进化论的还原主义方法论、"自然选择"的偶因论和达尔文主义的自然主义纲领,注定无法解决人类心灵面临的困境问题。因此,"西方哲学在中国的处境化"在解决宗教、文化传统、价值观和政治制度的冲突中,哲学要有所作为,必须更多地参与和研究科学革命的发明创造,更新哲学观念,建构与新兴科学结盟的新的哲学研究体系,这些体系应该是以科学为榜样,用新的认知学说、方法论、政治学说和话语策略等改变人们的思维方式和价值判断,从而改变人们看待世界的角度和世界的总体面貌,影响世界的多元文化发展思潮。

(三)当代中国的马克思主义哲学研究

八个哲学二级学科是中国特色也是历史产物,曾经起到推动哲学从泛化的"普及"向专业化方向发展的作用。但只在哲学二级学科内强调专业化,则会产生以邻为壑、阻隔交流的危险,致使哲学问题无法深入研究和讨论。马克思主义哲学、中国哲学和西方哲学是哲学二级学科领域中的主干学科,其余五个二级学科内部各有中西马,马克思主义哲学可以说是中西马的最大公约数。因此,哲学二学科交流的关键是中西马的对话。②西方哲学既然要承担中西马哲学的中介任务,就需要用更高的要求、开阔的视野和新的方法来发展自身。而在比较宽广,甚至跨学科的视野中提出和解决问题,不但没有削弱专业化,而且会在更深层次上引起更多专家的共鸣。

---

① 参见赵敦华:《甲子学术自述》,《紫竹评论》,2018 年 4 月 17 日。
② 参见赵敦华:《中国的西方哲学的任务和问题》,《哲学动态》,2014 年第 1 期。

"大哲学"观念视角下当代中国的马克思哲学研究,要求我们在当代中国的哲学现代化历程中,不断进行中西马学科的对话,不断总结和思考西方哲学史的经验教训,结合中国特色社会主义道路探索实践,积极参与全球化时代的理论思想交锋,打通马克思主义哲学与传统中国哲学相关联的空白地带,在中国的文化处境下培育中西马兼容的思想平台,开拓当代中国的哲学原创。以前在马克思哲学研究领域,我们做了很多"小"研究,使哲学研究深入到某些具体问题,做出具体判断。毋庸置疑,这些具体问题和研究是需要的,比如马克思早期和晚期的关系、马克思和恩格斯的关系等,但如果缺乏对总体框架和总体判断的把握,而仅仅局限于对细小问题和具体问题的研究,我们就无法面向世界,无法看得远和看得准,正所谓"马克思哲学研究在今天这个时代,细节上的判断一定要立其大者"[①]。当代中国的马克思哲学研究要得出正确的观点,认清这一点非常重要。

2018年,江苏人民出版社出版了拙作《马克思哲学要义》。笔者提出马克思哲学研究的五大组成部分,试图超越目前马克思主义哲学教材体系的设计,开启哲学史和思想史领域的研究方向。丰子义教授盛赞这部"有关马克思主义哲学研究的著述令我和同行耳目一新。《马克思哲学要义》综合了他多年的研究成果,用文本分析方法对马恩重要著作和核心观点做了系统深入的阐释,堪称马克思主义哲学研究的一部力作"[②]。贺来教授指出:"这是对马克思哲学的核心思想和内在精神进行深度解读的厚重之作。赵敦华先生以清晰精细的文本分析和对根本问题及其复杂性的理论洞见,从'启蒙哲学'、'批判哲学'、'政治哲学'、'实践哲学'和'辩证哲学'等五个视角对马克思哲学展开阐发,它们既相对独立,又内在贯通,犹如一部复调音乐,把马克思哲学最富生命力的、丰富的思想创建立体地呈现在每一个读者面前。"[③]"大哲学"观树立了当代马克思哲学研究的新的学术范式。其哲学意蕴不仅体现在意识形态、辩证法、启蒙哲学、政治哲学等诸多哲学研究领域,尤其是为当代中国马克思哲学的科学性与意义性、启蒙与实践、中西马学科融合的

---

① 吴晓明:《把握马克思主义哲学的学术"正脉"》,《凤凰评论》,2018年5月23日。
② 2018年5月12日,丰子义在《马克思哲学要义》新书座谈会上的讲话。
③ 2018年5月12日,贺来在《马克思哲学要义》新书座谈会上的讲话。

研究范式提供了新的启示：

一方面，马克思哲学研究者要将几十年来致力于西方哲学和马克思哲学研究做出的理论贡献，综合运用于当前国际自由主义意识形态的研究之中。除了纠正在意识形态问题上的方法论错误，还针对国际上自由主义对波普尔的政治哲学理解的评价，在《马克思哲学要义》一书中，笔者阐述了对波普尔理论缺陷的最新研究观点。

二战前后，波普尔把柏拉图的政治哲学与法西斯主义和共产主义捆绑在一起进行批判，对马克思主义更是颇有微词。①他的追随者自由主义者代表麦基甚至说："我不明白任何一个有理性的人在读了波普尔对马克思的批判之后如何还能继续成为马克思主义者。"对于波普尔的研究，笔者坚持认为，对一个哲学家最有效的批判是内部批评，就是要指出他的前提与结论不一致的地方，这显然不是要发现推理形式上的错误，而是要提出被他忽视或否认的问题，在新问题面前揭示他的思想矛盾。②毫无疑问，波普尔的批判对科学哲学的发展有很大的积极作用，但其不足之处在于，证伪与证实是否对立，"确认"与"确证"是否根本不同，试错法是否在逻辑上优于归纳法，一次性证伪能否推动科学的发展，辅助性的假设是否没有积极意义等。时至今日的马克思哲学关于"民族的片面性和局限性日益成为不可能"③的论述，对超越西方哲学所谓"世界哲学"的阐述仍意味深长，具有方法论指导的意义。

"大哲学"观念要求在马克思哲学研究中，将马克思哲学作为人类思想史和哲学史的精神遗产的科学性与意义领域有机地结合起来。关于《马克思哲学要义》的"启蒙哲学"和"政治哲学"世纪效应，如同《资本论》一样，笔者认为当代马克思哲学研究的诠释学已不完全取决于马克思恩格斯文本，而在很大程度上取决于对文本的解释，国际国内政治、经济、文化形势的变化，以及这两方面的互动。"冷战"时代和"巴黎风暴"提供的思想资源已被西方冷战思维下的西方马克思主义研究文本封存，经历了二战的西方和苏维埃社会主义制度的建立为世界 20 世纪七八十年代带来了新的历史情境和世

①② 参见赵敦华：《甲子学术自述》，《紫竹评论》，2018 年 4 月 17 日。
③ 《马克思恩格斯选集》（第一卷），人民出版社，1995 年，第 276 页。

界格局，尤其为衰老的欧洲共产党和以卢卡奇为代表的西方马克思主义理论重新注入了一针兴奋剂，在对各种"庸俗马克思主义"和苏联模式的社会主义批判中做了不少功课。90 年代，以葛兰西为代表的西方马克思主义理论对资本主义的社会批判重点转向文化领域。正是在这个时期，中国国内有学者比照西方提出了我国文化批判的几大误区，主张用"西方的研究范式"而不是马克思哲学的研究范式与中国的本土经验结合的研究观点，把它说成"马克思主义的现代化"。"马克思学"和西方马克思主义甚至把马克思与恩格斯对立起来，鼓吹指导思想多元化，反对用马克思主义去评论和反思西方马克思主义的思想内容，甚至认为马克思存在着"认识论的断裂"。随着改革的不断深化，打破旧思想禁锢，解放思想，正确客观认识西方马克思主义性质的问题就被迫切地提上了议事日程。我国思想界坦言："必须跳出纯理论的标准，更必须跳出苏联模式的教科书体系的标准来评判西方马克思主义对传统的马克思主义观点的修正和发展。"①对这段历史的反思，《马克思哲学要义》主张结合时代与生活的现实特征，在与国情相结合的意义领域理解马克思哲学的科学性和历史性，对马克思哲学的历史命运及其现实意义给予理论澄清，坚守当代中国马克思哲学的研究"正脉"。

对于如何看待《资本论》的道义性与科学性、历史性的关系问题，《马克思哲学要义》从对马克思主义的敌人波普尔的《开放的社会及其敌人》一书的评价开始了"互文性"研究。这种研究方法引发读者对波普尔的思考和评价，把马克思的科学学说与道德谴责分开，肯定其理论的科学常识，否定其道德谴责"非理性"的社会影响力究竟对不对？马克思提出了一个重要问题：德国和现代各国能不能在"最近的将来达到人的高度的革命呢？""对德国来说，彻底的革命、全人类的解放，不是乌托邦式的梦想，确切地说，部分的出自政治的革命，毫不触及大厦支柱的革命，才是乌托邦式的梦想。部分的纯政治的革命的基础是什么呢？就是市民社会的一部分解放自己，就是一定的阶级从自己的特殊地位出发……也就是说，例如既有钱又有文化知识，或者

---

① 陈学明：《我们今天如何研究西方马克思主义》，《求是学刊》，2001 年第 4 期。

可以随意获得它们,这个阶级才能解放整个社会。"①对于用政治自由化的观点抨击马克思哲学的做法,"无论是从马克思哲学具有理论与实践的一致性,还是从《资本论》(第一卷)把逻辑学和经济学的科学论证、唯物史观的历史叙述与应当进行道德谴责融为一体的成果来看,波普尔的评价是站不住脚的"②。不同文化处境下的"政治正确性"标准是不同的。在西方文化中,只要触犯了反犹主义的底线,就要受到道德和政治上的审判;而在中国文化处境中,对纳粹和反犹主义无切肤之痛的批判。一个纳粹思想家通过对现代技术的彻底否定,对现代性的全面批判,对诗化语言的偏好,就有可能引起中国文学、艺术和哲学爱好者们的共鸣和青睐。因此,我们有理由相信对马克思的《政治经济学批判》《德意志意识形态》和《资本论》所揭示的西方近代形而上学的恶果及其创立的辩证唯物主义历史观的科学性和真理性,中国文化不会置若罔闻,关键在于找对那个与中国文化相关联的切入点。

在对马克思不同时期"政治批判"基本观点的论述中,针对皮蔡因斯基(Z. A. Pelczynski)过于抬高黑格尔而否定马克思政治哲学的科学性,淡化马克思哲学革命意义的评论,例如"一方面马克思和恩格斯确实比黑格尔更远离经验主义。他们要超越所在历史现实的实践和地点,要证明下一个历史时代(社会主义)和下下一个时代(共产主义)不可避免来临,并提供了相应的社会政治体系纲要;黑格尔却断然拒绝超出自己的时代去寻找完全不同的世界",否认马克思历史哲学的客观性或科学性。如果说马克思的社会政治科学以经验为基础而又超越了经验主义,这不是政治哲学又是什么呢? 我们要在自由主义的观点中看到,之所以在马克思逝世后国内外学界,尤其是在西方马克思主义学者中出现了大量自由主义者的质疑声,归根结底在于面对马克思哲学的历史性,辩证唯物主义和历史唯物主义作为世界观,庸俗马克思主义思想者自身还未彻底脱离 18 世纪法国形而上学和德国辩证法思维方式的局限性,即我们对今天的现实性理解有些还远远没有达到马克思哲学应有的历史高度,因此无法对自由主义的一些观点进行有力回应。恩格斯

---

① 赵敦华:《马克思哲学要义》,江苏人民出版社,2018 年,第 116 页。

② 同上,第 360 页。

晚年曾对马克思的两大发现,即"唯物史观"和"剩余价值"学说做出大胆的预言:"在以往全部哲学中仍然独立存在的,就只有关于思维及其规律的学说——形式逻辑和辩证法。其他一切都归于关于自然和历史的实证科学中去了。"恩格斯在《路德维希·费尔巴哈和德国古典哲学的终结》一书中始终认为,马克思哲学总结了启蒙思想时代全部哲学的伟大意义。因此,马克思的上述两大发现同时也终结了作为启蒙时代世界观的科学。在《德意志意识形态》中马克思就曾指出,从15世纪中叶到19世纪的西方哲学史符合唯物史观的发展进程。尽管19世纪出现的德法两国政治自由主义表现方式不同,但都属于启蒙主义的思想政治运动;尽管英法两国的自由主义基础是功利主义,但功利主义不是唯物史观和具有社会主义性质的"利益的体系",而是"和资产阶级发展的不同时期有密切联系的"①,并深刻阐述了德国工人阶级如何通过德国古典哲学的途径走向新的哲学,从哲学的革命走向革命的哲学的历史道路。列宁在1913年发表的《马克思主义的三个来源》中也提出了符合恩格斯《反杜林论》和《路德维希·费尔巴哈和德国古典哲学的终结》的论断。但时至今日,在全球化背景下我们在政治和经济领域仍然担负着突破功利主义、相对主义、虚无主义和自由主义等任务。归根结底,时至今日我们还没有完成启蒙时代世界观的自我改造,还没有完全澄清马克思和恩格斯在哲学上的革命变更的深层意义。我们还应当进一步追问:"他们是怎样实现上述批判继承并将辩证法和唯物主义统一起来的。"②在我国小资产阶级意识形态占多数的社会阶层中,我们要在思想上彻底打败自由主义,必须在中西马哲学会通的研究中坚持和发展马克思主义哲学,一方面不断超越自由主义意识形态;另一方面及时弥补启蒙哲学阶段的理论空白。全球化时代的中西马对话,寄希望于西方哲学研究者与中国传统哲学、马克思主义哲学会通,继续推进五四精神基础上的启蒙哲学发展。

这项伟大的事业早在20世纪30年代就开始了,张申府和张岱年兄弟独具慧眼,试图运用唯物辩证法促进中西马哲学的文化创新。冯友兰以"信

---

① 赵敦华:《马克思哲学要义》,江苏人民出版社,2018年,第26页。
② 刘放桐:《从经典马克思主义到西方马克思主义》,《求是学刊》,2004年第9期。

古""疑古""释古"为"正反合",他"对中国近年史学趋势的见解,实则是冯先生唯物辩证法研究学术的引用"。①贺麟评价说,冯友兰《中国哲学之精神》一书,多少采取了辩证发展的方法"②。大陆研究中国传统思想的代表人物,都有西学的功底,因此他们都成为"三化"的自觉实践者。③"每个人和一切人的自由发展是马克思和他同时代人共同思考的时代迫切问题,马克思的回答之所以能够脱颖而出,因为他围绕这个问题,对历史和现实的各种学说和实践进行坚持不懈、步步深入的批判,从而阐明了实现这个目标的具体途径。"④尽管今天我们及我们时代的马克思主义诠释文本层出不穷,个性百态,但我们首先还是要站在马克思的高度读出马克思的原意,以此作为与马克思对话的客观性基础;将探求"人的异化和解放"道路作为马克思所描绘的新社会蓝图及其开放性理论的实践性基础;将马克思哲学作为未来实现人的自由发展和全面发展的巨大精神和世界观基础,坚持不懈地与各种假社会主义和庸俗马克思主义及形形色色的资产阶级自由主义思潮展开思想交锋和理论批判,尤其是警惕无产阶级和工人运动中流行的那些小资产阶级意识形态,如格吕恩的"真正社会主义"、蒲鲁东主义、巴枯宁主义和拉萨尔主义等。这是我们这个时代,马克思伟大思想遗产中的科学智慧与理论研究的高度定力、文化自信和不懈奋斗精神的现实要求。中国哲学是中华文化的核心思想,代表中华文化的整体思维水平。张岱年先生认为,哲学是"文化总体的指导思想"⑤,全球化背景下的多元文化融合与对话,如果中华文化不能站在哲学层面上,坚持用中国哲学精神与西方哲学平等对话,那么中华民族的思想精华就无法在全球化背景下对当代中国人的生活进行哲学总结。这正是"大哲学观"对历史文化研究的深刻意图。

　　另外,要深刻总结并将马克思哲学研究放在整个人类哲学发展史和思想史之中,紧密地结合本国历史、文化和思想语境来识别和解读。如果没有

---

① 　郭湛波:《近五十年中国思想史》,上海古籍出版社,2005 年,第 224 页。
② 　贺麟:《当代中国哲学》,胜利出版公司,1947 年,第 24 页。
③ 　参见贺麟:《当代中国哲学》,胜利出版公司,1947 年,第 24 页。
④ 　赵敦华:《马克思哲学要义》,江苏人民出版社,2018 年,第 55 页。
⑤ 　张岱年:《文化与哲学》,教育科学出版社,1988 年,第 3 页。

哲学史特别是德国古典哲学的知识背景，马克思哲学学术研究中概念和阐释的充分展开就会存在问题。当然这并不是说其他的哲学研究不要做，而是要从思想史上、概念史上，从与西方整个文明发展进程的结合中来理解和把握马克思哲学的概念和思想进展的重要性。

最关键的问题是如何结合。西方马克思主义是既不同于马克思经典作家，又不同于苏联和斯大林社会主义模式的马克思主义理论代表。西方马克思主义在西方哲学视角下，将西方哲学方法论与马克思哲学相"嫁接"式的方法，在许多日常生活、科技社会、文化艺术领域的观点上向马克思哲学提出了挑战，教训是深刻的。这些理论观点随着 20 世纪 80 年代的改革开放涌入中国，对中国特色社会主义的理论实践和国际共产主义理论都产生了不小的影响。

20 世纪 60 至 70 年代，结构主义的马克思主义代表法国共产党员阿尔都塞，因不满在苏共二十大上，赫鲁晓夫谴责个人崇拜在共产主义运动中造成的恶劣影响，提出应对马克思主义进行重新解释，指出马克思主义的辩证法和历史观是一种多元决定论。尽管阿尔都塞的初衷具有反对第二国际中庸俗经济决定论对上层建筑反作用力的理论轻视，但是资本主义国家在经济危机中的国家干预与社会主义国家革命和建设时期国家政权发挥的巨大实践作用是一致的，因此在西方思想界取得较高声望；到了 20 世纪 60 年代末，阿尔都塞一改自己解释马克思主义的立场，转为公开批判马克思主义。第二代英国新左派因借鉴"结构主义的马克思主义"，以及其他欧陆当代思想资源，逐渐偏离了英国本土化的文化马克思主义立场，形成了影响巨大的"结构主义的马克思主义"思潮。这一思想对欧洲工人运动产生了极大的消极影响，之后欧洲中右翼政党的强势推进与此也有很大关系。西方马克思主义自称为新马克思主义，但实际上同马克思主义有着原则性的区别。它的早期思想是由于中西欧革命的暂时失败而感到痛苦愤怒的小资产阶级情绪的反映，带有明显的或"左"或右的倾向。因此，这样的哲学理论及其主要特征，影响着我国 20 世纪 90 年代开放以来关于在资本主义、市民社会和国家理论研究中对马克思主义性质等理论问题的理解。

三、重新思考人与自然界的思想价值

《1844年经济学哲学手稿》(以下简称《手稿》)笔记本 III 中"对黑格尔的辩证法和整个哲学的批判"包括对《精神现象学》和《哲学全书》的梳理和批判。现有的大量研究集中于马克思对《精神现象学》的吸收和改造,但马克思对《哲学全书》的评论同样重要。马克思把《精神现象学》看作"黑格尔哲学的真正诞生地和秘密"①。在这个诞生地,马克思揭示了黑格尔体系的秘密:"彻底的自然主义或人道主义,既不同于唯心主义,也不同于唯物主义,同时又是把这二者结合起来的真理。我们同时也看到,只有自然主义能够理解世界历史的行动。"②这段话意义重大,成为不少西方马克思主义者区分人道主义的"青年马克思"和辩证唯物主义的"老年马克思"的一个标志。《马克思恩格斯全集》的编译者对此专门作了一个注释:马克思"也像费尔巴哈那样","认为不是旧唯物主义,也不是唯心主义,而是费尔巴哈的哲学——自然主义、人道主义——才能够理解世界历史的秘密"。③

的确,马克思此时没有摆脱费尔巴哈的影响,上述结论仍在使用费尔巴哈术语,但问题是,费尔巴哈从来没有阐述过世界历史,倒是黑格尔对世界历史做出了全面深刻的阐述。从笔记本 III "对黑格尔的辩证法和整个哲学的批判"的布局来看,马克思先从《精神现象学》开始,用黑格尔的辩证法重新理解费尔巴哈,读出唯心主义和唯物主义相结合的秘密;此后对黑格尔哲学整体加以评论,从黑格尔哲学体系中进一步读出世界历史与自然主义相结合的秘密。对黑格尔哲学体系的批判性解读,把马克思对自然与人性关系的看法与费尔巴哈的自然主义决定性地区别开来,使得马克思能够在1846年的《德意志意识形态》中提出,自然和历史不是"两种不相干的'东西'",人面临的是"历史的自然和自然的历史"。④可以说,自然和历史、人的历史和自然

① 《马克思恩格斯文集》(第一卷),人民出版社,2009年,第201页。
② 同上,第209页。
③ 同上,第791~792页,注释117。
④ 同上,第529页。

史相统一的唯物史观原理,来自马克思1844年钻研黑格尔《哲学全书》,特别是其中《自然哲学》的结果。让我们以文本为依据阐述这个观点。

(一)逻辑学是精神的货币

黑格尔哲学体系在《哲学全书》中得到完整表达,包括逻辑学(通称"小逻辑")、自然哲学和精神哲学三个部分。马克思说:"逻辑学是精神的货币,是人和自然界的思辨的、思想的价值。"①马克思是出于政治经济学批判的需要而改造黑格尔辩证法的,马克思在《精神现象学》中概括出"思维生产史",解读《逻辑学》也使用了"精神的货币"及其"价值"的经济学比喻。这个比喻至少有两重意义:如同货币以其量度标准的普遍性而在经验世界流通,逻辑范畴因其抽象的形式而能成为衡量事物的普遍标准;如同货币运动是资本的形式,逻辑范畴在运动中把事物的本质连贯成抽象的思维形式。

首先,《哲学全书》把哲学精神领域从意识和自我意识扩大到世界精神,在马克思看来,这个体系仍是哲学家的抽象思维把自身对象化为自然界和人的异化本质,"整整一部《哲学全书》不过是哲学精神的展开的本质,是哲学精神的自我对象化"②。马克思把《精神现象学》中"精神劳动"的异化看作现实世界工人劳动的本质,同样,《哲学全书》中"独立于自然界和精神的特定概念、普遍的固定的思维形式,是人的本质普遍异化的必然结果"③。

其次,逻辑范畴之所以能够把人和自然界的异化本质"描绘成抽象过程的各个环节并且把它们连贯起来"④,是由于否定之否定的扬弃是范畴运动的动力,扬弃推动思维形式按照从简单到复杂、由低级到高级的方向运动。从扬弃的观点看,马克思把《哲学百科》体系概述如下:扬弃了的质=量,扬弃了的量=度,扬弃了的度=本质,扬弃了的本质=现象,扬弃了的现象=现实,扬弃了的现实=概念,扬弃了的概念=客观性,扬弃了的客观性=绝对观念,扬弃了的绝对观念=自然界,扬弃了的自然界=主观精神,扬弃了的主观精神=伦

---

①② 《马克思恩格斯文集》(第一卷),人民出版社,2009年,第202页。
③ 同上,第218页。
④ 同上,第219页。

理的客观精神,扬弃了的伦理的客观精神=艺术,扬弃了的艺术=宗教,扬弃了的宗教=绝对知识。①

对上述各个环节的扬弃,马克思都有吸收和改造。《资本论》(第一卷)按照从质到现实的扬弃运动,论证了从商品形式到剩余价值生产形式的逻辑关系。《黑格尔法哲学批判》通过伦理精神的扬弃,批判德国的国家哲学,马克思在《手稿》中把该书各部分理解为扬弃关系:"在黑格尔法哲学中,扬弃了的私法=道德,扬弃了的道德=家庭,扬弃了的家庭=市民社会,扬弃了的市民社会=国家,扬弃了的国家=世界历史。"② 1844 年《手稿》对《精神现象学》的把握集中于"扬弃了的现实=概念,扬弃了的概念=客观性";对《哲学全书·逻辑学》的把握集中于"扬弃了的绝对观念=自然界",而对《哲学全书·自然哲学》的把握集中于"扬弃了的自然界=主观精神"。

"逻辑学"的终点是"绝对观念"。马克思追问:"然而,绝对观念是什么呢?"马克思给出了一个别开生面的答案:如果绝对观念不想再去从头经历全部抽象行动,不想再满足于充当种种抽象的总体或充当理解自我的抽象,那么绝对观念也要再一次扬弃自身。但是把自我理解为抽象的抽象,知道自己是无,它必须放弃自身,放弃抽象,从而达到那恰恰是它的对立面的本质,达到自然界。因此,全部逻辑学都证明,抽象思维本身是无,绝对观念本身是无,只有自然界才是某物。③

在马克思看来,逻辑范畴不过是抽象的观念,抽象思维的运动最终在绝对观念中达到并认识到自身是抽象的总体。但是黑格尔的高明之处在于,他认为绝对观念也要继续运动。超出逻辑学范围辩证运动的动力是什么?黑格尔借助了异化的概念。他说,"自然界是自我异化的精神","自然哲学扬弃自然和精神的分离,使精神能够认识到自己在自然内的本质"。④马克思则强调,辩证运动的动力始终是否定之否定的扬弃,绝对观念也不例外。扬弃与

① 参见《马克思恩格斯文集》(第一卷),人民出版社,2009 年,第 215 页。
② 《马克思恩格斯文集》(第一卷),人民出版社,2009 年,第 214 页。
③ 参见《马克思恩格斯文集》(第一卷),人民出版社,2009 年,第 219 页。
④ [德]黑格尔:《自然哲学》,梁志学等译,商务印书馆,1986 年,第 21、20 页。

异化或外化的差别在于,"扬弃是把外化收回到自身的、对象性的运动"①。绝对观念收回自身的对象性运动有两条可能的路径:一是"抽象的抽象","抽象的抽象"最后的结果是没有对象的"无";二是放弃抽象,返回抽象观念的对立面即自然物自身。显然,第一条途径从抽象到无的途径是无价值、无意义的,而第二条途径"从逻辑学到自然哲学的这整个过渡",这是"从抽象到直观的过渡"。黑格尔违反自己意愿不得不过渡到自然物的感性直观领域,马克思解释说:"有一种神秘的感觉驱使哲学家从抽象思维转向直观,那就是厌烦,就是对内容的渴望"②。马克思的解释不但回答了"使黑格尔分子伤透了脑筋的难题",而且用辩证法补充了费尔巴哈把自然界等同于感性直观对象的设定。

(二)《哲学全书·自然哲学》的扬弃运动

马克思对黑格尔自然哲学的评论不是为费尔巴哈的自然主义背书,而是为了提出费尔巴哈从未有过的想法,即从自然精神的思维形式中提炼出自然界的人类史与人的自然史。《手稿》中相当大的篇幅,特别是一些令人费解的评论,是针对《哲学全书·自然哲学》(以下简称《自然哲学》)有感而发。《自然哲学》是充满思辨的"博物志",当时不受读者重视,现在也普遍被认为是黑格尔哲学中价值最少的部分。为了理解马克思的评论,有必要概览《自然哲学》的相关观点。

第一,黑格尔把自然界划分为力学、物理学和有机学三个从低级到高级的领域,较高领域扬弃了较低领域的矛盾,保存了较低领域的某些特殊规定性,但较高领域的本质不能被还原为较低领域的。因此,不能把物理系统还原为机械论,不能把生命系统还原为物理和化学属性。黑格尔批判把生命的本质还原为自然环境的物理化学因素,他说:"把有限的条件搬到了自由的自然生命上,尤其是在考察有生命的东西的时候,更为多见,但这是不合适的,头脑健全的人不会相信这样的判断。"③

---

① 《马克思恩格斯文集》(第一卷),人民出版社,2009年,第216页。
② 同上,第219~220页。
③ [德]黑格尔:《自然哲学》,梁志学等译,商务印书馆,1986年,第157页。

第二,《自然哲学》扬弃的目的是精神把异化的自然界收回自身,黑格尔始终坚持概念发展的合目的性,同时又批判外在目的论。他说:"目的的概念并不是单纯外在于自然的,像我说'羊毛之所以存在,只是为了我能用以给自己做衣'时那样;这里确实经常出现一些蠢事。"他说:"真正的目的论考察在于把自然看作在其特有的生命活动内是自由的,这种考察是最高的。"①黑格尔用概念的发展解释当时的动物进化论。他认为每一类动物都有一种普遍原型,动物由低级到高级发展的阶梯是概念自我运动的外化,而人类是这一发展的最高、最完满结果。

第三,"有机性"阶段产生生命体,生命的本质扬弃了无机物领域的各种矛盾,把矛盾的对立方面结合于生命体之中。黑格尔说:"生命是整个对立面的结合。"这些对立面包括四个方面:"只要外在的东西和内在的东西、结果和原因、内在和外在、主观性和客观性等等是同一个东西,就会有生命。"②

第四,生命的最高形态是动物有机体。动物的产生是生命有机体的质变,黑格尔说,感觉是动物机体的"总体形式","它的主要特征在于它类似灵魂"。③灵魂是感觉的单一性,把不同感官及其所对应的感性对象统一为"理论过程"和"实践关系"。动物的"理论过程"指外在感官把来自各方面的物理刺激变成"观念性的感觉"和声色味俱全的可感世界,内在感官即大脑"把自己设定为普遍的东西,以表现痛苦、欲望、快乐和满足"。④动物还有"同无机自然界的实践关系",动物的"实践过程是对外部无机自然界的独立物质存在的改变和扬弃",但动物的欲望是"趋向于外部的",因而"缺乏自由的过程"。⑤

第五,动物是一种不稳定的有机系统,本身包含着健康与疾病的内在矛盾。黑格尔把两者归结为精神的普遍性和物质的个别性的矛盾。他说,"健康是有机体的自我与其特定存在的平衡",平衡关系意味着精神克服物质,"对

---

① [德]黑格尔:《自然哲学》,梁志学等译,商务印书馆,1986年,第8页。
② 同上,第377页。
③ 同上,第520页。
④ 同上,第533、536页。
⑤ 同上,第536、539页。

有机体来说没有自己无法克服的无机东西存在",而疾病是"有机体的存在与有机体的自我不平衡"。黑格尔说:"有机体虽然可以从疾病中恢复健康,但因为有机体生来就是有病的,所以在其中隐藏着死亡的必然性,也就是隐藏着解体的必然性。"个别的动物有机体不可避免的死亡是自然精神的归宿——"自然的目标就是自己毁灭自己"。①

"毁灭"是自然精神的自我扬弃。黑格尔说:"生命本身就包含着缺陷,生命知道界限是缺陷,因而这缺陷也就终归得到了扬弃。"②在自然精神毁灭的同时,动物有机体进化的最高成果——人类的精神成长起来,自然哲学于是过渡到精神哲学。总的来说,《精神哲学》的"主观精神"部分扬弃了动物的"理论过程",而《客观精神》扬弃了动物的"实践关系"。黑格尔在"客观精神"部分中论述"自由精神"说,"现实的、自由的意志是理论和实践精神的统一"③,在《法哲学原理》中论及自由意志时说,人与动物的实践态度的根本差别在于人有思维,"人不可能没有意志而进行理论的活动或思维,因为在思维时他就在活动","意志不过是特殊的思维方式"。④

马克思早在博士毕业论文中业已把黑格尔关于理论与实践相统一的观点概括为"哲学的实践本身是理论的"⑤。《〈黑格尔法哲学批判〉导言》认识到,哲学得以实现自身的实践是人的解放的革命。在《黑格尔法哲学批判》中,马克思表扬黑格尔"把政治国家看作机体,因而把权力的不同不再看作机械的不同,而是看作生命的和合乎理性的不同,——这是前进了一大步"⑥。但是马克思批判说,黑格尔的动物有机体与政治有机体只是地道的"观念""逻辑观念",而现实政治制度的权力关系是经验事实,因此,"从机体的一般观念通向国家机体或政治制度的特定观念的桥梁并没有架设起来,而且这座桥梁永远也架设不起来"。⑦在《手稿》中,马克思进一步认识到,物质生产

---

① [德]黑格尔:《自然哲学》,梁志学等译,商务印书馆,1986 年,第 595、613、617 页。

② 同上,第 539 页。

③ [德]黑格尔:《精神哲学》,杨祖陶译,人民出版社,2006 年,第 309 页。

④ [德]黑格尔:《法哲学原理》,范杨、张企泰译,商务印书馆,1979 年,第 13、12 页。

⑤ 《马克思恩格斯全集》(第 1 卷),人民出版社,1995 年,第 75 页。

⑥ 《马克思恩格斯全集》(第 3 卷),人民出版社,2002 年,第 15 页。

⑦ 同上,第 16、18 页。

劳动是人类基本的实践，劳动生产关系是人与自然的关系及社会关系的纽带。从生产方式的实践出发，马克思把自然精神自我异化和回归自身的辩证法颠倒过来，对黑格尔的自然哲学上述五个关键点进行批判和改造。

(三)人的自然存在与自然的社会性

1. 人的类存在与对象世界的结合

在马克思看来，黑格尔所说的生命体是自我和特定存在矛盾的平衡和结合，人作为生命体，这种平衡和结合集中体现为人的自然存在和生命力这样两方面。马克思说，人直接地是自然存在物。人作为自然存在物，而且作为有生命的自然存在物，一方面具有自然力、生命力，是能动的自然存在物，这些力量作为天赋和才能，作为欲望存在于人身上。[①]

黑格尔所说"生命是整个对立面的结合"之所以可能，只是因为人的生命是自然的对象性和人的本质性活动的统一。马克思说，人有现实的、感性的对象作为自己本质的即自己生命表现的对象；或者说，人只有凭借现实的、感性的对象才能表现自己的生命。[②]

马克思把黑格尔所说"有机体克服无机体"的生物学常识提升到"本质性"和"对象性"的关系。他给出了一个递进的类比推理：在客观的自然界，太阳是植物的对象，是植物所不可缺少的、确证它的生命的对象，正像植物是太阳的对象，是太阳的唤醒生命的力量的表现，是太阳的对象性的本质力量的表现一样。[③]

再看人类世界感性活动与感性对象的关系。比如，饥饿是生命的需要，只有外在的自然对象才能满足饥饿的需要。因此，为了使自身得到满足，使自身解除饥饿，它需要自身之外的自然界、自身之外的对象。饥饿是我的身体对某一对象的公认的需要，这个对象存在于我的身体之外，是使我的身体得以充实并使本质得以表现所不可缺少的。[④]就是说，饥饿和解除饥饿是人的身体活动"确证"自然对象的活动与自然对象"表现"人的本质之间的双向

---

① 参见《马克思恩格斯文集》(第一卷)，人民出版社，2009年，第209页。
②③④ 同上，第210页。

交流。

上述例子只是感性直观的观察,马克思强调,人是"类存在物",人类感性活动确证的对象是整个自然界。马克思说,正像人的对象不是直接呈现出来的自然对象一样,直接地存在着的、客观地存在着的人的感觉,也不是人的感性、人的对象性。自然界,无论是客观的还是主观的,都不是直接同人的存在物相适合地存在着。①

什么是"客观的自然界"和"主观的自然界"呢? 马克思可以说明"客观的自然界"的含义:一个有生命的、自然的、具备并赋有对象性的即物质的本质力量的存在物,即拥有它的本质的现实的、自然的对象,而它的自我外化又设定一个现实的、却以外在性的形式表现出来因而不属于它的本质的、极其强大的对象世界,这是十分自然的。②

人类本质性活动"设定"并"确证"了一个外在的对象世界,极其强大不受人类控制,因而可以说是"客观的"。《手稿》中接下来的一段话可以说明"主观的自然界"的含义:"当现实的、肉体的、站在坚实的呈圆形的地球上呼出和吸入一切自然力的人,通过自己的外化把自己现实的、对象性的本质力量设定为异己的对象时,设定并不是主体;它是对象性的本质力量的主体性,因此这些本质力量的活动也必定是对象性的活动……它所以创造或设定对象,只是因为它是被对象设定的,因为它本来就是自然界。"③

马克思的上述评论深化和丰富了黑格尔的生命观,把黑格尔的自然精神改造为人自身的实践设定并确证的,客观的和主观的自然界。

2. 人与自然界改变的一致性

以人类实践对象性和本质性活动的统一为基础,马克思把黑格尔所说的动物的"理论过程"和"实践关系"改造为人与自然改变的一致性。

人的思维和感觉完全不同于动物,人的思维与存在是统一的,因为"作为类意识,人确证自己的现实的社会生活,并且只是在思维中复现自己的现

---

① 参见《马克思恩格斯文集》(第一卷),人民出版社,2009年,第211页。

② 同上,第208页。

③ 《马克思恩格斯文集》(第一卷),人民出版社,2009年,第209页。

实存在;反之,类存在则在类意识中确证自己,并且在自己的普遍性中作为思维着的存在物自为地存在着"①。

思维不但在类意识中确证自身存在,而且在感觉中确证自然界,人的感觉与自然对象的存在也是统一的。马克思说:"不仅五官感觉,而且连所谓精神感觉、实践感觉(意志、爱等等),一句话,人的感觉、感觉的人性,都是由于它的对象的存在,由于人化的自然界,才产生出来的。"②"人化的自然界"只是人与自然关系的一个方面,与其相应的另一个关系是"自然界的人性",后者指"人的自然存在物"既是"受动的存在物",也是"有激情的存在物。激情、热情是人强烈追求自己的对象的本质力量"。③"人化的自然界"和"自然界的人性"在历史中同步改变。一方面,人的历史发展到工业化时代,自然界在越来越大的广度和深度改变为人化的自然界;另一方面,人越来越强烈和全面地追求自己的对象,"他必须既在自己的存在中也在自己的知识中确证并表现自身"。④人在通过自然科学确证自然界的同时也改变了自身的生活和人性,如马克思所说:"自然科学却通过工业日益在实践上进入人的生活,改造人的生活,并为人的解放作准备。"⑤依据把自然界和人性共同改变的历史和趋向,马克思作出"历史是人的真正的自然史"的判断。

3. 人与自然的物质变换

《自然哲学》最后把动物的健康视作"精神克服物质"的平衡,而把死亡解释为精神的重生。马克思把人的精神和身体与自然界的平衡改造为人与自然界的交互作用。笔记本Ⅰ从理论和实践两方面进行分析。理论领域的人和自然界的交互作用是自然科学和艺术的对象,如植物、动物、石头、空气、光,等等,"都是人的意识的一部分,是人的精神的无机界,是人必须事先进行加工以便享用和消化的精神食粮";在实践领域,人把自然界"首先作为人的直接的生活资料,其次作为人的生命活动的对象(材料)和工具",使之"变

---

① 《马克思恩格斯文集》(第一卷),人民出版社,2009 年,第 188 页。
② 同上,第 191 页。
③ 同上,第 204 页。
④ 同上,第 211 页。
⑤ 同上,第 193 页。

成人的无机的身体"。这就是说，"自然界是人为了不致死亡而必须与之处于持续不断的交互作用过程的、人的身体。所谓人的肉体生活和精神生活同自然界相联系，不外是说自然界同自身相联系，因为人是自然界的一部分"。①人与自然界外物持续不断的交互作用使得人类的肉体和精神"不致死亡"，针对黑格尔把动物有机体必然死亡作为自然向人的精神过渡的理由，马克思强调人与动物生命活动的根本差别在于，动物与自己生命活动直接同一，动物的死亡是生命活动的终结；而人是"有意识的类存在物，就是说，他自己的生活对他来说是对象。仅仅由于这一点，他的活动才是自由的活动"。②但是马克思接着说，"由于劳动必须服从自然界与人交互作用的必然性，异化劳动把人的生命活动，自己的本质变成仅仅维持自己生存的手段"，致使人的肉体和精神生活被归结为人的吃、喝、生殖，"成为最后的和唯一的终极目的"，倒退到"动物的机能"。③

如何在自然界与人交互作用的必然性中得到摆脱异化劳动的自由？这始终是贯穿在政治经济学批判中的哲学问题。从《资本论》(第一卷)开始，马克思从有用劳动创造使用价值的角度，把 1844 年笔记中的"自然界与人的交互作用"表述为"人和自然之间的物质变换即人类生活得以实现的永恒的自然必然性"。④到《资本论》(第三卷)的结尾处谈到从必然王国到自由王国的过渡，马克思说明异化劳动的克服和人的本质的复归条件是："社会化的人，联合起来的生产者，将合理地调节他们和自然之间的物质变换，把它置于他们的共同控制之下，而不让它作为一种盲目的力量来统治自己；靠消耗最小的力量，在最无愧于和最适合于他们的人类本性的条件下来进行这种物质变换。"⑤这段话体现了"自由是对必然的认识和实现"的哲学命题，只有在适合人类本性的生产方式中，才能使人按照人与自然的物质变换的必然性获得自由。

---

① 《马克思恩格斯文集》(第一卷)，人民出版社，2009 年，第 161 页。
② 同上，第 162 页。
③ 同上，第 162、160 页。
④ 《马克思恩格斯文集》(第五卷)，人民出版社，2009 年，第 56 页。
⑤ 《马克思恩格斯文集》(第七卷)，人民出版社，2009 年，第 928~929 页。

施密特在《自然的概念》中正确、充分地评价"人与自然的物质变换的概念"对马克思思想的重要意义。[①]他旁征博引，把"人与自然界物质变换"思想追溯到18世纪意大利经济学家彼得罗·维利，直接来源是摩莱肖特和谢林，但偏偏忽视了黑格尔。其实，如上所述，我们有文本证据说明马克思是在黑格尔所说的动物向人的精神过渡的背景中谈论人与自然界物质变换的，而没有证据可以支持施密特所说的那些人对马克思的影响。

(四)达尔文进化论之得失

马克思用辩证法语言总结了《自然哲学》中的发展目的论和进化论思想："黑格尔用那在自身内部旋转的抽象行动来代替这些僵化的抽象概念，于是，他就有了这样的贡献：他指明了就其起源来说属于各个哲学家的一切不适当的概念的诞生地，把它们综合起来，并且创造出一个在自己整个范围内穷尽一切的抽象作为批判的对象，以代替某种特定的抽象。"[②]

"僵化的""特定的"抽象概念指在狭隘领域相互对立的概念，比如，外在于人的活动的"目的"，孤立的、不变的"原型"。在生物学领域，哲学家关于起源的特定抽象表现为还原论。比如，施蒂纳把个人的缺陷还原为父母的遗传缺陷。马克思批判说：施蒂纳"偷偷摸摸地看了一遍动物学"，于是，他也纯粹用肉体的产生过程来解释这种缺陷了。他完全没有考虑到，孩子的发展能力取决于父母的发展，存在于现存社会关系中的一切缺陷是历史地产生的，同样也要通过历史的发展才能消除。[③]

1859年达尔文发表《物种起源》，马克思立即把握到它的变革意义："达尔文的著作非常有意义，这本书我可以用来当做历史上的阶级斗争的自然科学根据。当然必须容忍粗率的英国式的阐述方式。虽然存在许多缺点，但是在这里不仅第一次给了自然科学中的'目的论'以致命的打击，而且也根据经验阐明了它的合理的意义。"[④]

---

① 参见[德]A.施密特:《马克思的自然概念》，欧同力等译，商务印书馆，1988年，第75页。
② 《马克思恩格斯文集》(第一卷)，人民出版社，2009年，第220页。
③ 参见《马克思恩格斯全集》(第3卷)，人民出版社，1960年，第498页。
④ 《马克思恩格斯文集》(第十卷)，人民出版社，2009年，第179页。

马克思如同黑格尔那样,认为历史发展有目的,自然史和人类史的目的在物种演化过程内部。《资本论》中说,达尔文注意到自然工艺史,即注意到在动植物的生活中作为生产工具的动植物器官是怎样形成的。社会人的生产器官的形成史,即每一个特殊社会组织的物质基础的形成史,难道不值得同样注意吗?①

马克思说人类最初的劳动工具是"延长了他的自然的肢体",并在注释中引用黑格尔"理性的狡计"的概念,说明人的原始的自然活动也合乎历史发展的目的。②马克思还引用富兰克林"人是制造工具的动物",说明人类劳动的进化特征:"劳动资料的使用和创造,虽然就其萌芽状态来说已为某几种动物所固有,但是这毕竟是人类劳动过程独有的特征。"③相比于动物,人类劳动的高级特征在于有意识的合目的性,马克思于是做出"最蹩脚的建筑师从一开始就比最灵巧的蜜蜂高明"④的论断。

马克思在《资本论》中说,"我的观点是把经济的社会形态的发展理解为一种自然史的过程",生产方式的规律是一个社会"本身运动的自然规律",即使英国最发达的生产方式也是"资本主义生产的自然规律"。⑤恩格斯正确地看到了《资本论》与《物种起源》的关联,认为"正像达尔文发现有机界的发展规律一样,马克思发现了人类历史的发展规律"⑥。

马克思是那种不可能无条件支持任何学说的人,他看到达尔文学说中蕴含的后来被夸大为社会达尔文主义的那些失误,称达尔文的阐述方式为"粗率的英国式的阐述方式",这大概是对照黑格尔的辩证阐述方式而言的,正如马克思在《哲学的贫困》中比喻说:"如果说有一个英国人把人变成帽子,那么,有一个德国人就把帽子变成了观念。"⑦对照《自然哲学》中的反还原论,马克思认为,马尔萨斯和达尔文的"生存斗争"与黑格尔的观点格

---

① 参见《马克思恩格斯文集》(第五卷),人民出版社,2009年,第429页。
② 同上,第220页。
③ 《马克思恩格斯文集》(第五卷),人民出版社,2009年,第210页。
④ 同上,第208页。
⑤ 同上,第9、10、8页。
⑥ 《马克思恩格斯文集》(第三卷),人民出版社,2009年,第601页。
⑦ 《马克思恩格斯文集》(第一卷),人民出版社,2009年,第597页。

格不入："使我感到好笑的是,达尔文说他把'马尔萨斯的'理论也应用于植物和动物……值得注意的是,达尔文在动植物界中重新认识了他的英国社会及其分工、竞争、开辟新市场、'发明'以及马尔萨斯的'生存斗争'。这是霍布斯所说的一切人反对一切人的战争,这使人想起黑格尔的《现象学》,那里面把市民社会描写为'精神动物世界',而达尔文则把动物世界描写为市民社会……"①

如果说黑格尔发现市民社会的自然基础是合理的,那么达尔文逆向寻求自然世界的市民社会基础则是荒谬的。社会达尔文主义把人类历史规律还原为"生存斗争"的生物学规律,也没有逃脱马克思的批判。马克思批判新康德主义者朗格把"生存斗争"当作"那些华而不实、假冒科学、高傲无知和思想懒惰的人"的方法。马克思说:"朗格先生有一个伟大的发现:全部历史可以纳入一个唯一的伟大的自然规律。这个自然规律就是'struggle for life',即'生存斗争'这一句话(达尔文的说法这样应用就变成了一句空话)。"②马克思批判朗格那一代打着唯物主义旗号的人"完全不懂黑格尔的方法","毕希纳、朗格、杜林博士、费希纳等人早就一致认为,他们早已把可怜虫黑格尔埋葬了",尤其蔑视黑格尔,把黑格尔当作一条"死狗"。殊不知他们的错误和社会达尔文主义一样,违反了《自然哲学》关于较高系统与较低系统关系的辩证论述。

四、科技危机还是人性危机?

伴随着全球化生命科技的深入发展,如何理解未来科技与人性的关系,成为一个棘手的难题。这一问题的深入研究使围绕生命的探讨不再是简单的历史评估"启蒙运动"的遗产问题和探讨人的本质是什么的纯粹理性问题,而是关系当代和未来人类的实际生活命运,以及整个哲学人文社会科学基本研究走向的重大实践课题。

---

① 《马克思恩格斯文集》(第十卷),人民出版社,2009年,第184页。
② 同上,第338页。

(一)"胡塞尔命题":科技的危机还是理性的危机?

毋庸置疑,18世纪以来的欧洲"启蒙运动"引发了世界范围内对人性及其生存状态问题的密切关注,经过19世纪以来人文主义的参与,直至20世纪,汇聚成为一种西方的理性主义传统。以胡塞尔为代表的现代西方哲学家的深刻反省,至今还在发挥着影响力。

胡塞尔作为现象学的创始人,晚年着重对欧洲科技与文化的危机问题做了深入的研究,其核心在于批判欧洲从事科技研究的思维方式及可预见的未来。哲学史将他的哲学反思称为"胡塞尔命题"。胡塞尔认为,对于欧洲科技而言,自启蒙主义运动以来,本质主义的思维方式使科技一直假借工具理性的力量而走向理性的反面。在著名的《欧洲科学危机和超验现象学》(1936年)一书中,他阐述了自己对欧洲科学危机的预见:科学危机实际上是哲学的危机,是人性的危机。"哲学危机意味着作为哲学的总体的分支的一切新时代的科学的危机,它是一种开始时隐藏着,然后日渐显露出来的欧洲的人性的危机。"①

为何科学技术高速发展的今天,科技和人性竟然深陷如此艰难的困境?正如胡塞尔所言:"实证科学正是在原则上排斥了一个在我们的不幸的时代中,人面对命运攸关的根本变革所必须立即做出回答的问题:探问整个人生有无意义……这些问题归根到底涉及人在与人和非人的周围世界的相处中能否自由地自我决定的问题,涉及人能否自由的在他的众多的可能性中理性地塑造自己和他的周围世界的问题。"②之后,胡塞尔在巴格达作的题为"欧洲科学危机和心理学"的一系列演讲中,重申了这种科技的虚假繁荣掩盖下,理性自身固有的危机。

胡塞尔认为,欧洲科技与人文关系的严重危机根源在于西方科技所代表的本质主义思维方式,即科学对于普遍必然性知识本质的追求。这就是为什么一门学科只有成为普遍有效的知识,才能称其为"科学"的思维方式。因

---

① [德]埃德蒙德·胡塞尔:《欧洲科学危机和超验现象学》,张庆熊译,上海译文出版社,1988年,第13页。

② 同上,第6页。

此,传统西方哲学的历史很大程度上都是以追求知识何以可能为目的。

为何本质主义思维方式具有如此之大的魅力？普遍知识之所以具有明白事理的功效,一个重要的原因在于：人在获得普遍知识的时候,同时为自己设立了"普遍—特殊"的认知框架和思维方式,即概念、判断和推理。这个思维方式的逻辑框架关注的,首先是一类事物共享的普遍性质也往往被当作该类事物的本质。"在经验先给予的自明的世界的基础上,并追问这个世界的'客观真理',追问对这个世界是必然的,对于一切理性物是有效的东西。普遍地去实现这一目标,被认为是认识的任务,理性的任务,也就是哲学的任务。由此达到最终的存有,除此之外,再也没有其他理性的意义"。①有了"普遍—特殊"这个认知框架,人类就可以从杂乱中理出秩序,从无序中看出规律,通过概念的演绎推断各种可能结果。这种思维方式的最大作用便是对自然科学的促进,或者反过来说,自然科学就是在这种思维方式的作用下产生的：先假定对某些有限经验事实的描述具有超越经验的普遍性,然后逻辑地推论出它可能有的普遍性的结论,但这样的结论还只是一种假设,当推论得出的可能性结论在实验室或实际生活中得以证实或实现,这样的知识才成为自然科学。因此本质主义者认为,一旦把握了本质就把握了真理,获得了规律,这样就可以解决思想中的确定性和无限性问题,以此得到的理论就可以指导现实生活。而那种离开规律、本质等概念把握的生活,似乎让其感到力不从心,甚至感到无法把握世界、无法掌握自己的生活、无法应付社会交往。这种情况的出现是西方世界以追求普遍知识为宗旨的,本质主义思维方式延伸和扩大的结果,这也是自罗马以来西方认识论的内在逻辑。

除了本质主义思维方式的内在影响,现代科技背景下科技与人性危机的产生还有着深刻的必然性。我们由于"不了解或者完全不承认与人的本性密不可分的那个限度"②,最终激化了西方世界文化的内在矛盾和现实的冲突。高度发展的自然科学加剧了启蒙运动以来本质主义的思维惯性,使工具

① ［德］埃德蒙德·胡塞尔：《欧洲科学危机和超验现象学》,张庆熊译,上海译文出版社,1988年,第81页。
② 柳鸣九、沈志明主编：《加缪全集》(3散文卷Ⅰ),丁世中等译,河北教育出版社,2002年,第345页。

理性超出了它的界限而走向了理性的反面。构成"现代性"核心和基础的逻各斯中心主义、人类中心主义，甚至出现了极端的反人类等思维方式。一度被作为启蒙运动所开辟的、被视作西方现代化客观标准的未来社会发展方向和制度原则的"本质主义思维规律"，随着现代科技和全球化的拓展，支配性地扩张为全球现代科技社会中主体身份正当性的唯一标准。而涉及人自身命运的问题总是宇宙之中最为根本的问题，尽管没有统一答案，但人类不会因为科技的本质主义没有充分观照到这个问题而放弃对人类自身生命意义的探索。尤其是当科技的本质主义把活生生的人排除在外，或者，最多也是像谈论关于自然的知识一样来谈论人，这种人与自然关系的探讨就越发深刻而尖锐。这就使对科技性质的研究不再是一个简单的历史评估和纯粹理论性问题，而是关系世界范围内跨文化背景下人类实际生存状态的命运选择。

(二)海德格尔的乌托邦："诗意地栖居"

启蒙运动的人文遗产是丰富的，但人们越来越认识到如何继承启蒙运动的遗产是更为复杂的哲学问题。

西方人擅长从杂乱中理出秩序，从无序中看出规律，通过概念的逻辑演绎推断结果。这种思维方式的最大作用便是对近代以来工业和自然科学的推动，使20世纪的"人"摆脱"上帝"的束缚，自由追求普遍知识和对生存方式的渴望，因此知识对于人类的生存方式具有举足轻重的意义。然而"即便所有可能的科学问题都得到了回答，我们的生活问题却还全然未曾触及"[①]。

伴随着科技的高度发展，在近代本质主义大行其道的同时，反本质主义思潮也在暗流涌动。这里所谓的反本质主义思潮并非是用非理性的、盲目冲动和不计后果来取代理性，反对的也不是作为人类区别于动物所特有的"理性"思维特征，而是20世纪以来特别针对科技本质主义思维方式的哲学传统。它包括本质主义(Ontologisme)、西方语音中心主义(Phonocentrisme)、逻辑中心主义(Logocentrisme)和种族中心主义(Ethnocentrisme)。这种思维方式发展到当代，本质主义逐渐走向了全球性的普遍主义(Universitism)思维方

---

① Wittgenstein, *Tractatus Logico-Philosophicus*, 6.52, Routledge & Kegan Paul Ltd., 1955, p.186.

式和行为模式，即将某种意识形态或文化模式作为具有普遍有效和绝对必然的客观统一性法则，向全球扩散。

在这种思维方式下，海德格尔融合东方文化的思维方式，提出现代科技社会中人如何生存的问题。其实，海德格尔早在《存在与时间》（1927年）一书中就曾提出"基础本体论"思想，指出并非"对人之本质的任何一种规定都已经以那种对存在之真理不加追问的存在者解释为前提"。①人的本质不是先验设定的抽象意义，而需要在活生生的现实中、在历史中、在与世界的关系中"去存在"（Zu sein）。这种观念几乎彻底颠覆了贯穿整个西方思想和文化的人的观念的标准化答案，对西方世界造成巨大震撼。海德格尔将走出人类理性主义危机的契机寄托于人"诗意地栖居"。这被视作海德格尔对人与科技关系中自由何以可能问题的最深刻的论述。

"诗意地栖居"需要将人从认识论意义的存在（Being）释放出来，重新激活世界的总体性意义。海德格尔"此在"（Dasein）的"绽出"意义，是人在诗意栖居状态下的自由全面发展。唯"此在"能够始终保持"绽出"的状态，所以"此在"的规定性不是流逝的或递减的，不是越来越少，而是越来越丰富，也就是说此在只要存在着，它就不停息地存在、涌现、绽放其自身为"绽出"。在此基础上，现代哲学家提出从狭隘的认识论中回到知识的原初含义中去，认为知识包括"'如何操作的技术'，'如何生存'，'如何理解'……等观念。因此知识只是一个能力问题。这种能力的发挥，远远超过简单'真理标准'的认识和实践，再进一步，扩延到效率（技术是否合格），公正和快乐（伦理智慧），声音和色彩之美（听觉和视觉的感知性）等标准的认定和应用"②。

海德格尔在《关于人道主义的书信》（1946年）一文中做出这样的论断："每一种人道主义或者建基于形而上学，或者它本身就成了这样一种形而上学的根据。"③海德格尔关于"诗意地栖居"的论述，尽管"摆脱了道德形上的先验普遍性假设，却并没有放弃对某种统一的普遍理性主义伦理学模式的呼求"④，

① ［德］海德格尔：《路标》，孙周兴译，商务印书馆，2000年，第376~377页。

② ［法］让-弗朗索瓦·利奥塔：《后现代状况》，岛子译，湖南美术出版社，1996年，第75~76页。

③ ［德］海德格尔：《路标》，孙周兴译，商务印书馆，2000年，第376~377页。

④ 种海峰：《人类探寻普遍主义的方法及其启示》，《湖北行政学院学报》，2008年第4期。

但多少仍然带有明显的本质主义痕迹，还在一定程度上保留了对普遍必然的(Objectivity)此在存在本质的追问意图，最终使此在流于乌托邦的幻梦，这不能不说是一种遗憾。然而，海德格尔也努力为我们暗示了走出危机的线索。

本质主义用把握普遍对象的方式"看"世界，通过对这个世界的言说，建立具有普遍必然性的本体(Ontology)，以知识的客观性来证明世界的统一性。西方人创造出这种思维方式来认识世界后，这种思维方式矫枉过正地成为西方人的生活方式和行为方式。更有甚者，在道德伦理领域以所谓"客观的"态度为名压制和消灭非普遍主义思维方式，企图把一切不符合普遍主义的思维方式排挤出主流社会。这就是普遍知识认知方式的滥用造成的"理性的暴力"，其结果使西方人越来越多地用它解决人类生活中的一切问题而陷入非理性的误区。眼下的这场全球性的金融危机就与西方长期推行的普遍主义的某种经济发展方式密切相关。即便是知识本身，也不应局限于逻辑概念意义。在古希腊知识的原初意义那里，它具有"看"的意义，"看"这种思维方式不同于"反思"(Reflection)，"看"更强调生命体验的直观领悟。无论一种思维方式取得过多少辉煌成就，都不能替代我们正在进行的、"看"和生命实践。海德格尔"诗意地栖居"就是希望走出西方哲学传统不重视审美和艺术等感性直观思维方式的误区，恢复人在多种意义下的世界的总体性。正是在这个意义上，海德格尔开创了人类生存方式研究的新思路。

(三)哈贝马斯的方案:交往与商谈

海德格尔之后的哲学家纷纷看到了哲学转向的必然，寄希望于哲学观念的变革，解决危机时代的思想和理论问题。正如马克思所说，生产不仅生产出产品，还生产出相应的人本身。在生产过程中，"生产者也改变着，炼出新的品质，通过生产而发展和改造着自身，造成新的力量和新的观念，造成新的交往方式，新的需要和新的语言"①。因此，不改变哲学观念，反文化和后传统的时代精神，产生出的哲学也必然是反文化和后传统的。关于如何重构科技与人性的新型关系，哈贝马斯给出了创造性的尝试。

---

① 《马克思恩格斯全集》(第46卷上)，人民出版社，1979年，第494页。

　　首先,哈贝马斯提出社会实践对科技与人性未来关系构建的重要意义。在人与社会的互动中寻求知识,为科技增添社会价值和伦理内涵。在这一时期,哈贝马斯开始规范地论述交往理性概念,指出理性的真正出路在于超越技术理性和实践理性的区分,进入交往理性时期。社会规范系统是人类特有的生活方式的再生产,是科技时代人新的生存状态,它不能被简单归结为工具行为或战略行为规则。在《交往行为理论》(1981年)一书中,他试图在现有西方哲学框架内,通过限制工具理性的界限寻找出路。这类似于海德格尔后期提出"此在共在"的概念,尽管被看作走出主体哲学的失败,却是哈贝马斯晚年特别重视扩大科技中知识的人文因素和价值内涵的一个重要原因。

　　其次,哈贝马斯提出以语言为媒介进行的社会交往实践,用现象学方法为科技时代人的生存状态奠定方法论基础,旨在恢复理性的价值意蕴。通过对早期法兰克福学派失误的反思,在《重建历史唯物主义》(1976年)一书中,他提出通过对话,人们之间相互沟通和理解;双方的愿望和要求成为对话的对象;每一方试图获得的东西都在对话中得到说明和诠释,双方的利益得到考虑。即使发生矛盾,一方还可以通过说明符合社会规范标准的正当性,来为提出的要求作解释。当他说服了对方的时候,他的意向性力量就会在对方的行动上发挥作用。哈贝马斯相信,人们借助于对话达成的共识,最终将推动社会进步。他指出,知识的价值蕴含于我们的生活之中。

　　最后,哈贝马斯率先将解释学方法、意识形态批判和科技异化思想与生活世界殖民化联系起来,创立了新型的科学技术批判,即批判的解释学。他试图通过对韦伯理性观的分析,修复工具理性观的部分弱点,提出"生活世界殖民化",是现代科技社会下人性危机的根源。现代社会的客观化和技术化,使生活世界成为在更高水平上受制于经济和国家控制的亚系统。当科学技术成为推动经济发展的"第一生产力"时,剩余价值的来源不再是工人们的剩余劳动而是科学技术;无产阶级反对资产阶级的政治斗争目标也不再是重新分配剩余价值,而是重新分配科学技术的知识产权;资产阶级政治统治的基础也由资本主义私有制被科学技术意识形态所替代。这就是哈贝马斯所谓的意识形态的解释学方法。正如英国学者汤普森对西方现代文化危机的分析,现代社会科学技术的危机本质上是现代资产阶级的意识形态危机。[①]因而一般解释学方法不能揭示其内在性,必须透过"深层解释学",即"批判的解释学",避免科学技术异化而陷入更为复杂的困境。

(四)芬伯格的设想:技术民主

既然西方的科技危机与资本主义意识形态相关,那么如何让科技推动民主,而不是成为阻碍民主的技术壁垒呢? 对这个问题的研究,西方马克思主义者建树颇丰。作为西方马克思主义当代进展的代表,安德鲁·芬伯格(Andrew Feenberg)的技术批判理论特别值得关注。

芬伯格以马克思主义的基本观点为基础,以法兰克福学派的技术批判理论为研究起点,为技术理论提供了一种从技术与社会的相互关系中把握技术的崭新研究视角,对马克思主义技术观做了有益的补充,因此芬伯格关于技术与人性的关系蕴含着更多的公平、正义和大众化的思考。

首先,芬伯格注重科技作为物的社会属性,即对未来人类所赖以生存的自然环境的影响。他继承了法兰克福学派和库恩关于历史主义和建构主义的研究方法,旨在恢复社会和自然破裂的统一性,朝向一种根据人类总体需要和利害关系的全球视野而有意地构造的总体性。他认为真正解决科技的危机就需要把人的全面发展的需要和自然环境的保护作为内在的因素来考虑。

其次,芬伯格关注科技的意识形态功能。他指出,技术不是一个外在于人和社会之外的自主力量,而是面对全球化背景下的政治性向度。技术是有政治属性的,以效率和控制为特征的西方现代性并非唯一模式。由于技术走向民主的可能性在于技术的文化维度,因此技术民主的实现途径蕴含于公众的参与的不同群体的价值融合,而推进技术民主的关键在于公众的参与。实现技术民主的三种具体途径分别是,不同利益群体之间的辩论、公众参与技术设计、用户对技术的再发明和改造。[②]

---

① 参见[英]汤普森:《意识形态与现代文化》,高铦等译,译林出版社,2005年,第24页。

② See A.Feenberg, *Alternative Modernity*, University of California Press, 1995, p.219.

芬伯格把对技术的探讨融入现代性中人性的广阔语境中，因此他的科技思想融合了民主的色彩。他将批判理论与近年来社会建构主义所取得的理论成果结合在一起，揭示社会各因素在技术发展中的影响或型塑作用，并试图将技术纳入民主的范围之内，从历史、社会、政治、文化等角度对技术哲学做了卓有成效的研究。

因此，芬伯格认为反本质主义的技术哲学时代已经来临。他的哲学思想继承了海德格尔，尤其是马尔库塞以来存在主义哲学家关于技术理性的思维成果，对西方以本质主义为代表的理性主义思维方式进行批判，"把历史的特别现象解释成为超历史的概念结构而言，他们是本质主义的"[①]。甚至，"任何把意义注入技术的想法都被看成对具有逻辑和定律的理性领域的外部干扰"[②]。他明确指出，技术没有固定不变的本质。技术并不是一种理性自主的力量。在全球化的今天，所谓技术的本质甚至是理性的反面。

最后，芬伯格研究了科技对社会管理转型的作用。他参透了全球化下现代科技社会的玄机，深刻理解了人性对科技时代社会危机管理的重要意义。他运用历史分析的方法，强调社会制度和意识形态对科技文明的重大意义，即资本主义的合理性和技术文明的特殊性。他密切关注技术的社会建构，推动了"微观技术政治学"的研究，[③]丰富和深化了人们对马克思主义的认识。明确反对本质主义的普遍发展史，暗示了建立在技术多元化发展基础之上的、一种可选择的现代性的可行性。技术作为人类文明的一部分，它是人与世界打交道的一种方式，蕴含着不同的文化和社会结构、历史背景下多元特色的可能性。他对人的全面发展问题的高度关注和人与自然的和谐统一的追求，补充了被现代科技社会忽略的技术反民主、压制潜能一面的研究。这蕴含着西方哲学家从"认识你自己"的认识论走向"发展我自己"，摆脱科技与人性危机的契机。

① A. Feenberg, From Essentialism to Constructivism: Philosophy of Technology at the crossroads, www-rohan-edu/faculty/feenbery/talk4./html.

② A.Feenberg, *Questioning Technology*, Routledge, 1999, viii.

③ See T.Veak, *Democratizing Technology*, State University of New York Press, 2006.

(五)中国哲学传统:仁术

西方自启蒙运动以来,自然科学知识对于非自然科学的掩盖、忽略、否定的倾向一直是存在的。如果没有这种倾向,就不会有狄尔泰呼吁人文历史科学区别于自然科学的必要;福柯和利奥塔经过对知识的考古,恢复知识的本来意义也就没有什么意义了。在自然科学知识盛行的情况下,许多不能纳入自然科学的知识往往被当作是有局限的、不确定的、个别的经验知识予以贬斥,甚至当作神秘主义和迷信的东西而遭到舍弃。随着自然科学的传入,这种倾向在中国也表现出来了,最典型的莫过于对待中医的问题,有的人因为中医不是科学而欲加以排斥,甚至大加挞伐。然而,中医体现的科学与人文的关系问题是中国哲学文化事业的一部分,不是零敲碎打的所谓"前沿"或"时髦"话题。①

然而中国哲学如何看待人与科学的关系,并非是所谓儒家道德哲学的直接产物。这与整个中国哲学传统看待宇宙、自然界和人生命的态度息息相关。中国哲学传统中的"仁术",指的是身心一体,性命双修,很好地表达了中国哲学的传统精神。中国人关注人在生命体验和对自我超越的家国天下情怀。体验意味着直接领悟,由自己的生活出发到社会责任,正如《大学》的精神:"大学之道,在明明德,在亲民,在止于至善。"这是把中国人的生命意义和体验化为哲学实践的内涵所在。

人类的生活是多样的,因此人的生命可以由各种可能的生存方式展开,这就是全球化的今天多元文化发展的必然性所在。但是全球化一方面加速了多元化的特殊性,另一方面也加剧了以本质主义为代表的理性主义思维方式。在全球化背景下,一个人在最短的时间内学会普遍必然的知识,就能掌握话语主导权、行为主动权,就能被认为有可能会主导历史的趋势而具有价值的优先权脱颖而出,就能像上帝一样那样说话、思考、发挥权威的理性主义,世人无不敬畏它、争夺它。在全球化的多元世界中,作为人生存方式的思想可以是纯粹意识的活动,也可以是艺术、信仰甚至是生活本身的日常状态。究

① 参见范瑞平:《当代儒家生命伦理学》,北京大学出版社,2011年。

竟进入何种生存方式之中,取决于人当下的生命状态。例如,做数学题时的状态就不同于欣赏贝多芬交响曲的状态。这种生存状态不是普遍必然知识的生存状态所能包括的或者说所能理解的。超越和转换不同的生存状态,体现着人全面发展的历史和人对自身社会属性与自然属性矛盾的消解与重构。

中西哲学在经济发展、社会习俗、文化风俗、语言心理、国情背景等方面都有差异,这就在客观上造成了中西方沿着各自不同的哲学道路,探索不同哲学形态的必然。西方哲学传统偏重逻辑概念和理论分析,把哲学纯粹作为一种抽象的思辨科学,与思想家的情感、性格或生活没有必然关系,甚至故意要把二者分开,认为超越感性上升到理性的才是真正意义的哲学。西方本质主义体现为"主客二分"的思维方式。相比之下,中国哲学传统偏向于个人体验或身心修养,把哲学当作一种生活方式,试图把哲学实践体现在人的生活中,化"主客二分"为"知行合一"。

进入 21 世纪,中国文化在全球化背景下的多元文化交流中的价值日益凸显。究其原因在于中国哲学思维方式的特点。对科技与人性关系问题的思考方法,中国哲学显示出与西方哲学和文化精神不同的东方特色,这正是她百转千回还经久不衰的根本所在。中国文化在探索科技理性的方法中以人文的心性修养为其道路,在追求知识的同时注重在身心性命的涵养上下功夫。在中国哲学传统中,对科学并没有将其限制于认识论的狭隘知识论体系之中,而是既有认识论层面,又有伦理学层面。例如,孔子开创的"仁"学思想,作为中国传统精神的精华,是中国知识分子追求的伦理价值和崇高的精神境界。孟子首倡的忧乐观形成了中国知识分子特有的一种高尚的道德情怀和以家国天下为己任的社会责任感。因此,中国士大夫阶层对待科学的态度带有浓厚的伦理色彩。《孟子·梁惠王下》:"乐民之乐者,民亦乐其乐;忧民之忧者,民亦忧其忧。乐以天下,忧以天下,然而不王者,未之有也。"[1]《孟子·尽心下》:"仁也者,人也。合而言之,道也。"孟子讲"仁者爱人",讲"君子以仁存心","思天下有溺者由己溺之也,思天下有饥者由己饥之也"。[2]范仲淹《岳

---

[1] 杨伯峻:《孟子译注》,中华书局,1981 年,第 33 页。
[2] 阮元:《十三经注疏》,中华书局,1980 年,第 329 页。

阳楼记》:"居庙堂之高,则忧其民;处江湖之远,则忧其君。是进亦忧,退亦忧。然则何时而乐耶? 其必曰:先天下之忧而忧,后天下之乐而乐欤。"①随着以孟子为代表的中国传统儒家思想影响的扩大,中医被定名为"仁术",医儒互渗。②中国最早的医典《黄帝内经》在很多地方汲取了先秦哲学家的心性修养之说。尤其是吸收了老、庄哲学思想。《素问·异法方宜论》篇中说,圣人杂合以治,各得其所宜,故治所以异而病皆愈者,得病之情,知治之大体也,其基本精神都是发之于一种深厚的仁心。高超的医生,能掌握治病大法,洞悉病情,兼用诸般疗法,因人施治,就能治愈各种不同的病。这就是中国人对待人与自然、人与社会慎重的天人合一的慎重态度。

身心一体,性命双修,这是中国哲学的道路,而且是中国人具有"哲学"根本意义的活动。人在身心一体中,消解了主体与客体在西方认识论意义上的割裂,在知行合一中完成了生理和心理的转化,情感与理智的内化,而获得生命意义上的精神自觉。所以说,这是一种形而上意义的生命活动。这种哲学为新时期哲学的发展和哲学观念的变革提供了可资借鉴的途径。当代西方哲学的演进,在本质上是非单一的、非线性的、非连续的。它是多元的,而又极其复杂的思想自由创造的生命共同体的广阔展现图景。中医体现的思维方式遵奉的是整体的而非单一的,非线性的,会发生断裂和跳跃的而非连续不断的思维方式。殊途是否同归? 东西思维方式的会通,为彻底走出西方科技本质主义思维方式的误区,使人文与科技不断走向和谐,提供了尝试的可能。

(六)未来科技发展的价值目标

正如马克思在《1844年经济学哲学手稿》中所指出的,虽然人在本质上是一种"人化自然的存在",但人首先是一个自然的存在,并依赖于其周围的生态条件。科技的人性化价值目标应该有利于社会的和谐与发展。尽管追求的是"真",客观性的现代科技不能脱离"善",否则就成为"恶的原则";但现

---

① 范仲淹:《范文正公集》,四部丛刊初编本。
② 参见徐仪明:《论孟子"仁术"说对北宋儒医文化发展的影响》,《史学月刊》,2002年第11期。

代科技借求真之名追求"绝对的真"是正义的吗？

现代科技利用工具理性却走向了"否定自己"①而最终沦为价值相对主义和价值虚无主义的结局。创造出一种新型科技与人性关系，即人性化技术创新应该有利于创造公平的社会环境，消除种族歧视和两极分化，消除人与人之间的对立和冲突，消除恐怖、暴力和战争；人性化技术创新过程本身也应该是面向"大多数人"的，创新结果不应该是只为少数群体谋福利或成为少数人进行资本积累的工具，而应该是有利于绝大多数人的生活与道德情操的提高。

在西方人检讨以本质主义为思维模式基础的西方哲学现代困境时，现代哲学家看到了哲学方法论创新的契机和恢复知识在原初意义上丰富内涵的深刻价值，把求真与求善统一起来。芒福德指出：未来科技应该是"生活指向的技术"②。美国科学家 G.萨顿也指出："不管科学多么重要，单靠科学是不够的。不仅科学理论不可能是百分之百的真理，科学方法不可能放之四海而皆准，而且其应用还可能带来负面效应。"③在 20 世纪 30 年代，他提出将科学人性化的思路。"我们必须准备一种新的文化，第一个审慎地建立在科学人性化的科学——之上的文化，即新人本主义。"这种新人本主义"不会排斥科学，它将包括科学，也可以说它将围绕科学建立起来"，并且"它将赞美科学所包含的人性意义，并使它重新和人生联系在一起"。萨顿进一步指出："我们必须使科学人本主义化，最好是说明科学与人类其他活动的多种多样关系——科学与我们人类本性的关系。"④弗洛姆也认为，未来社会应该产生出"人道化"技术，这种技术应该"以人的充分发展为中心，而不是以最大限度地生产和消费为中心"⑤。

可以说，这是当代西方在"认识自己"的历史中所展开的最为激烈的思

---

① 柳鸣九、沈志明主编：《加缪全集》(3 散文卷 I)，丁世中等译，河北教育出版社，2002 年，第346 页。

② 转引自高亮华：《人文主义视野中的技术》，中国社会科学出版社，1996 年，第 54~57 页。

③ 转引自沈铭贤：《科学哲学与生命伦理——沈铭贤文集》，上海社会科学院出版社，2008 年 6月，第 165~166 页。

④ [美]萨顿：《科学史和新人文主义》，陈恒六等译，华夏出版社，1989 年，第 125 页。

⑤ [德]弗洛姆：《人的希望》，都本伟等译，辽宁大学出版社，1994 年，第 91~92 页。

想碰撞。时至今日,被西方哲学认识论长期忽视的伦理和价值问题凸现出来。当代关乎科技与人性关系的理解,伴随着科技自身的发展和人类的反思不断深入,西方经验主义认识论也在不断地经历处境化。"仁术"作为中国人对待科技与人性关系的文化传统,是具有"哲学"根本意义的活动。人在身心一体中,消解了主体与客体在西方认识论意义上的割裂,在知行合一中完成了生理和心理的转化,情感与理智的内化,而获得生命意义上的精神自觉。中国哲学的方法论为当代哲学的发展和哲学观念的更新提供了可资借鉴的途径。

全球范围内科技革命引发的人性危机伴随着"面包革命"成为不争的事实。在这样的背景下,如何建立人类命运共同体,世界各国如何团结起来、摆脱愚昧、进行创新是时代赋予我们哲学工作者的历史使命,也必将成为我们下一轮更为深入反思的思想前提,这是后工业社会科技与人文必将走向融合的意义所在。

五、美国的生命伦理学原则之争对中国的启示

"当代的生命伦理学处在大量的怀疑论、信仰丧失、信念坚守、道德观多元化这样一个背景之上,面对公共政策的挑战。"①高速发展的全球化时代,生命实践活动中纷繁复杂的理论问题不断影响和制约着伦理政策制定的方向。如何结合西方发达国家的经验,探索与中国文化传统相结合的、适应中国国情的伦理政策路径和方法,是当代中国的时代任务。

(一)当代美国生命伦理学原则之争

尽管"生命伦理学"出现于20世纪50年代,兴起于60年代,但真正作为一门科学和学科出现还不到50年。迄今为止,生命伦理学已成为世界上发展最为迅速、最具生命力的交叉学科。但随着20世纪不断出现的世界范围的瘟疫爆发,各个负责任国家都在深入思考本国的伦理学原则以适应新

---

① [美]H.T.恩格尔哈特:《生命伦理学基础》,范瑞平译,北京大学出版社,2006年,第19页。

的时代需要。

1. "四原则"

1971年,美国生命伦理学家波特(Van Rensselaor Potter)出版了《生命伦理学:通向未来的桥梁》一书,标志着生命伦理学正式问世。他首次提出和界定了生命伦理学的概念:"生命伦理学是利用生物科学改善人们生命质量的事业,同时有助于我们确定目标,更好地理解任何世界的本质,因此它是生存的科学,有助于人们对幸福和创造性的生命开处方。"

- 尊重自主(respect for autonomy),即尊重自主的人的决策能力;
- 不伤害(nonmaleficence),即要求避免引起对他人的伤害;
- 行善(beneficence),即要求阻止伤害、促进利益和权衡利益与风险、代价;
- 公正(justice),即要求公平地分配利益、风险与代价。①

从这些原则可以推出一系列更加具体的用以指导行为的道德规则。四原则的一个最引人注目的特征是彼彻姆和查瑞斯所宣称的普遍性或客观性,"原则给来自各领域的人们提供了一种容易掌握的系列道德标准……使人们认识到这一领域立足于某些更坚实的基础之上,而非偏见与主观判断之上"②。因为这些原则来自于"共同道德"及医学传统中的"审慎判断"(considered judgment)或称自明的范准(self-evident norm)。而"共同道德"是超越本土风俗及看法,为社会大众一般共享的非哲学性的常识及传统,"包括了对所有人有约束力的道德规范,没有规范在道德生活中比它们更基础"③。然而,四原则不断引发新的质疑。例如,自主能力的确定问题,未成年人、吸毒者、精神病患者、囚徒等的自主性受限或内在缺乏时怎么办? 对于自主性是否可以转移和限制的问题,这不仅包括个人和家庭的自主性认定,也包括家庭和社区参与个人决定。

四原则说目前已成为全世界影响最大的生命伦理学原则, 成为被世界

---

① See Beauchamp,Tom Land DeGrazia,David,Principle and Princilism,*Handbook of Bioethics*,edited by George,Khushf,Kluwer Academic Publishers,2004,p.57.

② Beauchamp,Tom L.,Principlism and Its Alleged Competitors,*Kennedy Institute of Ethics Journal*,1995(5).

③ Beauchamp,Tom L. and Childress,James F.,*Principles of Biomedical Ethics*,Oxford University Press,2001,p.3.

卫生组织和联合国教科文组织官方普遍采用的教科书内容。它继承康德的伦理学精神,并内在蕴含着西方哲学的典型思维方式,深刻影响了西方生命伦理学的现代研究进路。伴随着经济全球化而来的西方现代工业文明已成为西方生命伦理学的基本话语策略。但是进入全球化和后现代文明之后,越来越受到来自多元文化的挑战,多元文化和国情差异导致基本价值观念的分歧无法通过"圆满的理性论证"而得到解决,因此,成为反理性主义、反原则主义批评的主要来源。

2. "二原则"

20 世纪 80 年代,H.T.恩格尔哈特(Hugo Tristram Engelhardt)的专著《生命伦理学的基础》(*The Foundations of Bioethics*)一经问世,立即引起西方社会的广泛关注。他最杰出的贡献在于,前瞻性地揭示了处理伦理问题时的多元语境,打破了西方启蒙运动以来的伦理诉求。在"全球化陷阱"引发的深层文化价值观冲突越演越烈之际,让文化因素作为国家"软实力"的核心从幕后走向前台接受道德拷问。恩格尔哈特多年致力于文化和生命哲学,他所探讨的生命伦理学问题是对全球化背景下的西方哲学对于个体与群体、自由与民主、道德与法治关系的内在文化差异的关注。

恩格尔哈特认为,西方哲学二元分离的思维方式是生命伦理学的内在局限性。关于伦理问题的形而上学思维是西方伦理学的核心,寄希望于将分裂为二元的个体生命的超越性与现实中的个体性的统一来解决道德实践中的矛盾问题。

• 允许原则

"在一个俗世的多元化的社会中,涉及别人的行动的权威只能从别人的允许得来。"这就是中国人所谓的"己所不欲,勿施于人"。只有经过他人的允许或同意才是道德的,未经允许则是背离道德的。恩格尔哈特将允许原则作为后现代生命伦理学的新的基础。在当代多元化的道德境遇中,人们对伦理学原则常常具有不同意见和态度,因此制定公共伦理政策必须基于相互尊重、协商同意,解决道德异乡人(moral stranger)的共处问题,不能把一部分人的意见强加于另一部分人,这无异于"强权正义"。

● 行善原则

尽管不同道德评价模式的人们对于善恶的具体看法有所不同，但道德的评价目标总是向善的。实际的伦理生活需要将道德规范具体化，抽象的和形而上学的道德规范是空洞和盲目的。因此恩格尔哈特认为，在人们的道德多样化的具体生活中，行善原则具有乌托邦式的理想主义。因为"行善原则"包含了某种理论的外在预设。这可谓抓住了西方伦理学的核心。不久，彼彻姆和查瑞斯在《生物医学伦理学的原则》一书中与恩格尔哈特展开争论，甚至将其归为相对主义和自由主义者一派。①

面对相对主义的批评和原则主义的反驳，恩格尔哈特最终妥协式回归了西方哲学本体论形而上学，将允许原则视为一种超验的后现代道德原则。但这并不能回答我们的问题，生活中我们应当相信何种道德理论仍是待解之谜。这些超越不同的文化传统、意识形态、道德理论和宗教信仰之间的差异，最终成为抽象的普遍原则，指导具体生活，存在许多问题。普遍标准化的伦理学是不可能的，理性没有能力提供一个一劳永逸的、不变的道德原则来解决所有道德争端。由此可见，美国关于四原则和二原则的争论，是不同道德前提所体现的不同文化和价值观的差异，即便在西方社会内部也不是铁板一块，表面统一的原则背后也隐藏着多元族群的价值理解和道德承诺。因此，这种分歧既是伦理学的，也是认识论的。

(二)伦理原则的争论焦点

当代美国生命伦理学中的原则之争突显了西方生命伦理学理论建构的局限性困境及其现状。美国生命伦理学原则的争论因为牵涉生命科学等自然科学的前沿发展方向和医疗卫生改革政策，可谓牵一发而动全身，因此一个伦理学的学术问题后来发展成为当时美国国内最大的公共政策问题。透过这些争论，中国的伦理学及伦理政策制订可以得到多方面的启示。

第一，在全球化的多元道德原则实践中，如何处理生命价值观评价标准的普遍性和特殊性问题。生命伦理原则的讨论提出了一个难题：医疗实践中

---

① 参见[美]约瑟夫·弗莱彻：《境遇伦理学》，程立显译，中国社会科学出版社，1989年，第86页。

的理论问题究竟是个经济问题还是一个伦理问题？在全球化背景下它甚至是一个政治问题。多元文化在基本价值观念上的分歧不能通过"圆满的理性论证"而得到解决；程序性的道德原则规范内容太弱，不足以指导公共政策的制定。因此，道德评价模式需要不断适应时代发展需要，国家要对伦理实践中的道德冲突承担更多责任，在伦理政策制定中创新治理模式机制。

第二，如何在全球化背景下构建适合本土文化的生命伦理学原则，体现西方哲学的伦理学转向。"与其说是发现或辩护标准的、充满内容的、俗世的道德，不如说是一种解说性设计，它揭示了具体的道德观和形而上学的涵义。"① 如何在全球化背景下，重新思考当代生命伦理学原则的争论，关键在于如何看待生命伦理学原则与本土文化的关系问题。不同的哲学观，会得出不同的结论。这如同相互颠倒的列维纳斯的伦理哲学与亚里士多德的形而上学。而伦理的真空地带在医疗实践领域中，就会令政策和制度工作更为复杂。难题所关涉的并不在于要不要诉诸或应用原则和规范，而是应该采纳什么样的原则和规范，怎样去阐释它们，它们具有何种分量和重要性，在冲突中哪一个具有优先性，如何将它们与具体案例相联系以及它们在何种关系和情境中被应用的问题。对当代中国的医疗卫生和生命科学研究事业而言，一方面要有伦理哲学提供的、宏观的、全球观的一般性原则，另一方面也要有微观化的、数字化的监管和调控的国家监督机制和数字平台。

第三，如何处理公共政策的原则性与灵活性。过分生硬的原则不适用于现实生活，伦理原则尤其需要具有适度的弹性，即既要有"绝对"的规范性，又要有选择上的多样性，这样才能具有巨大的包容性。联合国大会 2005 年 3 月 8 日出台的"双禁"（禁止生殖克隆与治疗性克隆）就是一反面案例。在中国、英国、加拿大、日本、印度等 34 个国家反对的情况下，以美国为代表的联合国大会仍以 84 票赞成、37 票弃权的结果通过了反对《禁止人的克隆国际宣言》。英国代表当即明确表示这一国际宣言将不会影响英国政府在该问题上的决策。尽管在剧烈的争议中出台的是一部"非约束性"的国际宣言，但不得不说"双禁"事件严重影响了生命伦理学的未来发展方向，由此可能会引

---

① 范瑞平：《当代儒家生命伦理学》，北京大学出版社，2011 年，第 34 页。

发致命的结果。

(三)当代中国伦理政策制定的路径选择

公共伦理政策的制定与国家提供的社会服务和管理的水平彼此相适应、相联系。这就是为什么有些伦理政策在西方行得通,在中国就行不通;在中国行得通,在西方反而很难办。对于具体的道德实践,例如人工流产的合理性、安乐死的合法性、商业性代孕母亲的可行性等问题,处于不同社会道德体系、拥有不同本土文化道德传统观念的人就会有不同的看法。在目前中国的社会环境下,积极参与全球生命伦理原则标准的制订和讨论,既符合中国国情的公共伦理学发展要求,也是当代中国的哲学使命。

1. 国家主导和培育全社会认同的以人为本的价值观态度,应对新的网络媒体时代的"信任危机"

全社会需要将生命科学研究与人道主义、人文精神、人类自由和进步联系在一起,始终围绕当代中国的传统价值并不断结合全球视野发展创新。利用战争和灾难的案例,向全社会传递社会主义制度优势及其对人的生命权、自由权和财产权的保障。

目前,我国对于公共医疗和卫生服务系统的科研资金投入已经十分巨大,但由政府主导的科研招标的方式,在资金的使用效率、政策性研究对策和成果的实用性转化方面反应较为迟缓。尽管实践中可大量采用逆向创新模式,以市场带动创新,但如何正视经济和市场因素、公平与效率原则的变化,已成为影响科技发展和应用方向的"无形的手"。如转基因作物的争议就显现了这只"手"无形的力量。一方面,政府要求资助的科研项目必须考虑经济效益。最典型的例子便是 2008 年美国加州政府关于"面对消费者的遗传检测(direct-to-consumer genetic testing)"态度前后的剧变:在政府以伦理的理由下令严禁销售这类遗传检测不到半年时间,又决定彻底放弃该管制,其很重要的原因是不想把这价值数亿元的产业拱手让人,倡导公共政策研究与产业合作的创新模式,让从事公共服务行业的人员参与到政策研究之中来。①

---

① See Ballon DR,State of cousre on personal genomics,SF Gate,2008,http://www.sfgate.com/cgi-bin/article.cgi? f=/c/a/2008/11/02/INUO12K51K.DTL。

另一方面,如何解决公众的质疑。尽管"科学家企业家化"已在欧美不少发达国家成为潮流,但在我国还应进一步将"为科学研究谋私利"和"科学家办企业"区分开来。法治基础上处理"科学家与某技术有利益关系",不能取代和转移技术伦理讨论的方向。因此,国家需要高度重视全社会信用机制建设以及伦理政策制定中的专家信任机制构建。

网络时代知识传播方式拉近了公众与科学知识的距离,也引发了新一轮的"信任危机"。科技工作者要携手生命伦理学专家、哲学社会科学学者,在服务公众、传播科学文化知识的同时,利用新媒体搭建与公众对话和释疑的交流平台,逐步让公众参与到透明的伦理政策制定、科研项目设计、执行监管等知识传播和应用中来,提升全社会的知识民主。

2. 加强生命科学的风险定位和监管

21 世纪以来,各种自然灾害如大气变迁、地震、风暴等与突发性疾病如非典、禽流感、甲型 H_1N_1 相继爆发,严重威胁整个世界的安全。2008 年汶川大地震、2010 年青海玉树大地震、西南五省特大干旱、甘肃舟曲泥石流,以及国外的海地大地震、巴基斯坦洪涝灾害、日本"3·11"大地震……消除生存风险、重建安全提供分析和应对,既构成灾疫生命伦理学研究的独特视角,更构成当今人类境遇中的特殊使命。对医疗服务产品,加强政府监督和管理,特别是风险和意外管理。奶粉、制药等产业的研发过程对公众短期和长期健康影响巨大,这也包括研究团队自身的健康问题、新病原的产生及其扩散的可能性、对环境和生态的影响和破坏等。在这个过程中,政府的伦理政策制定要先行一步,传递道德评价标准的人文性。

作为一种公众话语和社会运动,生命伦理学要在批判性评价卫生保健服务、卫生政策、医学研究和病人权利方面发挥重要的作用,对法学界提出愈加严峻的挑战是好事。中国的伦理政策制定应进一步加强与法学合作。但从欧美等国的立法教训看,立法参与的"太早"或"太晚"都是不利的。这就是为何近年各国对合成生物学法律监管态度审慎的主要原因。如美国生命伦理问题研究总统委员会在全面分析合成生物学 ELIS(Ethical, Legal and Social Issues/Implications)问题之后,就生物安全和生物防护建议:当前法律法规基本能覆盖合成生物学研究范畴,建议完善而无须匆忙为管理合成生物学研究单独立法。生命伦理学原则的讨论在 20 世纪 90 年代进入了一个新时期：国际人类基因组计划(International Human Genome Project,HGP)科学界与伦理学界关于人类基因组所有权、遗传歧视等问题的讨论已超出狭义的伦理学范畴，将法律、经济、文化和社会问题都包括了进来。①

3. 对科学研究过程实施国家伦理政策监督和干预

生命伦理学的使命和宗旨是在现代生物学技术高度发展的条件下，尊重和保护人的尊严与自由。进入 21 世纪，生命科学研究已广泛拓展至临床、农业、能源、环境等领域。辅助生殖技术、克隆技术、干细胞技术、基因治疗技术、器官移植技术、生命维持技术等，在给人类带来福祉的同时也给我们带来技术和道德的高风险，比如基因治疗、器官移植等技术在用人体做试验时对人体是安全的吗？怎样避免生命科学技术被用来轻易地危害人类？在器官严重短缺时能否允许器官买卖？能否阻止有遗传缺陷的胎儿出生，关闭一个脑死亡病人的呼吸机是否违背医学宗旨？如何确定克隆人的父母？因此，对生命伦理学原则的讨论再次超出了 ELSI 的范围。仅负责"伦理"问题研究的美国生命伦理问题研究总统委员会也不断修改章程，在研究合成生物学有关问题时，列出对"生物安全"与"生物防护"等原则的干预。

但值得注意的是近来不断发生的病毒蔓延危险，当人类的生存基础已无法保障时，生命伦理原则的讨论是否已偏离其初衷与意义？没有目标、无休止的泛泛讨论，只会让人们学会如何"躲过伦理"牟取利益。因此，中国需要建立和完善自己的各级伦理评价委员会，尤其是国家级的伦理委员会，发挥制度优势下的政府在决策治理和政策评估中的引导和教育作用。目前美国从事生命伦理学的方式有三种：一种是分析哲学家，主要帮助人们区分不同的概念；一种是一般的人文主义者，主要在更大的文化历史背景下探讨价值观；再一种是专业的临床医生，主要从事案例分析。这三种方式各有利弊。有鉴于此，我国的科技部与卫生部相互独立的伦理委员会应建立统一的伦理应急机制原则，处理突发伦理事件上报的系统平台。对于一般仅涉及少数

---

① See U. S. Department of Energy, Ethical, Legal, and Social Issues Research, updated in 2011, http://www.ornl.gov/sci/techresources/HumanGenome/research/elsi.shtml。

个人或集体的医学伦理冲突，通常可以采用由当事各方面对面进行协商对话的形式。而对于更为重大、复杂而又具有前瞻性的医学伦理问题，如克隆人、人类胚胎、生物技术实验等问题，由于涉及不特定多数人甚至整个人类，可以采用民主选举产生代表的方式参与决策，各级代表应具备相关的医学专业知识、一定的道德理论素养，以及拥有敏锐的判断力及前瞻性思维能力，这些人共同组成一个伦理委员会。伦理委员会成员应来自法律、社会团体、医学和宗教等不同领域，以使得社会中各个阶层与群体的利益和要求能够在伦理委员会的决策程序里尽可能得到顾及和体现。考虑到达成伦理共识的艰巨性，我国建立伦理委员会定期会晤机制应提上议事日程。

第二部分

马克思主义哲学中国化

170 多年来,马克思哲学之所以能够赢得世界历史性的意义,正是在于她不仅没有抛弃资产阶级最宝贵的思想成就,反而吸收和改造人类思想文化中一切有价值的东西,尤其是马克思通过对黑格尔哲学的批判性改造,"继承了包括费尔巴哈在内的西方哲学的精华,创立了具有变革意义的哲学"。这在人类历史上是空前的,马克思至今仍被世界各国公认为迄今为止,人类历史上最伟大的思想家。

　　恩格斯当年提出一个疑问：德国工人阶级如何从德国古典哲学的出口走向马克思哲学？恩格斯并没有直接回答这个问题,但他给出了重要的线索。他认为,《关于费尔巴哈的提纲》"包含着新世界观的天才萌芽的第一个文件"①。那么中国的工人阶级如何走向社会主义,如何通过马克思主义哲学实现自身的解放？列宁在《马克思主义的三个来源和三个组成部分》中不无感慨地指出,马克思主义绝不是离开世界文明发展大道而产生的故步自封、僵化不变的学说。马克思主义是马克思与恩格斯在总结国际无产阶级斗争的丰富经验基础上,批判地改造了几千年来人类思想史与哲学史所积累的全部现实成果而创造出来的。尽管"哲学的任务是要在合理的基础上辩护所继承的信念和传统习惯的精神"②,但选择某种哲学,总是人类面对社会现实的实践问题深思熟虑的结果。

　　我们为什么要选择马克思主义,如何在半殖民地半封建的旧中国建立

---

① 赵敦华:《马克思哲学要义》,江苏人民出版社,2018 年,第 217 页。
② [美]杜威:《哲学的改造》,许崇清译,商务印书馆,1989 年,第 10 页。

起崭新的社会主义制度和社会主义文化;如何探索西方哲学、德国古典哲学及西方马克思主义思潮的优秀理论成果,与中国传统哲学、马克思主义哲学相结合及中国特色社会主义理论对全球化背景下的马克思主义复兴、国际共产主义运动及现代性的深刻意义等问题,都需要我们以西方哲学为中介,通过对当代西方哲学发展的研究,更为深入和全面地思考,当代中国哲学的现代化历史进程中,如何将马克思主义辩证法与唯物史观更好地结合起来的历史逻辑。

1949年10月1日,新中国建立了崭新的社会主义制度,向西方世界明确传递出走社会主义道路的坚定决心。然而,在刚刚成立的新中国如何建设和发展社会主义,实现社会主义现代化? 新中国成立以来,在如何用马克思主义哲学看待和研究现代西方哲学这门学科上,我们经历了很大波折。[①]总结经验教训,澄清和解决认识上存在的各种问题,坚持用马克思主义哲学思想及其理论指导我们的工作,对促进马克思主义哲学这门学科更加健康科学地发展具有非常重大的意义。

从古典社会到现代社会转型时期所具有的政治、经济、法权意义上的社会主义改造,其内在的深层问题,诸如如何看待中国的现代社会、现代政治、现代文明与社会主义性质的关系,如何构建一个民族国家的、新型的政治文明形态,源头从哪里开始,谁又是这个新世界的主体? 这些问题都需要当代中国哲学给予回答,这就是马克思主义中国化。

今天,我们之所以将马克思主义中国化的历史进程提高到哲学的战略高度,不仅意味着中国特色社会主义理论不只是一种振兴中国经济的手段,实际上这种经济腾飞背后的精神因素本身具有一种强劲的文化价值张力,她对于世界全球化范围内塑造现代主体的权利与责任、分工与协作、国际关系与国际秩序等都具有积极意义。改革开放至今,具有中国特色社会主义理论探索告诉我们,新时代的最新理论成果要善于将哲学的现代化与哲学传统结合起来。这是在全球化背景下,中国面对新的社会历史现实,反思人与自

---

① 参见刘放桐:《总结经验教训 加强对现代西方哲学的研究》,《复旦学报》(社会科学版),1984年第5期。

然、人与人,人与世界关系的深刻领悟,也是突破传统西方哲学认识论范畴社会发展模式的时代课题。在实践是检验真理唯一标准的大讨论背景下,马克思主义哲学中国化对西方主体性问题的超越,使中国特色社会主义理论焕发出生机与活力,对社会主义现代化实践给予有力支撑,充分体现了当代中国哲学对马克思主义哲学的创造性探索和中国特色社会主义的理论和文化自信。

第一章　马克思主义哲学中国化的
理论框架与路径研究

一、传统道德哲学的突破与应用伦理学的转向

我希望读者看了文章的题目,不要以为是我搞错了。我料想一些人会如此质疑:道德哲学说明伦理学的基本原则,而应用伦理学是道德哲学原则的具体应用,伦理学的基本原则及其应用总是一致的。按中国哲学的说法,两者的关系是"体用同源,显微无间"①;难道应用伦理学还能偏离伦理学的基本原则吗?"道德哲学的应用伦理学转向"岂不是如同南辕北辙那样荒谬的题目吗?

我承认,这个批评很有逻辑性,它是这样一个逻辑推理:

大前提:应用伦理学是道德哲学原则的具体应用;

小前提:道德哲学的原则及其应用总是一致的;

结论:应用伦理学不可能偏离道德哲学的方向,因此"道德哲学的应用伦理学转向"是矛盾的说法。

我的答辩是,这一推论的大前提恰恰是我所不能同意的。我的这一回答大概会出人意料,因为"应用伦理学就是应用性的伦理学,或者是伦理学的应用",似乎是一个顾名思义的流行见解,一个无可怀疑的常识。但是哲学的

① 程颐:《易传·序》。这句话虽然是解释中国哲学中"形而上"和"形而下"的关系,但对一切伦理学体系都是适用的。

分析不能望文生义,哲学的问题往往是通过怀疑常识而提出的。我们的第一个任务是要用哲学分析的方法,提出"什么是应用伦理学"的问题,说明一个不同于流行见解和常识的关于应用伦理学性质的概念。

在我看来,应用伦理学不是伦理学原则的应用,而是伦理学的一个独立学科体系和完整的理论形态;应用伦理学的意义不是应用的伦理学,而是被应用于现实的伦理学的总和;它的意义不是相对于伦理学一般或道德哲学而言的,而是相对于现在已经不能被应用于现实的传统伦理学而言的,也就是说,应用伦理学是伦理学的当代形态。

伦理学的传统形态和当代形态是两个相对独立的学科体系,两者都有基本原则、中间原理和应用规则这样三个部分。传统的伦理学各种不同体系都有这三部分,比如,亚里士多德的伦理学的基本原则是幸福主义的目的论,其中间原理是实践智慧的"中道",而它的应用规则是个人德性论和城邦政治学;再如,儒家伦理学的基本原则是心性学说,其中间原理是义务论的"纲常",而它的应用规则是对士农工商阶层的道德训诫,如"官德""家训""儒商"等。

作为独立的学科体系,应用伦理学也要有这样三个部分。现在流行的各种应用伦理学不是部门伦理学,就是行业自律和职业道德。前者如政治伦理、经济伦理、环境伦理、生命伦理、科技伦理等,后者包括商业伦理、企业伦理、司法伦理、医学伦理、教育伦理、体育伦理、网络伦理等,但是这些并不是应用伦理学的全部。部门伦理学属于应用伦理学的中间原理部分,行业和职业伦理属于应用规则部分,除此之外,应用伦理学还应有属于自己的基本原则。现在的问题是,应用伦理学应有,却还没有属于自己的基本原则。

既然应用伦理学还没有它的"体",人们只好把传统伦理学的"体"借用过来,似乎应用伦理学只是传统伦理学在各部门、各行业的应用。这种情况有点像清末张之洞提出的"中体西用"。严复批评说,中学有中学的体、中学的用,西学有西学的体、西学的用,把中学的体和西学的用结合在一起,无异于"牛体马用"[1]。目前应用伦理学的问题也存在"牛体马用"、体用不合的问

① 《严复集》(第三册),中华书局,1986年,第558页。

题。我们今天讲的道德哲学的应用伦理学转向,主要是指在道德哲学这个最高层次上从古典形态向当代形态转移。

那么为什么应用伦理学的"体"与传统伦理学的"体"不同呢? 难道仅仅是因为现代社会和古代社会不同吗? 不尽然,传统道德哲学本身也有它自身的内在矛盾,它必须要改变,我们今天要强调的重点是转向的内在根据。

传统伦理学有三种类型:目的论、义务论、功利论。这三种类型又有两个共同特点:

第一,它们都是规范伦理学。传统伦理学认为,规范来自于价值,而不是来自于事实;价值与事实是二分的,价值是应然,事实是实然,这是传统伦理学的基本设定。但是传统伦理学的许多规范恰恰是从人的存在的事实中推导出来的,这就和传统伦理学的基本设定有矛盾。不过,传统伦理学认为他们对人的存在事实的各种判断都是天经地义、毋庸置疑的自明真理,而不是有待考察的事实。这样就掩盖了矛盾。比如,目的论对人性事实的判断是:人都是追求幸福的,幸福是所有追求的终极目的,但是幸福为什么会成为人生的最高目的? 人一定会追求"至善"吗? 目的论认为,这些问题是不须讨论的。又比如,义务论认为人的义务是从道德律来的,而道德律反映在每个人的良心之内,这也是自明的道理。但是人是不是都有良心? 人到底在多大程度上有良心? 这些问题义务论是疏于继续考察的。同样,功利论假定的人性基本事实是,人总是追求利益的最大化,所以功利就成为善良价值的来源。但是人为什么要追求利益的最大化? 为什么不能毁灭自己的利益? 功利论认为,相反的假定是匪夷所思的。

第二,它们都有心理主义的倾向。所谓心理主义倾向,就是用人的心理状态来解释和描述道德规范。心理状态一般被分成三种:知、情、意。从"知"的角度研究伦理学即理智主义,强调认知功能在道德行为中的作用,理智主义与目的论有密切关系;从"情"的角度研究伦理学即情感主义,它与功利论有很大关系;从"意"的角度研究伦理学即意志主义,强调意志在道德行为中的作用,意志主义与义务论有联系。心理主义的问题在于,它往往会忽略伦理行为常常是人们的一种习惯的产物,并不总是伴随着意识活动,有时甚至是无意识、下意识的,并不是做任何一件道德的事都有明确自觉的理智、情感、意志的参与，如果真的是经过一番"知、情、意"的算计和选择，就往往不"行"了。"伦理"这个词就是最初从希腊文中的"习惯"（ethos）而来的；从中国历史上看，孟子首先讲"五伦"，人伦也是一种习惯性的人际关系。人和人交往中的习惯并不总伴随着意识，这并不是说他没有这样的意识，而是说他在行为时并不需要这样的考虑。如一个英雄做了一件惊天动地的事，事后记者采访他时会问："你当时是怎么想的？"英雄往往都是这样说的："我什么也没想，当时就想救人要紧。"这就是道德行为的真实状况，因为他已经养成了这个习惯，他并不需要意识始终支配自己，而"知、情、意"就是要求意识状态，而且是个人意识状态，如此描述道德行为，是不符合实际状况的。

总之，通俗一点说，传统伦理中的规范伦理学把人想得太好了，伦理学的心理主义又把人想得太多了；而这都是和道德实践的真实状况有出入的。这就是传统伦理学存在的根本问题。传统伦理学家们也觉察到了传统伦理学理论和实际生活有格格不入之处，为了打破这些隔膜，他们又加了很多补充性说明，比如中国有对"知行关系"的探讨，对"经权"问题的探讨。在西方，比较著名的有"苏格拉底悖论"，即"德性就是知识，无人有意作恶"。苏格拉底为了解释生活中大量存在的恶，只好加了"作恶是因为无知"的补充说明，可是生活中有多少错误是明知故犯的啊！经权关系在西方思想史上称为"决疑法"（casuistry），即在实践中出现与原则相悖的情况时，加进一些补充性原则，使实践与原则恢复一致，使实践在道理上讲得通。伦理学本身是实践的学问，在一个彻上彻下的伦理学理论中，知和行、经和权的关系本来不应该有问题，至少不应该是基本的问题、严重的问题。如果出现了这种性质的问题，那就说明伦理学理论本身有问题。

西方伦理学界也意识到了这种理论困境，出现了一些新的道德哲学学说，比如正义论、德性论、商谈伦理学等，它们意在弥补传统伦理学的缺陷，但它们还是没有从根本上摆脱传统伦理学的困难。正义论与商谈伦理学从根本上讲，还是属于规范伦理学的范围，要建立一些新的原则和规范来指导道德实践。德性论因此反对正义论和商谈伦理学的规范伦理；德性论采取历史的叙事法，麦金泰尔的《德性之后》和《谁之正义？何种理性？》实际上是用历史叙事法来削弱规范伦理，这是他的德性论的特点，因此被看作后现代的。但麦金泰尔的德性论也没有解释人为什么要追随德性,他只是用历史的角度考察德性是什么概念,是怎么发展的,有什么作用等,只是进行历史描述,缺乏反思意识,没有对人的道德做理论上的反思,因而不能称之为道德哲学。

西方学者的补救不是很成功。正是在这种背景下,伦理学必须向它的当代形态——应用伦理学转变,只有这样,才能推进我们的伦理学研究。具体而言,这个转变应体现于以下五个方面。

(一)抛弃价值和事实的二元论,从人的存在这个最简单的事实出发

人究竟是怎样的存在? 其实,人的最简单、最基本,也最容易忽视的事实就是,人是自然界的物种,人是自然进化的产物,人的存在是经过自然选择,不断适应环境的性状。有人认为这是一种还原论,即把人的存在还原为物的存在,其实并非如此;所谓还原论,是把复杂问题简单化,而从生物的角度考察人的存在,只是强调从一个最简单的起点出发,一点一点地叠加、一点一点地推进,直到得出一个较为复杂的结论,这是与还原论根本不同的方向。

如果从人的最基本的存在事实出发,那么人和动物在很大程度上没有区别。传统伦理学把人想得太好,认为人与动物有根本的、不可逾越的界限。孟子的"性善论"特别强调人与禽兽的区别,讲道德有四端:恻隐之心,是非之心,羞恶之心,辞让之心,认为没有这"四端"就"非人也"。但是孟子有什么事实证据呢? 很少,他只是举人们在看到孺子快要掉到井里时都有"怵惕恻隐之心"的例子,来说明人人都有恻隐之心。但这个证据能说明问题吗? 现实中我们可能会看到相反的事例。如小孩掉到水里,小孩的家长、同学跪地求救,却无人理睬,这与孟子所讲完全相反。一个精神病人站在高楼上,要往下跳,下面有很多人围观,有些人则唯恐他不跳下来,在那里大叫:"跳吧,跳吧!"这些对小孩落水视而不见的人有恻隐之心吗? 没有! 能因此说他们不是人吗? 把"不是人"作为道德谴责,可以这么说,但这并不是说这些人事实上不是人。20世纪60年代开始,出现了一门新兴学科——生物社会学,它探讨社会集体的生物学基础。社会不是人所特有的,动物也有,如蚂蚁、蜜蜂,为什么蚂蚁、蜜蜂能形成社会,因为它们也有利他的行为。动物没有利他意识,但

有利他行为,这是在自然选择中保存下来的适应环境的性状;如果没有利他行为,社会就会毁灭,就没有蚂蚁和蜜蜂的种类了。而正是这种群体的利他行为,才使它们保存下来。[1]同样,人类为什么有利他行为?因为自然选择,如果没有利他的道德行为,人类就没有社会,就不能生存。这样看来,动物与人类并无本质区别,都是有社会和有利他习惯的物种。亚里士多德说:"人是有理性的动物。"同时,他也说:"没有德性的人是最邪恶、最野蛮、最淫荡、最贪婪的动物。"[2]即使是孟子,他虽然主张人性善,但也承认了"人之所以异于禽兽者几希"。从基因学上讲,人的基因与大猩猩的基因只相差 1%。波普说:"从阿米巴到爱因斯坦只有一步之差。"当然,这个 1%,进化的这一步产生的实际作用是十分巨大的。我们要从进化和自然选择的观点出发,来理解人类存在的事实,并进一步解释人类道德和理性的特征。

(二)从"义"到"利"的转变

西方哲学史上有一个著名的概念:奥卡姆剃刀。这就是简单化原则,要把不必要的假设都剃掉。应用伦理学也要从最简单的事实出发,尽量少对人性做出太多的假设,而把利益作为一个基本的出发点。国际政治有一条原则:"没有不变的敌人,也没有不变的朋友,只有不变的国家利益。"应用伦理学也要承认:"没有不变的善,也没有不变的恶,只有不变的利益。"那么不变的利益是什么呢? 就是更好地生存,这本来是功利主义的基本原则,用利而不是义作为衡量道德的标准。功利主义刚开始时,被人理解为抛弃道德,遭到普遍反对。正如现在生物社会学也引起轩然大波,被认为把人下降为动物,是对人的亵渎。功利主义在应对批评时,不断对"利"的概念做修改,结果是对"利"作了过多的假设。功利主义的集大成者是西季威克,他把情感性的功利主义转化为原则性的功利主义,他认为功利不是个人情感的快乐,而是一种原则。他的《伦理学方法》很复杂,讲了不少原则,但归根到底就是两条:合理化原则和利益最大化原则;就是说,用合理的手段实现利益的最大化,

---

① See Wilson, E.O., *Sociobiology: The New Synthesis*, Harvard University Press, 1975.

② [古希腊]亚里士多德:《政治学》,吴寿彭译,商务印书馆,1965 年,第 35、37 页。

这就是道德的本质。①

其实问题没有那么简单。正如非理性主义对功利主义所提出的挑战：人的很多行为、意识都不一定是理性的；人也不一定追求利益的最大化。弗洛伊德就说，人不仅有爱欲，还有死欲；不仅服从快乐原则，还服从毁灭原则。毁灭自己和别人的利益就是所谓"损人不利己"，这样的事在日常生活中太多了。面对非理性主义挑战，应该强调，义和利不是对立的，公与私也不是对立的，它们都是可以互相转变的。应用伦理学的原则应该遵循从私利到公利，再从公利到公义的路径。

（三）从金律银律到铜律的转变

金银铜铁四律就是对四种价值律的形象表述。金律就是"欲人施之于己，亦施之于人"，银律就是"己所不欲，勿施于人"，铜律就是"人施于己，反施于人"，铁律就是"己所不欲，先施于人"。②金律、银律都是道德律，铜律在道德价值上比金律、银律要低，它不是道德律，而是非道德律，非道德不等于反道德，非道德就是不善也不恶，是一种价值中立；而铁律才是不折不扣的反道德律；铜律虽然是非道德律，但只要引导得好，也会成为社会公正的基础。所谓引导，是利益博弈的引导。铜律是一种行为对等原则，从个人利益的算计出发，进行利益博弈，就好像下棋一样，你来我往，经过多个回合的博弈，人们才能知道别人会怎样对我，我应该怎样对别人，最后建立起社会公正的基础。博弈论虽然是经济学的一个理论，但是利益博弈作为一般性原则，早就不自觉地应用在伦理学中，成为现代社会基本的游戏规则。

利益博弈原则最简单的例子就是社会契约论。社会契约论是近代政治学的基础，社会契约是从哪里来的？人开始生活在自然状态中，人要维护自己的自然利益，互相争斗，利益都受到损害。但经过利益博弈，"两利相权取其重，两害相权取其轻"，他们把部分权利转让给政府，让政府代理行使权利，保护他们全部的利益和权利，这就是一个从私利到公利再到公义的博弈

---

① 参见[英]西季威克：《伦理学方法》，廖申白译，中国社会科学出版社，1993年，第12～20页。
② 关于金银铜铁律的区分，参见赵敦华：《中国古代价值律及其现代意义》，《哲学研究》，2002年第1期、2期（连载）。

的过程。在经济学上，也是如此。亚当·斯密提出"经济人"的假设，认为人都要最大限度地增加财产，但不能为所欲为，否则不但不会增值，还会丧失财产，于是就有平等贸易和市场规则，这就产生了"看不见的手"。"看不见的手"也可以认为是在利益博弈过程中产生的，市场规则是建立在利益博弈原则基础上的。利益博弈原则已被广泛应用到现代社会各个层面上了，它应该成为应用伦理学的基本规则。

在现代社会环境中，人们也许更容易接受铜律，按照利益博弈原则，完成从私利→公利→公义的转变。但是传统的金律、银律还有作用。铜律的优点是能在利益博弈的过程中建立一个规范的制度，制度伦理离不开铜律。但是必须看到，光有规范制度是不够的。再好的规范体系总会有漏洞，总会让奉行铁律的人钻空子，铁律是反道德、反社会的，它恰恰有一种冒险的、侥幸的、一次性的心理，要千方百计地违反规范，破坏规范。规范体系必须要有防范体系来护卫，为了建立防范体系，金律和银律可以而且应该与铜律结成同盟，共同抵制铁律。铜律在防范体系中的作用是建立制度，而金律和银律能够创造执法所需要的基本的善意和良好的社会氛围。只有金银铜三律结成同盟，才能有效地抵制铁律的泛滥。

(四)从由上而下到由下而上的方法论的转变

传统道德哲学的方法是把人从下往上拔高，即先建立一个道德形而上学，从最高原则出发，把人的境界往上提升；而应用伦理学的方法正相反，它是把人从低处向高推举。美国哲学家丹尼特(Daniel Dennett)做过一个比喻，说现代人与传统人的思路有一个区别，传统的思路是吊车型(skyhooks)的，现代人的思路是举重机型(cranes)的。[①]所谓吊车型，就是立足于高处往上提拔；所谓举重机型，就是立足于低处向上推举。这个低处，甚至可以低到把人看成动物，然后一步步往上推。其结果是殊途同归，最后都要达到道德境界的目的，但过程是不一样的，吊车型的思路做起来往往不是很通畅，需要打通很多隔阂关节，做不到彻上彻下；而从低到高的上升路线，因为不需要太

① See D.C. Dennett, *Darwin's Dangerous Idea*, Penguin Books, p.73.

多假设,往往进行得更通畅、更有效。

(五)发掘中国伦理传统的解释模式的转变

发展中国的应用伦理学,离不开挖掘中国传统文化的资源,诠释的重点应从儒释道转向墨荀韩。儒释道思想是中国传统伦理学的主体,它们都有浓厚的"心性"论的色彩。儒家是中国传统伦理学的主体,佛教谈"心"和"性",到了宋代,道学吸收了佛道教一些因素,发展成一个完整的、道德形而上学的心性学说。

中国传统文化的资源中墨荀韩这一部分的意义常常被忽视。在笔者看来,墨子、荀子、韩非子的思想更适合应用伦理学的基本原则。墨子的理论是一种功利主义学说,他主张兼爱,人为什么要兼爱?就是为了交相利;他也从功利的角度谈国家的起源,国家就是为了不使大家争斗,为了达到大家的利益而建立的公义,这可以说是中国的"社会契约论"。

荀子主张"性恶说",他所谓的恶其实不过是人的自爱好利、趋乐避苦等非道德本能。非道德并不等于反道德,相反,通过圣人的"化性起伪",人类被引向礼义社会。"化性起伪"是从非道德的本能走向道德社会的过程,这一过程也就是现在所说的利益博弈过程。荀子说,圣人和常人的本性并没有什么不同,"君子之与小人,其性一也"。这就提出了一个问题:为什么与众人同样"性恶"的圣人能够做出创立礼义的善举呢?荀子回答说,圣人的高明之处在于善于积累人类的经验智慧,"故圣人者,人之所积而致也"《荀子·性恶》。"积"用现在的话来说,就是善于进行利益的博弈,知道人的长远利益所在。"积"不同于孔孟所说的"推"。孟子主张推己及人,"推"是类比,"积"是积累;"推"是道德的延伸,"积"是在经验积累的过程中,进行步骤越来越复杂的利益博弈,达到对人类长远利益的认识。"积"本身是一种非道德的能力,但其结果是"圣"。荀子把这一过程刻画为:"伏术为学,专心一志,思索孰察,加日县久,积善而不息,则通于神明,参于天地矣。"从理论上说,每一个人都有成圣的认识能力,"涂之人可以为禹"。但实际上,"圣可积而致,然而皆不可积"①。常人对利益的博弈局限于个人的暂时利益,眼光短浅,博弈几招也就罢了,这就是"不可积"。

法家不但讲人性是"自利"的,而且明确提出人的"自利"之心即是"算计之心"②。君主不应该违反这个事实,而要顺应它,这样才能使利己之心、算计之心为国家服务。这就是"凡治天下,必因人情"③的道理。以上用了几个例子,是为说明墨荀韩的理论特点,这些特点与应用伦理学的研究方向有一致之处。如果充分发掘吸收这些传统的思想资源,中国应用伦理学将会得到更坚实和更广泛的道德哲学的基础。

二、《资本论》和《逻辑学》的互文性解读

从 20 世纪 90 年代开始,《资本论》研究中兴起了"新辩证法派"。他们把辩证唯物主义视作"旧辩证法",不承认应用历史唯物主义能够解释《资本论》的方法、结构和论点④,认为《资本论》是与黑格尔的逻辑学体系相互对应和符合的辩证法,又自称"新黑格尔派马克思主义"⑤或"系统辩证法"⑥。他们有的抹杀唯心论和唯物论的区别,把黑格尔打扮成一个"共产主义者"⑦;有的认为,不但《资本论》第一卷,其他两卷也是按照黑格尔的逻辑学的结构开展的;有的认为《资本论》第一卷的结构对应于《逻辑学》"存在论""本质论"和"概念论"三部分⑧,有的认为这一卷的论证批判只是依据"本质论"⑨,如此

---

① 《荀子·性恶》。

② "算计之心"的提法,见《韩非子·六反》:"父母之于子也,犹以算计之心相待也。"

③ 《韩非子·八经》。

④ See Arthur, C. J. & Reuten, G.(eds.), *The New Dialectic and Marx's Capital*, Brill, 2004.

⑤ See Smith, T., *Dialectical Social Theory and Its Critics*, State University of New York Press, 1993.

⑥ Bellofiore, R. & Taylor, N.(eds.), *The Constitution of Capital*, Palgrave Macmillan, 2001.

⑦ See Smith, T., Hegel, Marx and the comprehension of capitalism, in *Marx's Capital and Hegel's Logic*, Brill, 2004, pp.17–40.

⑧ See Arthur, C. J. & Reuten, G., *The Circulation of Capital: Essays on Volume Two of Marx's Capital*, Palgrave Macmillan, 1998.

⑨ See Fineschi, R., Dialectic of the commodity and its exposition, in *Re-Reading Marx*, Palgrave Macmillan, 2009.

等等,不一而足。新辩证法派对《资本论》与《逻辑学》进行机械的类比或断章取义的附会,得出的结论明显有违马克思的剩余价值理论,但要指出他们的解释如何违背《资本论》的文本意义,则相当困难。

在《资本论》的"前言"和"跋"中,马克思已经清楚地表明该书结构和方法与黑格尔《逻辑学》的关联和不同:"本书第一章,特别是分析商品的部分,是最难理解的。其中对价值实体和价值量的分析,我已经尽可能地做到通俗易懂。以货币形式为完成形态的价值形式,是极无内容和极其简单的。然而,两千多年来人类智慧对这种形式进行探索的努力,并未得到什么结果。"①

《资本论》中第一章分析的"商品"及以后分析的"货币""资本"和"剩余价值"等核心概念,与《逻辑学》范畴一样是"形式"。黑格尔在《小逻辑》中说:"逻辑学是以纯粹思想或纯粹思维形式为研究对象。"②黑格尔逻辑学的"形式"并非形式逻辑中与内容相脱离的形式。黑格尔说,思维通过反思(Nachdenken),形式把"最初在感觉、直观、表象中的内容"的"真实本性才可呈现于意识前面"③;因此,"内容不如说是在自身那里就有着形式,甚至可以说唯有通过形式,它才有生气和实质……随着内容这样被引进逻辑的考察之中,成为对象的,将不是事物(die Dinge),而是事情(die Sache),是事物的概念"④。马克思和黑格尔一样,不仅把形式作为把握事物实质的概念,而且通过这些概念的内在联系,揭示社会实践的发展动力、过程和机制。马克思说,《资本论》把现实材料"在观念上反映出来,呈现在我们面前的就好像是一个先验的结构了"⑤。《逻辑学》前两篇"存在论""本质论"被称为"客观逻辑",而第三篇"概念论"被称为"主观逻辑"。黑格尔说:"本书所谓客观逻辑,有一部分就相当于康德的先验逻辑。"⑥

按照本文解读,《资本论》第一章论述"商品形式",第二、三章论述"货币形式"和"价值形式";第四、五章论述的"资本形式"或资本主义的"经济形

---

① 《马克思恩格斯文集》(第五卷),人民出版社,2009年,第7~8页。
② [德]黑格尔:《小逻辑》,贺麟译,商务印书馆,1980年,第83页。
③ 同上,第76页。
④ [德]黑格尔:《逻辑学》(上卷),杨一之译,商务印书馆,1966年,第17页。
⑤ 《马克思恩格斯文集》(第五卷),人民出版社,2009年,第22页。
⑥ [德]黑格尔:《逻辑学》(上卷),杨一之译,商务印书馆,1966年,第45页。

式"，与《逻辑学》"存在论"和"本质论"的范畴形式具有互文性。"互文性"（intertextuality）是文学评论的术语，我们能够运用这一解读方法来理解《资本论》和《逻辑学》阐述的形式结构之间的关联，首先依据的是马克思承认《资本论》的叙述方法受到《逻辑学》的影响，以及他对黑格尔辩证法的改造。依据马克思的提示，互文性的解读可以揭示《资本论》的推理论证在哪些环节或明或暗、自觉或不自觉地受到《逻辑学》的影响，可以帮助读者理解《资本论》前几章中一些看似循环往复的论述和思辨难懂的语句的意义，同时可以展现马克思如何创造性地运用黑格尔第一次"全面地有意识地叙述了辩证法的一般运动形式"①，建构关于资本形式的体系。

(一)商品"存在"的"质"和"量"

与黑格尔一样，马克思相信，开端对于科学体系的建构至关重要。经过深思熟虑，《资本论》从"商品"概念开始考察资本主义生产方式的开端。马克思说："资本主义生产方式占统治地位的社会财富，表现为'庞大的商品堆积'，单个的商品表现为这种财富的元素形式。因此我们的研究就从分析商品开始。"②这段话区分了混沌一团的"商品堆积"和"单个商品的元素形式"，其逻辑依据是《逻辑学》从"存在"（Sein）到"定在"（Dasein）的过渡。黑格尔说，形而上学的研究对象"纯存在"没有任何更进一步的规定，"这个无规定的直接的东西，实际上就是无，比无恰恰不多也不少"③。通过既存在又不存在的"变化"，过渡到"定在"的范畴。"定在"即感性的个别存在，是《逻辑学》中第一个"具体的东西"，因此黑格尔说："在它那里，便立刻出现了它的环节的许多规定和各种有区别的关系。"④"定在"的具体规定性首先是"质"，其次是"量"，再次是"度"。

《资本论》中的商品"形式"区别于它的"存在"。商品的存在是"一种很古怪的东西，充满形而上学的微妙和神学的怪诞"，它是"可感觉而又超感觉的

---

① 《马克思恩格斯文集》(第五卷)，人民出版社，2009 年，第 22 页。
② 同上，第 47 页。
③ [德]黑格尔:《逻辑学》(上卷)，杨一之译，商务印书馆，1966 年，第 69 页。
④ 同上，第 102 页。

物","不仅用它的脚站在地上，而且在对其他一切商品的关系上用头倒立着"。①而商品形式是具体属性。"定在"的"质"和"量"的规定性适用于商品使用价值和交换价值的"二重形式"(如表2-1所示)。

《逻辑学》对范畴"量"的阐述极为繁杂。马克思主要应用"定量"的三个环节"一般界限的量""数目和单位""度数"，分别分析使用价值的量的规定性、等价交换的比例关系及可通约性。首先，一个商品具有交换关系，"总是以它们的量的规定性为前提"②；其次，不同使用价值按照"比例适当"的"量的关系"交换，例如一夸脱小麦同 x 量鞋油、y 量丝绸、z 量金等交换③；最后，由于不同种类的商品的"量的关系"是不同数量"单位"，如"夸脱""公斤""码"等，这些单位的交换价值需要共同的"度数"才能对等交换。马克思和黑格尔一样，把"度数"作为数学的可通约性，"各种商品交换价值也同样要化成一种共同的东西，各自代表这种东西的多量或少量"④。

表2-1　马克思对商品二重性关系的论证

商品的二重性	质和量
使用价值只是在使用或消费中得到实现。⑤	在直接性中，质的规定性是自身关系。这个他有在自为之有的无限性中扬弃了自己。⑥
各种商品的交换价值也同样要化成一种共同的东西，各自代表这种共同东西的多量或少量。⑦	定量是具有规定性或一般界限的量，——它在具有完全的规定性时就是数。数目和单位构成数的环节。⑧
在商品交换关系中，只要比例适当，一种使用价值就和其他任何一种使用价值完全相等。⑨	数本身是数目和单位二者的统一。但单位如果应用在经验的数上，则仅是指这些数的等同。所以各种计算方法的原则必须将数目放在单位与数目的比例关系上，而求出两者的相等。⑩

---

① 《马克思恩格斯文集》(第五卷)，人民出版社，2009年，第88页。
② 同上，第48页。
③ 参见《马克思恩格斯文集》(第五卷)，人民出版社，2009年，第49页。
④ 《马克思恩格斯文集》(第五卷)，人民出版社，2009年，第50页。
⑤ 参见《马克思恩格斯文集》(第五卷)，人民出版社，2009年，第49页。
⑥ 参见[德]黑格尔：《逻辑学》(上卷)，杨一之译，商务印书馆，1966年，第184页。
⑦ 参见《马克思恩格斯文集》(第五卷)，人民出版社，2009年，第50页。
⑧ 参见[德]黑格尔：《逻辑学》(上卷)，杨一之译，商务印书馆，1966年，第214、215页。
⑨ 参见《马克思恩格斯文集》(第五卷)，人民出版社，2009年，第50页。
⑩ 参见[德]黑格尔：《小逻辑》，贺麟译，商务印书馆，1980年，第223页。

续表

商品的二重性	质和量
不同物的量只有化为同一单位后,才能在量上互相比较。不同物的量只有作为同一单位的表现,才是同一名称的,因而是可通约的。①	与定量同一的界限或规定性,现在便被建立为单纯的东西,即度数。②

在《逻辑学》中,"质"是个别事物的感性属性,黑格尔举例说"某物"的感性属性是如何在与"他物"的关系中被扬弃的:"野菜的特性,不仅对某一事物是特有的规定,而且因为事物要通过这些规定才会以一种特殊的方式保持自身与其他事物的关系"③。如果用经济学语言说,商品的质只有被人所消费才能保持其特性,马克思据此认为,商品的质构成人类生活必需的"使用价值","不论财富的社会的形式如何,使用价值总是构成财富的物质的内容"④。

马克思把商品的质或使用价值当作"商品的几何的、物理的、化学的或其他的天然属性"⑤;而商品的交换价值"连一个自然物质原子也没有"⑥。要之,商品使用价值和交换价值的区别是自然形式和社会关系的区别,而不是物质和精神的对立。马克思说:交换价值"只能在商品同商品的社会关系中表现出来",但社会关系不能归结为数学的"定量"。于是,他接下来说明衡量交换价值的共同单位是制造商品的社会劳动量。

(二)衡量商品价值的"度"

从辩证法的观点看,商品二重性与劳动二重性不在同等层次上:商品二重性是"质"和"量"的区分,而劳动二重性是"质"和"量"相统一的"度"。黑格尔本人认为"度"范畴主要适用于数学和力学。他说:"在精神王国中,一种特殊的自由的尺度的发展,还更少出现……在发达的市民社会中,从属于各种不同行业的人群,彼此处于一定的比率中,但是这既没有产生尺度的规律,

① 参见《马克思恩格斯文集》(第五卷),人民出版社,2009年,第63~64页。
② 参见[德]黑格尔:《逻辑学》(上卷),杨一之译,商务印书馆,1966年,第232~233页。
③ [德]黑格尔:《逻辑学》(上卷),杨一之译,商务印书馆,1966年,第107页。
④ 《马克思恩格斯文集》(第五卷),人民出版社,2009年,第49页。
⑤ 同上,第50页。
⑥ 同上,第61页。

也没有产生尺度的特殊形式。"①马克思恰恰在"发达的市民社会中",在"不同行业的人群"劳动量的比率中,发现了商品价值尺度。

马克思没有也不能照搬《逻辑学》中"尺度"范畴的数学原则,而把劳动量当作"尺度"的一种"特殊的量"。"尺度"部分第一章"特殊的量"包括三个环节:"尺度一般""特殊化尺度""质的比率",三者与《资本论》第一章第二节中关于人类劳动的区分有下列逻辑对应关系(如表2-2所示):

表2-2　马克思对商品包含的劳动的逻辑关系论证

商品包含的劳动	尺度的特殊的量
1.人类有用劳动 　各种使用价值或商品体的总和,表现为同样多种的,按照属、种、科、亚种、变种分类的有用劳动的总和,即表现了社会分工。这种分工是商品生产存在的条件,虽然不能反过来说商品生产是社会分工存在的条件。②	1.尺度一般 　尺度是这样一个定量,即它具有质的意义……质和量的区别被规定为存在的区别。这些环节进一步规定为各种尺度的整体。③
2.抽象劳动 　不管有用劳动和生产活动怎样不同,它们都是人体的机能,而每一种这样的机能不管内容和形式如何,实质上都是人的脑、神经、肌肉、感官等等的耗费。这是一个生理学上的真理。④	2.特殊化尺度 　特殊的量规定性的两个质而彼此相比,合为一个尺度。尺度本身虽然是定量,不过由于与定量有区别,它是质的东西,对仅仅是漠不相关的、外在的定量进行规定。⑤
3.社会必要劳动时间 　只是社会必要劳动量,或生产使用价值的社会必要劳动时间,决定该使用价值的价值量。⑥	3.质的比率 　尺度是两个质的内在的量的彼此相比。⑦

由于使用价值的物质属性千差万别,转变并创造使用价值的人类劳动也是千差万别的,按照分工原则归属于有用劳动的门类,不同门类商品的劳动量是有"质"的区别的"定量",每一类商品的劳动量都是自身质和量相统一的整体,不同种类的整体没有共同尺度。

---

①　[德]黑格尔:《逻辑学》(上卷),杨一之译,商务印书馆,1966年,第360页。

②　参见《马克思恩格斯文集》(第五卷),人民出版社,2009年,第55页。

③　参见[德]黑格尔:《逻辑学》(上卷),杨一之译,商务印书馆,1966年,第358页。

④　参见《马克思恩格斯文集》(第五卷),人民出版社,2009年,第88页。

⑤　参见[德]黑格尔:《逻辑学》(上卷),杨一之译,商务印书馆,1966年,第365~366页。

⑥　参见《马克思恩格斯文集》(第五卷),人民出版社,2009年,第52页。

⑦　参见[德]黑格尔:《逻辑学》(上卷),杨一之译,商务印书馆,1966年,第369页。

如前所述,商品的交换价值的量有可通约性。交换价值的可通约量来自包含在制造不同门类商品的劳动都可以用一个共同的单位——人类一般的抽象劳动来衡量。马克思说抽象劳动是"生理学意义上的耗费",翻译为黑格尔的语言,即"它是质的东西,对仅仅是漠不相关的、外在的定量进行规定"。"漠不相关"即不加区别地衡量不同质的有用劳动的"定量"。个人劳动等同性是抽象劳动,但抽象劳动的生理消耗不是"抽象"的,马克思用社会必要劳动时间来衡量人体不同机能耗费的比率。比如,马克思把复杂劳动与简单劳动的关系说成"复杂的劳动只是自乘的或不如说多倍的简单劳动"①,这可能是《资本论》中最易遭受诟病的命题之一。如果说简单劳动和复杂劳动的比率相当于黑格尔所说的"两个质的内在的量",那么"内在的量"是不可计算的。实际上,马克思在未收入《资本论》的文稿中承认,"平均化为并估价为许多合作的个人的平均劳动的劳动,——已经完全不能再计算出来"②。社会平均劳动时间虽然属于黑格尔所说的 "以尺度的量的事物在经验上出现的单位",但马克思要解决的问题不是如何计算生产某类商品的时间成本之类的会计学问题,而是追问商品平等交换的"可能性条件",正如康德追问数学和自然科学的可能性条件一样。康德的追问和回答是"先验论证";同样,马克思把商品价值量归结为社会必要(或平均)劳动时间,也可以说是康德意义上的先验论证(transcendental argument),但采取了黑格尔的辩证推演形式。用马克思自己的话来说,这是"观念上的评估"。

(三)价值量的"实在尺度"

社会必要劳动时间是商品的"价值量",但抽象劳动和社会必要劳动时间是不可计量的,因而只是商品交换可通约的理论尺度。众所周知,资本主义商品交换的可计量的实在尺度是货币。如何从商品价值的理论尺度过渡到实在尺度,这是《资本论》(第一章第三节"价值形式或交换形式")的任务。马克思说明这一节论证的主题是:"商品具有同它们使用价值的五光十色的

---

① 《马克思恩格斯全集》(第23卷),人民出版社,1972年,第58页。
② 《马克思恩格斯全集》(第49卷),人民出版社,1982年,第10页。

自然形式成鲜明对照的、共同的价值形式,即货币形式。但是在这里,我们要做资产阶级经济学从来没有打算做的事情:指明这种货币形式的起源。"①

"货币形式的起源"不只是"历史的起源",更重要的是逻辑的前提。马克思从千差万别的商品交换价值形式推演出它们"共同的价值形式"——货币形式。这个逻辑推演与《逻辑学》"尺度"部分第二章"实在的尺度"的三个环节——"独立的尺度比率""尺度比率交错线""无尺度之物"——有结构上的对应关系,如表 2-3 所示:

表 2-3　马克思对价值形式的逻辑论证

价值形式	实在尺度
A. 简单的、个别的或偶然的价值形式 　　商品 A 的价值,通过商品 B 能与商品 A 直接交换而在质上得到表现,通过一定量的商品 B 能与既定量的商品 A 交换而在量上得到表现。②	A. 独立的尺度比率 　　作为这些尺度的一个比率的整体,自身首先是直接的;因此,被规定为这样的独立尺度的两个方面,分别在特殊的事物中持续存在,并建立起外在的联合。③
B. 总和的或扩大的价值形式 　　如果每一个商品的相对价值都表现在这个扩大的形式中,那么,每一个商品的相对价值形式都是一个不同于任何别的商品的相对价值形式的无穷无尽的价值表现系列。④	B. 在尺度比率的交错线 　　在这种量变中,出现了一个点,在那个点上,质也将改变,定量表明自己在特殊化,以致改变了的量的比率转化为一个尺度,因而转化为一种新质、一个新的某物。⑤
C. 一般价值形式 　　最后,一种特殊的商品获得一般等价形式,因为其他一切商品使它成为统一的、一般的价值形式的材料。⑥有一个特定的商品在历史过程中夺得了这个特权地位,这就是金。⑦	C. 无尺度之物 　　尺度特殊化的无限,把质的东西与量的东西都建立为相互扬弃,因而把它们最初的、直接的统一(这统一是一般的尺度)建立到自身的回复,于是这个无限自身也就建立了。⑧

如果说商品包含抽象劳动的价值量是黑格尔所说"特殊化了的尺度比率",那么简单的商品交换形式是不同商品价值量的"外在的联合"。在此意义上,马克思说,简单的价值形式"并没有使它们具有与它们的自然形式不

① 《马克思恩格斯文集》(第五卷),人民出版社,2009 年,第 62 页。
② 参见《马克思恩格斯文集》(第五卷),人民出版社,2009 年,第 75 页。
③ 参见[德]黑格尔:《逻辑学》(上卷),杨一之译,商务印书馆,1966 年,第 380 页。
④ 参见《马克思恩格斯文集》(第五卷),人民出版社,2009 年,第 80 页。
⑤ 参见[德]黑格尔:《逻辑学》(上卷),杨一之译,商务印书馆,1966 年,第 401 页。
⑥ 参见《马克思恩格斯文集》(第五卷),人民出版社,2009 年,第 84 页。
⑦ 同上,第 86 页。
⑧ 参见[德]黑格尔:《逻辑学》(上卷),杨一之译,商务印书馆,1966 年,第 406 页。

同的价值形式"①。比如，"通过价值关系，商品 B 的自然形式成了商品 A 的价值形式，或者说，商品 B 的物体成了反映商品 A 的价值的镜子"②。就是说，价值形式通过不同使用价值的两类商品凝结的劳动量的等同而表现出来。

总和的或扩大的价值形式是无穷扩大的系列，需要用某一类特殊商品的价值作为所有其他商品的价值量的共同尺度。这个特殊商品的价值就是"尺度比率的交错线"，黑格尔用数学上多条直线的交错点表示"尺度的尺度"，并说尺度的尺度是与被它衡量的尺度不同质的新事物。把黑格尔的"实在的尺度"的辩证发展运用于商品交换形式的发展，金这种特殊商品在扩大的价值形式中历史地、必然地成为所有其他商品价值量的共同尺度。

金的价值可谓"无尺度之物"。因为，如同马克思分析的那样，金的使用价值不能表现它的价值量，以劳动二重性为基础的价值尺度被"扬弃"了，金回复到《资本论》开端所说的谜一般的商品。

《资本论》第一章前三节构成了一个螺旋上升的圆圈运动，当金本制的货币成为无限系列的商品交换的共同尺度时，当货币形式成为资本形式时，商品交换关系的本质就要被揭开了。但是按照黑格尔的辩证法，本质首先表现为假象。

(四)对商品和货币拜物教"假象"的"反思"

《资本论》第一章最后一节"商品的拜物教性质及其秘密"引起了人们的极大兴趣。伊萨克·鲁宾说，马克思的支持者和反对者都把拜物教理论作为与马克思的经济理论基本没有内在关联的一个独立的游离单元，而他认为"拜物教理论的本质是马克思全部经济学体系，特别是他的价值理论的基础"③。笔者认为，既不能把第一章的结尾读作与前述商品价值形式无关的插叙或补遗，也不能把它读作马克思价值理论的基础。笔者把这一节的核心观点解读为第一章前三节价值理论的总结，由此过渡到第二至五章对货币形

---

① 《马克思恩格斯文集》(第五卷)，人民出版社，2009 年，第 64~65 页。

② 同上，第 67 页。

③ Rubin, I. I., *Essays on Marx's Theory of Value*, transl by M. Samardija and F. Perlman from 3rd. edition, Black and Red., 1972, p.5.

式和资本形式的论述。马克思认为，商品拜物教是资本主义社会的假象（Schein），虽然是假象，却是黑格尔在《逻辑学》"本质论"第一章中所说"本质自身中的假象"。马克思借助黑格尔"反思"（Relexion）的三种类型，一步步揭开了商品拜物教掩盖的本质。二者之间的互文性解读，如表2-4所示。马克思指出，由于商品简单价值形式是个别的物与物交换，商品交换的尺度似乎是偶然的、随意的，这就掩盖了"生产这些产品的社会必要劳动时间作为起调节作用的自然规律"①。这里的"自然规律"，指"价值量由劳动时间决定"的、不以交换者的意志和活动为转移的规律。在简单的价值形式中，一个商品的价值只能在另一商品的使用价值的镜子中被映现，这相当于黑格尔所说的"它自身和非它自身统一"的"建立的假象"。在扩大和一般的价值形式中，所有商品价值都被映现在金的"物的形式"的镜子中，金的使用价值是"事先建立的假象"，在自身中映现商品价值的本质，它的"物的形式"是对商品价值形式的"外在的反思"。用马克思的话说："货币拜物教的谜就是商品拜物教的谜，只不过变得明显了，耀眼了。"②从商品拜物教到货币拜物教的发展，包含着对它们自身的否定，因为只要反思金本制的货币形式如何事先规定了商品形式，那么货币拜物教的假象就"被扬弃"了。或者说，否定货币拜物教，也就明了了货币形式所映现的商品价值形式的持续存在。

表2-4 马克思对商品假象的反思

商品拜物教	假象
商品的自然形式 在视觉活动中，光确实从一物射到另一物，即从外界对象射入眼睛。这是物理的物之间的一种物理关系。③	反思和假象 假象是和反思同一个东西，但假象是直接的反思。④

---

① 《马克思恩格斯文集》（第五卷），人民出版社，2009年，第92页。

② 同上，第113页。

③ 参见《马克思恩格斯文集》（第五卷），人民出版社，2009年，第89页。

④ 参见［德］黑格尔：《逻辑学》（下卷），杨一之译，商务印书馆，1976年，第14页。

商品拜物教	假象
商品价值中的社会关系 商品形式和它借以得到表现的劳动产品的价值关系,是同劳动产品的物理性质以及由此产生的物的关系完全无关的。这只是人们自己的一定的社会关系,但它在人们面前采取了物与物的关系的虚幻形式。①	**假象中的本质** 假象是从存在之范围里还剩下的全部余留。但假象显现得还有独立于本质的、直接的一面,并且总是本质的一个他物。②
偶然的假象 价值量由劳动时间决定,是一个隐藏在商品相对价值的表面运动后面的秘密。这个秘密的发现,消除了劳动产品的价值量纯粹是偶然决定的这种假象,但是绝没有消除价值量的决定所采取的物的形式。③	**建立的反思** 假象是无物和无本质;但这个无物或无本质并非在一个借助以映现出来的他物中具有其存在……它之存在就在于它自身和非它自身,而且是在一个统一体中。④
物的形式的假象 只有商品的共同的货币表现才导致商品的价值性质的确立。但是,正是商品世界的这个完成的形式——货币形式,用物的形式掩盖了私人劳动的社会性质及私人劳动者的社会关系,而不是把它们揭示出来。⑤	**外在的反思** 反思作为绝对的反思,是在本身中映现着的本质,并只把自身事先建立为假象,是建立起来的存在。⑥
假象的自我否定 一眼就可以看出,货币形式无非就是商品的简单价值形式的进一步发展,从而是劳动产品的简单商品形式的进一步发展的形态。因为货币形式不过是发展了的商品形式,所以它显然是从简单商品形式产生出来的。⑦	**进行规定的反思** 现在由于反思规定既是反思的自身关系,又是建立起来的存在,这样,它的本性便从而立刻得到更确切的明了……它的这个反思和那个建立起来的存在是有差异的。它的建立起来的存在不如说是它的被扬弃的存在,但它自身反思的存在则是它的持续存在。⑧

德文"反映"(译作"反思")原来是光学映射的意思。在"自然之光"中,交换价值的社会关系被映射为商品的使用价值的自然形式,商品的价值量被映射为金或货币的神奇功能。资本主义社会中的商品和货币犹如原始宗教的"灵物"崇拜(即"拜物教"),两者都是用头脑想象的虚幻形式,掩盖了社会

① 参见《马克思恩格斯文集》(第五卷),人民出版社,2009 年,第 89~90 页。
② 参见[德]黑格尔:《逻辑学》(下卷),杨一之译,商务印书馆,1976 年,第 10 页。
③ 参见《马克思恩格斯文集》(第五卷),人民出版社,2009 年,第 92~93 页。
④ 参见[德]黑格尔:《逻辑学》(下卷),杨一之译,商务印书馆,1976 年,第 16 页。
⑤ 参见《马克思恩格斯文集》(第五卷),人民出版社,2009 年,第 93 页。
⑥ 参见[德]黑格尔:《逻辑学》(下卷),杨一之译,商务印书馆,1976 年,第 19 页。
⑦ 参见《马克思恩格斯全集》(第 49 卷),人民出版社,1982 年,第 165 页。
⑧ 参见[德]黑格尔:《逻辑学》(下卷),杨一之译,商务印书馆,1976 年,第 25 页。

关系的真相。

(五)资本形式的"根据"

在前资本主义初期,货币只是金银的"自然形体",而在商品流通发达的资本主义社会,货币变成了商品交换的普遍形式。马克思说:"商品要实际上起交换价值的作用,就必须抛弃自己的自然形体,从想象的金转化为实在的金,诚然,商品实现这种变体,同黑格尔的'概念'实现由必然到自由的过渡相比……是'更为困难的'。"①据编者注释,黑格尔观点引自《小逻辑》第 3 版 147 节。②我们看到,这一节谈到内容与形式的关系是"这样一个圆圈,它就是一个全体……亦即由内在到外在,由外在到内在的直接自身转化"③。这一节简述了《逻辑学》"本质论"第三章第二节"根据"中对形式和内容关系的三个环节("形式的根据""实在的根据""完全的根据")的逻辑推演与《资本论》第三章第二节"流通手段"和第四章中论述"商品流通的简单形式""货币的资本形式"到"资本的总公式"的辩证发展有着对应关系。如表 2-5 所示:

表 2-5　马克思论证货币转化为资本的辩证发展运动

货币转化为资本 　　首先我们应该说明 G—W—G 和 W—G—W 这两种循环在形式上的区别。这样,隐藏在这种形式上的区别后面的内容上的分别同时也就暴露出来。④	被规定的根据 　　根据总是使自身成为被规定的根据,而这个规定性本身是双重的,即第一是形式的,第二是内容的。⑤
商品流通的直接形式 　　在 W—G—W 循环中,始极是一种商品,终极是另外一种商品,后者退出流通,转入消费。因此,这个循环的最终目的是消费,是满足需要,总之,是使用价值。⑥	形式的根据 　　这个规定性是与自身同一的内容,对形式漠不关心,形式对它也是外在的;内容是一个不同于形式的他物。⑦

① 《马克思恩格斯文集》(第五卷),人民出版社,2009 年,第 123~124 页。
② 同上,第 909 页注 117。
③ [德]黑格尔:《小逻辑》,贺麟译,商务印书馆,1980 年,第 305 页。
④ 参见《马克思恩格斯文集》(第五卷),人民出版社,2009 年,第 173 页。
⑤ 参见[德]黑格尔:《逻辑学》(下卷),杨一之译,商务印书馆,1976 年,第 86 页。
⑥ 参见《马克思恩格斯文集》(第五卷),人民出版社,2009 年,第 175 页。
⑦ 参见[德]黑格尔:《逻辑学》(下卷),杨一之译,商务印书馆,1976,第 89 页。

续表

货币的流通形式	实在的根据
G—W—G 循环是从货币一极出发，最后又返回同一极。因此，这一循环的动机和决定目的是交换价值本身。①	每一方面在其规定性中都是整体的自身同一，因此每一方面都具有一个与另一方面相差异的内容。②
资本的总公式	完全的根据
这个过程的完整形式是 G—W—G'。其中的 G'=G+△G，即等于原付货币额加上一个增殖额。我把这个增殖额或超过原价值的余额叫作剩余价值（surplusvalue）……正是这种运动使价值转化为资本。③	它自身同时包含了形式的和实在的根据，并使在实在根据中相互直接的内容规定有了中介。④

在《逻辑学》中，"形式的根据"是"内容—形式—内容"的循环往复，而"实在的根据"是"形式—内容—形式"的循环上升，两者分别以形式和内容为中介，只不过"形式的根据"把形式的中介当作外在的东西加以否定，而"实在的根据"把各种有差异的内容不断地整合在形式之中，直至达到内容和形式的同一，成为"完全的根据"。《资本论》分析了资本主义从商品流通开始，在货币流通过程中发展为货币增殖的资本形式的发展过程，这也是依据内容和形式关系的辩证法。

商品流通的直接形式是"商品—货币—商品"的循环，以货币为媒介，而以商品的使用价值为物质内容，其逻辑形式是"内容—形式—内容"的循环，货币形式只是商品流通的"形式的根据"。黑格尔说，形式的根据是"与自身同一的内容，对形式漠不关心"，翻译成马克思的语言，商品流通的直接形式是为买而卖的循环，"这一循环的最终目的是消费，是满足需要，总之，是使用价值"。⑤

相应地，货币流通的形式"货币—商品—货币"的逻辑形式是"形式—内容—形式"的循环。黑格尔说，实在的根据每一方面"都是整体的自身同一"；翻译成马克思的语言，货币持有者"拿出货币时，就蓄意要重新得到它。因

---

① 参见《马克思恩格斯文集》（第五卷），人民出版社，2009 年，第 175 页。
② 参见［德］黑格尔：《逻辑学》（下卷），杨一之译，商务印书馆，1976 年，第 93 页。
③ 参见《马克思恩格斯文集》（第五卷），人民出版社，2009 年，第 176 页。
④ 参见［德］黑格尔：《逻辑学》（下卷），杨一之译，商务印书馆，1976 年，第 103 页。
⑤ 《马克思恩格斯文集》（第五卷），人民出版社，2009 年，第 175 页。

此,货币只是被预付出去","这一循环的动机和决定目的是交换价值本身"。①
黑格尔说,实在的根据"每一方面都具有一个与另一方面相差异的内容",翻
译成马克思的语言,货币持有者"为卖而买","购买商品,把货币投入流通,
是为了通过出卖这同一商品,从流通中再取回货币"。②当然,他从流通中取
回的是更多的货币。

货币转化为资本必须经过流通的"贱买贵卖"阶段。在这个阶段,货币增
殖实现了资本货币,建立了"资本的总公式";或者说,建立了货币转化为资
本的"完全的根据"。黑格尔说,完全根据包含了形式的根据和实在的根据;
用马克思的话说,货币羽化为资本形式的内容是在先前货币流通中"货币支
出的性质本身决定的"③,羽化的形式则是"货币流通的目的和动力"——货
币量的增殖。

(六)资本形式的"条件"

马克思在"资本的总公式"之后立即揭示"总公式的矛盾":"资本不能从流
通中产生,又不能不从流通中产生。它必须既在流通中又不在流通中产生。"④
这个矛盾是揭开资本本质之谜的关键所在。如表2-6所示:

表2-6 马克思对资本总公式内在矛盾的证论

劳动力的买	有条件的中介
要从商品的消费中取得价值,我们的货币占有者就必须幸运地在流通领域内即在市场上发现这样一种商品,它的使用价值本身具有成为价值源泉的独立属性……这就是劳动能力或劳动力。⑤	全部根据关系规定自身为条件的中介……它是一个建立起来的东西;直接的定在,作为条件,不应当是自为的,而应当是为他的。⑥

① 《马克思恩格斯文集》(第五卷),人民出版社,2009年,第174、175页。
② 同上,第174页。
③ 同上,第175页。
④ 同上,第193页。
⑤ 参见《马克思恩格斯文集》(第五卷),人民出版社,2009年,第194~195页。
⑥ 参见[德]黑格尔:《逻辑学》(下卷),杨一之译,商务印书馆,1976年,第104页。

自由工人的卖	相对地无条件的东西
货币占有者要把货币转化为资本,就必须在商品市场上找到自由的工人。这里所说的自由,具有双重意义:一方面,工人是自由人,能够把自己的劳动力当做自己的商品来支配;另一方面,他没有别的商品可以出卖,自由得一无所有,没有任何实现自己的劳动力所必需的东西。①	整体的两个方面,条件与根据,一则是彼此漠不相关和无条件的……再则两者也都是有中介的。条件是根据的自在存在。②
资本的生产	绝对无条件的东西
当资本家把货币转化为商品,使商品充当新产品的物质形成要素或劳动过程的因素时,当他把活的劳动力同这些商品的死的对象性合并在一起时,他就把价值,过去的、对象化的、死的劳动转化为资本,转化为自行增殖的价值,转化为一个有灵性的怪物,它用"好像害了相思病"的劲头开始去"劳动"。③	这个绝对无条件的东西自身包含两个方面,即条件与根据,作为它的环节;它是那两个方面回转到其中去的那个统一……即是说,本身就是根据那样的条件。④

　　马克思说明了货币转化为资本的两个条件:第一是货币占有者在商品市场买到一种特殊商品——劳动力,第二是劳动力自由地当作商品出卖。劳动力的买可谓"有条件的中介",即商品和货币流通的全部过程成为劳动力的中介市场;自由工人的卖可谓"相对地无条件的东西",因为买卖双方一方面是"彼此漠不相关和无条件的",另一方面互为中介。劳动力的"买"和"卖"看似平等交易,实质是资本的"自在存在"。

　　对照《逻辑学》我们看到,"本质论"第一部分"对本质的反思"开始于"矛盾",经过"根据",结束于"条件"。《资本论》的逻辑吸收了这些环节,第四章"货币转化为资本"开始于商品和货币转化为资本的"根据",并在"资本的总公式"中揭示了上述矛盾,再用货币增值所需的"条件"解决这个矛盾。早在1847年的《雇佣劳动与资本》的讲演中,马克思就已经揭露了资本主义剥削的秘密是"工人拿自己的商品即劳动力去换得资本家的商品,即换得货币"⑤。马克思在《资本论》第四章第三节中,依据《逻辑学》"本质论"中"条件"与"根

---

① 参见《马克思恩格斯文集》(第五卷),人民出版社,2009年,197页。
② 参见[德]黑格尔:《逻辑学》(下卷),杨一之译,商务印书馆,1976年,第106页。
③ 参见《马克思恩格斯文集》(第五卷),人民出版社,2009年,227页。
④ 参见[德]黑格尔:《逻辑学》(下卷),杨一之译,商务印书馆,1976年,第109页。
⑤ 《马克思恩格斯文集》(第一卷),人民出版社,2009年,第713页。

据"的辩证法,对"劳动力的买和卖"进行了严密的逻辑表述。

马克思嘲讽的资本主义"这个最美好的世界"①,堪称黑格尔所说的"绝对无条件的东西"。它包含了商品流通领域提供的"活的劳动力"与生产资料和生活资料等"过去的、对象化的、死的劳动"这两方面条件,两者被合并在生产领域,似乎回转到前资本主义时代货币持有者在流通领域追逐货币增殖的目标。价值增殖从流通领域转到生产领域的决定性条件是劳动力的买卖,如马克思说:"劳动力的价值和劳动力在劳动过程中的价值增殖,是两个不同的量。资本家购买劳动力时,正是看中了这个价值差额……具有决定意义的,是这个商品独特的使用价值,即它是价值的源泉,并且是大于它自身的价值的源泉"②。

(七)资本形式的"现象"和"现实"

我们看到,《资本论》第四章"根据"商品和货币的流通领域,阐述了资本生产的"条件";而第五章接着论述的资本增值的生产过程合乎逻辑地延续了《逻辑学》"本质论"第二、三部分从"实存"经由"现象"到"现实"的三阶段论证结构(参见表2-7)。

资本主义生产过程的本质是剩余价值的无限扩张,但既然资本主义生产是商品生产,既然商品的使用价值和交换价值不可分割,商品生产必然包含本质性与非本质性的"实存物",这可谓商品生产"现象的规律"。这个矛盾最终将导致"生产过剩"的危机:商品的使用价值不能被消费,商品的交换价值不能兑现为货币资本。

"现实"是《逻辑学》"本质论"最后和最高的范畴。"现实是本质与实存的统一"的定义囊括了传统形而上学研究的对象。在此意义上,黑格尔说:"哲学研究的对象就是现实性。"③"现实"不但是从可能性到现实性、从偶然性到必然性的无休止的运动过程,而且是运动的主体和实体。《资本论》(第1卷)没有完成对资本运动全过程和规律的考察,但在第四章第一节"资本的总公式"中的一番话,讨论了资本如何实现自身的"现实"。马克思首先说明"资本

---

① 《马克思恩格斯文集》(第五卷),人民出版社,2009年,第227页。
② 同上,第225~226页。
③ [德]黑格尔:《逻辑学》(下卷),杨一之译,商务印书馆,1976年,第45页。

的运动是没有限度的",资本家作为资本的人格是"这一运动的有意识的承担者……他的目的也不是取得一次利润,而只是谋求利润的无休止的运动。这种绝对的致富欲,这种价值追逐狂……资本家通过不断地把货币重新投入流通而实现了"①。马克思接下来说,价值运动的"自动主体",一方面"不断地变换货币形式和商品形式",另一方面"这一过程的扩张着的主体"的"自身同一性"是"自行运动的实体,商品和货币只是这一实体的两种形式"。如果把这些话与《逻辑学》中有关现实范畴的论述相参照,就不难理解《资本论》第四章中关于资本"主体即实体"的论述旨在表明,商品与货币"无休止的现象"的"真理"及其多样性的同一"实体",是对《资本论》第一章建立的商品和劳动二重性前提的否定性复归。按照黑格尔的逻辑学,真理的前提只有在真理的全体中才能得到实现和证明。《资本论》建构的就是这种关于资本辩证发展的经济学真理。

表2-7　马克思对资本辩证发展过程的论证

劳动过程	实　存
劳动过程的简单要素:有目的的活动或劳动本身,劳动对象和劳动资料。②劳动过程……的简单的、抽象的要素……是制造使用价值的目的的活动,是为了人类的需要而对自然物的占有,是人和自然之间的物质变换的一般条件,是人类生活的永恒的自然条件。③	实存(原译作"存在")作为实存物(原译作"存在物"),是在否定的统一的形式中建立起来的,它本质上就是这个否定的统一。④实存即是无定限的许多实际存在的事物,反映在自身内,同时又映现于他物中,所以它们是相对的,它们形成一个根据与后果相互依存、无限联系的世界。⑤
价值增殖过程	现　象
他(资本家)不仅要生产使用价值,而且要生产商品;不仅生产商品,而且要生产价值,不仅要生产价值,而且要生产剩余价值……正如商品本身是使用价值和价值的统一一样,商品生产过程必定是劳动过程和价值形成过程的统一。⑥	它是实存的本质;实存的本质性与非本质性的实存相区别,这两方面都在相互关系之中。——因此,现象第一是单纯的自身同一,同时又包含不同的内容规定,它本身及其关系,是在现象交替中自身等同、长留不变的东西,即现象的规律。⑦

---

① 《马克思恩格斯文集》(第五卷),人民出版社,2009年,第178~179页。

② 参见《马克思恩格斯文集》(第五卷),人民出版社,2009年,第208页。

③ 同上,第215页。

④ 参见[德]黑格尔:《逻辑学》(下卷),杨一之译,商务印书馆,1976年,第120页。

⑤ 参见[德]黑格尔:《小逻辑》,贺麟译,商务印书馆,1980年,第265~266页。

⑥ 参见《马克思恩格斯文集》(第五卷),人民出版社,2009年,第217~218页。

⑦ 参见[德]黑格尔:《逻辑学》(下卷),杨一之译,商务印书馆,1976年,第140页。

续表

资本形式的实现	现　实
商品和货币这二者仅仅是价值本身的不同存在方式：货币是它的一般存在形式，商品是它的特殊的也可以说只是化了装的存在方式。价值不断地从一种形式转化为另一种形式，在这个运动中永不消失，这样就转化为一个自动的主体……在这个过程中，它不断地变换货币形式和商品形式，改变着自己的量，作为剩余的价值同作为原价值的自身分出来，自行增殖着……价值作为这一过程的扩张着的主体，首先需要一个独立的形式，把它自身的同一性确定下来。① 在这里，商品的价值突然表现为一个处在过程中的、自行运动的实体，商品和货币只是这一实体的两种形式。②	现实是本质与实存的统一；无形态的本质和无休止的现象，或无规定的长在和无长在的多样性以现实为它们的真理。③现实的东西到可能的东西之过渡，有到无的过渡，是一个与自身的消融；偶然是绝对的必然，它本身就是那个最初的、绝对的现实建立（前提）。存在在其否定中与自身的这种同一，现在就是实体。④

马克思在《1844年经济学哲学手稿》中赞扬黑格尔《精神现象学》的伟大之处在于"他抓住了劳动的本质，把对象性的人、现实的因而是真正的人理解为人自己的劳动的结果"⑤。《资本论》说人类劳动一般的规定性接近于《逻辑学》的"实存"范畴。黑格尔区别了"存在论"的"定在"与"本质论"的"实存"，前者是感性的直接对象，后者是各种有根据的自在之物在相互否定关系中达到的统一。从马克思的观点看，劳动作为"人和自然之间的物质变换的一般条件"，把人的实存与自然界的"他物"统一为"相互依存、无限联系的世界"。

马克思对资本家无休止的剩余价值追逐狂进行了强烈的谴责，但资本家自觉承载的资本自行增殖的运动并非只有否定性的意义。在《1857—1859年经济学手稿》中，马克思用辩证法的扬弃观点评价资本的历史使命，看到资本无休止扩张的"铁的必然性"驱使生产力的不断提高，从而为劳动时间的减少和劳动力的解放提供了可能性：

---

① 参见《马克思恩格斯文集》（第五卷），人民出版社，2009年，第179~180页。
② 同上，第180~181页。
③ 参见[德]黑格尔：《逻辑学》（下卷），杨一之译，商务印书馆，1976年，第177页。
④ 同上，第208~209页。
⑤ 《马克思恩格斯文集》（第一卷），人民出版社，2009年，第205页。

"资本的伟大的历史方面就是创造这种剩余劳动,即从单纯使用价值的观点,从单纯生存的观点来看的多余劳动……由于资本的无止境的致富欲望及其唯一能实现这种欲望的条件不断地驱使劳动生产力向前发展,而达到这样的程度,以致一方面整个社会只需要用较少的劳动时间就能占有并保持普遍财富;另一方面劳动的社会将科学地将对待自己的不断发展的再生产过程,对待自己的越来越丰富的再生产过程,从而,人不再从事那种可以让物来替人从事的劳动,—— 一旦到了那样的时候,资本的历史使命就完成了。"①

当然,这一可能性变成现实性,有待于社会主义代替资本主义社会的根本变革。《资本论》的长远目标,充实和展开了《逻辑学》"本质论"的结尾处所说"实体或自由的现实"或"必然提高为自由"②的社会存在内涵。现在看来,马克思一语中的:虽然货币资本驱使的生产力已经提高到"可以让物来替人从事劳动"的地步,但由于生产关系没有改变,全球范围内的贫富分化愈演愈烈。历史再一次证明,辩证法不仅是建构科学体系的逻辑,而且是合理解释世界和推动改造世界的革命力量。

三、马克思主义哲学的中间原理——批判性自由理论

(一)什么是"中间原理"

"中间原理"(intermediate principle)源于经院哲学的术语"中间公理"(medius axiom)。近代之后,随着经院哲学的衰落,这一术语也被人们淡忘了。近代以来的哲学家很少使用这一术语。即使在详细的哲学词典和哲学百科全书中,也没有收入这个词条。但是我们应该记得,正是经院哲学的一个严厉的批判者——弗朗西斯·培根首先发现了中间原理的科学价值。他指出,经院哲学家的过错并不在于使用中间原理,而在于他们发现中间原理的

---

① 《马克思恩格斯全集》(第46卷上),人民出版社,1979年,第287页。
② [德]黑格尔:《逻辑学》(下卷),杨一之译,商务印书馆,1976年,第231页。

方法是错误的。他批评说,经院哲学的方法"是从感觉和特殊事物飞到最普遍的公理,把这些原理看成固定和不变的真理,然后从这些原理出发,来进行判断和发现中间的公理。这条道路是现在流行的"。他主张另外一条道路,即"根据一种正当的上升阶梯和连续不断的步骤,从特殊的事例上升到较低的公理,然后上升到一个比一个高的中间公理,最后上升到最普遍的公理"①。人们通常把这段话看作是对归纳法的一个表述。这固然是正确的,但我们不要忽视,培根还表达了比归纳法更多的意思,那就是中间原理在科学中的重要性。他接着说道:"最低的公理和赤裸裸的经验只有很少的区别,而最高的和最普遍的公理则是概念性的、抽象而不坚固的。但是中间的公理则是真正的、坚固的、活的公理,人的事情和幸福都以之为依据。"②培根在这里所说的中间原理主要指实验科学原理,他认为只有这些科学的原理才能帮助人们认识自然,为人类谋福利。

培根把实验科学原理等同为中间原理,但在三个世纪之后,密尔把"中间原理"的概念引进了实验科学以外的领域。他在《逻辑体系》(第6卷)中专门讨论了"道德哲学的逻辑"。他所谓的道德哲学的原理是从"人性科学"(science of human nature)演绎而来的,但他承认,这不是严格意义上的逻辑演绎,而是犹如从天文学到潮汐学的推导过程。虽然天文学是精确的,但潮汐学却介于"完善的和非常不完善的科学之间",用不甚精确的潮汐学的原理预测和解释事实,只有或然的真理。同样,道德哲学类似于潮汐学,属于中间层次的科学。密尔说:"就人性科学而言,它的一般命题下降到足够的细节,能够用作预测具体现象的基础,但在大多数情况下,只是大致为真。"③

现代哲学家忘记了道德政治哲学是"大致为真"的中间原理,而是把它当作抽象的哲学原则。按照麦金泰尔的说法,自由主义就是这样的抽象原则。他批评说:"这首先是一种抽象的道德主义,在任何具体问题上都诉诸一般原则。自由主义缺乏经院学者所说的'中间公理'(middle axiom),即缺乏解

---

① 北京大学外国哲学史教研室编译:《西方哲学原著选读》(上册),商务印书馆,1981年,第258页。

② 同上,第60页。

③ J. Mill, Long mans, Green, Reader, and Dyer, *System of Logic*, vol.6, 1872.

释和思考运用第一原则的方法。"①

培根认为中间原理是从经验中归纳出来，而不是从最高原则中演绎而来，这是他比密尔高明之处。另一方面，密尔把中间原理从自然科学推广到道德哲学领域，则是他比培根高明之处。把培根和密尔两人的观点结合起来，本文所说的中间原理，具有如下几个特征。

第一，在一个哲学体系中，中间原理主要是道德政治哲学的基本原理，它主要是从一定社会的文化和自然经验中概括出来的。

第二，中间原理不是从普遍的第一原则逻辑地推演出来的，相反，哲学的第一原则是从中间原理中归纳出来的，通过归纳可知哲学的第一原则与中间原理并无必然的对应关系。就是说，从一些中间原理可以概括出不同的第一原则；反之，一个第一原则可以与不同的中间原理相对应。

第三，中间原理借助哲学的第一原则，能够应用于人的精神和社会领域。但是中间原理的应用受具体的社会历史条件的制约，因时而异，因地而异，在不同的历史和文化的背景中有不同的应用。

(二)马克思主义哲学有无"中间原理"？

根据"中间原理"的概念，哲学史上的哲学体系一般都有最高原则、中间原理和应用理论这样三个由上到下的层次。西方哲学史上的体系一般以本体论和认识论为最高原则，以伦理学或政治哲学为中间原理，以解释社会的历史、文化学说和解释自然的科学理论为应用理论。中国哲学中的"体和用"的范畴也涉及哲学解释的高低层次问题，这一问题在具有哲学体系的宋代理学中表现得尤为突出。但是长期以来，哲学史家忽视了哲学体系中的中间原理这一层次，人们往往把一个哲学家的道德、政治、宗教和历史学说视为他的本体论和认识论思想的直接应用。这就是为什么哲学史教科书往往以本体论和认识论以及伦理学(包括社会政治理论)的"三重模式"来概括哲学家思想的一个重要理由。如果我们具体地分析任何一个重要的西方哲学体系(如柏拉图、亚里士多德、笛卡尔、休谟和康德等人的哲学)，都可以发现其

---

① A.MacIntyre, *Against the Self-Image of the Ages*, University of Not re Da me Press, 1987, p.283.

中的中间原理起到关键的联结作用,高度抽象的哲学原则经过中间原理而得以解释具体的社会的或自然的现象。根据我的理解,关于正义的理论是柏拉图哲学的中间原理,灵魂学说则是亚里士多德主义的中间原理,关于身心关系的二元论是笛卡尔主义的中间原理,关于人类心理的联想律是休谟的"精神科学"的中间原理,康德哲学的中间原理则是他的自由理论。中国传统哲学的成熟体系是理学,在其中,"体"和"用"的关系也是用一个中间原理来贯通的。程颐和朱熹以"仁"为中间原理,说明了"体用同源,显微无间"的道理。

在此我们不展开对中西哲学史上的体系的层次分析,我们关心的问题是,马克思主义哲学是否也具有"高中低"的层次?这不是一个需要从理论上加以论证的问题,而是一个实际存在的事实。事实是,在广泛流行的马克思主义哲学教科书体系中,辩证唯物主义可以看作最高的、普遍的原则;历史唯物主义的生产方式和上层建筑的理论属于中间原理,阶级斗争学说是普遍原则和中间原理的应用。应该承认,事情正在发生变化。近年以来,学界提出了一些不同于教科书体系的带有整体性的新的理论建构,从而在三个层次都造成了变化。

首先,在唯物论的最高的、普遍的层次,引入了社会实践观。其次,马克思主义哲学的应用随着时代的变化而变化,在当代有着新的、更广泛的范围。"高"和"低"的两个层次的变化不可避免地造成了中间层次的变化。历史唯物论的基本原理一部分随着社会实践观上升为哲学的普遍原则,一部分下降为社会历史的、文化的、政治经济的理论。

在教科书体系已经发生变化的情况下,需要重新思考马克思主义哲学的中间原理的问题。从这一角度看,马克思主义哲学内的一些争论实际上(虽然没有明确提出)涉及如何理解和建构中间原理的问题。贺来提出,"批判性的自由思想"是"马克思哲学观的灵魂和核心"。[①]笔者同意这一观点,但想补充说明一点:批判性的自由理论之所以是马克思哲学的"灵魂和核心",

---

① 贺来:《哲学:一种批判性的"自由思想"——马克思哲学观的灵魂和核心》,《哲学动态》,2003年第 1 期。

正是因为它是对马克思主义哲学的整体起关键作用的中间原理。

(三)什么是马克思的批判性自由理论?

有人可能会问,马克思是否提出过任何关于自由的理论?对这个问题持否认或怀疑态度的人,最好是先读一读马克思在《莱茵报》期间所写的论文。他在那里提出,自由是全部精神存在的类本质。①这些人可能会继续质疑,马克思早期对自由的关心和追求只是早期的不成熟的思想,只是反映了"资产阶级自由思想"的影响;在他的思想成熟阶段,他只是要利用"资产阶级的民主和自由",来为无产阶级革命服务,而没有提出一般意义上的自由理论,如此等等。他们都忽视了一个方法论的问题,即马克思是用批判的方法对待关于自由的概念和学说,在此意义上,我们肯定他的自由理论是批判性的。

马克思的批判方法是被他改造了的黑格尔的辩证法。他把黑格尔的"否定""扬弃"和"异化"等概念的思辨的抽象意义转变为具体的社会历史意义。"异化"是在一定的社会条件下造成的人的异化,特别是劳动异化;"否定"是通过改造社会来克服异化,表现为社会历史的发展过程;"扬弃"是辩证的批判,它既保留了前一阶段社会改造中具有普遍意义的成果,又克服了其局限性。社会历史的发展和辩证法的扬弃是同一个过程。

马克思继承了启蒙时代的批判精神,生活在康德以降德国的思想批判时代。从 1843 年的《黑格尔的国家哲学批判》[即"克罗茨纳赫(Kreuznach)笔记"]开始,马克思始终自觉地以辩证的、社会历史的批判阐述自由的理论。这一批判方法使他超越了以往的思想家:辩证的扬弃使他克服了启蒙学者关于自由和奴役的简单化的二元区分,社会历史的批判使他克服了德国哲学家只是在精神领域寻求自由的局限性(这在他看来是出于德国资产阶级的软弱性)。

用历史发展的眼光看问题,马克思把一般意义的"个人""自由"和"人权"看作历史的范畴,它们的意义只是在资本主义条件下才得到实现。在《资本论》中,马克思把商品交换的领域称作"天赋人权的伊甸园"。在商品

---

① 参见《马克思恩格斯全集》(第 1 卷),人民出版社,1995 年,第 171 页。

经济不发达的前资本主义时期,个人依附于部落、家族,没有个人的自由和权利可言。在资本主义社会,表达价值的秘密在于,所有种类的劳动都是平等的和对等的,占支配地位的人与人的关系是商品所有者之间的关系。①就是说,商品在全社会范围的自由的平等交换造就了具有平等地位的个人,他们的平等地位表现为在政治上和法律上享有平等的权利。总之,"人的存在是有机生命所经历的前一过程的结果。只是在这个过程的一定阶段上,人才成为人"②。

在《资本论》的手稿中,马克思更明确地把人类自由发展的历程分为三个社会阶段。前资本主义是人身依附的社会形态。资本主义是人依赖于物(商品)的社会形态,虽然个人有自由权,但个人自由仍然是商品经济的异化的产物,资产者和无产者同样被异化。只有到了共产主义,才能有"建立在个人全面发展和他们的共同的社会生产能力成为他们的社会财富这一基础上的自由个性"③。《共产党宣言》也说,共产主义的原则是,"每一个人的自由发展是一切人的自由发展的条件"④。

综上所述,马克思的自由理论包括历史的、现实的和理想的三种成分。历史的成分是通过对前资本主义的批判,说明个人自由和自由权的起源;现实的成分是通过对现实的政治专制和经济剥削制度的批判,说明资本主义社会中的个人自由和人权的内容和性质;理想的成分是通过政治经济学的批判,说明"每一个人和一切人自由发展"的共产主义理想。马克思在青年时期关注现实社会的自由,在《共产党宣言》及其后的著作中宣扬共产主义的自由理论,在《资本论》等著作中考察了人类自由的历史进程。

马克思认可的现实中的自由实际上是公民的自由权,包括言论和表达意见的自由,结社和集会的自由,普选的自由,平等的公民权等,这些都是现实存在的自由权,早已写在《人权宣言》和《独立宣言》之中。能否说现实中的自由权只是"资产阶级的自由"呢? 当马克思指出个人的自由权是资本主义

---

① 参见《马克思恩格斯全集》(第 23 卷),人民出版社,1972 年,第 74~75 页。

② 《马克思恩格斯全集》(第 26 卷下),人民出版社,1995 年,第 545 页。

③ 《马克思恩格斯全集》(第 46 卷上),人民出版社,1979 年,第 104 页。

④ 《马克思恩格斯选集》(第一卷),人民出版社,1995 年,第 294 页。

的产物时,他的意思绝不是说,这些只是资产阶级才享有的自由和权利。如果人们在现实中不能享有这些自由和权利,这也不是因为它们是虚幻的欺骗,而是因为封建贵族专制(比如普鲁士国家)的干预和阻挠,包括资产阶级在内的民众不能在现实中充分享有这些自由权。按照马克思主义的主张,即使争取自由权的斗争带有资产阶级革命的性质,无产阶级也应该在其中占领导地位,因为这场革命所争取的自由权属于全体人民。

马克思争取现实的自由权的理论和实践最突出地表现在《评普鲁士最近的书报检查令》一文中。他指出,自由是人类的精神特权,只有自由的出版物才能代表人民的精神;只有实现了言论出版自由,才能实现其他方面的自由。①这篇战斗的檄文堪称与洛克的《论宽容》、密尔的《论自由》相媲美的论述言论自由和表达自由的经典文献。

马克思与洛克和密尔等自由主义代表人物的不同之处在于,他不但在积极争取现实中的政治自由权,而且有着让人"在最无愧于和最适合于他们的人类本性的条件下"②自由生活的共产主义理想。在《论犹太人问题》一文中,他区分了"公民的权利"(rights of citizen)和"人的权利"(rights of man)。公民的权利指政治的自由或公民权。公民权或自由权是每一个公民应该具有,然而在现实中往往并不具有的基本自由,因此需要以"不自由,毋宁死"的决心积极地争取和捍卫基本的自由权。但是马克思进一步说,人类解放的目标不只是争取公民的自由权,而是每一个人和一切人的全面发展的自由。他说,只有当个人的关系变成"类存在"(species-being)时,"只有当人认识到自身'固有的力量'是社会力量,并把这种力量组织起来因而不再把社会力量以政治力量的形式同自身相分离的时候,人的解放才能完成"。③

马克思的共产主义理想以争取政治自由为基础,以全人类的解放为理想。注意,"解放"就是争取自由的过程。概括地说,马克思认为,政治自由是免除压迫的自由,为了免除压迫和奴役,必须从根本上消除产生压迫和奴役的原因。马克思通过政治经济学的批判,揭示了产生压迫的根本原因在于生

---

① 参见《马克思恩格斯全集》(第1卷),人民出版社,1995年,第170~172页。

② 《马克思恩格斯全集》(第25卷),人民出版社,1975年,第927页。

③ 《马克思恩格斯全集》(第3卷),人民出版社,2002年,第189页。

产资料的私有制,政治上的不平等、经济上的匮乏、心理上的恐惧,归根到底产生于这一经济上的原因。马克思的自由理论从争取现实的自由权为出发点,以"消灭私有制"为途径,以"解放全人类"为归宿。这是一以贯之的辩证发展过程,而不是从"不成熟"到"成熟"、从"青年马克思"到"老年马克思"的思想进步,也不是从什么"资产阶级自由观"到"共产主义自由观"的根本转折。

(四)为什么说批判性自由理论是马克思哲学的中间原理?

前面提到,马克思提出的批评性的自由理论是他把黑格尔的辩证法改造为社会历史的批判方法的结果。我们知道,马克思对黑格尔的辩证法的改造伴随着一个崭新的唯物主义的诞生。如果把辩证的唯物主义作为马克思主义哲学最高的、普遍的原理,那么我们需要认识到它的三个特点,才能看出这些最高原理与批判性自由理论之间的密切联系。

第一个特点是,马克思的唯物主义是关于现实的人及其历史发展的科学。马克思在创立他的新唯物论时,并没有区分"辩证唯物主义"和"历史唯物主义"两大块,更不是先按照自然规律创立"辩证唯物主义",而后把它"推广和应用"到社会,创立"历史唯物主义"。与西方哲学的其他理论一样,马克思的唯物主义以"存在"(Sein/Being)为最高、最普遍的研究对象,但"存在"不是与人无关的自然界的"物质"(Matter),而是"社会存在"(Social Being)。马克思的唯物论的最高原理是"社会存在决定社会意识",它是从人与自然的关系(首先是生产劳动)和人与人的关系(首先是生产关系)中概括出来的,而不是单纯从自然规律概括出来的"物质决定意识"的一般性原理。关于这一点,笔者在《"物质"的观念及其在马克思主义哲学中的嬗变》[①]一文中有所论述,兹不赘述。

第二个特点是,马克思的唯物论没有本体论和价值论的隔阂。马克思之前的旧唯物论所强调的"物质"没有人的价值,而马克思所说的物是有价值的,首先是人类的劳动所创造的价值。在生产实践的基础上,自然环境和社会环境相一致,环境的改变和人的改变相一致。关于这一点,近年来有很多

---

① 赵敦华:《"物质"的观念及其在马克思主义哲学中的嬗变》,《社会科学战线》,2004年第3期。

关于实践唯物主义的论述,兹不赘述。

第三个特点是,马克思的新唯物论包含着人本主义的价值观。与马克思之前的本体论和认识论的人本主义不同,马克思的人本主义是价值论的人本主义。就是说,马克思以人为最高的价值,以人为哲学的前提和基础。关于这一点,近来有很多关于人道主义、人性论、"以人为本"思想与马克思主义关系的论述,笔者《西方人本主义的传统与马克思的"以人为本"思想》①一文也有所论及,兹不赘述。

马克思用以表达唯物论最高原理的范畴和概念,如"存在""物质""社会""人性""实践"和"劳动""异化"等,都是理论的抽象,但这些是具体的抽象,是从社会历史事实中概括出来的。马克思的批判性自由理论为从具体到抽象的理论概括提供了必不可少的中介。这一关于自由的理论为对经验事实进行价值判断提供了一个历史尺度。一方面,如果缺乏这样的价值尺度,那么劳动的异化和消除劳动异化的途径,以及生产力与生产关系、经济基础与上层建筑的性质及其进化的方向等重要理论问题,将得不到解决;另一方面,如果没有存在、人性、实践和社会规律的最高原理,那么马克思的自由理论也将缺乏历史的必然性。否则,价值(自由)与事实(社会存在)将是分离的,自由有无客观基础、人类的解放有无客观规律等重要问题,也将得不到解决。

马克思的自由理论向上与唯物论的最高原理和唯物史观的基本原理相贯通,向下与阶级斗争的理论相衔接。马克思和恩格斯确实用阶级斗争的观点和阶级分析的方法阐述社会问题,以无产阶级革命和专政的学说为纲领。马克思所主张的革命是"人的高度的革命"②,其理论依据是他的自由理论的实际应用。

马克思早在青年时期就认识到,真正的民主就是"人民的主权",争取政治民主是实现自由的最佳途径。德雷帕(Draper)指出:"马克思是第一位把为不断扩大自下而上的民主控制权而进行的斗争视为实现社会主义理想的必由

---

① 赵敦华:《西方人本主义的传统与马克思的"以人为本"思想》,《北京大学学报》,2004年第6期。
② 《马克思恩格斯选集》(第一卷),人民出版社,1995年,第9页。

之路的社会主义者……他首次把以彻底的政治民主为目标的斗争和以实现社会主义为目标的斗争融为一体。"①马克思认为,无产阶级是唯一愿意并有能力实现真正民主的阶级。他的一个理由是"多数人统治"的民主原则。他设想,资本主义生产的基本矛盾必然把中产阶级抛进无产阶级的队伍,无产阶级在人数上将占社会大多数,贫困化将加剧,无产阶级和资产阶级的斗争在绝大多数人和极少数人之间进行,斗争的结果将是每一个人和全体人的自由。

关于无产阶级取得政权的途径,马克思有两方面的设想:一是普选的、和平的方式,一是暴力革命的方式。正如侯才所说:"马克思、恩格斯关于暴力革命的论述尔后成为列宁主义的重要理论来源,而他们的有关和平发展的假设,则成为民主社会主义的重要理论依据。"②在1871年的巴黎,人数上并不占大多数的无产阶级用专政的手段打破资产阶级的国家机器,用强有力的领导来推行民主。巴黎公社的民主原则得到马克思的高度赞扬,他所盛赞的巴黎公社的无产阶级专政实际上是实践"真正的民主"的典范。

马克思主张无产阶级革命的另一个根据是他关于世界历史的学说。他说,按照"资本主义生产的自然规律"的"铁的必然性","工业较发达的国家向工业较不发达的国家所显示的,只是后者未来的景象"。③他敏锐地看到,资本主义的发展具有全球化的必然趋势,必将取代世界各地的前资本主义的生产方式,在那里重复在发达资本主义国家发生的同样的历史进程,其结果是无产阶级在全世界的兴起,全世界无产者联合起来,在世界范围取得无产阶级革命的全面胜利。

马克思关于无产阶级革命的预言并没有彻底实现,在苏联等国家,他的预言一度被实现,但现在还是落空了。这是否意味着马克思主义被证伪了呢?如果认为马克思主义哲学能够直接被应用于革命的实践,那么当今世界的现实情况确实可以被看作对马克思主义的证伪。但是如果我们把马克思的自由理论作为马克思主义的唯物论与阶级斗争理论的一个中间环节,那

---

① Hal Draper, *Karl. Marx's Theory of Revolution: Vol.I*, Monthly Review Press, 1977, p.59.

② 侯才:《马克思、恩格斯的共产主义构想与当代社会主义实践》,北京大学马克思主义文献中心:《共产党宣言与全球化》,北京大学出版社,2001年,第171页。

③ 《马克思恩格斯选集》(第二卷),人民出版社,1995年,第100页。

么问题的答案将完全不同。

　　无产阶级革命和专政之所以没有按照马克思设想的方式发生，一方面是因为应用马克思的自由理论的社会条件发生了变化。在资本主义社会，中产阶级并没有被抛进无产阶级的队伍，甚至工人阶级也不再是无产者，无产阶级并没有成为社会的大多数，也没有被绝对贫困化。马克思没有想到，资本主义会推行严格的反垄断措施和广泛的社会福利事业，阻碍他所设想的无产阶级革命和专政的发生。但是人们公正地看到，这些挽救资本主义的措施得益于马克思和恩格斯对资本主义社会矛盾的揭露和批判，马克思的自由理论和人本主义的唯物论起到了推动社会进步的作用。

　　另一方面，社会主义国家没有那样幸运。在无产阶级革命取得胜利之后，马克思的自由理论被忘却，马克思的唯物论中的人本思想被抛弃，马克思主义成为僵硬的教条，无产阶级革命和专政成为与人的自由相分离的政治强力，马克思强烈反抗的普鲁士式的专制集权以"社会主义"的名义重演，而且有过之而无不及。在这样的社会条件下，被证伪的不是马克思的自由理论和人本主义的唯物论，而是假马克思主义的教条，那种让马克思本人也不愿成为马克思主义者的"马克思主义"。

(五)作为马克思主义哲学中间原理的批判性自由理论有何现实意义?

　　我们在马克思主义哲学中区分出"高"(人本主义的唯物论)、"中"(批判性自由理论)和"低"(应用性社会理论)三个层次，并不是为了提出新的"辅助性假设"(ad hoc hypothesis)来为马克思主义哲学作理论上的辩护。马克思主义哲学不需要理论辩护，它所具有的改造社会的实践力量就是它的合理性和有效性的最有力的证明。但是马克思主义哲学需要理论建构。由于马克思本人并没有提出任何哲学体系，所以不同的哲学家可以建构出不同的马克思主义哲学。但是声称尊崇马克思主义的哲学家需要牢记马克思的名言：哲学家们只是用不同的方式解释世界，而问题在于改变世界。建构马克思主义哲学的目的是为了最大限度地发挥这种哲学在改造社会实践中的作用，马克思主义的建构是历史的事业，不同的时代可以，而且应该有不同的建构，这就是"与时俱进"的建构原则。但不同时代的历史建构有一个共同的标准,那就是要看建构出的哲学理论是否能够解决时代提出的重要问题,使马克思主义哲学真正达到马克思本人提出的要求:"任何真正的哲学都是自己时代的精神上的精华"①,"人民的最美好、最珍贵和最隐蔽的精髓都汇集在哲学思想里"②。

我们在现在所处的时代遭遇到的问题有两大焦点:一是以经济建设为中心的国内条件下的社会发展与和谐的问题,二是全球化条件下的各国的和平与共同繁荣的问题。马克思的批判性自由理论在对待和解决这两方面的问题上,有着不可低估的现实意义。

让我们首先来分析国内的现实。在发展经济的条件下,我们向西方学习先进的科学技术,以及经济和公共管理的经验、理论和方法,是完全必要的。但是我们不能忘记马克思在批判资本主义时所体现的批判精神和自由理论。这是因为,我们不但面临马克思所阐述的社会矛盾,而且还有长期的封建专制遗留的社会矛盾,包括以极"左"面目出现的假马克思主义所激发的社会矛盾。面对复杂的社会矛盾,中国的马克思主义者要发扬辩证法的革命的批判精神,要以人本主义的唯物论的实践观为检验真理的标准,以人的解放和自由为衡量社会进步的尺度,积极投身社会公正和民主政治的伟大实践。只有这样,才能制定出正确的政策,才能把正确的政策落实在社会实践中,才能达到可持续发展与和谐社会的目标。

反之,如果马克思主义哲学的理论建构无视社会矛盾和社会公正的诉求,没有批判和改革社会的承诺,按照不断变化的政治需要重新解释或建构马克思主义,那么这样的理论建构不但从根本上违反了马克思的批判精神和自由理论,而且丧失了生命力和存在的理由。现在,我们的一些马克思主义者有危机感,原因盖出于此。试问,如果马克思主义恢复了批判精神和对人类自由的追求,成为鼓舞人民争取社会公正和进步的精神力量,哪里会有什么危机感和失落感呢?

再看全球化的现实。正如马克思所说,全球化是世界范围的资本扩张。

---

① 《马克思恩格斯全集》(第 1 卷),人民出版社,1995 年,第 220 页。
② 同上,第 219~220 页。

全球化进程中有两类不同性质的矛盾：一是民族和文明之间的冲突，一是资本主义和社会主义之间的意识形态冲突。我深信，马克思关于世界历史和全球化的理论对我们认识这两类世界性的矛盾具有指导意义。

《共产党宣言》说："使反动派惋惜的是，资产阶级挖掉了工业脚下的民族基础……过去那种地方的和民族的自给自足和闭关自守状态，被各民族的各方面的互相往来和各方面的互相依赖所代替了。物质的生产是如此，精神的生产也是如此。各民族的精神产品成了公共的财产。民族的片面性和局限性日益成为不可能，于是由许多种民族的和地方的文学形成了一种世界的文学。"①马克思预言的经济全球化已经成为现实。他所预言的"精神的生产"的全球化或"世界的文学"即人们现在所说的文化的全球化和各民族的思想融合。现实似乎不如马克思所预言的那样乐观，随着经济全球化的进程，不同文明和宗教的冲突似乎愈演愈烈。但是正如马克思所指出的那样，前资本主义的民族的地方的思想文化对全球化的抵制只是逆世界历史潮流的反动，只是无可奈何的"反动派的惋惜"。马克思说得好，资产阶级"迫使一切民族——如果它们不想灭亡的话——采用资产阶级的生活方式……一句话，它按照自己的面貌为自己创造出一个世界"，"正像它使农村从属城市一样，它使未开化和半开化的国家从属于文明的国家，使农民的民族从属于资产阶级的民族，使东方从属于西方"。②马克思在这里是在阐述世界历史的必然性，以价值判断或宗教的、道德的理由来反抗和谴责这一必然性是无济于事的。当然，马克思并不认为资本的全球化是世界历史的归宿，他指出全球化的必然趋势是为了指明为无产阶级在全世界取得胜利的前途。但是同样明显的是，在无产阶级成为世界的统一力量之前，资本主义的全球化取代前资本主义的地域性和民族性具有历史进步的意义。马克思后来虽然认为落后民族可以跨越资本主义阶段而进入社会主义，但这也只是在无产阶级和资产阶级都成为世界性的条件下才能发生。③

---

① 《马克思恩格斯选集》（第一卷），人民出版社，1995 年，第 276 页。

② 同上，第 276~277 页。

③ 参见赵家祥、丰子义：《马克思东方社会理论的历史考察和当代意义》，高等教育出版社，2002年，第 205~208 页。

马克思的批判性自由理论为我们观察和应对资本主义和社会主义意识形态的冲突也具有意想不到的作用。当今资本主义意识形态的主流是自由主义。自由主义的代表人物伯林(Isaiah Berlin)提出了消极自由和积极自由的区别。①消极自由是免除(freedom from)奴役的自由,其主要内容是美国总统富兰克林·罗斯福于1941年1月6日在国会发表的国情咨文中概括的四项"人类的基本自由",即言论和表达意见的自由、信仰自由、免除匮乏的自由、免除恐惧的自由。在笔者看来,这些消极自由相当于马克思的自由理论中的现实成分,而其中的理想成分相当于"积极自由",即为了(freedom for)每一个人和一切人的全面发展的自由。自由主义者把公民的自由权等同为消极自由,他们把积极自由视为个人的爱好,认为其与政治和公共事务无关。哈耶克和卡尔·波普指责马克思主义对更大的积极自由的承诺,不是引导人民走上自由之路,而是通往"奴役之路"②;或者说,以追求人间的天堂为美好愿望,结果却是把人间变成了地狱。但是麦金泰尔持不同的看法。他认为,只关注消极自由,而不关心积极自由,这恰恰是自由主义的缺陷。他评价说,自由主义的优点"是对宽容的价值和对言论自由的肯定……自由主义的缺点是,自由主义者拒绝承认自由主义的消极方面的不全面的特征。自由主义的规范给予政治活动以一定的限制,但它没有为政治活动赋予理想或远见。它从不告诉人民做些什么。因此,没有一种政治建制和活动是仅仅或主要靠自由主义就能发起的。当某一社会机制和活动自己声称是如此发起时,如像'自由'的大学或'自由'的国家那样,那总是一种欺骗"③。

马克思主义与自由主义的对立可能并不如人们想象的那样是不可调和的。早在二三十年前,一些研究西方政治思想史的学者已经指出,从辉格党开始的自由思想和马克思主义对现代自由主义的兴起,起到了一致的推动作用。但是人们还没有从理论上解决两者是否有一致性的问题。现在,我们把马克思的自由理论当作马克思主义哲学的中间原理,可以在政治哲学的

---

① See I. Berlin, *Two Concepts of Liberty*, *Four Essays inter mediate on Liberty*, Oxford University Press, 2002.

② [奥地利]哈耶克:《通往奴役之路》,王明毅译,中国社会科学出版社,1997年,第31页。

③ A.MacIntyre, *Against the Self-Image of the Ages*, University of Notre Dame Press, 1987, p.283.

层面看待这个问题。我们可以借用伯林关于"消极自由"和"积极自由"的区分，看待马克思主义与自由主义之间的互补性。自由主义强调"消极自由"，却拒绝人类解放的理想和"积极自由"的远见卓识，在这一方面，马克思的自由理论的理想成分可以补充这一缺陷。另一方面，马克思的自由理论对如何争取和保证公民自由权等问题，没有提出可操作的政治纲领和实施方案，他相信的"人民的主权"如同卢梭的"公意"一样，在某些情况下不利于保护个人的自由；自由主义者注意维护"消极自由"的思想和措施，可以防止对马克思的自由理论的误用，以及对"大多数人统治"的民主原则的滥用。如此一来，本书阐明的批判性自由理论可以在马克思主义和自由主义这两种意识形态之间，架构相互对话、理解和学习的桥梁。当然，关于马克思主义和自由主义的对话是一个极为复杂的话题，这里只是提出一个初步的构想。

四、马克思主义哲学体系创新

列宁在《马克思主义的三个来源和三个组成部分》一文中，把马克思主义分为哲学、政治经济学和科学社会主义三个组成部分，马克思主义哲学来源于黑格尔的辩证法和费尔巴哈的唯物主义，政治经济学来源于英国古典经济学，科学社会主义来源于法国的空想社会主义。①在新的历史条件下，我们对列宁的这一重要论断有以下四点反思。

第一，关于马克思主义三个组成部分的区分最早见于恩格斯的《反杜林论》一书分"哲学""政治经济学"和"社会主义"三篇的结构。针对杜林所写的《哲学教程》《社会经济学教程》和《国民经济学和社会主义批判史》，恩格斯分别在这三本书涉及的领域与杜林展开论战，从中阐明马克思的基本思想。正如恩格斯所说，他"必须跟着杜林先生进入一个广阔的领域"②。可见，这三个领域的区分并不是根据马克思和恩格斯思想的历史来源做出的。

有反驳者说："如果马克思主义本身不包括哲学、政治经济学和社会主义学说'三个组成部分'的话，杜林又怎么能从这三个方面对马克思主义进

---

① 参见《列宁选集》(第二卷)，人民出版社，1995年，第309~314页。
② 《马克思恩格斯选集》(第三卷)，人民出版社，1995年，第344页。

行挑战呢？"①但是历史的"基本事实"是，杜林写那三部书是为了建立他自己的"体系"，而不是要向"马克思主义的三个组成部分"提出挑战。当时马克思的学说尚不是体系性的"主义"，更谈不上有"三个组成部分"。恩格斯鉴于杜林的体系在德国社会民主党内的不良影响而批判杜林，也不是为了维护马克思主义的"三个组成部分"。反驳者又说："决不能将批判与正面阐述二者绝对地对立起来。"②但是"不对立"不等于一一对应。《反杜林论》的三篇只是对应于杜林的三本书，既不对应于马克思主义的组成部分，也不对应于马克思主义的思想来源。

第二，在西方思想史上，英国的古典经济学和法国的社会主义学说与同时代的哲学有着密不可分的关系。比如，英国哲学家洛克对劳动与财产权的分析，是古典经济学的"劳动价值论"的先驱；英国古典经济学的重要代表亚当·斯密同时也是哲学家，他与同时代的英国重要哲学家休谟一起，从人性的角度解释人类的一切行为，包括认识、道德、政治、经济和宗教等方面，经济学只是这种"人性科学"的一个组成部分。再如，法国社会主义学说与唯物主义有着密切联系。在《神圣家族》一书中，马克思把18世纪的唯物主义观点概括为"关于人性本善和人们智力平等，关于经验、习惯、教育的万能，关于外部环境对人的影响，关于工业的重大意义，关于享乐的合理性等等"。他说，这些"唯物主义学说，同共产主义和社会主义之间有着必然联系"。当时社会主义者的很多说法，"甚至在最古老的法国唯物主义者的著作也可以几乎一字不差地找到"③。可见，把马克思的思想来源分成哲学、政治经济学和空想社会主义三个独立部分，不符合西方思想史的事实。

第三，黑格尔和费尔巴哈的思想对马克思的哲学思想有着重大影响，不仅是因为"黑格尔的系统（它导致了费尔巴哈的唯物主义）"代表了"德国古典哲学的成果"④，更重要的是，黑格尔是西方哲学的集大成者，他建立了西方哲学史上最庞大的哲学体系，其中包含着对以往所有哲学的批判性的继

---

①② 奚兆永：《关于马克思主义的来源和组成部分问题》，《哲学研究》，2006年第4期。

③ 《马克思恩格斯全集》（第2卷），人民出版社，1957年，第166~167页。

④ 《列宁选集》（第二卷），人民出版社，1995年，第310页。

承;费尔巴哈哲学虽然不如黑格尔那样全面、系统,但也代表了西方唯物主义传统的最高阶段。正因为如此,马克思对黑格尔和费尔巴哈的批判性的继承,不但得以有选择地继承西方哲学的精华,而且在此基础上实现了西方哲学史上的根本变革。

第四,也是最重要的是,应该把与西方哲学有着继承、变革关系的马克思主义哲学,限定在马克思哲学的范围内。"马克思主义哲学"是一个比"马克思哲学"更为宽泛的概念。"马克思哲学"指马克思和恩格斯的哲学思想,马克思之后的"马克思主义"是表示不同思想的集合概念。不管哪一种马克思主义,都有自己的哲学思想,所有这些马克思主义的哲学基础,可统称为"马克思主义哲学"。不同的马克思主义由于有马克思哲学的根据,在哲学上有相同或共通之处;它们的不同之处,与它们所处的不同社会、民族和文化传统有密切关联。这些特殊的传统,有一些属于西方世界,与西方哲学有着直接或间接的联系,如第二国际的马克思主义就是这样,西方马克思主义更是如此。我们现在可以在西方哲学的范围内,研究这些学说的哲学基础。但是另一些马克思主义,如列宁主义、斯大林主义,其独特性来自苏俄的政治和经济现实与文化传统。毛泽东思想也是如此。我们常说,毛泽东思想是马克思主义的普遍真理与中国革命的具体实践相结合的产物。"中国革命的具体实践"包含着毛泽东思想所特有的中国思想来源。由于不同的马克思主义有来源不同的哲学基础,我们不能按照"西方中心论"的观点,笼统地说马克思主义哲学的来源是西方哲学的传统,但是马克思哲学确实是在西方哲学传统的背景中实现哲学根本变革的。

邓小平说:"学马列要精,要管用的。长篇的东西是少数搞专业的人读的。"[1]"要精,要管用"的马克思主义哲学是中国化的马克思主义的哲学基础,当前要特别重视宣传邓小平理论、"三个代表"重要思想、科学发展观和习近平新时代中国特色社会主义思想的哲学基础。"少数搞专业的人"研究的是马克思主义的长篇大论包括马克思哲学。马克思哲学是一切号称马克思主义的学说的哲学之本,加强对马克思哲学的研究,重视马克思哲学的西方哲学来

---

[1] 《邓小平文选》(第三卷),人民出版社,1993 年,第 382 页。

源,对于我们全面理解马克思主义哲学,理解马克思主义中国化的进程和特殊作用,具有十分重要的理论意义和实践意义。

根据对马克思哲学与西方哲学关系的研究,我认为,马克思哲学有三个来源和三个相应的组成部分。首先,马克思批判地继承了西方唯物主义的传统,创立了新唯物主义的学说;其次,马克思批判地继承了西方人本主义的传统,创立了"以人为本"的社会主义核心价值观;最后,马克思批判地继承了西方自由思想的传统,创立了以解放全人类为主旨的自由社会观。

马克思尖锐地批判现实中的"粗陋的唯物主义""消极服从的唯物主义""信仰权威的唯物主义"和"某种例行公事、成规、成见和传统的机械论的唯物主义"[1],也毫不留情地批判历史上"唯物主义变得敌视人了"[2]。每一个学马列的学生都知道马克思的名言:"从前的一切唯物主义——包括费尔巴哈的唯物主义——的主要缺点是:对对象、现实、感性,只是从客体的或者直观的形式去理解,而不是把它们当作人的感性活动,当作实践去理解,不是从主体方面理解。"[3]但是把物质"当作人的感性活动",从"实践去理解","从主体方面理解"物质的理论后果是什么呢? 一个最明显不过的事实是,在马克思的著作中,"物质"并不是指称物质本体的各词,在绝大多数场合"物质"是表示人的社会实践的行为和结果的外在特征的形容词(material,materiell,materialistisch,等),用于"物质生产""物质力量""人的物质关系""物质活动""物质生活条件"等。在马克思看来,在人类社会中,没有纯粹的自然物,自然界都与人的实践有关,或是人类的生产资料,或是生产劳动的过程和产品,或是人在生产中形成的物质关系。他说:"实物是为人的存在,是人的实物存在,同时也就是人为他人的定在,是他对他人的人的关系,是人对人的社会关系。"[4]这里的"实物""定在",相当于物质存在。

马克思的唯物主义是一种能够彻底地解释人的学说。他在《〈黑格尔法哲学批判〉导言》中写道:"理论只要彻底,就能说服人。所谓彻底,就是抓住

① 《马克思恩格斯全集》(第3卷),人民出版社,2002年,第60页。
② 《马克思恩格斯全集》(第2卷),人民出版社,1957年,第164页。
③ 《马克思恩格斯选集》(第一卷),人民出版社,1995年,第58页。
④ 《马克思恩格斯全集》(第2卷),人民出版社,1957年,第52页。

事物的根本。但人的根本就是人本身。"①那么能够抓住"人本身"这一根本的理论是什么呢？马克思在对青年黑格尔派的批判过程中,逐渐认识到,真正的唯物主义同时也是人本主义。西方人本主义传统有认识论的、本体论的和价值论的三支。马克思在批判"自我主体主义"的认识论和"人类中心主义"的本体论的过程中,创造性地发展了"以人为本"的价值论。马克思反对侈谈"精神"价值,唯物史观从不抽象地谈论单个人的本质和价值,但绝非"见物不见人"。唯物史观与人本主义虽然是不同的话语系统,但这两种话语在马克思的学说中是可以互通的。两者之间有一个桥梁,那就是马克思的异化理论。马克思没有停留在哲学的层面上谈论"人的异化",而是揭示人的异化背后人所意识不到、生产劳动中自发产生的异化。为了揭示"劳动异化"的机制,马克思在《资本论》中研究了资本主义生产和消费的全过程。这是政治经济学的理论,但其中贯穿的是人本主义的精神:揭示造成人的异化的原因和规律,寻求消除异化的途径。他的全部理论关心的都是现实社会中的人,以阐发、解放和实现、发展人的价值为根本目标和基本取向。

马克思在《莱茵报》任职期间指出,自由是全部精神存在的类本质。如果说这表明他受到西方自由思想传统的影响,那么马克思以后发展的自由解放理论是对这一传统的根本变革。西方的自由思想传统开始于伦理和宗教的自由选择学说,落实在现代政治的自由权诉求。马克思的贡献在于把西方自由思想的进程推进到全人类解放和全社会自由的高度。他指出,"个人""自由"和"人权"是历史的范畴,它们的意义只是在资本主义条件下才得以实现。在《资本论》(第三卷)中,马克思把人类的自由社会形容为"自由王国","它存在于真正物质生产领域的彼岸",只有"在最无愧于和最适合于他们的人类本性的条件下"进行物质交换的基础上,"作为目的本身的人类能力的发挥,真正的自由王国"才能开始。②

唯物主义、人本主义和自由思想在历史上有不同的思想来源,属于不同的哲学派别。但在马克思哲学中,这三个学说如同列宁所说的那样,犹如"由

---

① 《马克思恩格斯选集》(第一卷),人民出版社,1995年,第9页。
② 《马克思恩格斯全集》(第25卷),人民出版社,2001年,第926、927页。

一整块钢铁铸成的"①整体。唯物主义是关于人和世界关系的学说，马克思的人本主义的价值观使他得以用劳动的、实践的观点，分析"环境的改变和人的活动的一致"②，论述自然界的物质形态与社会生产方式的统一。他的哲学没有西方哲学上的"以物为本"与"以人为本"的对立，是唯物主义和人本主义的统一学说。这一学说以人的自由为价值尺度，衡量各种社会形态的进步尺度，并以全人类的解放和全社会的自由为目标，批判一切不合理、不公正的社会现象。在实践的层面上，唯物主义、人本主义和自由解放学说的统一，意味着以经济活动为基础，关注人的实际利益，争取社会公正和政治民主，最终通过消灭私有制的途径，使人类彻底摆脱劳动的异化和外在力量的奴役。因此，马克思哲学是理论和实践相结合的，以唯物主义为基础，以人本主义的价值观为标准，以自由解放为目标和方向的统一的学说。

五、马克思主义哲学中国化对西方哲学主体性问题的思考和超越

今天，我们所面临的一项最大的任务是建设中国特色的哲学社会科学。这一任务的不断创新与马克思主义哲学中国化的本质密切相关。21世纪，我们的历史性实践进入了决定性转折点的关键时刻，更加需要吸收和借鉴人类历史上一切优秀的思想和文明成果，为我国哲学社会科学的创新提供强大动力源泉。

（一）"主体性"问题的历史命运

1936年，贺麟先生指出，黑格尔的思想在这一时期引入中国"与其说是个人的兴趣，毋宁说是基于对时代的认识"③。1940年，李长之先生提出"我们要现代化，对于西洋哲学的认识，遂有一种特殊的需要"④的认识，新中国成

---

① 《列宁全集》（第18卷），人民出版社，1988年，第341页。
② 《马克思恩格斯选集》（第一卷），人民出版社，1995年，第59页。
③ ［美］罗伊斯：《黑格尔学述》，贺麟译，商务印书馆，1936年，第377页。
④ 李长之：《西洋哲学史》，正中书局，1940年，第2页。

立之初,我国便开始全面致力于黑格尔哲学的翻译与研究。因为"黑格尔的学说于解决时代的问题,实有足资我们借鉴的地方"①。这是我国哲学家基于对中国近代历史、现实国情和中国现代化的发展目标任务的深刻思虑做出的重要选择。

1. 从社会物质生产劳动的实践为出发点理解主体性问题是马克思对唯心主义和旧唯物主义的彻底颠倒,是马克思实践唯物主义的基础,马克思主义哲学的三个重要组成部分源于此

作为马克思主义哲学重要组成部分的德国古典哲学,是马克思主义哲学通向历史唯物主义的一条直接线索。在以康德、费希特、谢林和黑格尔为代表的德国古典哲学中,主题就是"主体性"问题或"实践"问题,并最终走向了马克思。在《神圣家族》中,马克思正是基于对西方哲学唯心论和旧唯物主义的彻底颠倒,完成了对德意志意识形态政治经济学批判的辩证唯物主义历史前提。

1962年,伽达默尔在《20世纪的哲学基础》一文中指出,19世纪与20世纪在主体问题上的本质联系与区别,都突出围绕着黑格尔哲学对主观意识或主观精神的批判展开。德国古典哲学之所以能够走向新的、革命性的时代,除了德国工人阶级的大公无私和科学精神之外,西方哲学从古希腊哲学、希伯来宗教、罗马法律到基督教和科学的发展,唯物史观和黑格尔辩证法的革命性遗产被马克思主义所吸收,最终找到了通向无产阶级革命的突破口。恩格斯在《路德维希·费尔巴哈和德国古典哲学的终结》的最后一句话"德国的工人运动是德国古典哲学的继承者",而概述标题中的终结(Ausgang)就有"出口"的意思②。马克思学说的黑格尔渊源是客观的,但黑格尔对于"主体"的理解是矛盾的。推动历史发展的决定力量被黑格尔区分为两个绝对对立的存在:"一方面是群众,他们是历史上的消极的、精神空虚的、非历史的、物质的因素;另一方面是精神、批判,他们是积极的因素,一切历史行动都是由这种因素产生的。改造社会的事业被归结为批判的大脑活动。"③对此,马

---

① [美]罗伊斯:《黑格尔学述》,贺麟译,商务印书馆,1936年,第200页。
② 参见赵敦华:《马克思哲学要义》,江苏人民出版社,2018年,第217页。
③ 《马克思恩格斯全集》(第2卷),人民出版社,1957年,第109页。

克思不但对黑格尔哲学中包含不彻底的、否定意义的主体概念加以批判,而且运用辩证法批判了17世纪西方唯心主义的哲学方法论错误。在17世纪经济学的个人主体论中,无论是亚当·斯密、大卫·李嘉图,还是卢梭,"这种个人不是历史的结果,而是历史的起点。因为按照他们关于人性的观念,这种合乎自然的个人并不是从历史中产生的,而是由历史创造的"①。马克思盛赞18世纪具有革命性的法国唯物主义思想,认为爱尔维修的唯物主义将会使法国哲学登上新的历史舞台。

马克思在对英国古典政治经济学、德国古典哲学和法国空想社会主义的研究基础上,最终将实践的而不是观念的、抽象的主体性问题确定为贯彻历史唯物主义的一条重要原则。1845年马克思在《关于费尔巴哈的提纲》中明确指出:"从前的一切唯物主义——包括费尔巴哈的唯物主义——的主要缺点是:对事物、现实、感性,只是从客体的或者直观的形式去理解,而不是把它们当作感性的人的活动,当作实践去理解,不是从主观方面去理解。"②在实践中,马克思对劳动主体给予很高评价,主张从生产劳动而不是抽象自我意识的主体概念出发,从社会物质生产劳动的实践为出发点去理解一切主体性问题, 这一思路日后构成实践唯物主义与传统唯物主义之间的根本分水岭。从这一点出发,"实践的主体性"问题就彻底取代了西方哲学"意识的内在性"问题,从而第一次真正瓦解了旧形而上学中被封闭的、被动的主体性问题根基,将社会现实性的实践和劳动作为全部哲学的基础和核心,成为思索一切马克思主义问题的根本点和出发点。这就是为什么"马克思关键性的转变体现在他早期作品中对主体性的再思考"的内在原因。今天的全球化和工业化发展道路有必要进一步加强对"马克思早期所发现的真正的历史主体观念"③的客观历史研究。

---

① 赵敦华:《马克思哲学要义》,江苏人民出版社,2018年,第316页。

② 《马克思恩格斯选集》(第三卷),人民出版社,1965年,第3页。

③ [美]汤姆·洛克莫尔、张梅:《马克思是一个费希特主义者吗?》,《马克思主义与现实》,2010年第4期。

2. 主体性问题是一个隐藏在西方哲学史中的潜在根基，找到它就找到了批判和反思西方哲学的内在线索

尽管"自我意识"源于古希腊，但西方"自我意识"的觉醒并非一蹴而就，主要开始于 16 世纪的欧洲文艺复兴。古希腊语的"自我意识"包含多种含义，"主体"作为明确概念来自拉丁语"Subjectus"。希腊文再次从拉丁文翻译过来后，原是指"在前面的东西"和"作为基础的东西"。①德尔菲神庙"认识你自己"的铭文，就是教人在同中求异，确立自我；赫拉克利特"我自己寻求"的原始朴素的辩证法意识和独立自我意识也包含这一内涵。可见，早期自然哲学从普罗泰戈拉直接将人作为万物的尺度，到巴门尼德对多中之一、变化中之不变的始基或本体的追求，已经表现出西方哲学中对思维主体的能动性和抽象性思维特点的重视。然而在古希腊哲学中，尤其是亚里士多德哲学中，主体还不是对人的特殊规定。在本体论意义上，亚里士多德的主体是指世界的"本原"和"始基"；在逻辑学意义上，主体是指主词指称的对象（包括人）。直到近代主体哲学的开创者笛卡尔提出"我思故我在"，具有独立意志的"自我"才获得主体性本质的哲学表达。哲学上的圣权和俗权相分离，这是资产阶级宗教改革、文艺复兴和 18 世纪的启蒙运动的哲学遗产，是 19 世纪人文主义勃兴的产物。这一思潮直到黑格尔代表的德国古典哲学，才最终完成对主体性问题的哲学奠基。因此，主体性问题被誉为从头到尾隐藏在西方哲学中的根基。②

笛卡尔确立了主体性原则，但这时西方哲学的自我还是原子式的主体，无法解决不同主体之间的差异及知识的普遍性问题，因此还无法完成将主体性原则贯彻始终的任务。这一任务最终是由作为近代哲学最后一位哲学家的胡塞尔完成的，他开辟了一条从自我主体中寻找客观真理依据的现象学之路。在《观念Ⅲ》和《笛卡尔式的沉思》中，胡塞尔现象学通过自我与他人的意向性交流，构成单子共同体，从而使个别的主体构成主体间性。自我与他人通过自我共同体，构成我们的世界（ego's），从而将单一主体性发展为集

① 汪堂家：《自我的觉悟：论笛卡尔与胡塞尔的自我学说》，复旦大学出版社，1995 年，第 165 页。
② 参见高秉江：《胡塞尔与西方主体主义哲学》，武汉大学出版社，2000 年，第 10 页。

体主体性,也就是说没有主体性就没有"主体间性";没有自我就没有"自我共同体"。至此,胡塞尔把主体性问题引入社会性和文化性的理解之中。费希特进一步遵循"实践优先"原则,指出在实践哲学基础上发展伦理学才能最终驳倒独断论;谢林的哲学体系《先验唯心论体系》进一步演绎和发展了费希特的"主体性"原则,"自由是一切哲学思维和一切生存的根本"[1]。用"自由"充实了德国唯心论的"实践"概念,把"存在与思维具有统一性"的问题作为哲学的首要问题,促进了马克思对思维与存在是哲学基本问题做出的全面深刻的总结。

通过 19、20 世纪西方哲学的发展历程和逻辑可见,20 世纪的马克思主义中国化,一方面我们要进一步学习欧洲启蒙运动中西方哲学的实践技艺如何通过科学实验成功地转化为知识技术,促进了近代西方哲学与新兴的自然科学的结盟,推动西方社会经济和生产力的整体发展历史;另一方面我们要学习 17—20 世纪的西方哲学对人的价值和自由的研究,推动封建主义背景下的西方资本主义社会文化解放和社会变革,对人类自由和发展发挥了积极作用。在这一过程中,西方哲学从本体论、认识论和价值论的高度,总结了西方政治、经济、法律和社会制度的得失。可以说,数代中国哲学家共有一个理想,即"创造中华民族自己的哲学理论,并使中国哲学走向世界进而产生重大的世界影响"[2]。然而,"没有民族的科学的大众的文化即新民主主义文化的发展,没有几万万人民的个性的解放和个性的发展,一句话,没有一个由共产党领导的新式的资产阶级性质的彻底的民主革命,要想在殖民地半殖民地半封建的废墟上建立起社会主义社会来,那只是完全的空想"[3]。马克思主义这一历史进程是"中国近代以来范围至为广阔、影响至为深远的:我们的哲学社会科学从封闭状况中摆脱出来,迅速接近了诸学科领域的前沿问题、前沿领域,从而能够与国际同行开展积极对话"[4]。

费希特的《对德意志民族的演讲》宣告了哲学主体性问题与哲学革命新

---

① Johann Gottlieb Fichte, *Wissen schaftslehre nova methodo*, F. Meiner, cop.1982.。

② 参见孙利天、高苑:《中国哲学史研究的主体自觉》,《吉林大学社会科学学报》,2013 年第 1 期。

③ 《毛泽东选集》(第三卷),人民出版社,1991 年,第 1060 页。

④ 吴晓明:《摆脱"有学无思"获取"自我主张"》,《解放日报》,2018 年 12 月 11 日。

时代的必然联系:谁丧失了自己的独立性,谁也就同时丧失了深入地影响时代潮流、自由地决定其内容的能力;他只有在一个条件下才能超越这种状态,那就是在他面前出现一个新世界,他随着这个世界的创造而在时间上开始了一个属于他自己的新阶段, 并且随着这个世界的不断塑造而充实了这个新阶段。①因此,中国的现代化、当代马克思主义中国化和当代中国哲学的主体自觉要高度重视主体性问题,重视主体的独立自主建设,更加深入地探讨如何结合主体性问题、发挥我们自身的制度优势和中华民族文化传统,将马克思主义哲学中国化、中国传统哲学现代化和西方哲学处境化推向新的历史高度, 这就是主体性问题在马克思主义哲学中国化和中国现代化进程中的历史命运。

3. 马克思的主体性问题是理解社会主义革命性与新时代到来必然性的一把钥匙,社会主义者在主体性问题上是否采取辩证的和历史的态度,决定了其能否走出原子式个体的资本主义市民社会

以青年黑格尔派为代表的自由派并没有继承康德—费希特—黑格尔的德国古典哲学革命性。在自我意识问题上的不成熟,最终将克服社会矛盾的出路局限在小小的自我意识领域,无法实现世界哲学化的目标。历史再次显示,试图以抽象的方式证明主体的自由和正义、货币与资本的客观性是愚蠢的。因为他们想要证明"社会主义就是实现由法国革命所宣告的资产阶级社会的理想,交换、交换价值等等最初(在时间上)或者按其概念(在其最适当的形式上)是普遍自由和平等的制度,但是被货币、资本等等歪曲了"②。他们不了解资本主义,不理解马克思在《政治经济学批判》《论犹太人问题》《1857—1858年经济学手稿》和《德意志意识形态》中对"生产"及社会存在的历史性规律的论述,对西方国家市民社会和共同体理论的论述,以及马克思对市民社会是资本主义社会特有产物的判断。因此,当我们仅仅从孤立的主—客体关系看待物质生产要素角度、理解生产和资本时,正是资本主义社会所需要的辩护。它并不能够对生产和资本做出历史唯物主义的理解,相反,甚至还

---

① See Johann Gottieb Fichte, *Reden andie Deutsche Nation*, Felix Meiher Vorlag, 1978.

② 《马克思恩格斯全集》(第30卷),人民出版社,1995年,第203~204页。

没有超越古典政治经济学对资本的要素式思维局限。[1]"只有把生产的资本主义形式当作生产的绝对形式、因而当作生产的永恒的自然形式的资产阶级狭隘眼界,才会把从资本的观点来看什么是生产劳动的问题,同一般说来哪一种劳动是生产的或什么是生产劳动的问题混为一谈"[2],从而使主体性问题最终走向了马克思。

1847 年,马克思将正义者同盟改组为共产主义者同盟时,深刻指出了科学社会主义理论指导下的国际无产阶级政治组织对于无产阶级革命和国际工人运动和政治斗争的深刻意义。而组织参与法国五月风暴的西方左翼和西方国家的共产党,在五月风暴爆发后期对全社会立刻向社会主义过渡并没有做好全面准备,以致当资本主义国家过渡到社会主义迫在眉睫时,西方工人阶级、资产阶级、小资产阶级改良主义等对于资本主义市民社会的权力分配、政治、经济、文化和对内对外政策一片茫然。由于缺乏政党组织、纲领和有效集中领导等严重弊端,法国的五月风暴以失败告终。西欧主要资本主义国家的左翼思想家、西方马克思主义学者也纷纷跻身马克思和恩格斯曾经在《神圣家族》和《德意志意识形态》中批判的青年黑格尔派唯心主义哲学,尤其是"英雄史观"的错误,将希望单纯地寄托于用抽象思考为人类服务,没有重视马克思和恩格斯所提出的"无产阶级政党建设"及其对无产阶级本身的教育改造的重要意义,失败也就成为历史的必然。因此,旧唯物主义只能是进入古典政治经济学的入口,旧唯物主义抽象的、原子式的主体性,无法克服社会异化和实现人的自由和全面发展的社会主义革命性需要。因此,超越古典政治经济学、德国古典哲学和资本主义市民社会的原子式主体,离不开马克思唯物史观的深层视野。[3]

(二)我国社会主体性的现实问题及其特点

如前文所述,我们可以把 20 世纪哲学在中国发展的道路划分为马克思主义哲学中国化、中国传统哲学现代化和西方哲学处境化,简称"三化"趋

---

① 参见《马克思恩格斯全集》(第 32 卷),人民出版社,1998 年,第 69~70 页。

② 《马克思恩格斯全集》(第 26 卷),人民出版社,2014 年,第 422 页。

③ 参见仰海峰:《政治经济学批判中的历史唯物主义》,《中国社会科学》,2010 年第 1 期。

势,这段历史进程可以进一步分为四个阶段,即 1900—1930 年的"三化"肇端阶段、1931—1949 年的"三化"彰显阶段、1950—1978 年的"三化"艰难探索阶段,1978 年至今的"三化"发扬踔厉阶段。

　　1978 年的改革开放,开启了马克思主义中国化"三化"的新阶段和中国现代化的新起点。建立社会主义现代意识和独立人格的主体性,即社会主体人格的现代转型,这是中国现代化的哲学基点。改革开放初期我们对西方哲学的研究走了一些弯路。例如,在资本主义市民社会和国家理论研究中,出现了如何在马克思主义中国化进程中理解社会主体性、马克思主义的本质属性以及与基本理论的关系问题,提出了改革开放究竟要不要继续、中国社会主义的旗帜要不要扛下去,中国特色的社会主义道路向何处去的疑问。当时有些学者倾向于全盘接受苏联和东欧一些学者的观点,把西方马克思主义看成是"打着新马克思主义的旗号反马克思主义",从性质到作用全盘否定西方马克思主义;而当我们党强调解放思想和实事求是的时候,又有一些学者全盘接受西方新左派学者观点,"马克思学"和西方马克思主义把马克思与恩格斯对立起来,鼓吹指导思想多元化。同时,西方资产阶级势力与国内极右势力互相利用,通过人们关于"文革"反思的"伤痕文学"作品为切入口,诋毁中国的社会主义制度,宣扬资产阶级自由化思潮和输入资产阶级意识形态,企图不战而胜,对中国实现和平演变,加紧让中国政权"变色"。这一时期对国内产生过冲击的国外思潮有:西方的系统论等自然科学方法论、西方的非理性主义、存在主义、人道主义、民主社会主义、人本主义等思潮。这一时期研究的问题往往是现代西方社会中的具有微观现实性的问题。例如,现代科学技术革命与人的关系问题、现代西方社会中人的异化问题、发达资本主义社会阶级关系的变化问题等。然而哲学的知识或思想不是空疏虚幻的玄想,不是太平盛世的点缀,不是博取功名科第的工具,不是个人智巧的卖弄,而是应付并调整个人及民族生活上、文化上、精神上的危机和矛盾的利器。[1]随着改革的深化,不断打破旧思想禁锢,解放思想,正确和客观地认识西方马克思主义的性质问题被日益迫切地提上了议事日程。因此"必须跳出纯理

① 参见贺麟:《贺麟全集》,上海人民出版社,2012 年。

论的标准，更必须跳出苏联模式的教科书体系的标准来评判西方马克思主义对传统的马克思主义观点的修正和发展"①。

1983 年 10 月 12 日，邓小平在中共十二届二中全会上发表《党在组织战线和思想战线上的迫切任务》，重点指出"整党不能走过场"和"思想战线不能够精神污染"两大政治原则问题。②邓小平指出关于思想文化战线的问题，"精神污染的实质是散布形形色色的资产阶级和其他剥削阶级腐朽没落的思想，散布对于社会主义、共产主义事业和对于共产党领导的不信任情绪"③。陈云也在会议上强调要充分注意对外开放中带来的消极东西。④在这样的背景下，国内出现了如何客观看待"文革"十年中的"主体性"问题、如何看待改革开放的主体性问题等关于"主体性"问题的大讨论，其核心在于探讨中国现代化进程，主题直奔中国人的现代化，社会主体人格的塑造等。1985 年，我国理论界开始讨论人的现代化与文化变革的关系问题，1987 年，我国开始对社会主体性问题的讨论，主要解决了三大哲学基本问题，即历史唯物主义中的主体性及其原则问题（历史选择论与历史决定论）、自由与人的关系问题（个体自由发展与类的全面发展的关系）、人的本质问题等。

经过真理标准问题的大讨论，2003 年党中央第一次将关于人的问题写入党的文件作为全党的指导思想，以人为本、人的价值、人民的利益，成为一切工作的出发点和归宿。今天，我们回首当年关于社会主体性问题的大讨论，可以知道这是改革开放引发的一场新的思想解放，其具有以下四个方面的特点：

第一，我国的这场"社会主体性"问题的大讨论不同于西方哲学主导的主体性思维模式，具有深切的中国社会现实观照。西方哲学的主体性问题是认识论属性的思维模式，主体与客体的关系是抽象对立的，存在与思维的关系由人的抽象观念和自由意志的思辨性起主导作用。因此，将认识论中的主体与客体的二元割裂开来看待主体，在认识社会、自然与自身过程中，不是

---

① 陈学明：《我们今天如何研究西方马克思主义》，《求是学刊》，2001 年第 4 期。

②④ 参见《〈中国人民共和国史稿〉简明读本》编写组：《〈中华人民共和国史稿〉简明读本》，学习出版社，2015 年，第 290 页。

③ 《邓小平文选》（第三卷），人民出版社，1993 年，第 39 页。

出现过分夸大主体，就是过分夸大客体的现象，因此在实践领域往往得出形而上学的结论。为了改变这种思维模式，我国的这次社会主体性大讨论，不仅坚持马克思主义的辩证唯物主义和历史唯物主义哲学的劳动主体和人民主体的价值，同时对西方哲学真理观扬弃的意义进行反思，开启了关于实践是检验真理的唯一标准的大讨论，扭转了对抽象唯一真理观的错误认识和为唯物史观的重新确立奠定了基础。

第二，我国的社会主体问题研究首先是从文学和伦理学开始，寻求人生价值，探索人的生存方式。1980 年 5 月，发行量超过二百万册的《中国青年》杂志，刊登了一封署名"潘晓"，充满青年人困惑的长信。文中首次提出"主观为自己，客观为别人"的伦理命题，最后感叹"人生的路呵，怎么越走越窄"，随即一场持续了半年多的全国范围内的"潘晓讨论——人为什么要活着？"全程共有六万多人来信参与和讨论。《中国青年》原总编辑彭波在谈到当年的"潘晓问题"时说，改革的一切都是为了生产力的解放，也就是说是人的个性的最大解放。中国四十多年来的改革开放，正是从最初对"人生的路为什么越走越窄"的疑问和不满，走向寻求变革、寻求个性解放、寻求创造的历史奋斗过程。"潘晓问题"不仅是对"文革"的反思，更是一种对旧体制的诘问，旨在建立具有原创精神的当代马克思主义中国化路径。

第三，中国现实的"社会主体性"问题的提出是对真理标准大讨论的深化，丰富了马克思主义中国化创新的内涵。

在中国共产党领导下重新确立的以"社会化人类"的实践作为检验真理标准的真理观，给主体性问题的大讨论带上了更加鲜明的社会主义时代特色。1980 年 9 月在合肥举办的关于人的问题哲学讨论会，提出重新研究马克思主义人学思想，讨论人学在马克思主义哲学中的重要地位。讨论的整个脉络从侧重科学认识论出发，引申到对马克思主义真理观和社会历史观的大讨论。这是一次针对当代中国现实问题，以主体性问题为代表的，对西方哲学认识论、真理观和历史观等哲学重要基本原则的一次大总结和大讨论，尤其重点讨论了改革开放与人道主义问题、人的异化问题、人生观以及人的价值等新的社会主义现实背景下的伦理学问题，丰富了马克思主义中国化的内涵。

改革开放四十多年后，在不断突破传统西方哲学真理观和社会发展模式理论背景下，当代马克思主义中国化进程不断摆脱经验主义和理性主义、真理和谬误、自然和实践、知识和价值等的二元分立的旧式思维模式，将马克思主义中国化提升到国家战略的高度。这意味着中国特色社会主义理论不仅是一种振兴中国的经济手段，而且是一种中国经济飞速发展背后的精神因素，是一种强劲的中国文化和价值张力，对于全球范围内塑造命运共同体意识的思维模式、权利与责任、分工与协作、国际关系与国际秩序等，对于培育"一带一路"背景下的现代亚洲主体精神具有新的启示。

第四，我国对"社会主体性"问题的理论研究成果伴随着20世纪中西马的相互融合逐渐走向世界，极大促进了中国伦理学的现代化。

具体来说，20世纪80年代我国学界关于人道主义与异化问题的讨论，发展到90年代初，理论热点转变为关于人生价值观的讨论。随着计算机、基因技术和生物医学技术等三大新兴技术的快速发展，我国积极参与全球环境治理与生态危机防治的伦理学研究，到90年代末，我国的社会主体性问题继续扩展到更大范围的基因工程与生命伦理、计算机互联网伦理、环境伦理、生态伦理、经济伦理与政治伦理学等领域。20世纪中国社会主体性问题的理论成果最终落实在世界哲学大会的主题内容上，更多关注发展中国家的社会主体性哲学研究。从1993年8月，在莫斯科召开的第十九届世界哲学大会的主题"转折点的人类，哲学的前景"，到1995年在波士顿召开的第二十届世界哲学大会主题"哲学、教育和人类"，再到2018年8月北京召开的第二十四届世界哲学大会的主题"学以成人"，可以看出，21世纪的世界哲学越来越多地聚焦于发展中国家文化的社会主体性问题及发展中国家人的发展权利问题。可以说，我国关于社会主体性的现实问题大讨论功不可没。

(三)当代中国哲学的主体性自觉

21世纪的全球化，在一百多年前马克思的预言大多已经实现的今天，面对马克思在政治经济学批判、意识形态批判中形成的唯物史观，我们仍旧汗颜，因为我们仍不敢说对马克思主义的辩证法与唯物主义相结合的方法彻底弄清楚搞明白了。我们可能"还没有完全澄清马克思和恩格斯在哲学上的革命变更的深层意义。我们还应当进一步追问：他们是怎样实现上述批判继承并将辩证法和唯物主义统一起来的"①。这个地基不稳，高楼大厦就总有危险。我们通过西方哲学要深入了解如何从唯心主义角度最大限度地把西方哲学从形而上学中解放出来的实践方法。包含"历史唯物主义的萌芽"，"历史唯物主义，是在黑格尔那里处于萌芽状态的天才思想——种子——的一种应用和发展"。②这对于当代马克思主义中国化历程中，摒弃封建主义、资产阶级意识形态和小资产阶级意识形态的思想干扰，最终在思想理论上战胜唯心主义，具有深远的战略意义。为了推动马克思主义中国化创新，改革开放至今四十多年的时间里，我国一方面致力于加强马克思主义哲学研究和理论体系建设工程，重视马克思主义理论体系和马克思主义教材体系建设，提出弘扬社会主义主旋律，构建社会主义核心价值观体系；另一方面克服"左"的错误、坚持用发展的马克思主义研究与评价现代西方哲学、西方马克思主义取得的重大理论成果，明确提出建设中国特色社会主义理论，将马克思主义哲学与中国国情相结合的具有中国特色的社会主义理论写入党章。四十多年来，针对马克思哲学文本的研究逐渐形成具有鲜明特色的马克思主义哲学研究学术氛围。

复旦大学刘放桐先生于 20 世纪 90 年代中期提出，后由俞吾金教授明确主张的马克思主义哲学与西方哲学的对话及以此为基础进行的马克思主义哲学创新，尤其强调通过与西方哲学及西方马克思主义的对话澄清马克思主义哲学的"实践学"和"人本学"本质；吴晓明教授早期致力于马克思与当代西方哲学家，尤其是海德格尔关系的研究，旨在揭示马克思主义哲学的存在论性质，进而论述马克思主义哲学是超越传统哲学的新哲学，阐明马克思主义哲学的当代性。早期的"中西对话"，一方面把马克思主义哲学放到西方思想传统之中，破除了对马克思很多概念和重要理论的错误理解，取得了积极的理论成果；另一方面，我们借助对西方马克思主义的研究，展开对马克思主义哲学的自我理解和自我阐释。在这一时期，我国马克思主义哲学发展

---

① 刘放桐：《从经典马克思主义到西方马克思主义》，《求是学刊》，2004 年第 9 期。
② 列宁：《哲学笔记》，人民出版社，1974 年，第 202 页。

的另一个新特点是借鉴西方马克思主义,关注 MEGA 版文本学研究方法,从而对马克思主义哲学史研究展开新一轮的创新。通过"文本解读法",依据《德意志意识形态》一书的原始手稿和新的《马克思恩格斯全集》历史考证版 MEGA2 版的最新进展进行深入研究。吉林大学孙正聿先生针对苏联教科书对马克思主义哲学基本问题的遗忘或误解,提出以"反思"方式来理解马克思主义哲学基本问题,通过反思概念来把握思维与存在的关系的方法,深化了我们对哲学、马克思主义哲学辩证唯物主义基本问题和基本命题的认识。我们要牢记苏联对马克思主义僵化的教条式理解的历史教训,摆脱苏联哲学教科书体系,直接通过马克思恩格斯哲学经典著作文本把握马克思主义哲学的本来面目。哲学是对理论思维的前提批判,把理论思维的"不自觉的和无条件的前提"作为哲学的批判对象;从世界观角度把握马克思主义哲学的实质,认为历史唯物主义不仅是马克思主义的"历史观",而且是以"历史"为解释原则的马克思主义的"新世界观",成为看待历史的前提条件。马克思主义哲学在本质上是面向时代问题的。马克思所开辟的唯物史观的哲学道路就是面向人的主体性与独立性、现实生活世界和现实逻辑,是关于近代西方哲学"主体性"问题的全面解答。在"主体性"问题上,我们应以中西马融合的视角,提出面向西方哲学处境化的"中国问题",以此作为马克思主义哲学研究的突破点,继续下大力气探索和研究马克思主义的辩证法如何借助主体性问题与唯物史观结合起来的方法路径。

吴晓明教授已指出马克思主义中国化与当代中国创造新文明形态的可能性。[①]重塑当代中国哲学研究的主体性自觉,学习和研究当代西方哲学,寻找和开辟新的文明形态,在马克思主义中国化历程中,最重要的历史经验就是坚持马克思主义理论指导下的西方哲学研究,这是马克思主义中国化的方法论和源头活水。同时,我们要继续坚持以西方哲学为中介,立足中西马三大哲学,共同致力于当代中国哲学的机遇与挑战。一方面,这是中国近代史和马克思主义中国化历程的历史选择,为我们逐步奠定了探索中国特色社会主义道路的哲学基础;另一方面,这也是新的世界史的命运。20 世纪的

---

① 参见吴晓明:《马克思主义中国化与新文明类型的可能性》,《哲学研究》,2019 年 7 期。

欧洲在经历了两次世界大战的灾难之后,重新回到马克思的"实践",并在社会和文化哲学等方面受惠于马克思主义哲学,最终在"主体性"问题上完成了当代西方哲学的实践转向。因此,21世纪的当代中国的哲学主体性自觉必须要继续坚持在马克思主义哲学指导下,克服现代西方哲学主体性的内在局限性,坚持运用马克思主义唯物史观,将抽象的外在性知识转化为现实的社会主体性知识和实践;坚持马克思唯物史观与辩证法结合的实践唯物主义,将主体性哲学从抽象概念的逻辑演绎中解放出来,克服并最终超越西方哲学的教条主义和主观主义,继续促进马克思主义中国化在中西马哲学融合会通的背景下的创新与发展,开辟和推动世界新的文明形态的重塑。

六、在当代比较哲学方法论视野下马克思主义哲学中国化路径新探

哈贝马斯说,十几年来世界出现的四种哲学思潮,对当代西方哲学发生了重大影响。它们分别是分析哲学、现象学、西方马克思主义和结构主义。[①]具体分析现代西方哲学发现,西方形而上学尽管遇到了自身思维方式内部的尖锐挑战,但归根结底,"后形而上学"和"形而上学的复兴"仍旧在西方哲学原有的框架内迷茫。金融危机后的现代西方哲学究竟向何处去?这不仅关乎西方哲学未来发展方向,更是关涉我们对马克思主义哲学中国化的理论和实践问题的思考深度。

(一)西方哲学的当代挑战

现代哲学在语言表达、思维方式等方面拓展了西方哲学的传统视角。发生在分析哲学等现代哲学中的语言学转向特别是媒体语言对我们和世界关系的影响问题,揭示了语言对思想的重大影响,以及语言使用方式的创新,语言与思想,语言、世界与实在论等一系列哲学问题。随着计算机和互联网技术"高速公路"的开通,人们使用语言的方式也在发生变化。例如,通过新

---

① 参见[德]哈贝马斯:《后形而上学思想》,曹卫东、付德根译,译林出版社,2003年。

媒体的推特、脸书等技术,博客、微信、微博等语言方式,不仅改变了人们的生活方式和交往方式,也给我们的社会政治、文化、思想带来了重大的现实影响。20世纪60—70年代西方经历社会转型后,哲学经历了理性的复兴,加入了少有的东方色彩。尽管哈贝马斯说这是一种"反形而上学的逆流"①,但新实用主义哲学家普特南认为这是"亲形而上学"②,即哲学是洞察人类如何处理问题的情境而不是一味追求一切知识的理论。这才是哲学反思所能发挥的最好作用。

由此可见,20世纪下半叶之后西方哲学出现的新转折和新视野说明,西方哲学经历的共识性特征,即哲学的宗旨要走向实践和生活,与中国哲学形态的特征是高度吻合的。而中国哲学形态为西方哲学视角的变化提供了另一种视角的可能。因此,有学者指出,21世纪的西方哲学研究总体趋向于两条道路并存的局面:一条道路,是把哲学的触角直接伸向生活和社会,力图通过分析社会生活问题或为这样的问题提供理论援助而对社会生活产生重要影响;另一条道路,是仍坚持哲学批判一切社会生活问题的作用。③这就说明,西方哲学正在面临一个新的时代。正如普特南对西方哲学的本体论和认识论形而上学的态度是,"没有任何理由说明,研究人的认知要求我们要么把认知还原为计算,要么试图把认知还原为脑过程。我们很可能成功地发现大脑的理论模型,这种模型将极大地增进我们对大脑如何运转的理解,而对于大多数心理学领域却没有多少帮助"④。

在共同的生存命运面前,西方与东方终于走到了一起。然而这次相遇是基于面对共同的人类命运的同舟共济,而不是要在全球化背景下,进行新一轮的西方价值观和思维方式的普遍化。西方哲学能否建立类似中国哲学形态的社会生活和价值文化经验的哲学思维方式和研究方式,这是一个关乎未来西方哲学社会科学发展方向的关键问题。西方哲学的发展历史证

---

① [德]哈贝马斯:《后形而上学思想》,曹卫东、付德林译,译林出版社,2003年。

② [美]希拉里·普特南:《重建哲学》,杨玉成译,上海译文出版社,2008年,第193页。

③ 参见江怡:《当代思想哲学演变史》,人民出版社,2009年,中国社会科学院哲学研究所编:《中国哲学年鉴2010》,2010年,第275页。

④ [美]希拉里·普特南:《重建哲学》,杨玉成译,上海译文出版社,2008年,第17页。

明,无论建立何种形态的本体论形而上学系统,以此为基础都无法生发出对生存状态分析进行人生切近的学问。这无疑是当代西方哲学面临的最大挑战之一。

(二)马克思主义哲学与当代中国哲学

中国哲学对马克思主义哲学的研究关键在于结合本土国情的继承与创新。因此马克思主义哲学与中国哲学传统的结合,包括两方面的基本内容:一方面是探索马克思主义哲学与中国哲学传统的结合点,另一方面是探索当代马克思主义哲学的中国化创新意义和未来中国哲学的发展方向。只有充分展开两个层次的创新与实践,马克思主义哲学才能真正进入中国哲学传统中去,成为当代中国哲学的有机组成部分。因此,马克思主义哲学关于"民族的片面性和局限性日益成为不可能"[①]的论述,对现代西方哲学的变革,对黑格尔"世界哲学"的超越意义具有很重要的启发性。

1. 如果不能超越西方哲学的本体论思维方式,讨论世界历史的一般性与中国现代化的特殊性问题就会再次陷入困境,既无法解决西方哲学试图进行的"后形而上学"问题,又不能解决中国现代化的实践问题

我们从现代西方哲学的语言学转向后形而上学的迷茫的可见一斑。"说"代表的是一种具有传统形而上学特征的逻辑反思思维模式。传统哲学的"反思"指的是一般意义上的反思,即自我意识对于自己的理性批判,是纯粹认识论意义上的理智活动。而"说",是直观中的体验相对于个体自我直接被给予性的,因此是不可用逻辑结构替代"言说"的。因此,它与个体的我统一而不可分割的统一,必须在直接向我们显现的直观中描述它、体验它,"无法言说"不意味着无法体验,而恰恰说明了它不是认识观察的对象而是事情本身,即对于"红"的感受只能回到"红"本身,回到事情本身的自明性之中去体验和领会。在这种领会中"红"对于我也就不再是认识对象,处于人和世界的对立面,而是与我成为一个整体。如果要现代西方哲学放弃这种认识论的割裂,就是必须放弃本体论,而本体论没有了,西方整个形而上学便消解为

---

① 《马克思恩格斯选集》(第一卷),人民出版社,1995 年,第 276 页。

真空地带,这正是所谓"后形而上学"的迷茫所在。

这种认识论思维方式在"全球化"中得到了加剧。一方面,它促进了自然科学领域现代科技的发展;另一方面,它在人文科学领域导致了科学主义、普遍主义和本质主义哲学思维方式的片面化和教条化。这种情况反映在国内便是马克思主义哲学中国化遭遇的挑战。

在国际上,西方全球化和现代化思潮从意识形态上否定全球化时代民族价值理念存在的合理性,直接挑战20世纪民族解放运动基础上确立的民族国家观念。这一挑战具体到中国的现实,就是否定社会主义与市场经济体制的关联性;在国内,作为对西方全球化和现代化思潮的回应,政治儒学和自由主义对中国的主流意识形态作了许多的批判。①这些批判,提出了全球化时代中国应该建设什么样的政治文明和主流意识形态,但是问题始终谈不清楚。归根结底,它依旧是在西方哲学的思维框架中讨论普遍与特殊的范畴关系。因为中国的现代化,不是作为认识旨趣的范畴体系来理解和实现的,而是作为人生存发展中对生命自觉的实践前提。正如毛泽东所指出:"十月革命一声炮响,给我们送来了马克思列宁主义。十月革命帮助了全世界的也帮助了中国的先进分子,用无产阶级的宇宙观作为观察国家命运的工具,重新考虑自己的问题。"②重新考虑问题意味着首先要变革我们思考问题的方法。

2. 如何把当代的中国特色的市场经济与社会主义和谐社会的建设有机结合起来,创新中国的现代化发展和转型模式,需要当代全球化背景下的中国哲学提供世界观与新的方法论

这种世界观,不是原理意义上的知识。所谓原理,在西方哲学中是任何理论前提中不证自明的逻辑规定性,具有普遍绝对性和必然性。这就引出一个难题:究竟是先有理论才有实践,还是先去实践再产生理论? 马克思的唯物辩证法和历史唯物主义对此有非常详细的论述,强调实践是检验真理的唯一标准,强调理论与实践相结合的思维方法。如果仅从纯粹概念思辨的理

---

① 参见何萍:《马克思主义哲学与当代哲学的创造》,《光明日报》,2006年5月23日。

② 《毛泽东选集》(第四卷),人民出版社,1991年,第1471页。

论出发,最终只会脱离生活而走向教条主义和本本主义。然而,对原理的超越性追求是西方哲学根深蒂固的一种特色。正因为原理所蕴含的本体论普遍性,使它成为高于一切知识的"第一哲学",成为知识中的知识,即认识的本体论前提。西方哲学由柏拉图开辟的哲学特征,追求脱离经验的绝对普遍知识,最终导致对经验不同程度的贬低和忽视,而对概念意义上的、精确的普遍必然性,即知识的崇尚。尽管,现代哲学不同程度地试图重返亚里士多德经验意义上的普遍性,但是这种内在的本体论承诺一直阻碍着这种企图的实现。因此,现代西方哲学并没有直接继承马克思主义哲学的理论成果,在这一点上走了不少弯路。现代西方哲学从实证主义发生转折,很大程度上就是弥补这一真空地带,重新回到马克思。用海德格尔的话说,西方人必须学会在"无名中生存"①。

如果马克思主义哲学中国化要在恢复这样的原理中去理解马克思主义哲学,那么这不仅会牵引着中国实践背离马克思主义实践观,背离社会主义方向,最终只会令中国哲学陷入邯郸学步的尴尬。我们知道,中国哲学的宗旨是"知行合一"的。中国没有"第一哲学"意义上的本体论知识,因此我们对西方认识论的理解是关于"名实之辨"的形而上思考。中国哲学的"名实之辨",强调的是名与实相副,而名与实脱离开来,分别进行概念思辨式的逻辑反思的就背离了中国哲学的特征。因此,中国哲学关于宇宙自然万物的形而上思考是从原始混沌状态生发出来的,追求的不是原理意义上的、思辨概念式的知识(真理),而是通过"入静"体悟"天人合一"的感应状态并加以类比说明。这是一种与西方哲学完全不同的从事哲学的方式,代表着中国哲学形态的主流。因此,马克思主义哲学中国化要与中国哲学思维特征相结合,就必须运用中国哲学方法对生活进行总结、表达和实践。这样形成的马克思主义哲学中国化就是一种新的世界观,是基于中国生存背景下的"知行合一"。

---

① Martin Heidegger, *Basic Writing*, ed. by David Krell, Harper San Francisco, 1993, p.223.

3. 马克思主义哲学中国化、时代化和大众化的理论创新不仅关系中国现代化的社会主义发展方向，也决定着 21 世纪当代中国哲学的未来走向。全球化背景下的中西哲学碰撞，为当代马克思主义哲学中国化以及多元文化的发展和创新提供了历史机遇

当代中国哲学社会科学自主创新的重大使命建立在批判资本主义现代性的基础上，提出了开创一种新型的文明类型和社会类型的可能性。换言之，当代中国哲学的原创，对揭示中国经验和中国道路，破解"历史终结论"，为人类社会开辟新的未来等重大理论问题具有非常深远的历史和现实意义。20 世纪上半叶中国社会的各种学术思潮：进化论思潮、实用主义思潮、唯意志论思潮、科学主义思潮、自由主义思潮、无政府主义思潮、社会主义思潮、民族主义思潮、文化保守主义思潮、文化激进主义思潮、现代新儒学思潮、新左派思潮、新自由主义思潮等，都不同程度地与中国哲学结合过。然而，最终决定马克思主义哲学与中国实际成功结合的产物，就是与中国哲学形态、特征和哲学宗旨相统一。

由此可见，经历了"问题与主义讨论""唯物辩证法论战""科学与玄学论战""关于中国社会性质论战"，以及绵延近一个世纪的"东西文化论战"，在与各种思潮的相争与相融中，中国哲学逐渐从迷茫中走向新的文化自觉，探索出一条中国特色社会主义发展道路。这条道路不仅为世界提供了一个成为新世界的可能，更为中国哲学未来发展方向提供了一个新的方向。中国在成就自己的同时也创造着世界，丰富着中国梦的内涵，这就是全球化背景下当代中国哲学的时代根基。

第二章　马克思主义哲学中国化的时代脉动

一、中国大众的现代西方哲学

哲学在古代中国是玄学,在西方曾经是科学的科学,哲学家习惯于"形而上"与"形而下"的区分,高踞在上俯视大众生活。哲学可以大众化吗? 这是一个问题,如今更成了一个"to be or not to be"的问题。现代哲学失去了"科学之科学"的地位,遭遇了"形而上学的颠覆",成为人文学科的一个普通专业。哲学家过去的公众形象是智者和贤人, 现在却是这样一类——专业人员。他们使用专业术语,乐此不疲地争论只有本派别或圈内人士才感兴趣,而局外人听来不知所云的问题。哲学的从业人员越来越少,哲学的社会影响越来越小。"无用之大用"的辩解或"精神贵族"的自诩似乎不能为哲学危机解围,于是中外哲学界中"实践哲学""心性之学""生活世界""修齐治平""终极关怀"的呼声此起彼伏,但口号的背后依旧是抽象学说。哲学可以大众化吗? 借用马克思的一句话说:"这不是一个理论问题,而是一个实践问题。"比如,中国古代无哲学之名,但有哲学之实。那些现在被称为哲学家的古代士人大多出身于耕读传家的乡绅,他们的道德文章虽然有些超脱清谈,但总以民情国事为本,可谓知书达礼之人的大众哲学。再如,马克思主义在中国最初只是众多西学中的一个,在刚发达之时被讥为"不符合中国国情",但经过大众化之后,在短短的二三十年间就变成占统治地位的意识形态。据说蒋介石的案头放着一本艾思奇的《大众哲学》,他对幕僚文胆说,我们为什么没有这样的书？我们不是在军事上被共产党打败的，在哲学上已经被共产党打败了。这件事的真实性有待考证，但马克思主义的大众化对中国革命胜利的启蒙作用是不争的事实。

西方哲学可以大众化吗？历史提供了肯定的答案。苏格拉底是第一个把哲学大众化的人，以至于他的死不但在当时的雅典是重要的公共事件，而且成为西方思想史的里程碑，而我们还可以在西方哲学史上找到许多对公众发生重要影响的哲学家。西方哲学大众化的最近事实是启蒙时代的哲学。按照黑格尔的说法，"世界历史上这一个伟大的时代……只有两个民族，即日耳曼和法兰西参加了，尽管它们是互相反对的"[①]。尽管两国启蒙思想不同，但社会影响的规模和程度相当。法国的启蒙哲学家的学说控制了舆论民情，导致大革命的发生。托克维尔的《旧制度与大革命》忽视了这一点，而黑格尔《精神现象学》第六章"启蒙"一节恰恰揭示了这一点。法国人可能更认可黑格尔。君不见，在安放法兰西民族英雄灵柩的先贤祠，卢梭和伏尔泰的墓碑在最显耀的位置，以彰显启蒙哲学家对法兰西共和国所做的贡献。法国一直保持了尊重哲学的传统，即使国际地位下降也能成为哲学思想的输出国。德国古典哲学家的语言虽然晦涩难懂，但他们对德意志民族的统一和崛起的功绩不输于法国启蒙哲学家对法国的贡献。马克思在《〈黑格尔法哲学批判〉导言》中说，"我们德国人在思想中、在哲学中经历了自己的未来的历史"[②]，那是指在民族统一之前，德国哲学首先统一了人民的思想。恩格斯在《路德维希·费尔巴哈和德国古典哲学的终结》中说，"德国的工人运动是德国古典哲学的继承者"[③]，也就是说马克思主义以德国古典哲学为中介首先在德国工人中间传播开来。向中国人提出"西方哲学可以大众化吗"的问题，首先要看到，现代西方哲学即使在西方社会也没有做到大众化，因此西方社会也流行"哲学无用论""哲学终结说"；其次要看到，中西文化传统和语言的差异使得西方哲学更难在中国通过中文大众化。再次要看到，哲学工作者中有一种抵制大众化的普遍心态，似乎不读马克思恩格斯著作的德文考证本就不

① [德]黑格尔：《哲学史讲演录》（第四卷），贺麟等译，商务印书馆，1978 年，第 240 页。
② 《马克思恩格斯选集》（第一卷），人民出版社，1995 年，第 7 页。
③ 《马克思恩格斯选集》（第四卷），人民出版社，1995 年，第 258 页。

懂马克思主义,不恢复中文的"古语系统"就不能弘扬中国传统文化,不读"原汁原味"的外文版就不能理解希腊、罗马、英国、法国和德国等国的哲学。"信达雅"的翻译和民众喜闻乐见的语言本是中外哲学交流和大众化的媒介,现在却被视为学习和研究哲学的障碍。国内外哲学界总有一些人,非要把哲学道理讲得让人听不懂,以显示学问的高深奥妙;或讲得使人似懂非懂,让听众自愧不如,甘拜下风。鲁迅说:"一条小溪,明澈见底,即使浅吧,但是却浅得清澈。倘是烂泥塘,谁知道它是深是浅,也许还是浅一点好。"①用现代汉语讲哲学,讲得清澈见底未必浅薄;如果半文半白或中西夹杂地讲哲学,肯定是故弄玄虚。

二、当代中国哲学如何应对西方"后形而上学"的挑战

(一)西方路径的当代困境

现代西方哲学的历史和人类学路径,继法国结构主义后发生变化。无论在国外马克思主义视野下还是在现代西方哲学背景下,思维方式和路径在不断加剧自身困境的同时也力图进入当代实践哲学主流话语语境之中摆脱危机。

1. 现代西方哲学推动了启蒙运动以来古典理性主义向理性现实主义的转变,出现"后批判理论"的理性思维趋势,实现了某种意义上的马克思主义重建

结构主义之后,"后批判理论"与早期批判理论相比,不再属于传统西方马克思主义范畴的现代性批判。无论是福柯的"权力"理论与哈贝马斯的"交往行为"理论的语言论,还是霍耐特借助米德的社会心理学对青年黑格尔"承认学说"的重构,与17—18世纪近代哲学的认识论转向相比,这一时期的主题仍是澄清"主体哲学"或"意识"问题,即对批判理论规范基础的重建。但无论是心理学批判还是社会心理学批判,并没有彻底摆脱心理学思维方式的阴影。

---

① 唐弢:《琐忆》,《人民文学》,1961年第9期。

20世纪中叶前,英美哲学的经验论占据优势,分析哲学(分析经验论)、实用主义及大陆哲学都受其影响。60年代之后,战争令西方哲学开始反思社会、革命与哲学的深层关系,推动了这一时期法国结构主义和认知心理学的巨大发展,给经验论中纯粹的经验观察思维方法以沉重一击。后现代主义针对现代理性中"逻各斯中心主义""在场的形而上学""本质主义"的批判,发展了结构主义。"逻各斯中心主义"建立知识体系的企图,把知识建立在概念和原理的思辨基础之上;"在场的形而上学"确认知觉和观察的基本前提,却将这种前提看作绝对普遍的纯粹知识;本质主义力图恢复理性的绝对地位,这种对普遍绝对的理性追求却以放弃多元和差异为代价。①这一时期的哲学从"认识自己"转向"认识人的心理结构"路径。

尽管当代西方哲学建立在哈贝马斯"后形而上学"视野下,其理性观和主体概念受到哈贝马斯和霍耐特的很大影响,但最终还是使现代科学回归理性、范畴和概念意义上的思辨形而上学。究其原因,现代西方哲学站在自己的逻辑框架内发动的思想方式、语言表达和认知方式变革总是有限的,始终跳脱不了主体哲学、本体论和形而上学的束缚。如果强行这么做,反而会陷入虚无主义或相对主义的误区。

2. 当代西方哲学的伦理转向,一方面在"后形而上学"背景下划分了主体哲学的界限,另一方面却没有彻底贯彻与主体间性相关的社会理论视角

尽管以"为形而上学哲学提供普遍必然知识前提"的哲学宗旨出现新的形态,但在康德那里没有彻底解决的"物自体"问题仍在继续。

康德的认识论既来自感觉经验,更依赖先验范畴。先验范畴能力是我们天赋的,具有先验能力和自明规定性。我们的认知能力形成了不同于客观之物自身的认识建构。这样,在我们的心灵方式和认识建构的外部的客观之物即为自在之物。这就是现象界和自在之物的两个世界的划分。现代西方哲学力图解决这个问题,但继续了形而上学的本体论追问方式。例如,作为现象学创始人的胡塞尔,其晚期哲学尽管提出"生活世界",为西方哲学寻找纯粹

---

① 参见张庆熊:《后现代主义与思想解放》,《复旦学报》(社会科学版),2009年第5期;中国社会科学院哲学研究所编:《中国哲学年鉴2010》,哲学研究杂志社,2010年。

意识的根源,但是在胡塞尔的现象学悬置下,没有任何前提、概念、逻辑、科学理论、传统、习惯等约束下的纯粹意识回溯,意识的自我构造,作为胡塞尔走出超验哲学本体论的研究路径,的确赋予现代西方哲学以新意,但"自我""我思"和"我思对象"之间的解读,仍无法走出"物自体"和主体性哲学的阴影。

这一点也体现在后形而上学现代性理论研究中。第三代法兰克福学派代表维尔默认为:"后现代性,正确的理解,或许就是一个规划。"[①]尽管胡塞尔认为生活是以追求必真性的生活为目的,即"将自己理解为有责任过具有必真性的生活存在"[②]。但维尔默试图用"是"与"应当"的伦理学区分、纠正马克思主义对"是"与"应当"的统一[③],将康德具有"绝对律令"道德规范的有效性,理解为主体间性的普遍认知结构,试图恢复康德实践理性的尝试。

3. 现代西方哲学的语言学转向,使语境和文本意义的言说方式受到重视,但在哲学的原初之处,仍保留着形而上学的本体论幻象

分析哲学家一般认为,科学是事实问题,而哲学本身就是语言问题。但哲学问题即是语言问题这个提法是高度误导的。语言对哲学的核心意义,是在哲学内涵创新的任务中自然呈现出来的,而非哲学的宗旨。在语言问题上,欧洲大陆的结构主义和解释学与英美的分析哲学不同,前者更注重语言分析,它们不只分析语言,而且把一切现象,包括社会现象、心理现象甚至自然现象,都当作一种代码或符号系统。尽管摩尔、罗素、维特根斯坦、艾耶尔、威斯登等分析哲学家,关于语言如何造成对思想的影响的看法不一,但都企图通过语言分析方法,使哲学的本质得到揭示,从而使思想按照所谓客观的、正确的语言方案获得普遍必然的知识。在这个意义上,现代西方哲学的语言学转向带有强烈的形而上学本体论痕迹。

西方马克思主义就是当时马克思主义哲学遗产的非主流拥护者,尽管它对政治和意识形态反思继承了马克思主义在《德意志意识形态》中对意识形态与社会生产关系的启示,但在整个西方马克思主义中,政治经济学并没

---

① Albrecht Wellmer(1985):*Zur Dialektik von Moderne und Postmoderne*,Suhrkamp,S.109.

② [奥地利]胡塞尔:《欧洲科学的危机与超越论的现象学》,王炳文译,商务印书馆,2001 年,第324 页。

③ 参见王凤才:《从批判理论到后批判理论》,《马克思主义与现实》,2013 年第 1 期。

有得到足够的重视。西方马克思主义者认为,意识形态既可以表示具有普遍性共识,也可以表达多元性差异。试图将普遍与特殊的二元对立进行消解,统一于意识形态,不是现实的社会关系决定意识形态的表现形式。弗雷泽(Nancy Fraser)正是在这样的背景下,受库恩和罗蒂启发,根据正义探讨语境的不同,提出"反思的正义"(reflexive justice)①,企图突破规范话语与反规范话语的二元界限,将"多维的社会存在论与规范的一元论结合起来"②,揭露资本主义民主制度与社会文化的弊端,探寻社会目标的替代性方案。

从现代西方哲学的总体轨迹看,它并没有直接继承马克思主义哲学的理论成果。马克思主义哲学仍旧被简单放置在西方哲学教科书的历史脉络中,作为一个流派出现。马克思主义哲学的现实世界,是对康德以来近代西方哲学"物自体"的扬弃,但现代西方哲学并没有直接沿此路径推进。"存在主义""结构主义"进行了"重建"或理解,如第二国际后期伯恩斯坦等人对马克思主义进行"修正";20世纪初到50年代末以后,卢卡奇"社会存在的本体论"复活"马克思主义本体论";萨特、哈贝马斯的"存在"与"交往"对马克思主义进行"重建"。对此,施密特认为,理解马克思的意思不能简单地用一种物质的"世界实体"代替黑格尔的"世界精神",那将会是一个同等的形而上学原则。

因此,从"实践的唯物主义"的纯粹本体论形而上学角度构建各种马克思哲学体系,成为整个90年代国内外马克思主义哲学研究的主要内容。西方经历了科学实在论与反实在论的争论和虚无主义的危机后,现代分析哲学重燃对形而上学的兴趣,形成所谓"形而上学的复兴"。但这次并不是本体论意义的形而上学复兴,而是结合人的生存命运的新一轮形而上学反思。在马克思主义哲学的影响下,当代西方哲学开始把这个主题表现得更为明确。

(二)中国路径的思维特点

思想和理论,一旦成为实践的前提而被不证自明地确定下来,就有可能陷入教条主义的危险。教条主义的思维特点就是本质主义、普遍主义,并以

---

①② Nancy Fraser, Abnormal Justice, *Critical Inquiry*, spring 2008, p.420.

科学之名,而行"科学主义"之实。脱离了现实生活和实践,必将面临再次陷入新的思想困境。它貌似维护科学,实则脱离科学经验论而要到达超验的普遍原理和绝对知识。从方法论讲,它以维护理性为名建立普遍理性企图,以至于今天更多的西方哲学家多不在原有的普遍主义概念下使用"普遍"一词,而改称"共识"(common)。

中国哲学以生存状态分析为核心,具有三个基本特征。

其一,人类生命的优先性,即生生不息。显然,我们对所谓的优先性不要做本体论意义的理解。西方哲学中,以普遍知识的本体论为特征的形而上学传统的主流,是必须脱离人的经验的。尽管西方哲学中也有对经验主义、反理性主义的批判,但都因没能成为主流而无法深刻影响西方人的思维方式。中国哲学中老子提出的"四大",即"道大,天大,地大,王亦大"。修成圣贤的哲学中是有"人"的。对于中国的这种生命优先性,从中国人特别尊重三种人,即老人、孕妇和服丧之人中可见一斑。这是中国哲学对生命尊重的一种特别理解。

其二,中国哲学将人事和天命(自然)放在一起讲,即"天人合一"。《中庸》讲:"天命之谓性,率性之谓道,修道之谓教。"身心一体、性命双修的圣人,是中国哲学的精神,旨在为天地立心,为生民立命,为往圣继绝学,为万世开太平,诚如"唯天下至诚,为能尽其性;能尽其性,则能尽人之性;能尽人之性,则能尽物之性;能尽物之性,则可以赞天地之化育;可以赞天地之化育,则可以与天地参矣。"其注重的就是把天地之化育运用到人的实际生活中去的道理,即"天地与我并生,而万物与我为一"的生存状态,唯此便是到达中国人的逍遥境界了。

其三,中国人对生命有限性的尊重。中国哲学中的生命性和时间性是结合的自身必然性,不同于西方的普遍必然性。在有限的生命中,修身圣贤与天地宇宙合一。《周礼》曰,"国之大事,先筮后卜"[1],而占卜的卦就是一种时间性表达——"卦者时也"[2]。

---

① 参见贾公彦:《周礼注疏》,《十三经注疏》,中华书局,1980年。

② 参见孔颖达疏:《周易正义》,《十三经注疏》,中华书局,1980年。

因此,中国哲学多元的联系性、时间性及生成的不确定性对西方哲学是有益的启示。用美国夏威夷大学安乐哲(Roger Ames)的话说,中国哲学的世界观里,有一种"精深微妙的过程思想的方法,能用于目前发生于欧洲中心主义哲学内的对超验主义的批判"[①]。怀特海也认为,欧洲中心主义哲学的所有问题就在于"总是要探究那不变的、最终的和超验的逻辑,直到它到达一片无人问津的荒漠并着手进行改革"[②]。

新中国成立之后,中国哲学与马克思主义哲学的发展和创新,是中国革命、建设和改革的历史经验总结。历史上,我们不乏受制于西方哲学的外在压力和"左"倾思潮的内在影响,使我们不能从这样的角度来总结中国哲学与马克思主义哲学的内在关系,实现马克思主义中国化的理论创新。胡适、冯友兰在中国首创中国哲学学科之时,就力图从中国哲学的意义上,揭示人与世界的关系,揭示哲学的根源。但在当时特定的历史境域下,他们没有实现这一设想。正如西方哲学不能在它现有的哲学框架内解决本体论问题一样,当代中国哲学也遭遇了如何突破既有传统哲学模式的挑战。钱穆的《中国近三百年学术史》提出如何面对现代西方知识视野下传统的边缘化问题,正是我们需要思考的关键所在。

1. 对马克思与本体论关系的重新思考

20世纪70年代末开始,国际范围内出现否定马克思主义哲学思潮,马克思主义哲学学科遭遇被逐渐边缘化的危险。从中国当时的情况看,国内的马克思主义哲学研究仍旧笼罩着依傍西方传统形而上学本体论的阴影,导致在改革开放初期理论和实践中出现重大问题。90年代学界围绕几个关键性的问题展开的讨论,直指马克思主义哲学的科学性。例如,马克思主义哲学是不是本体论哲学,它与传统形而上学仅是在方法上对立还是作为哲学形态而全面对立? 唯物辩证法是一种方法或方法系统,还是一种与传统形而上学全面对立的哲学形态? 它是否是马克思主义哲学和全部马克思主义理

---

① 俞宣孟、何锡蓉主编:《探根寻源——新一轮中西哲学比较论集》,上海译文出版社,2005年,第203页。

② John Dewey, *Dewey Omnibus*, Vol.1, edited by Larry Hickman and Thomas Alexander, Indiana University Press, 1998, p.41.

论的核心和灵魂？唯物辩证法与黑格尔唯心主义辩证法的区别究竟在哪里，仅仅是出发点不同，还是作为不同的哲学形态而全面对立？马克思主义哲学的革命性变革只是方法的变革，还是哲学形态的革命性变革？对这些问题如何回答，需要我们深入马克思主义哲学的根。

如果我们把马克思主义归结为西方哲学史认识框架体系中的本体论，那就等于取消了马克思主义作为现当代哲学革命中最为深刻的思想内涵和革命力量。归根结底，我们仍旧是按照西方哲学意义的"哲学"概念分析马克思主义哲学，对马克思主义哲学对世界的贡献并没有真正理解和领悟。近代中国哲学走向世界，遭遇了两种选择：一种是西方哲学传统意义上的哲学史，一种是马克思主义哲学。

在依傍西方哲学建立中国哲学的过程中，我们发现了中国哲学形态与西方哲学的深刻差异，而马克思主义哲学的历史变革是从西方哲学内部实现的。马克思主义哲学在现代西方哲学史上所实现的变革，正在于对本体论所进行的批判，提供的世界观和方法论，不同于西方传统意义上的本体论形而上学。马克思恩格斯在思想成熟期（1845—1895）的写作生涯中，无一例外地选择"世界观"，而不是"哲学"一词来表述他们对西方本体论为特征的形而上学的拒斥。在马克思恩格斯的全部著作中，"拒斥哲学"是反本体论形而上学的核心，其目的就是在个性解放的同时，实现人类自由和全面发展。因此，马克思主义哲学是近代以来对西方哲学反思中最为深刻的思想革命。

2. 在经历中国哲学的"合法性危机"之后，我们对中国哲学形态的宗旨、特点及其实现方式进行反思，推动确立了马克思主义中国化的哲学路径

西方哲学史的本体论问题，在近代黑格尔哲学中发展到极致，概念范畴的逻辑运动最终实现与自身历史的统一。因此，黑格尔对东方哲学尤其是中国哲学的指责是本体论意义上的。而马克思主义指出，"人的本质，在其现实性上，是一定社会关系的总和"。因此，唯物史观和生存状态分析的方法本质上是历史的方法，而不是逻辑的方法。[①]历史的方法，就是要在人的实际社会生活命运中理解人生的意义和价值；逻辑的方法，是西方形式逻辑的概念思

① 参见俞宣孟、何锡蓉主编：《试论生存状态分析的哲学意义》，《探根寻源——新一轮中西哲学比较研究论集》，上海译文出版社，2005年，第111页。

辨科学。由此,如果当代马克思主义中国化的历史命运要与中国革命建设的规律相结合的话,那么这种规律不是以形式逻辑上的概念思辨规律,而是以波澜壮阔的社会实践与中国人生活相结合的哲学总结为前提。中国哲学知行合一的宗旨运用于此,就有了历史与逻辑相结合的生存状态特征。这样的哲学形态,作为一种思想,无疑具有普遍性的形而上学超越特征,但是这种超越不是西方哲学本体论意义上超验的、普遍必然的绝对知识概念或范畴,而是知行合一的、放在实践中不断总结的、开放的意义系统;而这种开放性也不意味着概念思辨意义上的相对主义或者注重概念意义上的"绝对与相对的对立统一",这种趋势尽管在欧洲大陆哲学中的后期结构主义、解释学及在英美的分析哲学中并不罕见,而是不断探索绝对与相对概念的源头,探索哲学的生命源头。从这个意义上讲,中国哲学实现方式与马克思主义哲学更为切近。

3. 在中国经济社会全面转型发展与创新阶段,坚持和发展当代中国哲学与马克思主义哲学内在关系研究是推动理论创新的关键

以中华文化为根基,充分发挥中华文化在当代社会的独特优势,不断推进当代马克思主义中国化的哲学理论创新,意味着中华文化在传承、创新和变革中能够解决遇到的重大理论和现实问题,真正地实现中国哲学的自觉、自信和自强。马克思主义中国化的过程,既是马克思主义与中国具体实践相结合的过程,也是与中国哲学精神碰撞创新的过程。中国哲学是中华文化的核心和思想,代表中华文化的整体思维水平。张岱年先生说,哲学是"文化总体的指导思想"[①]。因此,全球化背景下的多元文化融合与对话,如果中华文化不能站在哲学层面上,坚持用中国思想或中国文化取代中国哲学精神,与西方哲学开展关于生存状态为主题对话,那么中华民族的思想精华就无法在全球化背景下对当代生活进行哲学总结。

中国哲学与马克思主义哲学的关系研究,关键在于结合本土国情的继承与创新。因此马克思主义与中国哲学传统的结合,包括两方面的基本内容:一方面,是探索马克思主义哲学与中国哲学传统的结合点;另一方面,是

---

① 张岱年:《文化与哲学》,教育科学出版社,1988年,第3页。

探索当代马克思主义的中国化创新意义和未来中国哲学的发展方向。只有充分展开两个层次的创新与实践，马克思主义哲学才能真正进入中国哲学传统，成为当代中国哲学的有机组成部分。

三、西方女性主义意识形态与话语策略研究

2008 年在瑞典马尔默（Malmö）举行的第五届欧洲社会论坛（European Social Forum，简称 ESF）关于女性主义的诉求，显示出新的欧洲女性主义思潮正在努力探索女性主义理论在全球化浪潮背景下，如何找到适合自己的本土化道路和使当代女性主义从父权文化中解脱出来的途径，从而进一步认识父权制及其与权力和金融自主的关联。① 2010 年在土耳其伊斯坦布尔召开的第六届欧洲社会论坛也继续关注金融危机下的女性主义发展状况。在此情况下，在世界范围内重新反思是否存在一种独立于社会文化环境的、独立于女性精神生活状态的、价值中立的审美观和性别观，对现代国家的和谐发展、国家利益和公共安全具有重大理论与实践意义。

（一）当代西方女性主义运动的新现象

在近年的全球城镇化过程中，伴随着产业流动带动人口流动，一方面，乡村女性从事农业生产的比例大幅提升；另一方面，人口流动带动城市老龄人口增加。尤其作为世界人口大国和世界经济发展引擎的中国，在环渤海、长三角和珠三角等发达地区，老龄化进程尤其迅速，而其中的女性人口比重上升更加明显。从中国国内流动人口和国际范围内的移民分布结构和性别比例看，女性化趋势明显。2004 年之后，随着全球化发展加剧，女性移民的比重急剧上升。这些新的移民中，女性占了一半以上。最近 20 年，亚洲女性移民人数之多更是前所未有的。② 由东亚地缘引发的，以中国为主的女性人口

---

① 参见"政治伊斯兰、全球化、妇女权利和国际冲突（*Political Islam, globalization, women's rights and the international conflict*）"，2008 欧洲社会论坛官方网站：http://esf2008.org/registrations/merged/political-islam-globalization-womens-rights-and。

② 参见李元：《国际移民女性化趋势研究》，《当代世界与社会主义》，2012 年第 5 期。

战略将首先对区域经济、政治和文化外交产生重要辐射作用,对西方发达国家的影响力正在发酵。

随着全球化日益深入,西方女性的社会精神生活在西方保守主义和新自由主义的政党政治的综合影响下,更加显示出其独特的历史特征。在拉美、中东和印度等地区,由于受新自由主义政策对妇女经济权利和女性主义影响,女性主义运动主要围绕三个方向:①女性主义力量对国家政策的重要意义,②女性参与政治决策的多样化方式,③关注全球女性的贫困问题、家庭暴力问题、自由问题和金融自主问题等。[①]在这三个主要方向中,隐含着能体现当代西方女性主义运动内在特质的一些新的现象。深入分析这些新现象,可见西方女性主义运动呈现出以下五个特点:

1. 全球化下同性恋论述和关心少数族群的多元文化主义(Multicultural-ism)正日渐冲击着传统西方女性主义概念的内涵

多元文化主义是最近二十多年来活跃于美国学术界、教育界和政治界的一种政治和社会理论,从其内容范畴来看涉及政治理论、文艺理论、女性主义、民族主义、文化研究和教育等多学科领域。一般来说,多元文化主义的思想理论基础体现在哈贝马斯的宪政民主思想、C.泰勒的"政治承认"和解构主义理论三个方面。在以上思想指导下,多元文化主义还围绕少数民族和其他亚文化群体的"承认"和"平等"问题提出了种种要求。如美国主流社会白人男性占绝对主导地位,而少数族裔和妇女处于从属地位,这种对社会弱势群体的"不承认",是一种不公和霸权。另外,多元文化主义认为,性取向是个人生活方式问题,旁人无权干涉,要尊重同性恋者的权利,承认她/他们的婚姻权。在性别问题上,多元文化主义者与女权主义者结成天然盟友,共同向父权制和男权话语系统进行挑战。基于这些认识,多元文化主义对"肯定性行动计划(affirmative action)"极为支持,他们不仅要求主流社会承认女性和少数族裔的差异性,而且要求其享受所有的公民权利,使得他们既保持女性和少数族裔的文化特色,又做一个完整的公民;另外,他们还希望借助政府

---

① 参见"动员妇女——拉美、中东和印度的经验(*Mobilizing women-experiences from Latinameri-ca, Middle East and India*)",2008欧洲社会论坛官方网站:http://esf2008.org/registrations/merged/mobi-lizing-women-experiences-from-latinamerica。

政令和国会立法,让女性和少数族裔在就业、晋升、银行贷款和获取合同方面得到优先考虑。

女性主义(Feminism),是200年来国际妇女运动的产物,既与社会实践密切联系,又在理论上兼收并蓄,多元化发展,成为批判资本主义社会的一支强大的左翼力量。世界范围内,在左翼力量的推动下,虽然越来越多的女性从政、进入议会、扮演立法者的角色,女性进入官僚体系或担任司法官也越来越普遍,而且对同性恋和少数族群权利保护的立法不断推进,但是现实更为复杂的潜在问题是:如果握有权力的女性或族群主观上或客观上依然接受附和男性的主流的价值观,那么面对全球化的文化碰撞,本土法律文化如何应对世界多元文化的挑战,就成为当代学界不得不直接面对的现实理论问题。它提出了在新的时代背景下,如何更恰切地诠释女性主义新内涵的要求。

2. 新自由主义和全球市场环境中,出现了模糊和淡化女性"社会性别"和"生理性别"的文化现象

在西方女性主义对性别意识形态批判的过程中,文化建构主义特别针对20世纪60年代从美国兴起的第二次女性主义浪潮(Second-wave Feminism)所带来的女性男性化的严重后果进行批判性反思。针对男性中心主义对于女性的政治和思想统治,文化建构主义的焦点和目标从文化领域继续转向性别问题研究,也即性别政治和性别差异等问题的扩展性研究,它的关键问题在于进一步区分了社会性别和生理性别的意义。

所谓"社会性别"(Gender),是指不同社会、文化赋予男女两性之间不同的社会角色、行为准则、表现形式及象征意义等,它与解剖学意义上的"生理性别"(Sex)差异很大。西方女性主义在20世纪60年代的文化语境中开始与男性争夺话语权的斗争是女性反抗"生理性别"方面非主体地位的总体特征。二战后资本主义世界内部矛盾协调、经济复苏和发展,政治民主的黄金时期在西方文化上的具体反映,促进了这一时期以颠覆和解构菲勒斯中心主义(Phallocentrism,男权中心主义)为核心的西方女性主义话语、文学批评的诗学、文化政治学的兴起,从而使女性主义逐步趋向于关注女性的"社会性别"研究。这一研究规模和影响之大,使得七八十年代的西方女性主义发展

研究成为学术界一个令人瞩目的政治文化流派，并影响了全世界。

当代西方女性主义的发展趋势暗示了这个重点正在发生转移和改变。超过以往任何时代的流行现象，"中性美"审美旨趣正在波及整个社会，现代年轻女性甚至将是否具有"性别中性化"视为时尚与否的显性标志。大众文化甚至将"中性美"等同于全球化的建筑、雕塑和绘画等简约风格的艺术审美旨趣。"性别中性化"借助现代媒体、网络科技、时尚包装，迅速拓展至全球，成为大众口耳相传、竞相追逐的审美旨趣。

3. 女性主义的崛起受到来自西方保守主义的强大抵制

保守主义者借助西方传统价值观和伦理道德准则约束女性，在中产阶级女性尤其是已婚女性中强化女性取悦丈夫的责任。西方保守主义观点不断被社会强化，家庭才是发挥女性优势的最佳地点，女性比男性更适合从事一些服务性工作，对于家庭更具奉献精神和牺牲精神，而女性自身似乎比男性也更愿意留在家庭。

伴随着世界范围内严重的金融危机，西方保守主义以貌似同情和怜惜女性的姿态出现，以保护女性弱势群体的口吻使女性自愿选择回归家庭的观点，其实质是新一轮父权政治文化的复兴。在全球化背景下，经济社会的高速不平衡成长期引发的经济危机使得女性回归家庭的选择中蕴含潜在的伦理问题。一项亚洲社会学调查发现，一部分女性，其中不乏高学历女性，自愿放弃学业和事业回归家庭。这部分被视为活力充沛的 25 至 35 岁女性心理问题也最多，其中，学历高和专业性强的年轻女性，更会因工作上承受额外的精神压力而使情况更为严重。①这些女性群体除了接受过高的压力指数外，她们的情绪和精神的心理承受能力也比同龄的男性更低落和更脆弱。社会学家认为，这种看似柔弱无助、易于让步的性格，也许是女性对当今经济社会模式的一种取巧心态：假如无法消解男性社会中的巨大压力，女人只得以强调"我是弱者"的外在方式找寻自我认同。事实上，"男主外，女主内"的生活方式正如《女权的辩护》一书作者玛丽·科尔斯通克拉夫特（Marry Wollstonecraft）分析的那样，其结果必然牺牲女性身体健康和精神自由，使女性只

---

① 参见吴韦材：《女性的平等及另类反思》，《联合早报》，2006 年 3 月 8 日。

能活在男性提供的有限空间和时间中,成为"羽毛族"。①这样的女性身体和心理羸弱,逐渐丧失在家庭中的决定权,失去在社会教育中锻炼理性的机会,最终表现得更为非理性和情绪化。在经济上,她们不要求经济独立,但要求掌握家庭的经济收入和支出权利;在政治上,不明确主张性别平等,甚至对于国家事务和女性的民主权利明确不主张;在文化生活中,她们则普遍接受西方消费主义理论。

4. 策略本质主义成为女性身份政治中的一种新型策略方式

西方女性主义酷儿理论(Queer Theory)认为性别身份的存在是偶然的和经话语构建的,并会在 21 世纪回归传统文化的世界趋势中进一步寻找它们适合的伦理根基,从而成为女性身份政治的一种新型策略方式,即策略本质主义。

酷儿理论中的"酷儿性"(Queerness)指的是难以进行分类的女性或男性。自称"酷儿"的人不只是具有男性气质的女人、女性气质的男人、同性恋或易性者,还有很多难以归类的人。这些难以归类人的身份成为模糊的、可变的和偶然的。女性身份政治中出现的一种新型策略方式,与全球化开启的新一轮反本质主义和反正统价值观念的多元化浪潮密切相关。目前,"酷儿理论"的出现因使性别内部变得多元化而日益受到全球化时代女性主义者的青睐。20 世纪 90 年代以来的"酷儿理论"由于重视强化社会性别和生理性别的社会建构性,已经引起当代西方政党的极大关注。

5. "融智计划"成为西方发达国家社会转型的新话题

2008 年美国次贷危机引发金融危机之后,西方发达国家不同程度地制定了以"融智计划"为核心的人才争夺战略。一方面是为大选做准备,另一方面是由于西方发达国家经济衰退的现实处境,左、中、右翼政党组织都在寻求转型中抢占未来 20 年退休高峰期的女性人力资源的制高点。

(1)西方发达国家的左翼组织转向以"融智计划"带动全球化背景下女性智产阶级发展

全球化背景下的西方马克思主义运动中的"融智计划"主要针对的群体

---

① 参见[英]玛丽·科尔斯通克拉夫特:《女权辩护》,王蓁等译,商务印书馆,1995 年,第 56 页。

是所谓"智产阶级"。"智产阶级"（Cognitariat）是伴随国际移民女性化趋势中的一种新的趋势和特点，主要指西方女性移民中的知识分子趋势。罗伯特·莱奇（Robert Reich）在《国家的作用——21世纪的资本主义前景》中把"符号分析家"定义为新统治阶级；12年后，理查德·佛罗里达（Richard Florida）使用了"创意阶级"，认为所有重要的社会资源都流向这个阶层；而德鲁克（Peter Drucker）提出知识工作导致"后资本主义"的观点；托夫勒在《权力的转移》中也提出世界权力格局将快速地向"知识"转移的新趋势。在"智产阶级"问题上，国外马克思主义尤其是西方发达的后资本主义社会学家的观点高度一致。他们普遍认为未来动摇资本主义制度的不是"无产阶级"，而是新生的"智产阶级"。

近二三十年逐步壮大的智产阶级群体的总数目前在四十万人以上。研究表明，她们主要来自国际大都市的高校、科研院所等机构。她们多为高层次人才，有较高的社会地位，多受聘于大学、科研机构、跨国公司，从事教学、科研、技术开发和管理等技术含量较高的脑力劳动，许多人已在大学中任教授，在科研部门或公司为业务骨干，甚至在政府任职，是极具有发展潜力的社会群体。这些新移民学习、研究和涉足的专业几乎涵盖当今世界所有的高科技领域，有较强的环境适应能力，而其中的单身未婚女性所占比例超过一半。究其原因，一方面与这部分女性移民比男性更具有跨越不同文化的语言优势有关；另一方面，也与掌握现代化科技通信技术和管理跨国公司经验的女性，较容易融入当地主流社会密不可分。这部分女性，她们掌握知识，并有能力将知识转化为资产，对知识进行自由管理。全球化的女性国际移民中高等教育的接受者越来越适应知识经济中的工作方式，因此，"融智计划"就是针对女性移民，重点吸引高层次女性人才的融合计划：一是在世界著名跨国公司、金融机构、国际组织担任高级职务的专业技术人员，二是持有国际水平或填补国内空白的高新技术成果人员，三是在国外著名大学或科研机构高级研究人员，积极发挥女性思维方式在多元文化交流、国际谈判和跨国管理中的优势，为西方左翼在大选中树立后资本主义社会的温和、开放、柔性的新型国家元首和政党政治形象。

（2）西方发达国家在"融智计划"基础上筹建个性化的女性人才培养模式，抢夺人才

人才的开发是一项长期的工程，也是最值得投资的工程，是确保基业长青的基础。但是在这个过程中制定个性化的女性人才发展计划，应该成为一项新的任务。在启动女性人才项目应对全球化人才挑战中，"融智计划"提供了不同层次的女性人才发展计划。这些项目的共性是提升女性的职业能力素质，包括学习能力、领导能力及抗风险能力等。

一方面，以某行业为示范基地，建立用以引进人才的通路计划，建立全球的知识中心，它可以被理解为一所大学给女性提供各种各样的技术培训和职业发展计划：针对不同岗位、层阶的女性实施不同的策略；而且这些培训和计划不仅仅对本土女性开放，还特别设计了一些专门课程针对女性移民、女性弱势群体及单亲母亲家庭的子女和老人等。为女性提供的技术培训除了知识中心、在线实践合作项目外，还与多所高校合作提供培训课程及实习生计划和奖学金项目，尤其针对高级知识分子中的女性青年和退伍女性军人、企业和国家机构退休女性等开设专门项目资助。在职和退休培训项目发展的途径也极具多元化和个性化，将女性人才高效利用与整合，覆盖各方面。其核心在于，无论是面临金融危机还是人才荒，这些项目都必须持续进行。另一方面，"融智计划"启动虚拟平台建设支持下的女性轮岗协作计划，从而使女性职业技能有全面的发展。通过在线的实践社区，无论是全职妈妈，还是职场女性；无论在家庭，还是工作中，都可以分享到覆盖全球的信息平台，随时随地获取新的资讯、工作内容，以及接受在线职业培训。

（3）新自由主义借助新一轮的马克思主义复兴运动，探讨社会生产效率、性别平等与社会正义的社会意义，力图为跨国资本主义开拓市场

"后危机"时代的马克思主义复兴运动特指两层含义：第一层是从广义上针对苏联解体、东欧剧变以来马克思主义作为意识形态衰落而言的复兴趋势；第二层是指作为因金融危机引发的世界范围内的社会主义运动。[①]"后

---

① 参见李元：《"后危机"时代西方马克思主义复兴运动：趋势与未来》，《当代世界与社会主义》，2010 年第 5 期。

危机"时代,马克思主义复兴运动带有强烈的社会运动特征,国外马克思主义深刻认识到,西方左翼只有通过与社会运动相结合才能重新崛起。在马克思主义复兴运动中,各种资本主义反对党、共产党及新左翼组织加强协作,甚至要凝聚本土政治党派之外的各种社会、文化及智产阶级的民众力量,推进左翼广泛社会基础的形成。以学院派知识分子讨论为先锋的运动逐步转变为借助西方新媒体形式的社会运动。这种马克思主义复兴运动的出现,标志着国外共产党等左翼力量进入一个极为重要的良性发展阶段。

中国妇女是在经历劳动力社会化、现代化的同时实现了性别的解放,而不像西方妇女那样,走向社会生产之后再求男女平等。1884年,《家庭、私有制和国家的起源》是马克思主义理论对妇女发展与解放事业最全面的理论成果总结。马克思主义的妇女观从社会历史发展的规律出发,将妇女解放纳入阶级解放和民族解放之中,从社会和个人的全面发展视角,阐释社会的全面发展与人的个性解放之间的关系。在这一点上,国外发达国家的马克思主义运动普遍采用了一种从社会化生产实现到两性性别平等的历史过程。因此,跨国资本家阶级在大选失利后,西方左翼和新自由主义社会都面临转型的巨大压力,纷纷借助于"融智计划",以期制定较为稳健的社会性别平等规划来稳定和消化选票。在以弗雷泽"反思的正义"为代表的西方马克思主义的第三次社会批判理论推动下,借助马克思主义对未来社会理想蓝图的构建,诉诸"后形而上学"或"形而上学的复兴"批判"现代性"或"后现代性",将"多维的社会存在论与规范的一元论结合起来"①,揭露新自由主义的资本主义民主制度的弊端,在西方发达国家中继续探寻社会主义目标的替代性方案。

(二)当代西方女性主义理论的新趋势

20世纪90年代以来,西方女性主义理论研究的侧重点聚焦在以下三个方面:第一,女性主义方法论研究创新方面。经济社会的发展促使基于性别生理特征差异的劳动和分工的两性观对女性形成的家庭和社会的双重桎梏走向解体,伴随着现代科技革命和互联网技术,女性对体力和家庭的依赖性

---

① Nancy Fraser, Abnormal Justice, *Critical Inquiry*, spring 2008, p.403.

日益弱化,她们积极参与政治、经济、科学活动,对传统的女性主义社会学研究观点和研究方法提出挑战。第二,女性主义的贫困问题。经济社会发展在就业和职业培训方面的不协调,对妇女职业发展的性别隔离现象的影响依然存在,对女性的职业培训投入不足和在社会保障体系方面的缺陷进一步限制了女性实现自我发展的机会。法国里尔第一大学(Lillle 1)的访谈数据(Ma Li,2005)表明,目前的离散群体中绝大多数是妇女。妇女在适龄就业时,就业率低、退休早、收入少,在就业和职业培训方面依然存在性别隔离现象,容易受到年龄和性别的双重歧视,因此更容易处于贫困化、边缘化的不利地位。[1]第三,全球化下女性主义和种族主义关系研究。全球化加剧了贫困问题和种族主义的某种连接。一般意义上的社会学学者强调更多的是单独的个人或单独的某个族群的贫穷问题,而全球性的贫穷问题则引发激烈的种族问题。目前不和谐的国际秩序所体现的新殖民主义定位使全球化加剧了女性的贫困,恶化了种族间的和谐处境与利益分配。这直接导致贫困和种族主义问题以民族主义,甚至"邪教"的组织形式出现,对全球安全、稳定和发展构成严重的反社会威胁。

通过上述西方女性主义研究在全球化下表现出的侧重点,大体可以勾勒出当代西方女性主义理论研究的未来趋势,具体来说有以下五个方面:

第一,人权运动与西方女性主义运动相结合,带动寻求经济平等和社会公正的社会文化。2008年全球左翼论坛以"大厦上的裂缝"为主题,研究女权运动的重要部门和左翼分子采取了一种新的"话语"策略,即通过提出"保障人权"口号来探索通过社会运动创建一个更美好的替代世界的方案。[2]

第二,性别中性化与西方女性主义运动相结合,使性别意识及其平等问题被明确地提了出来,甚至成为一种主题研究。西方女性主义思潮对性别问题的研究在这一时期主要集中于性别理论。

第三,女性主义思潮对父权机制的批判延续了对传统形而上学认识论和基于两性传统价值观的本质主义反省。2007年,德国社会民主党在其二战

① 参见李元:《全球化下的"离散群体"》,《当代世界与社会主义》,2008年第3期。
② 参见"大厦上的裂缝(Cracks in the Edifice)",2008全球左翼论坛官方网站:http://www.left-forum.org/2008。

后第三个基本纲领中对性别平等问题有这样的表述："想要拥有人性的社会,就必须克服男性社会。"①对两性生理角色差异的界定,是传统女性主义认识论的一个核心。以生理差异为界定性别的标准,是父权社会的产物。恩格斯指出,原始社会应该是男女平等的,即使家庭的特性也多半是自然形成而非受社会权力支配的,但是劳动的性别分工却绝不是自然的。因此反省传统的两性价值观,如社会正义的追求和对于人类原始社会法律文明起源的研究,就必须反省在两性问题上的偏见甚至成见。女性主义思潮对本质主义和传统认识论的批判受到后现代哲学的支撑。在语言和经验塑造的"传统"中,本质主义和传统形而上学认识论不断遭遇解构。福柯(M.Foucault)认为,言谈领域(Discursive field)的组成包括为世界赋予意义和组织社会机构及过程的相互竞争方式。后结构主义(Poststructuralist)哲学批判符号和意义的直接目的就是针对父权机制。目前,女性主义对男性垄断、父权中心主义的质疑,使得女性主义者在研究关于女性认识论和价值观时,既要挣脱既有传统形而上学认识论的系统,又要借助符号的实践来达成沟通的目的,成为女性主义研究中的难点。其核心挑战是,后现代主义对本质主义的解构与女性主义的性别平等诉求能否相容。

第四,性别中性化与西方女性主义思潮相结合延续了对资本主义的批判。20世纪80年代,两性文化的研究焦点在于对性别歧视的起源、性质和解决方法问题的讨论。在理论上以自由主义女性主义、马克思主义女性主义和激进主义女性主义为代表,诉诸性别中性化实践,倡议"中性或不分"性别的人性,主张不要改变女性自身去适应男权暴力指定的社会体制,要从根本上夺回身体的控制权。因此,同性恋、堕胎权、生育权等都成为激进主义女性主义对资本主义社会控诉的武器。马克思主义(社会主义)女性主义是苏联解体、东欧剧变后在西方学术界非常活跃的一股西方马克思主义的左翼社会思潮。与其他女性主义流派的不同之处在于,她把对现代社会妇女受压迫状况的揭露和对现代资本主义的批判结合起来,强调妇女受压迫的根源在于

---

① 张文红:《德国社会民主党基本纲领(汉堡纲领)》,《当代世界社会主义问题》,2007年第4期。

资本主义与父权制的结合。马克思主义女性主义向资本主义的统一性、整体性和独特性进行质疑,提出在语言和行动上消解资本主义的活力。[①]

第五,新自由主义与第二次女性主义浪潮相互遭遇与"共谋"。女性主义在资本主义危机和当前政治重组背景下的发展进行重新定位,标志着从新自由主义转向一种新的社会组织形式的企图,具有复兴女性主义解放承诺的前景。南希·弗雷泽(Nancy Fraser)认为,第二次女性主义浪潮(SWF)的最大贡献在于,它提供了分析性别正义的经济、文化和政治三个清晰的维度[②],但是,第二次女性主义浪潮由于处于新自由主义在全球盛行的全球化时代,不可避免地受到新自由主义过分推崇自由市场和私有化的影响。因此,要想让其走向更为健全的未来,就必须摆脱这种"共谋"关系的印迹。

(三)女性的未来

对性别中性化问题的思维方式决定和体现着我们现实的生活态度。在经济全球化的信息时代,过度超前的颠覆与解构或过度滞后的倒退和妥协态度都是不可取的,要运用批判和继承的思维方式,从不同层面综合看待越发娱乐化、物质化和信息化的知识经济时代中妇女解放程度的问题,这就要求我们转变研究方法和思考问题的视角。

第一,没有女性的全面自由发展,男性甚至全人类也不可能真正得到全面自由的发展与彻底解放。马克思主义认为,社会发展和人的发展是一致的,社会历史的进步过程也就是人自由而全面的发展过程。因此,在构建和谐社会的中国社会主义市场经济条件下,男女两性的和谐发展是社会和谐发展的基础。全社会自由而全面的发展尤其要关注建立健康和谐的性别观,引领两性的价值观应该具有追求公平正义、和谐共处的价值取向。马克思主义的女性主义观认为,每个人的自由发展是一切人自由发展的条件,是要求社会全体成员共享社会进步和社会全面发展的成果,并不是一部分人的发

---

① 参见陈学明:《西方女性主义的马克思主义对资本主义全球化的独特批判》,《毛泽东邓小平理论研究》,2007 年第 1 期。

② 参见[美]N.弗雷泽:《女性主义、资本主义和历史的狡计》,周穗明译,《世界哲学》,2009 年第 2 期。

展与另一部分人的不发展。没有广大女性的进一步解放,就不可能有经济社会协调发展和人的全面发展。因此,加速女性自身的全面发展就是促进整个社会和谐发展的变迁历程。

第二,现实生活实际地制约着两性平等潜在的未来。在全球化背景下,现代性思维方式和生活态度所造成的人性总体异化令性别中性化的矛头直指两性的伦理和价值观底线。在全球化的今天,在男女两性的日常生存状态中以何种姿态应对两性面临的伦理挑战,以何种态度生活体现着男女两性在两性平等问题中的出路,也实际地制约着人类全面自由发展的潜在和可能的未来。这种现实生活,无论是社会发展意义上的在政治、经济领域参与的社会生活,还是人的发展意义上的在家庭、个人生存与发展领域的私人生活,在公权与私权的领域中,最为根本的还是活生生的生命。在这个意义上,无论男性还是女性都是同路人,在共同的岁月中相互依靠,共同见证彼此的成长和社会的进步,这正是全面自由发展对两性发展的真意所在。

第三,追求两性和谐的价值原则。以人为本,尊重人的价值是现代社会的基本价值。它包括三个层面的基本含义:其一,人是多元价值的根基性价值;其二,人在多元价值选择间具有价值优先性;其三,在多元社会中多元价值之间通过人达成共识。彼此兼容的具体价值认识者如何在行动上达成共识? 这就是基于平等对话基础之上的现实生活本身。因此,伦理实践自身又包含着可进一步拓展的两个基本方面:希圣希贤①和民主。希圣希贤意义上的伦理实践强调个体的内在品格修养应当以这些基本价值精神为核心;民主制度意义上的伦理实践强调的则是平等对话、协商基础之上的多数决定制这一制度实践样式。《德意志意识形态》中关于"自主个人"和"真实集体"②互为前提的论述,《1857—1858 年经济学手稿》中有关人类历史从 "人的依赖关系"经过"以物的依赖性为基础的人的独立性"到"建立在个人全面发展和他

---

① 北宋著名哲学家、理学派创始人周敦颐在其《通书·志学》中说:"圣希天,贤希圣,士希贤。"意即士人希望成为贤人,贤人希望成为圣人,圣人希望成为知天之人。"希圣希贤"即人要勉励自己积极修养,不断超越,从而上升到更高的心灵境界。

② 参见《马克思恩格斯选集》(第一卷),人民出版社,1995 年,第 119 页。

们共同的社会生产能力成为他们的社会财富这一基础上的自由个性"①的论述,都揭示了全球范围内人自由而全面发展的客观条件和历史趋势。人类历史和社会生产力的发展归根结底是人类自身追求全面自由发展。现代科技的不断进步和改良使人类对于自身本性的认识不断深化。

西方女性主义在欧洲正在展开的历史实践暗示了 21 世纪两性发展和社会发展的未来,它显示出的是一种东西方文化对世界的贡献不再仅限于和平发展,更多的是将以和谐的理念赋予两性更为健全和协调的未来发展趋势。

四、马克思主义性别视角下的基层女性民主治理模式及效应研究

女性的社会作用和社会权利问题是马克思主义哲学妇女观的重要组成部分。当代中国越来越有意识地为女性参与基层民主治理创造广阔前景,推进国家治理体系和治理能力现代化。女性参与基层民主治理,已成为新的历史条件下实现基层民主有效治理的重要途径。

(一)全球化、城镇化与女性人口现状

近几年来,基层民主治理研究成为理论关注热点。但这方面的研究成果,大都是从学理和逻辑上探究和论证基层民主制度的理论渊源及其必然性,从马克思主义性别理论的方法论研究视角,针对女性人口现状及特点,尤其是女性参与下的基层民主治理模式的实现途径及其效应拓展方面反思,具有以下三个特点。

1. 女性人口总量和比重发生新变化

城镇化过程中,女性参与基层民主自治满足女性化人口现状的现实需要。第六次全国人口普查数据显示,2010 年中国女性人口的总量为 6.5 亿

---

① 《马克思恩格斯全集》(第 46 卷上),人民出版社,1979 年,第 104 页。

人,占总人口的比重为48.8%,人口性别比为104.9。2010年中国在城市、镇、乡村居住的女性占女性总人口的比重分别为30.3%、20.0%和49.7%。①女性人口总量和比重决定了未来20年主要劳动力及其社会保障体系贡献者的女性化水平,也就是说,在"中国人口红利"中,女性劳动者的贡献更为明显。

其中反映城镇化水平的城镇女性人口比重已达50.3%,在历史上首次超过了乡村女性人口的比重;从地区分布看,我国女性人口城镇化水平的省际差异很大,城镇化水平最高的是京津沪三个直辖市,其中上海最高。从劳动力性别比看,国家统计局第六次全国人口普查数据显示,女性劳动年龄人口占女性总人口的比重,2010年为74.9%,不仅高于男性相应比重0.8个百分点,而且20年间的增幅(8.5个百分点)也高于男性1.5个百分点;②从人口的性别结构看,与20年前的1990年相比,中国女性人口净增加了10179万人,略高于男性的10050万人。与10年前的2000年相比,女性人口的净增加量比男性多609.2万人。③调查发现,女性人口性别与女性城镇人口比重数据相比,不降反升。因此在我国城镇化建设中,工作场所治理、社区治理、居(村)民主自治、社会组织管理中,女性参与程度明显高于男性,中国台湾、香港等地区都是如此,这体现了华人地区的基本特征。

2. 女性老龄人口高于男性的现实压力

中国女性在"未富先老"的背景下,持续的退休早、收入低和贫困程度高的现实压力面前,如何应对中国女性老龄人口压力带来的社会问题已日趋严重。根据最近一次的中国人口普查数据显示,女性人口的老龄化程度高于男性人口,而且老年人口的女性化趋势也已显现;而14岁及以下女童占女性总人口和整个人口的比重明显偏小。④因此,由此产生的婚姻和家庭养老压力是未来中国人口发展面临的重要挑战。在全球人口问题上,我国还面临着一个更为严峻的人口老龄化的考验。在整体人口结构中,近30%的劳动力将会在10年之内退休,10%在5年之内退休,而女性因为退休年龄早和受教育程度低之故,退休后再次就业的概率低于男性。上海市女性人口的老龄化程度高于男性人口,而且老年人口的女性化趋势也已显现;而14岁及以下

---

①②③④　参见蒋永萍:《中国女性人口发展变化大趋势》,《中国妇女报》,2013年2月19日。

女童占女性总人口和整个人口的比重明显偏小，由此可能产生的婚姻挤压和家庭养老压力是未来中国人口发展面临的重要挑战。城镇化过程中，将会有越来越多女性发挥作用的空间，而参与基层民主自治模式，惠及"体制内外"，是现实社会基层民主治理的有效途径。

3. 全球化范围内女性流动人口比例过半

澳大利亚学者斯蒂芬·卡斯尔斯指出，移民的女性化是当代移民的一个新的趋势。"女性移民约占移民总数的一半，在发达国家女性移民甚至比男性还多。"[①]

从国内流动人口和国际范围内的移民分布结构和性别比例看，女性化趋势已明显。由东亚地缘引发的，以中国为主的女性人口战略将首先对区域经济、政治和文化外交产生重要辐射作用，中国女性参与下的基层民主制度建设，对西方发达国家的影响力正在发酵。

(二)女性参与基层民主的内涵及意义

如何在女性老龄人口压力下，改革基层民主治理模式，发挥女性的性别作用，实现和谐的基层民主治理是全球性难题。近十年来，随着性别方法论进入哲学视阈，引起哲学社会对于该科学研究方法的密切关注，女性参与基层民主治理逐渐成为中国特色社会主义民主治理模式创新发展的核心内容。基层民主治理模式就是使群众路线接地气的工作方法，但群众路线不仅是一种工作方法，更是一条中国特色基层民主治理的哲学思想方法，它要求我们将政府治理与人民群众的权利，尤其是女性群体的政治需求紧密联系起来，实现女性参与下的基础民主治理。

党的十八大提出"健全基层党组织领导的充满活力的基层群众自治机制"，党的十八届三中全会进一步提出"推进国家治理体系和治理能力现代化"的总原则，是党推进基层民主治理的重要内容。女性参与健全基层党组织领导的充满活力的基层群众治理机制，是推进基层民主制度改革和改进政府提供公共服务方式的重要途径。当前我国女性参与的民主治理，是指女

---

① 王恩铭:《20 世纪美国妇女研究》,上海外语教育出版社,2002 年,第 378 页。

性在党和政府的领导下,自发自觉地参与公共事务治理。这种民主不是程序性模式,而是一种内生性治理方式,这就是一种坚持群众路线的治理方式。

在性别理论研究和实践推动下,女性参与的基层民主决议既是政府角色"去行政化"的过程,又是完善决策、协调关系、化解社会矛盾的有效途径。因此,自 20 世纪 80 年代开始,哲学界聚焦西方女性主义流派,对其进行系统介绍。在全球化背景下,中国哲学界提出创建中国特色的妇女理论,将西方马克思主义的女性主义社会性别理论引入方法论研究视阈。从女性主义理论、女性主义运动、女性主义流派、女性主义论争、后女性主义五大方面对西方女性主义进行归纳性介绍,进一步深化经典马克思主义性别哲学研究。20 世纪 80 年代末到 90 年代初, 政治学关于基层民主治理研究的途径和方法日益多元化,民主治理模式面临政治参与模式创新的巨大压力,要求在既有体制内进行从功能到内容的创新。改革开放四十多年来,我们建立并逐步完善了以村民自治、居民自治、工作场所民主、政府公共管理中的公民参与、立法听证等为主要内容的基层民主制度。女性作为基层民主治理新模式的重要作用开始引起关注。女性参与的基层民主治理有助于提高政府决策和管理服务水平,成为中国政治发展的重要组成部分,国际范围内,近年来欧洲研究持续关注女性社会组织和行业协会等群众社团力量, 扩展左翼联盟的经济号召力。美国妇女更是通过参与基层民主治理,为社会提供服务和劳动生产力, 就业率提高 2%。①美国学者近来关注对妇女公益性社会组织的投入。德国、法国、澳大利亚、韩国与日本,以税收为杠杆,实行免税或减税政策加速公益性基层妇女群众社会团体发展, 促进政府监管和社会治理的公共监督。②继"金融危机"后,以西方左翼为主的西方马克思主义运动,也在拓展女性"融智计划",纷纷将人才争夺聚焦在女性群体上。

---

① See Jessop Bob, The rise of governance and the risk of failure: the case of economic development, *International Social Science Journal*, March 1998, Vol.50, Issue 155.

② See Stock Gerry, Governance as Theory: Five Propositions, *International Social Science Journal*, March 1998, Vol.50, Issue 155.

（三）女性参与基层民主治理的三种新模式

如果说加强社会团体建设和社区建设,是未来 5 年或者 10 年内基层民主治理的趋势,那么女性参与下的民主治理就是基层民主制度建设的重点。通过女性对政治过程的参与,可以提高政治过程的民意基础,弥补代议民主所可能带来的某种缺失。下面我们以上海市为试点探索女性参与基层民主治理的典型案例为基础,一方面探索丰富当代中国哲学的方法论研究;另一方面,通过立法和执法的过程、程序、对象的方式转换等制度创新和程序优化,扩大公民有序政治参与,引入公民参与制度和机制,切实保障公民的有序政治参与为女性参与基层民主治理提供制度性平台,实现中国特色政治哲学的价值理想和信念。

1. 女性参与基层民主治理模式及其效应

妇女议事会、妇女之家和居(村)妇代会是女性参与基层民主治理的三种新模式。

第一,从目标定位看,女性的广泛参与使基层民主治理呈现出自己新的特点。妇女议事会承担公民社会中基层民主治理的枢纽角色,致力于与社会各界建立伙伴关系,合力推动基层民主治理。以上海市徐汇区凌云社区梅陇三村"绿主妇议事会"为代表的固定参与型议事会有较为固定的议事成员,主要由来自不同职业、不同岗位的社区女干部、女党员、女楼组长、优秀女性、巾帼志愿者等女性代表组成,议事时间固定。徐汇区大部分议事会都属于此类,如"姐妹议事会"、湖南社区的"知心之友议事会"、枫林社区的"四季丽人议事会"等。早在 2011 年 5 月,凌云社区梅陇三村居委会为创建妇女之家,同时也为响应"百万家庭低碳行,垃圾分类要先行"政府实施项目,成立"绿主妇"环保创意工作室,吸纳主妇志愿者 68 名,并成立了以 18 名热心公益事业的妇女为核心的"绿主妇议事会",积极参与小区事务管理。每周二上午是"绿主妇议事会"学习交流和讨论小区事务的时间,"绿主妇"们结合居民反映的热点、难点问题及时开展调查研究,及时落实反馈处理居民反映最强烈的问题,使社会民间的生活话题转换为基层妇女议事会的公共政策"议题",从而成为社区管理与居(村)民主自治政治模式下广大妇女有效行使民主权利的服务平台、宣传平台和维权平台,是提供增值及优质社会服务的重要途径,是妇女工作的"交通站"和"联络点"。

第二,从组织制度建设方面看,这三种模式既是对社会民间组织极具影响力的基层区域自治组织,又是和政府职能部门密切相连的社区治理组织。但基层社区组织本身不具有法人资格,社区治理不为任何机构负担任何形式的经济职能,而以基层民主政治职能为宗旨,充分发挥基层妇女组织的主导作用,组织妇女群众议国家事、议社区事、议妇女事、议家庭事、议身边事,从以往的"为民做主"走向"基层民主自治",在议事中架起党政联系妇女群众的桥梁,更好地发挥妇女群众在自主维权和促进社会稳定中的作用。妇女议事会的召集人可以是基层妇女组织的负责人,也可以是各级妇女代表,还可以是社区里有影响力的妇女群众。妇女议事会的成员可通过推荐、自荐产生,应是在基层妇女群众中政治素质高、群众基础好、基层情况熟,对妇女事业有热心、有履职能力的妇女群众和各界妇女代表。同时也可根据议事的具体内容,推荐、选择和召集相关方面的妇女代表参与议事。必要时也可邀请社区居(村)委班子成员和社区家庭男性代表参加或旁听。

第三,从民主治理途径和方法看,通过"妇女之家",发挥居(村)妇代会和"妇女议事会"的民主协商和参政议政作用。以上海市徐汇区康健社区长虹坊居委"周阿姨议事会"为代表的广泛参与型议事会没有固定的议事人员、时间和内容,小区内人人可参与议事。目前,"周阿姨"信箱已覆盖小区的每一个楼组,每一个信箱都承担着议事解难的重要职能。15 位"周阿姨"负责每天的信件整理、日常记录、跟踪、调解或服务,为社区妇女儿童及家庭提供关爱和服务;不能调解和解决的,议事会通过整合各种社区资源,以"5+X"的模式进行"线下"运作:"5"是 5 名妇代委员,"X"是居委"妇女之家"志愿者代表,晒网上议事新主题,求线下办事新方法。为女性提供有效行使自身在维权就业、心理疏导、慈善救助等方面的基层民主权利,为自下而上发挥中国特色的协商民主制度培育群众基础。

2. 女性参与基层民主治理模式的主要内容

(1)"妇女之家"、妇女议事会、社会组织的服务型和公益型目标定位。国际社会将政府部门是否征询妇女组织的意见和建议,并创造机会促进妇女组织参与决策作为衡量性别平等主流化的重要指标。①上海市妇联首先试点的闵行区妇联,把"妇女之家"建设作为工作重点,2012 年 5 月下发《关于在妇女之家中试点开展"姐妹直通车(暂名)"妇女议事点的通知》,指导各镇街道工业区开展创建工作,实现"妇女之家"区域内全覆盖。"妇女之家"建设中有针对性地开展议事点的试点建设, 现各镇街道工业区均选取一村一居有计划地推进示范议事点工作,使妇女代表和群众议国家事、议集体事、议妇女事、议家庭事。另一个试点是嘉定区马陆镇妇联。全镇 16 个村 11 个社区居委会推广大裕村的做法,建立了 72 个妇女代表议事点,2011—2012 年间,开展活动近 230 次,收集妇女群众的合理化建议 160 多条,解决率达到80%。妇女之家和妇女议事会, 女性参与基层民主治理的目标就定位在服务型和公益型,在转变基层女性为城市化过程中的社区管理、居(村)议事提供"去行政化"的民主治理模式的方式及其途径,将服务型和公益型目标有效运用于女性社会组织的现实建设之中,探索具有中国特色的基层民主治理方法。

(2)开创妇女之家、妇女议事会和居村妇代会的"e 时代",使政府与公民通过网络进行沟通更为便捷。一方面, 政府可以借助网络向公众发布大量信息,借助电子邮件建立一种"即时反应"的信息反馈系统。尼古拉·尼葛洛庞蒂宣称:"后信息时代"(Post-information Age)已悄悄来临。工业时代是原子时代,信息时代是电脑时代,后信息时代的根本特征是"真正的个人化"。"在后信息时代中,大众传播的受众往往只是单独一人。"随着互联网络日益深入人们的生活,信息传播的"真正个人化的时代已经来临"。②这不仅为妇女直接参与基层民主治理提供技术支撑,更是未来十年的社会治理结构新方向。

(3)"妇女之家"与社会资本对接的项目管理模式。普特南认为,影响地方治理的主要因素是社区社会资本的多少。③每年的经费可引用社会资本和公益创投方式,严格对早中后期资金进行管理和评估,区分开公益服务项目

① 参见肖白灵:《对村民自治中妇女参与问题的探讨》,2006 年 8 月 29 日,农博网。

② [美]尼古拉·尼葛洛庞蒂:《数字化生存》,胡泳等译,海南出版社,1997 年,第 192~193 页。

③ 参见[英]罗伯特·普特南:《使民主运转起来——现代意大利的公民传统》,王列等译,江西人民出版社,2001 年。

和工作项目,区分两者的资金分配,分为工作经费和购买经费两部分。居(村)妇代会、街(镇)妇联的工作和活动经费列入地方财政预算,通过招投标方式,扩大覆盖面,产生女性品牌效应。

(4)居(村)妇代会:社区妇女理论研究和社会实践基地。引入专业社工协助妇女理论研究和实践工作。扩大产、学、研一体化。高校和研究机构的实践经验总结,进行制度和机制创新,建立妇女发展研究中心,编制妇女发展蓝皮书,形成妇女发展研究中心与儿童发展研究中心及各有关研究机构、基地、学会等联动合作的格局,推动公共政策的改革和不断完善,形成产学研的良性循环模式。

(5)妇女之家、居(村)妇代会与女性产业发展模式研究。为形成一个直接面向基层,运行成本低和反应灵活度高的基层民主治理模式,缩小女性参与的中介环节,奖励和完善女性行业规范建设与减免税机制挂钩。加强行业规范和资质认证机构的准入机制研究具有必要性。

我国政府已经启动了包括社区建设在内的新一轮国家政权建设,以适应新的形势需求。"各方共同参与"的社区建设口号也体现了政府对于治理新理念的初步接纳,高度重视女性参与社区和村务治理的性别作用。协调民政、劳动、税务、建委、财委等部门开展劳动技能培训、寻岗创岗安置等多项服务;居(村)妇代会、"妇女之家"在女性农业人口比较密集的区、县、街道与某一产业联动结合,建立女性品牌连锁服务实体。根据农业部的发展经验,妇女儿童的家庭发展计划与农业部粮食安全管理局联合建立,在产业发展中引入性别意识,在女性产业化进程中取得非常好的效果。

3. 女性参与基层民主治理的路径及趋势

参与式民主在西方发达国家的兴起主要有两个诱因:一是代议民主制面临理论和实践两方面的冲击,遭遇信任危机;二是以网络为主导的信息技术的迅猛发展,为公民更为广泛的民主参与提供了途径和工具。在不同文化传统和国情背景下,中国女性解放和参与民主治理的道路与西方不同。在代议制发展比较充分的地方,可以运用参与式民主补充代议制。因此,西方发达国家大多经历了从产业革命到城市社会的妇女解放运动,在中国却是在工业革命尚未完全实现的背景下进行的社会民主管理创新。因此,中国女性参政议政的社会政治和经济、文化条件都需要贴近中国实际。对于中国女性参与基层民主治理的路径研究将有助于探索一条中国女性的参政议政模式,促进当代中国基层民主治理模式及其制度的改革创新。

第一,妇女代表联系制下的常任制机制。妇女代表常任制为中国女性参与基层民主治理进一步发展提供了制度保障。妇女代表大会实行代表团工作制,大会闭会期间实行妇女代表分层联系制。闭会期间,代表团应推选本代表团代表参加工作考察;还要组织本团代表开展各项活动;要收集汇总本代表团代表对工作的建议,每年集中向市妇联反映。妇女代表由代表大会的"一次性会议代表"要转变为"履行一届代表职责,联系一方妇女群众"的常任制代表,必须探索加强和拓展妇女组织与各界妇女群众联系的工作方式,畅通民主参与和监督的渠道。因此,在现有妇女代表制基础上进一步探索妇女代表联系制下的常任制,实行分级联系制,即主席联系常委、常委联系执委、执委联系代表组组长、代表组组长联系妇女代表,妇女代表联系妇女群众制度,从而保障女性参与基层民主治理表达提案、议案、意见贯彻落实。

第二,居(村)妇委会主任100%进"两委"的刚性比例。城镇化过程中,中国农村人口半数以上是女性,她们参与村民自治的状况直接影响着中国农村基层民主建设的成效。马克思主义理论认为,物质生活的生产方式制约着整个社会生活、政治生活和精神生活的过程。经济、文化水平整体比较落后,农村初中学生失学率较高,导致外出务工者以男性居多且多从事体力劳动,妇女则留居农村成为农业劳动者,同时承担赡养老人、抚育子女的责任。妇女在农村各项生产、生活中自觉不自觉地充当了主要决策者和承担者的角色,家庭外部的经济条件和社会生产环境与妇女家庭角色和家庭地位的改变,使农村政治形势和政治权力格局发生了深刻的变化。因此,中国农村妇女是建设社会主义新农村的生力军和中国农村基层民主建设的未来。

居(村)妇代会主任100%进两委,指的是妇女代表进入领导班子,弥补农村妇女参与基层民主治理的真空地带。规定妇代会主任进两委的刚性比例,是健全村党组织领导的充满活力的村民自治机制,发展社会主义基层民主政治、建设社会主义新农村的重大变化。女性参与基层民主治理是一种有公共空间的参与,而这个公共空间并不是"城市社会"或"公民社会"自发形成的,而是需由代议机构提供和保障的,因此通常是在代议机构中获得以法律意义上的正式性和神圣性①,使立法过程的民主化真正得到制度保障,落到实处。

第三,引入性别研究视角弥补行政委托的公共性缺失。1995 年,联合国的世界社会开发最高首脑会议(WSSD)指出,世界的社会问题——贫困、失业、社会分裂等一系列问题的解决,不能仅仅依靠政府力量,更要借助市民—社会的参与。政府与市民、社会合作,这样才能形成社会发展的和谐条件。这一观点融入了更多的社会主义成分。在拉美、非洲遭遇的全球化陷阱中,地域与贫富差别的悬殊、经济投机横行、生态恶化、失业等一系列问题在全球造成的"市场失败",使人们再次回归马克思主义。经典马克思主义理论认为,消除私有制和阶级压迫,就消除了性别压迫的根源。但为什么早期妇女解放运动受限出现在西方? 马克思主义关于世界历史的观点和妇女观的看法是一致的。女性实现自身解放的标志是民主政治的平等。当资本主义经济在世界历史进程中发挥了巨大的作用之后, 性别平等问题是人类社会进步必须面对和解决的问题。

在全球化和城镇化过程中,"城市社会"对女性越来越多地参与基层民主治理发挥了非常重要的促进作用。城市社会的发展一方面要解决社会可持续发展的问题,另一方面又要不断扩大市民—社会的公共治理范围。要防范行政责任的缺失,首先就要建立良好的沟通机制,打破信息垄断,使委托人能掌握更多的信息,纠正全球化的负能量。②因此,在中国的城市转型与全球化交织的过程中,非营利组织、社会团体、志愿者服务等城市社会中女性的作用越来越重要, 出现了伴随后现代主义哲学和性别方法论研究进入当代中国哲学的理论研究视野。构建中华民族的中国梦,中国女性人才发展要有自己的战略、计划和特点,其中关键是要有哲学思维。总体来说,硬件方面,要建设国际化的人才集散中心、市场化的人才配置中心、国际通用的人才评价中心和全球化的人才信息中心。软件方面,我们必须继续深入研究现代两性

---

① 参见《中国地方立法听证中的参与困境》,人大与议会网,http://www.wzrd.gov.cn。
② 参见甘峰:《内发式发展与公共治理》,人民出版社,2009 年。

和谐发展的理论成果和国际化的实践经验，尤其是要建设中国特色的女性发展战略。

第一，将女性人才培养提升到国家战略的高度，在产业转型升级背景下及时调整中国女性人才发展结构。大国人才结构是否合理，体现出现代社会中社会性别的和谐、自由与平等程度。因此，重视和发展女性人才结构，是塑造和谐两性关系的社会基础和文化内涵的国家战略。当前女性人口比例的新趋势，更是决定我们的事业是否可以决胜于千里的关键因素。然而，目前我国女性人才比例不高，而且结构不合理。女性所从事的工作也过于集中在某些传统行业，不仅造成人才资源的浪费，影响其他行业的发展，而且会对我国的后备人才的数量和质量有很大的影响。从就业领域来看，女性开始进入一些传统上由男性主导的工作领域，但科技、创业和高层次人才比例偏低。经济体制的转变，产业结构的调整，女性从业渠道的拓宽，为女性发挥主观能动性和创造性提供了机会和发挥才干的舞台。中国参加世界贸易组织后的国际大市场，竞争的激烈是空前的，意欲成才的女性将获得更多的机遇去迎接市场的挑战。因此，扩大女性就业，社会各界开展女性问题研究、技能培训，建立职业银行以调整女性人才总量低、结构不合理的现状，迫在眉睫。

第二，"以点带面"，加强转型期高等教育的学科建设与女性人才资源培养相结合。将女性人力资源转变为女性人才资源，需要综合配套的一系列制度机制改革，尤其要对高等教育的学科建设进行长远规划。西方国家尤其注重加强高校管理对女性人力资源开发的作用，并将之落实在社区的社会组织。美国的特点是女性就业问题社会化支撑体系发达：一是研究组织众多。有关女性问题的网站有二百多个，美国各大学开出的女性问题专题至少4658门，这些为女性问题的解决提供了翔实的资料，也为争取立法，确定工作重点指明了方向。二是女性创业资金来源广泛，数量庞大。因此以女性为核心的家庭将与社会组织更为牢固地凝聚在一起。因此，西方社会学专业产生了一批新的学科，极大地促进了西方妇女理论和社会实践的发展。但西方马克思主义的女性主义运动与中国女性发展的时代背景、文化背景和思维方式等都具有很大差异。我们必须"在马克思主义已经取得的成就的基础上研究现代历史中提出的新问题，做出新的科学回答。根据现代的材料，发展马克思主义原有的材料,并且要求建立马克思主义的新的学科"[1]。转型期中国女性人才的研究方法也将面临转型。我们可以在社区做试点,"以点带面"培育产、学、研相结合的高校与科研院所的社会实践基地,探索女性人才培养制度和机制创新的可能性,同时进一步研究客体转变为研究女性与社会结构之间的互动关系;女性主体性确立的问题;男女自愿均衡发展,重视双性合作、男女两性形象的同时重塑的理论与实践问题等,将女性人才培养模式的研究蕴含在女性参与社会组织服务之中,产生"循环经济"效益。

第三,将中国哲学思维方式运用于区域经济的女性人力资源开发。目前,全球化背景下的多元化管理困难重重。在新兴市场或全球环境中发展领导力是很困难的,每个领导能力层次都需要不同的深度挖掘,管理或领导两个以上不同文化更是难上加难。跨文化融合中,多元文化经常会遭遇封闭的单子系统而裹足不前。在这一过程中,中国哲学思维方式运用到区域女性人力资源开发中,却可以转换思维视角,化解理论和实践中的许多矛盾。中国哲学思维注重整体性与特殊性的综合,并以个体在整体中的互动为重;理论与实际结合,并以化理论为方法为重;多元与个性结合,并以二者和谐为重。这一思维方式来源于儒家思想的"时中"。所谓"时",就是进退、出处、远近、迟速,都能因其所宜而为之,不拘于一曲,不名于一德,无所不备,无所不可,金声玉振,渊渊其渊,圣而不可知之之谓。这是统摄忧乐而又超越忧乐的境界。时中,就是要根据时间、地点、人和环境等,把这些综合因素整体结合起来,决定做什么是恰当的,做什么是不恰当的;什么事可以做,什么事不可以做,从而达到和谐,进退有度。而欧洲中心主义哲学的所有问题,怀特海认为,就在于"总是要探究那不变的、最终的和超验的逻辑,直到它到达一片无人问津的荒漠并着手进行改革。"[2]

由此可见,编制中西部、长三角和珠三角等区域女性融智计划的整体规

---

① 于光远:《马克思主义与社会主义》,《马克思主义研究丛刊》,1993 年第 2 期。

② John Dewey, *Dewey Omnibus*, Vol.1, edited by Larry Hickman and Thomas Alexander, Indiana University Press, 1998, p.41.

划不仅是区域经济发展战略，更是中国女性人才的国家战略哲学思维方式的体现。在全球化多元化人才的发展中，人才项目不是个别企业的、地区的，而是全球性的。这些女性人力资源项目给我们带来了一个与全球建立关系网的区域人力资源整合机会，有机会学习彼此的文化和语言，在中西方文化互鉴中彼此融合发展。西方跨国公司或本土企业安排开放的全球项目，让世界各地的女性员工都可以参与区域人力资源整合，不仅可以辐射区域经济带，共享人力资源，而且会推动和推进女性人才国际化进程的整体水平，把人才引进的重点从本国转向国际。

世界历史的现实化促进哲学的世界化。毋庸置疑，马克思主义中国化和西方哲学的处境化会伴随着"融智计划"重新思考中国，思考当代中国的哲学视角，这对于引进海外留学的高新技术人才、投资管理人才和特殊技能人才等工作，必将发挥极大的"马太效应"。

五、"泽字节"时代的大数据与当代信息哲学的方法论创新

伴随着互联网技术的日臻成熟，互联网通信技术（International Communication Technology, ICT）、云计算（Cloud Computing, CC）及物联网（Internet of Thing, IoT）应用研究飞速发展，据国际资料公司（International Data Corporation, IDC）调查，截至 2011 年，全球资料量已高达 1.8ZB（≈1021B），5 年内增长了 9 倍，之后每两年翻一番[1]，大数据的全球海量数据信息已进入"泽字节"时代。如今，"泽字节"规模的大数据已超越计算机科学的研究范畴，引发全球数字化背景下新媒体信息传播与人们日常生活方式息息相关的信息哲学方法论创新。未来 10 年，我们应如何运用新的大数据思维模式引领"智能生活"？

---

① See John Gantz, David Reinsel, *Extracting value from chaos*, IDC iView, 2011, pp.1–12.

(一)大数据定义存在的分歧

互联网技术的海量资料研究,最早在美国麻省理工学院(MIT)启动。计算机科学对"大数据"(Big Data)及其信息质量(Information Quality,IQ)的重视,也始于同一时期的 20 世纪 90 年代。代表人物有王安、戈恩、托泽、瑞德曼。[①] 1996 年召开的首届"国际信息质量"大会,因大数据与传统数据迥然相异的差异性和复杂性,学界至今对"大数据"的定义未能达成一致。其分歧主要体现在以下三方面:

第一,最早在 2001 年由道格·蒂尼(Doug Laney)提出的定义,简称"3V",即数量巨大(Volume),速度飞快(Velocity),类型丰富(Variety),以 IBM 公司和软件公司为代表。在"3V"中,"数量巨大"是指大数据搜集、整合、存储和管理的数据量远远超过传统数据规模;"速度飞快"是指数据的实时性,尤其是数据收集和分析的高速、瞬时和真实,最大限度地适应以利润最大化为目标的市场导向和社会正义最大化的公益导向需求;"类型丰富",区别于传统结构性数据模式,主要针对那些信息价值高但密度低的非结构性数据管理和数据规则,例如视频、网页、音频、地理位置定位等。

第二,2011 年提出以 IDC 和 Facebook 公司为代表的大资料"4V"内容,即数量巨大(Volume)、模式多样(Variety)、速度飞快(Velocity)、高附加值(Value)。

第三,以美国标准和技术协会(National Institute of Standards and Technology,NIST)为代表的"伦理型大资料"观,即"大数据意味着海量的、飞速的、非传统的高效数据分析、整合和提炼高附加值的价值"[②]。

十几年来,大数据内涵融入了更多的伦理色彩,人们甚至开始重新理解自然科学背景下的"大数据"含义。以英美计算机科学与临床医学为代表的大数据研究,长期致力于信息的客观精确性,但国际大资料研究领域对此做

---

① See Luciano Floridi,Phyllis IIIari editors,*The Philosophy of Information*,Springer International Publishing,Switzerland,2014,pp.301–311.

② Chen,MinMao,ShiwenZhang,YinLeung,Victor C.M,*Big Data:Related Technologies,Challenges and Future Prospects*,Springer International Publishing,Switzerland,2014,pp.4–5.

法褒贬不一。2004 年,英国 NHS 方信息质量人寿保险咨询公司(Information Qrance Consuulity Assurance Consulation)风险不断,步履维艰。[①]肯尼迪报告针对此事的调查显示,"医疗是复杂的人文信息驱动的,线性的所谓客观性数据是导致 NHS 医疗服务高风险和高成本的最直接原因"[②]。美国人寿保险公司也坦言:"大数据及其信息质量的问题是非常复杂的哲学问题,不仅仅是技术性的逻辑问题。即便各种高附加值数据技术本身也面临价值观如何指导人们判断、筛选、甄别的难题。"[③]这些伦理困境的根源在实践中主要来自两个方面:

一是新媒体信息传播和日常生活方式密切相关的大数据及其信息质量的技术框架和方法,仅从大数据科学和工程学角度,即科技方法和科技手段出发是不充分的。针对全球数字化生活背景而言,"大数据"是一个哲学概念,越来越多的研究者认为,它首先不应被界定为技术问题,而应是伦理问题;二是分析和判断大数据及其信息质量需要突破既有哲学思维模式的内在局限性。在人文社会科学认识论的前沿研究领域,深受西方既有哲学方法论影响的内在局限性成为大数据技术纵深发展的另一困境,实践需要我们会通中西方哲学。目前,我国关于大数据的信息哲学方法论研究尚在起步阶段,亟待深化。

(二)大数据技术面临的未来挑战

尽管大数据研究首先在计算机科学内部引发技术问题,而大数据一旦进入实践领域,自然科学与人文科学就会遭遇现实和潜在的伦理挑战。

1. "大数据"(Big Data)等于"大量的数据"(Large Data)吗?

在信息化时代,海量数据的泛滥或超载是人类对未来计算机应用技术为

---

① http://webarchive.nationalarchives.gov.uk/+/www.dh.gov.uk/en/Publicationsandstatistics/Publications/PublicationsPolicyAndGuidance/DH_4125508.

② http://webarchive.nationalarchives.gov.uk/http://www.bristol-inquiry.org.uk.

③ http://webarchive.nationalarchives.gov.uk/www.dh.gov.uk/en/Publicationsandstatistics/Publications/PublicationsPolicyAndGuidance.

媒介的"智能生活"方式丰富性内涵的误读。从自然科学视角看,大数据的客观性与精确性直接与计算机的计算能力相关。但"大数据"的科学性目前还是一个对技术和伦理关系预计或描述性的松散性概念,我们目前的计算机仅依赖技术,还不能明确在此基础上形成的大数据的科学性定义,及其融合了伦理因素高效处理技术与价值关系的多样化方式。

大数据在更多的实践领域中不是要求我们做加法而是做减法,也就是将复杂问题简单化。这一目标具体体现在伦理层面上,大数据的认识论问题核心就在于,如何把大数据的信息传播、开发利用与安全管理控制在人类的能力范围之内,而不是仅追求利润最大化。

2. 未来大数据发展的关键挑战首先来自于技术还是伦理?

大数据从计算机实验室中出来,首先必须直面日常生活的挑战。那么这些挑战首当其冲的是针对技术还是针对伦理?

自然科学背景的研究者通常认为,解决大数据的技术性方法就是不断升级计算机系统,用技术解决新的技术问题,如运用互联网技术管理海量个性化的数据问题。因此,他们认为未来大数据发展的潜在挑战必然来自技术性。然而,这个问题的关键在于对大数据性质的理解。与传统数据的 RDBMS 管理升级的非结构性数据不同,随着 Hadoop 分析工具的崛起,"大数据"更多处理的是可结构化的数据,例如视频、音讯、网页和文本多类型数据。这意味着数据本身的日常传播方式仅依靠升级硬件是远远不够的。同一时期发展起来的美国实在论哲学代表普特南在其著作《重建哲学》(*Renewing Philosophy*)一书中指出,"某个世界图景的瓦解以及与该世界图景相伴随的表象概念和真理概念的瓦解,与表象概念和真理自身的瓦解相去甚远"[①]。普特南甚至为概念的相对性辩护,指出"概念相对性确实具有哲学上的重要性"[②]。他指出,"概念的相对性"理论引发自然科学的深入思考,首先要解决自然科学的哲学基础。概念的不确定性和相对性的思维方式正在成为数据化的新的生存方式。一方面,目前计算机硬件不支持这样巨大的数据管理和预测;

---

① [美]希拉里·普特南:《重建哲学》,杨玉成译,上海译文出版社,2008 年,第 127 页。

② 同上,第 125 页。

另一方面,传统计算机硬件不支持那些以潜在价值观为目标的信息认知、存贮、管理和分析过程。上述现状都意味着,提高生命质量和生活质量的高附加值伦理问题已成为大数据首当其冲的伦理挑战。

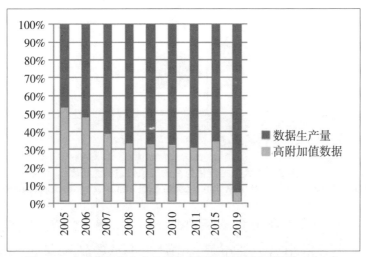

图 2-1　全球大数据生产总量与高附加值资料比例图[①],2019 年

　　海量数据的质量高低与人类的伦理选择密切相关。计算机科学人文化的过程一方面是伦理、法律和社会进步等历史趋势的客观要求,主要针对后工业社会的网络交流和数据服务的国家安全和个人隐私。例如脸书、微信、微博、谷歌、超市连锁服务、金融市场打击诈骗等;另一方面也是一个与前面提到的根据大数据做减法、将复杂问题简单化的对未来风险的预测和评估。例如在基因科学、神经医学和物理学等方面的数据预测和评估。由于大数据预测和评估风险性高、标准高、速度快,因此大数据的技术问题就在逻辑上转换成"技术+人文"的跨学科研究,其中尤以实现社会公平正义为目标,以促进人类生存发展为前途命运,以提高生命质量和人类自由全面发展为核心的潜在伦理问题为其核心,让不断积聚的全球大数据生产的数量和高附加

① The diverse and exploding digital universe,IDC white paper,March 2008,IDC white paper Worldwide big data technology and service 2012–2015 forecast,March 2012,Data,data everywhere,The Economist,25 February,2010,www.ce.cn,2019 年 2 月 21 日。

值质量都不断优化。

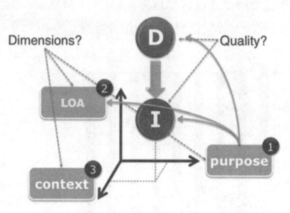

图 2-2　大数据转化为高附加值信息的流程图
Big Data become information within a context, at a LOA, chosen for a purpose①

用逻辑分析法解释,D 代表"大数据",I 代表信息,这个转化过程从数量和规模上看,是以目的(①,purpose)、位置(②,LOA)和情景(③,context)为多目标性三维空间前提。大数据及信息质量的高低取决于伦理目标①的设定。也就是说,大数据转化为高附加值的信息质量,以及大数据及其信息质量本身的高低,关键是要在特定目的、特定情景和不相关性背景下进行人的伦理选择。大数据筛选中并不存在绝对必然的客观性,现代数学和物理学的相关性和模糊性因素被引入伦理选择的动态过程研究,是大数据转化为高质量IQ 的动态过程中哲学方法论的一项关键性创新。

3. 如何看待大数据的客观性(Objectivity)?

互联网的网络社交技术(Information and Communications Technology,ICT)使数字化新媒体引领的"智能生活"进入"泽字节"(Zettabytes)时代。如果说 1艾字节(exabyte)等于 1018 字节,截至 2006 年,计算机内存已达到超 100 艾

---

① Luciano Floridi,Phyllis IIIari editors,*The Philosophy of Information*,Springer International Publishing,2014,p.311.

字节①的海量规模,正式进入"泽字节时代"。2015 年,每天产生的新数据将是 2011 年的 8 倍。②谷歌和脸书每月的大数据信息就高达几十到几百个 PB,百度、淘宝、华为、腾讯等中国企业的平台,每天线上产生的数据量高达几十个 TB,③已经跻身世界前列。2019 年我国大数据核心产业规模突破 7200 亿元,年增长率为 30%,数据量每年增长 50%。如何在数字化的"智慧生活"中提高我们筛选附加值信息的能力? 这要求我们将潜在伦理问题,向纵深的哲学认识论的思维方式创新研究领域延伸。

"信息质量"(Information Quality),简称 IQ,是指高附加值的信息。从 2003—2019 年间,国际学界对信息质量的确切定义、分类及标准尚未明确,原始数据获取存在困难。本书结合国内外研究动态,将信息种类归纳为以下几种主要类型:

表 2-8 信息质量的种类及其特点④,2019

IQ 种类	IQ 特点
瞬时型(Intrinsic IQ)	客观有效性和真实可信赖性
情景型(Contextual IQ)	高附加价值、数据量丰富、及时完整性
目标型(Accessibility IQ)	目标导向性、安全性
理解型(Represental IQ)	易理解、可解释性

在实践中,我们常见的困境不是某一目标难以达成,而是多个目标需要同时达成。如何在"智能生活"的多元价值目标背景下进行恰当的、高附加值的大数据和信息筛选,需要我们结合情景、地点和目的对数据信息质量的核心目的进行评估。在"瞬时型 IQ"等上述四个特点的分析看,伦理性目标日益

① See The diverse and exploding digital universe, IDC white paper, March 2008, IDC white paper, Worldwide big data technology and service 2012–2015 forecast, March 2012, Data, data everywhere, The Economist 25 February, 2010.

② See The Diverse and exploding digital universe, IDC white paper, March 2008, Worldwide big data technology and service 2012–2015 forecast, IDC white paper, March 2012.

③ See Viktor Mayer–Schönberger, Kenneth Cukier, *Big Data: A Revolution that Will Transform how We Live Work and Think*, Eamon Dolan Houghton Mifflin Harcourt, Springer International Publishing, 2013.

④ See Olson(2003), Wang et al.(2005), Batini and Scannapieco(2006), Lee et al.(2006), AI–Hakim (2007), Herzog et al.(2007), Maydanchik(2007), McGilvray(2008), Theys(2011).

占据主导地位。但多目标的结合令各因素彼此极具冲突性，很容易被贴上"情境主义"的标签，但目前正在显示出的大数据和信息质量的目标设定与传统线形的、直接因果性的客观性并不直接相关，这就是新型"客观性"的伦理深意。

下面我们概括分析三个著名案例，借此理解这种新型客观性的内涵。第一个是如何看待荷兰犹太人死亡率的统计结果。二战期间，荷兰74%的犹太人在纳粹大屠杀过程中遇难。包括德国在内所有西欧国家犹太人小区中，这是死亡率最高的统计资料。这个大数据的信息质量(IQ)非常高，因为荷兰发达的数据统计系统，使有关宗教信仰和犹太人小区的统计结果非常精准。为此荷兰政府陷入悖论：客观反映荷兰犹太人高死亡率的IQ是否应该被公布于世而遭受诟病？最终，政府公开了这份资料，让欧洲永远铭记历史，不要重蹈战争的覆辙。

第二个是英国邮局的大资料。英国设置邮政编码的初衷是为邮局方便准确地分拣和投递信件，高效送达个人。但后来的邮政编码信息被广泛应用于政府远程服务系统，为社会提供公共教育、医疗和社交等公共服务的设计之中。偏离原初目的的IQ是高质量数据吗？这样被赋予的大资料客观性是否仍符合现代伦理的应有之义？伦理目标是在个人自由发展基础上的社会公平与正义的综合过程。私权的保护与公权的利益在本质上是不矛盾的。社会越发展到高级阶段，对公平与正义的整体要求就会越高。而私权也是在社会历史实践中不断发展和丰富的，大数据的客观性本身也经历着由内在局限性到不断丰富的变化过程。作为制度文明，人类在法治进程中更需要从立法上针对大数据中的公权与私权进行伦理监管的制度建设。

第三个是美国的社会保险号码(Social Security Numbers，SSNs)案例。美国设置社会保险号码的目的在于跟踪劳动者的薪资收入，以便计算退休福利。美国政府特别声明，社保号仅用于社会保险而不用于公民的身份认定。但今天他们的社保号与身份证号码已成为认定公民身份信息最有效的途径。公民有义务向国家公安机关提供个人真实有效的身份信息，甚至在国家遭受恐怖威胁的情况下，政府有权针对恐怖袭击分子等进行大数据信息的筛查和跟踪。在国家安全系统中，这样的信息质量与公民个人信息隐私的关系，就是以维护公民个人信息安全的同时捍卫国家利益和信息安全为最大利益。

（三）大数据与信息哲学的方法论创新

从上述案例分析可见，大数据的技术问题最后聚焦在信息哲学认识论思维模式。在后工业化社会中，以传统西方哲学认识论为主导的既有方法论特点及其实践应用研究已成为"泽字节"时代大数据发展应用的掣肘，实践领域的伦理挑战超越自然科学的范围，扩大至人类社会科学，成为马克思主义哲学中国化的新的时代课题。

1. 克服西方表象主义认识论主导的思维逻辑，继续思想启蒙，提升人文因素在数据信息中的高附加值

在继承英国工业革命、法国唯物主义和德国古典哲学三个阶段的理论成果基础上，"理性"主体、"经济人"的主体定位，基本代表了启蒙运动以来西方哲学对主体的主流态度。无论是亚当·斯密、大卫·李嘉图，还是卢梭，在17世纪经济学的个人主体论中，"这种个人不是历史的结果，而是历史的起点。因为按照他们关于人性的观念，这种合乎自然的个人并不是从历史中产生的，而是由历史创造的"①。因此，近代西方哲学发生的重要认识论转向使知识技术与客观有效性、因果必然性等逻辑认知方式紧密结合在一起，促进了自然科学的飞速发展。近代科学关于客观有效性或因果必然性的总结具有明白事理的功效，但掌握和设计大数据及其信息质量选择的最终是人类，现代人类的伦理问题无孔不入地延伸进计算机科学、生物分类学、物理学和生命医学等自然科学之中。人类如何运用认识论做出思维方式的恰当选择，既关乎自身未来的处境，也与当下的复杂情景密不可分。法国哲学家加缪指出，认识论出现的危机在于我们"不了解或者完全不承认与人的本性密不可分的那个限度"。实践的伦理挑战要求我们必须超越原有西方哲学认识论主导下的理性主义思维逻辑，赋予科技更多的伦理属性、目标和标准，了解科技与伦理的限度，增加生命质量的高附加值，而这样的宗旨正是东方哲学的

---

① 赵敦华：《马克思哲学要义》，江苏人民出版社，2018年，第316页。

优势所在。在大数据及其IQ转化过程中对"小模式"的预测、评估和管理中删繁就简,将人文因素更多地引入提高信息质量的预测和管理之中,促进大数据时代的智能生活方式。因此,我们需要一场新的思想启蒙,未来数据生活方式的伦理属性是大数据及其IQ内涵区别于传统科技的首要特征。

2. 信息哲学的方法论创新应重视生命对获得知识的重要意义

大数据及其信息质量的概念界定多年悬而未决,这深刻地影响着未来大数据的性质和发展方向。例如,谁是决定大数据和IQ的目标和指向的关键? 谁又决定大数据及其IQ的客观性和因果性? 就大数据和信息质量的多目的性预判和评估而言,它已超出传统结构性数据信息,扩延到听觉、视觉和感知的真实性,效率(技术是否合格)、公正、和谐和幸福(伦理智能)等标准的认定和应用领域。在这些人类能力的多维层面中,尊重生命的存续和发展的途径也是多元的,因此面对这样的概念,需要我们首先摒弃脱离生活实际的、"下定义"式的,即单一的、非线性的形而上学方法,首先从生命价值的意义出发认识大数据。

在先秦哲学中,"名实"问题是一个非常重要的内容。《庄子·天下》《庄子·秋水》,《公孙龙子》的《坚白论》《白马论》《名实论》,《荀子·非十二子》、邓析、惠施,《史记·太史公自序》,《吕氏春秋》的《审应览·离谓·淫辞》,《墨子》中的《经上》《经下》《经说上》《经说下》《大取》《小取》,都成为中国名家最重要的代表人物和论著。先秦名实之辨的历史说明,在中国哲学发展历程中,也的确出现过类似西方哲学认识论那样的阶段,重视哲学分析和逻辑推理的方法。列宁说,任何科学都是应用逻辑。中国哲学中的逻辑应用最初是为解决名实相符的逻辑方法,之后被运用于中医之中,形成了"藏象学说"[①]。但哲学对世界与事物间逻辑的理解认知既有同一性又有差异性,差异性表现为一种体现为西方分析哲学的逻辑;一种体现为中国哲学的逻辑。例如中医运用中国先秦逻辑的"应因之术"[②],建立了中国医学特有的生理之应、病理之应和

---

① 参见邢玉瑞、孙雨来:《类比思维与中医藏象学说的建构》,《山东中医药大学学报》,2002年第6期。

② 参见任秀玲:《先秦逻辑的"应因之术"是形成中医理论体系的重要方法》,《中国医药学报》,1998年第6期。

天人之应的理论框架,其在中医理论体系中的运用称为中医类比思维。在建构藏象、经络理论,推论经脉气血运行与多少,阐述脏腑功能及阳气生理等方面发挥了重要作用,是西方逻辑思维方式下的现代医学无法媲美的。中医使用的思维方式受天人合一理念的影响,在对自然界观察的基础上,将具有相似或相同特征(即象)的事物划为类,并在类的基础之上进行比较、推导,确定不同类之间的联系,使知识在不同类之间迁移。①《周易·系辞》中说"形而上者谓之道",但强调"道不离器"。因此,对事情本质的形而上理解与感官经验体悟是同时进入"得道"的生存状态。这一点,与西方哲学"相对"与"绝对"的概念也有很大差异。IQ"如何形成"的过程,正是人类全面和自由发展所需要的现实诉求不断丰富发展的过程。对大数据及其 IQ 的理解要改变传统主客二分的、线性的认识论,代之以网状化的、交互式的、伦理性的价值判断方式。这正是 2012 年维克托·迈尔·舍恩伯格(Viktor Mayer-Schön berger)在《大资料时代》一书中提出"工作、生活与思维大变革"的主要方法在于"只要知道是什么,不需要知道为什么"的原因在于改变概念化的线性思维模式;而两年后卢西亚诺·弗罗里迪更进一步在认识论分析法中提出科技与伦理的双步骤法(Bi-categorical Approach)的主要原因。当代中国哲学不特别强调"相对与绝对""普遍与特殊""主体与客体"之间在概念范畴内的逻辑对立,而是更强调矛盾双方的自主性整体化流转与整合,顺应时间和实践中的变化,理解化解矛盾。

3. 未来信息哲学需要加强整体性思维,重新反思关于真理的观念

经历了中国哲学"合法性危机"之后的马克思主义中国化,为 21 世纪当代中国哲学方法论的发展与创新进行了重要的理论奠基。西方哲学花费了百年时间试图绕开马克思,却最终呼唤"马克思是我们同时代的人"。现代西方各派哲学对近代哲学的本体论超越都很不彻底,甚至发展了近代哲学的某些片面性,从而导致从一种形而上学本体论走向另一种形而上学本体论,或者无一例外地遭遇"后形而上学迷茫"。总体说来,西方现代哲学各个具体流派对近代哲学的超越只是在某些方面或环节上的超越,实质仍然徘徊于

---

① 参见章新亮:《中医象形观与逻辑思维浅探》,《湖北中医杂志》,2003 年第 6 期。

传统哲学的本体论框架之中。发达"后工业"社会的信息技术又将这种思维方式运用于日常生活工作、社会发展和交往实践中,扩展为具有强制约束性和规范性思维方式的危害性日益加深。我们发现,由认识论引发的经济危机蔓延至全球的政治危机和价值危机,甚至全球政治治理模式的深层危机,迫使自由主义、新自由主义走向终结。如何在不同文化背景下,理解概念的不确定性或相对性、有限性和感知性经验的意义?

随着信息理论和技术特别是以计算机科学技术为中心的信息技术的突飞迅猛的发展,物理学的许多理论得以验证,为我们重新理解规律、本质等观念孕育了新的机遇。这些哲学问题从不同的研究途径丰富和发展了哲学自身理论,为中西方哲学的碰撞与创新提供了新的方法。一方面,西方哲学尤其是古希腊哲学创立了关于本质、规律和科学的观念,促进了人类今天科学的飞速发展;另一方面,科学本身的发展却并没有提供证实规律等观念的证据,甚至就连科学认为是确定性工具的数学,也被哥德尔做出任何数学体系并不包含对于其自身一致性的证明。我们承认自然科学是在西方哲学的驱动下发展起来的,但对哲学本体论观念的批判和反思不仅仅是哲学本身的事情,它势必超出哲学的范围,越来越靠近人类命运共同体,乃至影响人类生存方式的整体变化。高度信息化的人类社会如何确立信息哲学的基础,需要人类思维在"温故知新"的基础上"返本开新",要走出西方本体论的禁锢,需要我们从约束生命存续与发展的一切异化的理论、脱离生活实际的、抽象概念所把握外在的形而上学思维方式中"走出去",这既是价值观哲学的现实诉求,也应该是回归信息哲学未来发展的"正脉"。

第三部分

中国传统哲学现代化

现代中国的哲学命运,可用"分久必合,合久必分"来形容。在对中国传统哲学的反思与重建中,中国哲学研究恪守学术高品位,在经典中阐幽发微,以现代理论批判自身,以"中国哲学合法性"之争所引发的新一轮中国哲学的主体性和自觉意识为契机,展现出既不同于五四时期,也不同于20世纪80年代的鲜明时代特色。

20世纪初期,西方各种思潮涌入中国,中国本土思想出现激烈的分化和变革,各派哲学蜂起,纷争不已,50年代之后,都统一于马克思主义哲学了。80年代以来,马克思主义哲学、西方哲学和中国传统哲学的"一体两翼"格局,逐渐转变为"三足鼎立"。哲学如同莎士比亚《李尔王》中的那个老国王,把王国分给了三个女儿,自己却一无所有。哲学在"以学科建设为中心"的学术体系中,成为有名无实的"一级学科"。它的八个"二级学科"或学科方向是以邻为壑、互不往来的"独立王国",而每个独立的学科又被分割成大大小小的区域。中国学者对历史上的中外哲学家(包括20世纪初的中国哲学家),基本上还只是"照着讲",而不是"接着讲",甚至"自说自话"。在20世纪马克思主义哲学中国化的"三化"趋势和四个阶段中,我们总结了宝贵的精神财富,这是具有核心价值的国家战略,是中国文化的内在哲学精神,是从"西学东渐"到西方哲学逐渐被当代中国哲学吸收、借鉴、融合与创新,最后彻底融入当代中国哲学文化之中的全部历史。尤其是改革开放以来,马克思主义哲学中国化在中国国情的现实基础上,主动创造属于中国人自己的主体性命运和时代精神,积累了许多有益的经验和教训。借解放思想、改革开放的春风,中西马哲学在各自领域繁荣发展;虽然在学科建设上有哲学八个"二级学科"画地为牢、片面强调专业化和技术性造成研究成果碎片化和琐屑性的弊病, 但这一阶段继承和发扬了 20 世纪中西马哲学对话和会通的传统,涌现出许多新的领域,尤其是在马克思主义哲学与西方哲学会通的西方马克思主义、中西比较哲学等领域,取得了令人瞩目的研究成果。

与此同时,中国传统哲学也在 20 世纪马克思主义哲学中国化的"三化"趋势中逐渐走向复兴。中国哲学史作为一门学科,是在应对西学东渐的冲击的过程中逐步成长壮大的,反过来又成为西方思想世界的一个重要参照系。有没有这个参照系,对西方哲学的历史和现实会有完全不同的理解。现有的东学西渐的思想史研究,揭示了中国传统哲学对 17—18 世纪西方启蒙运动的影响,为 18—19 世纪德国古典哲学提供了镜像式反思的对象。20 世纪初中国传统哲学的复兴主要表现为,由"西方哲学在中国"回归到"中国的哲学史",即对中国哲学固有义理逻辑展开历程的自主性研究,从依傍走向主体性自觉。①这一时期中国人的主体性自觉,在传统中西哲学比较研究方法的影响下,中国哲学做出了以西方哲学为"依傍"、为范本的哲学理解。在 20 世纪初的近代中国,这不失为一条探索向西方学习的文化强国之路。蔡元培在为胡适所写的著名"蔡序"中指出,近代中国哲学不得不依傍西学先发展起来。多年后,对西方哲学的格义或依傍西方哲学下的比附愈发深入传统中国哲学的基础, 中国哲学自身的形态特点非但没有在依傍西方哲学中获得同等的学术地位,相反还面临自身存在的合法性质疑,处境岌岌可危。这种状况体现在法国著名哲学家德里达的一次中国之行中。他在一场有关中国哲学的讲演中,使用"中国思想"而不是"中国哲学"概念来表达中国哲学,从而引发该年度中国最令人注目的十大社会话题之一。

毋庸置疑,改革开放后的马克思主义哲学中国化历程有力地促进了中国哲学"重建文化"这一历史任务。中国传统哲学现代化的主要难题随即聚焦于"古今之争""中西之争"及中国哲学的合法性等问题上来。而马克思主义

---

① 参见颜炳罡:《从"依傍"走向主体自觉:中国哲学史研究,何以回归其自身》,《文史哲》,2005年第 3 期。

哲学也相继转向对唯物史观等基础理论的深入研究，表现出具有面向实践的批判、面向经典文本和翻译的细致、面向"西方马克思主义"的综合、面向全球的开放等四个显著特征。唯物史观作为马克思一生的"两个伟大发现"之一，在当代中国和西方的解读有"辩护""重建""经典表述""超越"和"质疑"等不同观点，争论尤为激烈。最新的研究还出现了"历史哲学"和"当代性"，"批判导向"和"现实解释"，"世界向度"和"中国化"等不同侧重点的研究方向。围绕唯物史观与历史主义的关系、唯物史观对现代哲学中的"范式转型"的意义、意识形态的"虚假意识"，以及全球化、世界历史、资本批判、大众文化、消费异化、社会转型、公民社会、法治建设、制度伦理等诸多问题，国内外学者各抒己见，掀起了"国学热"和中国传统文化的大众化之风。最终在"中国哲学有无合法性"与"如何反思中国哲学的方法论"这两个不同性质和层次的问题中，大多数学者达成理性中允的共识：中国哲学史学科在创立阶段接受西学影响，既合乎中国古代有哲学之实的理，也符合现代学科的发展规律，不同意简单地使用西方哲学概念来比附中国哲学观念的做法，以及把扎根于中国文化传统中的哲学观念归结为西方哲学概念的肤泛理解。这场中国哲学的合法性讨论，推动了中国传统哲学研究方法论的复兴和创新。现在很多研究者或从"四部之学"和出土文献中重新整理国故，或按照经史结合的方法悉心研究思想史，或在中西哲学比较中明理别异。

因此，在社会文化思潮的震荡中，专攻西学的学者逐渐发生分化：一些人转战至中国文化战线，以攻为守，论证中国传统思维模式的优先性；另一些人则保持其译介和阐述西方哲学家学说的惯性；还有一些人"退而结网"，翻译全集蔚然成风，西方主要哲学家，如柏拉图、亚里士多德、康德、维特根斯坦、奎因、卢梭、黑格尔、尼采、杜威、海德格尔、胡塞尔等人的全集已经或正在陆续出版。越来越多的西学研究者意识到，只有文理通顺的中西互译，才能推动我们对西方哲学的深入研究。

在中国传统哲学复兴中还有一个难点。老一辈学者陈康先生早有"要使研究希腊的西方人以不懂中文为憾"的理想，但遗憾的是，现代汉语对研究西方哲学的作用和意义的问题，至今在学界仍未达成共识。一些专业研究者认为，西方哲学既然是国际学问，中国学者就不必自搞一套，而要与世界接轨；他们主张西方哲学的教学和研究都需要从原文原著出发，不能以英文译本和文献为校准，更不能依赖中文翻译，否则就会偏离西方的参照系。在这个问题上我认为，虽然原文原著的教学和研究在任何时候都不可或缺，但我们需要明了"学理"和"情势"的关系，当西方哲学学理的研究主体、接受对象和学术环境等条件已从西方转移到中国，那么用中国人的眼光看待西方哲学、用现代汉语思考西方哲学，便应成为当代中国哲学的时代精神和研究路径。

改革开放之后，中国哲学和中国传统文化在困境中恢复，也经历了从否定到肯定再到否定的辩证运动历程。与改革开放引进西方先进经验同步，国学"复兴"也一度构成了中国哲学的主旋律。20 世纪 80 年代中期，随着文化热的兴起，中国哲学史的研究也出现了若干变化，哲学史的研究与文化史的研究相互融合，成为一种新的趋势。[①]在 20 世纪 80 年代的"文化热"中，张岱年先生就提出"文化综合创新论"，反对"东方文化优越论"和"全盘西化"，主张在马克思主义原理的指导下，"综合中西文化之长而创建新的中国文化"[②]；汤一介先生提出"中国解释学"，希望通过建立中国的解释学，使中国哲学从传统走向现代；张立文先生则强调中国哲学不仅要"接着讲"，还要"自己讲""讲自己"。当代中国哲学应该深刻总结中国哲学史发展的内在规律，用以指导中国现代哲学的发展，注意核心话题、人文语境及经典文本的转变，应结合中国的实际来讲中国哲学，既不能照着西方讲，也不能仅仅满足于接着宋明讲，必须自己讲、讲自己。[③]

中国理论界逐渐以西方哲学为中介，进行中国哲学研究，甚至是马克思主义哲学研究。我们不仅重视当代西方哲学的资源，而且将西方先进哲学资源与西方马克思主义哲学的引进和研究看作中国特色社会主义理论探索和现代化实践的重要途径。一方面，在哲学领域"西学"再次"东渐"的浪潮中，我们希望从过去未被考察过的马克思主义哲学、西方哲学和西方马克思主义资源中共同寻求社会主义发展和壮大的理论出路。因此，援"西"入"马"，

---

① 参见杨国荣：《回归智慧——近 30 年中国哲学研究概览》，《华东师范大学学报》（哲学社会科学版），2008 年第 11 期。

② 张岱年：《文化的综合与创新》，《张岱年全集》（第七卷），河北人民出版社，1996 年，第 14 页。

③ 参见张立文：《和合哲学论》，人民出版社，2004 年，第 1 页。

以"西"解"马"，成为改革开放以来马克思主义哲学阐释的新路径。这种"以西解马"的方式又可以分为两种：一种是以西方近代哲学为资源，对马克思主义哲学作"启蒙主义"式的解读；另一种是以西方现当代哲学为资源，对马克思主义哲学作"后现代主义"式的解读。二者之间存在的断裂在20世纪90年代的中国，一度出现了"要康德，还是要黑格尔？"的争论。我国理论界敏锐地把握住这一点，提出我国马克思主义哲学的发展要继续吸收、借鉴西方马克思主义研究方法，坚持从马克思主义哲学史切入国际前沿研究。另一方面，坚持实事求是。当我们受到"左"倾错误思想的干扰而禁锢了思想时，西方马克思主义却在一些被我们忽视的地方做了功课，收获了经验。这些经验试图以揭露和批判苏联斯大林模式的社会主义弊端为出发点，但得出的结论事与愿违。在考察了发达资本主义国家的新情况和新问题之后，我国做出引进20世纪西方马克思主义哲学的决定。事实证明，改革开放四十多年来中国对西方马克思主义哲学的引进和研究是成功的。1992年邓小平在南方谈话中曾指出，"我坚信，世界上赞成马克思主义的人会多起来的，因为马克思主义是科学"，"不要认为马克思主义就消失了，没用了，失败了。哪有这回事！"[①]中国的改革开放政策实施四十多年来，马克思主义哲学不仅指导中国的社会主义理论、社会主义道路、社会主义制度获得成功，而且马克思主义也在世界范围内获得了更为广泛深入的传播，打破了在西方发达资本主义国家缺乏社会主义革命基础的陈旧看法，为中国现代化和马克思主义中国化进程开创了新时代。

由于20世纪中西马哲学的交流会通，当代中国哲学的研究成果易于被西方学者理解和接受，比中国传统哲学的历史影响发挥了更为深入广泛的现实作用，中国哲学已经成为西方人观察和理解自身的"他者"之镜，映照出西方世界的是是非非。

---

① 《邓小平文选》(第三卷)，人民出版社，1993年，第382~383页。

第一章　当代中国哲学的时代精神

一、中国哲学现代形态的世界意义

改革开放是马克思主义哲学和马克思主义中国化过程始终将社会主义与中国现代化叙事为主要特征的历史结构相联系，是在民族独立、国家兴盛的现实基础上引进西方哲学，主动创造属于中国人自己的中国当代哲学的时代。中国特色社会主义理论是中国共产党宝贵的精神财富，是具有核心价值的国家战略，是中国文化内在哲学精神的体现。这是一个以西方哲学为中介的多样文明相互融合的个案，西方哲学被中国人理解和吸收后，最后彻底融入中国哲学和中国文化的过程就是中国哲学不断融合不同文明、不断创新的过程。把新时代中国特色社会主义理论提高到当代中国核心价值观的战略高度，意味着中国特色社会主义不只是一种振兴中国的手段，实际上这种经济持续保持高速发展背后的精神因素本身具有一种强劲的文化价值张力。如何看待新时期的各种矛盾和困难，总结历史经验和教训，对于坚定改革开放和社会主义道路与方向至关重要。

（一）中国哲学的合法性问题

中国哲学的合法性问题，以及如何处理中西马哲学三者之间的辩证关系，构成了改革开放之后中国哲学方法论创新和中国传统文化复兴的两大课题。

在传统中西哲学比较研究方法的影响下，中国哲学做出了以西方哲学为"依傍"、为范本的哲学理解。在近代中国,这不失为一条向西方学习的文化强国之路。因此,蔡元培先生毅然决定为胡适写下了中国哲学不得不依傍西学发展起来的"蔡序"。然而多少年后,对西方哲学的格义或者依傍西方哲学下的比附终究混淆了中国哲学自身的形态特点,非但没有获得与西方哲学同等的学术地位,最后竟连自身存在的合法性也受到了质疑。2000 年,著名哲学家德里达在访问中国时,虽然不无敬意地向中国哲学表达了他个人的高度尊重,但他仍旧使用的是"中国思想",而不是"中国哲学"概念。中国哲学的现代合法性问题由此可见一斑。

为了下大气力扭转这样的局面,20 世纪 90 年代,中国哲学由"史"的研究进而走向"论"的沉思,哲学史的研究开始与哲学理论的研究结合起来。由"照着讲"转向"接着讲",成为中国哲学史与当代中国哲学领域一道引人瞩目的景观。中国哲学 20 世纪 80 年代"重建文化"的课题重新浮出水面,聚焦于"古今之争"和"中西之争"的问题上。随之而来的中国哲学合法性的争论是伴随着改革开放的时代之思,是 21 世纪之初中国哲学界最重要的理论热点之一。

改革开放之后,尤其是进入 20 世纪 80 年代,中国哲学和中国传统文化在困境中复兴,中国哲学也由此经历了从否定到肯定再到否定的辩证运动历程。在改革开放引进西方先进经验的同时,"复兴"构成了中国哲学的主旋律。20 世纪 80 年代中期,随着文化热的兴起,中国哲学史的研究也出现了若干变化,哲学史的研究与文化史的研究相互融合,成为一种新的趋势。在 20 世纪 80 年代的"文化热"中,张岱年先生就提出"文化综合创新论",反对"东方文化优越论"和"全盘西化",主张在马克思主义原理的指导下,"综合中西文化之长而创建新的中国文化";汤一介先生提出"中国解释学",希望通过建立中国的解释学使中国哲学从传统走向现代;张立文先生则强调中国哲学不仅要"接着讲",还要"自己讲""讲自己"。当代中国哲学应该深刻总结中国哲学史发展的内在规律,用以指导中国现代哲学的发展,注意核心话题、人文语境及经典文本的转变,应结合中国的实际来讲中国哲学,既不能照着西方讲,也不能仅仅满足于接着宋明讲,必须自己讲、讲自己。

这种文化间的逐渐融合表现为注重考察哲学思想演变的文化背景,从文化观及文化理论的角度来阐释哲学史的概念和命题，揭示其所谓文化意蕴。文化史与哲学史的相互结合，进一步扩大了当代中国关于哲学的研究视野。经历了"文革"十年内乱的中国人，对于什么是哲学有了更为透彻、客观和冷静的人生阅历。这也有助于中国学者在对哲学史进行考察的同时关注广义的社会文化演进，避免仅仅限于思辨的推绎。此外，文化讨论的主题实质上是传统文化与现代化的关系，它所涉及的问题包括传统文化与现代化是否相容？现代化的过程是否意味着拒斥传统文化及如何实现传统文化在现代的转换？以此为背景，一些中国哲学的研究者往往偏重于阐发传统哲学观念的现代意义，论述中国传统思想在现代化过程中的不同作用，并使其在回应社会现实问题的过程中获得新的活力。因此，2003年中国媒体曾将学术界关于"中国哲学的合法性"问题评选为当年的十大学术热点之一。

值得一提的是，自称"三史释今古、六书纪贞元"的冯友兰先生也曾试图运用马克思主义的理论重写中国哲学史，最终诞生了七卷本的《中国哲学史新编》。冯契先生的《中国古代哲学的逻辑发展》与《近代中国哲学的革命进程》两本著作也是凭借其对马克思哲学的深入理解，结合中国哲学、西方哲学、马克思主义哲学三个学科进行哲学研究的成果。之后，以马克思主义哲学的立场和观点来写作中国哲学史成为国内方法论的主流。

（二）中国文化复兴和国学热

在20世纪90年代开始的中国传统哲学强势回归的背景下，中国哲学特色研究出现了改革开放后"国学"研究的一次重要变化。这一时期所谓的"国学热"，从现象上看，其特点在于对传统文化的历史成果作了较多认同，在这种认同的背后，则是研究视域的转换：综合式的宏观考察开始转向各个学术分支的具体探析；继宽泛的文化认同之后，学科的认同逐渐提到了重要的地位。如何在时代变迁的历史洪流中，发挥中国哲学对人类历史责任与价值的智慧，这既是国内从事中国哲学研究工作者的责任，也是改革开放时期新的客观要求。

改革开放令社会主义市场经济体制下的中国经济体制获得了巨大动力。但改革开放也引起了西方文化与中国传统价值观念、伦理道德及审美观念的巨大碰撞。西方经济学理论的逻辑基础是"经济人"假设,而以儒家伦理精神为核心的中国传统文化一直处于边缘化状态。伴随着亚洲四小龙的腾飞,中国传统文化对经济发展的促进作用越来越受到世界的关注。从 20 世纪 80 年代初开始,中国的哲学史研究进入了一个持续的繁荣时期,并具有多元化特点。其一偏重历史学考察,以训诂和考据为特点;其二注重逻辑分析,这里所说的逻辑分析,既是指对概念、判断和推理等形式的逻辑分析,也包括对哲学史的历史科学性分析。20 世纪 80 年代中期,受到"新左派"马克思主义"文化研究"理论的思想影响,西方马克思主义走进中国。威廉斯(Raymond Williams)的"文化唯物主义"介于西方马克思主义和传统苏联马克思主义之间,是英国式的马克思主义解读方式,注重哲学史的研究与文化史的研究彼此融合,更注重考察哲学思想演变的文化背景,表现为从文化观及文化哲学的角度阐释哲学史的概念和命题。由此,中国学界关于文化讨论的主题实质上是传统文化与现代化的关系,所涉及的主要问题是传统文化与现代化是否相容。

(三)当代中国哲学的基本特征及其时代课题

二战后,瑞士著名学者皮亚杰在为联合国教科文组织写的"人文社会科学"报告中认为,哲学是"极其难于分类的一组","因为献身于这类学科的学者们对应归入这一名称之下的各分支的意义、范围,甚至统一性,意见颇不一致"。但是"唯一肯定的命题——因为各学派看来都同意这一点,是哲学以达到人类各种价值的总协调为己任,不仅要考虑已获得的知识,还要考虑到人类各种信念与价值"。由此可见,世界对不同文化传统、历史国情和思维方式孕育的不同哲学特点给予着高度关注。20 世纪 90 年代,深入研究中国传统哲学在当代的世界意义时机成熟了。正如黑格尔在《精神现象学》一书中的论断,真理具有在时间到来或成熟以后自己涌现出来的本性,所以它的出现绝不会为时过早。

1. 哲学观念的更新

随着时代的变迁和 20 世纪中后期西方哲学"终结论"的出现,哲学进入了一个观念更新的阶段。哲学的目的是为了人类更好地生存下去。在这一点上,西方哲学中伊壁鸠鲁、米歇尔·德·蒙田、卢梭、尼采、海德格尔、梅洛·庞蒂、约翰·杜威、爱默生等人的哲学思想与中国哲学都特别贴近。近代西方哲学理性主义的历史让欧洲科学和文化面临危机。对于西方哲学自培根《新工具》问世以来对技术实践的推崇,黑格尔不无乐观地指出,理性在世界之中。但霍克海默在《工具理性批判》一书中指出,在资本主义条件下,理性反过来统治人,这样的理性沦落为工具理性或技术理性,成为社会统治的一种新形式。以胡塞尔、海德格尔、狄尔泰、霍克海默等为代表的法兰克福学派哲学家,都以各自的方式对近代科技的理性主义给予猛烈抨击。其实,康德在《实践理性批判》《实用人类学》《未来形而上学导论》中,已经看到了这种思维方式,其后期也在有意识地进行反思。只可惜,这条思路并没有发展形成西方哲学的主流。但是它代表了一种哲学观念更新的可能,正所谓“天地一指,道通为一”。如果继续将以本体论为特征的西方哲学形而上学思维方式发展下去,现代自然科学无疑是最大的受益者。但继全球金融危机、生态危机和“全球化陷阱”、生命伦理危机和全球新冠病毒肺炎疫情危机之后,当代科技的伦理目标正在经历各种危机的生死考验。人类能否突破既有科技理性主义的思维定式,适应人类命运共同体的共同要求,决定了人类在未来的人文与科学世界中能否继续生存下去。

20世纪,中国的中西马哲学开始会通融合,涌现出一系列的思想成果:毛泽东思想在国外广泛传播;在马克思主义哲学指导下,中国哲学史研究方法和成果取得新进展;西方哲学的资料选辑陆续推出,黑格尔著作翻译和研究的基础继续夯实;港台新儒家把中国传统哲学推向世界。

关于中国传统哲学的特色,张岱年先生在《中国哲学大纲》中谈到六点:①知行合一,②天人合一,③同真善,④重人生而不重知论,⑤重了悟而不重论证,⑥既非依附科学亦不依附宗教。这六个特点与牟宗三先生在《中国哲学的特质》一书中指出的西方哲学特点大相径庭。牟宗三先生认为,西方哲学是追求“知识”和“真理”的普遍必然性本体论,但没有涉及人生道德实践的层面;基督教虽然关注“人”,但是通过皈依上帝否定自我,实现对上帝的附属存在。归根结底一句话,西方哲学乃原理。原理,就是其他一切存在的前提、基础、本原,其他一切存在的理由都要通过原理来说明,而原理本身是不证自明的、具有普遍必然性的本体,这就是西方哲学关于本体论(Ontology)的全部知识。如何在中西哲学差异中深化我们对中国传统哲学的特点的理解?直到今天仍旧有一些人,认为中国没有西方式的哲学,因此中国根本没有哲学。这些人不理解中国哲学传统,却穿凿附会地贬低中国文化,今天看来这种论调不仅有政治原因,也有认识论的根源,因此显得尤为"霸道与无知"。

牟宗三先生曾在《中国哲学的特征》和《中国哲学十四讲》两部书中都阐述了这样的观点:以西方哲学的特点为判断标准评价中国哲学,太过于狭隘,历史上中国学术思想鲜与西方结合,自不能以西方哲学为标准来定取舍。当然,对中国哲学独特形态的研究,不能等同于所谓的汉学主义,具有超越关怀的形而上不是东方主义的翻版或知识生产的隐性意识形态。杨国荣先生指出构建中国哲学自己的形而上学,张祥龙先生则主张"退出"西方哲学专有的"哲学",这种退出不是"取消"哲学,而是将西方哲学对哲学学科建构、理论范畴及其未来发展方向的理解回复到更为原初的哲学基础之中。赫大维、安乐哲在《孔子哲学思微》《汉哲学思维的文化探源》和《期望中国》三本著作中指出,如果比较哲学对所谓轴心时代的中国文化有所评说,那它不外是说"绝对","超越"和"主观性"的概念在那里未必具有意义。很难在中国找到像亚里士多德或是柏拉图的形式等绝对、超越的存在物,或是像充足理由律这样纯粹、超越的原理。[1]法国汉学家于连通过分析指出,希腊优先看重摹仿关系(特别是感觉与观念之间的关系)而很少注意物中间的关联;在中国则相反,不是挖掘表象性,而是在关联的基础上建立对世界的看法。这样,中国关心的是顺应隐喻的价值,而不是象征的表达。[2]在《论道者:中国古代哲学论辩》一书中,葛瑞汉对关联思维与分析思维进行了对比。他指出,西方传统长期坚持试图将分析从其关联的背景中完全分离出来,免除作为源于类比的松散论证的后者,我们在实际生活中需要它,但又从严密的逻辑中剔出它。[3]而中国思维,特别是《易》的系统在两个方向发展了关联思维。[4]

---

[1][2][3][4] 参见[英]葛瑞汉:《论道者:中国古代哲学论辩》,张海晏译,中国社会科学出版社,2003年。

改革开放至今是一个哲学观念更新的时代。更新不意味着死亡，而是破茧而出。20 世纪 80 年代中国哲学界出现的"文化热"现象，显示出中国哲学对思考和解决时代课题的高度关注。此时中国哲学重点讨论的就是中国传统文化如何实现现代转型的问题，其实质就是在中西哲学比较的视野下如何构建现代化的中国哲学问题。总体来说，中国哲学形态是以人的内在超越性为特征的形而上学表达。本体论超越意义的形而上学出自西方哲学，是一种纯粹概念的思辨体系。在中国文化中，根本没有"哲学"一词，形而上学也是借用《周易·系辞》中的"形而上者谓之道"一句，来表达具有超越性的哲学之意。西方哲学的超越性本体论仅限于作为普遍知识的哲学研究的主题和内容，但中国文化中的超越之意不仅仅局限在形而上学之中。不必外求，"担水劈柴，无非妙道"的日常生活里就有。但是西方哲学对缺乏理论反思的哲学是怀疑的。在西方文化中，理念（Idea）和理论（Theory）的词根都有"看"的涵义。但怎么看、如何看，取决于文化、语言和思维习惯，理论反思方式不是对所有哲学形态的唯一要求。中国哲学讲究在生活中觉、悟、通达，也是一种反思的哲学方式。冯契先生的《智慧说三篇》揭示了一个道理：最富于民族特色的东西就是最具核心价值观的东西。正如张祥龙先生所说，我们确实需要我们的传统，因为它既是那么不同于现行的西方——全球化的范式，又如此深邃、微妙和难于规范。有可能，它会帮助我们布下那粒在未来相遇而改变大局的棋子。①

然而西方哲学以本体论为特征的形而上学是一种因果必然性的逻辑思维方式。它的理论前提是："①用'混沌'说的虚无、分离或混乱解释万物的起源；②把'宇宙'理解为具有某种单一秩序的世界；③断言静止比变化和运动更具优先地位，用另外的话来说，就是崇尚的是'存在'而非'变易'；④相信宇宙秩序是某个解释性的作用者，例如心灵、造物主、第一推动者、上帝意志等造成的结果；⑤明里暗里主张'世界'的千变万化是被这些解释为动因的东西所左右、所最终决定的"，如果中国哲学不按这个路数，"我们在比较研

---

① 参见张祥龙：《思想避难：全球化中的中国古代哲理》，北京大学出版社，2007 年。

究上所下的功夫就会沦为玄谈空论。①在这些人眼中，只有西方哲学是"理性"的代表。理性(reason)一词本是日语，一直是在"理性的能力"(power of reason)与"合理性"(rationality)的意义上使用，中国文化中本来没有与之对应的词。直到 20 世纪初，这个词才逐渐被习惯性地翻译为"理性"，开始在中国广泛使用。既然我们也承认中国哲学是形而上学的哲学反思，而这种中国哲学的反思又不同于西方逻辑范畴的思维方式，难道中国哲学不是理性的、逻辑的吗？那么究竟什么是"理性"呢？对于"理性"的理解，中国哲学认为，它不是单纯的逻辑功能，而是与道德相连。例如汉代徐干在《中论·治学》中说："学也者，所以疏神达思，怡情理性，圣人之上务也"。这里的"理性"更像是一个动词，表达一种成为圣人的道德实践过程，是指导道德行为的官能……使人成为人类的是非观念。由此可见，"理性"一词所要表达的中国哲学含义具有认识论的伦理色彩，而不是单纯的认识论、知识论和逻辑学。在这个角度看，"理性""仁""让""克己"是相通的。

2. 中国传统哲学的基本内涵

梁漱溟先生在 20 世纪做出了一个预言："世界未来文化就是中国文化的复兴"，"西方已解决了第一条路上的问题，而生存、基本需求、物质欲望这些将在第二阶段上遇到的问题只有凭中国人的态度才可以解决。"②做出这样的结论，并非出于单纯的民族情感，他从知识论的伦理角度，指出新的知识论要回转视角于人类自身的生存状态、回转于生命的"东方色彩"。尽管他对"西方即将儒学化"的预言在当时的世情和国情下为之过早，但从总体上看，梁漱溟先生对未来世界的历史潮流做了科学预判。那么中国传统哲学在哪些方面呈现出不同于西方哲学的独特内涵及其表现形态呢？

（1）中国传统哲学形态的形而上学特点

中国传统哲学中的形而上学特点是知行合一。中国哲学是早慧的文明，很早就出现了"知行合一"哲学思想，这是中国传统哲学注重人自身的形而上学存在与宇宙天地幻化合一的生命自觉。在《古文尚书·说命》中，就有"非

---

① 参见张世英：《天人之际——中西哲学的困惑与选择》，人民出版社，1995 年，序。
② [美]艾恺：《最后的儒家——梁漱溟与中国现代化的两难》，王宗昱、冀建中译，1996 年，第97 页。

知之艰,行知惟艰"的思想,从先秦的孔子、孟子、荀子一直到宋明理学家朱熹所谓的"论先后,知为先,论轻重,行为重"都对"知行观"提出了自己的看法,"知行合一"这个问题在中国传统哲学形态中,是一个具有形而上学的超越性问题。

中国的阴阳五行、中医武术、周易八卦与养生修为、饮食起居、建筑艺术……与"天人合一"都是一脉相承的。中国人通过对宇宙自然的观察,超越自身生命有限的时间性,通达天地与我为一的"忘我"境界,在道的永恒变化中不断应对世事无常的生存挑战。中国哲学以天人合一的方式而不是主客二元的方式理解哲学形而上学,是一以贯之的总体形态特点。

在"天人合一"的基础上,近年来,国内学者对"知行合一"的研究越发深入。例如,张立文先生在《论王守仁的"知行合一"学说》一文中指出,王阳明的"知行合一"突破了程朱的"先知后行"说,①这意味着是从"知"与"行"合一的角度,而不是认识论的角度转变。杨国荣先生在《心学之思——王阳明哲学的阐释》一书中研究了"知行合一"与"致良知""良知"的关系。②既认为"知行合一"是一个实践过程,也认为它是一个思辨过程;既包含时间之维,又允许本体论的形而上学特征。尽管二者的结合与西方认识论的逻辑主义思维方式差异很大,但"知行合一"却是形而上学超越特色的中国哲学的逻辑表达方式。王阳明以当时的社会历史背景和个人经历为基础,提出"知行合一",不仅是为解决心学理论存在的问题,更重要的是他深刻思考了武力与道德对人心的不同力量。"徒弊精竭力,从册子上钻研,名物上考索,形迹上比拟",从而导致社会"虚文相诳""人心陷溺""流毒扇祸"……社会人心惶惶,动荡不安。"古人言语,俱是自家经历过来,所以说的亲切;遗之后世,曲当人情。若非自己经过,如何得许多苦心处。"(《传习录》下)有了"贵州三年,百难备尝,然后能有所见",经历了不同阶段的人生苦旅,对同一事物的理解也发生了变化。这就是他所谓"求理于事物者误也"(《王阳明全集·与王纯甫》)的道理。由此可见,王阳明抨击的虚无主义正是20世纪以来西方本质主义、逻各斯中心主义和现代性的弊端,认识论意义的"知"走向绝对,文明

---

① 参见张立文:《论王守仁的"知行合一"学说》,《北方论丛》,1979年第6期。
② 参见杨国荣:《心学之思——王阳明哲学的阐释》,华东师范大学出版社,2009年。

则会迷失方向,走向绝望和危机。因此,一方面,认知如果不与伦理相关,认识论意义上的"真理"与人的生存状态便产生疏离感而离人越来越远,终将阻挡人类全面和自由的发展;另一方面,认识论与实践论的结合,不仅与20世纪科学精神与人文精神融合要求相一致,也是中国传统哲学的形而上学形态特征在认知和审美领域的必然要求。正如宋代朱长文在其《琴史·莹律》中所说:"昔者伏羲氏既画八卦,又制雅琴,卦所以推天地之象,琴所以考天地之声也。""取其声之所发,自然之节也,合于天地之数。"琴乐之音,离不开天地自然界各种节气、风雨露电、阴晴变化对人感官的作用和刺激,无此作用和刺激,也决然不会产生喜、怒、哀、乐、忧、思、悲、恐、惊……操琴演奏的这种知行合一,是指在操弄琴乐时人的精神创造与宇宙间诸景诸物的感应及融合,琴瑟相合符合中国哲学"知行合一"的美学实践。

(2)中国传统哲学的超越模式

中国传统哲学的超越模式是身心一体、性命双修。将天、地、人、器融合为一,以天地人文自然为一体的超越性思想,贯穿于中国哲学始终。这既是在最根本意义上追求的形而上学境界,也是中国哲学身心一体、性命双修的审美境界。

如何证明中国哲学中作为形而上学超越性的存在? 超越的并不必然是实存的。以本体论形而上学为特征的西方认识论的根源和本体离不开感觉材料、现象或认识对象。而中国哲学中的"道",无需本体论证明,也不是本体论实存。得道是一种生命在时间中的形而上学超越,需要在得道的状态下自觉升华,无法假借他人。要为自己"求放心",就是自己想明白了、想通透了。这是超越语言的状态,是在行为、运动中,天地与人去除本体论和认识论的束缚,鲜活地生发出丰富多彩的思想创造性。这种"知"是体验、感受,与当下情境融合在一起,无法替代。

"天人合一"恢复人与天的原初性存在,是"推天道以明人事"的人生自觉,因此成为中国哲学的宗旨或者说目标。《四库全书总目提要·易类序》说:"《易》之为书,推天道以明人事者也。"《中庸》曰:"思知人,不可以不知天",《庄子·大宗师》云:"知天之所为,知人之所为者,至矣",司马迁说:"究天人之际"(《报任安书》),戴震说:"天人之道,经之大训萃焉"(《原善》卷上)。中国传统哲学注重"知人",认为"知人则哲"(《尚书·皋陶谟》)。归宿仍在人身上,目的就是求得"性与天道合一"。中国传统哲学中的先秦儒家时期,孔子的"听其言而观其行"(《论语·公冶长》)、"君子名之必可言,言之必可行也"(《论语·子路》),荀子的"符验"、韩非的"参验"、王充的"效验"等思想,奠定了后世对知行关系的基本思路。宋明时期朱子的知行观,代表了宋代对知行关系的基本看法,其基本观点是知先行后、行重于知、知行互发三个方面。经历了程朱理学,明代的王守仁明确提出"知行合一"的观点。中国传统哲学的知行合一的独特之处在于不对认知和实践作二元分割,从认知开始便是一体的。

中国传统哲学讲究"对内湛然澄明,对外接应万机",在人生的各种可能性中与天合一,不断调整人生的生活态度以达到生命自由。中国传统哲学的天人合一特点,并不意味着对宇宙自然规律命题的缺失。在西方哲学史上精要的自然哲学命题,在中国哲学中也都可以找到类似的命题和推理。但终究因二者的哲学形态、思维方式、语言表达和哲学宗旨存在较大差异,而开辟出中西方在从事哲学时的两种不同路径。

(3)汉语对中国传统哲学形态特点的意义

中国哲学使用的汉语,单音节单字式语言,不同于多音单词式语言,它更接近一种原始的思维方式和审美方式,与人更为亲近。这种思维方式中西皆有。印度土著达罗毗荼人的画符(公元前3000年)、埃及的"圣刻"(公元前3500年)、美索不达米亚的苏美尔人早期的楔形画符(公元前5500或4000年)都反映了这样的一种思维方式。后来楔形画符发展成包含拼音符号的楔形文字,开辟了拼音文字的逻辑学发展之路,从而使西方哲学在另一个方面发展了形式逻辑。而中国哲学更多地在思维方式上保存和发展了这一方向。"上古结绳而治,后世圣人易之以书契,百官以治,万民以察……"(《周易·系辞下》)物理学家杨振宁说,《易经》影响了中华文化的思维方式和审美观念。中国文字是象形文字,汉语是语素–音节文字,是在二维平面上构型。汉语的语言结构无定规,随上下文意和语境可以灵活运用。这在结构和方式上与西方语言不同。汉语没有词的形态变化,靠虚词和词序表示语法关系,语词本身的意义也可以在虚实之间转换,非常灵活。总体来说,汉语的句子格局不是固定在某一结构上,而是可以随着韵律结构流转,就是"以神统形"。"音生于义,义著于形,圣人之造字,有义以有音,有音以有形,学者之识字,必审形以知音,审音以知义。"(《说文解字注》)因此,在汉语的语言环境中对于中国哲学中道体悟的感受,便可以虚化语言中的文字形态环节,而直接著于义。这也就是佛教所谓"不立文字",追求顿悟的意思。

以中国语言特点为参照,我们理解西方索绪尔所谓的"言语"的概念。西方言语与语言的主要区别在于:前者用于表述个别的和具体的东西,而后者用于表述一般的抽象的概念。西方结构主义语言学,在很大程度上体现了西方哲学的语言观,即把语言视作具有普遍必然性的知识。只要掌握了"结构",就可以客观地表达人的态度、立场和观点。这种结构性的语言观排斥了活生生的人,把语言看作与言说者无关的封闭结构,只对内部因素进行系统分析,使之成为绝对概念系统。在这种思想指导下的翻译研究把语言视为理想的工具,翻译活动成了一种简单化与程式化的技术操作,译者主体也被物化,成为可以任意替换而结果不变的机器零件,因而失去了主观能动作用与创造性。这种语言观,即使是日常语言,也会将语言的局限性夸大,因此西方语言对时间性的表达是有难度的。

(4)中国哲学的真理观辨识

中国哲学的真理观不是以普遍绝对的必然性知识为最终目标,不局限于认知意义的对与错,范围要宽广得多。张岱年先生认为:"在知识论中,真理一词不如真知一词确当。"中国哲学中的真理观,用庄子的话来说,即"道隐于小成,言隐于荣华"(《庄子·齐物论》)。用墨子的话讲,真知"原察百姓耳目之实"(《墨子·非命上》)。所闻所见的一事一物都使时间中的人无法被取代。但是墨子也主张"言必有三表",即"有本之者""有原之者""有用之者"(《墨子·非命上》)。获得真知,是很复杂的,既要"原察百姓耳目之实",又要"中国家百姓人民之利"。因此,真知意味着"知人"和"知天"相统一的道德实践。

中国哲学中对于把握真理的现象与认识关系,具有丰富的方法。中国有一个相马之相的故事。"古之善相马者:寒风是相口齿,麻朝相颊,子女厉相目,卫忌相髭,许鄙相尻,投伐褐相胸胁,管青相唇吻,陈悲相股脚,秦牙相前,赞君相后。凡此十人者,皆天下之良工也……其所以相者不同,见马之一征也,而知节之高卑,足之滑易,材之坚脆,能之长短。"(《吕氏春秋·恃君览·观表》)在这里表达了根据自然探索道、超越自然而直接与道合一、体悟"道"而重返自然等三种方法。虽然方法多种,但传统中国哲学的真理观最重要的是以实践的切实性和以实现"道"为目标,从而获得"真知"。中国哲学的"道"不完全等同于西方哲学的"真理"。

西方哲学的真理是以认识论为目标的认知真理,它先于人的存在而存在,因此是在本体论意义上的认识前提和基础。西方哲学的真理观认为世界与我们的认识一致,便是具有普遍绝对的唯一性真理,否则就是错误的认识、是谬误而要遭到抛弃,每一事物之真理与各事物之实必须相符合,因此真理与谬误的选择是唯一的、必然的。在西方文化中,"吾爱吾师,但吾更爱真理",因此真理是不以人的意识为转移的客观存在。人只能去发现真理、认识真理,而不能改变真理,更不能创造真理。而且,西方哲学把认知对象活动和进行认知的人相区别。前者属于认识论研究的范围,后者属于伦理学的研究对象。而传统中国哲学家孔子、孟子讲真理,是讲究"时中"。所谓"时",就是进退、出处、远近、迟速,都能因其所宜而为之,不拘于一曲,不名于一德,无所不备,无所不可,金声玉振,渊渊其渊,圣而不可知之之谓。这是统摄忧乐而又超越忧乐的境界。时中,就是要根据时间、地点、人和环境等,把这些综合因素整体结合起来,从而决定什么符合道,什么不符合道;什么可以做,什么不可以做。但"条条大道通罗马",说的是"道并行而不悖",实现道的路径有很多方式,并不是唯一的、固定不变的。因此,随着年龄的增长,阅历的丰富,对天地万物之道的感悟机会越多,身心一体的得道境界也就随之提升。孔子曰"人能弘道"(《论语·季氏》),庄子也说"道,行之而成"(《庄子·齐物论》)。能否获得"真理",与个人身心一体的生命经历相关。例如,有一个非常著名的故事,讲的是孔子解卦的事。王充《论衡》记载了孔子和子贡就同一占卦结果产生不同推断结论的故事:鲁国要跟越国打仗了,出征前算一卦,结果为鼎卦,四爻变,足断了。皇帝问卦象吉凶如何,孔子的学生说不好,很多人说不好,凶。孔子断的却是鲁国胜利,跟大家相反。断足,步兵不行,用步兵凶;但打越国用的是水军,用船而不用足,那当然赢了,所以孔子断鲁国胜利。这体现出孔子的生活经历、知识、见识等综合因素对认知结果产生了重要作用。

3. 传统中国哲学的现代化转型

中国传统哲学最早出现于中国的农耕社会。20世纪以来,伴随着全球化和文化多元主义,中国传统哲学在中西马哲学的不断融合会通中,再次走向世界舞台的中央。新的时代,赋予当代中国哲学新的时代任务。中国传统哲学如何适应中国社会和中国人的现代转型,需要我们借鉴17世纪以来西方哲学的经验和教训。对于17世纪西方哲学从近代(earlier modern)到现代(latter modern)的转型,今天看来,我们不能偏面去理解。总体来讲,从历史的角度看,这种转型无疑是积极的,不仅标志着现代西方哲学本身发展到一个崭新的历史阶段,而且也推动当代中国哲学在思维方式、研究范式和意识形态概念研究等方面的重要转型。自此,中国哲学开始有意识地进入以中国人为主体、以中文为主要语言和思维方式的西方哲学研究视域。这就意味着中国人讲的马克思哲学,不是19世纪西方或者20世纪俄国讲的马克思哲学,也不是古代的中国哲学,而应该成为当代中国哲学的一个必要的组成部分。

我国自改革开放以来,全面深入地参与了现代哲学波澜壮阔的宏大发展,对现代西方哲学几乎所有流派、所有哲学家的重要著作和全集都作了翻译引进。从20世纪80年代起,国内开始关注科学哲学,尤其是波普尔和库恩的科技哲学观,后来转向尼采、海德格尔、萨特、弗洛伊德等存在主义哲学。回顾其中,最吸引中国人注意力的还是德国哲学。①当然,90年代的国内哲学界也一度出现了康德哲学和黑格尔哲学的对立,在中国哲学现代化发展中,提出了回到康德还是回到黑格尔的问题。

在中国国情和世界史研究基础上,当代中国哲学发展不仅是中西哲学的会通,更是历史文化与真理的结合与会通。会通就意味着哲学观念的变革,打破陈旧思维定式、话语方式和认知结构。当代中国哲学正是在马克思主义的唯物史观方法论基础上不断开辟中国传统哲学的世界意义。根据马克思主义实践唯物主义哲学的历史观,"从文化哲学的立场上理解,文化的核心价值体系是指一个民族的文化在历史发展过程中凝结成的、以基本的存在方式和生活方式为基础的、以基本的价值取向为核心的一系列价值原则的

---

① 参见赵敦华:《用中国人的眼光看待西方哲学》,2018年7月24日在贵州大学的演讲。

统一。文化的核心价值决定一个民族对世界的感知方式和感知内容,决定一个民族特定的表现方式和表达方式"①。今天,对民族国家特定的文化历史的哲学研究,就是要把握思想中的时代精神及其时代问题,研究中国社会,为当代中国哲学现代化勾勒出解决现代性问题之谜的中国哲学图景。

二、中国哲学的当代问题

(一)简要回顾

笔者所指的"当前中国哲学"是指在中国改革开放政策实施之后的 20世纪 80 年代的哲学研究。为了能够更好地了解哲学在那些岁月的历程,回顾一下这个时期之前的中国当代哲学是有必要的。中国当代哲学初登时代舞台便表现出了它的创造性、多样性和丰富性。我把这个时期的哲学作为中国哲学的仅次于两千年前"百家争鸣"时期的第二个黄金时代。那些 19 世纪20 年代和 50 年代的活跃人物,如胡适、冯友兰、贺麟、洪谦、张岱年等人已被历史证明为中国当代哲学的奠基人。这些哲学大师与之后在港台地区的新儒家们将继承而来的传统思想与东渐而来的西方哲学相融合,为今日的哲学研究奠定了坚实而又宽广的基础。然而在 20 世纪 50 年代,马克思主义成为中国的主导思想之后,受苏联影响,从 20 世纪 50 年代到 80 年代,马克思主义被歪曲为"斗争哲学"。这种被歪曲的哲学在"文化大革命"时期到达了它的顶峰,当时"与天斗,其乐无穷;与地斗,其乐无穷;与人斗,其乐无穷"的宣传口号恰是当时哲学的真实写照。

(二)发展进程

20 世纪 80 年代的新政策为中国学者带来思想领域的自由新风。哲学研究随着经济和社会的发展进入了迅速前进的发展阶段。这个时期哲学的进步性表现为以下几点:

---

① 丁立群:《核心价值体系:一种文化哲学阐释》,《学习与探索》,2014 年第 9 期。

1. 马克思主义哲学回归自身传统

人们不再满足于斯大林在《联共（布）党史简明教程》中首次提出,之后成为正统教科书式马克思主义哲学的"辩证唯物主义和历史唯物主义"的思想体系[①]。为了能够走出斯大林主义的阴影,一些中国的马克思主义者提出了"人本主义哲学""实践唯物主义",以此来突出马克思主义的本质;还有一些学者将马克思主义阐释为一门政治哲学和道德哲学,其核心问题是关于回答如何解决资本主义社会包括社会主义社会的异化问题;另外一些人则认为马克思主义的本源只能在马克思手稿或者与西方马克思主义的对话中找到。换句话说,进行马克思主义哲学研究的方法要么是"回归马克思",要么是"与我们同时代的马克思"进行对话。西方学者提出了一些具有争议性的热点问题:自然辩证法是否是一个合理的提法? 马克思与恩格斯,马克思与列宁,他们的思想有怎样的差异性? 青年马克思的思想与晚年马克思的思想有怎样的关联性? 实践是否在马克思思想中是本体论的概念? 马克思是否提出了唯物主义世界观? 不消说,这些问题的争议性不仅存在于对马克思主义的理解中,也同样存在于其关于意识形态的理论中。左派分子(新左派和老左派)和右派分子(新右派和老右派)对于这些问题给出了截然不同的答案。

2. 中国传统哲学与西方哲学学者都从唯物主义模式的束缚下解放了出来

唯物主义是进步的而唯心主义是反动的观点,是由当时在斯大林之下负责意识形态的政治局委员日丹诺夫建立的。在 1948 年,他将哲学史解释为"唯物主义和唯心主义的斗争"。其中前者是进步的,而后者则是反动的。在此后三十多年中,他的这种模式控制了中国哲学。除了黑格尔、费尔巴哈,以及那些被马克思和恩格斯赞扬过的西方哲学家以外,其他西方哲学家都被视为反动的思想家。西方古典哲学被视为马克思著作的注脚,而现代西方哲学被指责为颓废、虚弱无力、腐朽堕落的资产阶级意识形态产物。中国传统哲学的所有概念都被作了划分,成为一种二元对立形式,比如物质(存在)和精神(思想)的二元对立。以物质是否先于精神为标准,所有的中国哲学家都

[①]　参见《联共(布)党史简明教程》,人民出版社,1975 年。

被贴上了唯物主义或者唯心主义的标签。在20世纪80年代初,抛弃了日丹诺夫式的马克思主义哲学之后,中国哲学发生了一些戏剧性的变化。西方哲学和中国传统哲学成为独立学科。对于过去的中国哲学家和西方哲学家的研究也逐渐细分化,同时对他们的哲学思想的评价也是基于其哲学基础性的评价,而非一味地与马克思主义或者是一般唯物主义保持一致。在现代社会中,前人的思想以他们的人类文化和生命实践得以被后人所继承。中国传统哲学三大主流儒、释、道思想从人文研究到媒体、民间文化,贯穿了整个中国文明的悠久历史。在众多西方哲学家中,萨特、尼采、弗雷德、海德格尔、福柯、德里达等当代大陆哲学家是中国20世纪80年代以来的"文化热潮"的中心人物。对于西方古典分析哲学家和现代分析哲学家,诸如柏拉图、亚里士多德、康德、黑格尔、维特根斯坦等,大多数的学者也抱有浓厚的研究兴趣。

3. 哲学研究已拓展为一项综合性研究

中国哲学界在改革开放前二十多年广泛研究的基础上,一些深层次理论问题很多涉及跨学科、跨专业的知识和方法,不可避免要突破哲学八个二级学科建制的壁垒,由此引起哲学学科设置是否合理的议论。哲学八个二级学科是中国特色,也是历史的产物,曾经起到推动哲学研究从泛化的"普及"向专业化方向发展的历史作用。但只在哲学二级学科内强调专业化,则产生了以邻为壑、阻隔交流的危险,致使对哲学问题无法深入研究和讨论。马克思主义哲学、中国哲学和西方哲学是哲学二级学科领域中的主干学科,其余五个二级学科内部各有中西马哲学部分,比如伦理学原理、中国伦理学史、西方伦理学史等。哲学二级学科交流的关键是中西马哲学的对话交流,学界对此呼声甚高,各学科的学者认识到,这并非要求一个哲学工作者精通中西马哲学的全部知识,而是在研究本专业具体问题时应有其他学科的视野,这样,便于形成有利于拓宽视野、深化问题、更新方法的观点或共识。

自马克思主义哲学界转向对唯物史观基础理论的深入研究,具有面向实践的批判、面向经典文本和翻译的细致、面向"西马"的综合、面向全球的开放等四个显著特征。唯物史观作为马克思一生的"两个伟大发现"之一,当代中国和西方的解读有"辩护""重建""经典表述""超越"和"质疑"等不同观点。最近的研究有"历史哲学"和"当代性","批判导向"和"现实解释","世界向度"和"中国化"等不同侧重点。论者围绕唯物史观与历史主义的关系、唯物史观对现代哲学中的"范式转型"的意义、意识形态的"虚假意识",以及全球化、世界历史、资本批判、大众文化、消费异化、社会转型、公民社会、法治建设、制度伦理等诸多问题,各抒己见,为马克思主义中国化的发展和实践,输入不竭的活力和动力。在"国学热"和中国传统文化普及的风气中,中国哲学研究恪守学术高品位,在经典中阐幽发微,以现代理论反思自身。现在很多研究者或从"四部之学"和出土文献中重新整理国故,或按照经史结合的方法悉心研究思想史,或在中西哲学比较中明理别异。

在社会文化思潮的震荡中,专攻西学的学者发生了分化:一些人转战至中国文化战线,以攻为守,论证中国传统思维模式的优先性;另一些人则保持其译介和阐述西方哲学家学说的惯性;还有一些人"退而结网",翻译"全集"蔚然成风,西方主要哲学家如柏拉图、亚里士多德、康德、维特根斯坦、奎因、卢梭、黑格尔、尼采、杜威、海德格尔、胡塞尔等人的全集已经或正在陆续出版。越来越多的西学研究者意识到,只有文理通顺的中西互译,才能推动西方哲学研究的深入。虽然老一辈学者陈康先生早有"要使研究希腊的西方人以不懂中文为憾"的理想,但现代汉语对西方哲学的作用和意义的问题在学界仍未达成共识。一些专业研究者认为,西方哲学既然是国际学问,中国学者就不必自搞一套,而要与世界接轨,他们主张西方哲学的教学和研究都需要从原文原著出发,不能以英文译本和文献为校准,更不能依赖中文翻译。虽然原文原著的教学和研究在任何时候都不可或缺,但我们需要明了"学理"和"情势"的关系,当西方哲学的学理研究主体、接受对象和学术环境等条件已从西方转移到中国,那么用中国人的眼光看待西方哲学、用现代汉语思考西方哲学,便成了中国当代哲学的时代精神和研究路径。

在教育部编撰的学科目录中,哲学是一级学科,并包括八个二级学科:马克思主义哲学、中国哲学、外国哲学、伦理学、美学、逻辑学、科技哲学和宗教学。这样的分类并不合理,但全面展现了今日中国哲学研究的现状。只有通过分析哲学的这种综合性,我们才能够理解这种综合性的来龙去脉。

第一,哲学系在中国往往规模比较大。一个哲学系平均约有 50 名教职员工和数百个从本科到博士等不同学历等级的学生。而在西方的大学中哲学系的学科往往被设在几个不同的系或者学院里。例如马克思主义哲学会设立在政治学系，中国哲学设立在东方学或者是汉学之内，美学在文学院，宗教学是一个独立的院系——神学院。这种差异性恰恰解释了中国哲学系的规模为何常常（并不总是）比西方哲学系规模大的原因。

第二，宗教学的研究与哲学有着血脉关联，这种关联性并不局限于对宗教哲学的研究。为了进行宗教的跨学科性研究，北京大学在1995年建立了国内高校中第一个宗教学系。由于宗教学科是哲学的分支，所以宗教学系与哲学系联体运作。其他大学也接受这种两系联体运作的运作模式。至今，大约有20所大学在哲学系内建立了宗教学学科或者是开设了宗教学研究。在哲学研究领域中的宗教学研究热潮一部分是出自国内的宗教文化热和基督教研究热。

第三，马克思主义哲学平行于其他二级学科。这意味着每个独立学科都彼此分离。诚然，学科独立有利有弊，独立学科设置使得中国传统哲学与西方哲学独立于马克思主义的框架之外，便于它们独立性地发展。但是不利的是学科的独立设置造成哲学不同分支学科的相互隔绝。如前所述，在当下的中国，哲学研究好比莎士比亚笔下的李尔王，他将他的王国分割为三块，分给他的三个女儿，却最终发现自己无处容身。当前中国哲学家不是普遍地进行哲学研究，而是成为八个分支学科领域之中的一个领域的哲学专家。马克思主义哲学的专家不必学习西方哲学，即使在他们谈论"西方马克思主义"的时候，也不需要现代西方哲学的知识背景。而对于哲学史中的某个哲学家或者某个学派的研究专家，要么是中国哲学的专家，要么是西方哲学的专家，但他们很少会进行跨越中西方文化界限的比较研究。许多伦理学或美学的专家并没有足够的西方哲学和中国哲学的知识背景；而许多逻辑学领域的专家认为，逻辑分析哲学是外国哲学的领域；还有许多科技哲学的专家将"自然辩证法"作为其主要的研究领域，并且把逻辑实证主义者，波普尔、奎因等哲学家的思想作为与其专业相关联的东西。我和大家一样担忧隔离的专业设置会妨碍学科分类所必需的交流与对话，从而影响到哲学本身的发展。

(三)存在的问题

为了警示这种学科之间的自我孤立现象,我组织了专题讨论。我在《中国社会科学》上发表了6篇以"当代中国哲学:从对话走向创新"为标题的文章。在文中,我写道:

> 目前在中国传统哲学的研究中需要面对一些关于中国传统哲学的性质、研究对象和研究方法的核心问题。中国传统哲学是否可以称为哲学? 中国哲学是西化了的伪哲学么? 在没有任何东西方偏见的情况下,进行比较哲学的研究是否可能? 如果可能,这种哲学研究如何进行? 由于关键术语的缺乏,中国学者在进行西方哲学研究的过程中不得不面对翻译上的难题。最近几年,关于如何翻译"Being"(在欧洲语言中,Being与toon,esse,sein,tant同意)的争论层出不穷,是否"Being"可以被直译成为中文中的一个词? 还是这个有多重含义的概念是跟中文中多个词有对应关系? 如果前一个假设成立的话,在中文中究竟哪个词与"Being"是直接对应的呢? "存在""是""有"都是"Being"的候选翻译,但哪个才是最合适的呢? 如果是后面一种情况的话,我们如何理解形而上学在不同文本中的整体性? 这些问题不仅仅与西方哲学的翻译有关,与在中国传统哲学和马克思主义哲学中如何理解本体论也有着密切关联。事实上,在中国的术语中并不存在一个与"Being"对应的词,而这却成了中国古典哲学没有本体论的佐证。恩格斯将"是"与"存在"等同起来的做法导致一些中国学者重构马克思主义哲学的本体论⋯⋯考虑到这些问题的复杂性和深刻性,在二级学科设置的束缚下这些问题无法得出令人满意的答案。如此这般揭示了在中国学术研究中存在一种迫切需求,即急需打破马克思主义哲学、中国传统哲学与西方哲学之间的各自为政的研究状态。[①]

---

① 赵敦华:《当代中国哲学:从对话走向创新》,《中国社会科学》,第26期,2005年夏第一辑,第110页,引用时已修订。

我在这篇文章中没有能够解决上述提及的问题。但我的真正目的是希望能够在纷繁复杂的争论中揭示当今中国哲学的发展趋势。在中国哲学家这个群体中哲学的发展趋势可分为四类：①趋同性与趋异性；②普遍主义与特殊主义；③意识形态与其批判；④地域哲学与世界哲学。下面我将一一论述这些问题。

1. 趋同性与趋异性

庄子曰："自其异者视之，肝胆楚越也；自其同者视之，万物皆一也。"①这句话恰恰点到了比较哲学的悖论：对比较哲学的研究能否从趋同性与趋异性入手。从黑格尔时代起，从趋异性入手的研究方法已然盛行。也因此，中国哲学与西方哲学的差异性有时被夸大。有人认为中国哲学思想跟西方哲学思想的价值无法等同，中国哲学思想无法真正进入哲学领域。如西化派所料，中国传统哲学是否是哲学这个问题常常在汉学研究圈中被反复提出。

奇怪的是，正当西化派的观点需要积极回应之时，中国哲学家们竟也提出了同样的问题。德里达于 2000 年访问中国，他在公共场合谈道，"中国没有哲学，只有思想"。这本是他对中国哲学带有解构性思想的认同，却误导了一些中国传统哲学的专家学者，使得他们得出了"中国哲学没有合法性"的结论。他们认为中西思想之间的不同是两者思维方法或生活模式本质上的差异性。西方人创造哲学，通过哲学表达他们的思想和生命实践，并通过哲学来追求真理和确实可靠的知识，因而它带有逻辑推理、概念分析、二元对立观等鲜明特征。中国哲学确实没有这些东西。在这场争论中，一些捍卫中国哲学合法性的学者认为，没有这些东西恰恰正是中国哲学的特征，我们应当抛弃西化模式的哲学，中国人应该"思己所思，独善其身"。

就我看来，双方在中国哲学的合法性问题上，就"中西思想的本质存在差别"已达成一致。双方都同意，有一个本质性的东西可以区分中国思想和西方思想，而争议的焦点集中在中国思想的这种本质是否是哲学性质的。关键点是，中西哲学本质差异的对立性本身就是一种假设，它并不存在。逻辑推理和想象性思维、概念分析和整体性思维、二元对立和统一、真实可靠的

---

① 《庄子·德充符》。

知识和玄妙的佳言妙句以及对于真理的追求和着眼于道德体悟，这些差别并未能为区分中国哲学和西方哲学提供充分性和必要性。大多数前苏格拉底的哲学家和现代的哲学家，诸如帕斯卡尔、尼采，孔子、老子都留下了很多玄妙的诫言，而孟子、荀子的哲学与柏拉图和亚里士多德的哲学一样有其逻辑思想。奥古斯丁和董仲舒在整体世界观的论述上有着共谋之处，同时两位伟大的哲学家都对分析推演有浓厚的兴趣。而朱熹和阿奎那的理论都带有综合性和分析性的特点。毋庸赘言，无论是中国人还是西方人，最伟大的哲学家都把关注点放在了真理和美德的问题上。也就是说，中西方哲学在本质上乃是贯通的，反之亦然。

我不否认中西哲学自身的体系不同。但体系上的差异并非源于不同哲学之间的本质差异性，而是源于哲学史的编撰方式上的差异。在西方，以哲学史这样系统介绍哲学的方式开始于 17 世纪中期，吉尔基荷姆的雷登、托马斯·斯坦雷、雅可比·布鲁克尔，以及之后的黑格尔都有哲学史的著作。尤其是黑格尔在其哲学史中纳入了他的哲学体系。而在中国，系统地叙述中国哲学历史的著作直到 19 世纪 20 年代才出现。胡适和冯友兰承担了这一重任。很凑巧，胡适与冯友兰当时都在美国求学，回国之后马上开始中国哲学史的编撰工作。但这并不意味着中国哲学史的传统从一开始就是西化的。西方文化的影响，即使有的话，也只是对他们在撰写中国哲学史的时候划分单元上产生了影响。中国现代学术的奠基人之一王国维说，"虽无'哲学科'之名，却有'哲学科'之实"。当时中国哲学的研究急需规范性的训练。中国哲学唯有进行自身的史实收集并整理形成一个体系，才能使得中国哲学成为国际学术界公认的学科。正如西方哲学史，虽成书于 17 世纪，但其历史仍远可追溯，中国哲学在有一部历史之前并不是没有史前的中国哲学的。

一部哲学史是对历史的一种重构，故而须遵循解释学的叙述原则。历史的重构与社会条件和学术环境相关联，而不是一种武断的阐述。这里必然存在叙述方式的好与坏，从趋同性与趋异性所涉及的领域来看，前者优于后者的理由无迹可寻。之前提到的日丹诺夫的哲学史模式是将所有的哲学理论以恩格斯区分物质和精神的方式进行归类，这种整体性的方法是很失败的，可它的失败并不是证明了已在主流的比较哲学中流行的从趋异性入手的正确性。与此相反,我倒是认为,在目前的情况下从趋同性入手的方法远比从趋异性入手的方法更为合理。下面,我将从实践和理论层面来证明。

2. 普遍主义与特殊主义

相较于普遍主义的清教,马克斯·韦伯对中国文化的特殊主义倾向持有批判态度。他说,哪怕再过八十年,他的这个观点依然成立。正当普遍主义被判定为一种西方偏见而被后现代主义否定时,特殊主义被视为中国哲学的重要价值特性而被普遍推崇。

二战之后,在很多发展中国家文化相对主义发展成了一种具有道德倾向的民族主义。特殊主义也在中国学术界泛滥起来。正如安东尼·史密斯观察到的,"这种道德民族主义构建和维系着文化整体认同感,且带有很明显的特点,比如共同的祖先和血缘的神话传说、民族中心主义和优越感,反抗殖民化的群众运动以及持有文化保守主义的中坚分子。而在中国特色哲学中,我们不难发现所有这些特征"①。中国哲学领域的文化保守者声称200万年以前的中国先民的起源是非凡的,且数千年的中华文明不断进步,这证明中国思想具有无与伦比的价值。为了能够凸显中国传统哲学的现代角色,他们自大地预言,21世纪将是中国传统哲学的世纪,并散布了毫无事实根据的消息。消息称许多诺贝尔奖获得者聚集在巴黎,发表了一个公开声明,称"如果没有儒家思想,人类就无法得以安生"。在我们那个年代,"我们是世界的,我们是青春的"对于我们这一辈人来说是最美好的歌曲,但是如今我们听到的不和谐的声音是"我们是中国人,我们是最古老的"。

左派的马克思主义分子将全球化视作帝国主义的剥削和压迫发展中国家的新阴谋。为了瓦解这种阴谋,他们将马克思主义的阶级斗争学说与后现代理论进行结合,并向公众推广。具有讽刺意义的是,这些所谓的马克思主义者似乎忘记了马克思早就在他的《共产党宣言》中指出,反全球化是"过激主义者的积怨",是"片面的、狭隘的"。他肯定了资产阶级在整个全球化过程中的积极作用,他认为,"它的商品的低廉价格,是它用来摧毁了一切万里长

---

① [英]安东尼·史密斯:《政治文化:民族和民族主义》,《人类学百科全书》,塞奇出版社,2002年,第706页。

城"，"它迫使一切民族——如果它不想被灭亡的话——采用资本主义的生产方式……它使得未开化和半开化的国家隶属于文明的国家，使农民的国家隶属于资产阶级的国家，使东方隶属于西方"，"由多种民族的和地区的文学形成了一种世界的文学"。①这些表面上的"政治错误"的说法确实出自马克思本人，正是许多马克思的追随者违背了马克思的全球化的立场。

时髦的西方哲学研究者十分追捧后现代主义批判西方普遍性传统的做法，诸如对真理、逻各斯中心主义和独断论的批判，这些对他们而言都是文化特殊主义和价值相对主义。这些人找到了一些后现代主义者的例子，发现左派的马克思主义分子将"中国特色"作为新手段来防止社会主义在中国跟在苏联和东欧地区一样遭遇失败。他们汲取中国传统哲学思想，从而形成了特殊主义和相对主义的方法，这些发现使他们颇为骄傲。"西方后现代主义正是中国的前现代主义"的格言影射出了西方批判性的文化激进主义和中国文化保守主义的内在联系。

多数教授西方哲学和中国哲学及马克思主义哲学的教师都认为，不同的哲学都具有普遍性的本质。那些矛盾的说法并没有证明"把后现代主义作为一种偏见或者是假想"的合理性。而持有普遍主义观点的哲学家被赋予与其他哲学沟通的重任。因为他们只有通过与其他哲学的有效对话，才能达成普遍共识。更重要的是，对于普遍主义的理解不是一个"在手"的事物，而是一个亟须重建的事物，一个需要被实现的可能性，一场合作性对话的结果。我与很多学者持有这样的观点，中国哲学的普遍主义潜质不仅对中国人至关重要，对全人类亦然。如果人权和民主制度不过是某一个文明在一个历史阶段的偏见而已的话，或者人权和民主制度仅仅是建立在达成认知能力上的共识基础上的话，那么它对于我们所有人的意义都将不尽相同。

3. 意识形态与其批判

在此之前，我们已经看到了马克思主义左派、反全球化、后现代主义、种族民族主义及传统保守主义是如何结合在一起满足新集权主义的需求的。一方面，在关于这类意识形态的辩论中，一些知识分子加入自由主义，启蒙

---

① *The Complete works of Marx and Engels*, Volume6, Moscow advance press, 1976, p.488.

主义和反传统主义之中;另一方面当代的中国哲学界看似一个充满了各类矛盾的意识形态的战场,很多中国的哲学家接受了非意识形态立场,并渴望一种"纯"哲学,结果是他们躲进了象牙塔,与世无争地做着解释哲学文本的研究工作,这种"纯"哲学引起了大众对于哲学的功用的疑问。西方哲学家经常用一种辩证的回答来应付这种追问,他们说"哲学是似是而非的东西"。与此相似,中国人的答案是"哲学的大用即是无用"。但是这些模棱两可的说法无法掩盖哲学在公众信任和社会功能两方面已遭遇到危机的事实。

目前,中国的经济、政治、教育、大众文化等社会生活的各个领域正经历着划时代的改革。在这个紧要关头,社会的不公正、暴力、欺骗、腐败、环境污染、行政权力的滥用和公众权力的无用在社会生活中很常见。中国知识分子,尤其是哲学家应当带着问题参与到现代化的过程中去。如何参与到现代化过程中,这个问题在西方似乎已经过时,但对中国来说是一个正当时且相当紧迫的问题。

哲学一旦对公共事务有所关心,就不得不涉及意识形态问题。尽管意识形态这个词在资本主义社会受到排斥,但并不意味着一切意识形态都一样的糟糕。最有可能的是,总有一些比其他来得好一些。举例来说,民主作为一种意识形态诚然遭受到了很多非议,但是它依然是"为了避免更坏的情况而做出的最佳选择"。

在意识形态层面的选择是艰难的。民族主义与世界大同思想相比,孰优孰劣,根本无从比较,反之亦然。自由主义与马克思主义之间的比较,也是如此。无论做出怎样的选择,对于意识形态问题理应保持住批判性的态度。批判理论早已点明了这种选择的进退两难的原因,即一种意识形态对另一种意识形态的批判意识是早已根植于这个意识形态中的。在中国,批判工作需要对更糟糕的意识形态进行谴责,同时对所谓的好一些的意识形态也理应保持批判态度。考虑到这个社会问题在中国现代化进程中的复杂性、艰难性和广泛性,选择一种单一的意识形态然后一劳永逸地解决这个问题是不可能的,需要具体问题具体解决。举例来说,马克思主义也许在一些具体问题上并非给出了令人满意的答案,但是对解决其他问题而言,马克思主义并非毫无价值。民族主义可以促进团结,却对处理国际关系来说并非良策。多元的意识形态会改善这些状况。为了能够解决具体的问题，意识形态主导权的斗争需要妥协。毋庸置疑，哲学对话可以发挥积极作用，甚至在这些变化中起到决定性作用。在我看来，当下中国哲学的任务并非紧跟西方"去意识形态化"的潮流，也不是继续维持过时了的马克思主义中的意识形态斗争，而是积极开展批判性的反思和充分的对话，汲取不同意识形态之长。

4. 地域哲学和世界哲学

哲学通常被分为德国和法国哲学（或大陆哲学），英美（或盎格鲁–撒克逊）哲学以及印度哲学、日本哲学、中国哲学、阿拉伯哲学等。以国家或地理为标志的哲学分类混淆了地区性的哲学与一个地区的哲学之间的差异。所以我在这里区分一下中国哲学与在中国地区的哲学。西方文明和马克思主义在过去的一个世纪中在中国引起了翻天覆地的变化，在地区意义上的纯中国哲学已经不复存在。当前的中国哲学包含了中国哲学、西方哲学和马克思哲学。之前我已经基本概况性地提出了中国哲学的冲突和矛盾，以及争议性的典型问题，这也显现了问题的多样性。由于几乎所有地区性的哲学都被引进和吸纳入了中国哲学，中国哲学最可能成为世界哲学的舞台。

"世界哲学"是冯友兰在 1948 年发表的《四十年的回顾》中提到的概念。他谈道："在我看来，未来世界哲学一定比中国传统哲学更理性主义一些，比西方传统哲学更神秘主义一些。"[①]他将"世界哲学"视为中西哲学的比较与融合的产物。经过半个多世纪，我们已经以这样的方式为世界哲学的降临做好了充分的准备。

事实上，中国过去的十多年来，对于外语教学的重视和哲学学科的大力推广也使得外国哲学研究和教学工作得到了普及。中国是一个英文普及程度较高的国家，中国人对西方哲学的认识远比西方人对中国哲学的认识更为深刻。由于对中西方哲学的熟知，中国哲学家在进行比较哲学工作具有极大的优势。印度哲学家，很多年以来也占有这样的优势。但是印欧语言具有的共同性反而遮盖了东西方哲学的一些根本差别。相比之下，我深信在中西

---

① 冯友兰：《三松堂全集》（第 11 卷），河南人民出版社，2001 年，第 593 页。

哲学比较研究中,两者的相似点和差异点表现得更为明显。

世界哲学的发展方向并不排斥马克思主义哲学,而正与马克思对哲学的看法一致。马克思在青年时代对于哲学的未来发展有这样的语言,"哲学将会终结于一个将不同的哲学联系在一起的一个独体的体系中。它会成为一个世界性的一般哲学并与世界相关联。它将哲学当代世界的哲学……它是文化的活的灵魂,哲学会成为世界的,而世界会成为哲学的……并成为世界公民"①。按照青年马克思的说法,世界哲学是一般哲学,而不是某一特定制度,例如针对妇女提出的特殊制度等。世界哲学不仅是跨学科的,也是跨文化的,更是跨越了多种多样区域障碍的哲学。

在条件允许的情况下,中国的比较哲学和马克思主义哲学所蕴含的潜力必将促成世界哲学的诞生。如上所述,这些条件包括从趋异性方法转向趋同性方法,从狭隘的特殊主义转向视野开阔的普遍主义,从国家集权的意识形态转向对于它的批判,同时与哲学家的国际性团体进行更密切的合作。

三、在中西马哲学的碰撞中推进当代中国哲学新形态的构建

这几年在与哲学界同人交流的过程中,我听到了一些意见,归纳起来有两类。其一是质疑"中国哲学现代形态"这一提法的必要性。有些人认为,哲学分八个二级学科,尤其是中西马哲学三足鼎立,很有必要,不能用一个"形态"把它们统在一起。他们担心,提出统一的哲学形态将会回到过去用意识形态禁锢思想的老路上去;或者认为,"哲学形态"只是一种无用的宏大叙事而已,不利于哲学研究的专业化、职业化。其二是认为,在现代中国根本不可能有一个统一的哲学形态,中西马哲学是完全不同的话语体系,根本不可能融会贯通。在我看来,有不同意见是正常的、有益的。工程、技术领域的计划尚且需要可行性报告,哲学上的方案岂能没有论证呢? 哲学上的可行性报告通常称为"可能性条件"的论证。在此拟对"可能性条件"(conditions of pos-

---

① *The Complete works of Marx and Engels*, Volumel, Moscow advance press, 1976, p.195.

sibility)问题加以讨论。我之所以借用这个康德的术语,并不是因为康德哲学对中国哲学现代形态有特殊的重要性,只是因为上述不同意见是针对中国哲学现代形态的必要性和可能性提出的。

(一)中国哲学现代形态的现实存在

我们赞成康德关于"可能性条件"论证的前提,即不是从抽象的概念出发,而是从现实存在的思想出发。这个论证有一个逻辑形式:$\sim p \to \sim q, q / \therefore p$。其中,$q$ 是某一思想系统,p 是 q 赖以存在的条件,从 q 业已存在的事实出发,就可以肯定 p 的真实性。

关于中国哲学现代形态可能性条件的讨论,以肯定中国哲学现代形态的现实存在为前提。首先必须肯定,中国哲学现代形态不是空中楼阁,也不是未来目标,而是近百年来哲学在中国造就的事实。从 19 世纪末到 20 世纪初,中国哲学开始从古代形态向现代形态转变。与古代形态相比,中国哲学现代形态的表达主要是现代汉语,而不是古代汉语;其内容主要是中国传统思想与西方哲学和马克思主义哲学的结合,而不限于散见在经、史、子、集古籍之中的传统思想。后者在中国哲学现代形态中被转变为中国哲学史这门世界性的现代学科。

中国哲学史的创建者参照、借鉴了西方哲学的方法和理论,使这门学科从一开始就具备了中西兼备、史论结合的学术品格,奠定了中国哲学与西方哲学、印度哲学并立的三大哲学传统的格局;同时,西方哲学和马克思主义哲学的引进也受到中国传统思想的影响。这既包括金岳霖的"道论"、冯友兰的"新理学"、贺麟的"新儒学"等,在中国古代哲学的"旧瓶"里注入现代西方哲学的"新酒",也包括张岱年、侯外庐等自觉地用唯物辩证法梳理中国哲学的古代史料。这些历史事实告诉我们,中国哲学现代形态其实就是综合马克思主义哲学、外国哲学与中国传统哲学的产物。

由于众所周知的历史原因,在很长一段时间内,新生的中国哲学现代形态的发展被中止,取而代之的是苏联教科书体系和日丹诺夫的"两军对阵"模式。改革开放四十多年来,哲学事业繁荣发展,但由于学科壁垒的分割,中、西、马三大哲学领域从"一体两翼"发展到"三足鼎立",人们习惯于在各自的"二级学科"内发表成果,竟遗忘了中国哲学现代形态集中西马哲学于一身的历史事实。温故而知新,今天回顾创建中国哲学现代形态的成功经验,可以帮助我们沿着前辈开创的方向,自觉地推进中国哲学现代形态的建设。

(二)中国哲学现代形态的双重指向

过去,哲学被简单地等同为意识形态的指导思想,马克思主义哲学与中西哲学的关系于是被归结为社会主义国家意识形态与封建意识形态和资产阶级意识形态的政治斗争。这样的理解和做法不但曾经中断过中国哲学现代形态的发展,也在现实中继续阻碍中西马哲学的沟通和交流。

首先需要指出的是,哲学不等于政治意识形态。恩格斯的原话是:"更高的即更远离物质经济基础的意识形态,采取了哲学和宗教的形式。在这里,观念同自己的物质存在条件的联系,越来越错综复杂,越来越被一些中间环节弄模糊了。"[①]他又说:"政治权力不过是用来实现经济利益的手段"[②],"国家总的说来还只是以集中的形式反映了支配着生产的阶级的经济需要"[③]。这些话说得再明确不过了,哲学与政治属于两种不同的意识形态:政治意识形态与经济基础有直接联系,哲学远离经济基础,通过复杂的中介与经济保持着间接的、模糊的关系。按照马克思主义的观点,政治是经济的集中表现,文化是哲学与经济、政治的中介,如马克思所说,哲学是"文化的活的灵魂"[④]。因此,我们也可以说,中国哲学现代形态是"五四"之后的新文化的"活的灵魂",并通过中国现代文化这个中介与政治、经济发生联系。

哲学由于与文化的直接联系而具有学术取向,由于与政治、经济的间接联系而具有意识形态取向。过去片面地把哲学等同为意识形态,导致了把学术批判混同为政治斗争的做法。现在,仍有把中国哲学、西方哲学和马克思主义哲学当作不同意识形态的做法。比如以马克思主义指导思想为由,拒绝承认中西哲学与马克思主义哲学的平等地位,唯恐学术上的争鸣和平等对话

---

① 《马克思恩格斯选集》(第四卷),人民出版社,1995 年,第 253 页。
② 同上,第 250 页。
③ 同上,第 252 页。
④ 《马克思恩格斯全集》(第 1 卷),人民出版社,1995 年,第 220 页。

会使马克思主义哲学丧失主导地位。又如不甘心传统文化学术研究的"冷落"，要把儒学"提升"为儒教的国家意识形态。再比如不甘心西学研究的"寂寞"，要把自由主义或其他西方政治哲学派别当作解决中国社会政治问题的良方。鉴于哲学的意识形态化已经并正在阻碍中国哲学现代形态的发展，适当淡化意识形态，强调中西马哲学与中国现代文化的直接联系，有利于加强三者在学术讨论基础上的交流对话。中国现代文化是中国传统文化、西方文化和社会主义文化中相互适应部分的有机结合，能够为中国哲学现代形态提供共同的主题、话语和精神取向。

当然，淡化意识形态不等于忽略意识形态，哲学与政治之间的联系虽然是间接的，却是不可分割的。承认马克思主义是当今中国的意识形态，并不意味着马克思主义哲学必然与中西哲学相对立。这是因为，中国特色社会主义政治路线的意识形态是中国化的马克思主义，而中国化的马克思主义对马克思哲学的创造性发展，得益于中国哲学的现代研究（否则马克思主义哲学难以中国化），得益于西方哲学在中国的传播（否则马克思主义难以哲学化）。在此意义上，应该肯定中国哲学现代形态对中国化马克思主义的整体贡献。

（三）中国哲学现代形态的话语体系

中国哲学现代形态的话语体系是现代汉语的哲学话语。现代汉语中的哲学词汇，很大一部分来自日文，是日本人在 19 世纪末把西方哲学术语翻译成汉字的词汇时创造出来的。①从西语到汉语的翻译，实际上是中西哲学和语言的"双向格义"，不但用西语格中国传统哲学，而且用汉语格西方哲学。比如把"metaphysics"翻译为"形而上学"，用西方哲学的超越精神理解中国传统哲学的"体用"关系，是"以西格中"的一个例子。而"以中格西"的例子，是用"有""存在"和"是"翻译西文的"Being"（以英文为例），不同的汉语词汇揭示了隐藏在"Being"概念中的歧义。"双向格义"之所以可能，是因为中西哲学有着相同或相似的话题、概念和思想。如冯友兰所说："我发现，向来认

---

① 参见［日］井上哲次郎等：《哲学字汇》（第 3 版），丸善株式会社，1912 年。

为是东方哲学的东西在西方哲学史里也有，向来认为是西方哲学的东西在东方哲学史里也有。我发现人类有相同的本性，也有相同的人生问题。"

在汉译西方哲学原著的过程中逐渐形成的以中西"双向格义"为特征的现代汉语的哲学话语，是中国哲学现代形态的共同语言，不但对翻译、介绍、理解和研究西方哲学与马克思主义哲学起到至关重要的作用，而且也是研究中国传统哲学不可或缺的语言媒介。那种认为中西马哲学是三种不同的话语体系的观点是不符合事实的。因为把"话语体系"理解为说话的方式，首先就不符合语言使用的事实。现在的中国哲学界都在使用现代汉语，在现代汉语之外，中国人没有什么独立的"哲学话语体系"。其次，如果把不同的"话语体系"理解为不同的理论观点，那么这种观点也不符合中国学术界的现实。因为有着共同语言的理论观点，不管有多少分歧，都可以相互理解，由此产生不同观点之间的争论。

还有一种意见认为，中国哲学史的现代研究是"西化"的产物，是西方哲学对中国传统思想的曲解和宰制。这种观点不理解现代汉语的哲学话语是以汉语与西语的哲学词汇对应关系为基础，这种对应关系不是"以西解中"或"汉话胡说"，而是中西之间的"双向格义"。持这种观点的人要恢复"原汁原味"的中国哲学，如果这意味着完全使用古汉语表述中国哲学，那是不现实的。只有熊十力作过这样的尝试，他用古文写成《新唯识论》。如果"原汁原味"意味着古人的思想实质，那是不可能的。现代新儒家作过这样的尝试，但他们经过现代汉语的哲学解释而发现的"古人的思想实质"，实际上不过是现代解释者自己的意向和理念。

马克思指出，任何人只能"在直接碰到的、既定的、从过去承继下来的条件下"创造历史①。现代汉语是创造中国哲学现代形态的既定条件之一，我们只能在这样的语言基础上说哲学、想哲学。而且使用现代汉语的哲学话语，不但成功地引进和移植了中国现代社会需要的西方哲学思想，推动了马克思主义哲学的中国化，而且把中国哲学史推向世界。我看不出有什么理由要抛开如此成功使用的话语，异想天开地使用什么"以中解中""以古解今"的"古学话语"，否则就真的要患"失语症"了。

(四)中国哲学现代形态的主题化

从全局谈论和把握中国哲学现代形态确实是宏大叙事,但古今中外,哪一种哲学形态没有宏大叙事?哪一种哲学的宏大叙事没有细致入微的思考呢?利奥塔把后现代思想定义为"对宏大叙事的不信任",他所说的"宏大叙事",包括"精神辩证法,意义解释学,理性或劳动的主体,以及财富创造的解放"。①如果没有法国启蒙学者和康德、黑格尔、马克思等人专门的哲学研究和细致的理论分析,它们如何能够成为改造世界的宏大叙事呢?反之,后现代主义提倡的区域化和微观研究,难道就没有宏大叙事的预设吗?后现代主义提出的反启蒙、反现代性的口号和断言就不是宏大叙事吗?

《中庸》中"致广大而尽精微"一句,道出了哲学理论中两个不可或缺的部分:没有宏大叙事,细微研究就是没有主旨的盲目;没有细微研究,宏大叙事就是言之无物的空话。任何一个学哲学的学生都知道小题大做、微言大义的道理,没有必要担心提倡中国哲学现代形态的大道理将会削弱哲学的专业化水平。在我看来,需要担心的倒是另外的倾向,这就是,专业化研究变成史料的堆砌,过度细致的分析导致思想的支离破碎,旁征博引他人观点代替了研究者的自我判断,越分越细的专业分工瓦解了学术共同体的凝聚精神。在这样的学术氛围中,切题的宏大叙事未尝没有"先立其为大"的导向作用。

建设中国哲学现代形态面临的真正问题还不是如何达到"大"与"小""博"与"专","思想"与"学问"的平衡,而是要有博古通今、论从史出的主题。现在人们仍在讨论的一些主题,如"中体西用"的问题、中西文化差异的问题、"科玄之争"的问题,在中国哲学现代形态的草创期是非常有意义的。在对中西马哲学作了几十年的深入、全面的研究之后,中国哲学现代形态需要有更高专业水平的新主题。这些年,哲学界的讨论形成了一些热点问题,但这些问题往往局限在某个二级学科内部,我们还缺乏能引起各学科的学者普遍关注和广泛参与的主题。从历史上看,任何一个哲学形态都是经过主题

---

① [法]利奥塔:《后现代的知识状况》,见王岳川等编:《后现代主义与美学》,北京大学出版社,1992年,第26页。

化阶段而成熟的。主题化一方面把不同学科方向的专业知识集中到一个焦点上,产生收敛效应;另一方面又开拓新的认识领域,扩大和深化研究范围及背景条件,并留下有待解决的疑问,提出新问题,为哲学界集中力量攻克难关准备了条件,具有发散效应。而收敛和发散之间的张力,正是推动哲学在主题化的争议和辩论中前进的动力。

虽然老一辈学者陈康先生早有"要使研究希腊的西方人以不懂中文为憾"的理想,但现代汉语对西方哲学的作用和意义的问题在学界仍未达成共识。一些专业研究者认为,西方哲学既然是国际学问,中国学者就不必自搞一套,而要与世界接轨;他们主张西方哲学的教学和研究都需要从原文原著出发,不能以英文译本和文献为校准,更不能依赖中文翻译。虽然原文原著的教学和研究在任何时候都不可或缺,但我们需要明了"学理"和"情势"的关系,当西方哲学学理的研究主体、接受对象和学术环境等条件已从西方转移到中国,那么用中国人的眼光看待西方哲学、用现代汉语思考西方哲学,便成了中国当代哲学的时代精神和研究径路。

第二章　中国传统哲学的现代重构

一、哲学史的现代建构及其解释模式

(一)关于中国哲学"合法性"问题引出的问题

早在中国哲学尚未成为独立学科之前，王国维便认定，"尽管中国古代没有哲学之名，但是有哲学之实，也就是说哲学并不只是一种外来的观念，只是我们没有像外国人那样进行总结而已"①。20 世纪 20 年代，冯友兰和胡适等人借鉴西学，创立了中国哲学这一独立学科，奠定了中国哲学的世界地位。一些西方汉学家由于自身哲学素养不够，看不到中国古籍中的哲学思想，不时提出"中国古代有无哲学"的疑问。但整体而言，中国哲学、西方哲学和印度哲学现在已成为国际哲学界公认的三大哲学传统。中国哲学的"合法性"问题并不成其为问题。现在，中国学者，特别是研究中国哲学的学者，却对自己从事的学科的"合法性"发生了怀疑。产生这一现象的原因何在呢？

原因之一：在"西学"与"中学"的"百年冲突"的张力中产生的封闭心态。比如有一类观点，认为现在流行的中国哲学史是按照西方哲学史的范式写出的，是"西方中心论"的产物；认为中国哲学与西方哲学有着根本的不同，

① 干春松：《王国维与现代中国哲学学科的建构》，《"重写哲学史与中国哲学学科范式创新"学术研讨会论文集》，中国人民大学编印，2004 年 3 月，第 33 页。

中国哲学的特殊性或"特质"是历史的真实,传统的核心,未来的希望,现代人只能发掘之,弘扬之,但不能改变之;认为只有忠于中国古代经典的"原意",摆脱西方哲学的范畴、问题和方法,才能"恢复"中国哲学的"历史本来面目",等等。

另一方面,从黑格尔开始,西方流行着一类意见,认为中国古代没有"真正意义"上的哲学,其最新版本是德里达在2000年访华时说的一句话:"中国没有哲学,只有思想"①。对于一直在解构西方哲学传统的德里达而言,这句话的意义是在褒奖没有落入"哲学"窠臼的中国思想。德里达把"哲学"等同于"西方哲学",认为中国的传统思想与西方哲学传统是对立的。德里达并不了解中国传统思想,对他的泛泛之谈,本不必认真对待,但现在一些人准备向西方学者对中国思想传统的没有根据的意见(包括黑格尔的"鄙视"和德里达的"褒奖")让步,要用"思想史""经学史"或"道术"来代替中国哲学史。表面上看,这些主张是在维护中国思想的"独立传统",使其免遭"哲学"(这是"西方哲学"的同义词)的"污染";但实际上,这是对中国哲学的世界意义没有信心的表现,要主动地退出哲学这一人类精神的最高境界,退缩到"自己讲""讲自己"的自我封闭领地。

原因之二:以"哲学"和"哲学史"的固定模式作为衡量中国哲学是否"合法"的标准。比如有人认为哲学是纯思辨、非功利的智慧,而中国古代学术只是关心人生的"道术"和"技艺",因此不是哲学;有人认为哲学是概念化的逻辑论证体系,而中国古代的形式逻辑不发达,思想的表达没有精确的概念和严密的论证,因此没有哲学;有人认为本体论以系词"是"(希腊文的 to on)为研究对象,古汉语的系词不发达,也没有以"是"为思想的对象,因此中国没有本体论。再比如有人认为,西方哲学史使用物质精神、存在本质、共相殊相等二元对立的范畴,如果中国哲学史也使用这些范畴,或用这些范畴解释中国哲学的术语,那就是用西方哲学史曲解中国哲学史;还有人认为,西方哲学史必分本体论、认识论和伦理学等分支,如果把中国哲学史也分成这些分支,那就是在"西化"中国传统思想。

---

① 《是哲学,还是思想?——德里达与王元化的对话》,《中国图书商报》,2000年12月13日。

实际上，不管在西方，还是在中国，都没有一个关于哲学和哲学史的标准定义或固定模式。对于"什么是哲学"的问题，一百个哲学家就有一百个不同的答案。有人戏言，要想难倒一个哲学家，只需问他一个问题："什么是哲学？"西方哲学史上每一个哲学体系或学说都体现了一定的哲学观。中国古代虽然没有"哲学"的名义，但很多方面的思想学说，特别是宇宙论、本体论、认识论、人性论、人生观、历史观和社会政治观，都体现了堪与西方媲美的形形色色的哲学观。

同样，西方哲学史也没有固定的写法，各种版本的哲学史可以说是千人千面。以中国人比较熟悉的梯利、罗素和文德尔班的三部著名的哲学史为例，第一部按照时间顺序，按照本体论、认识论和伦理学等分支，概述哲学家的观点；第二部注重在文化和政治的背景中阐述哲学思想的发展（如同我们现在有些人提倡的"思想史"）；第三部以问题为中心书写哲学史。其他各种形式的西方哲学史，如范畴史、问题史、批评史、发展史、观念史，等等，都有不同的解释模式和风格。不同写法的西方哲学史各有优点和缺点，但在整体上却无高下优劣之分，更不存在哪一种写法"合法"、哪一种"不合法"的问题。

西方哲学界的事实证明，只有用一种模式、一个标准去判断哲学理论和哲学史，才会出现"合法性"的危机。比如按照理性主义的哲学观，中世纪与基督教信仰结合的哲学不是真正的哲学。20世纪初，法国著名哲学史家伯里哀（他于20世纪20年代出版的5卷本《哲学史》至今仍是最好的法文哲学史著作）在"有基督教哲学吗"一文中，对"基督教哲学"的合法性提出了质疑。[①]而新经院哲学的哲学史家吉尔松则竭力论证基督教哲学的合理性和合法性。他指出："只有从天启与理性之间的内在关系出发，才能赋予'基督教哲学'一词以积极的意义。"[②]现在，人们以宽容、开放的心态认可了"基督教哲学"的资格。美国基督教哲学家协会（American Society of Christian Philosophers），从属于美国哲学协会，现有成员一千多人，成为当代美国哲学的一个

① See E. Brehier, Ya-t-il Une philosophie christienne?, *in Revue de Metaphsique et de Morale*, 1931(38), pp.131-162.

② E. Gilson, *The Spirit of Medievial Philosophy*, london, 1936, p.35.

重要组成部分。再比如早期的分析哲学以逻辑分析的意义理论为标准,认为传统的西方哲学命题都是伪命题,因为它们回答的问题是没有意义的"伪问题"。这是对西方哲学传统的整体排拒,也是对西方哲学合法性的彻底否定。最近,德里达把西方哲学的传统界定为"逻各斯中心主义",用解构"逻辑"与"修辞"的二元对立关系的手法,把哲学消解为"写作",这不啻否定了哲学思维的合法性,而且否认了西方哲学传统的合法性。以上这些做法有的已经失败,有的收效甚微。道理很简单,历史上的西方哲学理论是多样的,对它们的概括和解释也是多样的,企图把它们归约为一种传统,首先就犯了以偏概全的错误;然后再用某一种理论去否认这一传统的合法性,难免偏激。

中国哲学史上的思想也是多样的,可以有众多的写法。如果用单一模式来归约多样化的思想,然后再用单一的标准来衡量这个单一模式,势必会产生"合法性"的问题。当初胡适、冯友兰等人创建中国哲学史体系时,都清楚地意识到对西方哲学的依赖及由此产生的局限。他们及后来的中国哲学家都企图通过"会通中西"来克服这一局限。所谓"会通中西"的种种努力,实际上是用各种不同的模式和标准,对中国古代的哲学思想加以重新解释,对史料进行重新发掘和整理。郑家栋列举了王国维以下对中国哲学史建设有贡献者共计 32 人,认为"其中最重要且为人们所关注者,当属胡适、冯友兰、牟宗三"①。胡适和冯友兰偏重于使用西方哲学的模式,牟宗三则偏重于运用中国传统的心性之学的路数,因此有"西化"与"本土化"的分歧。但两者的区别只是相对的,即使鼓吹"全盘西化"的胡适,也非常注重"国学"的考据;即使以中国文化"主位性"为旗号的牟宗三,也要与康德的"道德形而上学"挂钩;至于冯友兰,如郑家栋所说:"被视为'正统派'的冯友兰骨子里实际上是非常'西化'的。"②

中国哲学史这门学科的成长历史表明,中国哲学与西方哲学的相互影响是必然的。中国现代学术的基本理论、方法和规范是从西方传入的,并一直受到来自西方的影响,即使那些要通过学术研究的途径来排斥"西方中心

① 郑家栋:《为中国哲学把脉》,彭永捷主编:《"重写哲学史与中国哲学学科范式创新"学术研讨会论文集》,河北大学出版社,2011 年,第 239 页。

② 同上,第 240 页。

论"的人,也自觉或不自觉地借助来自西方的理论和方法。比如现在用来论证中国"中心论"或"特殊论"的最时髦的话语,不过是来自西方的后现代主义和"后殖民文化理论"。在中国现代学术建立初期,西方对中国的单向影响是不可避免的,也是无可指责的。对于中国哲学来说,危险并不在于受到西方的影响,而在于把来自西方的解释模式单一化、固定化,只允许用唯一的模式解释历史材料,而那些与这一模式明显不相符合的证据则被忽视、曲解或消解。面临这样的危险,我们现在有必要对在中国哲学史中长期起作用的解释模式做批判性的思考和建设性的建构,这是我们当前讨论中国哲学合法性问题的积极意义所在。

(二)哲学史和现代建构

克罗齐说,"一切历史都是现代史"①,科林伍德说,"一切历史都是思想史"②。我们可以接着说:"一切思想史都是现代史。"这并不意味着每一个人都可以随心所欲地解释过去人的思想,"解释"是一种合规则的行为。现代解释学制定的规则是,解释工作既受到过去的文本和解释的限制,又向未来的解释开放。任何解释都是一定时代的解释者与原作者和过去的解释者之间的对话,并设想到未来解释者的参与。解释学意义上的"理解"或"解释"即我们在这里所说的"建构"。建构是以现在的观点理解过去,并向未来开放。因此,建构出来的思想史必定是现代史。

哲学史是思想史的思想,也是现代建构的解释效应。从上述"一切哲学史都是现代建构"的命题出发,我们可以对中国哲学史的性质得出一些结论。

首先,应该肯定 20 世纪 20 年代冯友兰和胡适等人借鉴西学,创立了中国哲学史这一独立学科,这是中国现代学术的重要开端。他们以及后来者写的中国哲学史,都不是"西方中心论"的产物。过去按照唯物主义和唯心主义、辩证法和形而上学"两个对子"来写中国哲学史的简单化做法,更不能归咎于"西方中心论"。这种哲学史的写作模式来自苏联日丹诺夫关于哲学史

---

① [意]克罗齐:《历史学的理论和实际》,傅任敢译,商务印书馆,1982 年,第 3 页。
② [英]柯林伍德:《历史的观念》,中国社会科学出版社,1986 年,第 243 页。

是唯物主义与唯心主义"两军对阵"的定义。在哲学史领域推行苏联教条主义的后果是,不仅束缚了中国哲学史的研究,而且阻碍了西方哲学史在中国的发展。痛定思痛,我们应吸取的教训是,不能把建构哲学史的解释模式单一化、固定化;不是,我们可以离开中国现代学术的大环境建设中国哲学史;也不是,中国哲学史不需要任何与西方有关的解释模式。

其次,应该肯定用现代哲学术语解释历史材料,这是重建哲学史的基本要求。解释中国哲学史的现代哲学术语不是"西方的话语霸权"。如果硬要如此说,那么"西方的话语霸权"是针对西方哲学史的,因为西方哲学史从一开始就是用现在的话语来解释过去的学术传统。亚里士多德的《形而上学》(第一卷)可以说是最早的西方哲学史。他用自己的"四因说"总结和评述前苏格拉底的哲学,但"质料""动力""形式"等都不是前苏格拉底哲学家们使用的概念。1655 年,吉尔杰·霍尼诺夫·莱顿(Geirge Hornof Leyden)用拉丁文写了《哲学史研究:哲学的起源、继承和派别》一书和托马斯·斯坦利(Thomas Stanley)同年用英文写的《哲学史》一书,被认为是最早的现代意义上的哲学史著作。从此之后的西方哲学史无不是用"存在"(existence)、"本质"(essence)、"自我"(self)、"意识"(consciousness)、"心灵"(mind)、"物质"(matter) 等近现代哲学术语,解释古代和中世纪哲学。而这些术语或者根本不见于古代著作,或者在古代著作中有完全不同的含义。比如希腊文的"hyle"和拉丁文的"matter"的意义是"质料",而不是近现代哲学家所说的"物质",但这并不妨碍现在的哲学史家们在古代哲学中区分出唯物主义的派别,不独马克思主义者如此,非马克思主义者也是如此。

如果说使用现代哲学的术语来解释历史材料是什么"话语霸权"的话,那么这里的"霸权"应被理解为伽达默尔所说"权威的偏见"。伽达默尔说,权威不等于盲从,盲从不是权威的本质,权威不是被动地给予的,而只能是主动地获得的;权威与服从无关,而与知识有关;权威的知识不可避免地包含着偏见,却不是不可避免的错误。伽达默尔甚至说:"我们的偏见构成了我们的存在。"[1]

---

[1]　Gadamer, *Truth and Method*, Continuum, New York, 1975, p.9.

最后,应该肯定现代哲学术语来自西方。不独哲学术语如此,现代汉语中绝大多数的自然科学和社会科学的术语,都是经过日文翻译的西方概念。现在有一种主张,认为不使用西方的哲学概念和范畴,就能写出"原汁原味"的中国哲学史。如果真要以这种意义的"原汁原味"为标准,恐怕连"哲学"这个词也不能用了,何谈"中国哲学史"呢? 如果要用现代汉语来写作,就不可避免地要使用来源于西方的那些现代哲学术语。这些现代哲学术语并没有阻碍近现代的西方哲学家建构以前的哲学史,为什么就必定会"歪曲"中国哲学史的"原意"呢? 再说,哪里有离开了现代人的思维和语言的文本"原意"呢? 自胡适之后,没有用现代汉语写中国哲学的大概只有熊十力一人。他的《新唯识论》不但关键术语是"心""境""意""识""体""用"等佛教用语,而且对它们的解释也是古文。即使如此,对熊十力思想的解释必定要借助现代哲学术语,否则他的思想难以被人们所理解,也不会产生现在这样大的影响。

在我看来,问题的关键并不在于是否使用来源于西方的概念,而在于如何使用这些概念。概念只是构成思想的元素,概念本身并没有真假之分,只有概念组成的命题才是思想的基本单元,才有真值。使用源于西方的概念表达中国思想不是"西化",正如使用源于中国的概念表达西方思想也不是"化西"一样。中西术语的互借只是不同语言的"双向格义"而已,而不是哲学史的建构。哲学史的建构是解释和再解释,而概念本身不是解释,只有在概念的定义和命题判断、推理等更高的语言单元,才能进入解释的层面,才能进行哲学理论的建构。

我强调哲学史是现代人的理论建构,离不开来源于西方的现代哲学术语,这并不是要抹杀中国哲学史与西方哲学史的差别,也不是完全按照用建构西方哲学史的解释模式来建构中国哲学史。以下要强调的观点是,中西哲学史的差别是解释模式的差别,通过对不同解释模式的对应性和趋同性的阐发,可以发现中西哲学史在整体上的相似性和一致性。

(三)一元和多元

中西哲学史的明显差异首先表现在形而上学领域。与西方的形而上学相比,中国传统哲学的形而上学并没有一个中心的概念。中国哲学的形而上学范畴是多元的,"道""天""心""性""理""气"等,可以并立。但形而上学不满足于多元并立,而是要确定一个最高的原则、原因或"本体"。中国的形而上学与西方的形而上学传统在这一点上是相同的。所不同的是,以中国哲学众多基本范畴中的任何一个为核心,都可以把另外的范畴串起来,比如可以把中国的形而上学解释为"道学","天人"之论,也可以解释为"心性之学",还可以解释为"理学"和"气论",等等。这些解释都有根据,因为中国哲学基本范畴的多元性决定了中国的形而上学的多元形态。西方的形而上学形态却是万变不离其宗,这个"宗"就是"Being"。

有人认为,中西形而上学的差异反映了中国人和西方人的思维方式根本不同,两者有不同的"本质"。如果我们承认现代人的理论建构对于哲学史的重要性,那么中西形而上学表面上的差异可被理解为多元论与一元论这两种不同的解释模式的差异,但这并不意味着西方形而上学只适用于一元论的解释,中国形而上学只适用于多元论的解释。相反的解释总是可能的。

西方形而上学的中心概念"Being"虽然是单一的,但 Being 的意义是多样的。亚里士多德把 Being(on)的"中心意义"归之为"实体",但他在厘清"实体"意义时,仍然得用不同词和词组来表达,它们分别相当于后来所说的"是者""存在"和"本质"。以后的哲学史中极大量的讨论的问题实际上还是 Being 的各种意义有什么样的内在联系?是把"有"和"是者"的意义维系于"存在",还是把"存在"和"是者"的意义都维系于"有",或者是把"存在"和"有"的意义都维系于"是者"?这三种主张都各有各的道理。从哲学史上看,存在主义者持第一种主张,本质主义者持第二种主张,而以希腊文的原初意义为依据的人持第三种主张。哲学史上的某一派别关于 Being 的意义的解释都企图把其他解释统一起来,但统一的结果总是产生进一步的分化,没有一种解释能够把其他解释真正统一起来。在这种情况下,用多元论的解释模式能够揭示被单一概念所掩盖的多样性的理论形态。

同样,中国形而上学的基本范畴虽然是多样的,但并非没有单一的线索。孔子的语录似乎没有什么内在联系,但孔子自称"吾道一以贯之",这为系统地解释孔子的学说提供了依据。在形而上学领域，英国汉学家葛拉汉（A.
C.Graham）认为，中国古代哲学虽然没有与 Being 相对应的范畴，但古汉语中
不乏印欧语系中系词的连接功能。虽然"古汉语在主词和形容词的谓词之间
不用系词，并且没有一个系词的共同符号"，但可以用各种单词和词组替代
系词的连接作用。他又说："古汉语的句法接近于符号逻辑，它有一个存在量
词'有'，这避免把'存在'误读为谓词，并和系词（包括表示等同、关系的特殊
系词）区别开来。"[1]葛拉汉的阐释可以导致两个结论：第一，是否使用"是"作
为系词，与是否具有逻辑思维并无必然联系；第二，中国哲学的对象与系词
"是"无关，并不能说明中国哲学中没有形而上学的成分，也不能因此而断定
中西形而上学性质不同、研究对象不同，两者没有可比性。

（四）论证和体悟

中西哲学史在表达方式上也有明显差异。冯友兰把中国哲学的表达方
式称为"名言隽语、比喻例证"，但他又说："有些哲学著作，像孟子的和荀子
的，还是有系统的推理和论证"。他并用诺斯罗普（Filmer Northrop）关于直觉
和假设的区分说明中西哲学史的不同概念类型，用"审美连续体"（aesthetic
continuum）的概念解释中国哲学"直接领悟"的思维方式。[2]

在我看来，中西哲学史所表现出的直觉与推理、审美与逻辑、领悟与论
证的两种不同的思维和表达方式的差异，是两种解释模式的差异。西方哲学
史以问题为中心，围绕问题展开论证和辩论，论证需要推理，辩论需要逻辑。
中国哲学史以基本命题为中心，如"内圣外王""天人合一""知行合一""有生
于无"等命题，被认为是中国哲学的根本。这些命题文约义丰，需要结合人生
经验加以体验，才能领悟其精神，并在自己内心中产生崇高感和美感。

以问题为中心和以基本命题为中心这两种解释模式是可以互补的。在
西方，现代哲学的激进派说，西方哲学史中的问题是一些伪问题，后现代主
义者解构了逻辑与修辞、论证与隐喻之间的区别。这些批判未免偏激，但也

---

[1] A.C.Graham, *Disputers of the Tao*, Open Court, 1989, p.412.
[2] 参见冯友兰：《中国哲学简史》，北京大学出版社，1996 年，第 11、22 页。

揭露了以问题为中心的解释模式的缺陷。

在中国，我们对以基本命题为中心的解释模式似乎没有多少深刻的批判性反思。相反，西方人对西方哲学史的概念分析和逻辑论证传统的自我批判，被我们用来加强中国哲学史中隐喻和体悟式解释模式的合理性、合法性，其结果只能是把中国哲学史的基本命题写成不加分析和论证的独断语式，把中国哲学变成需要个人"体证"的模糊话语。实际上，在我们现在读到的几位港台新儒家大师的一些著作中，这种风格被表现得淋漓尽致。这可以成为他们的个人风格，但不能成为我们今天建构中国哲学史时应该摹仿的模式。

应该承认，中国哲学史中不乏以问题为中心的解释模式，比如以"物质与精神的关系"的"哲学基本问题"为中心，曾经是哲学史的唯一解释模式，其后果是大家知道的。冯友兰的《中国哲学史新编》蕴含着"共相与殊相关系"这一中心命题，但未能成为中国哲学史的唯一线索。以问题为中心的解释模式在中国哲学史中的不成功尝试，促使一些人相信，只能采取以基本命题或以范畴为中心的解释模式，对中国哲学的命题和范畴的理解，也被发展到类似于禅宗的"顿悟"式的体证。矫枉过正的做法在哲学中是不可取的。过去运用以问题为中心的解释模式的失误在于把哲学史的问题归约为一个"基本问题"或"中心问题"。我在《西方哲学简史》的前言中说，作为西方哲学史中的哲学问题是众多的，"这些问题的提出、转变和持续，围绕这些而展开的争论和所达到的结论，就是我们这本哲学史的线索"[1]。我相信这一道理也适用于中国哲学史。

中国古代哲学家提出的问题也是人类心灵思考的永恒问题，他们给出了各种不同的答案，但又一个接着一个被推翻、被修改、被重写。虽然没有一种直到现在还被普遍认可的哲学真理，但是哲学家们为解决哲学问题而提出的论辩证明，至今仍给人以启发，并成为人类精神的宝贵财富。从哲学史的观点看，问题的提出比答案更有意义，解决问题的过程比得到的结论更有价值。虽然中国哲学史与西方哲学史中的问题不尽相同，但我相信，以经过

---

[1] 赵敦华：《西方哲学简史》，北京大学出版社，2001年，第2~3页。

精心选择的众多问题为中心,通过理论上的建构,中国哲学家的思想在概念的清晰性、分析的细致性和论证的严谨性等方面,绝不输于西方哲学家。

(五)普遍性和特殊性

从中西哲学史著作的标题上,即可看出两者的重要差别:西方哲学史的著作大多自称为"哲学史",而不特意标明"西方哲学史",因为在作者的心目中,西方哲学是普遍性的理论,西方哲学即哲学一般。而中国哲学史家有着比较强烈的特殊性意识,绝无把"中国哲学"当作"哲学"的"奢望"。在我看来,西方哲学的"野心"未免太大,中国哲学的"胆子"未免太小,两者是可以互补的。

我们批评把西方哲学等同于哲学的做法,但也不要把哲学史建构的普遍性理论的正当目标——"婴儿"当成"洗澡水"泼掉。西方哲学史中的理论、观点和方法当然是在一定的特殊条件下产生的,很多成分也确实是只适合一定时代和地域文化的特殊说法。但同样不可否认的是,有些成分则有表现共同人性和人类认识的普遍适用性。比如希腊哲学的逻辑方法,近代哲学的世界观和认识方法论,关于自我意识的分析,黑格尔的辩证法,等等,无不包含着人类意识和认识的普遍性。如果没有西方哲学史中的这些普遍适用的理论作为科学的基础,直到现在可能还没有全人类都认可的数学和自然科学,将来也不会有普遍伦理和世界哲学的可能性。

我们在看到中国哲学史的特殊性的同时,应当充分评价其普遍意义。中国哲学史的理论建构不能把特殊性作为追求目标,而甘愿放弃中国哲学理论的普遍适用性。现在有一种流行观念,认为中国文化传统是特殊的,语言和思维方式是特殊的,哲学也是特殊的。不理解中国文化精义的外国人说这样的话不足为奇,可令人诧异的是,我们的一些学者却以此为荣,以特殊性为世界性的标志。据说,中国人的特殊性历史漫长,从几十万年前的"北京人",甚至上百万年的"蓝田人""元谋人"起,就有了特殊的中国人种和文化。"中国特殊性"的现代性是"中国特色"。"有中国特色的社会主义"是一条政治路线,不能把它庸俗化。

不要以为"越是民族的,也就越是世界的"这句话是普遍真理。对于这句话可以有两种理解：一是认为一个民族独一无二的特质具有世界性的意义，二是认为一个民族能够贡献出世界性的普遍理论。前一种情况在文学艺术等非理论研究的领域有一定的市场，可以满足西方民族对其他民族风俗人情的猎奇心理；后一种情况更符合科学和哲学等理论性学科的发展要求。这种理解的一个范例是犹太思想。犹太人有着极强的民族认同感和文化传统，在近二千年失去祖国的历史中，他们流落在异国他乡而没有失去自己的宗教和文化传统，然而民族传统并没有成为其创立普遍理论的障碍。身为犹太人的思想家从不以"犹太人特色"为理论目标，而是世世代代追求放之四海而皆准的普遍真理，这样，人类才有了马克思主义，有了爱因斯坦的相对论，有了弗洛伊德的精神分析学说。相对于这一弱小民族，我们中华民族自古以"世界中央"自居，如果因为近现代的落后，连要在普遍理论的精神世界中占据一席之地的信心都没有，外国人还会把中国哲学史当作具有普遍价值的理论加以认真对待吗？那不正是迎合了"中国古代没有真正意义上的哲学"的无知偏见吗？

由于中国人的哲学研究成果未能走向世界，中外哲学和思想的交流实际是单向的。自改革开放以来，西方哲学不断传入中国，中国哲学界和思想界多次出现"西方哲学热"，甚至西方汉学研究也在成为显学。西方哲学的输入对活跃中国的哲学研究有着积极作用，但从长远来看，西方哲学的单向输入对中国当代哲学的发展是不利的。随着中国经济的快速发展，中国不但要成为经济大国、政治大国，而且要成为文化大国。中外文化和哲学双向交流是时代发展的需要，是中国和平崛起的需要。当然，能否实现文化强国的目标，还有待于我们的努力。首先需要改变心态，会通中国传统哲学、西方哲学和马克思主义哲学，变传统意义上的中国哲学（Chinese Philosophy）为"中国的哲学"（China's Philosophy）。我相信，只要继承和发扬"五四"以来"会通中西哲学"的学术传统，积极参与国际间的哲学对话，把中国的哲学推向世界，中国的哲学家就一定能够建构出具有普遍适用性的哲学理论。

二、中国古代价值律的重构

中国古代伦理现在还有没有意义？对此肯定者言之凿凿，否定者嗤之以鼻。如果说这不是一个简单地肯定或否定的问题，问题的关键在于中国古代有什么样的现代意义，那么对待这个关键问题，肯定者抽象地肯定，否定者具体地否定。对待中国古代伦理的这两种截然不同的态度提醒人们，中国古代伦理这样源远流长的传统，是不能简单地否定的，但也不能抽象地肯定。任何传统都只有经过价值重估和重建，才能在现代保持活力。中国古代伦理的现代意义不是与生俱来的，也不是自然流传的，而是要经过价值论的解释，才能建构起来。我认为，价值重建不是要抽象地继承传统德目和道德律，而是要从理论上揭示那些一在支配着人们价值观的律令。这里分两个部分，第一部分把中国古代伦理思想解释为一个包含着"金律""银律""铜律"和"铁律"的价值体系。它以"金律"和"银律"为主导，又通过政治和法律等各方面的力量，本身是非道德的"铜律"导向合乎道德的社会后果，并以此来抵制反道德的"铁律"。基于这样的解释，第二部分力图揭示这一传统的价值体系所需要的现代转换和可能具有的现代作用。

（一）中国古代的价值律

价值律是价值体系的核心，系统地把握了价值律，也就把握了价值系统的整体。系统首先是分类。在价值律中，有些是道德律，有些则可以是非道德的，甚至是反道德的。比如利己主义者的格言"人不为己，天诛地灭"，拜金主义者的格言"人为财死，鸟为食亡"，就是非道德的价值律。我们可以按照价值律本身价值的高下，把各种不同的价值律排列成一个等级系列。我们的标准是道德律的价值高于非道德的价值律，而非道德的价值律高于反道德的价值律，在道德律中，也有价值高低之分。

伦理学中的"金律"是最普遍的道德律，这也是价值最高的道德律，我们可以把比"金律"次一等的道德律称作"银律"。如果用金属的价值来类比，我们可以把价值律由高到低地排列成"金律""银律""铜律"和"铁律"。这四种价值律,在中国古代典籍中都有所论述。下面我们将根据先秦诸子的思想,对中国古代的价值律加以诠释。

1. 银律

为了方便起见,我们先从"银律"谈起。人们常以孔子所说的"己所不欲,勿施于人"(《论语·卫灵公》)作为"金律"的标准版本。其实,把孔子的这句话作为"银律"倒更恰当一些。"金律"与"银律"的区别在《论语》中相当于"忠"和"恕"的区别。关于这一区别,冯友兰有这样的解释:"如何实行仁,在于推己及人。己欲立而立人,己欲达而达人,换句话说,'己之所欲,亦施于人',这是推己及人的肯定方面,孔子称之为'忠',即'尽己为人'。推己及人的否定方面,孔子称之为'恕',即'己所不欲,勿施于人'。"①

冯友兰正确地把"忠"和"恕"理解为同一道德要求的肯定和否定两个方面,正确地把"忠"理解为"尽己为人"。但是把"己欲立而立人,己欲达而达人"等同为"己之所欲,亦施于人",是大可商榷的。从字面上看,"己之所欲,亦施于人"与"己所不欲,勿施于人"似乎是同一意思的正反两面,其实不然。这是因为,"不欲"和"所欲"并不是同一事物的否定的和肯定的两个方面。

人们对于"不欲"的事物有着普遍的共识,比如疾病、死亡、灾祸、战争,是人们所不喜欢的、并且要极力避免的东西。正是因为"己所不欲"者与"人所不欲"者基本或完全相同,所以我们可以从"己所不欲"知道"人所不欲",不做"人所不欲"之事。就是说,"己所不欲,勿施于人"是完全符合道德的。

然而"己之所欲"和"人之所欲"之间却没有上述基本或完全等同的关系。不同境遇的人有着不同的需要和生活目标,他们对可欲事物的价值判断往往大相径庭。比如病人最需要的是健康,而身体健康的穷人最需要的是财富。正因为如此,从"己之所欲"不能推断出"人之所欲",不能把"己之所欲"施加于人。

在日常生活中,"己之所欲,亦施于人"的做法常常会造成"善意的过错",这样的错误有时会造成严重的后果。至于在社会政治领域推行"己之所

---

① 冯友兰:《中国哲学简史》,北京大学出版社,1997年,第38页。

欲,必施于人",更是强加于人的做法,可能造成灾难性的后果。比如如果政治家把自己对"自由"的理解当作所有人的普遍要求,那么你若不服从他的要求,他就要用名为"强迫你自由"的方式剥夺你的自由。

为了找到与"己所不欲,勿施于人"相对应的肯定表达式,我们需要扩大"不欲"和"所欲"所指的范围,使它们不只是表示人与事物的关系,而且也表示人与人的关系。就是说,"不欲"不仅指不可欲的事物,而且指不可欲的人我关系,即指我不愿意别人施加于我的行为;"所欲"不仅指可欲的事物,而且指可欲的人我关系,即我愿意别人施加于我的行为。人与事物有"所欲"和"不欲"正反两种关系,与人之间也有这两种关系,总计有下列四种表达式。

(甲)就人与物关系而言:

(甲1)否定表达式:"己所不欲,勿施于人"。

(甲2)肯定表达式:"己之所欲,亦施于人"。

(乙)就人际关系而言:

(乙1)否定表达式:"我不欲人之加诸我也,吾亦欲无加诸人"[①];"施诸己而不愿,亦勿施于人"[②]。

(乙2)肯定表达式:"欲人施诸己,亦施于人"。

(乙1)的意思已经包括在(甲1)之中。"己所不欲,勿施于人"不仅是说不要把自己不欲之物加之于人,而且要求:如果不愿意别人如此对待自己,那么就不要如此对待别人。这两项要求就是"银律"。

需要注意的是,虽然(甲2)和(甲1)是肯定和否定关系,(乙2)和(乙1)是肯定和否定关系,但一对肯定命题与一对否定命题并不对称。我们说,(乙1)的意思已经包括在(甲1)之中,两者都是"己所不欲,勿施于人"的意思。但是(乙2)的意思并不包含在(甲2)之中:"欲人施诸己,亦施于人"与"己之所欲,亦施于人"的意思完全不同,前者是道德律的肯定表达式,而后者不是。

还需要注意的是,上述四个命题,否定的两个见于儒家经典,肯定的两

①　《论语·公冶长》。
②　《中庸》,第十三章。

个却不见于儒家和其他中国古代经典中。

2. 金律

《论语》中"己欲立而立人,己欲达而达人"并没有"己之所欲,亦施于人"的意思,因为这里所说的"立"不是指"立功"或"立业","达"也不是指"官运亨通"或"财运发达"之类的意思;"立"和"业"不是可欲的事物,而是可欲的人际关系。孔子是在"博施济众"的语境中讲这番话的,"己欲立而立人,己欲达而达人"是达到"博施济众"的圣人境界的途径,当然是针对人我关系而言的。

如果我们把"立"理解为"尊重人",把"达"理解为"帮助人",那么,"己欲立而立人,己欲达而达人"的意思就是:如果你想得到别人的尊重,你就要尊重别人;如果你想得到别人的帮助,你就要帮助别人。这不正是"欲人施诸己,亦施于人"的意思吗?《圣经》的福音书明确地表达了同样的意思,耶稣基督说:"你要别人怎样对待你,你就怎样对待别人"①。这是伦理学的"金律"的标准表达。

把"欲人施诸己,亦施于人"作为"金律",把"己所不欲,勿施于人"作为"银律",这意味着前者提出的肯定性要求比后者提出的否定性要求更高,因而有更大的伦理价值。"己所不欲,勿施于人"要求人们不加害于人,不做坏事;"欲人施诸己,亦施于人"进一步要求人们尽己为人,做好事。"不做坏事"与"只做好事","避恶"与"行善"不是同一行为的两个方面,而是两个层次上的对应行为。"不做坏事"是消极的,被动的;"做好事"是积极的,主动的。"不损人"相对容易,"利人"则比较难,"专门利人"最难。

因此,孔子对"博施于民而能济众"的评价是:"何事于仁,必也圣乎! 尧、舜其犹病诸! "专门利人岂止是仁,那已经达到了圣人的境界了,连尧、舜离这样的境界还有一段距离呢。那么,孔子自己是否能够实行"金律"呢?《中庸》有一段话:"忠恕违道不远,施诸己而不愿,亦勿施于人。君子之道四,丘未能一焉:所求乎子,以事父,未能也;所求乎臣,以事君,未能也;所求乎弟,以事兄,未能也;所求乎朋友,先施之,未能也。"②

---

① 《圣经》(马可福音),7:12。
② 《中庸》,第十三章。

"施诸己而不愿,亦勿施于人"是"恕",是"银律";而后所说的"君子之道"是"忠",是"金律"。这四条"君子之道"可用"欲人施诸己,亦施于人"来概括。这就是,要子女怎样对待你,你就要怎样对待父母;要臣属怎样对待你,你就要怎样对待君主;要弟弟怎样对待你,你就要怎样对待兄长;要朋友怎样对待你,你就要先怎样对待他。

一般认为,《中庸》是儒家思孟学派的作品。思孟学派对孔子推崇之至,如孟子所说:"自生民以来,未有盛于孔子也。"他又引用孔子弟子宰我的话说,孔子"贤于尧、舜远矣"①。但《中庸》中的那一段话也足以表明,在思孟学派看来,即使圣人如孔子者,也未能施行"金律"。这与孔子说尧舜还不能完全做到博施济众是一个意思,即强调"金律"是崇高的道德理想,激励人们尽力实现这一理想。"有所不足,不敢不勉,有余不敢尽"②。

但是强调"金律"的崇高理想,只是儒家伦理的一个方面。孔子一方面说"我未见好仁者、恶不仁者"③,另一方面又说"我欲仁,斯仁至矣"④。《中庸》一方面说"君子之道四,丘未能一焉",另一方面也说"忠恕违道不远"。这两方面不是矛盾的,"推己及人"把两者连接在一起。"推己及人"是道德实践的全过程,"银律"是开始,最后达到"金律"的理想境界。"银律"即"恕道",即"己所不欲,勿施于人",要求人们讲良心,不做坏事,不加害于人,遵守道德的基本规范。"金律"即"忠道",即"尽己为人",这要求利他主义的行为,为他人的利益而牺牲自己的利益。

从"恕道"到"忠道"是从"仁"的否定方面到肯定方面的过渡,这一过渡表现了"推己及人"的范围由近到远、由少到多的过程,同时也是道德境界不断提高的过程。也就是说,"金律"和"银律"不只是同一个道德律的肯定和否定的两个方面,而且是这一道德要求的高低两个层次,以及这一道德实践过程的高级和初级两个阶段。

---

① 《孟子·公孙丑上》。
② 《中庸》,第十三章。
③ 《论语·里仁》。
④ 《论语·述而》。

3. 铜律

简单地说，"人施于己，反施于人"，别人怎样对待你，你就怎样对待别人，这就是"铜律"。与"金律"相比，"铜律"的表达式少了"欲"或"你要……"的内容。这是因为，"铜律"不是"推己及人"的论断，而是对他人行径的反应，要求人们根据他人对自己的行为来决定对待他人的行为。一些行动准则，如"以德报德，以怨报怨""以牙还牙，以眼还眼""以血还血，以命抵命"，等等，都是"铜律"的具体主张。

"铜律"的依据是人我行为对等原则，而不是公正的原则。公正的原则承认差等，要求区别对待。柏拉图把"公正"定义为"各人做适合于自己做的事情"①，亚里士多德对"公正"的定义是"把一个人应该得到的东西归诸他"②。这里的"适合"和"应该"是因人而异的。行为对等原则拉平了个人与个人、阶级与阶级、人群与人群之间的差别，要求用对等的行为对付自己所遭遇的行为，以对等的行为效果偿还所受到的效果。一个富人付给一个穷人的也许只是他的财富的九牛一毛，这个穷人要偿还给富人的也许是他毕生的劳动；这是不公平的，却符合"铜律"。

《论语》中没有"人施于己，反施于人"的句子，但有一个与之相接近的概念，这就是"直"。我们历来把"直"作为"正直"或"公正"来解。朱熹对"以直报怨"的注释是："于其所怨者，爱憎取舍，一以至公而无私，所谓直也。"这未免把"直"抬举得太高了。从上下文来解读，孔子是针对"以德报怨"而提出"以直报怨"的。他说，如果以德报怨，那么用什么来报德呢？回答应该是以德报德，但如此就显示不出"报德"与"报怨"的区别了，孔子于是才提出"以直报怨，以德报德"。《论语·宪问》中的"以直报怨"与"以怨报怨"其实没有实质性区别，都肯定了对等的报复。"怨"在《论语》中是贬义词，"以怨报怨"是出于私怨的报复，"以直报怨"是按照原则的报复，这就是行为对等的原则，即"直"。

如果把"直"解作"公而无私"或公正，那么儿子举报父亲攘羊之过，大义

---

① 〔古希腊〕柏拉图：《理想国》，434a。
② 〔古希腊〕亚里士多德：《尼各马科伦理学》，131a，25。

灭亲应该是典型的"直"了，但孔子恰恰否认了这是"直"。相反，他说："父为子隐，子为父隐，直在其中矣。"①父子相互隐瞒彼此的过错，既有违于社会公正，也是亏欠于受害者的不道德行为，孔子为什么还称之为"直"呢？"直"在这里只能被合理地解释为行为对等。父子之间有恩有惠，一方隐瞒另一方的过错，符合行为对等原则。至于受害方向过错方讨还公道，那涉及他们两人的行为对等，与父子关系无关。"直"在孔子的思想里不是一个德性的概念，而是一个天生的原则。他说："人之生也直，罔之生也幸而免。"②"生"也可作"性"解：行为对等原则是普遍的人性，不知道这个原则的人是没有的，这真是自然赐予人类的恩惠啊！可惜的是，儒家没有看到孔子关于人性为直的思想，在"性善"和"性恶"的争论中转圈子，只知道"金律"和"银律"，而忽视了"铜律"，未能把孔子伦理思想的丰富内涵解读出来。

"铜律"不要求对人性的善恶作出先验的预设，但要求对他人行为的好坏作出经验判断，并且要求对自己对他人所作出的反应所引起的后果作出进一步的判断，如同下棋一样，每走一步，要考虑到以后几步甚至十几步的连锁反应。"铜律"是关于利益和价值的博弈规则，而不是关于道德行为的规则。"铜律"本身并没有对行为的善恶提出具体要求，但要求按照对等原则，对人我之间的相互行为进行博弈。不通过博弈的过程，你既不知道别人会如何对待你，也不知道应该如何对待别人。

按照"铜律"进行博弈的一个典型案例是罗尔斯引用的"囚徒的两难推理"③。设想两个人共同犯了其他人都不知道的罪行，他们被警察当作嫌疑犯隔离拘留，一方不知道对方是否会供认。如果双方都不供认，每人将被判一年徒刑；如果双方都供认了这桩罪行，各判五年；如果一人供认，另一人不供认，供认的人将立功受奖，立即开释，不供认的人将被从严处理，被判十年。经过一番博弈，这两个人都供认了罪行，因为这是符合他们利益的合理选择。供认的最好结果是被立即释放，最坏结果是被判 5 年；而不供认的最好结果是被判一年，最坏结果是被判十年；在这两种情况下，供认的结果都要

---

① 《论语·子路》。

② 《论语·雍也》。

③ Rawls, John, *A Theory of Justice*, Oxford University Press, 1972, p.269.

好于不供认。罗尔斯说："霍布斯的自然状态是囚徒的两难推理这一一般案例的典型范例。"①他使用这一案例说明了博弈的合理性和追求自己最大利益的性质。正是按照这样的利益博弈，人类走出了"人对人是狼"的"自然状态"，进入了服从"社会契约"的社会状态。

中国古代政治哲学里也有类似的博弈思想。墨子提倡"兼爱"，其理由出自利益的博弈，即"兼相爱，交相利"，"兼以易别"。"兼"就是既考虑自己，又考虑别人；相反，"别"就是只考虑自己，不考虑别人。如果你既爱护自己，又爱护别人，那么除了自我关爱之外，你还会得到别人的爱护，这就最大限度地实现了自己的利益。如果大家都是这样的话，那么就是"交相利"了。反之，如果你只爱护自己，不爱护甚至伤害别人，那么别人就会反过来伤害你，到头来你也保护不了自己。如果大家都是这样的话，那么就是"交相恶"了。

从"别爱"到"兼爱"、从"交相恶"到"交相利"，既是一个博弈的过程，也是一个历史的过程。墨子说，人类初期，"一人一义，十人十义，百人百义，千人千义，逮至人之众不可胜计也，则其所谓义者亦不可胜计"②。这里的"义"指的是自爱的原则，每一个人都以爱护自己的利益为"义"，结果是"人是其义，而非人之义"，为了自己的利益而损害别人的利益，引起争斗，天下大乱，"如禽兽然"。③在利益相互损害、人人不能自保自爱的情况下，大家都想要找到一个顾全大家利益的统一原则，"是故天下之欲同一天下之义"④。墨子把"同一天下之义"的任务赋予天子，由此解释天子和国家的起源。至于天子是通过什么途径产生的：是民选还是天命，墨子没有回答。这一问题对他来说并不重要，重要的是，从天下大乱的禽兽状态到推行兼爱的君主国家是一个自然的过程，这种自然过程即墨子所说的"天志"。

今人常把墨子的"兼爱"思想的基础归结为功利主义和鬼神崇拜。但进一步的分析可以表明，墨子"兼爱"的功利主义的根据是行为对等原则；他鼓吹鬼神崇拜，则是为了解释人类按照这一原则所形成的趋善避恶的自然倾

---

① Rawls, John, *A Theory of Justice*, Oxford University Press, 1972, p.269.

② 《墨子·尚同下》。

③ 《墨子·尚同中》。

④ 《墨子·尚同下》。

向。如果从价值规则的角度来区分儒墨,那么可以说,儒家主要以"金律"和"银律"的道德律为一以贯之的原则,墨家则以非道德的"铜律"为原则,从中合乎自然地引申出关于社会政治的道德原则。

中国古代的墨子和西方近代的霍布斯的社会理论都表明,从非道德的"铜律"到关于社会政治的道德原则,是一个利益博弈的过程。这一利益博弈蕴涵着两个基本预设,一是"利益最大化原则":每一个人都追求自己的最大利益;二是"合理化原则":人的理性可以认识什么是自己的最大利益,并且决定如何实现这一目标的途径。如果这两个预设的原则能够成立,"铜律"就可以导向道德的原则;反之,"铜律"就会导向反道德的"铁律"。

4. 铁律

简单地说,"铁律"就是"己所不欲,先施于人"。我们耳熟能详的一些格言,如"先下手为强,后下手遭殃""宁使天下人负我,不使我负天下人""宁可错杀一千,不可放走一人"等,都表达了"铁律"的意思。

"铁律"是与"金律"和"银律"背道而驰的反道德准则,也摆脱了"铜律"的行为对等原则的限制。在行为对等原则的前提下合理地追求自己的最大利益,人们必不敢无端地、贸然地损害别人的利益。"铁律"以"先施于人"的要求,企图摆脱对报复行为的顾虑,而肆无忌惮地逞凶作恶。"先施于人"的"先"不仅指时间上的先,而且指策划在先,策划于对方的报复之先,使对方的报复行为失效。

"先施于人"的策划当然也是一种利益的博弈,只不过与"铜律"所要求的理性的博弈不同,这完全是赌徒式的非理性博弈。本来"博弈"和"赌博"在西文中都是一个词,即"gambling"。当这个词表示的是对利益的理性的算计时,那就是"博弈"的意思,如果表示的是非理性的,甚至是疯狂的赌博,那就是不折不扣的赌徒心理。

"铁律"对于任何社会的存在都是威胁。中国古代思想家已经认识到"铁律"的实际危害,并在事实上把制止"铁律"作为惩恶扬善的重要内容。法家在这方面表现得尤为突出。

法家与荀子一样,认为人有自私的本性。但是他们更全面地分析了私心所导致的社会后果。荀子只看到个人私利被圣人引向礼义的后果,却没有认识到私利与公义冲突的必然性。法家指出,这种冲突是必然的,因为它产生于比私心更深、更黑暗的心理根源。他们论证说,礼义教化是用来约束人的私心、规范人的私利的,但如果人们不服从礼义教化,那又怎么办呢?唯一的选择就是用刑法。

法家的政治主张建立在对人的黑暗心理的深刻分析的基础上。早期法家商鞅分析说,人的私心因时代不同而走向更危险的境地,由此而造成了不同的社会混乱:上世因"爱私"而"以别险为务",中世因"务胜力争"而"讼而无正""莫得其性",下世则因"相出为道""有分无制而乱"。①管子也提出"人相憎""人心悍",所以需要法。②韩非子在解释《老子》中"祸难莫大于可欲"一句时说:"祸难生于邪心,邪心诱于可欲。"③韩非子所说的"邪心"还不是一般意义上的"私心"。"私心"追求私利("可欲"),"邪心"则是以非分之想、用非常的手段来追求私利;"邪心"是"私心"的恶性膨胀,所以说"邪心诱于可欲"。私心并不可怕,可怕的是邪心,所以说"祸难生于邪心"。

法家不是在荀子的意义上谈论"性恶",也不是在趋利避恶的意义上肯定人性自私,而是着重揭示人的私心中包含的冒险性("以别险为务""人心悍")和毁灭性("务胜力争""莫得其性""人相憎")倾向。这种冒险的、毁灭的心理倾向会导致的社会混乱,用我们现在的话来说,就是"铁律"的横行。法家争辩说,无论是孔墨的"仁义",还是荀子的"礼义",都不能治理这种混乱,非要用严刑峻法不可。

法家所揭示的人的私心的冒险性和毁灭性,相当于我们在前面所提及的赌徒式心理,这种心理不是偶然的、个别的。现代心理学认为,人的非理性与理性具有同样的地位和作用。这对"铜律"所预设的"合理化原则"构成了严重的挑战。如果按照赌徒式的冒险的、侥幸的、一次性的非理性行为来追求个人的最大利益,那么人们所遵循的行为准则将是"铁律",而不是要求行为对等的"铜律",更不是任何社会道德原则。

更有甚者,弗洛伊德的精神分析学说还向"铜律"所预设的"利益最大化

---

① 《商君书·开塞》。

② 《管子·枢言》。

③ 《韩非子·解老》。

原则"提出了挑战。按照弗洛伊德的学说，人并非只有追求自己的利益的欲望：人既有爱欲，又有死欲；既服从"快乐原则"，又服从"毁灭原则"。人有自虐和施虐两种倾向：人并不总是以追求自己的最大利益为快乐，他也可以因为自己利益的毁灭而快乐；人也不总是为了自己的利益而损害他人的利益，他也可以为了毁灭的目的而损害自己和他人的利益。

弗洛伊德的精神分析学说以及现代其他形式的非理性主义思想的科学性和真实性是大可商榷的。但是在我们的讨论中，它们至少有一个用处，那就是可以解释"铁律"为何具有普遍性。人的善良本性和道德本质可以解释"金律"和"银律"的普遍性，人的自利本性和理性本质可以解释"铜律"所必然导致的社会道德结果。但它们都解释不了"铁律"的普遍性，而"铁律"的普遍性恰恰是历史和现实的事实。面对这一不可回避的事实，思想家们殚精竭虑地解释"恶"的起源和性质问题。传统上的解释在中国是性恶论，在西方是原罪说。但是传统意义上的"性恶"或"原罪"不过表现为人的自利行为和趋乐避苦的本能，按照"铜律"的解释，自爱自利的本能与社会道德并不矛盾，它们在"利益最大化原则"和"合理化原则"的指导下，可以成为社会道德的基础。关于人的欲望和其他非理性因素的心理学研究说明了人类历史和日常生活中屡见不鲜的另一种现象："铜律"非但没有导向社会伦理规则，反而让位给"铁律"。关于"铁律"普遍性的这种心理学解释，在传统的"性善"和"性恶"的解释之外，指出了人性的另外一面：非理性化和非利益化的倾向。这种心理分析为人们防范"铁律"指出了一条新的路径。

5. 黄铜时代

防范"铁律"的机制——人类社会不能返回到"黄金白银时代"，又不能维持在"青铜时代"，更不能堕落到"黑铁时代"，唯一的出路就是走向一个道德上的新时代。我们把它叫作"黄铜时代"，是因为它仍然属于现代社会，而"铜律"仍然在支持着现代社会的基础。新时代的道德不是要破旧立新，而是要扩大和巩固这一基础。我们曾谈到，"铜律"所依赖的两个预设没有考虑到人的行为的非理性和破坏性的一面，不足以防御"铁律"所造成的失范。这在法律和管理的层面上表现为只注意"规范"而忽视了"防范"。

(二)走向"黄铜时代"

综合第一部分的解释,我们可以看到,中国古代伦理传统内容极为丰富,既有提倡"金律"和"银律"的一面,又有利用"铜律"的一面,还有防范"铁律"的一面。丰富的伦理传统是现代的道德建设的丰富资源,通过对它们的现代解释,我们可以并且能够把"金律""银律"和"铜律"结合起来,以共同抵御防范"铁律"。我们把在借鉴传统的基础上建设现代道德的这一方向,比喻为走向"黄铜时代"。

1. 西方价值律转换的历史过程

"黄铜时代"来自希腊神话把人类的历史分为黄金时代、白银时代、青铜时代和黑铁时代的比喻。借用这一比喻,我们可以把古代社会比作黄金和白银时代,把近代社会比作青铜时代。这一比喻的意义是,古代社会的道德原则是"金律"和"银律",近现代社会的道德基础依赖于"铜律"。

从黄金和白银时代到"青铜时代",是随着社会历史条件的变化而发生的价值观转换,由此造成主导价值规则的变化。在黄金和白银时代,"金律""银律"的作用依赖于宗教信仰和与之相应的形而上的世界观。古希腊哲学、基督教信仰,以及中国儒家的心性论,都是维持"金律""银律"的精神支柱。"青铜时代"是近代西方理性主义和个人主义的时代,是以个人利益和权利为本位的资本主义社会。霍布斯和洛克在政治领域,休谟和功利主义者在道德领域,亚当·斯密等人在经济领域,论证了社会的基本原则是"合理的个人主义"。正是依靠这种"合理的个人主义","铜律"所需要的"利益最大化原则"和"合理化原则"才能成立,"铜律"才能在社会实践中发挥积极的、主导的作用,成为现代价值体系的核心。

经过几百年的发展历程,从西方肇始的现代化逐渐暴露出"现代性"的弊端,同时积极地发展为"全球化"趋势。正是由于现代化在现实中有正反两方面的表现,人们对于现代价值体系才有反对和维护两种立场。

2. 后现代主义的挑战

现在广泛流行的后现代主义代表着批判和否定现代价值体系的思潮。后现代主义接过尼采的"重估一切价值"的口号,要推翻一切传统,否定一切价值规则。但它们首先要推翻现代主义的传统,否定在现代起主导作用的价值规则——"铜律"。它们有一个共同的指向,那就是反对个人主义、人道主义、人本主义;现代个人主义以"主体性"和"理性"为核心,后现代主义于是也反主体性,采取非理性主义或反理性主义的立场;现代理性是谋求利益的工具,后现代主义于是在反对"工具理性"和"科学主义"的同时,甚至否认人有共同的、一致的利益。

后现代主义的批判确实击中了现代性的弊端,有可取之处。但现在的问题是,如果"合理的个人主义""合理化原则"和"利益最大化原则"都被否定、被抛弃,那么"铜律"也就在理论上失去了依靠,在实践上失去了规范作用。没有"铜律"的约束,"铁律"必然会大行其道,近代以降的"青铜时代"岂不要让位于"黑铁时代"了吗?

"铁律"不但是反道德的,也是反社会的,"铁律"不可能成为任何社会的基础,所谓的后现代性只是一种话语,而不是一种社会存在,后现代社会是不可能的,因为不可能有超越现代社会的"黑铁时代"。但是现代社会能不能返回到黄金和白银时代呢?能不能继续维持在青铜时代呢?这是需要继续考察的问题。

3. "铜律"在现代遭遇的危机

"铜律"的维护者的主要工作是维护现代价值体系的核心和理论基础。他们中的罗尔斯和高塞尔(D.F.Gauihter)直接继承了近代"社会契约论",以此来博弈全社会的公共利益,论证社会的道德基础。罗尔斯把社会的合法性归结为正义原则。他对正义原则的论证在"原初状态"的理论模型中进行。"原初状态"有三个特征,都是为了保证"铜律"的实施而设计的。第一,"无知的帷幕"取消了人们对自己个性和私利的认识,从而保证了"铜律"的行为对等原则;第二,"各不关心理性"保证了"铜律"要求的利益博弈能够遵循"合理化原则";第三,"最大的最小原则"保证了"铜律"要求的博弈能够遵循"利益最大化原则"。依靠这三个原则,罗尔斯从非道德的"铜律"出发,论证了具有道德属性的正义原则,最后再延伸为完全意义的社会道德原则。

罗尔斯的正义理论与古典社会契约论一样,以"合理的个人主义"为基本预设。它们都假定每一个人的权利都是平等的,都会合理地追求自己的最大利益,它们从一开始就把非理性的、不顾自身利益(或更准确地说,不顾大家都认为是"自身利益"的那种利益)的人排除在"社会契约"之外,好像社会不是为这种人建立的,他们也无权在社会中生活一样。由此,有人批评说,罗尔斯的"原初状况"的假设已经包含着自由主义和个人主义的正义观念,可以导致其他观念的条件全都被笼罩在"无知的帷幕"之中。在这样的条件下,人们除了选择罗尔斯心目中的正义原则之外别无选择,因为选择的条件本身已经包含了选择的结果。[①]

但是"合理的个人主义"在现时代已经不是唯一的选择。非理性主义和后现代主义对现代性的攻击表现了人们对现代价值观的怀疑,弗洛伊德的学说表现的也是人们对现代生活的体验。这些理论所反映的是一种普遍现象,不但它们所描述的那种人为数众多,而且大多数人或多或少都有那种情绪和心理体验。我们已经说明,那种情绪和心理倾向所导致的是"铁律",与以"铜律"为基础的现代社会制度和道德规范是格格不入的。"铜律"与"铁律"的这种矛盾,从价值观的角度分析,是现代社会中人与人的矛盾,人与集体、与社会的矛盾,乃至国家之间的矛盾的一个重要根源。这些矛盾的大量出现,表现为现代社会的"失范"。面对"铁律"对"铜律"的严重挑战而带来的现代社会的"失范"危机,现代价值体系不能再停留在以"铜律"为主导的"青铜时代"。

4. 返回前现代道德的不现实性

现代价值体系能不能回到以"金律"和"银律"为主导的"黄金白银时代"呢?一些对未来持积极态度的后现代主义者是这样期盼的。他们认为,批判现代性的结果不完全是破坏性的,它也是建设性的。如果仔细地分析一下,他们认为是"超越现代性"的建设性的道德规范,都诉诸现代之前的传统资源,"后现代"与"前现代"以各种奇怪的方式被联系在一起。还有一些宗教思想家认为,古老的宗教传统反映了人类道德的共同要求,如"爱护他人""关爱生命",等等,充分利用和开发世界各大宗教的传统资源,就能够以"金律"为核心建立解决全球危机的"全球伦理"。

---

① See Nagel,T.,Rawls on Justice,*Philosophy Review*,1973,pp.220–234.

　　果真如此吗？只要不带偏见地比较古代和现代生活,我们就不会得出古代人比现代人更有道德的结论。古代社会之所以崇尚"金律"和"银律",并不是因为古代社会是道德社会,而是因为它是封闭社会、集权社会。封闭能固定交往对象,能温情脉脉,能相互监督;集权能形成等级,能以一摄多,能为公义弃私利。所有的这一切,虽然为"金律"和"银律"的实施提供了必要的条件,但并不能保证"金律"和"银律"的实施必然产生道德效果。相反,古代的社会关系对内表现出的阶级和等级压迫,对外表现出的集团(家族、民族、国家、宗教)间的战争,是与道德的封闭性有关联的;而假公济私、口是心非、言行不一等道德缺陷,也可视为集权主义的一个必然结果。

　　现代社会的产生以资本主义的兴起为标志。资本主义揭开了传统社会温情脉脉的面纱,打破了等级制度,这无疑是历史的进步。当然,历史的进步不一定是道德的进步,但反过来说资本主义道德就一定不如古代传统道德,也是不能成立的。应该说,资本主义道德与古代传统道德各有长短。我们在这里不想比较其优劣,而是要说明,从现代社会返回到传统的"黄金白银时代",既是不必要的,也是不可能的。

　　现代社会不等于资本主义社会。在现代化的进程中出现的社会主义属于现代社会的范畴,现代资本主义也要吸收某些社会主义的因素。撇开现代社会中社会主义与资本主义的差异不谈,我们可以注意到现代社会的几个一般特征,即它的多样性、开放性、流动性和匿名性。尤其是现代社会的利益多元化和思想的开放,使得人们关注的焦点是利益的分配和调节,而不是利益的牺牲和服从。现代社会的另一个特征是人们的交往对象多而不固定,产生出家庭纽带松散、友谊分散、人情淡漠等结果。在这样的社会存在中,"何必言利"①已经成为不合时宜的态度,"推己及人""尽己为人"很难成为约束人们行为的普遍要求。人的社会存在决定人的社会意识,现代社会已经不能为"金律"和"银律"的普遍实施提供必要的条件,这就是为什么不能返回到"黄金白银时代"的主要原因。

---

① 《孟子·梁惠王上》。

5. "铜律"防范"铁律"的机制

现代法律和管理体系主要是"规范"的机制,即把"合理地实现最大利益"作为普遍标准,违反这一标准就是反常的少数特例。但是如果一个规范机制所要防范的反常行为不是少数特例而是普遍现象,不是偶然的失误而是带有必然性的倾向,那么,"防范"就不只是从属于"规范"机制的一个功能了,而应该成为与"规范"同等重要的机制。

为了保障"铜律"的主导地位,法律和管理制度应有"规范"和"防范"两种机制:"规范"机制的主要功能是最大限度地保障理性的利益博弈的实施,而"防范"机制的主要功能是让赌徒式的非理性的破坏行为失效,防止任何人用暴力、恐怖、欺诈、偷盗等反道德的手段谋求自身利益或损害他人利益。如果说人的欲望好像是洪水,那么"防范"和"规范"所起的作用分别是"堵"和"疏","防范"的堤坝把欲望之流与"铁律"隔断,迫使它流向"铜律";"规范"机制则是欲望之流的唯一出口,把它纳入河渠,使之平稳、服帖地流淌。

"黄铜时代"和"青铜时代"都是铜器时代,都主张道德不是自然生成的,也不来自形而上的原则或宗教信仰,而是对人的利益加以导向所产生的结果。"青铜时代"相信利益的博弈可以把人的行为导向公共利益和道德;"黄铜时代"则进一步看到,首先必须把人的行为导向对自身利益的正确认识和合理追求,然后才能有利益博弈的过程和结果。这样,道德导向就不只是利益的博弈和规范,而首先应该是对反社会、反道德行为的防范。现代社会产生很多失范现象的原因,可能主要还不是缺乏规范,而是没有足够的防范。

如何加强对反道德行为的防范呢?首先要有机制,要依靠法律和管理。防范机制和规范机制一样归根到底是利益博弈的机制,但是防范机制所依据的利益博弈还要考虑人类行为的非理性、破坏性等变数,博弈的步骤更多更复杂,防范性的法律和管理措施更细致、更全面,运行成本更高,甚至对个人自由也会有更多限制。比如为了防范市场经济中的欺诈行为,现在政府建立了企业"黑名单",屡教不改的企业在被撤销之后,法人代表也会被列入"黑名单",使之不能再次注册成立新的企业,继续进行欺诈活动。"黑名单"

对市场准入的限制,对于防范企业欺诈行为是非常必要的,对于规范市场秩序也是必要的。

6. 道德对防范机制的作用

我们说,现代社会规范和防范的机制主要依靠法律和社会管理,依靠"铜律"的主导作用。同时也应肯定,道德在现代社会仍有重要作用,"金律"和"银律"的道德律没有失去崇高地位。这是因为,不管多么严密完备的法律和管理,都是有漏洞的。"千里之堤,溃于蚁穴",要做到防患于未然,规范和防范机制仅仅依靠"铜律"的主导作用还是不够的,它们需要道德支持。

孔子曾指出有两条治国之道:"道之以政,齐之以刑,民免而无耻;道之以德,齐之以礼,有耻且格。"①"政"和"刑"指行政管理和法律的手段,它们能够使民众免于犯罪,但不能使他们自觉地遵守社会规范。孔子的治国理念是德礼兼备,并不是单纯的德治。"礼"不仅是一种德性,更重要的是指规范和防范的社会制度。"道之以德,齐之以礼",是要用道德原则来指导规范和防范措施的实施。孔子的这一思想即使在现代也是有启发意义的。

现代法律和管理措施的贯彻实施,有赖于良好的社会氛围,包括守法和执法所需要的最低限度的善意,需要执法者和守法者的相互理解和配合。如果双方怀有敌意,人们抱着被迫的态度守法,执法者把管辖对象都看作敌人,那么法律和管理措施就不能有效地防止犯罪和不法行为。我们不是生活在充满善意的道德环境里,社会上总是存在着带有敌意的矛盾对立面。我们可以尽可能地减少人际关系的敌意,尽可能地增加人们相互理解的善意。"金律"和"银律"的核心就是对他人的善意,应该成为现代社会的道德理想。理想超越现实而又影响现实,虽然人们不太可能在一切行动中完全践履"金律"和"银律",但根据"取法其上,得乎其中"的道理,把"金律"和"银律"作为全社会的理想,有利于增强人们交往的善意,有利于改善社会环境,为健全的社会规范和防范机制提供必要的道德支持。

7. 传统德性对于现代防范机制的作用

人的心理层面存在着道德与反道德的张力。"惩恶扬善"这一古老的戒

---

① 《论语·为政》。

律在现代意味着克服反道德的心理因素，发展人的道德素质。社会规范和防范机制固然可以提供惩恶扬善的奖惩手段，但也要注意在人心内部培育健康的心理素质，抵制不健康的心理因素，用健全的德性战胜反道德的痼疾。

德性的培养是人的心理成长的过程。可以说，人心内部有某种对反道德心理的"免疫力"，这就是羞耻之心。孟子所说的道德"四端"，"羞恶之心"（"羞耻之心"）只是其中之一，却是最明显、最牢靠的一种。其余三种："恻隐之心"起于亲情而容易泯灭，"恭敬之心""是非之心"难免受世俗影响而容易出错。唯有"羞耻之心"才是良心的长久见证，是对恶行的最为普遍的惩罚。古代把"耻"作为一个德目，"耻"不但是恶行者对公众惩罚或谴责的感受，而且是他内心的自责，并由于"羞耻之心"而杜绝恶行。一个人的恶行可以不被人发现而逃脱公众的惩罚或谴责，但他很难逃脱自己的羞耻心的责备。一个没有任何自责心的人是名副其实的无耻之徒，"无耻"是一种严厉的道德谴责，它宣判了被谴责者在道德上是不可救药的。相反，因为"羞耻之心"的提防而杜绝了恶行，就获得了德性。

严格地说，"羞耻之心"本身还不是一种德性，而是一系列德性的心理基础。由于羞耻心而发展出来的德性首先是"诚"和"信"。诚信使人重责任、重承诺、重荣誉，使人为了履行责任和维护荣誉而大无畏，这就是"勇"。道德勇气上升到道德命令，就成为"义"。"义"和"仁"一样，不仅是一个具体的德目，而且是德目之纲，有着更普遍、更抽象的意义。正是在此意义上，冯友兰把孔子所说的"义"解释为康德意义上的"绝对命令"（categoirca limpeartive），是"必须为做而做"的"应该"，是"形式的观念"。①"仁"则是道德应有之义的内容，具体的德目，如"廉""耻""诚""信""勇""智"，乃至"忠""孝"等，都可被归结为"忠恕之道"，也就是"仁"。

儒家的德性论以人的道德心理（"性善"）为基础，以"金律"和"银律"（"仁义"）为道德原则，要求人们发挥道德潜能，限制和克服反道德的心理因素。这种德性论的一个现代意义是能够提供抵御非理性、破坏性的心理因素的主观动力，能够与"铜律"指导下的各种客观措施相配合，维护现代社会的

---

① 参见冯友兰：《中国哲学简史》，北京大学出版社，1996年，第37~38页。

道德、政治基础。

8."铜律"与道德律之间的良性互动

一般说来,道德的风尚习俗是随着时代的改变而改变的。这样就出现了一个问题:随着社会的变迁,传统道德能否在现代社会中起作用呢? 我们说,传统道德能够在现代社会得以发扬和实现,这是因为现代社会比古代社会在某些方面提供了更为优越的条件。这里的限制词"某些方面"特指"抵御反道德的心理因素"方面,比较词"更为优越的条件"特指"更为自觉的主体意识"。

上述从"羞耻之心"到"义"的德性成长过程,实际上是个人的道德主体意识不断增强的过程。一个人只有意识到他的行为的独立自主性,他才会为他的行为感到羞耻。在日常的经验中,我们也会为他人而感到羞耻,那只是因为我们与他人有同一性,比如同属一个家庭、一个社会组织。这种同一性(idenitty)是以对自身身份的自觉为前提的,因此,为他人而羞耻不过是为自己而羞耻的放大。同样,诚信所需要的责任感、大无畏的道德勇气,道德自律所需要的义务感,都是这一道德主体意识不同程度的表现。

中国古代的集权社会是一个缺少独立人格的社会,这样的社会环境决定了人们普遍缺乏道德主体意识。虽然孟子和后来的心学大力提倡儒家德性论所需要的道德主体意识,但社会道德规范的维持主要依靠大一统的意识形态和政治的权力。即使社会精英士大夫阶层也普遍缺乏德性的实践,这并不是因为他们比其他时代的人更虚伪,而是因为他们所处的时代缺乏实践他们所相信的学说的社会条件。

现在大家都承认,现代社会的一个特征是主体性,但在以认识论为中心的西方近现代哲学中,主体性被解释为认知的"自我",甚至是"先验自我"。泰勒在《自我的源泉》一书中指出,西方近代以来的"自我"观念既不是先验的,其来源主要也不是认知活动,而是伴随着个人的道德主体意识的觉醒而呈现出来的,这就是他所谓的"道德空间的自我"(self inmoral spaee)。[①]

认清主体性的来源和实质可以使我们理解现代社会和道德主体意识的

---

① See Taylor, C., *Sources of the Self*, Harvard University Press, 1989, p.25.

关系。现代社会所提倡的,不是唯利是图的"小人",而是有自尊心和独立人格的"君子";不是为所欲为的"自由",而是为自己行为的后果承担完全责任的自由选择;不是每个人的私利,而是平衡所有人利益的社会正义。总之,"合理的个人主义"与道德主体意识是可以协调的,两者分别构成了现代社会"利益"和"道德"的两个方面。

现代的道德主体意识为中国传统道德的实现提供了社会条件。如果一个人意识到他的道德主体地位,他是不难实现古代提倡的德性的。一个意识到他的自尊心、独立人格的人必能以"羞耻之心"反省和警戒自身;一个意识到自我道德责任的人,必有诚信之心;一个能够在实践中坚持自由选择的人,必有实现自己自由选择的道德勇气和自律精神。在一个合理的、健康的现代社会里,传统道德与现代的社会公义标准是协调的,两者与个人利益的最大化也是协调的。从价值观的角度看,个人利益与德性、社会功利和公义之间的协调表现为"铜律"与"金律""银律"之间的良性循环。"铜律"保障了个人利益和社会功利之间的协调,也为继承和发扬"金律"和"银律"的道德传统提供了必要条件,传统道德的实施又反过来维护、促进了"铜律"社会机制的有效性,用"义"和"利"结合的标准,把社会功利提升到公义的高度。

三、中国哲学现代形态的时间轨迹

我们通常所说的"中国哲学",既指古代中国社会中的、用古汉语表述的传统哲学,也指在现代中国发生的、用现代汉语思考和表达的一切哲学思想。由于这两种概念的意义不同,有必要区别中国哲学的古代形态和现代形态。中国哲学的古代形态是传统中国哲学。在西方文明和马克思主义已经全面而又深刻地改变了中国传统社会的现实条件下,当今之中国已不可能有纯粹的"传统中国哲学",有的只是中国哲学的现代形态。即使是中国哲学史这门学科,也是对传统中国哲学的现代研究。现代引进中国的马克思主义哲学和西方哲学,也属于中国哲学现代形态。中国哲学现代形态集中马和西马于一身,这是最近一个多世纪的历史造就的事实,也是我们在今后若干世纪要继续推进的研究方向。温故而知新,让我们认真总结中国哲学现代形态的历史经验,自觉地承担起继续发展中国哲学现代形态的历史使命,踏踏实实地把中国哲学推向世界。

(一)中国哲学现代形态的历史经验

中国哲学现代形态是相对于古代形态而言的。中国古代虽无哲学之名,却有哲学之实。那种认为中国古代没有哲学的观点是不符合事实的,对"中国哲学"概念合法性的种种质疑是没有根据的。但应该承认,中国传统哲学的确是与西方哲学完全不同的哲学形态。如果说西方哲学是"爱智"之学,那么中国传统哲学就是"弘道"之学。西方哲学的中心概念是"Being",而中国传统哲学的中心概念则是"道",儒释道三家各有其道,道不同而共相谋。中国历代哲人"志于道",以"闻道""知道"为人生目标,以"弘道""得道"为终极关怀,开创出一个与西方哲学的传统平行发展的、可与之相媲美的哲学传统。当然,中国哲学在古代并不是独立的科目,哲学思想散见在经、史、子、集各个部类的古籍之中。从 19 世纪末到 20 世纪上半叶,中国哲学开始从古代形态向现代形态转变。在中国学术史上,这是一个可与先秦诸子相媲美的黄金时代。虽然社会充满动荡和苦难,但中学和西学、传统和现代的激烈碰撞和融合,为思想创造提供了勃勃生机。不但在文史和哲学领域,而且在科学领域,也产生了辉煌夺目的思想和群星灿烂的学术大师。在现代中国的舞台上,发生了一幕幕至今仍在震撼着中国人心灵的哲学场景:从马克思唯物史观的讲授与传播,到"中国哲学史"这门独立学科的创建;从东方哲学与西方哲学的冲突和较量,到外国哲学的传播译介;从新儒家的复兴,到佛教精义的现代阐发。由于这一系列的思想变革,中国哲学才具备了名副其实的现代形态。我们今天回顾这一个个历史场景,可以清晰地辨认出一条承前启后的思想脉络。这就是,综合马克思主义哲学、西方哲学与中国传统哲学,创造出适应现代化和社会发展的中国哲学新形态。

20 世纪上半叶的思想家和哲学大师们开创的中国哲学现代形态,还只是处在草创阶段,在很多地方还只是大致的轮廓和初步的设想,如果中国学术的黄金时代能够持续下去,继续进行深入、细致的研究,开拓新的视域和方向,那么,中国后来的哲学研究者,完全可以像我们的祖先那样,创立为后世所称道的、可与强势的西方哲学相匹配的新哲学。但历史不容假设,无情的历史事实是,中国现代学术的黄金时代过早地结束了。由于众所周知的历史原因,在很长的一段时间内,哲学走上了一条曲折而艰难的道路。历史的教训值得我们反思和警戒,我认为至少有三个沉痛的历史教训值得吸取。

首先,应当避免对马克思主义的狭隘和错误的理解,不能把马克思主义的某些因素僵化、极端化,或把原本不属于马克思主义的因素当作马克思主义来坚持。中国化的马克思主义本来是中国思想对外开放的产物,是把西方和俄国的革命理论同中国社会现实和中国文化相结合的成功创举。但是在20世纪50年代以后的一段时间,我们把这一创举当成终结性的胜利,把已经取得的成功经验和理论绝对化为真理的顶峰,用政治性的批判代替学术上的争鸣,走上了闭关锁国的路子,对社会经济的发展造成了巨大危害。

其次,要避免把马克思主义哲学与中国哲学和西方哲学对立起来的做法。不能因为马克思主义哲学是哲学史上的根本变革,就否认它与西方哲学史的联系,否认它可以与现代西方哲学对话、可以和中国传统哲学结合。持对立观点的人认为,马克思主义哲学如果不与其他哲学理论彻底划清界限,就会丧失指导地位,甚至被非马克思主义的理论所驳倒、所代替。这种观点曾长期被视为马克思主义的"正统",却不是马克思本人的观点,其来源是苏共中央主管意识形态的书记日丹诺夫。1947年,日丹诺夫提出了一个哲学史的定义:"科学的哲学史,是科学的唯物主义世界观及其规律底胚胎、发生与发展的历史。唯物主义既然是从与唯心主义派别斗争中生长和发展起来的,那么哲学史也就是唯物主义与唯心主义斗争的历史。"①据此,所有的哲学分成唯物主义和唯心主义两大阵营,唯物主义代表历史上革命的、进步的阶级,而唯心主义代表反动的、落后的阶级。改革开放之前写的哲学史著作,无论是西方哲学史,还是中国哲学史,几乎无一例外遵从"两军对阵"的模式。西方哲学史变成了马克思主义经典著作的注脚,现代西方哲学更是供马克思主义哲学批判的靶子,中国哲学史则成了中国古代社会阶级斗争在思想领域的见证。这种做法忘记了马克思主义哲学在中国传播过程中受益于其

---

① [苏联]日丹诺夫:《日丹诺夫同志关于西方哲学史的发言》,东北书店,1948年,第4页。

他新思潮(包括西方哲学与中国哲学史的现代研究)的历史事实,而且违背了中国哲学现代形态的发展方向。

最后,反对教条主义是一个长期的任务。中国古代文人有盲从圣人、死读圣贤书的教条主义传统。除了固有的"土教条",又有新近的"洋教条"。我们上面指出了马克思主义中教条主义的种种表现,但也要注意到,中国传统哲学和西方哲学研究中也有教条主义。比如研究孔子的就要成为儒家,但又没有儒家的德行和修养功夫,只能充当孔教徒和卫道士。中国的西方哲学研究中也有"洋教条",研究某个历史上的哲学家,就俨然是这个哲学家的"二世";懂了一点希腊哲学,就言必称希腊;看了几本现代西方哲学的书,就张口胡(塞尔)说,闭口海(德格尔)讲。哲学中教条主义的实质是定思想于一尊,离开了权威就不会说话。教条主义严重阻碍了中国哲学现代形态的建设。力戒教条主义,就要做到陈云提倡的"不唯上、不唯书、只唯实"[1]。"唯上"是把上级领导当作真理化身的政治教条主义,"唯书"是盲从圣贤书的本本主义。现在还要补充一句:不媚俗。媚俗是从众跟风的文化教条主义。"只唯实"就是要实事求是、解放思想。实事求是、解放思想不仅是政治思想路线,而且是具有批判精神、实践理性和现实关怀的哲学的应有之义,是建设中国哲学现代形态须臾不可缺少的根本大计。

(二)中国哲学现代形态的现实障碍

1978 年关于真理标准问题大讨论的思想解放运动揭开了改革开放的序幕。四十多年来,中国哲学现代形态取得了令人瞩目的新成果。马克思主义哲学界突破了苏联的教科书体系,提出了"实践唯物主义"等新的解释,开拓了"马克思主义人学""马克思主义文本研究"等新的方向,并以积极的态度与现代西方哲学展开对话,吸收外国马克思主义研究中的合理成分。哲学史界突破了日丹诺夫的模式,从具体的史料出发总结哲学史发展的线索,实事求是地理解和评价历史上的哲学家。各种西方哲学思潮流派得到广泛而深入的研究,中国传统哲学思想也得以复兴,发扬光大。改革开放的大环境带

---

[1] 《陈云文选》(第三卷),人民出版社,1995 年,第 371 页。

来了学术的春天。

我们不能盲目乐观,应该看到,被中断的学术黄金时代并没有得到续接,对历史上的中外哲学家(包括 20 世纪初的中国哲学家),基本上还只是"照着讲",而不是"接着讲"。我国现在的学术出版物以不亚于经济增长率的速度快速增长,在数量上大概已经达到了世界先进指标。但是中国学者的学术研究成果很少有国际影响,国际学术界公认的突破性的创新成果更是微乎其微。大多数研究"成果"是闭门造车,自说自话;很多"成果"只是简单的重复,文风浮躁甚至发展到抄袭成风的地步。这些还不值得我们深省吗? 社会在进步,国家在开放,我们的学术群体的心态却在退步,这需要在我们自己身上找原因。当务之急是要通过克服浮躁的学术心态,认清和克服中国哲学现代形态发展的主要障碍。

中国哲学现代形态的大势可用"分久必合,合久必分"来形容。20 世纪初期,西方各种思潮涌入中国,中国本土思想也激烈地分化和变革,各派哲学蜂起,纷争不已。20 世纪 50 年代之后统一于马克思主义哲学。20 世纪 80 年代以来,马克思主义哲学、西方哲学和中国传统哲学这三大学科,从"一体两翼"的格局转变为"三足鼎立"的状况。"三足鼎立"虽然曾经推动过哲学史的文本研究及其专业化水平的提高,但如果被强化到以邻为壑的地步,各个领域的哲学研究都难以深入,中国哲学现代形态的发展也将步履维艰。现在,很多人认识到学科分立带来的思想分崩离析的痛楚,哲学界人心思合,大谈中西马哲学的对话和融合。但是,"中西马融合"谈何容易? 有感于此,我的一位朋友做了一副对联,曰:"打通中西马,吹破古今牛"。这是在嘲笑空喊口号而不潜心钻研学问的浮躁学风,而不是说中西马哲学根本不应打通,或不能打通。相反,打破中西马哲学的学科壁垒刻不容缓,但需要做大量艰苦、细致的研究。"学贯中西""史论结合"不是空洞的口号和大话,而是一个人要穷尽毕生的精力和才华,一个民族要经过世代的学术积累才能达到的目标。马克思指出,任何人只能"在直接碰到的、既定的、从过去承继下来的条件下"创造历史。①创造中国哲学的现代形态也是如此,要在前人创造的成果上进行。

---

① 参见《马克思恩格斯选集》(第一卷),人民出版社,1995 年,第 585 页。

在现有条件下,"国学""西学"和"马学"是"中西马"交流对话的平台。但出于狭隘的"学科建设"的思维定式,有人仍然要把"国学""西学"和"马学"归属于三个相互割裂的学科,如果不能归属已有的"二级学科",也要新建一些"一级学科"来强化三者的学科壁垒。在马克思主义成为"一级学科"之后,又有人在为"国学"的"一级学科"资格而奔走呼号。如果我们回顾创建中国哲学现代形态的历史,就可以发现,这样的想法和做法即使在 20 世纪 30 年代也是落伍的。

早在 80 年前,"国学"的倡导者就已经认识到,"国学"不等于中国传统文化。比如吴宓指出:"今欲造成中国之新文化,自当兼取中西文明之精华而镕铸之,贯通之。"他还提出了如何贯通中西的具体方案:"中国之文化以孔教为中枢,以佛教为辅翼,西洋之文化是以希腊罗马之文章哲理与耶教融合孕育而成。今欲造就新文化……则当于以上所言之四者,首当着重研究,方为正道。"①他要用国学的"正道"打破"中学"和"西学"的隔阂,这是很有见地的看法。西学固然是在西方世界产生的,但它传播到了中国,中国人研究它,思考它,用中文翻译它,表述它,西学就成为中国现代学术的重要组成部分,不但与"国学"并行不悖,而且相辅相成。

"马学"作为中国现代学术的重要组成部分,早期传播时属于西学。马克思主义与中国思想和实践相结合,成为占统治地位的意识形态。马克思主义哲学具有意识形态与学术研究双重性,不能因为它的意识形态特征而否认它也属于中国哲学的现代形态。邓小平说:"学马列要精,要管用。长篇的东西是少数搞专业的人读的。"②"要精,要管用"的马列是意识形态,"少数搞专业的人"研究的马克思主义的长篇大论,是"马学",属于中国现代学术,"马学"中的马克思哲学则属于中国哲学的现代形态。马克思哲学和西方哲学的中国式解读,以及中国传统哲学的现代解读,既然是用现代汉语研究和表达的中国学术,就不可能是互不理解、没有交流的独立话语体系。事实上,真正

---

① 孙尚扬、郭兰芳编:《国故新知论——学衡派文化论著辑要》,中国广播电视大学出版社,1995年,第88~89页。

② 《邓小平文选》(第三卷),人民出版社,1993 年,第 382 页。

理解了贯通中西的"国学",也就理解了中国的"西学"的精华所在;真正理解了"马学"的精髓,也就能在与"国学"和"西学"结合的基础上,丰富和发展中国化的马克思主义。

(三)中国哲学现代形态的未来展望

马克思预言:"必然会出现这样的时代:那时哲学不仅在内部通过自己的内容,而且在外部通过自己的表现,同自己时代的现实世界接触并相互作用。那时,哲学不再是同其他各特定体系相对的特定体系,而变成面对世界的一般哲学,变成当代世界的哲学。各种外部表现证明,哲学正获得这样的意义,哲学正变成文化的活的灵魂,哲学正在世界化,而世界正在哲学化";"哲学思想冲破了令人费解的、正规的体系的外壳,以世界公民的姿态出现在世界上"。①马克思的"面向世界的一般哲学"的观念,对中国哲学现代形态的发展方向具有指导意义。

"一般哲学"是具有普遍性的哲学,"世界哲学"指一般哲学适用的世界性范围。历史上和现实中形形色色的哲学派别或学说只是"同其他各特定体系相对的特定体系",相互对立的哲学体系是特定时期和地域的学说。根据"普遍性寓于特殊性之中"的辩证法,我们不能离开个别的哲学来谈一般哲学,不能离开国别或地域(如中、印、英、美、德、法,以及希腊、阿拉伯等)的哲学来谈世界哲学。特殊与普遍的辩证法意味着,哲学的某一特殊形态可以包含并发展出具有普遍意义和世界范围的哲学,而不是说,任何哲学形态都只有地域性,没有世界性,更不可能具备普遍性。

现代和后现代的相对主义、怀疑主义和虚无主义否认任何普遍理论和价值的可能性。受此类思潮影响,一些自称"坚持马克思主义"的人忘记了马克思的"面向世界的一般哲学"的观念,一些研究中国传统文化的人陷入狭隘的民族主义,一些西学研究者习惯按照西方的时髦学说看中国,如此等等。为了突破学术群体的狭隘、封闭心态,有必要明确指出中国哲学现代形态的普遍性和世界性。诚然,中国哲学现代形态既然是中国的、现代的,因而

---

① 《马克思恩格斯全集》(第1卷),人民出版社,1995年,第220页。

必然是特殊的，但这种特殊的哲学形态不是与其他哲学形态相对立的哲学体系或意识形态，而是开放的，博采各国、各家、各派哲学之长。将各种哲学形态加以综合，发展出适用于现代世界的普遍理论和普遍价值。这是中国哲学现代形态的发展方向。

有人要问普遍理论的"可能性条件"的问题。要解决这个问题，我们无须诉诸康德式的先验论证，只需从经验世界的事实中寻找答案。人类思想史的事实证明，起源于某一地域或族群思想，只要能够改善任何相信它的人的生活和环境，并能够持续地适应被改变了的环境，那么这种思想就能推广到其他地域或族群之中，获得越来越大的普遍性；在世界各地交通越来越便利的时代，越来越大的普遍性思想具有越来越明显的世界性。西方哲学在罗马时代即有世界主义的倾向，但那时的世界主义还只是地中海世界的思想。地理大发现后，近代西方哲学的知识论与新兴的自然科学结盟，随着西方人发明的数学和科学的普遍化，西方哲学知识论的一些基本原则，如理性假定、经验检验的原则，分析和综合相结合的原则，已经渗透在世界各地的现代社会准则和个人思维之中。西方道德、政治和历史哲学的某些学说或观点，如自由、平等、民主和人权的价值取向，世界历史的发展规律，也取得越来越普遍的共识。哲学社会科学理论的普遍性要比自然科学的普遍性更加难以认可，经常引起更多争论。可以肯定的是，有些哲学思想虽然起源于西方，但西方人发现的不等于西方人所独有的，西方人发现的也可以是全人类共有的。同样正确的是，中国人发现的也可以是全人类共有的，我们不但要全面地认识中国哲学和思想的价值，积极地向全世界推广这些价值，而且要虚心地学习、借鉴和吸收西方人发明的普遍思想。这对中国社会、文化和中国人的生活，有百益而无一害。马克思主义在中国的命运，就很能说明问题。马克思主义刚在中国传播时，被它的敌人认定为只是西方人和俄国人的思想，不适合中国国情，当它在中国取得意识形态的统治地位之后，由于教条主义的影响，马克思主义的普遍真理一度被歪曲，被禁锢，脱离了中国的实际。经过拨乱反正，中国化的马克思主义不但得到广泛运用，而且具有示范性的世界意义。历史事实证明，正确、全面地理解马克思主义在中国的普遍作用，中国现代化的事业就能成功、就会发展；相反，任何片面、狭隘、封闭和僵化的做法，都是对马克思主义真理性的歪曲和限制。

中国哲学现代形态的创立,同样离不开西方哲学世界化的学术背景。从冯友兰、胡适开始,中国哲学史这门学科的发展始终受到西方哲学的方法和理论的影响。我认为这种影响属于中西哲学的良性互动,不能算作"全盘西化",因为中国哲学史作为一门世界性的学科,其建立和发展又反过来为西方哲学提供了一个新的参照系。有没有中国哲学史这一参照系,对研究和理解西方哲学的结果大不一样。冯友兰在《中国哲学与未来世界哲学》一文中说:"在我看来,未来世界哲学一定比中国传统哲学更理性主义一些,比西方传统哲学更神秘主义一些。"①其实,中国传统哲学与西方传统哲学之间互补的地方还有很多;而且,中国哲学的现代形态与现代西方哲学之间也有很多互补之处,需要我们去挖掘、比较、综合。一些外国学者在"世界哲学"的名义下,比较中国、印度和西方哲学,从中寻找具有普遍性的思想。②现在,世界哲学还不是成熟的学问,其中一个重要原因是缺乏中国学者的积极参与。这种状况从反面说明了一个道理:中国学者如果拒绝承认外国哲学中的普遍因素,就不能认识到自己哲学中的普遍意义;而没有世界哲学的自觉,也就没有相应的具有普遍意义的理论。

现在,有些中国学者之所以拼命强调中国哲学的特殊性,是出于自我保护的本能。因为他们看到西方哲学在中国盛行,中国哲学却在西方世界被边缘化。为了抗议中西哲学交流的不平等,他们选择了特殊主义的保护策略:中国文化是中国哲学的特有领域,不容西方哲学染指;貌似普遍的西方哲学在本质上也是特殊的,理应回到它们自己的领域。本书不准备分析这种保护策略的复杂心理根源和社会根源,但要指出造成中西哲学不平等交流的语言学原因。现代汉语中的哲学词汇绝大多数是从日文引进的,以汉字与西语的哲学词汇之间的对应关系为基础,在汉译西方哲学原著的过程中逐渐形成现代汉语的哲学话语系统。中国哲学现代形态的中、西、马三大阵营都使用这种话语,因而能够大规模地翻译、介绍、评述西方哲学、马克思主义哲学

---

① 冯友兰:《三松堂全集》(第 11 卷),河南人民出版社,2001 年,第 593 页。

② See John Roy Burr. *Handbook of World Philosophy:Contemporary Developments Since 1945*, Greenwood Press,1980;A. Pablo Iannone, *Dictionary of World Philosophy*,Routledge,2000.

和汉学的著作,理解、研究和传播其中的思想。这本是中国哲学现代形态的活力和优点所在,然而我们现在面临的尴尬局面却是,中国哲学的中文成果中的绝大多数不为国际哲学界所知。从长远来看,西方哲学的单向输入对中国哲学现代形态的深入发展是不利的。为此,中国人的哲学研究的中文成果需要尽快走向世界。一方面要使用国际学术界通用的工作语言翻译、推广中国哲学的中文成果;另一方面要创造更多机会,让更多的外国人使用中文学习中国哲学,不但使用古汉语学习传统中国哲学,也要用现代汉语学习和熟悉中国哲学的现代形态。

第三章　中国哲学的当代精神价值

一、实用主义与中国文化精神

法国历史学家托克维尔晚年写道:"在文明世界里没有一个国家像美国那样不注重哲学。美国人没有自己的哲学派别,对欧洲的相互对立的一切学派也漠不关心,甚至连它们的名称都几乎一无所知。"他同时看到,"美国人虽然从未下过功夫界说他们的准则, 但他们有一个大家共通的哲学方法"。托克维尔把美国人的哲学方法归结为以下四点:①"摆脱一统的思想、习惯的束缚、家族的清规、阶级的观点,甚至在一定程度上摆脱民族的偏见";②"只把传统视为一种习得的知识,把现存的事实视为创新和改进的有用学习材料";③"依靠自己的力量并全凭自己的实践去探索事物的原因,不择手段去获得结果";④"不管形式去深入本质","对超自然的东西几乎达到表示厌恶的地步"。①托克维尔说美国人"不注重哲学"、对欧洲哲学派别"几乎一无所知",这与事实有出入,因为所有在欧洲流行的哲学都在当时美国的大学里讲授。但二三十年之后诞生的实用主义(一般把皮尔士 1878 年 1 月发表的"如何使我们的观念清楚"的讲演当作实用主义的开始),确实证明了美国人的哲学有他所说的四方面的特征。仅从这四个方面看,实用主义不仅完全不同于老欧洲的哲学传统, 而且似乎与包括中国在内的古老民族的文化传

---

① ［法］托克维尔:《论美国的民主》(下卷),董果良译,商务印书馆,1988 年,第 518、519 页。

统也格格不入。实用主义扎根于美国本土,长盛不衰,并以"美国精神"的名义向其他国家发展。

(一)对实用主义的"中国看法"

我们要小心地看待"实用主义=美国精神"的等式,因为反对者和提倡者分别在贬义和褒义上使用这个等式。20世纪40年代,实用主义在中国盛行,中国学者对实用主义褒贬不一,我们可把不同的立场归纳为以下五种:

第一,实用主义是美国的商业精神。比如李季说,如果客气地说,实验主义是一种"商业哲学",不客气地说,"简直可称为'市侩哲学'……它是美国资产阶级企业精神——即唯利是图,即效用或效果为真理唯一的标准——的充分体现"。彭述之说:"实验主义就是美国资产阶级'拜金主义'的抽象化,这是现代资本主义时代的'法利赛主义'。"[1]有趣的是,中国托派理论家与以"反共产主义"闻名的罗素对实用主义的评价如出一辙。罗素的评价是:"我发现,在美国,对真理的爱受到了商业主义的阻碍,实用主义是商业主义在哲学上的表达。"[2]与罗素的评价相比,那些托派"马克思主义者"的批判只是添加了"资产阶级"的标签。

第二,实用主义是中国文化中自有的传统,比美国的实用主义有过之而无不及。著名教育家夏丏尊认为,"中国民族的重实利由来已久,一切学问、宗教、文学、思想、艺术等,都以实用实利为根据","中国人的实用狂,程度在美国以上"。他对此深恶痛绝:"这样传统的实利实用思想,如果不除去若干,中国是没有什么进步可说的。"

第三,实用主义有违中国哲学传统。贺麟在《当代中国哲学》一书中专写"实验主义或实用主义批判"一节。他认为作为"美国人的哲学","实验主义可以说是工程师的哲学,垦荒的哲学",而与"精密系统的陆王之学"的当代中国哲学发展方向不相符合。他认为实用主义虽然也提倡知行合一,但不知道"知难行易","往往不问理论本身是否颠扑不破,而只问该理论所发生的

---

① 杨寿堪、王成兵:《实用主义在中国》,首都师范大学出版社,2001年,第115页。

② 《杜威全集》(第13卷),复旦大学杜威与美国哲学研究中心编译,华东师范大学出版社,2012年,第265页。

效果如何……会流于急功好利与皮相之见", 没有看清楚"无远见的冒险精神便是鲁莽或铤而走险"。另外, 实用主义只注重有用的工具或"兑换价值", 把理想和目的视为无用, 无视"做事应以道义为重, 实用其次", 缺乏"正其谊不谋其利, 明其道不计其功"的道义原则。①贺麟的弟子谢幼伟也写了很多批判实用主义的文章。他在1947年指出实用主义对中国现实的危害: "以目前状况而言, 实用论在某一方面或某一意义上可谓已植根于我国, 近功利, 忽远效, 崇便利, 轻道义, 惟计满足, 不择手段, 此为今日我国社会之写照。"②

第四, 实用主义是经验论的不可知论。冯友兰在《三松堂自序》中说, 他在20世纪20年代熟悉的西方哲学是实用主义和新实在论。他认为: "实用主义的特点在于它的真理论, 它的真理论实际是一种不可知论。它认为, 认识来源于经验, 人们所能认识的, 只限于经验。至于经验的背后还有什么东西, 那是不可知的, 也不必问这个问题。这个问题是没有意义的……所谓真理, 无非就是对于经验的一种解释, 对于复杂的经验解释得通。如果解释得通, 它就是真理, 是对于我们有用。有用就是真理。所谓客观的真理是没有的。"冯友兰之所以转向"柏拉图式的新实在论", 是因为"真理是客观的, 一切观念和概念是有其客观的对象; 这些对象都是独立于人的认识而存在的"。③显然, 从实用主义到新实在论的转向, 为他的"新理学"开辟了道路。

第五, 实用主义是中国文化亟须发扬光大的科学方法。胡适认为, 清代的考证古籍的"朴学"已运用了重视证据的科学精神, 只不过证据局限于文字材料, 只能尊重证据, 不能创造证据; 而同时期诞生的近代自然科学使用的证据是实物, 可以用实验方法创造出新的证据, 因此比清代学者的"朴学"更优越。胡适坦言, 他的言论文字"只是这种实验主义的态度在各方面的应用……我现在谈政治, 也希望在政论界提倡这一种'注重事实, 尊崇证验'的方法"④。陶行知把实验主义作为除去旧教育、试验新教育的方法。蒋梦麟也说杜威和王阳明都是知行合一派, 但与贺麟的观点相反, 他认为杜威比王阳

---

① 参见贺麟:《当代中国哲学》, 胜利出版社, 1945年, 第19、69、70、71页。
② 杨寿堪、王成兵:《实用主义在中国》, 首都师范大学出版社, 2001年, 第91页。
③ 冯友兰:《三松堂全集》(第1卷), 河南人民出版社, 2001年, 第179页。
④ 杨寿堪、王成兵:《实用主义在中国》, 首都师范大学出版社, 2001年, 第61页。

明更高明,因为"道德不是武断的,也不是形而上学的"①,应按照杜威的方法来推行社会教育和学校教育。

以上五条是 20 世纪 40 年代之前各种观点的归纳。但从 20 世纪 50 年代至今的七十年,除刘放桐等少数研究实用主义的专家外,国人对实用主义的评价没有超出此前的那五种类型。比如 20 世纪 50 年代初对胡适和实用主义的批判,基本口径仍是第一种类型。再比如如果把道义和目的的概念由心学转为历史唯物论,把观念的客观对象从柏拉图式共相转变为辩证唯物论的"物质",那么陆王心学和新实在论不难被改造为马克思主义哲学。还比如,现在"实用"在中文中已成为不择手段地追求物质利益和短期效用的同义词,把现实中的丑恶现象归结为实用主义的恶果,网络上有篇"实用主义在中国盛行"的帖子说:"只注重了物质生活实用主义的理想却推后了中国治世的另一个信条——大同之道,这会导致社会分化、贫富分化,而这个改变正是实用主义思想左右的结果";这些结果"构成了实用主义占统治地位的一个民族的现实生活图景,这图景给人的感觉是中国成就了一个头脑空空、沉湎享受、漠视他人的人群,而这都是以牺牲精神信条为代价的,这不能不说是当代中华民族的悲哀"。②这些话不正是夏丏尊和谢幼伟对几十年前中国现状所作的道德谴责的回响吗?

(二)古典实用主义者的间接回应

中国哲学界和文化界对实用主义的看法形形色色,乃至截然相反,但都不符合美国实用主义创始人的自我界定。当然,实用主义者并不清楚上述"中国看法",但当时西方社会和学术界流行的对实用主义的种种批评,与相关的"中国看法"不乏异曲同工之处,故而古典实用主义者的反批评可以视为对"中国看法"的间接回应;至于新实用主义者,早已不屑回应这些批评或赞扬,而去讨论一些专业的技术性问题了。

第一,面对罗素所指责的"商业主义",杜威反唇相讥:按照罗素的解释

① 杨寿堪、王成兵:《实用主义在中国》,首都师范大学出版社,2001 年,第 86 页。
② "实用主义在中国盛行",http://wenku.baidu.com/view/0c8c5b5aad02de80d4d840d5.html。

模式,"英国的新实在论是英国人贵族式势利的一个反映;法国思想的二元论倾向是除了一个妻子之外,还有一个情人的所谓高卢气质的表达;而德国的观念则是把啤酒与腊肠同贝多芬与瓦格纳的精神价值提升为一个更高的综合能力的表现"①。他区分了罪恶的"商业主义"与交流、交换、分配、分享的高尚的商业事业。

第二,针对把"实效"等同于见利忘义、不择手段追求私利,杜威反驳说:"把真理当作满足私人野心和权势欲的工具,这非常可恶。所以,批评家竟将这样一个概念归给健全的人们,是很奇怪的。事实上,所谓真理即效用,即真理是观念或理论宣称可以在经验改造中所做的贡献和服务。一条道路的用途不能以它便利于山贼劫掠的程度来衡量,而是取决于它是否实在地尽了道路的功能,是否能够供方便有效的公众运输和交通之需。"②

第三,针对实用主义真理观忽视道义和理想的指责,詹姆斯解释说,除了要拥有现实生活必需的具有"兑换价值"的真理之外,人们还必须贮备一批"额外的真理",真理好像是金融的信用体系,人们互相交换被证实为有用的观念,无须对所有的真理一一加以亲身检验;但如果没有"某个地方的直接的、面对面的证实为前提,真理的建筑物就会崩溃,好像没有现金为基础的金融系统一样"。③无须直接验证的"额外的真理"包括社会共同体的道德和信仰,詹姆斯大谈"信仰意志"也是实用主义的重要组成部分。

第四,针对新实在论者洛夫乔伊批评实用主义不承认经验对象的客观性,杜威的答复是:"洛夫乔伊先生论证的真正要点在于:孤立的、自身完整的事物确实是知识的对象。我的理论否认这种观念的有效性,它断言经验之中的单纯呈现与知识或判断是相当不同的两回事,后者总是包含着一种联系,而在时间加入进来的情况下,就是现在与过去和未来的联系。"④杜威多次说明,实用主义反对贝克莱式的主观唯心论和休谟式的怀疑论,实用主义

---

① 《杜威全集》(第13卷),复旦大学杜威与美国哲学研究中心编译,华东师范大学出版社,2012年,第258页。

② 同上,第133~134页。

③ 万俊人、陈亚军选编:《詹姆斯集:为实用主义辩护》,上海远东出版社,1997年,第26页。

④ 《杜威全集》(第13卷),复旦大学杜威与美国哲学研究中心编译,华东师范大学出版社,2012年,第42~43页。

批判把经验建立在直接呈现的感觉的基础上，因而不可避免地陷入怀疑论的传统经验主义。实用主义与实在论的分歧不在于经验对象是否真实存在，而在于经验与实在的关系是静止不变的，还是环境与反应的双向流动的过程。从现代哲学发展趋势来看，实用主义较早把超越主观和客观、理论与实践等二元对立作为哲学改造的目标，实用主义在多大程度上达到这个目标可另当别论，但现在不能按照二元对立的标准批判实用主义的实践观是"主观唯心的"或"与其唯心史观联系在一起"。

第五，詹姆斯评价说，与席勒的人本主义和他自己"认识论"的实用主义相比，杜威的实验主义是"全景式的"①。然而在中国大力提倡实用主义的胡适把杜威的"全景式"哲学狭隘地理解成一种"历史态度"，或从假设、证明到检验的"五步说"，他认为"实验主义不过是科学方法在哲学上的应用"②。其实，杜威的实用主义主要不是一种实验的、证实的操作方法，而是一种价值观，主张公正、个体自由和公开性是科学精神的核心价值。杜威承认，即使近代自然科学革命之后，科学也存在着发展的局限性："迄今深刻而广泛地渗透进人类实际事务中去的科学，是片面而不完全的科学，它在自然方面是胜任的，现在对于生理学方面的状况也日益胜任；但是，对于人来说极其重要的事情——即那些特别属于人的、为了人的和由人而来的观念还不胜任"③。

为了使科学精神与人文精神达到调和，杜威提倡经验的自然主义，使人们在"自由地接受现代科学的立场和结论"这条唯一途径的基础上，"一方面使我们能够成为一个真正的自然主义者，而另一方面仍然维护着许多以往所珍爱的价值"。④

（三）沟通实用主义与中国哲学的方法论反思

实用主义在中国近百年中遭遇了几乎不变的误解，这个现象似乎不能

① 《杜威全集》(第6卷)，复旦大学杜威与美国哲学研究中心编译，华东师范大学出版社，2012年，导言第5页。

② 《胡适文存》(第1集)，黄山书社，1996年，第216页。

③ 《杜威全集》(第12卷)，复旦大学杜威与美国哲学研究中心编译，华东师范大学出版社，2012年，第204~205页。

④ ［美］杜威：《经济与自然》，傅统先译，江苏教育出版社，2005年，第2页。

用缺乏知识、了解不够来解释。当皮尔士、詹姆斯、杜威、胡克、米德等人的重要论著都已被译为中文后，仍然用几十年前的思想定式来看待实用主义，这就不能不考虑中国学者的思维定式与实用主义是否有内在冲突的问题。如果答案是肯定的，那么无论多少材料，也难以改变人们的思维定式，不愿接受不同思维方式的人或持之以恒地把误解当正解，或对新材料漠然视之。实用主义在中国的遭遇，似乎为时髦的"范式不可公约性"提供了一个范例。

关于能否沟通实用主义和中国哲学这两个不同"范式"的问题，美国哲学家赫大维、安乐哲等人的努力是试图说明实用主义与中国儒家思想相契合，他们使用的方法是建构。两人在《通过孔子而思》的前言中解释了为什么需要建构："我们寻找理解孔子的思想，是借助当代西方哲学内部产生的问题……尽管孔子本人显然不会关心到这些我们现在遭遇的问题，但恰恰正是头脑中孔子思想与这些问题的融会贯通，才使得我们发现其哲学建构的特质与启发意义。"①"当代西方哲学内部产生的问题"是什么呢？安乐哲最近回答说："将康德哲学与中国哲学进行比较或类比可以说是一件很不容易的事，但是美国实用主义与西方传统的形而上学是不同的，它是非形而上学的，可以从许多方面与中国哲学建立联系。"②因此，我认为，美国实用主义是目前西方学界理解中国哲学的一个最好方式。

这段话表明，"通过孔子而思"不过是"通过实用主义思考孔子"。但问题是，当代西方哲学的大多数派别都是"非形而上学的"，为什么偏偏认定实用主义是"最好方式"呢？再说，中国哲学并不都是"非形而上学的"，为什么西方传统的形而上学就不能与中国哲学进行比较或类比呢？比如牟宗三先生认为儒家的道德形而上学克服了康德形而上学的缺陷，很多中国学者并不觉得牟宗三的"道德形而上学"比非形而上学的解释更加困难。这些问题表明，任何一种西方哲学流派都可"建构"其与中国哲学的"比较或类比"，美国实用主义并没有"建构"与中国哲学联系的理论优势。

如果说美国实用主义与中国哲学相联系有某种优势的话，那么这优势

---

① ［美］赫大维、安乐哲：《通过孔子而思》，何金俐译，北京大学出版社，2005年，第9页。
② 同上，第434页。

不在于研究者的"建构",而在于历史事实。关键在于何种历史事实。人们熟知杜威的弟子们在中国宣扬实验主义科学方法的历史事实,但这一事实并没有建立实用主义与中国哲学的正面联系;相反,它激起了中国哲学维护者对实用主义的批评。在我看来,一个更重要的历史事实是,杜威是在中国居住时间最长(1919 年 5 月至 1921 年 7 月)、交流最多(在 12 个省市作了100 多场讲演)的西方哲学家。①《杜威全集》中期著作第 11—13 卷(1918—1922 年)中译本的出版,为我们全面理解这段历史提供了充分的思想材料。第 11 卷的编者汉德林说,杜威极其重视这次东方之旅,他相信"这次机会'千载难逢'","中国是检验他的哲学假设的又一个场所,西方的方式如何顺应一个格格不入的环境?这是一个带有指导意义的问题"。②但是杜威来华前后的著作中对中国现实和文化传统与实用主义关系的思考并不是显而易见的,而是一个需要解读的问题。解读不是"建构",它建立在以下三方面事实的基础上:

首先,杜威来华之前,先在日本东京帝国大学停留 3 个多月,作了"哲学的改造"的系列讲演,讲演稿于次年在美国出版。1919 年 5 月杜威抵达中国,第二年学术假到期后,他向学校申请延长一年,直到 1921 年 7 月才返回美国。杜威在日本和中国看到的社会现状完全不同,他敏锐地看到:"从日本到中国只需要三天便捷的旅程。很可怀疑,世界上是否还有其他地方,伴随另一种同等距离的行程会使人看到政治倾向和信仰上出现如此彻底的变化。它肯定要比从旧金山到上海的旅行中感受到的变化大得多。"③他不像很多西方人那样把中日文化笼统地归入"东方文明",而是看到了中国、日本和西方三种文化传统的差异。从杜威的观点看,实用主义是属于西方文化传统,还是属于与中国、日本和西方三种文化传统迥然不同的新哲学,这是需要解释的第一个问题。

其次,杜威发表了关于中日两国现状以及中日、美日和中美关系的大量

---

① 参见杨寿堪、王成兵:《实用主义在中国》,首都师范大学出版社,2001 年,第 35 页。

② 《杜威全集》(第 11 卷),复旦大学杜威与美国哲学研究中心编译,华东师范大学出版社,2012 年,导言第 7、9 页。

③ 同上,第 146 页。

时评。比如杜威在日本看到学习西方工业化的成功,同时感受到军国主义、民族主义的狂热,而在中国看到军阀混战、国家分裂、政府无能,同时目睹了五四运动的全过程。在他看来,中日的强弱对比反映了不同的国民性:"日本人不是一个夸夸其谈的民族,他们拥有的是做事而非闲聊的天分";而"中国人说起话来要比他们做起事来更为得心应手——尤其是谈论政治方面的话题"。①他记录了孙中山与他"一起愉快度过一个晚上"时的谈话:中国人把中国古谚"知易行难"记在心里,"中国人不行动,是因为他们害怕犯错;他们想在事先得到保证,不会有任何失败或者严重的麻烦才行动。另一方面,日本人认识到,行动比认知容易得多。他们相信得必大于失,于是采取行动,前进,做事情,而不考虑错误与失败"。②

如果按照"中国看法"的见解,仅仅以当时的成败作为效用的标准,杜威应当褒奖日本文化而贬低中国文化。但杜威在时评中表达出厌恶日本、同情中国的态度,他赞扬"中国人的心灵天生就是善于观察和适应力强的",他反驳认定中国文化传统"惰性与保守的说法"。他说:"经验表明,中国人是柔和的、温顺的、随和的,是善于适应的——既不是僵化的,也不是呆板的。"他还引证中国朋友的话说:"日本人才是真正保守的……日本经历了那么多的历史变迁,却仍然墨守一种原始的神权政治。"③当然,杜威对中国文化传统既有赞扬,也有批评。杜威对中日文化传统不同程度的肯定、否定和批评是即兴发表,还是出自一以贯之的实用主义原则,这是需要解释的第二个问题。

最后,杜威在日本时间虽短,但发表了著名的代表作《哲学的改造》,在中国作了一百多场讲演却没有留下富有创见的哲学论著。《哲学的改造》对西方哲学传统的尖锐批判令人感到意外,《杜威全集》的编者之一罗斯困惑地说:"《哲学的改造》是一本激进的书……杜威为什么有如此多出人意料、

---

① 《杜威全集》(第11卷),复旦大学杜威与美国哲学研究中心编译,华东师范大学出版社,2012年,第147页。

② 《杜威全集》(第12卷),复旦大学杜威与美国哲学研究中心编译,华东师范大学出版社,2012年,第47页。

③ 同上,第42页。

异乎寻常的攻击言语呢？"①与此形成鲜明对照的是,杜威在中国正面、平和地介绍了同时代西方哲学家。杜威为什么在日本和中国用如此不同的方式介绍西方哲学,这是有待解释的第三个问题。

以上三个问题不是孤立的,它们实质是一个问题,即实用主义如何看待西方哲学、中国文化、日本文化。笔者依据杜威论著作出的解释是,杜威依据对中日现状和文化传统差异的理解,把西方哲学"处境化",在日本西方、中国日本、中国西方的三重关系中,表明了实用主义与中国文化传统的关系。以上已经解释了他对"中国日本"文化差异的看法,以下重点从哲学角度解释他对"日本西方"以及"中国西方"文化传统的实用主义看法。

(四)对西方哲学传统和日本权威主义的同步否定

杜威认为,日本引进西方思想的积极行动把"整个表现出来的充沛精力都用到对迫切问题作出适应上面去了";"从大不列颠那里,它借用了海军建国、商船队、海事通商、海军力量的观念;从法国那里,它拿来了中央集权的观念",更重要的是,"通过德国的宪政、军国主义、教育制度和外交手腕使其体制得以成形"。②

杜威并不赞赏任何急功近利的行动,他认为日本只学习能够迅速使其崛起的德国政治文化,而丝毫不触动自身的权威主义传统。他揭露了日本权威主义政治的两个来源。

第一个来源是本土的神道教。他说:"西方人自然不会认真地把神道教当作一种政治工具。他们不会认真看待神权的观念",不知道神权观念浸透在日本人"对所有观念的考虑之中"。杜威指出神道教构成了日本民族主义的三大神话:①"由共同血脉、共同世系、与天皇共同享有的关系构成的绝对的同一种族的观念";②"延续二千五百年之久——自天神创造了日本以后没有中断的王朝世系的神话";③"日本把它过去和未来的一切都归因于那

---

① 《杜威全集》(第12卷),复旦大学杜威与美国哲学研究中心编译,华东师范大学出版社,2012年,导言第1~2页。

② 《杜威全集》(第11卷),复旦大学杜威与美国哲学研究中心编译,华东师范大学出版社,2012年,第142、149页。

些神圣创立者的原始禀赋，以及他们的神圣后代"。①

第二个来源是儒家，但那不是指中国本土文化意义上的儒家，而是被扭曲了的儒家。杜威看到，"在日本，而不是在中国，人们在公共建筑和学校内部到处可以看到古代儒家学者的语录，特别是那类体现极端保守思想和威权思想的语录"；在经济领域，"有一个代表古代儒家寡头政治的、很有影响的派别"，主张"把古老的主人和仆人、保护和依顺的封建社会原则引入现代的雇主和雇员的关系中"，称之为"仁"的原则，以此超越西方社会发展经过的资本家与劳工对抗的阶段。②

日本的权威主义文化传统与实用主义格格不入，倒是在西方传统哲学中可见相似的理论基础。杜威在东京帝国大学所作的"哲学的改造"讲演是一个西方哲学家现身说法的自我批评，其口吻之所以异常激烈，主题之所以非常鲜明，不但由于听众习惯于服从封建等级制度和盲从权威主义思维方式，而且由于一战后西方流行文化保守主义思潮。杜威在25年之后写道，那股思潮"实际上是攻击新科学和大范围谴责人性的结果，也是全面希望恢复古代中世纪制度权威的产物"，是"把人分为高等的自由人和卑贱的奴隶的理论后果"。③《哲学的改造》攻击从古希腊开始的"使真理同等于权威教义"的陈旧哲学，期待实用主义的真理观"会促进人们放弃政治和社会教条，把他们最珍惜的偏见拿来接受事实后果的检验。这样的一个变化，在社会上会引起权威地位和决策方法的巨大变革"。④杜威认为，实用主义把西方哲学改变为适应科学精神及其价值观的思维方式和生活方式，代表了西方文明的发展方向，但他并不认为实用主义只适用于西方。他之所以挑选出公正、个体自由和公开性"这三个理想主义的倾向，是为了说明西方精神中这些最

① 《杜威全集》（第11卷），复旦大学杜威与美国哲学研究中心编译，华东师范大学出版社，2012年，第144~145页。
② 参见《杜威全集》（第11卷），复旦大学杜威与美国哲学研究中心编译，华东师范大学出版社，2012年，第174、138页。
③ 《杜威全集》（第12卷），复旦大学杜威与美国哲学研究中心编译，华东师范大学出版社，2012年，第207、209页。
④ 同上，第134页。

好的重要因素,它们即使对东方文明而言,也有着最大的价值。这是因为,这些因素既不是东方的,也不是西方的,不如说是跨民族的,是人类所共有的"①。

在演讲的语境中,杜威对西方哲学传统的批判和对未来的展望可以解读成对日本的规劝:全盘引进西方科学、工业、管理、战争和外交的方法手段而不改变心灵,不能解决日本社会的根本问题,只能在危险的道路上越走越远。他在离开日本后写道:"人们在日本到处可以发现某种无常、犹豫甚至脆弱的道德感觉。那里正弥漫着一种难以捉摸的时间紧张的气氛,国家正处在变化的边缘,但又不知道变化把它引向何方。"②

事态的发展证实了杜威这种不祥的预感,也证实了他要求美国政府遏制日本侵略野心的先见之明。

(五)中国文化传统的特殊优势

杜威看到中国军阀割据、政府频繁轮换的处境,得出"中国甚至不是一个邦联,在西方历史赋予的词语的意义上,它更不是一个民族国家或者是一个帝国"的结论③;他认为中国历史上从来没有强有力的中央政府,"皇帝并不统治",只是"被老百姓尊崇为天的一个代理人"④。这当然是不理解中国历史的错误判断,但这并不影响他对中国人优点的公正评价。他认为,"中国人对种族和种族差别深表冷淡,他们并不像欧洲人和日本人那样感染上人种学的病毒"⑤。他还正确地了解到,中国人"在行会和村庄自治"方面有其自身的经验和能力,"在运用于日常生活和工艺过程和器具中的多变性与灵活性

① 《杜威全集》(第13卷),复旦大学杜威与美国哲学研究中心编译,华东师范大学出版社,2012年,第378页。

② 《杜威全集》(第11卷),复旦大学杜威与美国哲学研究中心编译,华东师范大学出版社,2012年,第146页。

③ 同上,第183页。

④ 《杜威全集》(第13卷),复旦大学杜威与美国哲学研究中心编译,华东师范大学出版社,2012年,第196页。

⑤ 《杜威全集》(第11卷),复旦大学杜威与美国哲学研究中心编译,华东师范大学出版社,2012年,第186页。

时""中国人的心灵天生就是善于观察和适应力强的"。①这些都是实用主义所认可的优点。

"一个民族的优点与其缺点之间的距离只有一步之遥"②。中国人不遵守积极行动和改造环境的实用主义的原则,但杜威同情地理解中国人在这方面的缺陷。他说,中国人疏于行动不是由于缺乏能力,而是由于群居生活中个人的"面子"很重要,"也许在他们看来,考虑一件新事情的时候,踌躇三思对于创造来说更加重要";中国人不积极改变现状,不是缺乏智慧,而是顺从命运,"人们对于命运只是付诸一笑,或许一句俏皮话,没有愁眉苦脸,更没有豪言壮语";中国人和平温顺,"环境只允许两个选择:要么是无情的战争,拼了命的战争;要么是悠闲的和平。中国人选择了后者,把它看作是其逻辑上的必然结论"。③在1922年写的《像中国人那样思考》一文中,杜威引用"一个人的哲学是与这个人有关的最重要的东西"的格言说,西方政客不愿承认各国政府背后的哲学是短视。他看到中国现状和民族性格背后的哲学,肯定这种中国哲学对西方文明有补益的功效。

中国的人生哲学有儒释道三家,佛教的影响"已经被道家学说和儒家学说加以重塑了"。杜威高度评价道家学说:"它对这个民族的影响超过了儒家学说的影响"。他解释说,道家的"无为""不完全是没有行动;它是道德行为的一种规则,是关于积极的耐心、忍耐、坚持,让自然有时间去做它自己的事情的一种学说"。虽然其他民族也有类似的学说,但没有一个其他民族像中国人那样,把道家学说浸透在"他们的放任自流、满足、宽容、和平、幽默和乐天的生活态度的根源处"。他把道家的学说和生活方式评价为"一个无与伦比的人类成就",并由衷地称赞道家:"对人类文化的一个非常有价值的贡献,

---

① 《杜威全集》(第12卷),复旦大学杜威与美国哲学研究中心编译,华东师范大学出版社,2012年,第41、42页。

② 《杜威全集》(第11卷),复旦大学杜威与美国哲学研究中心编译,华东师范大学出版社,2012年,第177页。

③ 《杜威全集》(第12卷),复旦大学杜威与美国哲学研究中心编译,华东师范大学出版社,2012年,第43、45页。

而且是匆匆忙忙、急不可耐、过于忙碌和焦虑的西方非常需要的一种贡献"。①

儒家"强调艺术、文化、人性、学习和道德努力",这与道家的"无为"相反,但从实际效果看,儒家和道家在许多方面是相似的。儒家的保守主义在于"把先人的经典文学作为智慧的源泉来尊重"。世界上没有任何其他一个地方像中国那样把道德导师(孔子)而不是把神启者、僧侣、将军、政治家当作国家英雄;儒家教导"把道德的和知识的理论看作优先于生理的力量加以颂扬",而"漠视最后一定会被理性挫败的军事与政治力量"。儒家的影响使得"中国人更倾向于依靠和平的理性而不是喧嚷的武力来平息事端"。②杜威认为儒家和道家融合的智慧"创造出一种对政治明确的蔑视和对西方意义上所理解的统治的反感"。他预言,尽管中国现状如此糟糕,但如同历史上历经灾难而幸存那样,"只要经过一小段时间,国民的力量,就是说,道德和思想的力量,就会重新确立起来,民众稳固的勤劳就会再一次成为主导"。他还预言,当西方列强基于物质利益而结成的同盟将陷入相互争夺时,"中国自己恢复过来了","为道德力量对物质力量的优势再次得到证明而露出微笑"。③

杜威并不认为中国不需要西方文明。他说:"中国只有通过工业和经济发展,才能成为一个强国。"但是由于中国文化传统的优势和再生能力,"它的文明是演进的,而不是引进的。它没有成功引进的巨大本领。它的问题是转化的问题,是发自内部的转化的问题"。与中国相反,日本引进西方工业、技术,而没有经历旧传统和制度的内部转化。杜威说:"中国必须走一条截然不同于日本的路。"中国社会的"内部转化"指"它通过与西方文明的接触对自身制度造成的一种彻底转化的那种努力相互兼容。在这种再造过程中,它会做到'恰逢'而不仅仅是'拿来'"。④杜威相信中国社会变革所需的推力来自文化传统内部,他感到"我们惯常的西方观念"无用武之地。依靠自己的力量,"中国正试图在半个世纪内完成文化、宗教、经济、科学与政治革命,而

① 《杜威全集》(第13卷),复旦大学杜威与美国哲学研究中心编译,华东师范大学出版社,2012年,第194~195页。

② 同上,第196页。

③ 同上,第196、197页。

④ 《杜威全集》(第11卷),复旦大学杜威与美国哲学研究中心编译,华东师范大学出版社,2012年,第151、174、176页。

西方花了数个世纪来完成这些"。①

实践是检验真理的标准。如果杜威还活着,再到中国来看看,他大概会有物换星移、世事无常的感慨。中国在短时间内走了西方几个世纪所走的道路,正在作全方位的社会变革。但中国并没有按照他设想的"内部转化"方式,而是在马克思主义的指引下,在引进科学技术、工业、管理的同时,走出了独具特色的道路。这些变化中有些是杜威预料到的, 有些是他始料未及的。无论如何,他对中国文化的理解和评价,足以证明很多人对实用主义与中国哲学关系的理解是何等的离题!

二、全球化的"离散群体"现象及其伦理问题

全球化加速了世界范围的国际移民活动, 也使国际移民的伦理问题凸显出来。美国的"9·11"事件、法国2005年底的种族骚乱、移民旅馆爆炸、种族袭击、强烈的反移民情绪,都证明移民问题专家安娜·特里安达菲利杜热的观点:从总体看,欧洲目前尚未正视国际移民的新特征及其潜在的伦理问题。而当前中国对全球化离散群体的伦理研究也刚刚起步,关于移民的融入问题还存在过于乐观的倾向。尤其是对全球化背景下,作为国际移民新类型的"离散群体"(Diaspora)可能产生的潜在伦理问题缺乏,足够的理论反思。

(一)离散群体伦理问题的提出

随着经济全球化进程的进一步加快, 关于国际移民伦理问题的广泛研究与全球化辩论日益成为全球哲学、法学和社会学及众多交叉学科的理论探讨热点,其中有其历史必然性:

第一,从国际迁移的"移民"到"离散群体"概念本身的历史发展,是价值性生活方式的现实要求和体现。目前,绝大多数国家用"移民"概念来指国际间的迁移者。按照我国传统移民概念的理解,理论界一直未对迁移者的融入

---

① 《杜威全集》(第13卷),复旦大学杜威与美国哲学研究中心编译,华东师范大学出版社,2012年,第66、69页。

问题给予应有的尊重,从对迁移者的称谓就可见一斑。在人口自由流动被限制的时代,他们被称为"盲流";20 世纪 80 年代后被称为"流动人口";今天我们用"新移民"(主要指城市化程度高的进入城市工作与生活的社会成员)指称他们。这些称谓都未能应对迁移者的融入问题。作为新的移民现象,离散群体的出现与全球化进程中人类面对的重大生存问题直接相关。全球治理的伦理问题、跨国人口迁移的伦理问题、民族主义问题、战争与和平问题、损益评价等各种与伦理相关的问题已危及整个人类的生存状态,成为人与自然、人与社会、人类自身必须严肃思考和勇敢面对的核心问题。2006 年 9 月召开的联合国大会首次对全球化背景下"离散群体"中隐含的伦理危机、复杂的移民问题发起深入探讨。未来的人类如何能够共存而不是共亡、如何获得幸福等伦理哲学问题引起广泛思考。

第二,全球化使国际迁移的伦理特征日益浓厚。随着全球化下货币与资本流通更加自由、企业经营更加面向全球布局,发达国家不断向发展中国家转移、纷纷调整移民政策,国际人口迁移呈现活跃迹象。尤其是从欠发达国家和地区移入发达国家和地区的国际迁移愈益普遍。如今的跨国移民(包括家庭团聚、技术移民、留学移民、劳工移民、投资移民以及非法移民等)已成为"全球现象"。尽管联合国原秘书长安南于 2006 年 6 月 6 日发布了一份有关世界移民趋势的《国际移徙与发展》报告,强调迁移对全球所有国家和迁移者本人都有益处。但是新的移民管理问题,以及迁移者与当地伦理和价值观融入的深层问题,却是需要面对的新挑战。国际移民组织理事会第 94 届会议在日内瓦举行,122 个成员国的代表讨论了工作流动与移民管理问题。此次论坛的共识是:目前的问题不是接受不接受国际移民,而是如何促进移民更好地融入当地文化,改善和维护移民在迁入国的合法权益和工作与生活环境,促使移民为迁入国在经济和社会发展做出贡献。

(二)对离散群体生存状态的分析

1. 离散群体的特征

从正式的关于国际迁移问题的"难民"概念或"国内流离人士"的研究记载开始,传统意义上对移民概念的理解——"移民=难民""移民=流民",已不足以涵盖全球化时代复杂的移民问题,"离散群体"的概念正是在这样的背景下应运而生。在有关移民问题的研究语境中,"离散群体"成为近年来学术界用来指称今天移居在移民接受国,拥有一定数量规模的种群时经常使用的一个特定概念,包括以下四个规定性:20世纪后期的全球现象;大规模的跨国迁移;拥有共同的语言、文字、民族意识、祖先的历史记忆和文化传统;与移入国在经济、金融、信息上相互依赖,同时又在政治、文化和信仰上保持张力。

移民现象成为今天世界历史不可更改、不以人的意志为转移的自然历史过程,但共同体的全球化时代矛盾和冲突与和平和发展共存。卡斯尔斯曾指出离散群体的九大矛盾,即接纳与排斥、现代性与后现代性、市场与国家、全球与地方、经济与环境、国家公民与全球公民、个人与网络、财富增加与贫困化、自上而下的全球化与自下而上的全球化的矛盾。如今这些矛盾在离散群体的规定性与对其施加影响的变量也日益体现出跨国文化和价值观的复杂影响:例如对于离散群体的政治态度,即各国移民政策变量;社会网络和社会资本的获取、分配、利用,即移入国的文化环境变量;离散群体在移出国和移入国的政治经济地位的变量等。与经济全球化、国际政治多极化、信息网络化、文化多元化的社会环境中充斥的矛盾相对应,离散群体这一组群的特征必然会在伦理领域有所体现。

首先,在很大程度上"离散群体"摆脱了移民迁移的政治避难或政治迫害原因的阴影,使移民的国际迁移呈现更为积极的多元文化特征。

其次,在生存和发展空间上拓展了传统的"难民"概念的政治和意识形态的暴力色彩,增加了对国际迁移者的分配问题、性别问题、贫困问题、可持续发展问题等的专题研究,丰富了全球化时代移民概念的时代内涵、开辟了世界范围内研究移民政策创新的理论伸展空间。

最后,突出对于国际迁移者族群的特定文化心理和伦理价值对于移入国及其母国影响的人类学社会学方法的研究,淡化种族歧视。

2. 离散群体的伦理处境

离散群体在全球化中的复杂处境加剧了潜在伦理问题的发生。

(1)全球化背景下"离散群体"的国家身份认同与多元文化相结合,使以

血缘和地缘伦理为特征的传统伦理观出现变化

离散群体的身份认同,包含自我认同和群体认同。后者由族群、国籍、出生年代、性别和阶级等复杂社会范畴组成。前者可以归结为三方面内容:①公民的身份认同,即在参与国家政治、社会和文化活动中体现出来的、达成共识的、开放式的"互动"过程,而不是"封闭的";②公民共同体的伦理特征是"合作",而不是以"血缘"或"亲情"的自然关系为纽带的家族情感;③公民共同体的核心是"参与"而不是"排斥"。由此可见,身份认同已经不再是以血缘和地缘划分的狭隘民族主义,而是宪法和法律层面的国家身份认同。

因此,离散群体的身份认同是与迁移行动密切相关的,基于空间学的、语义学的、显性和隐性文化的,由错综复杂、交织重叠的意义而设定的认同问题。在多元文化和身份认同相结合的全球化时代,我们不断构建为昔日共同经历的岁月赋予意义及创造出可以分享的未来观念。身处全球化时代的离散群体更多地表现出对多元文化和多元价值观的尊重与理解,在行为上自觉切换不同文化和价值观运用的地缘和心理环境。尽管全球化时代中的"离散群体"大都有意识地抗拒移入国在心理上的同化,却恪守宪法和法律意义上移入国家的身份认同,呈现出二者并行不悖的平行趋势过程。迁移是人群长期或周期性的移动,涉及城乡、国家、社会和文化等边界的跨境行动,以及生活里局部或全面的改变,包括从劳动、教育、居住环境的变化,到民族习俗、交流语言、个体或群体心态和身份认同的转化。同时,迁移现象对于出发地和目的地国家,都有显著冲击和影响。因此,身份国际政治经济与国际关系构建和认同并不是抽象的,它呈现为行动、显现于话语、体现为特定的人际伦理。具体地说,离散群体如何在跨境移民的地理变化过程中,同时跨越心理认同的疆界?如何在既定身份与跨境带来的新身份之间协调可能发生的种种文化冲突,从而塑造积极的身份认同角色?迁移如何与经济、文化和政治过程联系在一起,譬如展现为公民权利与身份赋予的议题,或是形成种族政治动员的基础?迁移者与本土居民之间的伦理问题、不同国家迁移者之间的伦理问题、相同国家迁移者之间的伦理问题等都是离散群体在国家认同问题上潜在的伦理问题。

（2）"离散群体"的社会网络与社会资本相结合的趋势日益明显，信任危机和排外等反社会性危险属性加剧

社会网络与社会资本相结合凝结着一系列的伦理态度和价值观的变化，体现着全社会的社会规范、合作和信任程度。中国改革开放之初，侨乡作为这种社会网络与社会资本的特殊结合形式，例如福建、浙江等地，最早呈现以血缘、亲情为纽带的、联系在共同的价值观背景下的，信任与合作共同体。当时的离散群体在取得移入国宪法和法律意义的国家认同（永久居留权）后，有人叶落归根返回祖国；有人甚至干脆放弃居留权，回到祖国致力于促进投资、贸易的经济活动。当时的侨乡也成为海外华人与祖国在经济和文化领域交流的主要区域。社会网络、社会资本与母国的日益结合，对离散群体社会的资金捐助活动有深远影响，并降低了离散群体商业活动的交易成本，从而把本土资源和全球进程连接起来，这种具有潜在价值的经济资本，推进和加强了祖籍国与居住国社会资本的互惠与互动。但无论从社会规范、社会信任或是网络功能的意义来看，还是从社会网络、社会资本与母国的日益紧密联系中看，这种体系都隐藏着直接影响离散群体潜在的伦理问题：①离散群体的社会网络、社会资本在与母国的紧密结合中所获得的利益，会有意识地或不自觉地将经验主义的方法狭隘地限制在某个特定范围之内，而排斥外来社会网络和社会资本对系统的介入、分享，这就在无形之中限制和压抑了组织自身的创造性、开放性；②社会网络与社会资本的紧密结合，对于具有反社会性质的团体组织来说，便于其扩展具有服从性的甚至具有宗教性的社会团体集结力量进行反社会的暴力犯罪活动，成为全球化时代恐怖组织和跨国犯罪集团滋生的土壤。

社会网络与社会资本的结合成为目前一种崭新的全球化社会组织结构和运行方式理论，但目前在国内有关离散群体的社会网络和社会资本的研究还处于初始阶段。在过去20年，国内学术领域对离散群体的社会网络、社会资本与母国相结合可能产生的伦理问题持续关注。尽管我们目前对于社会学意义上的社会资本概念尚没有一个权威性的统一定义，但学界已达成共识，认为信任、规范和社会网络与社会资本相结合能够促进社会进步。

（3）"离散群体"的回流趋势明显加强,科技价值与人文价值能否和谐共处引发新的伦理问题

从 20 世纪 90 年代中期开始至今,世界范围内呈现出人才回流趋势,尤其以亚太地区、环太平洋地区的经济合作组织及其内部的互相流动为主。教育部官方网站公布的 2003 年度留学人员情况统计结果显示,我国年度留学回国人员总数为 2.01 万人,比上年度增长了 12.3%,其中自费留学回国人数增长了 15%, 公派留学回国人数增长了 7.4%。中国在最近也成为新兴的目的地国。据联合国报告统计资料显示,1997 年、2000 年和 2004 年,中国大陆迁移工人分别约为 49.9 万人、64.4 万人和 86.5 万人。全球化背景下,离散群体维持和拓展了社会网络和社会资本与母国的结合,参与了祖国的政治、经济、宗教、文化、社团、慈善事业以及社会发展等方面的建设。影响离散群体回流明显加强的关键因素有四个:一是对于人才的需求量,二是工作机会和待遇,三是国家的移民政策,四是社会秩序的稳定度。与世界其他区域相比,亚太地区近些年来保持了较快的发展速度,对人才的需求量不断扩大,因此吸引了越来越多的回流人才。中国教育部自 1996 年设立了面向高层次海外留学人才的"春晖计划"后,2000 年底又增设了"春晖计划"——海外留学人才学术休假回国工作项目。中国政府鼓励海外留学人才回到祖国与研究同行共同分享他们的知识经验,鼓励他们回国兴办高科技企业,参与国际政治经济等社会组织与国内高科技产业的创新发展。

从 2001 年开始,中国政府勾勒的新移民政策体现出以人为本的、和谐适度的伦理原则新特征,即由"回国服务"转变为"为国服务"。政策的转变带来了政策红利,宽松的移民政策迅速收获了更多的回流成果。高技术、高知识含量离散群体的回流引发科技价值与人文价值更为深入的讨论。这部分离散群体中很多属于高知识层的"知识工作者",他们思维活跃、知识丰富,在选择政府和企业进行跨国流动时考虑的人文因素更为复杂, 包括是否有利于发挥个人专长,是否有足够的科研费用、实验条件,薪酬是否优厚等。因此如何对其领导与管理,如何与其合作共事,如何彼此信任、精诚团结、更好地为国服务,是我们首先需要思考的问题。另外,如何处理好为国服务与发挥个人专长的关系,如何处理好国家认同与跨国迁移的关系,如何处理好知

识产权与学术研发的关系、商业竞争与国家安全的关系,等等,都体现出全球化时代科技伦理与人文价值关怀问题的复杂性。

(4)"离散群体"的贫困化问题日益凸显少数弱势族群的伦理问题

目前理论研究表明,被全球化扩展的贫困问题同样波及离散群体。离散群体的贫困化问题相当复杂,涉及种族、宗教、性别、地理等很多因素。因此,贫困问题不仅是经济问题,也是一个伦理问题。全球化时代的贫困,划分为绝对贫困和相对贫困。所谓绝对贫困,是指个体有形收入和对于维护个体健康的、有尊严的以及有生产力生活的无形财富的匮乏。因此,绝对贫困指的是个体掌握的资源与全部商品和服务的花费只达到最低生活标准或者说只达到"贫困线"标准的绝对值。所谓相对贫困,是将个人的收入和支出与社会、国家或按照某种标准划分的群组的平均收入和支出进行比较的相对值。贫困、社会排斥以及资源匮乏中,处于弱势群体的女性应受到重点关注。法国一所大学的访谈数据表明,目前的离散群体中绝大多数是妇女。妇女在适龄就业时,就业率低、退休早、收入少,在就业和职业培训方面依然存在性别隔离现象,容易受到年龄和性别的双重歧视,因此更容易处于贫困化、边缘化的不利地位。这些女性贫困人口在经济上的地位直接影响移入国对于这部分离散群体的态度。涉及这部分妇女工作的劳工移民问题对于移民输出国或输入国来说,通常都是紧张和矛盾的来源。因此,这部分群体多数都与移入国保持着相当紧张的人际关系。移入国当局对于这部分离散群体的教育和培训投资不足反过来又进一步影响她们未来的职业发展,从而更加限制了她们实现自我发展的机会,最终形成更加严重的社会排斥、性别歧视等伦理问题。

全球化加剧了贫困问题和种族主义的某种连接。一般意义上的社会学学者,更多强调的是单独的个人或单独的某个族群的贫穷问题,而全球性的贫穷问题则引发激烈的种族问题。目前不和谐的国际秩序所体现的新殖民主义定位使全球化加剧了贫困,恶化了种族间的利益分配与和谐处境。这直接导致贫困和种族主义问题以民族主义甚至异端"邪教"的组织性形式出现,对全球安全、稳定和发展构成严重威胁。因此,我们有必要对全球化时代离散群体的贫困化问题和潜在的种族主义问题的关系进行重新估计和研究。全球化时代要遏制这样的恶性循环,引导两性伦理的健康发展,遏制反社会行为,削减离散群体的贫困问题是一个非常重要的方面。各国政府应建立和完善贫困状况监测指标及反贫困效果评估制度,将离散群体的贫困(尤其是女性)问题纳入制度化管理;在关注农村贫困的同时,还要注意到城市低收入人群的贫困状况;社会保障制度的完善要在扩大覆盖面等方面继续发挥宏观作用。另外,非政府组织的作用也不容忽视。尽管现在就确定全球工会或让具有国际网络性质的非政府组织形式与跨国资本家阶级进行对抗为时尚早,但加强全世界范围遏制贫困的社会联盟和教育是已迫在眉睫。

(三)解决问题的路径

全球化特征中离散群体潜在的伦理问题,已引起世界范围内政府、社会、个人等多方面的共同关注。当代中国哲学如何为世界新的伦理价值评价模式标准的塑造提供具有中国特色的创新样本,亟待我们深入反思。

第一,倡导中国哲学传统中和谐的价值精神及其意义。这里所谓的和谐原则,一方面是哲学意义的生活态度,体现于自我对待他人、集体、社会与自然的德性伦理;另一方面它是一种体现伦理价值的辩证思维方式。中国哲学历来重视"和"的精神,"和为贵""和合"原则并非矛盾的反面,所谓求同存异的和谐正诞生于矛盾,也只有通过矛盾才能生存。和谐是对不同生存方式下矛盾具体条件和具体性质、主要方面和次要方面的反思方式。在经济全球化条件下如何处理离散群体与多元文化间的矛盾问题,体现出对人类自身本质的深刻理解。因此,和谐应该成为处理国际任何问题的出发点,移民与文化认同之动态变化的思维方式和社会整体和谐的价值实现方式。

第二,关注和尊重人的价值。"以人为本"是现代社会的基本价值,包括三个层面的基本含义:①人是多元价值的根基性价值;②人在多元价值选择间具有价值优先性;③在多元社会中、多元价值之间通过人达成共识。彼此兼容的具体价值认识者如何在行动上达成共识,是基于平等自由对话基础上的现实生活本身。因此,自由本身又包含着进一步拓展的两个基本任务:道德和民主。希圣希贤意义上的道德实践强调自我内在品格修养对自由的意义;民主制度意义的实践强调的是众人法治和协商的自由形式。关于这一种群己关系,《德意志意识形态》中对于"自主个人"和"真实集体"进行了互为前提的论述①,《1857—1858年经济学手稿》中有关人类历史从"人的依赖关系"经过"以物的依赖性为基础的人的独立性"到"建立在个人全面发展和他们共同的社会生产能力成为他们的社会财富这一基础上的自由个性"的论述②,都揭示了全球范围内人类自由而全面发展的客观条件和历史趋势。人类历史和社会生产力的发展归根结底是人类自身追求全面自由发展的结果。

第三,重视生活的意义。对生活的不同领会,现实地制约着人类在现代科技社会中的处境和潜在的未来。一方面,这要求我们承认普遍性而不是普遍主义的哲学基础;另一方面,说"不"并不意味着完全否定和拒绝,它首先意味着对多元文化和人类精神的认可。人类的生存需要彼此支撑,离开互助必然使自由沉溺于专制或奴役之中。康德所谓的个体的社会化和孤立化对抗中出现一方绝对压倒另一方的"怨恨"或"征服",是对人异化生活状态的写照。但个体自我如何走出自恋式情结,走向人类共同体? 马克思从感性活动的原则出发进行了思考。哲学的创作题材应该来自人类生活实践,这是最终走出西方主体性哲学的误区到达自由的必然路径。身处纷繁复杂的全球化时代,哲学工作者更需要在多元化的思维方式中展开创新研究。人类世界共存,不仅是与自我的共处,也是与他者的共存,更是与自然、与世界的共同体。这种共存的复杂状态需要我们具有开放变通的哲学思维方式,在差异中萌发共识,在和谐中追求创新。

三、现代西方价值判断模式成因与中国文化

不同的时代有不同的风尚,西方人对待中国文化的心态随着时代的变化而改变。如果说17世纪的传教士大多抱着平等的心态与中国文化交流,18世纪的启蒙学者大多抱着褒扬的心态学习中国文化,而到了19世纪,德

---

① 参见《马克思恩格斯选集》(第一卷),人民出版社,1995年,第119页。
② 《马克思恩格斯全集》(第33卷),人民出版社,2004年,第107~108页。

国思想家大多用贬低的态度批评中国文化。从褒扬到贬低的一百八十度大转弯是如何发生的呢？流行的解释是，传教士为了"以耶补儒"的传教政策，而能平等地与儒家对话；一些启蒙学者为了反对欧洲的宗教蒙昧，而把中国美化为文明的榜样；后来的西方殖民者为了侵略的目的而贬低中国，而具有"德意志民族至上"的思想家反映了这种需要。依我之见，这些看法过分看重主观动机在文化风俗中的作用，不符合文化结构的心理特征。再者，这些解释也有颠倒因果之嫌。"利用""美化"也好，"侵略"也好，都是在对中国文化的价值做出了肯定的或否定的判断之后所产生的结果，而不是价值判断的原因。

总而言之，17 至 19 世纪是西方人的价值观发生新旧交替的时期，其结果形成了价值判断的现代模式。在此过程中，中国文化被当作西方文化的参照系，它既参与了这一新的价值判断模式的形成，又成为这一模式的一个主要判断对象。这是跨文化的互动过程，它既可以比较全面地解释西方价值判断模式转换的原因，也可以解释中国文化在西方所遭遇的变化的原因。

(一)西方放眼中国的道德观

西方社会向来是按照宗教信仰来划分人群的。按照是否有宗教信仰，人被分为有神论和无神论两个阵营。早在基督教取得统治地位之前，希腊人就已经实施了这一区分标准，即使开明的希腊哲学家也摆脱不了这一标准的禁锢。有的哲学家因此而受迫害，如阿那克萨戈拉、普罗泰戈拉斯等因被控"不信神"而被驱逐出雅典，苏格拉底以同样的罪名被处死，德谟克利特、伊壁鸠鲁的学说因为背上"无神论"的骂名而世世代代遭攻击。有的哲学家则主动迎合这一标准，著名者如柏拉图要求用法律惩罚无神论者。他说，至少要判无神论者五年监禁，如不悔改，则要终身监禁，没收财产，死后不准埋葬。[①]

在基督教的中世纪，基督教以外的其他宗教或学说都被看作无神论，希腊的哲学、罗马的宗教、阿拉伯人的宗教，等等，都是无神论。因为这些异教崇拜的是偶像，而不是真神。异教不是真正的宗教，而是"错误的宗教"(falser

---

① 参见赵敦华：《西方哲学通史》(第一卷)，北京大学出版社，1996 年，第 162 页。

ligion)或"渎神的宗教"(profanere ligion)。有神论和无神论的区分是善和恶的区分,异教与无神论同属恶的阵营,甚至比无神论还要坏。

16世纪有两次大事件,一是宗教改革,二是地理大发现。在第一次事件中,基督教各派带着这样的观念彼此恶战。在第二次事件中,基督教传教士带着这样的观念走遍全世界。传教士们把世界各地的本土宗教都视为偶像崇拜或无神论,要各地"异教徒"或"无神论者"皈依基督教,据说这是为了拯救他们,把他们从坏人改造成好人。

17世纪发生了根本的思想转变。基督教各教派之间的宗教战争的惨重后果,使有识之士认识到宗教宽容的可贵,耶稣会士发现了中国人的道德,使有识之士认识到无神论的价值。耶稣会士首先发现,长期统治他们思想的"有神论/无神论"的二元对立模式(这里用"/"表示二元对立关系,下同)不适用于孔子的学说。孔子的思想是道德和政治学说,是全民族的伦理,它既不是宗教,也不是偶像崇拜(idolataeorum)或无神论。

耶稣会士对孔子学说的态度可以从他们的用语上流露出来。他们虽然创造了"Confucius"这个词称呼孔子,却没有把这个词变成形容词"confucian",更没有创造以confucian为前缀的"Confucianism"一词。"confucian"和"Confucianism"是1837年之后才出现的。据钟鸣旦考证,耶稣会士用音译的ru字作为儒家思想和组织的统称。他们谈及儒家的学说,多用意大利文"laleggede'letterti","legge"就是拉丁文的"lex",意思是"教导",那句意大利文词组的意思是"士人的教导"。耶稣会士除了把儒家阶层称为"士"(letterti),还称他们的组织为"secta"(拉丁文),或"setta"(意大利文),意思是"团体",而无现代西文"sect"所指的"宗教派别"的含义。①耶稣会士之所以有意识地避免使用"Confucianism"一词,是为了避免西方人把儒家理解为宗教。当时占统治地位的依然是"宗教"(基督教)和"异教",或"有神论"和"无神论"的二元对立思维模式,"Confucianism"一词很容易使人把儒家理解为一种教义和教派,并且是与基督教相对立的异教派别和无神论的学说。

---

① See N. Standaert, The Jesuits Did Not Manufacture "Confucianism", *East Asian Science, Technology, and Medicine*, 16, 1999, p.115.

当然,耶稣会不是铁板一块。龙华民等保守派坚持把儒家视作异教和无神论,而利玛窦针锋相对地说:"儒不是一个正式的宗教,只是一种学派,是为了齐家治国而设立的。"①以利玛窦为代表的耶稣会士对儒家的这种独特理解,决定了他们"以耶补儒"的传教策略。他们以为,儒家属于伦理道德范畴,儒家拜天、拜孔子、拜祖宗,这是其道德准则和日常行为的一部分,属于道德活动;儒家的崇拜仪式与异教的偶像崇拜不同,与基督教的宗教仪式也不相矛盾,可以互补。但罗马教皇采取了龙华民的理解,把儒家仪式当作偶像崇拜。"礼仪之争"虽然发生于教皇和中国皇帝,其思想根源却是教廷的传统思维模式与耶稣会对儒家解释的新模式之间的冲突。

(二)中国文化走进西方

耶稣会的传教士在把西方文化传入中国的同时,也把中国文化传进欧洲。据统计,17 和 18 世纪来华耶稣会士介绍到西方的中国作品有 723 部,占同时期同类作品总数(751 部)的 96%。②其中李明的《中国现状》、杜哈德的《中华帝国全志》和《耶稣会士书简集》等书成为雅俗共赏的流行读物。18 世纪的法国启蒙学者伏尔泰、孟德斯鸠、卢梭、狄德罗、孔多塞、霍尔巴赫和魁奈、杜阁等,以及德国哲学家莱布尼兹、沃尔夫等,都读过耶稣会士解释中国情况的著作。不论他们对中国持何种态度,耶稣会介绍的中国古代思想构成了他们启蒙思想的理论背景下不可忽视的因素。

被耶稣会士引进欧洲的儒家是宗教和无神论以外的道德政治学派,这在"有神论/无神论"的模式中,增加了一个没有归属的异数,更严重的是,它混淆了当时的善恶的阵营。信奉儒家伦理的中国人不是基督徒,但有道德,不能不归于好人的阵营。为了维护传统的"有神论/无神论"的判断模式,罗马教会坚持把儒家谴责为无神论。1700 年,索尔邦的巴黎神学院代表罗马教廷审判了李明(Le Comte)的《中国现状》和郭弼恩(Le Gobien)的《中国皇帝颁

---

① 《利玛窦全集》(第一册),光启出版社,1986 年,第 86 页。

② 参见张国刚:《明清传教士与欧洲汉学》,中国社会科学出版社,2001 年,第 97 页。

诏恩准基督教传播史》，列举六条罪状加以谴责。①李明的《中国现状》还被判销毁。②

　　1700年的审判否定了耶稣会的观点，却不能抹杀他们在中国经历的事实：孔子学说指导下的中国是一个秩序良好、人民生活幸福的社会。有识之士会很自然地得出这样的结论：无神论者也可能过着有道德的幸福生活。比埃尔·培尔（Pierre Bayle）首先公开说出了这样的结论：无神论者可以行善，正如有神论者也可作恶一样。这就是思想史上著名的"培尔命题"。"培尔命题"在当今已是一个常识，但在17至18世纪之交，提出这一命题需要极大的勇气和见识。"培尔命题"并没有改变"有神论/无神论"的模式，他只是指出了这一模式与"好人/坏人"阵营的不对称：有神论者和无神论者都可以是好人，也可以是坏人。但是如果"有神论/无神论"的模式不能成为判断善恶、区分好人和坏人的标准，它的价值也就丧失了。人们需要判断善恶、区分好坏的新模式。

　　"理神论"的兴起促进了新的价值判断模式的诞生。"理神论"（deism）来自拉丁文的"神"（deus），而"有神论"（theism）来自希腊文的"神"（thos）。英文中的Deism一般被译为"自然神论"。《牛津英语辞典》给deist所下的定义是："根据理性的证据而相信上帝存在而反对天启宗教的人。"这一定义突出了理性对于信仰上帝的中心意义。为了突出"理性"的中心意义，兹将deism译为"理神论"。

　　英国早期的理神论者把基督教等同为理神论，如托兰德的《基督教并不神秘》一书把基督教的实质解释为理神论。但18世纪的启蒙学者认识到，基督教不能作为理神论的例证，因为基督教的历史是分裂的，其初期的理想和实质符合理神论，它在历史和现实中表现出的宗教蒙昧、狂热和迷信，则应被归于无理性宗教的范畴。在人们寻找理神论的例证时，耶稣会介绍的儒家思想再次派上了用场。启蒙学者不无惊喜地发现，具有四千多年历史的中国古代宗教似乎是天造地设的理神论的样板。休谟说："孔子的门徒是天地间

---

① 参见孟华：《1740年前的法国对儒家思想的接受》，江苏文艺出版社，1993年，第332页。

② See Leibniz, *Writings on China*, trans. by D.j. Cook and H. Rosmont, Open Court, 1994, p.19.

最纯真的理神论的信徒",这表达了18世纪理神论者的共同思想。[1]

莱布尼兹是熟悉中国文化的18世纪启蒙学者中哲学素养最高者,他在《论中国人的自然神学》一书中反驳了龙华民指责儒家为无神论的观点,为把儒家解释为理神论奠定了哲学基础。莱布尼兹称道中国宗教为最典型的理性宗教,早在基督教之前,甚至在希腊哲学之前,中国人就已经凭借自然理性认识了上帝。书的最后讨论伏羲八卦,似乎与争论的主题无关,但莱布尼兹的用意是要证明中国理性之高明,"古代中国人极大地胜过现代人,不仅在虔诚的表现上(这是最完善的道德的基础)如此,在科学上也是如此"[2]。所谓科学,指阴阳卦象符号系统。莱布尼兹相信这是最早的二进制代数体系,是包括西方近代自然科学在内的所有科学的"普遍文字"。

不论是耶稣会士翻译儒家经典,还是他们介绍的中国历史和现实,或是莱布尼兹对中国宗教的哲学说明,都符合启蒙学者心目中的理性宗教的理想。有了中国宗教的思想和历史为典范和参照,启蒙学者运用理性标准,建构新的价值判断模式。旧的"有神论"被分成有理性的宗教和无理性的宗教,前者是理神论,后者是宗教蒙昧、狂热和迷信。同样,旧的"无神论"范畴也被分为理性的无神论(如伊壁鸠鲁主义、唯物主义)和无理性的无神论(如毫无信仰的低级文化、利己主义)。按照新的判断模式,理神论者和有理性的无神论者,包括唯物主义者组成了好人阵营;蒙昧的、反理性的宗教徒、专制独裁者、自私自利的伪君子、道德低劣的小人组成了坏人阵营。区分善恶的唯一标准是理性,理性的标准打破了宗教信仰、民族、国家、阶级和性别的区别。善的阵营中包括儒家君子那样的有道德的人,法国第三等级那样被压迫的人,以及唯物主义者那样的哲学家;反之,政治暴君、专横的教会及其教士、堕落的贵族等,属于坏人阵营。

按照我的看法,在18世纪的法国启蒙运动中,根本的改变是价值判断模式的转化,善恶阵营的重组则是关键的一步。启蒙学者用新的判断模式改变了旧的善恶阵营,才能用理性的名义,对属于恶人阵营的那些宗教、政治

---

① 参见张国刚:《明清传教士与欧洲汉学》,中国社会科学出版社,2001年,第127页。

② Leibniz, *Writings on China*, trans. by D.j. Cook and H. Rosmont, Open Court, 1994, p.134.

和思想进行全面的、猛烈的攻击,才能按照理性的理想,建设新的宗教、政治和思想。这样,启蒙运动以其对旧传统的彻底批判,开创了一个新传统——现代主义的传统。

(三)西方价值模式判断的转化

启蒙运动不是铁板一块,启蒙学者对中国有两种不同态度:伏尔泰、莱布尼兹、魁奈等人是热情的"中国之友"(sinophilia),而孟德斯鸠、卢梭等人的立场是对中国持批判态度的"中国之敌"(sinophobia),"百科全书"派处在两者之间,各有褒贬的偏倚,爱尔维修、狄德罗和霍尔巴赫偏向于赞扬中国,而孔多塞偏向于批评中国。批评中国一派的一个有代表性的意见是"中国文明停滞不前"论。孔多塞在《人类知识起源论》一书中,批评汉语单词音节变化少,比拼音文字落后。德国启蒙学者赫尔德进一步说,中国的落后文字是落后思想的表现,中国文字表现了一个几千年停滞不前的文化,"专制帝国中产生不出第二个孔子","犹如冬眠的动物一般",又好像是"一具木乃伊"。[①]在18世纪的判断模式中,中国历史停滞不前的事实并不完全是缺点。莱布尼兹认为中国古代理性是人类理性的样板,哥尔德斯密斯在《世界公民》一书中说,中国"经漫长的一系列时代而保持不变",是一个美德。[②]伏尔泰虽然承认,中国在4000年间"进步微乎其微"是一个缺点,但他似乎认为瑕不掩瑜,这一缺点既与崇尚传统的优点有关,也与中国文字的艰难有关。[③]然而19世纪以后的西方学者普遍认为,这一缺点是中国文化的根本缺陷,造成这一缺陷的原因是全面的、深刻的,包括思想、语言、道德、政治、宗教等各方面。通过对这些方面的大量阐述,中国文化被当作落后文化的样板。

更深层次的分析可以表明,中国文化在西方的兴衰与西方价值判断模式的转变有关。我们已经表明,儒家伦理之所以被当作"理性宗教"的榜样和标准,与西方"有神论/无神论"的判断模式的转变以及由此引起的"善/恶"阵营的重组有关。那么19世纪以来的"中国文化落后"论是否也与另一个判断

---

① 参见夏瑞春编:《德国思想家论中国》,江苏人民出版社,1997年,第89~91页。

② 参见[英]道森:《中国变色龙》,常绍民等译,时事出版社,1999年,第94页。

③ 参见[法]伏尔泰:《风俗论》(上册),梁守锵译,商务印书馆,1995年,第215~221页。

模式有关呢？我的答案是肯定的,这就是在 19 世纪兴起的"先进/落后"的判断模式。

18 世纪启蒙运动用"理性/非理性"的新模式代替了"有神论/无神论"的旧模式,但是启蒙学者没有否认传统的"善/恶"的二元对立的两大阵营的合理性, 他们只是按照理性的标准重组了这两个阵营。只是在康德那里,"善/恶"的二元对立区分与"理性/非理性"的模式的联系才被割断。康德指出,运用理性能力一定要付出舍善而取恶的代价。

康德的历史进步观的贡献是用"进步/落后"的对立代替了"善/恶"的对立,使之成为与"理性/非理性"的新的评价模式相适应的、区别一切文化社会现象的两个对立阵营。凡是符合理性标准的文化社会现象不再属于善的阵营,而属于进步阵营;反之,非理性的文化社会现象属于落后阵营,但不再被视为罪恶。只是到了康德那里,新的价值判断模式才找到了与之适应的文化社会现象,现代主义的文化才进入了成熟的阶段。在此意义上,应该把康德称为现代主义的奠基者。但康德的思想只是现代主义的开始,"进步/落后"二元对立阵营的最终确立,是由黑格尔完成的。

黑格尔的辩证法是论证历史进步观的哲学体系。黑格尔的逻辑学谈论的是纯范畴的辩证发展,这是一个从最空洞、最抽象、最贫乏的范畴,到最普遍、最具体、最丰富的范畴的进步过程,或用黑格尔的术语说,是"螺旋式上升"的过程。按照"逻辑与历史一致"的原则,黑格尔哲学体系的其他部分实际上只不过是用历史的内容来充实那个无所不包的辩证逻辑的模型。自然哲学阐述了从最低级的物理现象到最高级的生命现象的自然历史。精神现象学阐述了人的认识从最简单的感性开始,直至最丰富的"绝对观念"的发生过程。"绝对观念"外化为客观精神,表现为社会意识的历史,其中有从道德意识到家庭关系,再到市民社会的社会发展史,有从东方国家到希腊、罗马国家,再到日耳曼国家的"世界历史"。最后,在"绝对精神"阶段,有从东方古代艺术到希腊古典艺术,直至德国浪漫主义的艺术发展史,有从东方的自然宗教到犹太教和希腊、罗马宗教,直至基督教的宗教发展史,最后是哲学史,从古希腊开始,经过中世纪和近代阶段,直至黑格尔的哲学。这样,从自然界到个人思想,再到社会思想的发展无不表现为从低级到高级、从简单到复杂的历史的进步。

黑格尔的历史进步观是回溯性的判断,就是说,他站在进步所达到的终点,用他所处时代的立场、观点去回顾过去。一般说来,辩证法的一对反思范畴存在着结合和统一性,但是历史的起点和终点只有对立,而没有结合和统一;终点的先进是判断起点落后的标准,而起点的落后又反衬出终点的先进。黑格尔所处的立场是普鲁士国家、现代主义的文化和他的绝对唯心论哲学,他需要一个起点作为对立面,才能最终建立起"进步/落后"两大阵营的对立。

黑格尔选择的反思对象是中国,因为他接受了启蒙学者关于人类历史起源于中国的历史观。他承认,中国所处的东方是人类历史的开端。但是"开端"对于黑格尔来说没有任何优越性,相反,它象征着思想的贫乏和蒙昧。他用了比喻说:"历史是有一个决定性的'东方',就是亚细亚,那个外界的物质的太阳便在这里升起,而在西方沉没,那个自觉的太阳也是在这里升起,散播一种更为高贵的光明。"①"东方/西方"在这里象征着"物质/精神""外在/内在""黯淡/光明"。

"中国"在黑格尔哲学体系中起着反衬西方文明的作用,没有中国的落后,也就显现不出黑格尔所处的西方文明的先进;反过来说,没有黑格尔所代表的西方文明的立场和观点,中国也不至于那样落后不堪。黑格尔按照他的评判模式,在他所了解的关于中国的材料中,解读出他所要看到的一切低级、落后和愚昧的东西。他的解读是系统的,全方位的,举凡哲学、思维方式、语言、道德、政治、宗教等方面,凡是他认为人类精神有进步的领域,都有"中国"阴影的反衬。他对中国伦理的评价是:"凡是属于'精神'的一切——在实际上和理论上,绝对没有束缚的伦常、道德、情绪、内在的'宗教'、'科学'和真正的'艺术',一概都离他们很远。"②

黑格尔的体系有不少牵强附会、削足适履、生搬硬凑,甚至荒谬错乱之处,现在很少有人相信黑格尔的体系。但无论赞成他,还是反对他,人们都不

---

① [德]黑格尔:《历史哲学》,王造时译,生活·读书·新知三联书店,1956年,第148~149页。
② 同上,第181页。

能忽视黑格尔的辩证法。人们之所以不得不重视他的辩证法,其原因是多方面的。其中一个很重要的原因是,辩证法是用来论证历史进步观的,与"进步/落后"的二元对立密不可分。西方人看待文化历史现象,只要摆脱不了"进步/落后"两大阵营的对立,就无法摆脱论证历史进步观的辩证法。黑格尔在不了解中国文化的情况下,武断地大肆批评中国,错误百出,现在的严肃学者不会在意他的这些观点。黑格尔对中国的批评意见虽然没有学术价值,却有不可忽视的潜在影响。因为,黑格尔的"中国落后论"和"历史进步论"是同一理论的反面和正面,"中国"是构成"先进/落后"对立阵营的一极。西方人看待中国的文化历史,只要摆脱不了"进步/落后"两大阵营的对立,就无法摆脱黑格尔的"中国落后论"的阴影。

在黑格尔之后,韦伯应用"先进/落后"的对立,进一步把"西方/中国"刻画为"清教伦理/儒家伦理"的对立。韦伯的问题是,为什么资本主义出现在西方,而不是在世界其他地方?韦伯承认,追求财富是人类普遍的欲望,世界各地从古到今都有这种倾向,并且有把积累财富用做资本的普遍做法;可以说,世界各地的经济中都有资本主义的因素,但为什么只是西方进入了资本主义社会?韦伯回答说,资本主义经济因素发展成资本主义社会的过程,不能只用经济的原因来解释,西方的某种"精神气质"(ethos)起到了关键性的作用,这种精神气质就是清教的伦理。他的《新教伦理与资本主义精神》一书论证了清教伦理对西方资本主义发展的推动作用。但是正面的论证需要反面论证的补充,韦伯还需要论证,为什么世界其他地方没有进入资本主义社会?他依次考察了中国宗教、印度宗教和古代犹太教,论证这些宗教对资本主义发展的阻碍作用。

与其他东方宗教相比,中国宗教对资本主义发展的阻碍作用最明显。这是因为,"同西方相比,中国有大量十分有利于资本主义产生的条件",比如中国人有异乎寻常的强烈的营利欲,有无与伦比的勤奋与劳动能力,有世界其他国家所没有的强大的商业行会组织,18 世纪之后巨大的人口增长,金银储量增加,这些都是"资本主义发展的绝好机会"。①但是中国终究没有进入

---

① [德]韦伯:《儒教与道教》,王容芬译,商务印书馆,1999 年,第 300~301 页。

资本主义社会,韦伯认为儒教的阻碍作用是关键性原因。儒教为他的论证提供了一个典型的反例,通过清教与儒教之间的鲜明对比,韦伯的论证才获得了最大程度的说服力。

把韦伯的《儒教与道德》与《新教伦理与资本主义精神》两本书相互参照来读,可以看到"儒教/清教"包含着世界观、价值观和人生观等方面的根本对立,包括"适应世界/改变世界""为满足实际需求而营利/为确定拯救希望而营利""文人的传统/神圣的天职""家族主义/个人主义""他律/自律""和平主义/世俗禁欲主义"等二元对立。

虽然韦伯的结论现在遭到广泛的批评,但应该承认,韦伯关于儒教与清教的比较研究运用社会科学研究方法,针对性强,富有现代气息,材料也比较充分,论断比较具体,在西方学术界很有影响力。德国汉学家洛兹(Heiner Roetz)在《轴心时代的儒家伦理》一书中说,西方学者研究中国问题离不开"韦伯话语"(Weberian discourse)。韦伯与黑格尔两人对待中国的基本立场一致,洛兹因此又把"韦伯话语"称为"黑格尔—韦伯视点"(Hegelian–Weberian perspective),即按照历史进步论的标准,把中国文化作为与西方先进文化相对立的落后典型。①

洛兹说:"中国哲学是否具有普遍性的功能,这不但对于中国人,对我们自己也是一个重要的问题。"②依我之见,这个问题确实值得学术界,尤其是中国学术界的重视。对这一问题的深入研究,不但有利于中国人对自己传统价值观念的反思,而且可以折射出西方价值判断模式的特点和演变过程。

---

① See H. Roetz. *Confucian Ethics of the Axial Age*, State University of New York Press, 1993, pp. 1–25.

② H. Roetz. *Confucian Ethics of the Axial Age*, State University of New York Press, 1993, p.6.

第四部分

西方哲学处境化

后工业社会的高度科技化和信息化特征,让"全球在线"成为人类新的存在方式。在全球化背景下,"西方"无法再停留于自身传统的形而上学之中看待和思考新时代。在西方发达国家中甚至出现了批评"西方"价值观及其思维模式,提出西方哲学走向"终结"的观点。历史地看,西方哲学从近代(earlier modern)到现代(latter modern)的转向,不能简单地归结为从唯物主义和辩证法向唯心主义和形而上学、由进步向反动的转变。一方面,这种转向无疑是积极的,不仅标志着现代西方哲学发展到一个崭新的历史阶段,而且促进了当代中国哲学在思维方式、研究范式和意识形态概念研究等方面的现代转型。自此,中国哲学开始有意识地进入以中国人为主体、以中文为主要语言和思维方式的西方哲学研究视域。这意味着中国人讲的马克思主义,不再是19世纪西方或者20世纪苏联的马克思主义,也不是古代的中国哲学,而成为当代中国哲学的一个必要的组成部分。另一方面,从学科发展的角度看,随着现代西方哲学、马克思主义哲学与中国哲学等其他哲学学科的沟通越来越广泛深入,尤其是四十多年来,中国哲学界越来越迫切地需要改变那种各自为政、彼此分离的状态。因此,西方哲学对当代中国哲学构建的作用,无论我们是出于克服现代性焦虑,抑或是中华民族的伟大复兴,构建新的现代价值体系、重振面向世界的中国文化传统等,都是无法回避的现实。

目前正值西方哲学处境化研究千载难逢的时机。20世纪后期,欧洲大陆的人文主义哲学家们开始关注文化哲学的差异性研究,"从文化哲学的立场上理解，文化的核心价值体系是指一个民族的文化在历史发展过程中凝结成的，以基本的存在方式和生活方式为基础的，以基本的价值取向为核心的一系列价值原则的统一。文化的核心价值决定一个民族对世界的感知方式和感知内容，决定一个民族特定的表现方式和表达方式"①。在今天的全球经济和贸易中，身处东亚的中国已取代西方成为世界经济增长的新引擎，中国经济对世界的贡献占比已超过三分之一，当代中国哲学和中国文化正在与中国经济一起腾飞并走向世界。因此，用中国人的眼光看世界，研究特定中国文化视角下当代西方哲学的性质及其特点，必将填补当代哲学研究的真空地带，拓展当代西方哲学研究对象及丰富马克思主义中国化研究的内容，成为中西文化互鉴中的里程碑。

相比之下，西方哲学研究中的中国文化意识，远不如中国哲学研究中的西方文化意识浓厚。西方哲学当然是西方人发明创造的，但这并不意味着西方人对他们自己的理论具有优先的、终审性的解释权，更不意味着只能按照西方人的眼光看待西方哲学。中国学者应该用中国人的眼光看待西方哲学。事实上，任何人都离不开自己固有的思维方式。语言是思维的媒体，只要你用中文去翻译、理解和表达西方思想，你就必然是以中国人所特有的方式思维。退一步说，即使你能完全运用外文来理解和表达，几千年的文化传统也仍然会潜移默化地在你脑中起作用，如果硬要以西方人的眼光看问题，就必然会出现盲人摸象的谬误，这无异于弄瞎了自己的眼睛。盲目崇拜西方哲学界的学术标准和运行方式，盲目地跟随西方的时髦学说，人云亦云，我们就永远不能站在平等的立场上与西方人论道辩理，永远不能像我们的祖先那样创立为后世所称道的真正属于中国人的哲学。我们这里说的"中国人的眼光"，有着特殊的含义，就是指一种理论上的标准。它决定着我们观察问题的角度、解释模式和表达方式，以及选择和判断的价值取向。这种理论标准包括诸方面的要求，就当前来说，我以为尤其要注意以下两方面的要求：

第一，用地道的中国话说外国的道理。中国人说中国话，这本是一个最起码的要求，但在西方哲学研究中却是一个很高的要求。最近几年，一些学

---

① 丁立群：《核心价值体系：一种文化哲学阐释》，《学习与探索》，2014 年第 9 期。

者在翻译和使用西方哲学概念时，生搬硬造，写出的文章玄之又玄，不但别人看不懂，恐怕连作者自己也不知所云。随着信息的更新和增长，中文里必然会出现大量的新名词，这本是很自然的事，但是创造出来的词汇和语言新用法要符合中国人的说话习惯。语言的约定归根到底是生活方式的约定。只有那些符合中国人的心理习惯和生活习惯的新用法才能为人们所接受，成为中文的新词汇。举例来说，现代汉语中"形而上学"一词来自西方"metaphysics"一词，翻译之贴切、巧妙足见译者西学和中学的功底。如果按照现在的通行译法，这个词就要译为"元物理学"。很多以"元"为词头的词，诸如"元语言""元哲学""元科学"等就是这样生造出来的。只有按中国人的思想和语言来理解西方哲学概念，才能创造出大家喜闻乐见的语言形式。按照这种方式来丰富中文的词汇，本身就是对中国哲学和文化的一种贡献。

第二，以中国文化为参照理解西方哲学。研究西方哲学当然要通晓西方文化背景，但是作为中国学者，还要以中国文化为参照，才能更好地把握研究的重点和方向。西方哲学流派繁多，资料浩瀚，每个研究者都只能依据一定的价值判断，对资料有所取舍，从一个侧面展开研究。毫无疑问，中国学者在西方哲学中所发现的价值首先是它对于中国哲学和文化的价值。我们只能按照这一价值标准区别良莠，判别是非，去伪存真，改造西方哲学的异己成分，吸收其合理因素和优秀成果，这是创造宏伟博大的中国现代文明的一个不可缺少的步骤。为此，我们要积极开展中西哲学的比较研究。这种比较研究在西方哲学界是薄弱环节，在我国则刚刚起步，但是我们要认识到中国人在这一领域的优势。宗白华先生70年前就说过，中国人理解西方文化，要比西方人理解中国文化更为容易，因此更适合于担负融会中西文化以建设世界新文化的重任。按照这个观点，以中国文化为参照来研究西方哲学，不但不会陷入狭隘性和片面性，反而可以扩大西方哲学研究的视野，并使西方哲学的精华融汇到未来的世界新文化之中。

第一章　西方哲学处境化的转向

一、西方哲学是否会终结？

在后现代的西方话语中，"哲学的终结"是一个热门话题。后现代主义反对中心、否认本质、消解结构，得出了一系列的断语："上帝死了""人死了""作者死了""读者也死了"；这个被消解了的对象系列的终结点是"哲学消亡"。事实就是这样无情地摆在哲学家的面前：如果这个世界失去了原则和价值（上帝和人），没有了意义和真理（作者和读者），那么哲学将何为？哲学将何用？

"哲学消亡"论并非后现代主义的专利，自黑格尔哲学体系于19世纪中叶解体之后，西方哲学家们便有了危机感。时至今日，危机非但没有消失，反而愈演愈烈。在20世纪后期，"哲学的危机""哲学的终结"成了西方哲学界的热门话题。

与此同时，一些现代西方哲学家不同意"哲学终结论"，而持"哲学转变"论。比如哈贝马斯要用"交往理性"取代"工具-目的理性"，把理性主义改造成社会交往理论，使哲学在克服社会危机的同时克服自身的危机。这是"转变派"的一种典型做法。

（一）维特根斯坦和海德格尔的"哲学消亡"论

西方"哲学终结"话题的出现，与维特根斯坦和海德格尔的思想有直接的关联。他们可以说是分别代表英美分析哲学和欧洲大陆哲学的两座高峰，不约而同地得出了"哲学终结"的结论，对当代哲学的趋向产生了很大影响。

维特根斯坦的哲学观反映了人们对几千年来的西方哲学围绕着同样的问题争论不休而未能解决任何实质性问题的思辨和论辩传统的失望态度。他在《逻辑哲学论》中直截了当地宣告了哲学主题被消解的命运。哲学的正确方法固应如此：除可说者外，即除自然科学的命题外，亦即与哲学无关的东西外，不说什么。[1]换言之，哲学不应有自己的问题和命题，它只是揭示科学命题的意义以及形而上学命题的无意义的分析活动。后期维特根斯坦从日常语言分析入手，继续宣扬这种哲学观，如说哲学是一场反对语言困惑思想的战斗[2]；哲学问题的形态是，我不知道出路何在[3]。他说他的目的是为了给捕蝇瓶里的苍蝇指出一条出路[4]。哲学活动最后应达到"完全的明晰性"，但"这不过意味着哲学问题的消失"。如果哲学有什么真正发现的话，那只是"使我能够在想从事哲学时终止哲学，让哲学安息。维特根斯坦还说：没有一个哲学方法，但确有类似于各种治疗的方法。[5]后人把这种哲学观称为"治疗性哲学"，它通过消除哲学问题来治疗"哲学病"。然而哲学问题被消解之后，哲学将不复存在；"哲学病"被治愈后不再有职业哲学家，由此，又有人把维特根斯坦的哲学观叫作"自杀性哲学"。

海德格尔早年企图通过批评"本体论–神学"传统建构自己的存在论体系，但预期的哲学体系始终未能建成，于是他悟到，已不可能在西方哲学的语言和力量框架中建立任何新体系。在1966年发表的《哲学的终结和思维的任务》一文中，海德格尔提出，西方哲学已经穷尽了发展的最后可能性。"终结"一词在该文的法文本中用的是"achèvement"，德文本用的是"vollendung"，其中都没有"消亡"的消极意义，而是指一种完成状态。海德格尔明确地指出，哲学终结于这样一点，它聚集了全部哲学史的最终可能性。作为完成的

① 参见[奥]维特根斯坦：《逻辑哲学论》，贺绍甲译，商务印书馆，1996年，第104页。
② 参见[奥]维特根斯坦：《哲学研究》，李步楼译，商务印书馆，1996年，第71页。
③ 同上，第75页。
④ 同上，第154~155页。
⑤ 同上，第78页。

终结意味着这样的聚集。他甚至承认马克思主义在哲学上完成的根本变革：随着卡尔·马克思业已完成的对形而上学的颠覆,哲学已经完成了它的最后可能性,步入了最后的阶段,以后的哲学都不过是对历史上出现过的学说的模仿,失去了创新的能力；即使聚集着哲学最终成果的终结点也不在哲学理论之中,而在现代科学技术之中。按照他的分析,哲学的终结与技术的胜利是同一进程的两个方面：哲学的终结证实了科学技术控制和安排世界的胜利,以及适合于这个世界的社会秩序的胜利。①

20世纪西方哲学发展的阶段性是大致与哲学对象和领域的更新一致的。具体地说,二战之前的"哲学革命"在逻辑、语言、数学和科学的相互关系中开辟新的哲学领域, 二战之后的哲学把社会生活及与之相关的语言交流作为哲学关注的焦点,20世纪70年代以来的哲学在文化领域开拓新的哲学对象和跨学科的新领域。但是上述努力都遇到难以逾越的困难,因此未能使西方哲学摆脱危机的困境。不过,这些努力的方向是值得我们肯定的,其中的经验教训是值得吸取的。下面我们对20世纪西方哲学试图摆脱危机的三个发展阶段分别作一概述,看一看从中能够得到什么样的启发和结论。

(二)二战之前的"哲学革命"阶段

20世纪初肇始的两大哲学运动——分析哲学和现象学虽然分属不同的传统和阵营,在其后的发展中更演化为互不对话,甚至相互对立的各种不同派别、学说和倾向,但在20世纪初的理论条件下,分析哲学和现象学的创始人不约而同地关注着同样的问题。他们研究的共同课题包括,①数学基础问题,②反心理主义,③逻辑性质问题,④语言意义问题。现象学创始人胡塞尔为数学博士,其处女作是研究数学基础问题的《算术哲学》。在其开创现象学的著作《逻辑研究》的导论中,他对心理主义进行了详尽批判,接着阐述了纯粹逻辑的构想,并把语言意义作为纯粹逻辑的重要研究对象和出发点。分析哲学的创始人弗雷格、罗素和维特根斯坦都受过严格的数学和逻辑训练,对上述几个问题都有系统的论述。所不同的是,胡塞尔由语言意义问题进入对

---

① 参见[德]海德格尔:《面向思的事情》,陈小文等译,商务印书馆,1999年。

意识结构的分析，采用现象学方法建立意向性理论，进而建立先验哲学体系;分析哲学家们采用逻辑分析方法,通过对语言意义的分析,解决或消解传统哲学的问题,实现了哲学中的"语言学转向"。

更重要的是,两者都企图通过各自的哲学革命来解决哲学危机。他们一方面严格按照科学的要求改造哲学;另一方面,又以哲学为科学的基础提供新的论证和解释。现有的思路实际上并没有摆脱近代认识论的"基础论"和"哲学改造论"的窠臼。更为严重的是,它从一开始就隐含着一个注定了"哲学革命"失败命运的矛盾,这就是方法与目的的矛盾。分析哲学和现象学的方法的基本特征是还原主义,而还原主义注定不能达到论证科学基础的目的。

逻辑分析的方法是把一般命题还原为简单命题的逻辑函项,与此相对应,经验事实被还原为感觉的逻辑构造。逻辑分析的终结单位越是精确,它的应用范围也就越是狭窄。"感觉材料""逻辑原子""简单记录句"的适用范围都只是个人的直接的主观感觉,它们如何能为科学概念和命题的客观性和普遍有效性提供基础呢? 这是困扰早期分析哲学的一个关键问题。逻辑实证主义的证实原则摇摆于"强化"和"弱化"的标准之间,对原子命题的解释摇摆于现象主义与物理主义之间,罗素对自己的逻辑原子主义的理论困难的揭示,维特根斯坦对逻辑主义的自我批评,都从不同角度反映了严格精确的逻辑分析方法与为科学提供坚实的普遍基础的目的的矛盾。

胡塞尔的现象学也遇到了类似的困难。他使用现象学还原方法,把意识的一切经验内容都"悬搁"起来,剩余的只是一个纯粹的"先验自我"。为了避免"先验自我"的唯我论内涵,胡塞尔用"交际主观性"说明自我意识的性质,又用"生活世界"说明自我意识构造活动的共同背景和界域。现象学的关注焦点由此从科学基础问题转向了人的生活世界。

(三)20世纪中叶的哲学投身于社会的阶段

从二战开始到60年代,分析哲学的主流是日常语言分析学派,现象学运动的主流是存在主义。英美分析哲学与欧洲大陆哲学的差别很大,几乎不可能对话。其实,两者的差异主要是风格上的差异,它们有着扩大哲学对社会生活影响的共同目标。日常语言分析的对象是"语言–游戏"。维特根斯坦认为语言–游戏的规则就是社会生活的方式,奥斯丁把语言当作一种做事的方式。通过分析语言的各种类型,可以达到对人的心理活动、行为方式和社会现象的更全面和深刻的理解,但也仅仅是理解而已。维特根斯坦说:"哲学不以任何方式干涉语言的实际用法,它至多只是描述用法。它不提供任何基础,它使一切保持原来的面目。"①这句话典型地表达了日常语言分析哲学与社会实践相隔阂的保守态度。虽然这一学派对社会科学的研究和表达方法有一定的影响,但始终未能成为一种广泛的社会思潮。

存在主义不止是一种社会思潮,它一度成为影响人们价值观和生活态度的生活方式。萨特恰如其分地说,存在主义是"一个行动的学说",但存在主义并不关心集体的、外在的活动,它所谓的存在主要指他人不能取代的经历和体验。站在不同立场的存在主义者强调不同的存在状态,存在或是宗教意识,或是死亡意识,或是反抗意识,或是道德良心,或是绝对自由感。存在主义担负着二战和战后生活给欧洲人的精神压力,这里既有消极的绝望、恐惧或百无聊赖等情绪,又有觉醒了的道德主体感、责任心及自主意识。存在主义者的政治立场差异很大,总地说来,左派的存在主义,存在主义的马克思主义更适合战后青年一代的心理。

法兰克福学派是与存在主义相呼应的人道主义学派,它以激进的批评理论积极参与社会生活,以"人性解放"的名义批评资本主义的意识形态。20世纪60年代,各种积极参与社会变革的激进哲学理论猛烈地冲击着资本主义的意识形态和价值观念,构成了"对抗文化"的主旋律。正是在这样的氛围里,1968年爆发了震撼资本主义世界的"五月风暴"。

五月风暴是一政治事件,更重要的是一个文化转折点。在此之后,大量的知识分子或转而反对马克思主义,或隐退学术界。这一变化标志着西方哲学家企图摆脱哲学危机的努力再次失败。他们为了克服前一阶段哲学革命的狭隘性而把哲学推向社会生活,由此造成的对抗文化却是他们始料未及且不愿看到的结果。这是因为,对抗文化是一种俗文化,被它利用的哲学著

---

① [奥]维特根斯坦:《哲学研究》,李步楼译,商务印书馆,2012年,第124节。

作影响越是广泛,就越易成为通俗读物,越易沦为商业文化。比如马尔库塞、弗罗姆的"爱欲"被通俗化为性解放的理论,加缪的反抗意识被通俗化为无政府主义的发泄。对抗文化的一个后果是维护它表面上所反对的资本主义制度。对抗文化的另一后果是关于文化的学术研究的真空状态。对抗文化破坏了传统文化的理论基础,自身的理论又被商业化,这就造成了没有理论的文化的畸形现象。对抗文化造成的真空为哲学提供了新的发展空间。下一阶段的哲学转向文化研究,试图以此开出哲学的新局面。

(四)20世纪后期的哲学与文化融合阶段

关于文化的哲学研究有很长的历史,但只是到了20世纪五六十年代,在法国的结构主义那里,才出现了完全意义上的文化哲学。结构主义者所谓的文化是一个与自然相对立的概念,正如自然科学的对象可被概括为自然,人文社会学科的对象也能被概括为文化。结构主义者看到哲学危机来自自然科学和技术的挑战,于是他们转向人文社会学科寻找出路,把文化作为哲学的一般对象。考虑到这一动机,我们就不难理解,为什么结构主义者和后结构主义者总是涉足一门或几门学科,却又做出与这些学科的专家们根本不同的事情。

结构主义代表了西方哲学向人文社会学科全面渗透的新趋向。20世纪60年代之后出现的哲学理论和派别与人文社会学科的密切关系,使得它们在大学里的语言文学系、社会学系、公共政治系和历史学系比在哲学系有更大的市场。伽达默尔的解释学分文艺、历史和语言三部分,哈贝马斯的社会交往理论是涉及哲学、社会学和语言学等学科的跨学科的理论,德里达的解构主义属于文学批评理论范畴。即使在一向囿于语言分析的英美哲学界也出现了不再纠缠词义、深入具体学科、解决实质性问题的"后分析哲学"的倾向。罗尔斯首先在政治哲学领域突破了语言分析方法,利用古典政治哲学的社会契约理论,解决政治学和伦理学的理论问题和实际问题。在科学哲学领域,从库恩开始的社会历史学派抛弃了科学逻辑、命题分析等路数,在科学史研究的基础上,解释科学家思维方式的社会文化背景。像知识论、心灵哲学这样纯粹思辨的学科,关注的问题也转向了认识的发生及其模型、程序等认知科学的问题。不论在欧陆还是在英美哲学界,哲学与其他学科相结合所产生的活力和影响与按照传统哲学方式进行的"纯哲学"捉襟见肘的困境形成了鲜明的对照。我们开始提到的"终结论"和"转变论"实际上是殊途同归的两种主张:一是主张纯哲学的终结,一是主张哲学转变为与其他学科结合在一起的综合学科和边缘学科。

(五)结论

回到原来的问题:哲学是否会终结? 我们的结论是,西方哲学已经发展到这样一个阶段,在这里,关键问题已不是哲学是否会终结,而是融合在文化研究之中的哲学是成为一门独立学科,还是成为跨学科的综合学科,或是被分化为各种新兴学科和边缘学科? 现在对这些问题作出结论为时尚早。但是西方哲学沿着跨学科、跨文化的大哲学的方向,最终将摆脱纯哲学带来的危机,这大概是没有什么问题的;它在一百年间所遗留的各种问题、理论和观点、方法,对未来的人类具有启迪和教益作用,这也是没有什么疑问的。

我们深信,有选择地借鉴现代西方哲学的成果,沿着大哲学观的方向,开拓哲学新对象和新领域,在哲学与科学技术、人文学科和社会科学的结合部和生长点,开辟出新的跨学科、跨文化的新领域,这些就是从根本上摆脱现代哲学危机的出路所在。

二、西方哲学研究的问题域

关于西方社会现代化的哲学困境,不得不提及西方哲学的问题域。目前的后工业社会正验证了那句话,西方哲学现在仍在第四次危机的阴影之下,前途未卜。现对于西方哲学的问题域进行一番论述。

(一)古希腊哲学的问题域

古希腊哲学是国际学术的热门话题,也始终是我的兴趣所在。在《西方哲学通史》(第一卷)、《柏罗丁》等著作和一系列论文中,我对国内外学者讨论的一些关键问题,提出了自己的分析和看法。

1.“本原”的意义

“本原”（arche）原是赫西俄德《神谱》中的术语，亚里士多德用它来概括最早一批希腊哲学家的思想，是为了给自己的“质料因”找一个历史根源，比如他说泰勒斯因为观察到种子生长的潮湿环境而得出“水是万物本原”的结论。受亚里士多德影响，西方学者一般把早期哲学中的“水”“气”“火”当作“原材料”（urstoff）。恩格斯也接受了这一说法，泰勒斯认为“水”是“某种具有固定形体的东西”。按照这一教导，我们过去在希腊哲学的开始处寻找“原始的、自发的唯物主义”，而忽视了西方学术界的另一种意见：伯耐特、契尼斯等人指出，最早的哲学家根本没有“本原”概念，亚里士多德犯了混淆时代的错误。我以为，这两种意见都试图割断希腊哲学和神话的联系，前者企图把哲学的“本原”解释为“元素”这一科学萌芽，后者则从根本上否认“本原”这一神话术语对哲学起源的意义。我不同意这两种意见，认为可以，而且应当用“本原”概括早期希腊哲学的中心思想，但“本原”的意义主要不是“原材料”或“元素”。《西方哲学新编》和《现代西方哲学简史》都明确区分了“本原”的两层意义：最早哲学家的“水”“气”“火”指本原状态，万物从中分化，又回归于它；稍后一些哲学家的“水、气、火、土”则是构成万物的“根”或“元素”。前者是从整体到部分的分化，后者是从部分到整体的构造，这是两种根本不同的宇宙生成论。我还从中西哲学比较的角度说明，中西哲学都起源于混沌分化的宇宙生成论或“大化论”，以及探讨事物循环往复规律的本体论或“本根论”。

2. 逻辑的起源

我不同意把赫拉克利特和老子看作辩证法的始祖。赫拉克利特的“既是……又不是”的表达方式与“万物皆流，无物常驻”的宇宙观相适应，正如老子“正言若反”是为了表达“道者反之动”一样，这种表达方式不是辩证法，而表达了前逻辑的思维方式。但中西哲学的表达方式有一个根本差异：希腊人用“是”作判断系词，“既是 A 又不是 A”是明显矛盾的，而古汉语没有系词，“难易相成，高下相盈”这样的句子没有矛盾。针对赫拉克利特的表达矛盾，巴门尼德提出了“是者为是，不是者为不是”的论辩。按照我的解释，这个被西方学者搞得很烦琐的论证只不过是表达了矛盾律。巴门尼德的贡献是利用了“是”与“存在”的语义学联系，把哲学思考的对象固定为确定的“存在"(to be),而不是变动不居的"生成"(coming to be)。我的结论是,形式逻辑体系并没有先天必然性,它起源于系词"是",也表示"存在",这一印欧语言的特殊用法,针对赫拉克利特的宇宙观所产生的表述上的矛盾,由于巴门尼德论辩的影响而最终被亚里士多德所确立。我们要对逻辑和形而上学的联系作历史的、经验的发生学考察,而不能简单地认为中国古代没有逻辑体系,因而不可能有形而上学思想。

3. 前苏格拉底哲学的线索

卡普斯顿的《哲学史》明确指出,"一"与"多","静"与"动"两对矛盾是前苏格拉底哲学的线索,但他没有说明这四个范畴有无交叉关系。柏拉图讨论了它们之间的同异、交叉关系。(《智者篇》,237a–258d) 我把范畴分析与历史分析相结合,得到以下的四方图。

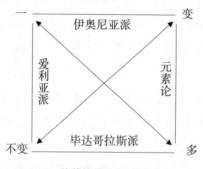

4-1　前苏格拉底哲学的线索

4. 柏拉图哲学的连贯性

研究者一般同意把柏拉图思想分早、中、晚三期,但在哪些对话属于哪一期的问题上存在严重分歧。《巴门尼德篇》被认为是从中期向晚期转变的枢纽,陈康为此写了详细的注释。弗拉斯托斯对柏拉图思想转变原因的解释是,《巴门尼德篇》借巴门尼德之口,指出了柏拉图型相论不可解决的逻辑矛盾,晚期柏拉图于是放弃型相论,另辟蹊径。[1]这一解释引起旷日持久的争论。参考争论各家意见,我同意泰勒所说,《巴门尼德篇》的主题既不是自我

---

① See G.Valastos, *Plato: A Collection of Critical Essays*, Vol.1, Indiana, 1978.

批评,也不是什么概念"游戏",而是采取以攻为守的策略,对型相论加以辩护。①该篇上半部分说明,"老巴门尼德"对型相论的批评建立在"是者为一"的逻辑基础上,下半部分则用"是""一"和"它者"组成的八个假言判断说明,巴门尼德的逻辑将会导致自我否定的结果。我的工作是说明《巴门尼德篇》与柏拉图随后对话的关系:前者是归谬法的反驳,后者从正面解决型相论面临的困难。《智者篇》用"通种论"说明,"分有"不是部分分割整体,而是概念之间相容、交叉或不相容的逻辑关系,"两分法"建立了"不可分割的型相"与可感事物的联系,《菲布利篇》解决了无理数的"数学型相"问题,《蒂迈欧篇》用"造物主"按照"数学型相"的创造给出了"模仿说"的实在论意义。这些解释以《巴门尼德篇》的问题为起点,贯通了柏拉图中期和后期思想。虽然不见得大家都会接受我的这种解释,但至少不能否认这是一以贯之、持之有故的一家之言。

5.《理想国》的现代意义

二战前后,柏拉图《理想国》中的政治哲学成为争论焦点,波普尔把柏拉图的政治哲学与法西斯主义和共产主义捆绑在一起批判,列奥·施特劳斯颠覆了波普尔的解释,认为《理想国》的主题不是赞美理想国,而是用苏格拉底的反讽和"装糊涂"(dissimulation)的方法,解构了关于"美好国家"的理想。这两种解释都是我所不能同意的,我认为柏拉图批评雅典民主制的立场是不容置疑的,但关键问题是,他为什么批评民主制?如何批评民主制?他的批评是否有现代意义?按我的解释,柏拉图的批评击中了雅典民主制的三个要害:无节制的自由、大多数人的统治及导致僭主制的结局。"哲学家王"是根除这些弊病的政治设计,其实际意义是,由知识和智慧的公共导师塑造全体公民的灵魂,实行精英政治,《法篇》还提出了防止统治者腐败的法治思想。如此理解的柏拉图的政治哲学不但符合现代政治文明的走势,而且对防止民粹主义和极权主义这两个极端,也有现实意义。

6. "是"的三个并列意义

亚里士多德的《形而上学》是哲学史家的噩梦,它使哲学研究者陷入"说

---

① See A.E.Taylor, *Plato*, Dial, 1936, pp.349–370.

不清,理还乱"的思想泥淖。我的处理方式是择其要者而梳理之,这个要者即"是"的意义。研究者都接受了欧文关于"是"有一个中心意义的观点,但这并没有解决问题,亚里士多德有两个术语:"是这一个"(todeti)和"是其所是"(tiestin),两者都可被解释为"是"的中心意义,由此又出现了"两个第一实体"的说法,在国内外风靡一时。我从系词的三个逻辑功能入手说明"是"的意义:连接主谓功能对应于实体和属性的区分,指称个体功能对应于个别实体,定义功能对应于本质。正如系词的三个逻辑功能同等重要,"是"的这三个意义并行不悖,不能说"是"有某一个"中心意义"。问题并不在于亚里士多德关于第一实体学说是否有矛盾,而在于本质究竟是个别的,还是普遍的。正是这个问题造成了本质主义与存在主义、实在论与唯名论的形而上学的旷世之争。

7. 普罗提诺思想的特征

我在中国台湾出版的《柏罗丁》是汉语学术界第一本研究普罗提诺的专著,但在大陆影响不大。我在该书中关注的一个问题是普罗提诺与亚里士多德的关系。这个问题始于他的学生、《九章集》的编辑者波菲利,他力图调和普罗提诺与亚里士多德的关系, 最近,L. P. 吉尔松延续了波菲利的解释倾向。我在该书中认为,普罗提诺的基本立场是柏拉图主义,但他注意在与亚里士多德派和斯多亚派的比较对照中阐述柏拉图主义,因此给人以调和各派哲学的印象。该书依据《九章集》文本,从"三大本体""世界图式""人的灵魂"和"后世影响"四个方面,具体说明普罗提诺恪守和发展柏拉图思想,批评和修正亚里士多德和斯多亚派的思想特征。

(二)中世纪哲学

《基督教哲学1500年》是我的第一部产生较大影响的著作,我不敢说"填补空白",但可以承认,这本书为中世纪哲学在我国西方哲学研究中争得一席之地。我们过去认为中世纪是"黑暗时代",没有哲学,即使有哲学,也不过是希腊哲学的残余,用黑格尔"穿七里靴尽速跨过这一时期"的处理方式即可。这本书使用了西方哲学界自19世纪末开始的中世纪研究的丰富成果,在一定程度上改变了过时的观念。虽然本书话题较多,但其长处并不在资料和细节,而在结构和见识(vision)。

1. "基督教哲学"的结构

"基督教哲学"是一个很成问题的概念。海德格尔说,"基督教哲学"如同"木头铁"(Hölzernes Eisen,英文译作 round square"圆的方")那样,是一个自相矛盾的概念。1928 年,法国著名哲学史家伯里哀(M. Emile Bréhier)否定"基督教哲学"的合法性。新经院哲学的哲学史家吉尔松用信仰与理性的内在关系维护基督教哲学的合理合法性。法国哲学家布隆代尔则说,"天主教哲学"的精神是超越理性限度的超自然的启示。直到最近,还有人喋喋不休地争论有无基督教哲学的问题。我认为,关于基督教哲学的概念之争没有多大意义,也不会有什么结果。我把"基督教哲学"当作一个理论框架,用以包容那些反对、赞成和超越基督教哲学的各种立场。反对派可以说是理性派,超越派是信仰派而赞成派是调和派。自基督教诞生后,西方哲学中始终有这三派。在教父时期,信仰派最初表现为原教旨主义,理性派则以诺斯替异端为代表,但以奥古斯丁为代表的理性辩护主义调和立场最终取得正统地位。在经院哲学诞生时期,理性派和信仰派的斗争表现为辩证法和反辩证法的对立,以安瑟尔谟为代表的辩证神学调和两者成为正统派。13 世纪亚里士多德主义传入后,理性派和信仰派表现为拉丁阿维洛伊主义和波那文都主义之间的斗争,调和两派的托马斯主义最终取得正统地位。14 世纪后的司各脱主义是信仰派,奥康主义是超越派,一直到宗教改革时,它们仍与托马斯主义争论不休。我的这一结构安排可以全面讨论和评价理性与基督教信仰的关系,而不管两者的关系是否表现为,或是否被承认为基督教哲学。

2. 奥古斯丁的政治哲学

基督教思想家在讨论哲学问题时都有神学背景,企图把他们的哲学与神学分开是徒劳的。比如罗素一方面说奥古斯丁是一个神学家,另一方面又说他的时间学说是他的最纯粹的哲学思想,因为他用"主观时间"代替了上帝创造的时间。罗素没有看到,奥古斯丁的"主观"就是上帝的心灵,他的时间学说是为创世论服务的。一些天主教和新康德主义的学者用奥古斯丁关于上帝之城的思想,强调教权、贬低王权;而新教的一批神学家和自由思想家用末世论否定上帝之城的政治哲学含义,比如波勒断定奥古斯丁没有政治哲学,因为他的思想是非政治,甚至是反政治的。他没有看到,奥古斯丁在《上帝之城》中,通过对世俗之城起源的历史神学解释,说明了国家的本质、结构和功能等政治哲学的一般问题,还说明了爱心与正义、治理与权威等中世纪政治的特殊问题。奥古斯丁没有简单地把两城等同为教会和国家,但他把神学与政治哲学结合起来,确实埋下王权与教权冲突的理论根源。

3. 托马斯主义的承上启下

托马斯主义是一个庞大的体系, 人们一般把它看作中世纪神学和哲学的集大成。我选取的是体现中世纪哲学历史贡献的精华,即上承希腊哲学之余绪,下开近代哲学之先河的观点。比如,希腊人的"质料"是无形状,无规定性的,托马斯发明"能指质料"(mattersignata)的概念表示质料的形体,"质料"概念被赋予广延之后,就转变为近代意义上的"物质"。再如古希腊哲学中并无与现代西文 existence 和 essence 相应的概念, 托马斯后来用 ens 和 essentia 这两个概念分别表示"是者"(esse)的"存在"和"本质",并认为上帝的存在是创造活动,因此决定事物的本质。如果用人代替上帝,那么托马斯关于存在与本质的区分就变成了现代存在主义。还比如亚里士多德用"消极理智"和"积极理智"相互作用解决感性与理智的关系,但语焉不详。托马斯深入细致地讨论了感性与理性、记忆与想象、分析与综合,以及认识的意向、动力和过程等问题,他的分析一直延续在近代认识论之中。另外,我认为,托马斯关于理智、意志和欲望的关系、自然律、德性、人性等问题的探讨在哲学史上具有承上启下的意义。

(三)近代哲学

对近代哲学的总体把握有不同路径:认识论转向、启蒙、理性主义等,都是通常使用的路径。我的路径则是,哲学与自然科学结盟。我选择的这个路径可以把握其他路径,还可以解释近代政治哲学的社会科学性质,解决评价近代哲学家的一些难题。以下试举两例。

1. 笛卡尔体系是否自洽

很多学生都会有这么一个困惑:笛卡尔把"清楚明白"作为真理标准,但他的《第一哲学沉思集》很难谈得上清楚明白。受专业化研究方式影响,西方学者很少把笛卡尔的方法论和哲学体系分开研究。我认为只有把笛卡尔的方法论规则应用于他的第一哲学体系，才能看出他的思想的清楚明白之处。笛卡尔的"普遍数学"方法强调数学的"量度"和"顺序"两大特点，哲学的量度是思想和广延世界的"公度"，哲学推理的顺序是先分析、后综合。《第一哲学沉思集》是按普遍数学的方法建构起来的思想体系。从沉思一和沉思三分析，沉思一的普遍的怀疑从复杂的、不能确定为真的经验现象出发；沉思二找到一个可以确定为真的"阿基米德点"，即"我思"；沉思三对"我思"继续分析，把清楚明白的观念作为真理标准，即清楚明白的观念，沉思三按照清楚明白的标准，从上帝的观念推导出上帝存在，这一"本体论证明"是从简单到复杂的第一次综合；沉思四是一个插曲，解释在从思想到实在的推理中如何防止错误；沉思五从上帝的存在推导物质世界的真实存在；沉思六达到思想和实在的最后综合——身心共存。这一体系一气呵成，是方法论自觉的产物。在我看来，笛卡尔体系的问题不在于它是否清楚明白，而在于它是否自洽。研究者接受笛卡尔自己的说法，把"我思故我在"作为他的第一原则。其实，从普遍怀疑到"我思"的分析几乎无懈可击，笛卡尔体系的裂缝首先出现在"本体论证明"。我同意亚里欧的评价，这一证明保留了太多的经院哲学因素，是不成功的。但我并不认为这只是一个环节的失误，这一证明对笛卡尔来说甚至比"我思"的原则还要重要，它承担从思想系列过渡到实在系列的任务。笛卡尔未能完成这一任务，他所建构的充其量只是以"自我"为中心的认识论，而不是第一哲学的体系。

2. 休谟的经验论是否有矛盾

哲学史家都承认，休谟克服了洛克、贝克莱经验论中的矛盾，但人们没有追问：休谟的经验论是否有矛盾呢？我对这个问题的回答是肯定的。我发现的矛盾其实很简单：一方面，休谟的经验论的出发点是"观念是印象的复制"这个第一原理，这一原理假定过去的知觉与未来的知觉相似；另一方面，休谟怀疑因果关系的必然性，明确否定了过去的知觉与未来的知觉相似。结论则是这两个立场相互矛盾。很多研究学者不愿相信休谟会犯如此简单的错误，他们找出种种理由为休谟辩护，这些理由都没有说服我，但把我们的讨论引向了另一问题：休谟哲学是经验主义还是自然主义？史密斯关于休谟的自然主义解释,可以解决第一原理的假定和解决因果性方案的一致性,却不能消除第一原理的假定和被怀疑的因果性前提的矛盾。解决因果性方案("习惯是人生指南")是自然主义的,而被怀疑的因果性前提("过去与将来相似")是先验的。自然主义者赞扬休谟放弃了对因果性先验前提的探讨,我却认为放弃意味着思想的倒退。让我们用哲学史的事实说话,康德为解决"休谟问题"而探讨因果性的先验前提,难道不是思想的进步吗? 胡塞尔从休谟问题入手,讨论知觉的时间结构问题,岂不是推进了哲学思维吗? 相反,那些满足于自然主义解释的人,哪一个对因果关系和时间结构提出了比休谟更高明的见解呢?

(四)现代哲学

1. 西方哲学的危机和出路

我对黑格尔之后的西方哲学的总的看法是,它正在经历继公元前5世纪自然哲学危机、罗马后期伦理化哲学危机、16世纪经院哲学危机之后的第四次哲学危机。前三次哲学危机之后都迎来哲学的进一步发展,但西方哲学现在仍在第四次危机的阴影之下,前途未卜。在关于哲学前途的问题上,当代哲学家有"终结派"和"转型派"的对立。我现在还没有决定采取何种立场,所能做的只是对西方哲学危机作历史总结,从中吸取如何在中国做哲学的教训。按照第四次危机的三个发展阶段来安排现代西方哲学的结构,①二战之前"哲学革命"阶段;②二战后至20世纪60年代的哲学投身于社会阶段;③20世纪70年代之后的后现代主义思潮。这三个阶段摆脱危机的努力都遇到难以逾越的障碍,特别是后现代主义的怀疑主义、相对主义和虚无主义,使西方哲学陷入更深的危机困境。我曾经设想达尔文主义纲领可以帮助西方哲学摆脱危机,写了一系列文章,鼓吹"哲学的进化论转向"。后来我认识到,进化论的还原主义方法论、"自然选择"的偶因论和达尔文主义的自然主义纲领,注定不能解决人的心灵所面临的问题。为此,我写了一篇自我批评,清算了自己不成熟的构想。

2. 维特根斯坦批判

我的博士论文的题目是"罗素与维特根斯坦的对话:分析哲学问题的起

源和发展"。做完这个题目之后,我对分析哲学这两位创始人的思想缺陷有了更多的认识。维特根斯坦说罗素思想浅薄,我同意这一评价,浅薄的思想是不值得批评的。相反,维特根斯坦的思想深刻到批评难以下手的程度,我试图沿着维特根斯坦自我批评的方向来批评他。《逻辑哲学论》的目的是要建立一个可以显示出来的逻辑图像,此书中间的技术工作是要消除逻辑量词和连词,把所有命题的形式都化约为一个只包含舍弗尔符号的基本命题联结式,这是一个很极端的想法。维特根斯坦认为他的想法已经实现,可说的东西的意义有逻辑图像显示,不可说的东西在自我的神秘体验中显示,所有的哲学问题都解决了,因此他去山村隐居了。不久后他发现,他的工作的第一步就不能成立:普遍量词不能被归约为合取,存在量词也不能被归约为析取。这迫使他放弃逻辑分析,走向日常语言分析。但他的日常语言分析把意义归结为具体语境的实际用法,哲学家的工作只是搜集、描述这些用法,把纵横交错的复杂关系摆出来,既不要分析、综合,也不要演绎、归纳,更不要概括、推理。维特根斯坦一生都在走极端,早期走纯粹思维的逻辑主义极端,后期走"只看不想"的放任主义极端。走极端怎么有出路呢?难怪他说哲学家好似捕蝇瓶里的无头苍蝇,这其实是他自己思想的写照。

3. 波普尔批判

我原来很欣赏波普尔尖锐、明快的风格,差一点做了批判理性主义者,后来受洪谦先生影响,决定让波普尔也接受批判理性主义的考察。对一个哲学家最有效的批判是内部批评,也就是要指出他的前提与结论不一致的地方,这显然不是要发现推理形式上的错误,而是要提出被他忽视或否认的问题,在新问题面前揭示他的思想矛盾。我承认波普尔的批判对西方科学哲学的中介作用,他的不足在于没有想清楚这样一些问题:证伪与证实是否对立,"确认"与"确证"是否根本不同,试错法是否在逻辑上优于归纳法,一次性证伪能否推动科学的发展,辅助性的假设是否没有积极意义,等等。自由主义者对波普尔的政治哲学评价甚高,麦基甚至说:"我不明白任何一个有理性的人在读了波普尔对马克思的批判之后如何还能继续成为马克思主义者。"①这就言过其实了,马克思的社会科学理论并没有被波普尔所证伪,因为他的证伪预设了这样一些前提:马克思的预言已经完全落空,马克思主义后来的发展只是不可检验的辅助性假设,权力合法性不是政治哲学的中心问题,等等。这些预设经不起批判理性的反批判。

4. 罗尔斯批判

在罗尔斯的《正义论》被译成中文之前,我就写了《劳斯的〈正义论〉解说》("劳斯"后来译作"罗尔斯")一书,在香港出版。从一开始,我就有一个直观,觉得罗尔斯所说的"有序社会"实际上只是20世纪中期西方福利社会,只有应用于这样的社会,他的正义论才有一定的有限意义。20年来政治理论和现实的变迁证实了我最初的评价。罗尔斯的自由主义的一个基本目标是用他的正义原则取代功利主义原则,我认为他并没有达到这一目标。正义原则实际上建立在"两害相权取其轻,两利相权取其重"的基础上,这是政治智慧的实践。在理论基础问题上,功利主义者和罗尔斯并无不同。"功利"并不等于可以用牺牲正义的代价换取大多数人的福利,如同罗尔斯所想象的那样。自由权和社会公正属于基本的功利,比如对大多数人暴政威胁个人自由的不公正性,密尔早就作过经典论证。正义原则主张的自由权优先,机会平等,以及不平等而有补偿的财富分配,都不违反功利主义原则,事实上功利主义者一直在倡导这些政治主张。罗尔斯以批判功利主义为旗帜,把正义问题主题化,表现了观念传播的高明策略,但这不能说明他的思想有多少理论创新的实质内容。果然,当正义原则随着时过境迁而失效之后,罗尔斯提出的"交叉共识""万民法"等政治自由主义口号,浅薄到不值得批判的地步。

(五)用中国人的眼光看西方哲学

1993年,我提出"用中国人的眼光看西方哲学",很多人可能以为这只是一个口号而已,而我是认真的,致力于把这一主张贯彻在我的研究之中。在探索新路径的过程中,我有过困惑和问题,也有些心得,写出来就教于同人。

---

① B. Magee, *Popper*, Fontana Collins, 1974, p.42.

1. 以批判精神破除迷信意识

中国古代文人有盲从圣人、死读圣贤的教条主义传统。现在的学术界除了固有的"土教条"，又有新近的"洋教条"。过去按日丹诺夫的哲学史定义写教科书是洋教条，现在没有批判地追随西方哲学主流观点或时髦风尚，也是洋教条。教条主义的实质是定思想于一尊，离开了权威就不会说话。力戒教条主义，就需要用哲学的批判眼光，审视西方哲学家的思想，名气越大，越要"说大人者则藐之，勿视其巍巍然"。这样说并非狂妄自大，而是依据对西方哲学危机状况的基本判断：当今的西方哲学家或思想家，很少能有把握世界历史的见识。比如孔汉思提倡的全球伦理，遐迩闻名，其实浅薄得很。我本以为不值得批评，但在开会时不得不发表意见。在最后一次和孔汉思开会时，我向他提了两点意见：第一，全球伦理两大规则之一的"己所不欲，勿施于人"，被说成是"金规则"，其实不过是"银规则"；第二，任何伦理行为除了要遵循"金规则"和"银规则"之外，还要有"铜规则"的规范，以及对"铁规则"的防范。

这一批评似乎令孔汉思始料未及，他说关于四规则的区分是"天才的构想"。我不敢掠人之美，应该承认只是利用了一点学术常识而已。再如法国汉学家于连在中国赫赫有名，在一次学术会议上，我当面指出他写的《本质或裸体》一书中的常识性错误。他说中国人像画口袋那样画人体，"画岩石与画人体所需要的条件是相同的"，这反映了一个西方学者对中国文化的无知，不足为怪。令人奇怪的是，他好像也不大懂西方哲学，如说柏拉图认为"裸体最能作为美的本质之化身"。我说，每一个读过《会饮篇》的人都不会同意这一结论；于连改口说，那是普罗提诺的观点。偏偏我对普罗提诺作过专书研究，我说普罗提诺比柏拉图更加贬低身体，他以身体为恶，更不可能以裸体为美的本质。我的批评穷追不舍，有些不礼貌，但为了学术真相，也就顾不了其他了。

2. 让哲学说现代汉语

陈修斋先生说，要学好西方哲学，至少要掌握希腊文、拉丁文、英文、法文和德文。我很惭愧，辜负了老师的希望。我在学习过程中感到，哲学理解力可以弥补外语水平的缺陷。比如有一次读著名的研究康德的专家贝克翻译的

《实践理性批判》，发现其中有一句："There is no reason not to attribute to other reasonable being a different type of ideation"①。我觉得康德不可能这样批判休谟，一查原文，德文果然是"daβ man doch keinen Grund sähe，andernvernûnftigen Wesen eine andere Vorstellungsart beizulegen"②。英译本多加了一个否定词，把意思完全弄反了。贝克的德文当然比我强，他的英译本是权威版本，这一错误流行几十年而未被发现，这就不是德语水平问题，而是理解问题了。英语世界的哲学家倾向于用经验论来理解康德，以为康德和休谟一样认为不可能有不同于人的表象方式的另外的表象方式。但如果理解康德关于理性存在者的思想，上述翻译错误一眼即可看出。这件事情给我一个启发：理论素养比外语水平更重要，文化底蕴比语言技能更重要。我曾与王太庆先生讨论 Being 的意义问题，我主张根据上下文，译为"是"或"存在"或"有"，他主张译为"是"，他的辨析使我受益良多。后来引起更多讨论，一些意见太拘泥于文字意义，而缺乏理论辨析。有人觉得我的译法将瓦解 Being 的意义统一性，我认为 Being 从一开始就没有统一意义，亚里士多德式的"中心意义"并不存在。不同的西方哲学家坚持自认为合理的那一个意义，把其他的意义都归诸其下，由此产生出无休止的争论。在这种情况下，中文用不同的词表示 Being，至少可以提醒人们：Being 在不同理论背景中有不同的意义，不要为追求唯一的统一意义而走上独断主义。现代汉语可以澄清西方形而上学最难表述的意义，这给了我信心：哲学可以说现代汉语。德国哲学兴盛时，德国人让哲学说德语，说古希腊语；在当今世界，哲学实际上在说英语。现代汉语中的哲学词汇是中西哲学和语言的"双向格义"的产物，可以，而且应该成为中西哲学的共同语言。事实上，使用现代汉语，不但成功地引进和移植了中国现代化需要的西方哲学思想，推动了马克思主义哲学的中国化，而且把中国哲学史推向了世界。现代汉语是中国哲学、西方哲学和马克思主义哲学在当代中国交流对话的基础，如果我们能作出创造性成果，使这三种不同的哲学融会贯通，我们就有理由期待未来世界的哲学也说现代汉语。

---

① *Critique of Practical Reason*，Transl by L. Beck，Bobbs-Merrill，Indianapolis，1956，P.B.
② Kantsqesammelte Schriften，*von Preussischen Akadanieder Wissenchaften*，V，1922，S.12.

3. 从对象历史走向主题历史

中国的西方哲学属于哲学史领域,如同其他历史性学科一样,面临着史论关系问题。在以论代史、就史论史和史论结合这三种模式中,我主张史论结合。我认为没有现成的、等待历史与之结合的理论,理论应被历史自身所揭示,真正的史论结合只能是论从史出。但是并不是任何历史都能产生理论,历史性学科的研究者首先要弄清历史的意义。德语中有两个表示历史的术语:"Geschichte"和"Historie",前者是不以人的意识为转移的历史规律,后者是人观察、理解和记录的历史;前者是客观历史,后者是主观历史;前者是塑造人的时间过程,后者是建构历史的人的活动。伽达默尔的"效果历史"企图融合客观历史和主观历史,但实际上只是用解释者的思想传统替代某一个人或一代人的解释,归根到底是主观历史的变种。主观历史是意识的对象化过程,即按照意识的分类标准,把历史过程分割为一个个独立对象,把意识投射在对象之上,加以描述和说明,建立对象间关系,这样才能把历史当作自我意识的对象和思想的建构物。主观历史是对象历史,或历史的对象化;而客观历史是历史的主题化,或主题历史。正如对象历史不是客观对象,主题历史也不是思想主题,而是客观规律的主旨。主题历史在黑格尔那里是绝对精神的世界历史,在马克思那里是人类生产方式的历史实践。黑格尔之后,主观历史在西方甚嚣尘上,黑格尔、马克思阐明的客观历史或被否定,或被替换成思想史、当代史、解释史,文化史,等等。主观历史或对象历史视野中的哲学史,抛弃了黑格尔逻辑和历史相统一的哲学史,又回到纷争意见的死人王国,陷入没有前途的泥潭地狱。我虽早已认识到西方哲学的危机,但直到如今才意识到自己长期从事的哲学史研究也在危机之中,哲学史危机和西方哲学危机互为因果。面临双重危机,论从史出的哲学和哲学史的主题历史互为依托。哲学史的主题历史并不意味着要恪守黑格尔的方法,或只关注生产方式的实践。但黑格尔的基本设想是正确的,那就是,主题历史是真理的自我展开,哲学史上的理论只是真理显现的一个个环节,甚至历代人发现的历史规律也只是真理的环节。哲学家不能像黑格尔那样声称把握了绝对真理,但不能不相信绝对真理的客观存在,客观真理在历史中向人显现,"天命"是人注定要接受的真理显示,人把他所理解的真理写出来,那就是哲学。孔子说"五十而知天命",我年近花甲方知天命,时犹未晚,有生之年当顺天命、求真理,是为自勉。

三、20世纪西方哲学的危机和出路

(一)西方"哲学终结"论的启示

我们说20世纪的西方哲学面临着深重的危机,这已不是一个站在马克思主义立场所作出的推论或预言,而是一个恐怕连大多数西方哲学家也不能否认的事实判断。20世纪西方最著名的哲学家大多对西方哲学的前途抱有危机感。维特根斯坦与海德格尔可以说是分别代表英美分析哲学和欧陆哲学对峙的双峰,然而两人不约而同地得出了"哲学终结"的结论。

维特根斯坦和海德格尔的思想深刻地影响了西方哲学家的哲学观。20世纪70年代以来,"哲学终结"问题已成为他们的一个热门话题。美国哲学家托马斯·麦卡锡在《哲学之后:终结或转变》一书中把当今著名哲学家在这一问题上的立场分为"终结派"与"转变派"。

美国新实用主义代表人物理查德·罗蒂在《哲学和自然之镜》一书中企图终结从"笛卡尔-康德模式"开始的近现代哲学,包括分析哲学和一切职业化哲学。他把维特根斯坦、海德格尔的"哲学终结"论和杜威的"思想工具"论结合起来,认为哲学已不再是高于或独立于其他学科的理论体系,而应被融合在具体科学与文化研究之中。他说:"在这个概念之中,'哲学'不再是一门有着永恒主题的学问的名称,相反,它是一种文化的形态,一种'人类交流的声音'。这种交流在某一时间围绕某一问题而展开。"①罗蒂声称,被终结的只是作为一门独立学科的职业化哲学以及作为一种理论形态的系统化哲学。哲学的终结并不妨碍哲学史研究,也不妨碍融汇在"人类对话"之中的哲学充当"文化批判"的角色,保持启迪人心的教化功能。

转变派的代表人物是被称作"最后一个伟大的理性主义者"的德国哲学

---

① Richard Rorty, *Philosophy and the Mirror of Nature*, Princeton University Press, 1979, p.264.

家尤里根·哈贝马斯。哈贝马斯在西方理性危机的大气候中考察哲学危机，他认为传统的"主体哲学"在黑格尔体系中达到顶点，黑格尔体系崩溃之后，虚无主义、非理性主义、主观主义和相对主义泛滥。20 世纪的哲学在传统的理性主义和新近的非理性主义两个极端的夹缝中谋生存，焉能没有危机？消除危机的途径是在批判的基础上超越这两个极端。从词源学上看，"批判"（critique）来自"危机"（crisis），摆脱危机的出路在批判的理论。作为法兰克福学派的传人，哈贝马斯认为在西方社会现代化过程中起作用的是"工具理性"，理性成了征服自然、控制社会、操纵个人的工具，集中体现在被他称作"经验–分析科学"即自然科学技术和"历史–解释科学"即社会科学之中。他指出在这两类科学之外还有一门"批判性科学"，主导这一门科学的理性是"目的理性"，这是一种合理地表达自己的目的并理解他人的目的的社会交往活动，它使理性的主体真正成为社会的主体，使个人和社会集团摆脱"文化防御系统"的限制，达到社会的团结与文化的协调。他用"社会交往理论"为西方哲学的目标与方法的转变树立了一块样板。他认为谈论哲学的终结本身就是一种哲学，正如非理性主义使用理性论辩反对理性主义一样，这是一种自相矛盾现象。他说："不管这种哲学如今被称作什么，基础存在论、批判、否定辩证法也好，谱系学也好，这些假名都不能隐瞒传统哲学形式下蕴含的东西。哲学终结的难言之隐披戴着哲学概念的装饰。"①

哲学家们争论"哲学是否应该终结"，颇有点像莎士比亚笔下的哈姆雷特在思索"是生还是死"（to be or not to be）的问题。这一争论本身说明西方哲学面临着难以解脱的理论困境。在我看来，哈贝马斯关于西方哲学经历着转变而不会终结的看法似乎更有道理。不过，在哲学内部思考哲学的终结并不是自相矛盾的荒谬。我们需要对西方哲学危机的性质、起因和过程作出进一步的分析，才能理解讨论哲学终结问题的实际意义。

（二）第四次哲学危机

从历史上看，西方哲学经历多次危机，每一次危机都迎来哲学的进一步

---

① Richard Bernstein, ed., *Habermas and Modernity*, Cambridge University Press, 1985, p.166.

发展。西方哲学的最早形态是古希腊自然哲学。自然哲学的原则和结论在公元前5世纪时遭到智者学派的相对主义、怀疑主义的诡辩与功利精神的挑战，这可以说是第一次哲学危机。危机之后出现了古代哲学最辉煌的成果——柏拉图和亚里士多德哲学。希腊化哲学在罗马时期被伦理化，罗马官方哲学家的贵族式的清谈与虚伪同伦理化哲学的践履精神与普及性正相反。马克思和恩格斯引用罗马后期讽刺作家琉善著作说明"人民如何把他们看作当众出洋相的丑角"①。这一次哲学危机为基督教哲学的诞生铺平了道路。基督教哲学以信仰的确定性和道德的实践性在特定历史条件下满足了人们的道德理想与追求，因而取代罗马官方哲学并成为中世纪的主要意识形态，它随着"千年王国"的衰落而步入危机时期。15、16世纪的人文主义者尖锐地批判经院哲学，却未能用新的哲学取而代之。文艺复兴时期哲学表现出过渡阶段的特征：新旧学说交替，科学与伪科学混杂，相对主义流行，哲学的功能被其他文化形态所替代。直至17世纪之后，哲学与新兴的自然科学结盟，一个个新的哲学体系才被建立起来。近代哲学对科学的发展、资产阶级革命的发生、社会的进步和人们思想观念的转变起到巨大的推动作用，哲学确如黑格尔所说集中体现了时代精神和民族精神，哲学作为"科学之科学"的美誉主要是在这一时期获得的。黑格尔之后的西方哲学向不同方向演化，到了19、20世纪之交，它的总趋向已呈现出危机景象。

用历时性的观点看问题，20世纪西方哲学经历着继希腊自然哲学危机、罗马伦理化哲学危机和经院哲学危机之后的第四次哲学危机。现代的哲学出版物的数量以及号称"哲学家"的人数超过了以往任何一个历史时期。然而，与哲学史上的创造、发展时期相比，20世纪西方哲学并没有产生综合各种文化形态的体系，没有一个独领风骚的派别。一个个哲学流派的兴衰枯荣，一批批哲学家熙来攘往，构成一幅幅扑朔迷离的图景，斑驳陆离的学说透露出内容的贫乏与重复，新颖时髦的语言掩盖不住模仿的陈旧痕迹，以致罗蒂借用一句好莱坞的行话描述哲学场景："我们每一个人都是五分钟的明星"②。

① 《马克思恩格斯全集》(第3卷)，人民出版社，1998年，第148页。

② Richard Rorty, *Consequences of Pragmatism*, Unvierstiy of Minnesota Press, 1982, p.216.

如何认识现代西方哲学的多元化倾向呢？应该承认，在一定条件下，理论多元化往往是思想创造与学术繁荣的标志。20世纪哲学多元化固然反映了当今世界政治经济多极化、文化多样化的总趋向，但是我们在上面描述的时髦多元化场景仍是一种危机的表征，因为它反映出哲学危机时期的两个重要特征：哲学在实践上失去了在意识形态领域的主导地位，在理论上陷入了相对主义的误区。哲学在西方已失去了"科学之科学"或"第一科学"的地位，哲学家过去在公众心目中是智者和贤人，现在却成为一类专业人员。他们使用专业术语，乐而不疲地争论本派别所感兴趣的问题，局外人却不知所云。卡尔纳普曾揶揄形而上学家是"没有音乐才能的音乐家"，他们现在的公众形象更接近于不赚钱的律师。各派哲学或相互攻讦，但更多时候是以邻为壑。相对主义蔓延于一切没有共知共识的领域：真理观、意义观、价值观、伦理学、人性论、科学观、方法论，等等。现今相对主义的一个最新概念叫"无公度性"：在不同语言、学说和方法之间，没有一个衡量是非优劣的统一标准。相对主义的结果不是百家争鸣的繁荣，而是各行其是的芜杂。正如一位学者写道，相对主义"限制了对人类作品的批判性评价，使人们解除武装，失去人性，不能相互交流，不能从事跨文化、跨文化所属领域的批判，相对主义最终取消了任何批评……在相对主义背后笼罩着虚无主义的阴影"[1]。

从共时性观点看问题，20世纪西方哲学危机不是孤立现象，它是西方理论危机的一部分。据亚里士多德区分，物理学、数学和哲学是三门主要理论科学。这三门学科在世纪之交几乎同时发生危机。经典物理学的一些基本观念失效导致物理学危机，逻辑悖论的出现导致第三次数学危机。所不同的是，物理学与数学通过革命性变化克服了危机，"哲学革命"却未能摆脱危机。究其原因，哲学危机的性质比物理学、数学危机更为严重，它所面临的是失去自身研究对象的危险。

传统的西方哲学有三大主题：上帝（第一存在）、物质（自然界）和精神（灵魂）。18世纪的启蒙运动和自然科学已构成了对哲学主题的威胁，以致康德在《纯粹理性批判》中把这三个主题列为"先验幻相"，但他仍承认它们对

---

① J. C. Jarvie, Rationalism and Relativism, British Journal of Sociology, No.34, 1983.

于理论体系的假设和道德实践的公设是不可缺少的。到了 19 世纪末,哲学才开始失去了这些对象。尼采发出"上帝死了"的呼喊标志着世俗性文化对上帝的哲学的彻底否定。孔德的实证主义,特别是马赫在物理学中发起的现象主义把自然哲学的思辨从实证科学中驱逐出去。20 世纪初冯特创立的实验心理学把对精神的研究也转变为实证科学,用心理学替代哲学认识论的"心理主义"思潮侵入了传统哲学的最后一块领地。

应该提及的是,恩格斯早已看出这场危机的端倪,他说:"对于已经从自然界和历史中被驱逐出去的哲学来说,要是还留下什么的话,那就只留下一个纯粹思想的领域:关于思维过程本身的规律的学说,即逻辑和辩证法。"①他在《反杜林论》中更清楚地说,除了"形式逻辑和辩证法,其他的一切都归到关于自然和历史的实证科学中去了"②。虽然恩格斯没有看到心理科学的创立,此后,"纯粹思想的领域"不再专属于哲学,然而他预言形式逻辑将成为哲学研究的一个特有对象,这是很有见地的。我们把 20 世纪初从形式逻辑领域开始的"哲学革命"及其发展看作西方哲学为摆脱危机而作出的努力。如前所述,按照时间顺序,我们把 20 世纪西方哲学分为三个阶段:二战之前的"哲学革命"阶段、二战后至 60 年代的哲学投身于社会阶段、70 年代之后的哲学融汇于文化阶段。

哲学与文化相融合的趋势已经造成了一种新的文化氛围,这就是在西方知识界流行的后现代主义。后现代主义文化有三个来源:后现代主义艺术(包括建筑),后工业化社会的社会学及后结构主义的哲学。这三种因素的交会使人很难孤立地谈论"后现代主义哲学"。然而在后现代主义文化中,我们可以分辨出与传统哲学相对立的思想观念,它们与尼采、弗洛伊德、海德格尔、维特根斯坦及 20 世纪 60 年代的一些哲学思想有承袭之处,因此,我们完全可以对后现代主义作出哲学上的评价。总的来说,后现代主义仍然表现了哲学危机时期的过渡性:它一方面继承和发展了反传统哲学的思维方式,另一方面满足于相对主义、多元主义的怀疑与批判,未能提供成熟的稳态理论。正如美国哲学评论家理查德·伯恩斯坦指出的:"所谓后现代性有这样一

---

①② 《马克思恩格斯全集》(第 46 卷)(上册),人民出版社,2003 年,第 29 页。

个重要特征：否定、解构、怀疑和揭露的新的游戏精神。"①下面试举数例说明。

第一，反人本主义。反人本主义思潮始于结构主义。福柯认为，西方人学高扬的"人"是18世纪的产物，现代意义上以个体为本位、以自我意识为核心、以自由为本质的人已经死去。后结构主义者德留兹更彻底地把"人"消解为一架"欲望机器"，这架机器的生产和消耗、欲望的扩张与收敛的无序运动交织成一系列历史事件和文化现象，其中没有个人的意识与自由的作用。

第二，反科学主义。后现代主义的一个重要目标是超越17世纪以来理性以科学为楷模的传统。第一个把后现代主义引入哲学的法国哲学家李欧塔说，现代主义是唯科学主义的胜利，它借助了法国启蒙主义和德国黑格尔主义这两个"民族的神话"。他区分了"叙事"与"科学"两种言说方式。现代主义的特征是以叙事（包括神话）聚敛为科学，为科学服务，后现代主义的特征是科学分散为叙事，叙事被当作游戏。他的理由是，后现代主义是计算机时代，计算机的信息游戏的规则决定了信息的获取与储存，决定了知识的内容和决策过程。唯科学主义依赖的"宏大叙事"（grands recits）将被分散的叙事和创造性的"语言–游戏"所代替。

第三，反本质主义和反中心主义。德里达把西方哲学传统归结为"逻各斯中心主义"，即用二元对立的范畴概括一切现象，然后以其中一组范畴为中心，把另一组范畴边缘化。中心范畴总与"理性"和"言说"有关（希腊文 logos 兼有理性与言谈之意）。哲学证明理性高于情感，言说高于写作，它把自己置于文学之上，成为文化的核心。德里达反"逻格斯中心主义"的策略是在合理地确定文本的中心的地方显示文字的"分延"（差异与推延），在人们认定有结构的地方进行解构，在传统哲学发现本质与统一性的地方指出流动与多样性。

第四，反历史进步观和时代终结感。后现代主义以启蒙运动为批判目标，认为启蒙运动开始了用理性筹划规定历史发展方向和进程的历史决定论。历史进步观和时代终结感是历史决定论的正反两方面的副产品。我们从

---

① 薛德震：《社会与人》，山西人民出版社，1985年，第93页。

时代终结感这一点切入本文讨论的哲学终结问题。有人指出："被终结所困扰的危机感是我们所指的现代主义的流行病。"这种危机感与中世纪人对"千年王国终结"的恐慌与喜悦交集之感实为一脉相承。按照这一说法，西方哲学家的危机感产生于对新旧交替的期望，期望值越高，则危机感越重。如果他们平静地接受已经退出西方文化中心位置这一事实，他们也会看到哲学在文化中所保留的一席之地，既不期待哲学重新占据中心，也不必为哲学的现状与前途担虑。出于这些想法，后现代主义者并不想建立新的哲学取代传统哲学，他们只是在文化研究中尽量发挥哲学的作用。

回到原初的问题：哲学是否会终结？20世纪西方哲学的历程已发展到这样一个阶段，关键问题已不是哲学是否会终结，而是融合到文化研究之中的哲学能否成为一门独立学科，抑或成为跨学科的综合学科，或被分化为各种边缘学科？现在对这一问题作出结论为时尚早，但是西方哲学将在后现代主义文化中继续发展，这大概是没有什么疑问的。

四、中国的西方哲学任务

进入21世纪之后，中国的西方哲学学科建设和研究在改革开放前后广泛翻译和研究的基础上取得了新的进展，但我认为也面临新的任务和问题。我在回顾既有成就的同时，对中国的西方哲学研究的现状和面临的任务有一些思考。以下拟从四个方面谈谈自己的观点。

(一)西方哲学教科书体系的研究

中国学术界的一个特点是用教科书界定学科体系。贺麟先生在抗战时期就指出，西洋哲学之传播到中国来，实在太晚！中国哲学界缺乏先知先觉人士及早认识西洋哲学的真面目，批评地介绍到中国来，这使得中国的学术文化实在吃亏不少。虽然"西方哲学史"这门课最迟在1917年就已经开设了，胡适、张颐、汤用彤、贺麟、陈康、郑昕、任华等著名教授都讲授过这门课，但新中国成立前北京大学使用的是梯利的《哲学史》英文教材，20世纪50年代使用的教材是苏联人写的《哲学史》多卷本。新中国成立以后出现中国人自己写的西方哲学教科书，最早可追溯到 1957 年出版的《哲学史简编》，其中的西方哲学史部分由洪谦、任华、汪子嵩、张世英、陈修斋等执笔。这部分内容后经汪子嵩、张世英、任华等改写成《欧洲哲学史简编》，于 1972 年出版。北京大学西方哲学史教研室集体编写的《欧洲哲学史》、陈修斋和杨祖陶编写的《欧洲哲学史稿》，全面总结了新中国成立后中国的西方哲学研究和教学的成果。20 世纪 80 年代以后，在改革开放的大格局中，西方哲学研究取得了丰硕成果和空前进展，全增嘏主编的《西方哲学史》，苗力田、李毓章等编写的《西方哲学史新编》，冒从虎等编写的《欧洲哲学通史》，朱德生、李真编写的《简明欧洲哲学史》，特别是刘放桐主编的《新编现代西方哲学》、夏基松的《现代西方哲学》等一批优秀的西方哲学教材确定了"西方哲学史"和"现代西方哲学"两大学科体系的框架和基本内容。

21 世纪出版的一些教科书是中国的西方哲学研究更新换代的标志性成果，在深度和广度上有两个特点。一是西方哲学研究者通力合作，依托国家和省部级的社会科学研究项目，编写多卷本西方哲学史。叶秀山、王树人主编的八卷本《西方哲学史》学术版，刘放桐、俞吾金主编的多卷本《西方哲学通史》，体现了中国学者的集体智慧，堪称标志中国的西方哲学研究整体实力的"学术航母"。二是适应培养哲学思维、启迪批判创新的教育改革的需要，如韩震主编的《西方哲学概论》，邓晓芒、赵林编写的《西方哲学史》，张志伟等编写的《西方哲学史》，江怡主编的《走向新世纪的西方哲学》等，围绕哲学问题，在哲学论证方面下功夫，虽然篇幅不大，但起到了举一反三、启发智慧的效果。

通过上述西方哲学教科书的编写可以看出，中国学界已形成了有中国特色的西方哲学学科体系，把西方哲学的思想转化为中国哲学现代形态的组成部分。现在面临的问题是"如何完善和加强这一独特体系"。有些问题不是中国研究者所特有的，西方哲学史家也在继续研究和争论这些问题。比如古代哲学、中世纪哲学、近代哲学和现代哲学这"四大块"是如何过渡和衔接的？西方哲学的逻辑线索是线性发展、螺旋上升，还是交叉重叠？现代哲学开始于黑格尔之后还是 20 世纪之初？哲学史分期与世界史分期有何关系？可以设想和预见：对这些"宏大问题"的不同回答将对各个时期西方哲学的体系和具体哲学思想的解释视角、方法和结论产生重要影响,包含着很多潜在的创新点,值得我们下力气研究。

(二)西方哲学著作的翻译

西方哲学史教材与西方最新哲学成果的翻译和引进相结合、教科书与资料选辑相结合,是中国的西方哲学研究教学的主要机制。北京大学外国哲学史教研室在 20 世纪五六十年代编译的西方哲学原著资料四本,即《古希腊罗马哲学》《十六—十八世纪西欧各国哲学》《十八世纪法国哲学》和《十八世纪末—十九世纪初德国哲学》,哺育了整整一代哲学工作者。20 世纪 80 年代编译的两卷本《西方哲学原著选读》已是"经久耐用"的教学资料。现在,西方哲学家的主要著作都已经有了中译本,国外流行教科书大部分被翻译成中文出版或原版引进。西方哲学的翻译工作正在向系统化、规模化方向发展,翻译"全集"蔚然成风,主要哲学家如柏拉图、亚里士多德、康德、维特根斯坦、奎因、卢梭、黑格尔、尼采、杜威、海德格尔、胡塞尔等人的"全集"已经或正在出版。西方哲学原著翻译的积累和更新,为提升西方哲学研究的整体水平提供了坚实而宽厚的学理基础。

西方哲学名著的翻译从来就不是单纯的语言转化问题,围绕着中译哲学术语争议的背后是深层次的不同的哲学理解。越来越多的西方哲学研究者意识到,翻译不仅是语言文字功夫,而且是思想内容和思维方式的比较。只有文理通顺的中西互译,才能推动西方哲学研究的深入。虽然陈康早有"要使研究希腊的西方人以不懂中文为憾"的理想,但"现代汉语对西方哲学的作用和意义"的问题在中国仍无共识。一些专业研究者认为,西方哲学既然是国际学问,中国学者就不必自搞一套,而要与世界接轨,他们主张西方哲学的教学和研究都需要从原文原著出发,不能以英文译本和文献为校准,更不能依赖中文翻译。我所持的基本观点是:在中国的西方哲学,研究主体是中国人而不是西方人,使用的主要语言是中文而不是西文。虽然原文原著的教学和研究在任何时候都不可或缺,但当西方哲学的学理在研究主体、接受对象和学术环境等条件从西方转移到中国,那么用中国人的眼光看待西方哲学、用现代汉语思考西方哲学,便变成了中国当代哲学的时代精神和研究路径。国人总是根据政治形势、社会改革以及文化建设的需要,有选择而不是盲目地、有重点而不是面面俱到地翻译引进、研究、传播和吸收西方哲学。

西方哲学著作的中译不能"雅"而无"信",也不能"信"而不"达"。不同语系之间的"不可译原理"不符合事实,但要完全符合"原意"也是空洞的苛求。即使西方学者的术语也有不同的理解和译法,那么中译应遵从哪一种"原意"呢? 西方哲学的前辈学者已经为我们树立了"为理解而翻译"的榜样。新一代的翻译有两种貌似对立的想象:一是按照词典、没有理解的"硬译",闹出许多笑话;二是按照西方学者的某一派主张或自己个人的理解,颠覆前人所创立、现已约定俗成的译法。不是说约定俗成必定正确,不可继续探究和修改,但现在的问题不是哪种译法最正确,而是改善已有的译法是否必要,有何合理性,有何得失。实际上,任何译法都有缺陷,没有"最正确",只有"较合理",很多疑难只有通过注疏才能表述其在原著上下文中的意义。在西方哲学翻译集成化的形势下,我们应注重两条:一是翻译的质量和注释,二是翻译的推广和普及。后者尤为重要,少数专家直接阅读原文原著,翻译哲学著作的目的主要是供非专业人士甚至大众看的,因此应该尽可能用中国人喜闻乐见、约定俗成的语言,按照汉语的思维和表达习惯来翻译和解释西方哲学原著。

(三)中西马哲学对话的中介

哲学二级学科交流的关键是中西马哲学的对话交流,哲学界中、西、马对话交流的呼声很高,会议不少。各学科的学者认识到,这并不是要求一个哲学工作者精通中西马哲学的全部知识,而是在研究本专业具体问题时应有其他学科的视野,比如研究中国哲学的某一概念或观点,要知道与此相关的西方哲学观点是什么。同时,越来越多的学者自觉地在比较宽广,甚至跨学科的领域中提出和解决问题,不但没有削弱专业化,而且在更深层次的问题上引起更多专家的共鸣。特别引人注目的是,近十年讨论的一些热点问题虽自某个二级学科内开始,涉及的问题却与中西马哲学三者关联,其他学科的学者也积极参与,形成了有利于拓宽视野、深化问题、更新方法的观点和共识。

中西马哲学的对话不是"三国演义"式的混战，而是两两对话式的深入比较。比较涉及"中西""西马"和"中马"这三个对子。从哲学界现状来看，前两个对子硕果较多，而"中马"的比较相对薄弱。究其原因，主要是马克思主义哲学与古代中国哲学缺乏共时性，只能进行历时性的同异比较，容易出现"自其异者视之，肝胆楚越也；自其同者视之，万物皆一也"（《庄子·德充符》）的"庄子悖论"。在中西马哲学的共时性对话交流中，"西"是"中"和"马"的中介。辩证法的中介使得没有联系的事物发生联系，由非此即彼过渡到亦此亦彼。"中西"和"西马"的共时性对话，可以从理论与实际的结合点上促成"中马"的实质性对话，从而为弘扬中国优秀传统文化和中国特色社会主义的结合奠定哲学理论基础。

西方哲学既然要承担中西马哲学的中介任务，就需要用更高的要求、开阔的视野和新的方法来发展自身。中国20世纪80年代思想解放的一个重要成果就是摒弃了日丹诺夫关于"哲学史是唯物主义和唯心主义两军对阵"的定义，这并不意味着中国的西方哲学研究不需要批判精神。西方哲学是充满批判的思想英雄们的较量，不以批判的态度看待西方哲学便不能掌握其精髓所在。但是目前的西方哲学领域，大部分人还是采取哲学史家的态度和方法，缺少中国式批判和理论创新的自觉。批判不是简单的否定，而是扬弃了的肯定和有保留的否定之间的张力。我们应该永远告别改革开放之前那种用政治批判代替学术争论的武断粗暴做法，但现在没有任何批判、完全肯定、一味转述的做法也不可取，这两个极端都是缺乏自信、没有自觉的表现。四十多年来，中国人一直以积极的态度和正面评价来引进西方哲学。但我们也应该看到二战前后西方哲学消极、负面的社会影响，引以为戒，不能盲目转述和效仿。我们不但需要用现代的眼光来看待中国传统哲学，用发展了的眼光来看待马克思主义哲学，也需要用中国人的眼光来看待西方哲学，努力把西方哲学的优秀成果与马克思主义哲学、中国传统哲学结合起来，建设面向中国、走向世界的当代中国哲学。

(四)西方哲学可以大众化吗?

借用马克思的一句话:这不是一个理论问题,而是一个实践问题。马克思主义哲学和中国哲学的大众化比西方哲学的大众化有不可比拟的优势。中国古代虽无哲学之名,但有哲学之实,那些现在被称为哲学家的古代士人大多出身于耕读传家的乡绅,他们的道德文章虽然有些超脱清谈,但总以民情国事为本,可谓识字知书达礼之人的大众哲学。马克思主义在中国最初是众多西学中不起眼的一个,在刚发展之时又被讥为"不符合中国国情",但经过大众化之后,在短短的二三十年间就变成占统治地位的意识形态。蒋介石和蒋经国都曾把艾思奇的《大众哲学》放在案头,蒋介石多次在有台湾军政要员参加的会议上说:"我们同共产党的较量,不仅是输在军事上,乃是人心上的失败。一本书搞垮了我们的思想战线! 这样的东西,你们怎么就拿不出来。"①

西方哲学可以大众化吗? 答案是肯定的。苏格拉底是第一个把哲学大众化的人,以致他的死不但在当时雅典是重要的公共事件,而且成为西方思想史的里程碑。西方哲学大众化的最近事实是启蒙时代的哲学。按照黑格尔的说法,"在世界历史的这一伟大时代, 只有日耳曼和法兰西这两个民族参加了,尽管它们是相互反对的"②。尽管两国启蒙思想不同,但社会影响的规模和程度相当。法国启蒙哲学家的学说控制了舆论民情, 导致了大革命的发生。可以说,法国启蒙哲学家对法国做出了巨大的贡献。马克思说:"我们德国人在思想中、在哲学中经历了自己的未来的历史"③,那是指在民族统一之前,德国哲学首先统一了人民的思想。恩格斯说:"德国的工人运动是德国古典哲学的继承者"④,这是说马克思主义通过德国古典哲学的中介首先在德国工人中间传播开来。

对中国人而言,"西方哲学可以大众化吗"这一问题尤为尖锐也更难解决,

---

① 李今山主编:《缅怀与探索:纪念艾思奇文选(1981—2008)》,中共中央党校出版社,2010 年,第 180~181 页。

② [德]黑格尔:《哲学史讲演录》(第四卷),贺麟等译,商务印书馆,1978 年,第 240 页。

③ 《马克思恩格斯文集》(第一卷),人民出版社,2009 年,第 9 页。

④ 《马克思恩格斯文集》(第四卷),人民出版社,2009 年,第 313 页。

原因有三个方面。

首先,西方哲学在 20 世纪面临危机,遭遇了形而上学的颠覆,现在只是人文学科和社会科学的一个普通专业。哲学家过去的公众形象是智者和贤人,现在却是这样一类专业人员:他们使用专业术语,乐此不疲地争论只有本派别或圈内人士才感兴趣的问题,局外人却不知所云。哲学的从业人员越来越少,哲学的社会影响越来越小,于是有些西方哲学家现在把"公共哲学"当作哲学的出路。

其次,哲学工作者中有一种抵制大众化的普遍心态,往往用"无用之大用"的辩解或"精神贵族"的自诩为哲学危机解围,当不能被公众所理解时,就发出 "实践哲学""心性之学""生活世界""修齐治平""终极关怀""功夫之学"等此起彼伏的呼声,但总是雷声大、雨点小,这些口号的背后依旧是抽象学说或历史概述。

最后, 中西文化传统和语言的差异使得西方哲学很难在中国用中文大众化。在一些专家学者看来,似乎不读马克思恩格斯的德文考证本就不懂马克思主义,不恢复中文的"古语系统"就不能弘扬中国传统文化,不读"原汁原味"的外文版就不能理解希腊、罗马、英国、法国和德国等外国哲学。"信达雅"的翻译和民众喜闻乐见的语言本是中外哲学交流和大众化的媒介,现在却被视为学习和研究哲学的障碍。

五、西方哲学处境化的五条经验

1990 年,不少西方哲学研究者有风声鹤唳之感,陈修斋教授指出:"既然今天仍旧甚至更加需要引进西方哲学, 那么对于以往三百年或者至少一个半世纪以来引进西方哲学的历程进行一番回顾,总结其经验教训,探索其规律性,以作当前和今后引进工作的借鉴,就是很有必要,也是很有意义的事。这工作本来早就应该做了,可惜的是以往虽也有人在这方面尝试过,做过一些初步的或局部的工作, 但在此以前还始终没有人来对西方哲学传入中国的过程,做过全面、系统的考察,因而留下了社会主义文化建设中一块亟待填补的空白。"秉承师嘱,不惮对百年中国西方哲学处境化的经验教训做点总结,谈不上全面系统,探索规律性,只是笔者的感悟,对一百多年"三化"过程中反复出现的五种关系进行反思。

(一)中国处境中政治与文化的关系

学习西方哲学不可能面面俱到,西方哲学的译介和传播不是不加选择的"拿来主义"。浸淫于"经济致用"中国学术传统的西方哲学研究者,总是根据中国政治文化的需要有选择地引进西方哲学,这是西方哲学处境化的一般倾向。从政治与文化的变化和两者复杂关系的观点看,处境化不同阶段呈现出不同热点、重点和特点。

在第一阶段,文化建设需要有不同含义,自由派要以世界现代文化改造中国传统文化;保守派要保持中国文化根底,进而走向世界挽救危难;革命派要以马克思列宁主义全面改造中国政治经济,彻底解决文化问题。虽然目标和取向不同,但三派都以爱国救亡为最大政治,因此在激烈的论战中从不同方面推动中国现代文化的转型。第二阶段是中华民族生死存亡的紧急关头,抗日救亡的共同目标把中、西、马三个领域的哲学家团结在一起,成为马克思主义哲学中国化、中国传统哲学现代化、西方哲学处境化的"三化"并行、相反相成的保障。第三阶段的政治统摄学术,学术服务政治。马克思主义哲学既是指导思想,也要服务于改造社会和继续革命的政治需要。这种交叉关系为中西哲学史研究带来幸运,政治既需要马克思主义哲学直接的全局服务,也需要中西哲学史间接的辅助,中西哲学史学科因而得以曲折潜行,不像社会学、法律学等遭受灭顶之灾。在第四阶段,中国特色社会主义道路需要借鉴世界马克思主义与时俱进之新,也需要中国传统文化的滋养,改革开放政策需要西方哲学的现代知识。在国家大力扶植下,哲学全面繁荣发展。

回顾"三化"的时代背景,可以看到政治需要对哲学的存在方式、发展方向和内容的决定性作用。这不仅因为政治统摄学术、学术服务政治的传统和现实,而且由于现代哲学的意识形态本性,占有精神生产资料的统治者决定了意识形态生产的过程、产品、分配和消费。

鉴于政治决定学术在第三阶段造成的损害,以及在现阶段存在的学术产品质量不高、社会影响不大等弊病,现在对政治与哲学关系有两种主张:

主张政治与哲学相分,或主张哲学指导政治。对这两种主张要做可行性和合理性的论证。

政治与哲学相分意味着不能用行政命令解决哲学争论,但不意味着哲学不讨论政治问题,也不意味着国家退出对哲学研究的资助。正确理解和处理政治与哲学的关系,需要执政者和学者相向而行。一方面,在精神生产领域,改善执政方式和提高执政能力,尊重精神生产自身规律,尊重学术自由、自主表达的权利,充分发挥学者自主研究和在研究项目制定和管理工作中的作用。另一方面,学者调整心态,关注思想的政治背景和取向,深入研究政治问题。即使在有着"为智慧而智慧"思辨传统的西方哲学史中,政治始终是社会背景和研究主题的重要方面,现代西方哲学的政治意识和功能更加明显。关心和研究政治不仅满足实践需要,而且出自理论自身发展的必要性。

哲学指导政治不等于哲学家指导政治家,"哲学家王"和"国师"在现代国家中是一个神话和幻想。即使政治哲学,即使自觉的意识形态,没有可能、也没有必要把哲学家的任务限定为指导政治。但这不意味着哲学对政治没有影响力,而是说哲学以多种方式影响社会习俗、思维方式、决策过程。哲学是自由的学问,无论是理论型还是实践型,无论是非功利还是功利的,哲学都直接和间接地影响政治。学术乃天下公器,哲学更是公开对话的社会活动,根本不靠宗派的"秘传"影响政治。

(二)独立人格和文化自觉的关系

"文化"是一个意义极其宽泛的概念,而且各国文字含义不同。按马克思主义理论,文化属于上层建筑范畴,包括政治、法律、哲学、宗教等意识形态,也有科学技术、语言逻辑等非意识形态。从日本传入的借词"文化"综合了古汉语中"人文""人道""教化""文明""礼俗"等意思,而西文(以德文为例),文化(kultur),教化(bildung),文明(zivilisation)意义殊异。现代汉语"文化"吸收了马克思主义上层建筑的概念,意义更加广泛。但无论中国文化、西方文化,还是马克思主义,都尊哲学为文化之首。马克思肯定当代世界哲学是"文化的活的灵魂",《中庸》所说"尊德性而道问学,致广大而尽精微,极高明而道中庸"可谓中国哲学"天人合一"之道,而西方传统把哲学尊为科学之科学。

如果说中西马哲学的"三化"都以改造建设中国文化为己任,限于政治与文化关系总结哲学发展的经验教训显然不够,还要讨论哲学如何改造建设中国文化的目的、途径和方向。20世纪初,中西文化讨论是各阶段热门话题,但中西马哲学对文化意义有不同理解,难以达成共识,"文化热"无果而终。因此要在中西马哲学的文化观中求解"最大公约数",以此融汇中西古今优秀因素,共建当今优秀文化。

中西马哲学中诸多耳熟能详的学说和原则,都指向独立人格之张扬。无须经过细致分析和论证,不难看出:中国的心性之学、天人之学和体用不二、知行合一的仁学,西方的"自我意识""自由意志"和通达的情感、超越的精神,以及马克思主义的自由解放学说、人自身和环境改变相一致的实践哲学,都立足于自立、自尊和自由的人格,通晓社会和自然界中人的自由之翕辟。

历史表明,西方哲学和马克思主义哲学在中国的传播的动因正是寻求独立人格。梁启超在1905年用笛卡尔的"我思故我在"解释"格物致知",他说,"我有耳目,我物我格,我有心思,我理我穷";引入近代西方哲学意在"破世界之奴性,摧毁千古之迷梦",要使中国富强和繁荣,就必须像培根和笛卡尔那样反对奴性,既不做中国旧学的奴隶,也不做西方新学的奴隶。而马克思主义以反帝反封建的自由解放学说影响一代新青年。新儒家开展研究所围绕的中心也是人的自立和自由。熊十力说:"古代封建社会之言礼也,以别尊卑、定上下为其中心思想。卑而下者,以安分为志,绝对服从直尊面上者。虽真思想、行动等方面,受无理之抑制,亦以为分所当然,安之若素,而无所谓自由与独立。及人类进化,脱去封建之余习,则其制礼也,一本诸独立,自由,平等诸原则,人人各尽其知能,才力,各得分愿。"(《协语要·示菩儿》)

不能把人格独立当作个人私利的诉求。在中国通天人、群己、知行的传统和处境中,人格培养不能脱离社会实践,个人自由不能没有权利和义务的行使,人性解放不能没有民族国家自由解放的前提,新文化建设不能没有中国文化的自觉。作为中西马哲学"三化"最大公约数的人格独立,要求通过国民性的塑造,弘扬中华民族自立于世界之林的国格。自立、自尊、自强的健全人格是每个国民身上体现的国格。如果国民的人格不健全,何谈独立尊严的国格和中国文化的自觉和自信。

(三)中西马哲学发展的辩证关系

中西马哲学的辩证统一在于"三化"。20 世纪"三化"历史的教训是不能把马克思主义哲学同中西哲学对立起来，也不能把中国哲学同西方哲学对立起来。但经验不能只用两个"不能"的否定判断来概括，如何表达"三化"的关系呢？有种观点认为马哲和中西哲非此即彼，不是唯物论就是唯心论；这种观点在"三化"的第三阶段是主流，现在第四阶段各派观点纷纭，有人认为三者有中心和边缘关系，以马哲为中心，以中西哲为两翼；有人认为以马哲和中哲为中心，马哲为体，中哲为魂，而西哲只是附属的用；还有人干脆把三者分开，主张中西马哲学"三足鼎立"。这些主张虽然能自圆其说，但都不是辩证关系。如果不想重复劳而无功的抽象论述，现在需要的是把"三化"看作矛盾统一的辩证关系。矛盾是对立的非此即彼，要统一起来，就需要一个亦此亦彼的中介。"中介"原是黑格尔辩证法的环节，马克思把中介视作分析实践过程的理论工具。分析中西马哲学的"三化"过程，可以把亦此亦彼的"中介"看作一种传递关系：设 a=b，b=c，则 a=c。在 20 世纪"三化"的历史过程中，b 是西方哲学，a 是中国传统哲学，而 c 是马克思主义哲学。西方哲学一方面与中国哲学长期保持双向交流关系，另一方面又是马克思主义哲学的来源，以西方哲学为中介，就在马克思主义哲学与中国传统哲学之间搭建了一座桥梁，达到了中西马的辩证统一。

"三化"的教训是不能把马克思主义哲学同中西哲学对立起来，也不能把中国哲学同西方哲学对立起来。但经验不能只用两个"不能"的否定判断来概括。中西马哲学究竟有什么样的肯定关系呢？有各种说法，如"一体两翼"或"三足鼎立"，或借"中体西用"还"马魂"，或把中国古经、希腊古学和当代马学"参同契"。这些主张虽然能自圆其说，但不能有效促进中西马哲学对话和沟通，它们的有效性不能通过实践检验。难怪有人讥讽说，"打通中西马"只是吹牛皮，或者说，只是打不出井的"打井学"。这些有益的教训告诉我们，现在如果不想重复劳而无功的嘴皮仗，就需要符合逻辑和历史的新概括。

逻辑和历史相一致是辩证法的原则,因此需要把中西马哲学的"三化"历史看作辩证发展。黑格尔说,认为"有一种直接知识,但又没有中介性,与他物没有联系"是错误的。同样,"宣称思想只是通过其他中介性的(有限的、有条件的)范畴而进展,这也不是真实的事实",因为"当思想以他物为中介时,它又能扬弃这种中介"。

在"三化"的过程中,马克思主义哲学和中国传统哲学都不是直接的知识,而要通过一种中介,沟通这两者在历史上从来没有发生联系的哲学形态。这个中介就是西方哲学。西方哲学与马克思主义哲学有天然的渊源联系,以西方哲学为来源的马克思主义哲学在现代反哺西方哲学;而西方哲学与中国哲学自17世纪就发生双向互补的交流,西方和中国思想家都在对方的理论体系中找到了自身哲学缺少而又需要的成分,用以发展自己。20世纪中国人主动引进和接受的西方新学,在同时引进的马克思主义哲学与传统中国哲学搭建了一座桥梁,既使马克思主义哲学中国化,又使中国传统哲学现代化。在中国成为中介的西方哲学并不是保持原模原样,而是"扬弃"了原产地的西方哲学,发展成为处境化的西方哲学。

按照"中介"概念理解的"三化"逻辑发展不是思辨的过程,而是发生在历史和现实中活生生的经验。郭湛波总结说,在中国思想史上,向来不重思想的方法,一直到近代,中国受了西洋的影响,开始注意到思想的方法——论理学。①论理学并不是现在狭义的逻辑学,而是做哲学的思维方式。中国哲学家选择不同的思维方式。比如冯友兰的《新理学》吸收了新实在论的形式构造方法,《新知言》广泛吸收了西方形而上学的方法,从柏拉图、斯宾诺莎、康德到维也纳学派。牟宗三把康德的"现象与物自身之分别"当作自己的道德形而上学的基本架构,甚至说:"西方哲学与东方哲学之相会通,只有通过康德的这个间架才可能,其他都是不相干的。"②

如前所述,从20世纪30年代开始,唯物辩证法已经广泛流行。张申府、张岱年兄弟用唯物辩证法促进中西马哲学的文化创新。冯友兰以"信古""疑

---

① 参见郭湛波:《论理学十六讲》,中华印书局,1933年。
② 牟宗三:《中西哲学之会通十四讲》,吉林出版集团有限公司,2010年,第204~205页。

古""释古"为"正反合",他"对中国近年史学趋势的见解,实则是冯先生唯物辩证法研究学术的引用"。贺麟评价说,"冯友兰《中国哲学之精神》一书,多少采取了辩证发展的方法"。冯友兰在新中国成立后以马克思主义哲学为指导重写中国哲学史不是突然的转变,而出自持久的学术积淀。大陆研究中国传统思想的代表人物,都有西学的功底,因此成为"三化"的自觉实践者。

(四)处境化与全球化的关系

中国哲学的现代形态离不开世界学术的潮流。从胡适、冯友兰开始,中国哲学史这门学科的发展受西方哲学的方法和理论的影响,这种影响属于中西哲学的良性互动,不能算作现在复古派鄙薄的"西化"。中国哲学史作为一门世界性的学科,其建立和发展又反过来为西方哲学提供了一个中国参照系。有没有这个参照系,西方人对西方哲学的研究和理解大不一样;同样,西方哲学的处境化为中国人提供了一个西方参照系,有没有这个参照系,中国人对传统哲学和马克思主义哲学的研究和理解也大不一样。早在1948年,冯友兰提出"世界哲学"的观念,他认为,未来哲学是世界哲学,西方哲学里有的,东方哲学也有;反之亦然。这个愿景与马克思在此前一个世纪预言的"面对世界的一般哲学"不谋而合。

把握"三化"与全球化的特殊与普遍的辩证法。"三化"是在中国条件下发展出来的哲学特殊形态,离不开世界学术的潮流。坚持哲学的中国文化本位,这本身没有错,但如果把传统思想的本位和世界哲学的共性对立起来,那就违反了辩证法。辩证法的精髓就是共性与个性关系,认为共性寓于个性之中,特殊性中含有普遍性。世界哲学如果离开了东西方各国哲学,特别是离开了中国哲学,那就是没有具体内容的空壳子;反之,如果马克思主义中国化没有包含马克思主义的普遍真理,如果西方哲学处境化祛除了哲学"爱智求真"的本性,如果中国传统哲学现代化失去了"为天地立心,为生民立命,为往圣继绝学,为万世开太平"("横渠四句")的终极关怀,那就成了故步自封、狭隘自大的说教。所以,"三化"不但要彼此会通,还要与世界各国哲学会通,让世界了解中国,使中国走向世界。

合理的预言和愿望要成为现实,必须始于足下,积土成山。当下全球化是历史潮流,西方哲学在中国的处境化必须顺应全球化的潮流。问题是全球化有众多支流和方向,宗教、文化传统、价值观和政治制度的冲突愈演愈烈,不能指望东西哲学的比较和对话能够解决这些冲突。然而经济全球化背景下趋同的潮流势不可当。现在的问题是,哲学面对经济全球化有何作为呢?

面对这个问题,回顾西方哲学史的经验是有益的。17世纪科学革命之际,同时代的西方哲学家不但参与科学革命的发明创造,而且创立了与新科学结盟的哲学体系,这些体系以科学为榜样,用新的形而上学、认识论、道德政治学说改变人的思维方式和价值判断,不但改变了西方世界的面貌,而且强势地影响东方世界的思潮。当代经济全球化与17世纪科学革命有相似之处:科学技术已经成为第一生产力,科技创新日新月异,智能革命正在改变世界和人的存在方式。可有一个重要不同之处:由于学科高度分化,哲学家不能参与科技创新活动,甚至不了解新的科技知识和前沿问题,哲学没有和科学结盟,而是处于分离甚至矛盾状态:哲学家按照自己擅长的哲学史片段,以传统的人文知识或近代机械论为标准,对科技创新指手画脚,先验地裁判这也不可能,那也有危害;而科技专家对哲学家的批评不屑一顾,认为是痴人说梦。现在世界各国哲学都有危机感,其源盖出于此。

面对哲学危机,是墨守成规,满足于哲学的专业历史知识和现有认识水平,还是以科技创新、智能工业革命的新问题为导向,开拓哲学与其他学科的跨学科、交叉科学和新学科的探索? 这对哲学家是一个 to be or not to be 的生死抉择。跨学科、交叉学科的哲学研究和教学已在不少领域方兴未艾,如实验哲学,神经科学与意识具身化,生命医学伦理学,机器人和人工智能伦理,逻辑—自然语言—计算机跨学科研究,科技美学和工业设计,科技—工程—人文—数学(STEAM)教育,等等。哲学的新的研究方向并不意味着形而上学必定消亡,而需要在新旧学科研究的基础上,针对新的问题和对象,破旧立新,推陈出新,改造形而上学体系。形而上学的改造实为哲学与科学结盟的终极问题,在此问题上,西方哲学和中国哲学都没有先验的优势,没有捷径可走,只有经过中外哲学家世世代代的努力,才能取得进展和成功。让我们用踏踏实实的工作迎接新哲学的诞生吧!

(五)哲学与科技的关系

现在尤其要重视哲学与科技的关系问题。哲学这个门类包括科学技术哲学的二级学科,不能把哲学和科技哲学看作主流和分支的关系,两者也不是平行关系,而应该是互补性的逻辑关系。补充逻辑是法国当代哲学家德里达提出的一个批判性概念,他认为西方哲学传统是逻格斯中心主义,就是以哲学理性为中心,以文学修辞为边缘,把边缘仅仅看成中心的补充,但在哲学家的写作中,文学修辞成了中心,哲学理性被排挤到边缘,他由此认为理性和非理性没有界限,哲学和文学只是不同的写作风格。2000 年德里达访华时对媒体说"中国古代没有哲学,只有思想"。他是在褒奖意义上说这句话的,夸奖中国思想没有落入西方哲学的窠臼。我们不赞成德里达的修辞和逻辑的补充逻辑,更不同意它衍生出来"中国古代无哲学"的结论,但可以反其意而用之。西方哲学传统的确是逻格斯中心主义或理性中心主义,但理性的力量不是靠文学修辞补充加强的,而是哲学理性和科学理性相互加强。哲学和科学技术的互补逻辑是一荣俱荣、一损俱损的关系。一荣俱荣的例子是古希腊哲学的科学精神,近代哲学与新兴的自然科学结盟;一损俱损的例子是中世纪的神学世界观和 20 世纪西方哲学的危机。整个 20 世纪西方哲学都笼罩在危机的阴影之下,哲学危机的出路无非二条:终结或转型。但终结和转型不一定是非此即彼的关系,德文"Ausgang"本来就有终结和出路的双重含义。非理性、反科学的文人哲学终结了,科技革命的发展为哲学指出了一条出路。1848 年发表的《共产党宣言》就谈到全球化的趋势,明确指明了工业化时代的开始,此后 170 多年时间,又有电器化、信息化时代,而我们现在已经处于智能化时代。智能化时代对科学、对哲学都提出了严峻挑战。有人说哲学属于人文学科,与科学技术没有关系,有人批判说科技发明对人类、对地球有毁灭性作用。实际上,方兴未艾的科学技术各个领域,都在呼唤哲学的介入,哲学比历史上任何时候都需要直接面对社会伦理、生命价值和创造性思维的具体的实践问题。只要能够处理哲学与科学技术的关系,用技术去创造,让哲学进行创新,哲学就会有所作为,有所突破。

第二章　西方哲学处境化的误解与解魅

一、对黑格尔关于"古代中国无哲学"魔咒的解魅

黑格尔承认东方有哲学,但给予很低的评价,他把中国哲学归于东方宗教的一个分支,评价更低。按照他的历史哲学,"凡是属于'精神'的一切——在实际上和理论上,绝对没有束缚的伦常、道德、情绪、内在的'宗教''科学'和真正的'艺术',一概都离他们很远"①。按照他的逻辑体系,东方哲学被归于简单、贫乏的"无"的范畴,只是"表面的抽象游戏""造成以无开端(如中国哲学),那就连手都不用转了"。②按照他的哲学史,孔子是"中国人的主要哲学家",《论语》讲的只是一种道德常识,"在哪一个民族里都找得到,可能还要好些"。黑格尔挖苦说:"为了保持孔子的名声,假使他的书从来不曾有过翻译,那倒是更好的事。"③这些话事实上否定了中国哲学的存在,在西方世界制造出"古代中国无哲学"的舆论。岂止是舆论,简直就是一道"魔咒":无论中国传统文化的贬损者或褒奖者,无论激进的后现代主义者或传统思想保守主义者,都按照这道"魔咒"同步共舞,合奏否定中国哲学合法性的交响曲。④

---

① ［德］黑格尔:《历史哲学》,王造时译,生活·读书·新知三联书店,1956年,第181页。

② ［德］黑格尔:《逻辑学》(下卷),杨一之译,商务印书馆,1976年,第90页。

③ ［德］黑格尔:《哲学史讲演录》(第一卷),贺麟等译,商务印书馆,1981年,第119~120页。

④ 德里达在2000年访华时说:"中国没有哲学,只有思想。"参见《中国图书商报》,2000年12月13日。

公允地说,这道"魔咒"不能全归咎于黑格尔,康德其实是始作俑者。①黑格尔把康德否认中国哲学的观点纳入自己的体系,加以牵强附会、削足适履、生搬硬凑的解释,这才把一个本来无足轻重的咒语扩大为一个世界舆论,先在西方世界传扬,现在又深入到中国学界。

我同意俞吾金的说法,中国哲学的合法性问题是一个"虚假而有意义的问题"②。我们一般不会严肃认真地对待虚假问题,但对于"中国哲学"是否有"合法性"这一虚假问题,我们不但有必要,而且有可能加以认真而有理性的讨论。本书使用的理性方法是揭露矛盾的辩证法,即要用黑格尔的《精神现象学》来解除他在《历史哲学》《逻辑学》和《哲学史讲演录》中制造的"古代中国无哲学"的"魔咒"。

恩格斯说的好:"黑格尔的思维方式不同于所有其他哲学家的地方,就是他的思维方式有巨大的历史感作基础。形式尽管是那么抽象和唯心,他的思想发展却总是与世界历史的发展平行着","在《现象学》、《美学》、《哲学史》中,到处贯穿着这种宏伟的历史观,到处是历史地、在同历史的一定的(虽然是抽象地歪曲了的)联系中来处理材料的"。③如果说,黑格尔在"抽象和唯心"或"抽象地歪曲了"的形式中对中国哲学作出"魔咒"般的判断,那么他以"有巨大的历史感作基础"的思维方式或"宏伟的历史观"处理的材料,恰恰证明中国也存在"与世界历史的发展平行着"的哲学思想。本部分使用的文本材料取自《精神现象学》第六章"精神"的第一篇"伦理"之(a)"伦理世界"和(b)"伦理行为",以及第三篇"道德"之(c)"良心"。黑格尔没有想到,他用现象学描述和分析方法加以认真讨论的伦理生活(sittlichkeit)和"良心"(gewissen),与他后来根据道听途说所轻佻闲聊的中国哲学是多么不一致。

(一)希腊城邦的神人规律与中国哲学的阴阳之道

《精神现象学》在经历"意识""自我意识"和"理性"阶段的运动,到达最

---

① 参见成中英、冯俊主编:《康德与中国哲学智慧》,中国人民大学出版社,2009 年,第 52~67 页。

② 俞吾金:《一个虚假而有意义的问题——对"中国哲学学科合法性问题"的解读》,《复旦学报》,2004 年第 4 期。

③ 《马克思恩格斯选集》(第二卷),人民出版社,1995 年,第 42 页。

后阶段，即"那种自在而又自为地存在着的本质（Wesen），就是精神"①。精神最初是"伦理实体"，在世界历史中表现为希腊城邦。在希腊城邦中，"精神乃是一个民族——这个个体是一个世界——的伦理生活"②。"民族精神"（Volksgeist）的意思是"人民的精神"。希腊城邦公民还不是分裂的自我，而是共享伦理精神的"人民的公民"③。黑格尔在《历史哲学》里说："希腊世界的丰富，只是寄托在无数美丽、可爱、动人的个体上"④，希腊人不知道抽象的国家，他们的目标是活的、素朴的大地，是这个雅典、这个斯巴达，这些神庙、这些祭坛，是这些人民的生活。希腊城邦具体、单纯和人民的精神是自然和精神、家庭和城邦的和谐。

希腊城邦伦理生活是"处于直接的真理性状态"的精神。"直接的真理性"指人直接与精神符合，而不经过任何中介。希腊人直接与之符合的精神是两种不同的伦理原则，黑格尔分别称之为"神的规律"和"人的规律"。神的规律是家庭成员直接与家庭相等同的原则，人的规律是公民直接与城邦相等同的原则。就是说，家庭和城邦是并存的两个共体。问题是，一个人如何同时与这两个共体直接相等同？

黑格尔分析说，家庭共体的本质，不在于"情感关系或爱的关系"⑤，也不在教育和援助，而"只涉及血缘亲属的整个存在"⑥。从自然角度上讲，家庭的本质在于家族的延续，一代代存留的家族成员为城邦提供公民。从精神角度上讲，家庭通过死亡成为一个精神共体。黑格尔说，"死亡是个体的完成"⑦；个体死亡"把自然的事业打断，把血缘亲属从毁灭中拯救出来……这样一来，就连死了的存在、普遍的存在，也成为一种返回于自身的存在，一种自为的存在"⑧。黑格尔对死亡所作的精彩分析，堪称海德格尔在《存在与时间》第46

---

① ［德］黑格尔：《精神现象学》（下卷），贺麟等译，商务印书馆，1979 年，第 2 页。
② 同上，第 4 页。
③ 同上，第 7 页。
④ ［德］黑格尔：《历史哲学》，王造时译，生活·读书·新知三联书店，1956 年，第 161 页。
⑤ ［德］黑格尔：《精神现象学》（下卷），贺麟等译，商务印书馆，1979 年，第 8 页。
⑥ 同上，第 9 页。
⑦ 同上，第 10 页。
⑧ 同上，第 11 页。

至53节对死亡所作的存在论分析之先声。黑格尔说,"死了的存在、普遍的存在"有其特殊的、具体的所指,表示死去的人获得不朽,成为家族保护神,或与保护神相等同。保护神把世世代代家族成员凝聚为一个共体,每个家庭成员活着时崇拜保护神,死后在葬礼和祭祀中与保护神共同被纪念。因此,黑格尔说,家庭的本质"不再涉及活着的人,而只涉及死了的人"①。这也是《论语·学而》中"慎终追远,民德归厚矣"的意思。

如果说,死亡使人与保护神代表的家庭共体直接等同,那么战争使人与政府代表的城邦共体直接等同。战争是一种否定的力量,一是对其他城邦共体的否定,一是对本城邦内部公民的独立性和行会制度的否定。为了不让内部分裂力量"瓦解整体,涣散精神,政府不得不每隔一定时期利用战争从内部来震动它们,打乱它们已经建立起来的秩序,剥夺他们的独立权利"②。黑格尔不是在鼓吹"战争合理论",而只是解释希腊城邦经常挑动战争的原因。

"神的规律"和"人的规律"有差异,但本身并不必然冲突,原因有二。其一,政府使公民在"战争任务中体会到他们的主人是死亡"③,就是说,统治家庭共体的力量也统治着城邦共体,城邦"是在神的规律的本质中和阴间的或地下的王国中取得它的真理性,并在其中加强它的权力"④。其二,人的规律是从地上到地下的"下降运动","地上"指城邦的公共精神,它最后建立在家庭崇拜的死人的基础上;神的规律是从地下到地上的"上升运动","地下"指那些阴间的家族保护神,它要上升为城邦的崇拜对象。⑤两种规律的双向运动相互补充和支持,"两种规律的任何一种,单独地都不是自在自为的,都不自足"⑥。

令人费解的是,黑格尔说人的规律是"男性的",而神的规律是"女性的"。⑦按照他的分析和解释,家庭中有三种关系:夫妻关系、父母和子女的关系、姐

---

① [德]黑格尔:《精神现象学》(下卷),贺麟等译,商务印书馆,1979年,第10页。
②③④ 同上,第13页。
⑤ 参见[德]黑格尔:《精神现象学》(下卷),贺麟等译,商务印书馆,1979年,第12页。
⑥ 参见[德]黑格尔:《精神现象学》(下卷),贺麟等译,商务印书馆,1979年,第17页。
⑦ 参见[德]黑格尔:《精神现象学》(下卷),贺麟等译,商务印书馆,1979年,第20页。

妹和兄弟关系,女人是这三种关系的纽带。通过女人的纽带,家庭关系成为一般共体关系:女人一般,面对丈夫一般,子女一般和兄弟一般。①女人一般于是"变成家庭的主宰和神圣规律的维护人",而丈夫一般、兄弟一般就要超越(Aufhebung)家庭,"朝向着另外一个领域发展",②就是说,男性成为城邦公民。黑格尔总结说,"这样男女两性就克服了他们的自然的本质而按照伦理实体具有的不同形式表现出两性的两种不同的伦理性质来"③。

黑格尔谈论"女人一般"和"男人一般"以及两性的两种伦理性质,令西方人感到稀奇和难以理解,对中国人却是老生常谈。中国哲学中的"阴阳"两性是赋予世界万物的伦理秩序和性质。与希腊城邦同时代的先秦哲人把世界视为伦理实体,人的伦理生活按照阴阳差异承担不同功能和分工,和谐一体。男和女、国和家、天和地、生和死、人和神、道德和自然,等等,所有这些阴和阳的差异,不正是黑格尔所说"自然差别物的定在(Dasein)"④吗?"一阴一阳之谓道",不正是黑格尔所说"男性与女性的联合统一"吗?

黑格尔说:"伦理王国在它的持续存在里始终是一个无瑕疵、无分裂而完美纯一的世界。"⑤"伦理王国"指理想世界,是希腊城邦追求"人民精神"的伦理实体的理想。同样,中国哲学也追求这样的伦理理想。先秦百家争鸣,儒家和道家的关系代表了"和而不同"的发展方向。儒家和道家表现了"尊阳"和"贵阴"两种伦理原则的差异,比如儒家提倡阳刚行健的君子人格和"修齐治平"的进取精神,而道家主张抱雌守柔的自然立场和"无为而治"的自由态度。但是两者的差异本身并不必然意味着冲突,完全可以按照"阴阳互补相济"原则和谐统一。事实上,中国哲学史上儒释道的合流趋势表现了"伦理王国"的统一理想。中国古代社会和希腊城邦的伦理理想是一致的,黑格尔对后者的精彩分析有助于现代人对中国哲学精神的理解。

---

① 参见[德]黑格尔:《精神现象学》(下卷),贺麟等译,商务印书馆,1979年,第15页。

②③ 参见[德]黑格尔:《精神现象学》(下卷),贺麟等译,商务印书馆,1979年,第16页。

④ [德]黑格尔:《精神现象学》(下卷),中译本作"客观存在",贺麟等译,商务印书馆,1979年,第16页。

⑤ [德]黑格尔:《精神现象学》(下卷),贺麟等译,商务印书馆,1979年,第19页。

(二)德国道德哲学的良心论和中国心学的传统

伦理实体在开始的希腊城邦阶段是没有分裂的人民精神，但在以后的世界历史中被分裂为"自我"。黑格尔提到三种自我:第一种是罗马帝国中原子式的市民，"自我是在他自己的存在元素中静止不动的点";第二种是法国大革命时的积极公民，"是绝对自由"，但"趋于分裂""没有取得积极内容，没有成为世界";第三种自我是从"道德自我意识"独立出来，是有了"自身确定性"的良心。①为了理解第三种自我，有必要区分"道德意识"和"良心"这两个概念的先后阶段。前者是康德的"道德世界观"。在康德的哲学体系中，道德意识和现实世界充满矛盾:纯粹义务是没有现实性的，现实世界中没有道德意识。康德企图在"公设"中消除矛盾，但导致适得其反的"颠倒"，不但道德意识中矛盾越来越多，成为"整个一窝无思想的"②大杂烩，而且把纯粹义务的完成推到了"永远达不到的"③无限。"道德世界观"被颠倒为"伪善"的空谈，精神"怀着厌恶逃回自身来了。它是纯粹的良心"④。

黑格尔说:"这种良心的自我，亦即对其自身之即是绝对真理和存在具有直接确信的精神。"⑤"直接确信"实现了义务和现实、知和行的统一。良心一旦确信什么是正确的，就会立即行动。良心的直接确信，不需要经过"道德世界观"的论证，良心确信的是绝对真理，不接受其他声音的审核和质疑。道德主体只接受发自内心的良心声音，所以黑格尔说:"良心是在自己本身内的自我的自由。"⑥

自我的内在自由是相对于服从义务的外在自由而言的。良心虽然确信它的义务并自觉地服从自己的义务，但自我确信的信念是最重要的，行为只是直接确信的信念的一种自动的翻译，并且不需要中介，尤其不需要道德律规定的环节。康德曾用"自律"为道德律和自我自由的统一辩护，黑格尔提出

---

① 参见[德]黑格尔:《精神现象学》(下卷)，贺麟等译，商务印书馆，1979年，第148页。
② [德]黑格尔:《精神现象学》(下卷)，贺麟等译，商务印书馆，1979年，第136页。
③ 同上，第141页。
④ 同上，第146页。
⑤⑥ 同上，第147页。

何者先在的问题:"规律为了自我而存在,而不是自我为了规律而存在。"①就是说,良心的自我是自在自为的存在,而服从义务是为他人存在。良心论从根本上说不是义务论,而是一种信念论。

自我的内在自由并不是一种主观的意识,良心更充分地体现了古希腊的人神规律所体现的伦理实体。黑格尔说,良心是"自在而自为的存在。但是当时直接表述这个概念的那种意识形态是诚实的意识,诚实的意识当时是跟抽象的事情自身打交道的,这种事情自身在那里只是一个宾词;它只是在良心这里才第一次是一个主词"②。在黑格尔的描述中,良心开始作为与"伪善"相对立的"诚实"而出现,开始只是对立的意识形态的一个环节,只是伦理实体的一个属性(宾词)。在后来的运动中,良心通过主体运动实现了实体的一切属性,"在良心这里,事情自身就是主体,亦即主词,主体知道这些环节都在他自己本身中"③。

黑格尔的"良心论"与中国哲学的心学传统有着密切相关性。心学传统开始于思孟学派。孟子用"沐惕恻隐之心"(《孟子·公孙丑上》)表明良心的直接确信;用"万物皆备于我"(《孟子·尽心上》)肯定行动的心性,把万物作为环节包含于自身。"诚者,天之道也;思诚者,人之道也"(《孟子·离娄上》,《中庸》二十章),说明了"诚"的本体意义:"诚"一开始只是个人的德性,但经过主体的行动而变成了自为自在的实体,故曰"唯天下至诚为能化"(《中庸》二十三章),"诚者自成也"(《中庸》二十五章),"诚于中,形于外"(《大学》),等等。

黑格尔的"良心论"与王阳明的"四句教"甚为契合:"无善无恶心之体"指"道德世界观"认识的非现实的伦理实体;"有善有恶意之动"指由感性"冲动的发动弹簧"推动的动机④;"知善知恶是良知"指良心的自我确信;"为善去恶是格物"是体用合一、知行合一的道德行为。

---

① [德]黑格尔:《精神现象学》(下卷),贺麟等译,商务印书馆,1979 年,第 152 页。

②③ 同上,第 153 页。

④ 参见[德]黑格尔:《精神现象学》(下卷),贺麟等译,商务印书馆,1979 年,第 140 页。

(三)黑格尔相关批判的启示

当今的中国哲学与黑格尔笔下的 19 世纪初的德国哲学竟有惊人的相似之处，黑格尔对充斥当时德国哲学界的"天才作风""诗化言谈""信赖常识"等风气的批判对我们很有启发。①笔者认为，黑格尔用批判的眼光看待希腊伦理生活的悲剧命运和德国道德哲学的枯萎结局，对我们看待中国社会的类似精神现象，不乏借鉴意义。

黑格尔承认希腊伦理生活的"美好"，但是"美好"不等于现实，正如柏拉图的"美好城邦"只是"理想国"的代名词。黑格尔说，精神"必须扬弃美好的伦理生活并通过一系列的形态以取得关于它自身的知识"，成为"一个世界的这种形态"。②人的规律和神的规律、男性和女性、城邦和家庭的互补和谐是美好的理想，从原则上说，一个人可以同时与两个规律直接等同，一个好公民同时可以是一个好父亲，好丈夫；一个好女人同时也必须服从城邦法律。但是在人的具体行动中，这两个规律必然发生冲突，因为人与规律直接等同，当一个人的行动不能同时符合两个规律时，这个人不可能同时与两个规律相等同，不与神的规律相等同，就与人的规律相等同，没有缓冲的中介，两个规律的分裂和冲突是不可避免的悲剧。悲剧《安提戈涅》形象地说明了悲剧如何先在城邦内部的两兄弟波克吕刻斯和厄忒俄克勒之间展开，然后在克瑞翁代表的人的规律和安提戈涅代表的神的规律之间展开。这种冲突的悲剧在于冲突双方都坚持自己认同的规律，他们中没有胜利者，过失是他们的共同命运。黑格尔区分了两种过失：一是明知故犯的过失，以安提戈涅为代表，这是不惜承受痛苦的伦理意境；二是无知的过失，以俄狄浦斯为代表，这是一种悲怆的情愫，命运"从埋伏中一跃而起，揪住这个完成了行动作为的伦理自我意识"③。

希腊城邦伦理生活的命运是这样的悲剧：只要有伦理行动，就有冲突；只要有冲突，就会过错。"只有不行动才无过失，就像一块石头的存在那样，

---

① 参见赵敦华：《向黑格尔学习如何做哲学：〈精神现象学〉的启发》，《学术研究》，2008 年第 1 期。
② ［德］黑格尔：《精神现象学》(下卷)，贺麟等译，商务印书馆，1979 年，第 4 页。
③ 同上，第 25 页。

甚至一个小孩的存在,也已不能说无过失"①。在普遍过错和命运的支配下,美好城邦解体,过渡到罗马法权状态;再经过基督教的"罪"的观念,发展到教化世界,教化世界的圣俗分裂,产生出启蒙和法国大革命,如此等等,黑格尔描述和解释了世界精神的运动环节和发展过程。

虽然我们看到中国古代哲学中有不亚于希腊城邦的美好理想,但类似的出发点没有产生等值同效的历史解释。与黑格尔的巨大的历史感和批判精神相比,很多当代中国学者陶醉在几千年前的美好伦理王国中,似乎历史上没有分裂、冲突、罪过和暴力,好像从古到今都一成不变地生活在天人合一的社会、人与自然和谐的环境和温情脉脉的家庭中,古代社会的理想似乎依旧可以指导现在的和谐社会。即使承认历史上的过错,那只是偶然的过失,与不幸的命运和美好的理想无关。如果毫无批判精神和历史眼光,关于中国哲学和谐之道的美好言谈连中国的古代世界都不能解释,遑论改变和指导现在的世界呢?

再看黑格尔对德国哲学良心学说的批判。费希特的自我和行动相统一的良心和谢林、席勒、歌德等人的浪漫主义的"优美灵魂",虽然克服了康德道德世界观的颠倒,但也有自身缺陷和矛盾。良心自我确信的任意性、偶然性和不能对针对不同环境的信念进行决疑。如果各人都照自己的良心行事,就会发生类似于阳明后学的轻浮狂傲。

"优美灵魂"可向两个方向发展:一是崇拜"道德天才"或把爱情、创造、自由等价值纯粹化、神圣化;二是对他人施行"道德判断"。第一个方向发展的结果是孤芳自赏,回避现实,贫乏、苦恼、憔悴,最后"如同一缕烟雾,扩散在空气之中,消逝得无影无踪"②。其实,歌德的《少年维特之烦恼》,讲的就是这么一个优美灵魂憔悴消亡的过程。"道德判断"的发展方向是从良心变成了坏良心,这是用行为的自私动机否定任何道德行动的"硬心肠"③。黑格尔说:"谚语说,'侍仆眼中无英雄';但这并不是因为侍仆所服侍的那个人不是

---

① ［德］黑格尔:《精神现象学》(下卷),贺麟等译,商务印书馆,1979 年,第 24 页。

② 同上,第 167 页。

③ 同上,第 173 页。

英雄,而是因为服侍英雄的那个人只是侍仆。"①这话是为拿破仑辩护,回击法国大革命之后泛道德主义的复辟思潮。黑格尔斥之为"其本身就是卑鄙的"②。德国哲学的几个发展方向最后都指向"宽恕与和解"。就是说,哲学在其发展的最高阶段——德国哲学也不能解决的矛盾,需要宗教精神来化解,精神于是从道德发展到宗教阶段。

《精神现象学》说明黑格尔对康德道德哲学的批判同时也超越了良心学说和浪漫主义,这也为我们比较康德哲学与中国哲学提供了一个参照系。比如台湾新儒家代表牟宗三用"智的直觉"建立比康德道德哲学更加高明的"道德的形而上学"。③姑且不论如何理解"智的直觉"在康德哲学中的原意,牟宗三所说的"智的直觉"没有超出中国古代的心性学说传统,只不过使用"本心仁体""性体""诚体""神体"等新术语。这种"道德的形而上学"是否避免了黑格尔对康德"道德世界观"的批判? 是否可以完全不顾黑格尔关于"良心""优美灵魂"或"道德判断"等与中国心学传统相关的学说的论述? 这些问题大可商榷。我们不要求台湾新儒家同意《精神现象学》中的方法和观点,但如果完全置黑格尔不顾,认为中国心学传统可以超越康德的道德哲学,或以为牟宗三实现了"对康德哲学的转化"④,那就未免陷入"道德天才"式的浪漫主义了。

二、重新审视作为"中国之敌"的康德

康德一生没有离开柯尼斯堡,但他不是书斋里的纯粹思辨哲学家。康德和同时代的启蒙学者一样关怀时代,放眼世界。由耶稣会士引入的中国思想文化对启蒙运动有巨大影响,启蒙学者依照对中国的态度分成"中国之友"(sinophilia)和"中国之敌"(sinophobia)两大阵营。"中国之友"包括伏尔泰、魁奈、莱布尼兹和沃尔夫等,"中国之敌"包括孟德斯鸠、卢梭、孔多塞和赫尔德等人。康德属于哪一阵营呢? 人们的印象中似乎康德是"中国之友",因为他

①② [德]黑格尔:《精神现象学》(下卷),贺麟等译,商务印书馆,1979年,第25页。
③ 参见牟宗三:《智的直觉与中国哲学》,中国社会科学出版社,2008年。
④ 参见成中英、冯俊主编:《康德与中国哲学智慧》,中国人民大学出版社,2009年,第125~139页。

说过:"孔子是中国的苏格拉底。"①港台新儒家对康德的强烈兴趣更加深了康德与中国传统文化心心相印的印象。比如牟宗三借助康德的"智的直观"构造了超越康德的"道德形而上学"。他说,"以康德之特重道德而且善讲道德,则中国这一套亦未必非其所乐闻","我以为真能懂中国儒学者还是康德"。②果真如此吗?感谢《康德著作全集》的出版,使中国读者能在素不熟悉的康德后期著作中看到,康德确实对中国有所闻,但不是"未必",而是"必定"对"中国这一套""非其所乐",因为文本证据无情地显示出康德是"中国之敌"。

首先需要说明的是,"友"(phillia)和"敌"(phobia)如其希腊文所示,系指"友爱"或"厌恶"的态度,而非实际行为。"中国之友"们没有实际地帮助过中国,"中国之敌"也未在现实中损害中国。当然,哲学家用著述表达他们的态度,他们对西方人思想的影响如何转化为援助或敌对中国的现实,那是另外的话题。③笔者通过《康德著作全集》第7、8、9三卷中的材料,透视康德对中国的蔑视和厌恶的态度。

(一)对中国人民族性的批判

启蒙时代"中国之敌"的共同思路是用中国地理、环境、人种和语言的特征贬低中国人的思想,法国人孟德斯鸠、卢梭和孔多塞是这样,德国人赫尔德也是这样,康德继承了这一衣钵。他在《实用人类学》中认为英国和法国是"地球上的两个最文明的民族"④。他把法国人的"激情"与"意大利人和西班牙人(还有印度人和中国人)"的"情欲"相比较,得出这样的结论:"后者心怀怨恨而策划复仇,或者爱情执着乃至幻想。——激情是开诚布公的,与此相反,情欲则是阴险狡诈的"⑤。如果说对"情欲"人种的批判不专门针对中国人,那么接下来,"英国人"和"中国人"的相互指责则把中国人当作"情欲"人种的典型:"中国人指责英国人'如同鞑靼人一样'狂躁易怒,英国人则指责

---

① 何兆武等主编:《中国印象》(上册),广西师范大学出版社,2001年,第164页。
② 牟宗三:《智的直觉与中国哲学》,中国社会科学出版社,2008年,第4页。
③ 参见赵敦华:《西方价值判断现代模式的成因中中国文化因素之考察》,《复旦学报》(社会科学版),2003年第1期。
④ [德]康德:《康德著作全集》(第7卷),李秋零等译,中国人民大学出版社,2008年,第306页。
⑤ 同上,第247页。

中国人是地地道道的(但却不动声色的)骗子。"①

激情和情欲固然都是人性的缺陷,但相比而言,激情只是"不审慎的发作",发怒"有时也有好处";而"与此相反,没有人期待有情欲"②,因为情欲是捆绑自由的锁链。总之,激情有利有弊,而情欲一无是处,"情欲并不纯然像激情那样,是酝酿着许多灾祸的不幸心境,而且也无一例外地是恶的心境",任何东西,即使是"乐善好施的东西","一旦转化为情欲,就不仅在实用上是有害的,而且也在道德上是可鄙的"。③

在《自然地理学》中,康德专门刻画了中国人习俗和民族性中的"情欲"特征,"中国人性情极为不动声色。他藏在大山背后,试图探究别人的心灵","他们极为艺术地作伪","中国人在被牵涉到欺诈时并不羞愧,除非他由此被人看出有些笨拙","中国人有报复心,但能够忍耐到合适的机会。没有人进行决斗"。④

西方哲学开始并没有区分"情欲"和"激情",这两个词在希腊哲学和希腊文《圣经》中都是 pathos("欲望")。康德为什么认为"激情"要优越于"情欲"呢? 这里有个由头。康德曾借用《圣经·创世记》中人类始祖亚当和夏娃偷吃智慧果而被逐出伊甸园的故事,说明了这样一个道理:"自然的历史是从善开始的,因为它是上帝的作品;自由的历史是从恶开始的,因为它是人的作品。"⑤为什么人的自由开始于恶呢? 李秋零解释说:康德认为人的自然禀赋是彼此结合的社会性,人类会依照这一本性进入社会。但是最初的社会状态使人产生依赖感,不愿意使用或觉得没有必要使用自然赋予的理性能力。"在一种田园牧歌式的生活中,尽管充满了完全和睦一致、心满意足和相互友爱,然而,一切才能终将永远藏匿在胚芽状态中",人为了发挥自己所特有的理性能力,就必须把自己个体化。个体化是与社会性对立的一种倾向,如果说人因社会性而相互结合,那么人因个体化的倾向而彼此对抗,表现为妒

---

① [德]康德:《康德著作全集》(第7卷),李秋零等译,中国人民大学出版社,2008年,第247页。
② 同上,第248页。
③ 同上,第261页。
④ 同上,第378页。
⑤ 同上,第118页。

忌、相互竞争的虚荣心,自私的情欲、不满足的占有欲和统治欲,等等。康德说,这些恶的倾向和表现唤醒了人的理性潜能,克服了人的依赖惰性,"没有这些东西,人类一切优秀的自然禀赋将会永远沉睡,发展不出来"①。按照康德的一贯思想,"自私的情欲"应是"激情","情欲"和"激情"都是堕落的产物,情欲耽于个人的肉体享受而不能自拔,而激情促使人与他人竞争。没有激情,就没有竞争;没有竞争,就没有理性的发展;没有理性的发展,就没有社会的进步。因此,归根到底,激情是社会进步的动力。

(二)对儒家伦理的批判

康德的确说过:"人们也崇敬孔夫子这个中国的苏格拉底。"②但这不是对孔子的恭维,因为康德并不把苏格拉底奉为圣贤。比如康德把"与苏格拉底的守护神类似的灵感"当作"人的一种接近妄念的傲慢"的例证。③康德说,中国人"执着地崇拜旧习俗,在来世方面尽可能地无所谓"④。他记载的中国在饮食、礼仪、科学、语言、律法、宗教、婚姻等方面的习俗全是落后的、负面的,乏善可陈。应注意到正是在介绍宗教习俗时,康德说出孔子是中国的苏格拉底的判断,上下文已经流露出不屑的意味。

需要补充的是,《康德著作全集》收录的《自然地理学》是康德1803年最早的讲演。林克(F.T.Rink)整理了1766—1796年康德的讲演,收录在格拉泽纳普(H.von Glasenappie)编辑的《康德和东方宗教》(*Kantunddie Religi—omendes Ostens*, 1954)一书中,其中有对儒家伦理的尖锐批判。李赫曼在《绝对否定:康德对中国哲学的批判》一文中有一些引文,此文已有中译本。⑤希望李秋零先生在再版时能依据格拉泽纳普本加以补充,以现康德对"中国苏格拉底"的绝对否定。

康德在《自然地理学》中说:"孔子在他的著述中只为王孙讲授道德学说

①　转引自李秋零:《德国哲人视野中的历史》,中国人民大学出版社,1994年,第114、116页。
②　[德]康德:《康德著作全集》(第9卷),李秋零等译,中国人民大学出版社,2010年,第381页。
③　参见[德]康德:《康德著作全集》(第7卷),李秋零等译,中国人民大学出版社,2008年,第196页。
④　[德]康德:《康德著作全集》(第9卷),李秋零等译,中国人民大学出版社,2010年,第378页。
⑤　参见成中英、冯俊主编:《康德与中国哲学智慧》,中国人民大学出版社,2009年,第52~57页。

的内容……并且提供了许多先前中国王孙的例子……但是美德和道德的概念从未进入中国人的头脑中。"他又说:"他们的道德和哲学只不过是一些每个人自己也知道的、令人不快的日常规则的混合物";"整个儒家道德是由一些与伦理相关的格言、谚语组成的,这些谚语、格言是令人难以忍受的,因为任何人都可以一口气把它们背诵出来"。①黑格尔后来用几乎同样的语言说,《论语》讲的只是一种道德常识,"在哪一个民族里都找得到,可能还要好些","为了保持孔子的名声,假使他的书从来不曾有过翻译,那倒是更好的事"。②黑格尔对孔子的否定态度广为人知,而始作俑者康德却被奉为"真能懂中国儒学者",这岂不是一个讽刺吗?

(三)对老子的批判

康德没有放过中国哲学的另一位创始人老子。他说,神秘主义"宁可耽于幻想,而不是像一个感官世界的理智居民理所应当的那样,把自己限制在这个感官世界的界限之内。因此,就出现老子关于至善的体系的那种怪诞。至善据说就在于无""中国的哲学家们在暗室里闭着眼睛,努力思考和感受他们的那种无。因此,就出现了(西藏人和其他东方民族的)泛神论,以及后世从泛神论的形而上学升华中产生的斯宾诺莎主义。"③这段话令人莫名其妙:老子与"西藏人和其他东方民族"有什么关系?斯宾诺莎主义与老子的"无"有什么关系?康德是一个思想缜密的人,这里并没有胡言乱语,自有他的理路。

康德按照肤色把人分为"白人、黄色的印第安人、黑人和红铜色的美洲人"④四个"祖源","中国人、阿瓦人、马来人"属于混合民族。⑤中国人与南方的印度人和北方的蒙古人的混合,按照康德的种族决定习俗和思想的原则,"中国的哲学家"和西藏、印度的神秘主义"综合"在一起。他还认为佛教是

---

① 成中英、冯俊主编:《康德与中国哲学智慧》,中国人民大学出版社,2009年,第58~59页。
② [德]黑格尔:《哲学史讲演录》(第一卷),贺麟等译,商务印书馆,1981年,第119~120页。
③ [德]康德:《康德著作全集》(第9卷),李秋零等译,中国人民大学出版社,2010年,第339页。
④ 同上,第96页。
⑤ 参见[德]康德:《康德著作全集》(第9卷),李秋零等译,中国人民大学出版社,2010年,第104页。

"蜕化为大异教的基督教","他们在神祇中确定三个位格"。①这样，老子的"无"就通过印度和西藏的佛教与西方神秘主义"综合"在一起。按照康德的分类，人们对"万物的终结"的理解可分为三类：第一，"按照属神智慧的道德目的的秩序，因此我们能够（在实践方面）正确理解"；第二，"神秘的（超自然的）终结，在我们一点也不理解的作用因的秩序中"；第三，"反自然的（颠倒的）终结"。②按照他的归类，康德自己的目的论属于第一类，而从老子到佛教这一"基督教的异教"、最后"升华"为"斯宾诺莎主义"的泛神论属于第二类。这是基于错误信息得出的一个"先天综合判断"，现在看来没有什么价值。但其影响不可忽视，黑格尔把东方哲学归为简单、贫乏的"无"的范畴，只是"表面的抽象游戏"，"造成以无开端（如中国哲学），那就连手都不用转了"。③其源可追溯到康德，只是黑格尔保留了对斯宾诺莎哲学的尊重，因为黑格尔不相信康德的目的论，他的辩证法需要斯宾诺莎式的无所不包的实体。

最后重申：康德作为"中国之敌"是启蒙时代的一个产物，他对中国习俗的批判不无合理之处。更重要的是，他对中国哲学的误解和敌意并不影响现在的中国人认真地学习和看待他的哲学。只是不要迷信康德，因为他对中国人和中国哲学表现出来的态度足以证明，康德也有错误，而且错误不少。

三、追问康德道德－政治哲学的革命意义

马克思恩格斯首次对德国古典哲学的政治意义作了富有洞察力的评论。《德意志意识形态》的"政治自由主义"一节把德国自由主义的根源追溯到康德的《实践理性批判》。马克思说："在康德那里，我们又发现了以现实的阶级利益为基础的法国自由主义在德国所采取的特殊形式。"④恩格斯说，启蒙学者"本身都是非常革命的……一切都受到了最无情的批判；一切都必须在理性的法庭面前为自己的存在作辩护或者放弃存在的权利。思维着的知

---

① [德]康德：《康德著作全集》（第9卷），李秋零等译，中国人民大学出版社，2010年，第381页。
② [德]康德：《康德著作全集》（第8卷），李秋零等译，中国人民大学出版社，2010年，第336页。
③ [德]黑格尔：《逻辑学》（下卷），杨一之译，商务印书馆，1976年，第90页。
④ 《马克思恩格斯全集》（第2卷），人民出版社，1960年，第213页。

性成了衡量一切的尺度"①。这段话一般地谈论启蒙学者的革命性,但尤其适用于康德;实际上,"批判""理性法庭""思维着的知性"都是康德特有的术语。现在回顾马克思恩格斯的这些政治评论,可以发现他们惊人的预见力。20世纪80年代之后自由主义兴起,罗尔斯和哈贝马斯都诉诸康德建构他们的政治哲学,颠覆了英美世界把19世纪以来功利主义当作现代自由主义源头的流行意见,②似乎从反面证明了马克思把康德道德哲学当作自由主义来源的论断。即使如此,西方政治哲学界也未能成功地在康德的形式化道德命令与社会政治的具体实践之间建立起直接联系③,康德的启蒙观似乎难以适应不断变化的时代性和现实性④。

针对这些问题,笔者强调,康德在法国大革命前后一系列论著中表达了科学、道德和政治的革命性学说。1787年《纯粹理性批判》第二版序言中提出了理论知识中的"一蹴而就的革命"⑤。在道德–政治领域,康德也有"革命"的提法,比如1794年的《纯然理性界限内的宗教》中提出了"人的意念中的革命"⑥,1798的《实用人类学》中把正确思想的准则称作"人内心中最重要的革命"⑦。这些后期著作的主题涉及人性、启蒙、社会制度和历史等方面的道德–政治经验,不是先验哲学的综合体系。笔者从康德提倡的"思想革命"出发,对他的道德–政治哲学的内在逻辑和基本理路进行综合性解释。

(一)根本恶

一提起康德的道德哲学,稍有哲学史知识的人立即会想到"理性存在者""纯粹理性的自由""善良意志""道德自律""普遍化绝对命令""德福一致的至善"等"高大上"的术语,以及对这些概念和命题的繁难艰涩的演绎和解

---

① 《马克思恩格斯选集》(第三卷),人民出版社,1995年,第719页。

② See Thomas McCarthy, Kantian Constructivism and Reconstructivism: Rawls and Habermas in Dialogue, *Ethics*, Vol.105, No.1, Oct., 1994.

③ See Rogers M. Smith. Unfinished Liberalism, *Social Research*, Vol.61, No.3, Fall, 1994.

④ See John Gray, After the New Liberalism, *Social Research*, Vol.61, No.3, Fall, 1994.

⑤ [德]康德:《纯粹理性批判》,邓晓芒译,杨祖陶校,人民出版社,2004年,第136~137页。

⑥ [德]康德:《康德著作全集》(第6卷),李秋零等译,中国人民大学出版社,2008年,第481页。

⑦ [德]康德:《康德著作全集》(第7卷),李秋零等译,中国人民大学出版社,2008年,第22页。

释。人们大概据此会推断康德是一个晶莹剔透的性善论者。但是这样的印象是片面的，而不知康德道德哲学另一个方面是康德对恶的本性的洞察并由此倡导的造就启蒙时代新人的道德革命。如果说康德对善的论述是他的显性学说，那么对恶的论述就是隐性学说，散见在后期著作和讲课稿中，不为人所熟知，但具有重要的社会历史意义。

早在《实践理性批判》中，康德区分了"善"和"福"、恶和祸两对概念。康德说："只考虑我们的福或祸而不欲求别的东西"与"只考虑善或恶而不欲求别的东西"这样"两种极为不同的判断"。①言下之意是，彰善瘅恶是道德追求，求福避祸则不是。康德在那里想用"至善"的道德理想调和"德"与"福"的矛盾，没有展开对善与恶、祸与福之间复杂关系的梳理。康德晚年写的《纯然理性界限内的宗教》标志着其道德哲学的一个重要转折：他从人性的高度和深处讨论向善避恶与求福作恶的道德与非道德两种对立的准则。此时的康德明确说明，善的原初禀赋与趋恶的倾向都是人的本性。他对"禀赋"与"倾向"的术语区分，蕴含着休谟关于"应然"和"实然"的区分的影响：负责任的理性存在者理应赋有原初的人格禀赋，而人类趋恶的倾向是人的经验生活的自然的或自己招致的习性。人性善恶的区分带来的问题是，康德早先论证的"先验自由""善良意志""道德自律"如果只是有理性、有德性禀赋的人"应该"遵从的准则，这显然是不必要的循环论证，难免受到"空洞的形式主义"之类的诟病。面对启蒙运动和法国大革命的社会现实和自身理论内的问题，康德在后期一系列著述中关心的重要问题是：具有恶的实际倾向的人及其组成的社会何以可能自觉遵从或接受普遍的道德准则？

康德首先分析了人性恶的三个层次：人的本性的软弱、人的心灵的不纯正，以及人心的恶劣或败坏。②如果说，前两个层次的恶是非道德（nonmoral），那么最后层次的恶，即是反道德（immoral）。康德从逻辑上分析："善=a，矛盾对立面非善=0。后者要么是纯然缺乏善的一种根据的结果=0，要么是善的对立

---

① ［德］康德：《实践理性批判》，韩水法译，商务印书馆，1999 年，第 64 页。
② 参见［德］康德：《康德著作全集》（第 6 卷），李秋零等译，中国人民大学出版社，2008 年，第 28~29 页。

面=-a。在后一种场合,非善也可以叫作积极的恶。"①而软弱和不纯正只是"无意的罪"②。苏格拉底说:"无人有意作恶。"从奥古斯丁以来的基督教传统,把恶解释为善的缺乏。从康德的观点看,苏格拉底的话和基督教传统只适用于"软弱和不纯正";而人心的恶劣或败坏是"蓄意的罪,它以人心的某种奸诈为特征,即由于自己特有的善或恶的意念而欺骗自己,并且只要行动的后果不是按照其准则本来很可能造成的恶, 就不会因为自己的意念而感到不安,反而认为自己在法则面前是清白的"③。需要注意,康德并不认为"积极的恶"或"蓄意的罪"的动机全然是恶意,而是"由于自己特有的善或恶的意念而欺骗自己",这种"人心的某种奸诈"不只是任性或偶然选择的恶,而是出于非道德准则而主动地、一贯地作恶,而毫无自责悔改之心。康德说,人心的恶劣或败坏是"人心的颠倒(pervertiert)",即"把道德的秩序颠倒了",把非道德的准则置于道德准则之前或之上,康德称之为"根本恶","因为它败坏了一切准则的根据"。康德引用一个英国议员的话,"每一个人都有出卖他自己的身价"为例说:"如果不管善的精神还是恶的精神在争取我们,关键仅仅在于谁出价最高,并且能最迅速地付款,那么,对于人来说,使徒所说的话就会是普遍正确的:'没有义人,连一个也没有;没有明白的,没有人(凭着法则的精义)行善,连一个也没有(《罗马书》(第 3 章第 10—12 节)。'"④

(二)思想革命

康德认识到根本恶是普遍的、彻底的,如何克服根本恶是一个难题。他说,根本恶"作为自然倾向是不能借助人力铲除的,因为这只有借助于善的准则才能实现;而既然假定所有准则的最高主观根据都是败坏了的,这就无法实现了"。"但是",康德接着说,"这种倾向必然是能够克服的,因为它毕竟是在作为自由行动的存在者的人身上发现的"。⑤就是说,人性之恶归根到底

---

① [德]康德:《康德著作全集》(第 6 卷),李秋零等译,中国人民大学出版社,2008 年,第 21 页。
②③ 同上,第 38 页。
④ 同上,第 38~39 页。
⑤ 同上,第 37 页。

要靠人的理性运用来克服。因而,康德提出:"只要准则的基础依然不纯,就不能通过逐渐的改良,而是必须通过人的意念中的一场革命(一种向意念的圣洁性准则的转变)来促成;他只有通过一种再生,就好像通过一种创新创造(《约翰福音》第 3 章第 5 节,参见《创世记》第 1 章第 2 节),以及通过心灵的转变来成为一个新人。"①

康德借用了圣经语言,表达的却是理性思维的原则。《判断力批判》一书中在第 40 节插入了"普通人类理智的准则":"①自行思维(Denkenfü rsich-selbst);②在每个别人的位置上思维;③任何时候都与自己一致地思维。"康德从两个方面解释这三条准则的意义。首先,从自我与他人的思维关系来说,"第一条是摆脱成见的思维方式的准则,第二条是扩展的思维方式的准则,第三条是一以贯之的思维方式的准则"。其次,从个人心灵的能力来说,"第一条是知性的准则,第二条是判断力的准则,第三条是理性的准则"②。就是说,三者涵盖了三大批判肯定的人类认识的知性原则、审美与合目的论的判断力原则,以及道德理性的原则。康德在这里强调,这三个领域的原则都是"思维原则",而且不是在个人的心灵中,而是在人我关系中阐明这三条思维原则的道德解放的意义。自行思维的原则把自我从"他律的偏好"和迷信中解放出来,使自己获得独立和尊严;扩展思维方式的原则使每个人与他人把共通感(sensuscommunis)作为沟通交流的原则,同等对待他人与自我的自由和尊严。

这三条思维原则有递进关系,后一条原则以前面的原则为基础,第三条即一以贯之的思维方式的原则"最难达到,也只有通过结合前两条准则并对它们经常遵守变得熟练之后才能达到"③。从认识论的角度看,一以贯之地思维是真理内在标准——自洽一致性。而康德从认识论走向道德理性,强调理性的融洽思维方式与相互尊重的人际交往关系之间的一致性。他在《道德形而上学的奠基》中强调,人是目的自身,而不是手段。他说:"在目的王国中,一切东西要么有一种价格,要么有一种尊严。有一种价格的东西,某种别的

---

① [德]康德:《康德著作全集》(第 6 卷),李秋零等译,中国人民大学出版社,2008 年,第 47~48 页。
②③ [德]康德:《判断力批判》,邓晓芒译,杨祖陶校,人民出版社,2002 年,第 136~137 页。

东西可以作为等价物取而代之;与此相反,超越一切价格,从而不容有等价物的东西,则是一种尊严。"①由此不难理解,康德为什么在后来的著作中把"每一个人都有出卖自己的身价"作为"根本恶"的范例。这是因为,没有自我尊严的人必然要践踏他人的尊严,把自身当作等价交换物的人必然把他人当作攫取自身高价格的手段。康德认识到,普遍化的道德准则自身不能克服人心颠倒的根本恶的准则,需要思维方式的革命才能达到普遍化的道德形式与能够普遍化的思维方式的一致性,才能把被颠倒的行动准则再颠倒过来。

在《实用人类学》中,康德再次谈到"价格"与"内在价值"的区别。他说:"人的其他一切好的和有用的属性都具有价格,可以与别的带来同样多好处的属性进行交换,才能有一种市场价格……但是,性格却具有内在的价值,并高于一切价格。"②可以给自己和他人带来好的和有用属性是大自然赋予人的气质(tempranment),而人的内在价值是人的性格(charakter)。康德说:"重要的不是大自然把人造就什么,而是人把自己造就什么;前者属于气质(主体在大多数情况是被动的),唯有通过后者才使人认识到他具有一种性格。"③或者说,被赋予的气质(如个人的某种才干甚至天赋)可以在人才市场上出售交换,犹如马克思所说的商品的"使用价值";但我们不能用政治经济学的不确切的譬喻说性格犹如凝聚在"交换价值"之内的社会劳动,因为人的性格是为自己赢得的人类的尊严,如康德所说:"具有性格是人能够向一个有理性的人所要求的最小值,但同时也是内在价值(人的尊严)的最大值。"④

早在《实践理性批判》中,康德说明性格是"在按照不变的准则的实践上一以贯之的思维形式……它教人感到他自己的尊严,而给心灵提供了一种对于它自己来说出乎意料的力量"⑤。在《实用人类学》中,康德进一步强调,造就自己的性格需要思想变革。他说:"人们也可以假定:性格的确立就如同一种重生,具有某种他为自己立下誓言的庄重性……教育、榜样和教诲能够

---

① 〔德〕康德:《康德著作全集》(第4卷),李秋零等译,中国人民大学出版社,2000年,第443页。
②③④ 〔德〕康德:《康德著作全集》(第7卷),李秋零等译,中国人民大学出版社,2008年,第289页。
⑤ 〔德〕康德:《康德著作全集》(第5卷),李秋零等译,中国人民大学出版社,2008年,第159页。

造成在原理上的坚定性和持久性,一般而言并不是逐渐地,而只是仿佛通过在厌倦了本能的动摇状态之后突然产生的一种爆发而进行的。也许,只有少数人在 30 岁之前尝试过这种变革,而在 40 岁之前牢固地确立了这种变革的人就更少了。"①

(三)启蒙纲领

康德深知思想革命之艰难,只有极少数人才能完成并矢志不渝地恪守普遍化的道德准则,但思想革命与遵从道德准则事关全体人的尊严,这又引起一个理论难题:普通人的思维准则以及他们的尊严如何在社会群体中得到承认和推行? 康德的答案是:启蒙。在前引《判断力批判》中对三条思维准则的论述中,康德明确提出,第一条准则是"永不被动的理性的准则",而被动的理性是成见和迷信,"从迷信中解放出来就是启蒙"。康德在注释中解释:"启蒙虽然在论题上是容易的,在假设上却是一件必须缓慢地实行的事……所以要在思维方式中(尤其在公众的思维方式中)保持和确立这种单纯否定的东西(它构成真正的启蒙)是很困难的。"②启蒙的原则是否定,是批判,但由于人的理性总有超越知性和经验知识有效性的界限的一般倾向,而且轻易地把僭越的理性当作不可逾越的教条而被大众所接受,因此,理性的批判,特别是对公众思维方式的启蒙非常困难。

按照上述理解,《纯粹理性批判》标志着康德式启蒙的肇始。1871 年第一版"序"中要求"委任一个法庭,这个法庭能够接受理性的合法性保障的请求"③。康德在注释中进一步解释说,"我们的时代是真正的批判时代,一切都必须经受批判",即使凭借神圣性的宗教也不能例外,"理性只会把不加伪饰的敬重给予那些经受得住它的自由而公开的检验的事物"。④第一批判是对理论理性的"自由而公开的检验"。1878 年第二版"序"中明确说,批判只是"排除了那种限制甚至威胁要完全取消理性的实践运用的障碍物,事实上就

---

① [德]康德:《康德著作全集》(第 7 卷),李秋零等译,中国人民大学出版社,2008 年,第 288~289 页。
② [德]康德:《康德著作全集》(第 5 卷),李秋零等译,中国人民大学出版社,2008 年,第 307 页。
③ [德]康德:《纯粹理性批判》,邓晓芒译,杨祖陶校,人民出版社,2004 年,第 3 页。
④ 同上,第 19 页。

具有积极的和非常重要的用途",批判的否定所"损失的只是学派的垄断,而决不涉及人类的利益"①。

如果说第一批判只是用否定的方式论及理性批判与人类利益的相关性,那么在1784年的短文"回答这个问题:什么是启蒙"中提出的定义与人类利益直接相关。康德说:"启蒙就是人从他咎由自取的不成熟状态(Unmündigkeit)走出。不成熟状态就是没有他人的指导就不能使用自己的理智的状态。如果这种不成熟状态的原因不在于缺乏理智,而在于缺乏无须他人指导而使用自己的理智的决心和勇气,则它就是咎由自取的。因此,Sapereaude[要敢于认识]!要有勇气使用你自己的理智,这就是启蒙的格言。"②这个言简意赅的定义留下很多疑问:什么是"不成熟状态",什么是"缺乏理智的不成熟状态",什么是"咎由自取",什么是"他人指导"?

如果联系康德1785年写的《人类历史揣测的开端》一文,这些问题可以得到符合康德本意的回答。康德在该文对《创世记》人类始祖犯罪的故事,作出人类善恶起源的合理"揣测"。他说,在伊甸园里,人过着动物性的生活,由于自由选择而被逐出伊甸园才开始理性能力劳作,"一言以蔽之,从大自然的监护过渡到自由状态"。"但是",康德接着说,"当理性开始自己的工作",一方面孱弱的理性必然要与动物性及其全部力量发生冲突而产生灾祸;另一方面,开化的理性带来的恶习对无知或无辜状态是完全陌生的。灾祸与幸福、恶俗与无辜的对立被视为道德堕落,因此应当受到惩罚。康德对人类的"原罪"故事反其意而用之,得出结论:"自然的历史从善开始,因为它是上帝的作品;自由的历史从恶开始,因为它是人的作品。"③康德接下来在描述善与恶、福与祸的冲突过程中,人类运用理性的能力越来越强,从自然和社会的压制下取得的自由也越来越多。他最后说,人不能把压迫他的灾祸归咎于神意,也不能把自己过错归咎于始祖,而有充分的理由"把因误用他的理性而产生的一切灾祸完全归咎于他自己"④。这篇文章形象生动地说明了人类

---

① [德]康德:《纯粹理性批判》,邓晓芒译,杨祖陶校,人民出版社,2004年,第23页。
② [德]康德:《康德著作全集》(第8卷),李秋零等译,中国人民大学出版社,2008年,第40页。
③ [德]康德:《康德著作全集》(第7卷),李秋零等译,中国人民大学出版社,2008年,第118页。
④ 同上,第119~120页。

由不成熟走向成熟状态的历史过程，灾祸和恶俗可以说是文明进步必须付出的代价。在此意义上，"咎由自取"是人类运用理性不可避免的过错，以及任性的自由所招致的恶。康德对人类不成熟的历史状态"在整体行程上感到满意，这行程并不是从恶开始而前进的恶，而是由较坏逐渐地发展到较好"①。

康德关切的重点是人类已经发展到能够"较好"使用自己理智能力（包括知性和理性），但止步不前，恪守成见、教条和迷信。当务之急是把人从不该停留的不成熟状态解放出来。"要有勇气使用你自己的理智"的启蒙格言，就是前述自行思维的思想准则。《实用人类学》再次重申了三条思维准则，并把启蒙当作最重要的思想革命。康德在那里说："人内心最重要的革命就是，'从他自己咎由自取的不成熟状态中走出'。他不再像迄今为止那样由别人代替他思维，或只是模仿或让自己依靠襻带被引导，现在他敢于用自己的双脚在经验的地面上前行，虽然还摇摇晃晃。"②

康德的启蒙观似乎有两种不协调的要求：他对思维主体和道德主体的启蒙要求是激进的革命，非此不能遵从普遍有效的理性思维的准则和道德准则；与此形成鲜明对照的是，他对启蒙的社会政治运动的要求却是温和的改良，仍然指望统治者的监护。"什么是启蒙"的文章中对弗雷德里希大帝的称颂时常遭到人们诟病。文章最后说："手中握有一支训练有素且人数众多的军队以保障公共安全的君主，才能说出一个共和国不能斗胆说出的话：理性思考吧，思考多少，思考什么都行；只是要服从！"③目睹了法国大革命的可怕暴力，康德在1789年的《学科之争》中说，朝向更善的进步的秩序，"不是通过事物自下而上的进程，而是通过事物自上而下的进程"④。从康德后期著作来看，启蒙的"自上而下"的秩序至少有三层含义。

首先指教育和教化的秩序。康德承认，在人类的不成熟状态下，教会负有教化民众、监管思想的合法性，即使进入启蒙的时代，牧师依然有义务按照教义讲道，但这只是理性的"私人运用"。无论宗教或世俗学者都应当"公

---

① ［德］康德：《康德著作全集》（第7卷），李秋零等译，中国人民大学出版社，2008年，第126页。
② 同上，第223页。
③ ［德］康德：《康德著作全集》（第8卷），李秋零等译，中国人民大学出版社，2008年，第46页。
④ ［德］康德：《康德著作全集》（第7卷），李秋零等译，中国人民大学出版社，2008年，第90页。

开地表达自己的思想",对公众事务尽公民的义务。反之,如果让教会团体"对人民行使一种不断的最高监护",那是"一种违背人的本性的犯罪"。①而宗教神学和与之结合的教条主义哲学是启蒙的主要危险,康德因而说:"我把启蒙亦即人们走出咎由自取受监护状态的要点主要放在宗教事务中。"②

其次,启蒙需要"自上而下"的政治秩序,康德看到,当时统治者在艺术和科学方面"已经没有兴趣扮演其臣民的监护人"。他固然期待弗雷德里希大帝这样的开明君主积极推动启蒙,但即使没有明君,大自然也会安排专制促进人类进步,主动或被迫转向共和制。康德在《论永久和平》中说,自然的临时安排迫使各地区的人民"进入或多或少有法律的关系之中"③,各民族的强权不但使各国处于冲突和战争,而且凭借相互私利的商贸精神政权"或迟或早将制服每个民族",因为"在隶属于国家权力的所有力量(手段)中,金钱的力量或许会是最可靠的力量,所以各国都发现自己(当然未必就是由于道德性的动机)不得不促进高贵的和平"④。

最后也是最重要的是"一种自上而下的智慧"⑤。康德所指的是哲学家启发民众。他在《学院之争》中说:"人民的启蒙就是公开地教给人民对其所属国家的义务和法权……这些法权在人民中的自然宣示人和解释人不是由国家任命的官方法权教师,而是自由的法权教师,亦即哲学家。哲学家正是为了他们允许自己拥有的这种自由的缘故,而触犯了始终只想统治的国家,并且因启蒙者的名义而被诋毁为危害国家的人。"⑥在《论永久和平》中,康德认为君王只是不自觉执行大自然智慧安排的工具而已,不会有多少理性。他不接受柏拉图的"哲学家王"的想法:"国王们思考哲学,或者哲学家成为国王,这是无法指望的,也是不能期望的,因为权力的占有不可避免地败坏理性的自由判断。"⑦他主张国家应"无声无息地要求哲学家"公开谈论公共和平的

---

① [德]康德:《康德著作全集》(第8卷),李秋零等译,中国人民大学出版社,2008年,第41~43页。
② 同上,第45页。
③ 同上,第368页。
④ 同上,第373~374页。
⑤ [德]康德:《康德著作全集》(第7卷),李秋零等译,中国人民大学出版社,2008年,第90页。
⑥ 同上,第86页。
⑦ [德]康德:《康德著作全集》(第8卷),李秋零等译,中国人民大学出版社,2008年,第374页。

可能性的条件的准则。但康德认识到,政治和道德之间没有和平,统治者总是按照诡辩的准则行事,终将相互毁灭或自我毁灭,从而"为善的(道德)原则腾出地盘,尽管是经过缓慢的进步"①。在无道德的政治中,启蒙尽管可以被统治者推迟,"但放弃启蒙,无论对他个人,甚或对后代,都叫作侵犯和践踏人的神圣权利"②。为了推进启蒙,康德提出政治必须服从道德的不妥协的原则:"真正的政治若不先尊重道德,将会寸步难行,而且尽管政治本身是一种困难的艺术,但它与道德的结合却根本不是艺术……人的法权必须被视为神圣的,不管政治权力会蒙受多大牺牲。在这里,人们不能走中间道路"③。在这里,我们看到,康德的启蒙观,无论是对主体道德进步的要求,还是对政治的道德规范要求,都是革命性的。

(四)历史进步的希望

康德把批判哲学要回答的问题归结为"我能够知道什么? 我应当做什么? 我可以希望什么? "④相对于《纯粹理性批判》对第一个问题的回答,以及《实践理性批判》对第二个问题的回答,康德对第三个问题的回答不明确,不充分。在《纯粹理性批判》的结尾处,康德把"与最高幸福结合着的道德上最完美的意志是世上一切幸福的原因"⑤作为"纯粹理性最后目的之规定根据"⑥。《判断力批判》的结尾处得出这样的结论:"我们有充分的理由把人类不仅是像一切有机物那样作为自然目的,而且在这个地球上也作为一切其他自然物都与之相关地构成一个目的系统的那个自然的最后目的……即人本身可以通过大自然的仁慈而得到满足;或者这就是对能够被人利用(外在的和内在的)自然来达到的各种各样目的的适应性和熟巧。前一种自然目的将会是幸福,后一种目的则将是人类的文化。"⑦如果我们用后期关于宗教、法权、人类学、历史和国际关系等著作中社会经验内容充实和展开三大批判的思辨和

---

① ③ 〔德〕康德:《康德著作全集》(第8卷),李秋零等译,中国人民大学出版社,2008年,第384页。
② 同上,第44页。
④ 〔德〕康德:《纯粹理性批判》,邓晓芒译,杨祖陶校,人民出版社,2004年,第612页。
⑤ 同上,第615页。
⑥ 同上,第611页。
⑦ 〔德〕康德:《判断力批判》,邓晓芒译,杨祖陶校,人民出版社,2002年,第287页。

演绎,那么可以看出,康德对人可以希望的目标是:人类在道德、科学艺术、政治等社会活动中,在德与福或者自由和幸福两方面,达到善的目的。这个目的既是反思判断力对目的论的二律背反的合理解决,又是大自然安排的人类历史进步中显露的现象,更是方兴未艾的启蒙的预兆。

　　康德在《学科之争》中提出了"人类是否在不断地向着更善"的问题。康德说,在这个问题上,认为人类道德持续退步的"道德恐怖主义"、认为幸福主义的乐观看法,以及认为人类历史是善恶交替的"阿布德拉(Abdera)假说",都既不是先天知识,也没有经验根据。康德自己的回答是:法国大革命是"我们时代的一个证明人类道德趋势的事件"。他说:"我们在自己这个时代目睹了一个富有才智的民族进行的革命,这场革命可能会成功或失败;它可能会如此充满了不幸和暴行,以至于一个思维健全的人如果会希望第二次从事时成功地完成革命的话,就绝不会以这样的代价来进行这场试验。"尽管有这样那样的缺陷,但法国大革命"在所有旁观者的心灵中的获得了一种同情",它"证明了人类至少在禀赋中的一种道德品性,这种品性不仅使人期望向着更善进步,而且就人类能力目前所能及而言,本身就是一种进步"。①启蒙就是当下的历史进步,康德在1784年的"关于世界公民观点的普遍历史理念"中说,"对公民行止的人身限制日益被取消,普遍的宗教自由得到允许",思想自由开放,启蒙得以产生,并成为一大笔财富。②在10年后发表的《论永久和平》中,康德论述启蒙的历史进步的政治蓝图是"由源于契约的理念所产生的、一个民族的一切法权立法都必须建立于其上的唯一宪政——就是共和制的宪政"③。他还描绘了自由国家的宪政共和制、自由国家的联盟制、"人类最终越来越接近于一种世界公民的宪政"④的世界历史进步趋势。无须多言,康德政治哲学的敏锐的社会洞察力和政治远见为现代世界留下了宝贵的遗产。在全球化带来的进步和冲突的今天,总结康德的遗产,既可以从中反思历史教训,又能保持对人类"命运共同体"(Schicksals gemeinschaft)的

---

① [德]康德:《康德著作全集》(第7卷),李秋零等译,中国人民大学出版社,2008年,第82页。

② 参见[德]康德:《康德著作全集》(第8卷),李秋零等译,中国人民大学出版社,2008年,第35页。

③ [德]康德:《康德著作全集》(第8卷),李秋零等译,中国人民大学出版社,2008年,第355页。

④ 同上,第357~364页。

希望和定力。

四、对"意识形态"概念多重描述定义的再探索

(一)分歧的焦点

马克思不是第一个使用"意识形态"这个术语的人,但他和恩格斯合作建立了第一个关于意识形态的理论。无论是否是马克思主义者,研究意识形态的人都需要首先弄明白马克思恩格斯在这个问题上究竟说了些什么。这个看似只要检索文献就能解决的问题却是一个世纪难题。比如拉雷恩的《马克思主义与意识形态》一书第一句话是:"写一本关于马克思意识形态观念的书,使人感到在做一件非常冒险的事。""浏览这个主题的各种研究",他接着说,"很快就可发现各种观点不但数量庞大,而且对马克思主义的不同解释似乎在这里展开秘密战斗"。①即使要在马克思恩格斯著作中寻找出一个关于意识形态的定义,也极其困难。麦克里兰的《意识形态》一书第一句话是:"意识形态在整个社会科学中是最难以把握的概念……它是一个定义(因此其应用)存在激烈争议的概念"。马克思的意识形态概念也是如此:"像他的许多核心概念一样,意识形态的概念在马克思那里远不清晰:他关于意识形态的评论多为顺便提到的,他从未进行系统的论述。然而主要的轮廓是清楚的。"②不幸的是,就连这个似乎清楚的"主要的轮廓",也是众说纷纭,以下列举五种有代表性的观点:

第一,拉雷恩把马克思的"意识形态"概念的各种不同的解释,归纳为"否定的"(即指某种歪曲的思想)和"肯定的"(指社会意识的整体形式或一切社会阶级的所有政治观念)的对立,③他为前者作了强有力的辩解。

---

① Jorge Larrain, *Marxism and Ideology*, Macmillan, 1983, p.1. 参见[英]拉雷恩:《马克思主义与意识形态:马克思主义意识形态论研究》,张秀琴译,北京师范大学出版社,2013年,第1页。

② [美]麦克里兰:《意识形态》(第2版),孔兆政、蒋龙翔译,吉林人民出版社,2005年,第13~14页。

③ Jorge Larrain, *Marxism and Ideology*, Macmillan, 1983, p.4. 参见[英]拉雷恩:《马克思主义与意识形态:马克思主义意识形态论研究》,张秀琴译,北京师范大学出版社,2013年,第4页。

第二,塞利格尔把意识形态的定义分为"限制性概念,因为它把这个概念限定在特定的政治信念体系"和"包容性概念,因为'意识形态'适用于所有政治学说"这两大范畴;他承认马克思的意识形态概念属于"限制性概念",但又说"马克思没有按照齐一的定义使用'意识形态',这个词本身在他的著作中也不占中心地位"①,因而是不充分的,倒是卢卡奇、列宁等人发展了马克思主义的"包容性概念"。

第三,按照阿尔都塞前后期对马克思的意识形态概念的不同解释,人们作出"认识论概念"与"功能性概念"的区分。阿尔都塞强调早期马克思的意识形态概念与《资本论》的科学存在"认识论的断裂",他把意识形态等同于幻觉和暗示,是"一个纯粹的梦"②;当他强调意识形态斗争在一个权力结构代替另一个的结构性革命中起决定性作用时,意识形态具有承载国家机器的实践功能,"没有意识形态的种种表象体系,人类社会就不能生存下去"③。阿尔都塞并不认为意识形态的虚幻意识与它的政治功能必定矛盾,但受他影响的人把意识形态的功能与认识对立起来,如卡里尼科斯在《马克思主义与哲学》一书中说:"如果我们严肃地看待意识形态的'实用'方面,即阶级斗争对意识形态的决定性作用,那么意识形态的真或假的问题是不得要领的。重要的是,它们是'人们借以意识到这个冲突并力求把它克服的那些形式'。"④

第四,帕瑞克在《马克思的意识形态理论》一书中,把各种解释归纳为三个范畴:其一,"结构的解释认为意识形态指对一定社会集团抱有结构和系统偏见的思想体系";其二,"发生学的解释指被作者所属社会集团(特别是阶级)所制约和决定的思想体系";其三,"后果主义的解释指为一定社会集团(特别是统治阶级)利益服务或促进其事业的思想体系"。他认为三者都未

① Martin Seliger, *The Marxist Conception of Ideology*, Cambridge University Press, 1977, pp.1–26.

② [法]阿尔都塞:《哲学与政治:阿尔都塞读本》,陈越编,吉林人民出版社,2003年,第251~253页。

③ [法]阿尔都塞:《保卫马克思》,顾良译,商务印书馆,2006年,第228页。

④ Alex Callinos, *Marxism and Philosophy*, Oxford University Press, 1983, p.135. 他引用的话原文是:"人们借以意识到这个冲突并力求把它克服的那些法律的、政治的、宗教的、艺术的或哲学的,简言之,意识形态的形式。"参见《马克思恩格斯文集》(第二卷),人民出版社,2009年,第591页。

能充分反映马克思的意识形态理论。①

第五,针对那种认为马克思的意识形态没有知识内涵的功能性解释,盖斯声称:"马克思著作最显著的意义在于它的认识论内涵。"他区分了意识形态的三种意义。其一,意识形态的描述性意义是"非评价和非判断的,不因一个集团的成员'具有一种意识形态'而赞同或指责这个集团";其二,"否定的、贬义的或批判的意义上使用'意识形态'这一术语,'意识形态'是'(意识形态的)错觉',或'(意识形态的)虚假意识'";其三,肯定意义的意识形态首先是列宁和卢卡奇所使用,无产阶级意识形态的肯定性不只是适应他们在阶级斗争中的愿望和需要,而是在自己的利益中必然地认识了全社会,因此,"意识形态的肯定意义和贬义的矛盾并不像人们期待的那样尖锐。"②

上述五种看法基本代表了对马克思主义意识形态概念的各家解释。这五家都承认马克思恩格斯的意识形态概念基本上是否定性或批判的,分歧在于四个问题:①马克思恩格斯的否定性或批判的概念是否充分或周全?除拉雷恩外,后四家皆认为不周全。②如果不周全,用何种概念补充?后四家都承认列宁主义(包括卢卡奇、葛兰西等)和阿尔都塞用肯定性的概念补充了否定性概念。③这些补充是否充分?后四家都认为不够充分,塞利格尔要用"意识形态多元论"代替马克思主义的意识形态,阿尔都塞的追随者们则用意识形态的实践功能取消其认识内容,帕瑞克要把西方认识论传统和马克思的真理观结合起来,盖斯要用法兰克福(尤其是哈贝马斯)的批判理论涵盖马克思的意识形态批判。④既然各家都不能否认马克思恩格斯提出了一个批判性和否定性的意识形态概念,拉雷恩提出一个问题:"最重要的马克思主义理论家(除极少数例外)都认为不同的意识形态存在于阶级利益的对抗,这种肯定的和中性的概念何以可能?"③

问题②和③属于马克思恩格斯之后意识形态的概念,这些概念的演变

---

① See Bhikhu Parekh, *Marxs Theory of Ideology*, Johns Hopkings University Press, 1982, p.50.

② Raymond Geuss, *The Idea of a Critical Theory*, Cambridge University Press, 1981, p.1, 5, 12, pp. 24-25.

③ Jorge Larrain, *Marxism and Ideology*, Macmillan, 1983, p.43. 参见[英]拉雷恩:《马克思主义与意识形态:马克思主义意识形态论研究》,张秀琴译,北京师范大学出版社,2013年,第42页。

与马克思理论的关系将在另文考察。本章对马克思恩格斯意识形态概念的考察只限于问题①和④。这两个问题实际上是同一个问题：马克思恩格斯的批判性和否定性的意识形态概念与他们从阶级斗争角度阐述意识形态的"肯定的和中性的概念"是否以及何以能够符合一致？

我们将从恩格斯关于"虚假意识"的"定义"谈起，然后展示马克思恩格斯的批判对意识形态概念的多重描述性定义，通过意识形态批判所达到科学理论与革命实践的统一来回答这个问题。

(二)"虚假意识"问题

恩格斯在1893年致梅林的信中提出，"意识形态是通过虚假的意识完成的过程"的著名论断。①长期以来，"虚假意识"被当作马克思恩格斯关于意识形态概念的定义，围绕这个"定义"，马克思主义的解释者们分成否定和肯定两个阵营。否定的理由主要有以下四条。

第一，麦克卡内说，"虚假意识"的提法"把意识形态理论自然而然地导向精神分析或生存论的思路"，这不仅不符合马克思关于意识形态的"社会学观念"，而且不符合恩格斯在其他场合与马克思相一致的说法，它只是恩格斯的一时"失误"，"很难有比表面价值更多的东西"。②

第二，塞利格尔肯定这个定义符合马克思的思想。他说："马克思本人虽然没有使用'虚假意识'这个术语，但他关于意识形态思想的观念并不因此而有所不同，'错误'的替代词是'不正确''歪曲''不真实'和'抽象'，此外还有'虚幻''障碍''固定的观念'，等等"。在他看来，马克思恩格斯"在所有时候持有的一样类型的多种观点，表示他们未能系统地思考这个问题"③。

第三，麦克里兰把马克思早期和后期的意识形态概念相区别。他说："任何企图表明马克思是把意识形态等同于虚假意识的做法，都严重依赖《德意志意识形态》中反对将意识形态作为日常生活的工具，就像反对在马克思后期著作中将意识形态视做幻象那样"；并且，"虚假意识这个概念显然既过于

---

① 参见《马克思恩格斯文集》(第十卷)，人民出版社，2009年，第657页。
② Joe McCarney, *The Real World of Ideology*, Huamnities Press, 1980, p.95, 97.
③ Martin Seliger, *The Marxist Conception of Ideology*, Cambridge University Press, 1977, pp.30–31.

黑白分明又太一般化,以致很难包容马克思的意思"。①

第四,王晓升主持的国家社会科学基金课题"西方马克思主义意识形态理论研究"的结项成果在国内学者中颇具代表性。他们提出了反驳"虚假意识"说的几个推论。

推论一:"马克思一再强调意识形态的相对独立性。这种相对独立性意味着,不仅仅存在不同的阶级意识,而且这些阶级意识在相互斗争的同时也会相互渗透。于是,无产阶级意识形态也会融合资产阶级和小资产阶级的意识形态"。

推论二:"既然不同的意识形态之间要相互斗争,既然它们都企图说服别人从而证明自己利益的合法性和正当性,那么它们就必须在理论上具有说服力,必须在某种程度上贴近社会现实,其中包含某些正确的东西"。

推论三:"如果意识形态都是虚幻的意识和颠倒的意识,那么就不存在所谓意识形态领域中的领导权的问题,而是要彻底抛弃和否定一切意识形态的问题"。

推论四:"如果一切意识形态都是虚幻意识,那么意识形态领域的斗争就是反对一切错误意识的斗争,即清除一切意识形态的斗争,而不是真理和错误的斗争"。②

皮勒斯的《意识形态和虚假意识》一书总结了肯定"虚假意识"说的主张。这些肯定者用文本证据说话,概括出马克思恩格斯著作中与意识形态概念相关论述的五点含义:"①一种欺骗的社会意识或集体的自我欺骗;②一种异化的意识(有时指物化的社会意识);③控制被压迫者的社会意识;④一种歪曲的社会错误理智和错觉;⑤非科学的、常识的社会意识。"③虽然术语不同,但含义融会贯通,与"虚假意识"的定义一以贯之。

依靠马克思恩格斯的文本证据,那种认为"虚假意识"只是恩格斯一时"失误",认为马克思恩格斯没有对意识形态问题作过系统思考,认为这个问

---

① [美]麦克里兰:《意识形态》(第2版),孔兆政、蒋龙翔译,吉林人民出版社,2005年,第23页。

② 王晓升等:《西方马克思主义意识形态理论》,社会科学文献出版社,2009年,第4~5页。

③ Christopher L. Pines, *Idealogy and False Consciousness:Marx and His Historical Progenitors*, State University of New York Press,1993,pp.14–15.

题在他们的著作中不占中心位置,或者认为《德意志意识形态》与《资本论》中的意识形态批判代表"早期"与"晚期"两个阶段的不同思想,这些说法都是站不住脚的。

同样,依靠文本证据,那些反驳"虚假意识"的推论所依赖的前提也不符合马克思恩格斯的思想。

其一,马克思从来没有"一再强调意识形态的相对独立性";相反,他明确地说,只要承认唯物史观,"道德、宗教、形而上学和其他意识形态,以及与它们相适应的意识形式便不再保留独立性的外观了"。①恩格斯晚年说,马克思和他一向"否认在历史中起作用的各种意识形态领域有独立的历史发展",由此推导出"否认意识形态对历史有任何影响"是"一个愚蠢观念"。②

其二,马克思从来没有否认意识形态"在某种程度上贴近社会现实,其中包含某些正确的东西";相反,马克思说,意识形态"倒立成像"的现象"也是从人们生活的历史过程中产生的"。③

其三,马克思恩格斯的意识形态批判的最终目标难道不是"抛弃和否定一切意识形态"吗?正如无产阶级革命的目的是消灭一切阶级,"这些意识形式,只有当阶级对立完全消失的时候才会完全消失"。④

其四,马克思恩格斯从来没有把"虚假"与"真理"当作"黑白分明"的对立,"虚假意识"不等于没有任何真理性,比如空想社会主义、国民经济学和德国古典哲学等资产阶级意识形态包含被歪曲、被颠倒的真理,马克思恩格斯从"虚假意识"中揭示其中的真理,从而创立了科学社会主义、唯物史观的"历史科学"⑤和"按照逻辑"⑥方式的经济科学。不过,这不是真理和错误的"意识形态的斗争",而是宣告"全部意识形态就完结了"⑦。

在讨论马克思恩格斯的意识形态概念时,我们必须尊重和忠实马克思

---

① 《马克思恩格斯选集》(第一卷),人民出版社,1995年,第73页。
② 《马克思恩格斯选集》(第四卷),人民出版社,1995年,第728页。
③ 《马克思恩格斯文集》(第一卷),人民出版社,2009年,第525页。
④ 同上,第51页。
⑤ 《马克思恩格斯选集》(第二卷),人民出版社,1995年,第37~38页。
⑥ 同上,第43页。
⑦ 《马克思恩格斯选集》(第四卷),人民出版社,1995年,第254页。

恩格斯著作的文本证据，不能把列宁等后来马克思主义者的观点与马克思恩格斯思想混为一谈(尽管我们可以承认列宁主义发展了马克思的意识形态理论)，更不能把西方马克思主义或非马克思主义的解释奉为权威解释。中国社会科学院"马克思主义经典作家专题摘编"项目的《马克思、恩格斯、列宁、斯大林论意识形态》，在"德意志意识形态或虚假意识"的类别中包含26条马克思恩格斯论述，"意识形态虚假性与拜物教"门类的"意识形态虚假性的基本含义""批判意识形态虚假性的方法论原则""意识形态虚假性的根源"和"拜物教批判"4个类别中共收入69条马克思恩格斯论述。[①]以下试图把马克思恩格斯对"虚假意识"的论述与他们对意识形态其他方面的论述协调一致，以反驳西方"马克思主义者"所说"他们未能系统地思考这个问题"透露出的无知以及认为马克思的论述"太一般化""远不清晰""顺便提起"等偏见。

(三)意识形态的定义问题

如上所述，"虚假意识"确实是马克思恩格斯意识形态理论的不可或缺的方面，但我们不能因此把意识形态等同于"虚假意识"，就是说，不能把"虚假意识"当作"意识形态"的唯一定义。事实上，无论马克思还是恩格斯都没有给"意识形态"的概念下过一个单独的定义，但这并不意味着他们的"意识形态"概念是不可定义的。关键是如何看待"定义"。

在西方哲学传统中，对概念 X 的定义是对"什么是 X"的回答，并且必须回答 X 的本质是什么。20 世纪哲学与传统西方哲学的一个区别在于"反本质主义"。有两种反本质主义，一种是无本质主义，"什么都行"；另一种是否定单一本质而承认属性多样性。在定义问题上，前者否认任何定义的可能性，把定义当作"宏大叙事"加以否定，而满足于没有确定意义的"言谈"或"飘浮的能指符号"，其代表是法国的后现代主义者；后者则用符合生活现实的具体描述代替"属+种差"的定义方法，其代表人物之一是维特根斯坦。维特根

---

① 参见侯惠勤主编:《马克思、恩格斯、列宁、斯大林论意识形态》,中国社会科学出版社,2012年,第1~14页。

斯坦看到,对待日常语言中有些"特殊词汇"如"时间""知识""度量"等,不适合提出"什么是 X"的解答,这一问题只针对"常规词汇"的意义提出。比如"现在是几点几分"有确定答案,而"什么是时间"没有确定答案,因为"时间"没有单一的、固定的本质,只有在说话者的具体语境中才有意义。①在其代表作《哲学研究》中,维特根斯坦说,"界限模糊"的词语如"游戏""颜色""数"等,"这个词必定有一个各种意义组成的家族",又谈到"科学定义的摆动:今天被当作伴随某种现象而被观察到的东西,明天将被用于为这个现象下定义"。②

马克思恩格斯是西方哲学传统的彻底变革者,虽然没有专门论述,他们抛弃了传统哲学的本质主义,从来不用"什么是 X"的方式为概念下定义。比如《资本论》的出发点"商品"是一个具体的抽象范畴,马克思没有为这个核心范畴简单地下定义,而是通过分析它的使用属性和交换属性的双重性,具体描述两者的关系,揭示商品作为资本主义生产方式的"细胞"的本质。

"意识形态"这一核心概念的定义也是如此。马克思恩格斯具体地描述了意识形态这种普遍现象的多重属性,有些描述是否定性、批判性的,有些是不加评价的中立的、客观的描述,有些是对其历史作用的肯定。不能把这些描述对立起来,硬要把其中一种描述说成是马克思关于意识形态概念的否定性、中立性或肯定性的"定义"。

(四)意识形态四重属性的描述性定义

经过适当的归纳和分析,我们在马克思恩格斯的论述中概括出对意识形态的认识属性、语言属性、社会结构属性和阶级属性的四重描述,这些描述相互贯通,可以被视作意识形态概念的"家族相似"意义组成的描述性定义。

---

① See Wittgenstein, *Blue and Brown Books*, Basil Blackwell, 1969, pp.44,6.

② Wittgenstein, *Philosophical Investigations*, §77,79,参见[奥]维特根斯坦:《哲学研究》,汤潮、范光棣译,生活·读书·新知三联书店,1992 年,第 51~53 页。

1. 认识属性

恩格斯关于"虚假意识"的论断可以说精练地概括了马克思和他自己始终强调的意识形态的"异化""颠倒""歪曲""幻象""错觉"等认识论特征。比如《德意志意识形态》说:"在全部意识形态中,人们和他们的关系就像在照相机中一样是倒立成像的"①;《反杜林论》说:"意识形态家……制作了一幅因脱离现实基础而扭曲的、像在凹面镜上反映出来的头足倒置的画像"②;《费尔巴哈和德国古典哲学的终结》说,黑格尔辩证法的"概念的自己运动"是"意识形态的颠倒"③;《资本论》第三卷中说:"资本主义生产方式的神秘化,社会关系的物化……是一个着了魔的、颠倒的、倒立的世界",是"虚伪的假象和错觉"④,等等。

为了理解"虚假意识"的意义,必须首先明白恩格斯是在黑格尔意义上使用"虚假"概念的。黑格尔在《精神现象学》"序言"中说,真理不是像"恺撒生于何时""直角三角形的斜边平方等于其余两边的平方"那样的简单陈述,与那种认为真实与虚假"各据一方而互不联系,孤立而稳定地存在着"的观点相反,"我们必须指出,真理不是一枚铸好了的硬币,可以现成地拿过来就用。恶是不存在的,同样,虚假也不存在。恶和虚假确实不是类似魔鬼的那样坏东西"。⑤同样,恩格斯说,真理和谬误的两极对立,只是在"二乘二等于四""鸟与喙"之类"非常有限的领域内才具有绝对的意义",在此狭隘的范围之外,"对立的两极都向自己的对立面转化,真理变成谬误,谬误变成真理"。⑥按照辩证的、历史的真理观,意识形态是构成真理的部分要素,这些要素片面(因而"歪曲")地、孤立(因而"虚幻")地、独立自主(因而"倒立")地、暂时(因而"表象")地表述特定社会的本质,这就是"虚假意识"与社会存在之间的辩证法。

伍德在《卡尔·马克思》一书中强调:"马克思赞同黑格尔与费尔巴哈,异

---

① 《马克思恩格斯文集》(第一卷),人民出版社,2009 年,第 525 页。
② 《马克思恩格斯文集》(第九卷),人民出版社,2009 年,第 102 页。
③ 《马克思恩格斯选集》(第四卷),人民出版社,1995 年,第 243 页。
④ 《马克思恩格斯全集》(第 25 卷),人民出版社,1995 年,第 938~939 页。
⑤ [德]黑格尔:《精神现象学》,先刚译,人民出版社,2013 年,第 24~25 页。
⑥ 《马克思恩格斯选集》(第三卷),人民出版社,1995 年,第 431 页。

化与某种虚假意识密切关联。"①确实,正如黑格尔的"意识诸形态"(Gestalten des Bewusstseins)在矛盾运动中扬弃自身,意识形态也在阶级对立中接近科学真理;正如黑格尔的"经验科学的体系"最终克服了概念的矛盾,马克思用唯物史观和剩余价值这两大科学发现克服了意识形态的局限性。差别在于,黑格尔只关心概念的运动,而马克思把意识形态的矛盾和对立归结为生产方式的历史运动及其造成的阶级对立。

马克思承认并积极运用抽象概念的科学方法。《资本论》中的抽象概念保持了社会现实的具体性。他说:"只要我把具体东西不同于它的抽象东西的一切方面抽掉,那么具体东西当然就成了抽象东西,丝毫没有不同于抽象东西的地方。"②意识形态从本意上说是观念的体系,但意识形态家们根本没有想到他们使用的概念或观念是从现实中抽象出来的, 他们错误认识的根源有三种:

第一,把抽象概念与具体实在相并列,由此造成"固然能吃樱桃和李子,但是不能吃水果"的黑格尔难题。③

第二, 不断进行抽象的抽象,"在那里得到的印象都是由于双重和三重的反映而被削弱或者被故意歪曲了的"④;或者说,经过多级抽象出来的思想观念变成"悬浮于空中意识形态领域"⑤,变成完全脱离产生它们的物质生产条件的神秘的东西。

第三, 这些神秘化的思想观念进一步被说成是决定或改变社会现实的力量,"这种本末倒置的做法……把整个历史变成意识发展的过程"⑥。

恩格斯说, 物质生产条件归根到底决定人们意识的道理是意识形态家"必然"和"始终"没有意识到的,"否则"意识形态就完结了。⑦这是说,揭露意识形态的认识论根源是消除它的必要条件, 丝毫也没有阿尔都塞及其追随

---

① Allen Wood, *Karl Marx*, Routledge, 1981, p.10.
② 《马克思恩格斯全集》(第30卷),人民出版社,1995年,第204页。
③ 参见《马克思恩格斯选集》(第四卷),人民出版社,1995年,第343页。
④ 《马克思恩格斯选集》(第四卷),人民出版社,1995年,第698页。
⑤ 同上,第703页。
⑥ 《马克思恩格斯选集》(第一卷),人民出版社,1995年,第130页。
⑦ 参见《马克思恩格斯选集》(第四卷),人民出版社,1995年,第254、726页。

者把意识形态归结为集体"下意识"的意思。相反,马克思说:"意识(das Be-
wusstsein)在任何时候都只能是被意识到了的存在(das bewusste Sein)。"①

2. 语言属性

马克思说:"语言是思想的直接现实。"意识形态的观念和对意识形态现
象不能离开语言,表述这些高度抽象观念和"虚假意识"的语言完全脱离日
常生活语言,是"无法理解的神秘的语言"。②《德意志意识形态》为青年黑格
尔派使用的语言开出一张清单:"思维的肤浅、杂乱无章,不能掩饰的笨拙,
无尽无休的重复,经常的自相矛盾,不成譬喻的譬喻,企图吓唬读者,用'你'
'某物''某人'这些字眼来系统地剽窃别人的思想,滥用连接词('因为''所
以''因此''由于''因而''但是'等),愚昧无知,拙劣的断言,庄严的轻浮,革
命的词藻和温和的思想,莫知所云的语言,妄自尊大的鄙陋作风和卖弄风
骚,提升听差兰特为绝对概念,依赖黑格尔的传统和柏林的方言"③。

马克思指出,意识形态无意义的语言根源在于意识形态的独立自主和
虚幻性,"正像哲学家们把思维变成一种独立的力量那样,他们也一定要把
语言变成某种独立的特殊的王国。这就是哲学语言的秘密",这种"被歪曲了
的现实世界的语言"只存在于哲学幻想中,也就是说,只有在那种不会明白
自己在想象中脱离生活的性质和根源的哲学意识看来才是合理的。④

正如马克思恩格斯从"虚假意识"中揭示出被颠倒的现实性,他们力图
把混乱、自相矛盾和没有意义的意识形态语言"还原为它从中抽象出来的普
通语言……认清他们的语言是被歪曲了的现实世界的语言",懂得"无论思
想或语言都不能独自组成特殊的王国,它们只是现实生活的表现"。⑤

如何完成"从思想世界降到现实世界""从语言降到生活"这一"最困难
的任务之一"呢? ⑥在马克思恩格斯著作中,我们看到他们理解意识形态语言
的三种方式。

---

① 《马克思恩格斯文集》(第一卷),人民出版社,2009 年,第 525 页。
② 《马克思恩格斯选集》(第一卷),人民出版社,1995 年,第 149 页。
③ 原注:兰特这个名字指那种随时用柏林方言说俏皮话的高谈哲理的小丑。《马克思恩格斯全
集》(第3卷),人民出版社,1995 年,第 305 页。
④ 参见《马克思恩格斯全集》(第3卷),人民出版社,1995 年,第 525~528 页。
⑤⑥ 《马克思恩格斯全集》(第3卷),人民出版社,1995 年,第 525 页。

第一,把颠倒的意义再颠倒过来。比如他们看到,"青年黑格尔派的意识形态家们尽管满口讲的都是所谓'震撼世界的'词句,却是最大的保守派"①。

第二,把高度抽象的哲学概念还原为日常语言用法。比如针对蒲鲁东把社会当作与组成社会的人毫无关系的"自己的理性",并"责备经济学家们不了解这种集合体的个性",马克思认为美国一位经济学家的话完全适用于蒲鲁东,他借用的这段话是:"人们给被称为社会的精神实体(the moral entities)——即文法的存在(the grammatical being),硬加上一些实际上只存在于那些无中生有的人们的想象中的属性……这就在政治经济学中引起许多困难和可悲的误解。(托·库伯《论政治经济学的要素》1826年哥伦比亚版)。"②马克思同意那位美国学者的看法,认为哲学中争论不休的"实体"(或"实在")只是日常语言中系词"是"(to be)的语法功能。

第三,用科学的语言替代毫无根据的臆造语句。比如针对杜林把劳动"归结为生存时间,而生存时间的自我维持又表现为对营养上和生活上一定数量的困难和克服",恩格斯说:"如果我们假定杜林先生是用经济学的精确的语言来作表述的,那么上述句子不是根本没有意义,就是有这样的意义:一件商品的价值是由体现在这件商品中的劳动时间决定的,而这一劳动时间的价值是由在这个时间内维持工人生活所必需的生活资料的价值决定的。"③

我们知道,维特根斯坦开创的日常语言哲学把哲学"特殊术语"的意义还原为日常生活语言的用法,比如维特根斯坦说,他要把"哲学家使用词汇——'知识''存在''客体''自我''命题''名称'""从形而上学的用法带回到日常用法"④。利德在《马克思与维特根斯坦》一书中比较了维特根斯坦的哲学语言批判与马克思的意识形态批判的相似之处,得到这样一个结论:

---

① 《马克思恩格斯选集》(第一卷),人民出版社,1995年,第66页。
② 《马克思恩格斯全集》(第4卷),人民出版社,1958年,第128页。原注:Th. Cooper, *Lectures on the Elements of Political Economy* 该书第1版于1826年在哥伦比亚出版,第2版增订版于1831年在伦敦出版。
③ 《马克思恩格斯选集》(第三卷),人民出版社,1995年,第536页。
④ Wittgenstein, *Philosophical Investigations*, §116,参见[奥]维特根斯坦:《哲学研究》,汤潮、范光棣译,生活·读书·新知三联书店,1992年,第67页。

"如果想知道在何处可以看到维特根斯坦的观念与马克思的'异化'或'物化'的观念直接相对应,人们只要看一看'哲学语言'的观念"①。但我们也应看到两者的差别:哲学语言批判只是马克思意识形态批判理论的一个方面,在维特根斯坦那里却是哲学活动的全部。

3. 结构性属性

马克思在 1857 年《〈政治经济学批判〉序言》中"简要地表述"他的研究的"总的结果":"人们在自己生活的社会生产中发生一定的、必然的、不以他们的意志为转移的关系,即同他们的物质生产力的一定发展阶段相适合的生产关系。这些生产关系的总和构成社会的经济结构,即有法律的和政治的上层建筑竖立其上并有一定的社会意识形式与之相适应的现实基础。物质生活的生产方式制约着整个社会生活、政治生活和精神生活的过程。不是人们的意识决定人们的存在,相反,是人们的社会存在决定人们的意识……随着经济基础的变更,全部庞大的上层建筑也或慢或快地发生变革。在考察这些变革时,必须时刻把下面两者区别开来:一种是生产的经济条件方面所发生的物质的、可以用自然科学的精确性指明的变革,一种是人们借以意识到这个冲突并力求把它克服的那些法律的、政治的、宗教的、艺术的或哲学的,简言之,意识形态的形式。"②

序言精练概述的每一个概念和词句都是精确的。如果不加区别地把"物质生活的生产方式"等同为"社会存在"和"经济结构"或"经济基础",而把"一定的社会意识形式"等同于"人们的意识"和"意识形态的形式"及其相关的"整个社会生活、政治生活和精神生活的过程""法律的和政治的上层建筑",那么马克思全部学说就被简化为"经济基础决定上层建筑"的公式,复杂一点的公式是:生产力和与之相适合的生产关系组成的生产方式决定上层建筑和与之相适应的意识形态。这种简单化的解释受到广泛质疑。

柯亨的《卡尔·马克思的历史理论》一书以马克思的序言为中心,对"生产力""经济基础""生产关系"和"上层建筑"等概念的要素以及它们之间的

---

① Rupert Read, On vampires and parasites, in *Marx and Wittgenstein*, ed. G. Kirching and N. Pleasants, Routledge, 2002, p.277.

② 《马克思恩格斯选集》(第二卷),人民出版社,1995 年,第 32~33 页。

交叉重叠关系进行了细致梳理。①胡克的《对卡尔·马克思的理解》把序言表述的历史唯物主义原理分为"静态方面"和"动态方面",前者指"社会的经济结构,生产关系,包括有像工艺学、现存的体力和脑力的技能、被继承下来的传统和意识形态这样的生产力, 但不能把它们等同起来⋯⋯文化上层建筑的基础是生产关系";"动态方面"是"历史唯物主义的最重要的任务就在于批判各种文化的和社会的学说"。②阿尔都塞把"经济基础决定上层建筑"的原理说成"一元决定论",而"上层建筑、意识形态、'民族传统'、民族习俗和民族'精神'都是现实",它们是社会矛盾和构成的"多元决定"要素。③这些解释都没有认真看待意识形态在马克思分析的社会结构中的重要位置。

序言的概述分两个部分:第一部分是对社会结构的总的描述("人们在自己生活的社会生产中"至"人们的社会存在决定人们的意识");第二部分是阐述社会变革原因("社会的物质生产力发展到一定阶段"至"就以这种社会形态而告终")。第一部分中的"社会意识形式""整个社会生活、政治生活和精神生活的过程",以及"人们的意识",不等于第二部分中"意识形态形式"。虽然两者都与"法律的和政治的上层建筑"相适应,但是第一部分描述的经济基础与上层建筑相适应时期与第二部分阐释的因生产关系成为生产力发展的桎梏而发生的社会革命的时代,"社会意识"与"意识形态"的表现形式和社会作用不同:在第一部分,"社会意识形式"起稳定、适应社会结构其他部分(生产关系和上层建筑)的作用;在第二部分,"社会意识形式"分化为"用自然科学的精确性指明变革"和"力求克服变革"的意识形态。就是说,社会意识不等于意识形态, 社会意识既可以是被社会存在所决定的社会生活、政治生活和精神生活过程,也可以是有意识地力求克服不可克服的社会冲突的意识形态。

马克思在序言概述第一部分中的描述可表示如下:

---

① 参见[美]G.A.柯亨:《卡尔·马克思的历史理论》,岳长龄译,重庆出版社,1989年,第2、3、6、8章等。

② [美]悉尼·胡克:《对卡尔·马克思的理解》,徐崇温译,重庆出版社,1989年,第115页。

③ 参见[法]路易·阿尔都塞:《保卫马克思》,顾良译,商务印书馆,1984年,第93页。

马克思在序言概述第二部分中的阐述可表示如下：

生产关系限制生产力发展→经济基础的变革→上层建筑的变革→ {意识形态 / 社会科学

需要说明两点：第一，文中"生产的经济条件方面所发生的物质的、可以用自然科学的精确性指明的变革"不是指自然科学的解释或预言。马克思在《资本论》第一版序言中说，他采用"在保证过程以其纯粹形式进行的条件下从事实验"的方法，他研究资本主义生产方式的"典型地点是英国"犹如"物理学家是在自然过程表现得最确实、最少受干扰的地方观察自然过程"。①第二，"资产阶级的生产方式是社会生产过程的最后一个对抗形式"②，只有在社会变革的最后阶段，才能把社会科学与意识形态区别开来，在此之前的社会变革中，力图否认或掩盖社会变革的意识形态与在一定程度上猜测到矛盾和变革的科学因素混杂在一起。由此我们可以理解，马克思为什么把古典经济学说成"科学的资产阶级经济学"③，为什么能够从"剩余价值史"的卷帙浩繁的材料中发现剩余价值的科学理论。

总之，"社会意识"或"意识形式"包括日常的精神生活过程、意识形态和科学这三种类型。马克思对第一种的描述是中性的，对第二种的阐释是批判性的，对第三种的研究是肯定性的。由于混淆了"社会意识"与"意识形态"的概念，才引起马克思的意识形态概念是贬义的、中性的、还是肯定性的不可调和的争论。

4. 阶级属性

经济基础和上层建筑之间的关系反映阶级对立和阶级斗争的历史事实，意识形态的阶级属性与结构属性，以及认识属性、语言属性相互联系，彼

---

① 《马克思恩格斯选集》(第二卷)，人民出版社，1995年，第100页。
② 同上，第33页。
③ 同上，第107页。

此贯通，但最引人注目，以致很多人认为马克思只是把意识形态作为阶级斗争的工具。他们认为，"意识形态"只是表现一个特定阶级利益和为此与其他阶级争夺领导权的"功能性概念"。这种解释可以在马克思著作中寻章摘句找证据，但在上下文和交互文本中理解马克思的相关论述，可以发现把意识形态仅归结为阶级斗争功能的解释是不全面，不充分的。

首先，意识形态固然代表一定阶级利益，但不能反过来说，这个阶级的全部利益都被它的意识形态所代表。《德意志意识形态》把意识形态的根源追溯到"物质劳动与精神劳动"的分工，"从这时候起，意识才能摆脱世界而去构造'纯粹的'理论、神学、哲学、道德等等"。①但是在物质劳动和精神劳动中都占统治地位阶级的成员并不全都是意识形态家。马克思说："在这个阶级内部，一部分人是作为该阶级的思想家出现的，他们是这一阶级的积极的、有概括能力的意识形态家，他们把编造这一阶级关于自身的幻想当作主要的谋生之道，而另一些人对于这些思想和幻想则采取比较消极的态度，并且准备接受这些思想和幻想，因为在实际中他们是这个阶级的积极成员，很少有时间来编造关于自身的幻想和思想。在这一阶级内部，这种分裂甚至可以分成两部分人之间某种程度的对立和敌视"②。意识形态家是统治阶级的代言人和辩护者，但这个阶级掌握生产资料积极组织物质生产的成员并非全都接受他们的代言和辩护，而这些代言人和辩护者也认为自己不代表这些"消极成员"的利益。特别是在资产阶级处于上升阶段时，由于它符合社会趋势，资产阶级的意识形态家把自己阶级的利益等同为全社会的利益，他们思想中包含一些暂时的、间接的、片面的真实性而不完全符合赤裸裸剥削的资本家的利益。当资产阶级取得并巩固了对全社会的统治，与无产阶级的对立公开化和尖锐化之后，资产阶级内部"积极成员"和"消极成员"的"对立和敌视便会自行消失"③。

其次，马克思说："统治阶级的思想在每一个时代都是占统治地位的思想"，其理由有二：第一，"支配着物质生产资料的阶级，同时也支配着精神生

---

① 《马克思恩格斯选集》(第二卷)，人民出版社，1995年，第82页。

②③ 《马克思恩格斯选集》(第一卷)，人民出版社，1995年，第99页。

产资料,因此,那些没有精神生产资料的人的思想,一般是隶属于这个阶级的";第二,统治阶级的个人"作为思想的生产者进行统治,他们调节着自己时代的思想的生产和分配"。①第一点排除了没有物质生产资料的阶级争夺意识形态领导权的可能性,资产阶级之所以取得压倒封建阶级的意识形态领导权,主要原因是它逐渐支配了物质生产资料。第二点中的"思想的生产和分配"既可以是垄断的,比如"中世纪把意识形态的其他一切形式——哲学、政治、法学,都合并到神学中"②;也可以是多元性,比如"在某一时期,王权、贵族和资产阶级为争夺统治而争斗,因而,在那里统治是分享的,那里占统治地位的思想就会是关于分权的学说,于是分权就被宣布为'永恒的规律'"③。

最后,也是令很多人难以理解的是,马克思恩格斯从来不提"无产阶级意识形态",这里没有使用或不使用一个或另一个术语的偶然性和随意性,而是马克思恩格斯的意识形态批判的必然结论。既然意识形态是认识论上的虚假意识,无产阶级就不能用一种意识形态来反对另一种意识形态,马克思用科学取代意识形态,他的政治经济学批判是"自由的科学研究"④。既然意识形态的语言是脱离现实的高度抽象观念,马克思就不能借助传统哲学的概念和范畴表达他的科学思想,而是从政治经济学研究的现实对象抽象出具体的范畴揭示资本主义的矛盾和发展规律;虽然马克思说他在个别地方"甚至卖弄黑格尔特有的表达方式",但这并不是全盘接受黑格尔的哲学,而是表明"德国的工人运动是德国古典哲学的继承者"。⑤既然意识形态只代表特定的阶级利益,既然"劳动阶级解放的条件就是消灭一切阶级",既然共产党人"不提出任何特殊的原则,用以塑造无产阶级的运动",马克思恩格斯没有意图充当"无产阶级意识形态"的代言人,向无产阶级"灌输意识形态"。⑥

总之,在马克思恩格斯著作中,"意识形态"与"阶级意识"并不是两个可互换的同义词,对无产阶级或工人而言尤其如此,这一点是没有什么可怀疑

---

① 《马克思恩格斯选集》(第一卷),人民出版社,1995年,第98~99页。
② 《马克思恩格斯选集》(第四卷),人民出版社,1995年,第255页。
③ 《马克思恩格斯选集》(第一卷),人民出版社,1995年,第99页。
④ 《马克思恩格斯选集》(第二卷),人民出版社,1995年,第102页。
⑤ 同上,第112页。
⑥ 《马克思恩格斯选集》(第一卷),人民出版社,1995年,第194页。

的。如果说有困惑之处的话，那就是，一方面，《共产党宣言》说，"共产党一分钟也不忽略教育工人尽可能明确地意识到资产阶级和无产阶级的敌对的对立"；另一方面，恩格斯谈到他们对待工人运动的态度时说："不要硬把别人在开始时还不能正确了解，但很快就会学会的一些东西灌输给别人。"①马克思恩格斯一方面相信无产阶级出于生活在最底层、劳动异化最严重牺牲品的社会地位以及在先进生产力中的力量，必然会产生自觉承担自己历史使命的明确的阶级意识；另一方面，他们看到工人运动受到形形色色的小资产阶级意识形态的侵蚀和控制，作为革命家的马克思批判最多并与之进行不妥协斗争的，恰恰是在工人运动中流行的那些意识形态，如格律恩的"真正社会主义"、蒲鲁东主义、巴枯宁主义、拉萨尔主义，等等。无产阶级能否从自身本性中自发产生明确的阶级意识，如何教育和培育无产阶级的阶级意识，以克服小资产阶级的意识形态，无产阶级的阶级意识对无产阶级革命有何作用，何时何处以及如何发生作用？马克思恩格斯对这些问题的思考将在另文阐述。这里需要澄清，马克思恩格斯从来没有把无产阶级的阶级意识与任何形式的意识形态混为一谈，对他们而言，即使与资产阶级意识形态相对立，无产阶级的阶级意识也不是任何意义上的意识形态。

---

① 《马克思恩格斯选集》(第一卷)，人民出版社，1995年，第306页。

第三章　西方哲学处境化与全球化未来

面对全球化的未来,我们要深刻明白一个道理:中国哲学的"三化"是在中国条件下发展出来的哲学特殊形态,也离不开世界学术的潮流。坚持哲学的中国文化本位,这本身没有错,但如果把传统思想的本位和世界哲学的共性绝对地对立起来,那就违反辩证法了。因此,"三化"之间不但首先要彼此会通,还要学会与世界各国哲学打交道,让世界了解中国,使中国走向世界,这个意义十分深远。

一、西方哲学处境化的"正义"问题

(一)从批评罗尔斯开始

罗尔斯的《正义论》第 23 节是对历史上出现过的正义的观念的分类。他将正义分为五类:自我的观念、古典目的论的观念、直觉主义的观念、混合的观念,以及他自己的"正义即公平"的观念;前四类观念又各分三种,加上他自己的正义两原则(平等原则和差别原则),凡十四种。这五类观念按罗尔斯能想象的合理性程度来排列。第一类,即自私的观念最不合理,最后一类,即罗尔斯自己的观念被认为是最为合理的。除了竭尽全力论证他的观念的合理性之外,罗尔斯在书中对其他三类观念作去芜存菁的分析,把它们不同程度的合理性纳入自己的原则,而把它们的不合理性作为自己观点的反衬。唯独对"自我的观点",他从一开始就将其排斥在讨论之外,认为严肃的理论家也从来没有把自私的观念当作正义的。他说："严格地说，自我的观念不是正义观念的一个选项。"①

对此，我有几点看法。首先，罗尔斯分类标准依据的是他思考问题的逻辑合理性，而他的逻辑与历史不符。历史上很多关于正义的观念没有、也不能够包含在这些种类之中。其次，他在思想史中只选择他所关注的正义的观念，即关于分配正义（distributive justice）的观念，第二、三、四类充其量只能代表历史上关于分配正义的种种说法。最后，对那些分配正义之外的正义观念，他用"自我的观念"加以概括。"自我的观念"被分为三种：一是自我独裁，认为每个人都为自我的利益服务；二是自我特权，认为除了自我以外，任何人都要按正义观念行事；三是自我中心，认为每个人都可以按照自己的意愿来追求其利益，这三种观念是自私自利的思想，缺乏"正义"的应有之义，被罗尔斯顺理成章地排除在值得讨论的正义理论之外。

罗尔斯在这里玩弄了一个文字游戏，"selfish"既有"自私"的意思，又是"自我"的形容词。以自我为中心的正义观不一定都是自私自利的小人思想；反之，社会分配为基础的正义观也可以是对一己之私的理论辩护。罗尔斯把以自我为基础的正义观念等同于自私自利思想加以排斥，完全是漫画式的简化。

(二)柏拉图的启示

现在讨论正义问题，固然不能忽视罗尔斯，但同样不容忽视柏拉图，因为柏拉图的《理想国》是西方第一部"论正义"的经典。在该书第一卷，苏格拉底指出，色拉叙马霍斯的"强权即正义"的自私自利观念是不自洽的，必然导致自相矛盾的结论。(《理想国》，338c–354c)这也就宣判了一切自私自利的正义观念的死刑。但苏格拉底接着把正义纳入个人"德性"的范畴，②最后得出了正义是灵魂的三个要素和城邦的三部分人各司其职的结论。(《理想国》，

---

① J.Rawls, *A Theory of Justice*, Oxford University Press, 1972, p.124.

② "正义是至善之一，是世上最好的东西之一。那些所谓最好的东西，就是指不仅它们的结果好，尤其指它们本身好。比如视力、听力、智力、健康，以及其他德性。"参见柏拉图：《理想国》，郭斌和译，商务印书馆，1986年，第56页。

435b）柏拉图的正义观显然不属于分配正义的观念，显然与"自我的观念"（个人灵魂和德性）有关。由此可见，分配正义观念可以是自私自利的，完全不合理的；而以自我为中心的正义观念也可以是利他主义的、合理的。

根据历史与逻辑相一致的理解标准，我们可以更加合理地把历史上的正义观念分为"公德"与"私德"两类。让我们开始于这样一个相对简单的区分：作为私德的正义，指个人对待他人的德性；而作为公德的正义，指处理社会事务的德性。这两个定义似乎是兼容的，"处理社会事务"当然也要"对待他人"，但这并不意味着前者可以归结为后者。如果一个人可以因为履行职务或其他公务的义务而对待他人，也可以出于天然形成的人际关系（包括家庭关系和社会关系）而对待他人。前者需要作为公德的正义，汉语中用"公平""公正"和"平等"等术语表示作为公德的正义；后者则需要作为私德的正义，古汉语中的"义""直"或"正"等术语经常（但并非总是）表示作为私德的正义。在西文中，justice 相当于"正义"的总称，fairness、equality 等词表示社会公平，是公德；而 righteousness、uprightness、right 等词表示个人私德。

正义的公德和正义的私德既相贯通、又相对立，关于两者关系的思考是一种思想的张力，是推动历史中不同正义观更迭转化的动力。

（三）从私德到公德的推导及其张力

柏拉图在《理想国》中谈到灵魂正义与城邦正义这两类正义，前者相当于我们所说的私德，后者相当于公德。他论证两者相对应的原则是"国家是大写的人"。（《理想国》，368a）就是说，灵魂的正义是内在本质，而城邦的正义是本质的外显。按照柏拉图的理论体系，这两种正义应该都是对"正义"理念的"分有"，但"分有"的程度不同。城邦的正义要通过灵魂的正义才能分有"正义"理念，是分有的分有。因此，书中的苏格拉底事实上是在说，现实不可能有正义的城邦。这也是柏拉图为什么要主张"哲学家王"的根本理由。这个理由是，只有通过全德之人——哲学家灵魂中的正义，才能实现某种程度的正义城邦。①这是一种以私德贯通公德的正义观念。亚里士多德在《尼各马可

---

① See L.Strauss, *The City and Man*, University of Chicago Press, 1964.

伦理学》(第五卷)中关于正义的探究,也是先把正义作为"正直"的德性,然后从"正直的人"推导出"做公正的事"。①这里依循的同样是从私德推出公德的思路。

孔子把"能近取譬"作为"仁之方"(《论语·雍也》)。"推己及人"也包括从私德到公德的外推。孔子在论述孝悌之所以是"为人之本"时说:"其为人也孝弟,而好犯上者,鲜矣;不好犯上,而好作乱者,未之有也。"(《论语·学而》)如果说孝悌是私德(p),不犯上作乱是公德(q),则两者有 p→q 的逻辑关系。孔子说,"亲亲相隐"为"直",这是在说私德,而叶公说,"父攘子证"为"直躬",则是在说公德。孔子反驳叶公说,如果没有"直"的私德(~p),也不可能是"直躬者"(~q)。这里的逻辑关系是~p→~q。

柏拉图的《尤息弗罗篇》有相同的逻辑。尤息弗罗认为儿子检举父亲杀人是效法神的正义,是公德(q)。苏格拉底提出了令他尴尬的质疑。他连什么是神的正义都搞不清楚,还有什么正义的公德可言?"神的正义"是知识,而根据"美德即知识"的原则,这一知识应该是个人灵魂的德性,是私德(p)。苏格拉底的质疑也有~p→~q 的推理形式。

但是从私德到公德的推导是完全有效的吗?这大概是孟子学生提问的要点所在。万章问孟子,舜的父亲瞽瞍和弟弟象是不仁之人,舜流放共工和骧兜,杀三苗和鲧,却赐给象封地;同样是不仁之人,为什么"在他人则诛之,在弟则封之"呢?孟子回答说:"亲爱之而已矣。"(《孟子·万章上》)另有一次,桃应问孟子,如果瞽瞍杀人,舜应该如何处置呢?孟子想了一个"两全之策":先依法把瞽瞍关起来,然后把他劫出监狱,"窃负而逃",居住在遥远的海滨,"乐而忘天下"(《孟子·尽心上》)。孟子的回答不免给人"失语"的感觉。他的弟子的问题是,为什么会有公德与私德的矛盾,当两者发生矛盾时,应如何处置?按孟子所提倡的做法,舜可以慰藉自己的孝悌之心,却无法向公众交代;舜是一个好儿子,好哥哥,却不是一个好君王。孟子的回答旨在表彰舜的"亲亲",但从另一个角度理解,也可说明:即使像舜这样的圣人,也未能完成

---

① 亚里士多德认为"正直就是公正",而且优于法律的公正。参见亚里士多德:《尼各马可伦理学》,廖申白译注,商务印书馆,2003 年,1136a30-1138a2。

从"亲亲"到"仁民"的外推。其实,孔子早已看到这一困难,因此,他对"博施于民而能济众"的评价是:"何事于仁,必也圣乎! 尧、舜其犹病诸! "(《论语·宪问》)最后一句感慨包含着多少无奈!

(四)依据人神合约的正义及其张力

《旧约》中的"合约"观念是不同于希腊人思想的正义观。合约是人神之间的约定,遵守合约即正义,①反之就是不义。合约既规定了人神关系,②又规定了人际关系;在人际关系中,既有属于私德范围的义(righteousness),③也有属于公德领域的社会公正(justice)或公平(fairness)。④

依据合约的正义观念没有人的私德与公德能否贯通的问题,但在"神义"与"人义"之间却有不小的张力。两者的张力是这样一个问题所引起的:遵守合约就能成为义人(the righteous)吗? 在《旧约》记载的以色列人的历史中,以色列人违背合约的记载不绝如缕,以至可以说"没有义人,连一个也没有"(《诗篇》,14:1)。在《新约》中,耶稣一再指出,遵守律法不能使人为义,只有内心的虔诚才能使人为义。保罗进一步说,不能靠律法称义,只能因信称义。"称义"(justification)的意思是"使人为义"。谁使人为义呢? 答曰:上帝。上帝为什么要使人为义呢? 答曰:恩典。"因信称义"的意思是,因为得到上帝的恩典而"白白地称义"(《罗马书》,3:24)。

基督教"因信称义"的教义包含着私人信仰与公共行为的张力。信仰是个人在内心与上帝交往的隐私领域,而公共行为是服务于社会公益的外在行为。希腊哲学中公德与私德如何贯通的问题,在基督教神学中转化为隐私体验与公共行为如何贯通的问题。罗马教会相信,两者是信仰和善功的互补关系,信仰需要善功的表达;而善功也可导致,或至少可加强和维护信仰。在

---

① "我们若照耶和华我们神所吩咐的一切诫命,谨守遵行,这就是我们的义了。"摩西:《申命记》,6:25。

② "你要尽心、尽性、尽力爱耶和华你的神。"摩西:《申命记》,6:5。

③ 十诫中的后六条诫命。摩西:《申命记》,5:16—21。

④ "总要向你地上困苦穷乏的弟兄松开手";"你们必按公义的审判判断百姓。不可屈枉正直,不可看人的外貌,也不可受贿赂,因为贿赂能叫智慧人的眼变瞎,又能颠倒义人的话。"摩西:《申命记》,15:11,16:19。

宗教改革中,路德指责罗马教会的这一立场是"半佩拉纠主义"。①路德和加尔文充分利用了"因信称义"的教义。称义是上帝的恩典,与人的善功无关;不管善功是私德还是公德,神的恩典都不是对人的宗教或道德行为的回报,否则恩典就成了人应该得到的工钱,而不是神白白赐予人的礼物了,恩典也就不成其为恩典了。

基督新教切断了恩典与善功的联系,但并不因此而切断隐私体验与公共行为的联系。一个人不能因为自己的道德努力而"称义",但他可以在称义之后荣耀上帝。就是说,人与上帝的关系在隐私领域是人无法支配的,上帝是否赐予恩典完全取决于人所不能理解和干预的神圣意志;但在公共领域,人是否能够荣耀上帝,取决于他的努力。正是因为新教把人为努力从私人的信仰领域引向为社会服务的公众领域,韦伯才得以把新教伦理精神看作资本主义产生的社会条件。②

(五)分配正义中公德与私德的张力

近代以来对分配正义的特别关注,可以恰当地解释为新教伦理精神世俗化的结果。如果公共活动的动机不再是荣耀上帝,而是社会公益本身,那么如何分配社会权益就变成正义的首要问题。同样明显的是,如果"称义"不再是上帝的恩典,而是人的理性考察,即 justification 的意义从"称义"变成"论证"或"正当化",那么正义的领域就从私人信仰领域转移到关于社会和政治的公共理性领域。

分配正义既是判断一个社会的价值标准,也是任何服务于社会公益事业的人应该遵循的公德。把某一分配原则或公德正当化(justification)、使之称为正义(justice),是一个理性思考过程。在此过程中,充满着公德与私德的张力。

比如平均主义的分配正义观以人人平等的价值观为基础,它需要每一

---

① 佩拉纠主义是早期基督教中相信人可以通过自己的道德努力而自我拯救的异端思想。

② 韦伯说:"为了获得这种自信(即一个人对自己已被上帝称义的自信——笔者注),紧张的世俗活动被当作最合适的途径。只有世俗活动能驱散宗教里的疑虑,给人带来恩宠的确定性。"参见[德]马克斯·韦伯:《新教伦理与资本主义精神》,于晓等译,生活·读书·新知三联书店,1987年,第85页。

个人尊重并平等对待其他人的无私态度。再如功利主义的分配正义观从每个人追求自己幸福的私德推导出谋求绝大多数人幸福的公德。罗尔斯正确地指出,这些正义观都预设了一个旁观者,把他无私、公正、中立和智慧的德性作为分配正义的价值标准。在我看来,罗尔斯实际上指出了以私德为基础、前提或标准来规定分配正义这一公德的理论错误,但他自己是否避免了这一错误呢? 回答是:没有。

罗尔斯用"原初环境"和"无知之幕"中的平等人通过理性选择所达到的共识,把他提出的两个原则正当化。这是什么理性呢? 罗尔斯称之为互不关心的理性(mutually disinterested rationality)。它有这样几个特点:第一,每一个人只关心自己的分配利益;第二,每个人对自己在现实中可能处在的不利地位特别忧虑;第三,每一个人优先考虑最坏条件下所能获得的最好结果。个人理性的这三个特点与幸福主义的德性观实际上并无本质上差别,两者都假定每一个人都会运用最佳的合理手段追求自己的幸福。但问题是,这仍然是关于个人私德的假定,罗尔斯由此出发论证分配正义的原则,不过是把一个中立旁观者的私德替换为众多平等的中立旁观者私德的集合。

诺齐克正确地看到,分配正义的原则不是抽象的"原初环境"中的理性人的一劳永逸的选择,而是在历史中形成的动态平衡原则。他认为一个人占有和分配他所拥有的财产的权利是他在历史中自然获得的资格;没有这种资格的人,无论他多么理性、无私、中立,也无权对他的财产进行再分配,否则就是干涉、甚至剥夺他的正当权利的不正义行为。就是说,如果把分配正义当作个人权利,它与任何人的私德无关。分配正义中公德与私德的张力似乎消除了。[①]

(六)正义的历史原则及其张力

诺齐克把他的正义原则称为历史原则和终结状态原则,这两个原则也有张力。历史是一个从开始到终结的过程,只考虑某一阶段的终结状态不能说是适合的历史原则。诺齐克的"权利即资格"的说法恰恰是只看结果、不看

---

① 参见[美]诺齐克:《无政府、国家与乌托邦》,何怀宏译,中国社会科学出版社,1991年。

过程的非历史的价值判断。在诺齐克看来,一个人不管在某一历史过程中采取了什么手段和行为,也不管历史条件为他提供了什么机会和资源,只要他最终获得了拥有某些财产的资格,那么他占有和分配财产的权利就是正当的。

马克思历史地看待财产创造和增殖的历史来源和条件,但结论与诺齐克完全相反。唯物史观认为,生产资料的私人占有是不公正的,在此条件下产生的结果也是不公正的。如果不考虑财产私有的前提,所谓分配正义是无稽之谈。马克思把"平等的权利"和"公平的分配"斥为"民主主义者和法国社会主义者所惯用的、凭空想象的关于权利等等的废话",是把"现在已变成陈词滥调的见解作为教条"。19 世纪法国社会主义者的陈词滥调已经成为 20 世纪和现在的自由主义教条。马克思的历史考察得到的结论是:"消费资料的任何一种分配,都只不过是生产条件本身分配的结果;而生产条件的分配,则表现生产方式本身的性质。"①马克思设想的公正的分配原则应该以生产资料公有制为基础,从"按劳分配"过渡到"按需分配"。

马克思并没有把正义等同为公正分配,他也承认作为私德的正义。在为国际工人协会所写的章程中,马克思说:"加入协会的一切团体和个人,承认真理、正义和道德是他们彼此间和对一切人的关系的基础。"②如果说,公平分配原则是正义的公德,那么人际关系的道德基础就是正义的私德。这两类正义的关系如何?马克思留下了一个有待解决的课题。

经过社会主义国家多年的公有制的实践,人们发现生产力发展水平和生产资料所有制并不能直接决定公正的分配制度和一般的社会公正,文化传统、人性的观念和政治制度对社会公正也有很大影响。马克思主义通常在生产方式的决定作用与上层建筑的反作用的张力中,解释社会正义问题。但问题是,传统正义观中私德与公德、神圣与世俗的张力,以及现代正义观中分配正义与个人权利的张力,超出了经济基础与上层建筑的张力所能解释的范围。我们需要综合这些张力的复杂关系,才能对现代中国社会的正义问题作出更全面、更合理的理论解释。

---

① 《马克思恩格斯选集》(第三卷),人民出版社,1995 年,第 306 页。
② 《马克思恩格斯选集》(第二卷),人民出版社,1995 年,第 610 页。

二、"后金融危机时代"的国外马克思主义走向何方

"后金融危机"时代,马克思主义开始出现复兴迹象。近年来由于全球化激化了西方社会在生产力与生产关系、分配与消费、劳资双方、民族宗教等领域的深层矛盾。人们不约而同把目光又集中在马克思的经典原著中去。全球金融危机来势凶猛,国外马克思主义复兴运动倡导全世界反资本主义的人们联合起来。西方世界正又一次面临向左和向右的历史关口。

(一)"后金融危机"时代的生存格局

"后金融危机"时代的生存格局是重新理解和深入研究马克思主义的历史前提,在这个生动的历史实践中展开的人的生存状态,直接或间接地影响着我们对社会主义未来发展方向的某种新的预期。因此,马克思主义的复兴运动作为一种社会思潮,出现了新的变化,需要从全球范围的金融、政治、文化等角度进行深入剖析:

第一,在"后金融危机"时代的未来一段时期内,新兴经济体在国际格局中的地位与作用将会逐步提高。伴随着 2006 年美国次贷危机的爆发,其引发的全球性金融动荡在世界范围内不断扩散和渗透,以美国为主导的世界金融体系正在发生巨变,美国的地位正逐渐削弱,世界金融版图也将因此发生很大变化。专业人士认为,新兴国家今后的金融体系发展趋势可能更加向以伦敦为中心的欧洲靠拢,形成新的金融格局:一是金融危机过去后,经济复苏缓慢,各国将谋求削减赤字;二是形势发展充满不确定性,西方社会加剧撕裂。目前谁也不知道危机是否已经过去。在某种程度上说,纽约金融市场依托更多的是近年来发展缓慢的美国国内经济,而伦敦依托的则是蓬勃的全球经济,尤其是以中国、俄罗斯、印度、拉丁美洲、海湾国家为代表的新兴经济力量,美国与其欧洲盟国的矛盾必然加重。

第二,发达国家的国家主义政策不会在"后金融危机"时代彻底取代新自由主义,但政府与市场之间将会出现重新妥协的局面。新自由主义所鼓吹的"市场原教旨主义",盲目追求所谓的绝对自由,缺乏对于市场机制的约束

和监管,其所带来的危害可能会更为巨大。2009年9月,美国匹兹堡召开金融峰会,认为改善金融市场是避免危机重演的根本,呼吁二十国集团尽快履行其在伦敦金融峰会上作出的相关承诺,在国际货币基金组织、金融稳定理事会和监管机构加强合作的基础上,建立一个全球"宏观审慎"监管体系,提高银行资本金的要求,堵塞存在的漏洞,重组银行结构,确保经济增长和信贷流动的恢复。归根结底是要让在美投资活跃起来,然而市场并不买账。

第三,"后金融危机"时代,世界发达资本主义国家的共产党对社会主义理论的研究和探索在对社会主义的认识上, 会更加推崇建设具有本国特色或本民族特色的政党政治。欧洲主流社会民主党向右渐转,给马克思主义复兴运动留下了一块真空地带。同时,抵抗资本主义的社会运动也催生着一股复苏力量要填补此空白。因此,世界主要资本主义国家的共产党,更加重视本国特色的社会主义实践。20世纪80年代末90年代初年苏联解体、东欧剧变,西方认为资本主义获得了最终胜利,马克思主义已经失败。之后的马克思主义一度在西方陷入沉寂。然而随着新自由主义全球化和美国新帝国主义的金融危机,经济全球化在贸易投资保护主义抬头的背景下有所放缓,失业率再次冲高,唤起了人们对马克思的回忆。民意调查显示,超过半数的前东德人都相信自由市场经济是不合适的, 超过40%的被调查者认为社会主义优越于资本主义。这种状况的出现,促使国外马克思主义者和国外共产党及左翼组织回归对资本主义社会批判最深刻的马克思主义中去寻找解决思路,这在客观上拓展了资本主义制度体系下关于社会主义理论的探索空间。

(二)国外马克思主义运动新变迁

2008年以来,学界对马克思主义复兴的讨论进入了"后金融危机"时代最为激烈的社会历史之中。20世纪的人们经历了对马克思主义的信仰—破灭—再信仰的辩证发展,人们对于马克思主义的态度更加冷静和深刻。连绵不断的局部战争和日益严重的生态危机, 一方面验证了马克思主义的许多观点,另一方面为马克思主义创新发展提供了新的历史起点。面对危机,马克思主义者和非马克思主义者共同认识到, 要想解决资本主义制度所固有的危机,就绕不开马克思主义,绕不开马克思关于资本主义的深刻批判。从这个意义上,可以说马克思发现了资本主义的掘墓人,也提供了暂时拯救资本主义的路径,预示着一个新的马克思主义时代的到来。

笔者认为,孤立地看待一次危机是不明智的,要站在更高的视点连贯地、综合地看。"后金融危机"时代的马克思主义复兴运动特指两层含义:第一层是从广义上针对东欧剧变以来马克思主义作为意识形态衰落而言的复兴趋势;第二层是指作为因金融危机引发的世界范围内的社会主义运动的复兴趋势。二者互相影响,彼此联系。

第一,"后金融危机"时代的国外共产党与新左翼只有通过各自政党与社会运动的结合才能重新崛起。运动型政党(movement party),由美国学者赫伯特·基茨凯尔特(Herbert Kitschelt)在1989年《政党形成的逻辑》一书中首次提出的概念。2006年基茨凯尔特在发表《运动型政党》一文时,对运动型政党的特征、产生原因及向其他政党转化的可能进行了具体论述。①社会运动是走"议会道路"的左派政党重要的支持力量,往往共同关注某些问题,看法接近,在开展活动中相互支持,结成联盟。尽管如此,社会运动仍然基本保持体制外抗争的基本特征,斗争方式限于游行、抵制等,而不主张通过建立政党赢取国家政权。在"后危机"时代的马克思主义复兴运动带动下,国外共产党、左派组织及社会力量呈现出社会运动与政党结合的趋势,即普遍重视并采用允许大众参与、决策的民主机制,以此进行组织并开展活动。动员公众开展大规模行动,反对特定的政治经济政策,就自己所属群体的核心利益提出要求,向政权机构表明他们对政治和民主的新的理解,或者就国家发展方向提出一些建设性的原则和设想。

第二,以欧洲为代表的马克思主义复兴运动带动左翼崛起,并且运动的发展由非主流意识形态推动逐步转变为由主流意识形态和民众积极参与的社会运动联合推动。在法国,数百万民众大规模的反资本主义示威游行,法国总统萨科齐也捧起了《资本论》。英国的E.豪伯斯本和法国的J.阿塔利等都明确表示人们在回顾马克思,因为人们认识到,只有马克思对资本主义社

---

① 参见李元:《"后危机"时代的西方马克思主义复兴运动:趋向与未来》,《当代世界与社会主义》,2010年第5期。

会的剖析才是有史以来最为彻底的。豪伯斯本在最近的一次答记者问中明确表示,学术界也在研究和探讨"资本主义是否走到了尽头"的问题,法国政界、学术界等一批知名人士参与了讨论,其中认为资本主义开始衰落的人不在少数。在德国,最近的一个民调显示,52%的原东德人相信自由市场经济是"不合适的",43%的人表示他们宁愿选择社会主义也不愿选择资本主义。①

第三,资本主义反对党、共产党及左翼运动组织加强协作,凝聚政治党派之外的各种社会、文化、劳动层面的民众力量,逐步酝酿左翼的政治力量。目前,出现了以学院派知识分子为先锋的群众运动逐步转变为西方媒体积极涉足的马克思主义复兴运动,标志着国外共产党等左翼力量进入一个重要的发展阶段,即共产党等左翼力量将有机会在更加原则性的基础问题上进行社会改造,这是全盛时期的社会民主党与斯大林主义党都没能做到的。如果社会运动不是想方设法去发动群众力量,而是选择加入选举竞技场的荆棘之路,那么即便是他们所支持的候选人赢得了选举,这条道路也根本不可能成功。

第四,"后金融危机"时代的马克思主义研究更具开放性。马克思和恩格斯共同发展了一个使得世界范围内的工人阶级能够理解和改变世界的分析架构和方法论,只有当马克思主义考虑到具体的实际情况,吸收新经验,并容纳马克思主义者以及非马克思主义者提出的新见解之时,其分析和政治上的影响力才会揭示其全面的潜力。例如,研究并探讨马克思哲学的历史遗产及其当代意义,资本主义生产和再生产的历史形态和新形态,研究政党组织文化和日常生活的文化形式,研究发达国家阶级斗争的实质和特性,与霸权相关的消费主义特点等。

第五,重新关注对马克思主义经典著作的研究。对《资本论》的研究成为新的切入点。西方发达国家重新关注马克思,转向对马克思《资本论》的研究不是偶然的。对《资本论》的阅读和理解是理解马克思主义对资本主义批判的一个关键。危机之后的《资本论》在全球销量飙升,D.哈维组织的《资本论》在线阅读甚至激起广大西方世界普通读者的强烈兴趣。这表明西方哲学试

---

① 参见《欧洲争论资本主义出路 马克思〈资本论〉再度畅销》,《环球时报》,2008 年 11 月 21 日。

图在一个更为宽广和整体性的视域基础上"保卫"马克思的深刻意图。西方政治家也试图通过研读《资本论》，找到破解劳资矛盾的灵丹妙药和挽救资本主义的治世良方。金融危机下的西方社会之所以出现这种奇特的"和谐"图景，正如英国学者 L.威尔德（Lawrence Wilde）所说，这"既是由经济和政治合理化引起的新抱怨，也是富裕社会正在上升的期望和正在变化的价值选择"。

第六，发挥马克思主义实践创造历史的潜能，让马克思主义复兴运动更具行动力和实践性，提出对资本主义制度超越的目标。一个全新的马克思主义时代并不是理论家的呓语。"后金融危机"时代不是马克思主义选择了西方，而是西方越来越多的觉悟者选择了马克思主义。英国有"马克思主义节"与"历史唯物主义年会"，致力于研究世界局势与新左派的现状、政治经济学批判和当代资本主义、新帝国主义研究、马克思主义对历史的拯救、乌托邦和社会反抗等；法国有三年一度的"国际马克思大会"，持续性地关注文化、法律、生态、经济女权主义研究、马克思主义研究、历史、哲学、政治学、社会主义和社会学等问题。诸如国际左翼论坛和世界论坛等倾向于马克思主义的一批西方左翼知识分子，即著名的国外马克思主义者 D.哈维（David Harvey）、C.哈曼（Chris Harman）、T.伊格尔顿（Terry Eagleton）、T.阿里（Tariq Ali）、A.卡利尼柯斯（Alex Callinicos）、S.齐泽克（Slavo Žižek）等，他们都对马克思主义复兴运动产生了积极作用。提出坚持超越资本主义，即便是带有人的面孔的资本主义也必须被超越。他们关注生态问题、普遍的贫困问题、贫民窟、战争、非正义等问题，认为世界所需要的不仅仅是资本主义的自由、民主等东西，更加需要的是一个能够使更多的人全面自由发展的未来民主社会。他们坚信西方发达资本主义国家所追求的这种超越并非抽象的西方哲学理论推演，而是更具行动力和现实性的社会实践。

（三）国外马克思主义运动走向何方？

激进左翼的序幕是由改良主义拉开的，最终如何避免走上改良主义和"议会道路"的老路？

总体来说，国外马克思主义要走出艰难处境，一方面是要明确共产党、社会民主党和新左翼党的特性是什么，与中、右翼有什么本质性的区别，他们的中长期定位是什么,在各种选举中应该与联合谁或与谁结盟,才能获得更大胜利;另一方面,在全球范围内强势的新自由主义和中、左翼主流社会民主主义之间,找好自己明确的政治定位,努力把自己与新社会运动所代表的新兴社会主义运动结合起来,争取在左翼运动中的领导权,重新获得西方大众的支持,形成新的、可行的社会主义战略和策略。否则,针对目前"后危机"时代的形势,各种左翼力量的发展步履维艰,摇摆不定,转向右翼的可能性仍然存在,中、左翼力量的态度变化必须引起密切关注。

瑞典个案说明社会民主党的多次执政与长期执政,得到瑞典左翼共产党人的巨大支持的成功经验。当今有不少国家出现了两个甚至三个、四个以上的共产党政党,这就更需要共产党的联合行动与团结合作,以推进世界社会主义运动。欧洲向左转或向右转的力量会依然焦灼难辨,这需求左翼力量有"置之死地而后生"的准备和勇气。

全球金融危机威胁后的总体形势,并不一定必然让左翼力量凝聚壮大。整个欧洲到底会向左转还是向右转?目前为止,情况还不明朗,一些资本主义国家让右派保守主义势力在左翼政治力量仍然分散薄弱的情况下乘虚而入,集体向中间派靠拢。这直接导致了2009年6月初,欧洲议会选举暨第七届欧洲议会在布鲁塞尔举行,选举结果显示:由欧盟各国右翼党派组成的欧洲人民党团再次成为最大赢家。穿着改良派外衣的社会民主派政党,在选举中被选民唾弃。中、左保守派在竞选中甚至使具有法西斯主义倾向的右翼政党得票率的增加,在金融危机加剧的时刻,鼓吹狭隘民族主义的极右政治势力趁势崛起,迷惑并分裂劳动群众,最终走向法西斯主义。这为世界社会主义运动敲响警钟。

资本主义评论家试图将本次大选描述为欧洲整体"向右转"的例证,前工人政党演化而来的"社会主义"左翼政党在本次大选中遭受挫败,这是因为事实上,新左翼所实行的政策并没有明确的与新自由主义划清界限,也没有在形式上有明确的反对资本主义的政治纲领和组织形式。正是资产阶级政党所奉行的新自由主义政策,使欧洲社会民主党全面自由主义化,甚至使现纲领路线与右翼日益趋同。瑞典左翼党（Vänsterpartiet）得票率狂跌了7.1%，只有5.6%，竟然比新成立的党派的7.1%得票率还低。瑞典社会民主党（Sveriges Socialdemokratis ka Arbetareparti，SAP）继续获得24.6%的得票率，独占鳌头。墨西哥、巴西、阿根廷、泰国、印度尼西亚、美国都已经或正在经历这个过程。

在经济危机的阴影下，欧盟选民普遍对现有资本主义制度和新自由主义政策极为不满。如果政界人士未能抵制保护主义，那么全球滑入经济萧条的可能性将更为严重。近三十年来，无论是拉美各国的金融危机、东南亚各国的金融危机，还是当前美国的金融危机都不过是推行新自由主义政策所产生的结果。① 2008年诺贝尔经济学奖得主保罗·克鲁格曼就指出，美国当前这次危机是整个近三十年来世界经济危机的一个延续。社会民主党稳居西方主流政党地位，总体情况比西方共产党的处境要好。至2003年，社会民主党已在152个国家地区有156个成员党。2008年6月，社会党国际在希腊召开二十三大，也表达了重新恢复社会民主党传统的向左转的意向。向左转及其新的政治阵营将恢复左派计划中反资本主义的内容，并努力提供一个非资本主义的社会方案。因此，欧洲的马克思主义复兴运动必须在政党纲领、争取斗争领导权和动员民众方面多下功夫，例如反对资本主义的策略、工会组织、大规模的群众运动等，从而使人们看到一个欣欣向荣的、不一样的新欧洲。

北欧混合资本主义发展新欧洲模式借鉴了莱茵模式和盎格鲁-撒克逊模式的优缺点。以英国为代表，希望通过对资本主义内部的修修补补完成资本主义与社会主义的某种政治整合，获得具有某种社会主义性质的资本主义利益最大化。这恰恰非常符合经济学家熊彼特称之为资本主义成功之动力源的"创造性破坏"。在此基础上，英国首相布朗呼吁，希望有一个督导小组来监控全球30个最大的金融机构，"现在的市场已经是全球金融市场，但我们只有各国和区域性的管制和监督。必须重建国际货币基金组织以适应现代世界"。路透社的评论也认为，21世纪的资本主义现在需要"大修"，包括在金融体系、政府角色、社会公平等方面都有可能催生改革。这就是我们这

---

① See Richard Milne, Nordic Model is "Future of Capita-lism", *Financial Times*, 2009-3-23.

个时代出现的传统反资本主义的左翼力量逐步解体，而逐步形成在政治上和策略上反资本主义，文化上反新自由主义的资本主义新左派的深刻原因。

总体来说，展望西方马克思主义复兴运动的未来，尽管可能依然会对新改良主义以及社会民主主义左派抱有怀疑，但是在战略上我们必须致力于一场能带来真正变革的决定性斗争，并阻止在现存秩序束缚之下做无原则的妥协。归根结底，资产阶级政府作为资产阶级即资本的代理人，虽然在危机中为了自己的统治需要，不断地吸收和借鉴原属于共产党、中左翼政党的政策主张，包括国有化、福利国家等政策，但是资本和资本家的本性是不会改变的，左翼所致力的亦不是一场代表全世界受苦者的道德运动，而是一场彻底"拯救"资本主义，致力于人类未来的真正革命。历史造就使命，时代要求左翼只有不断努力去反省所犯下的各种政策和策略错误，揭露和反抗资产阶级的本性，积极组织劳动群众，并且团结激进的政治力量，才能去对抗来自资本的攻势，赢得未来。

三、美国意识形态新变化：向左转，还是向右转？

2008 年金融危机后的 10 年中，西方社会在全球化与反全球化领域的深层矛盾，突出表现为美国大选中民主党主流意识形态出现向左转的戏剧性变化。2017 年，103 个国家的共产党——代表了超过 1 亿的共产党党员——聚集莫斯科，纪念俄国十月革命胜利一百周年[1]，其规模之大是近几十年来俄罗斯所未有的。自马克思主义陆续在欧美出现复兴迹象，当代美国自由主义思想家福山关于"未来世界七大意外"的预言，其中第七即"世界转向中国式社会主义"格外醒目。[2]目前，美国意识形态的新变化需要我们密切关注和深入研究。

---

[1] 参见马思明："美国共产党哈拉比：要重新致力于共产主义团结"，http://m.sohu.com/a/307679302_425345，2019 年 4 月 13 日。

[2] 参见《美国未来学家出书称世界将转向中国式社会主义》，《参考消息》，2008 年 1 月 13 日。

(一)当代美国意识形态的新变化

2008 年的金融危机是美国社会严重结构性矛盾的总爆发。十余年来,美国主流政党的意识形态不断出现新变化。美国共和党人特朗普上台后,提出一系列旨在维护大资本家和大型财阀利益的政策,令社会结构性危机中诸要素,社会公平、中下层工人农民问题的解决、人民社会权利的保障以及国家经济的发展环境更为恶劣。共和党不仅没有"重新使美国强大",反而在公共行政、生态环境、弱势群体、种族移民和跨文化问题等领域提出了更为消极的方案,进而导致美国内部更深的"社会撕裂",阶级矛盾和利益对抗升级。美国的"桑德斯现象"就是在这样的背景下出现的。

1. 美国民主党中、下层收入群体的高学历、年轻化和贫困化加剧

2018 年 10 月 23 日,白宫经济顾问委员会发布了题为"社会主义的机会成本"的专题报告,开篇就指出"社会主义在美国政治领域卷土重来,与马克思 200 周年诞辰步调一致"[1]。自 2008 年世界金融危机和美国次贷危机以来,美国正经历有史以来最长的经济复苏期。随着全球性金融动荡在世界范围内不断扩散,以美国为主导的世界金融体系正在发生巨变,西方世界金融体系发展向以伦敦为中心的欧洲再次靠拢。持续一年多的中美贸易战令美国进入经济衰退期。850 万 25 至 54 岁的男性或是找不到工作,或是不再寻找工作。美国适龄男工的失业率七十年来一直在缓慢上升——从 20 世纪 50 年代最低的 4%上升到今天的近 14%[2]。

自 20 世纪 60 年代末以来,每一次经济衰退都伴随着可预见的失业率增长;即使出现缓慢复苏,失业率都无法在下一次经济衰退来临前恢复到以往水平。[3]对此,美国共和党对社会产业结构调整力度投鼠忌器,没有对症下药,因此导致国内劳工群体中高学历的中产阶层利益被跨国资产阶级蚕食,短期内难以恢复。同时,全球性资本流动加剧和第四次新兴科技革命浪潮也

---

① CEA Report, The Opportunity Costs of Socialism, https://www.whitehouse.gov/briefings –statements/cea–report–opportunity–costs–socialism/.

②③ See Jason Furman, The American Working Man Still Isn't Working:Our Economic Recovery Has Left Many Behind, *Foreign Affairs*, Sep./Oct., 2019.

加剧了蓝领工人技术培训的壁垒和阶层流动。美国国内矛盾激增,工资增长停滞、工会瓦解、反劳工政策令中等收入的稳定群体正在不断下降为中低收入群体,资本主义社会结构的,作为社会稳定器的"梨核型"结构开始发生变化。18~29岁接受过高等教育的中等收入阶层出现"贫困化"趋势,甚至出现"无产阶级化"倾向。2014年,美国最富裕的占人口10%大资本家持有国民收入的73%,而占人口一半的中下层群体仅获得国民收入的13%,人均国民收入"贫困化"严重。近三十年来美国国内的贫富差距和社会撕裂程度急剧加大,贪腐严重。以特朗普为代表的共和党上台后,代表大资产阶级利益的国家组织结构及其形态,没有让中下层劳工群体看到希望,尤其是2000年后出生的、年龄在35岁以下的年轻人纷纷向左转身投向更具"民主社会主义"特征的民主党,成为2016年大选中支持民主党的最有前途的群体。①桑德斯成为美国这个年龄族群中最受欢迎的左翼领导人,开启了"桑德斯现象"。

2018年8月13日盖洛普发布的调查报告《民主党更倾向于社会主义,而不是资本主义》提供了更多的客观数据,美国年轻人对社会主义的好感度确实在增加,对资本主义的好感度在降低②。在高等教育、职业培训、基础设施投资,土地使用管制限制制度以及刑事司法机制等方面,美国联邦政府治理系统很大程度上阻碍了层级之间的流动性、加剧了性别不平等,从而使失业率持续增长,又反过来再次加速国内贫富差距和社会撕裂。因此,"当那些潜藏于资本主义中的共产主义的因素变得越来越强大时,共产主义取代资本主义就会成为顺理成章的事情","发达的工业、巨大的物质财富、高水平的科学、职业技术、有组织的结构、教育和文化等与共产主义没有直接关联的条件,也在逐渐地转化为共产主义可能性的根据;失业、贫富差距的拉大以及各种形式不平等的增多,更是使资本主义制度的延续难以为继"。③美国社会阶层划分由阶级划分转变为意识形态划分的趋势,直接导致白人中下层

---

① 参见"白宫警告:民主党在美国搞社会主义",http://www.szhgh.com/Article/news/world/2019-03-09/194582.html.

② 参见盖洛普民调:《民主党更倾向于社会主义》,http://www.szhgh.com/Article/news/world/2019-03-09/194582.html,2019年。

③ Bertell Ollman,*Dance of Dialectic:Steps in Marx's Method*,University of Illinois Press,2003,p.159.

收入群体的边缘化,既无法进入无产阶级队伍,也不受白人大资产阶级、大富豪阶层关注。尽管民主党内部对什么是社会主义仍然持不同看法,但民主党应深刻吸取 2019 年英国工党选举失利的教训,争取这部分群体的选票,而不是任其边缘化。

2. 民主党的国家治理方案颇具向左转的社会主义色彩

与近年来欧洲社会民主党的主流意识形态向右转不同,美国民主党在与无政府主义者的论战中逐渐意识到,美国近年来贫富差距空前扩大,因气候变化导致的瘟疫和灾难全球蔓延,这些都不是单边主义、反全球化和贸易壁垒能够解决的问题,而只能加剧全球社会更加团结一致,提高社会组织的治理能力。"西方"右翼政党国家治理能力正在衰落,资本主义体制能否在 21世纪继续存在已成为一个问题。慕尼黑安全会议继 2017 年提出"后真相、后西方、后秩序"后,2018 年探讨的是"超越西方",2020 年 2 月 10 日发布的《慕尼黑安全报告》题目是"西方的缺失(Westlessness)"。[1]里根政府以来的新自由主义危机与 21 世纪美国社会主义越来越聚焦于国家治理结构和治理能力的结构性问题,以美欧为代表的西方综合实力正在被稀释,很难在塑造 21 世纪的政治和经济特征上发挥绝对主导力。欧洲决定"走自己的路",而美国共和党特朗普靠"修墙"和英国保守党靠"脱欧"把持的孤立主义、保守主义、单边主义、反全球化、反移民的选举策略并没有随着社会发展的不同阶段而改变,因此西方的自由民主价值观不能解决资本主义国家治理体制及其结构中的关键问题,正如恩格斯所指出:"把它们看作是绝对的东西是荒谬的"[2]。

在 2009 年 4 月初的 G20 伦敦金融峰会上英国首相布朗断言,强调监管与协作的"伦敦共识"将取代"华盛顿共识"。实际上,作为调节经济的主要手段,政府与市场皆有其存在的意义,过度强调某一种手段都可能会遭遇"失灵"的困境。如果陷入新自由主义所鼓吹的"市场原教旨主义",缺乏对于市场机制的约束和监管,其所带来的危害可能会更为严重。金融危机过后,全

---

[1] 傅莹:"在慕安会感受西方对华复杂态度",环球网,2020 年 2 月 21 日。
[2] 列宁:《国家与革命》,人民出版社,1975 年,第 55 页。

球经济缓慢复苏,各国谋求削减赤字。在稍有起色后,美国单边主义挑起的中美贸易战增加了全球金融形势发展的不确定性。谁也不知道危机是否已经过去,但美国发起的中美贸易战受到重创的是美国金融市场。从某种程度上说,纽约金融市场依托更多的是近年来发展缓慢的美国国内经济,而欧洲更多依托的是蓬勃的全球经济,尤其是以中国、俄罗斯、印度,以及拉丁美洲、海湾国家为代表的新兴经济力量。因此,美国结构性危机的累计效应在"后金融危机"时代的美国对社会主义理论的研究和探索及其对社会主义的认识上,民主党的改革表达出对丹麦、挪威等北欧模式"理想国家"的期待。在 2016 年大选中,民主社会主义第一次在美国政治中以极具吸引力的思潮出现①,成为后危机时代美国政治生活中的新现象。

民主党与共和党意识形态的较量未来会更为尖锐和富有戏剧性。近年来,美国新黑格尔主义的马克思主义代表诺曼·莱文(Norman Levine)不断制造"马克思反对恩格斯"的话题,主张"马克思的再黑格尔化",以及戴维·麦格雷格(David MacGregor)、特雷尔·卡弗(Terrell Carver)、伊恩·弗雷泽(Ian Fraser)、托尼·伯恩(Tony Burns)等人试图以所谓价值中立的"超越马克思"的态度影响美国的马克思主义研究。2019 年 10 月 7 日,美国共产党政治行动委员会的主席乔尔·菲什曼(Joelle Fishman)在美国共产党成立 100 周年庆祝活动上指出,美国在资本主义时代经济和社会的高度发展的基础上,没有真正致力于社会主义变革,积累经验和训练。② 2020 年是一个特殊的历史时期,既是列宁诞辰 150 周年,也是恩格斯诞辰 200 周年纪念。美国共产党已明确提出,2020 年美国大选要组织一系列活动,目标就是在美国这样的发达资本主义国家进行社会主义改革的尝试,使之成为 21 世纪社会主义运动新的世界历史组成部分。③美国最大的左翼社会主义者组织"美国民主社会主义者联盟"(Democratic Socialists of America,以下简称"民社")在近两年的发展速度十分惊人。"桑德斯现象"之后,更多的年轻人成为美国左翼政党的中

---

① 参见"美国政治新风向:民主社会主义的勃兴",https://mp.weixin.qq.com/s/niQ5Evd_uJm-CWqPurLDAuw,2019 年。

②③ 参见"美国共产党:为 2020 大选及第二个 100 年而进行伟大战斗",http://www.ccnumpfc.com/index.php/View/2088.html,2019 年 10 月 24 日。

坚力量；以民主党人的身份参加竞选并进入联邦议会担任公职的人数大幅度攀升，甚至公开在主流媒体上宣称自己是"社会主义者"，例如纽约州的亚历山大·奥卡西奥-科特兹（Alexandria Ocasio-Cortez），这种现象在美国是前所未有的。不仅如此，"民社"成员自2018年后，不断推进美国的社会主义化研究，有意识、有组织地成立"社会主义学院"，向社会开班授课、系统讲授马克思经典著作。在这样的背景下，美国"新党"等中左派的意识形态也开始公开表达积极向左转的政治态度，例如"蓝狗联盟"（Blue Dog Coalition）的麦克·汤普森（Mike Thompson）、"进步主义派"（Progressive wing）的伊丽莎白·沃伦等。2019年初，美国民主党的"全民社保"法案正式透露出社会主义的气息，反映了中左派主流意识形态的进一步左转的信号。因此，特朗普在其发表国情咨文演讲中"不无担忧"地劝告国人"要擦亮眼睛"，美国"永远不要被赤化""永远不会实行社会主义制度"，社会主义是一种"专制制度"等意识形态口号，以此蒙蔽受全球化冲击的制造业、农业等低收入群体，将阶级矛盾转移为全球化和移民政策的意识形态话题。与此相反，由于美国民主党进一步巩固和强化对中下层群体阶级矛盾根源的教育和对国家社会主义特色认知方式的变化，在共和党中赢得了不少中下层群体的高度认同，倒逼共和党对民主、人才流动、医保、环境等问题作出的表态错误频出。

然而关于社会主义制度的民主性质问题无论美国向左转还是向右转，都会有意回避这个话题。美国媒体近来在对中国香港问题上反映出的双重标准或"集体性失语症"现象，我们应该给予充分注意，必要时应主动制造话题，把这个问题讲透。习近平明确指出："我们走的是一条中国特色社会主义政治发展道路，人民民主是一种全过程的民主。"①即便是在资本主义制度内部，关于联邦制共和国和集中制共和国的民主自由问题，马克思恩格斯针对1792—1798年法兰西集中制共和国和瑞士联邦制共和国的研究由来已久。恩格斯根据确凿的事实批驳了当时在小资产阶级民主派的流行偏见，即认为联邦制共和国一定比集中制共和国自由的观点。恩格斯认为："这种看法

---

① "习近平：中国的民主是一种全过程的民主"，https://www.chinanews.com/gn/2019/11-03/8996837.shtml。

是不正确的。""真正民主的集中制共和国赋予的自由比联邦制共和国要多。换句话说,在历史上,地方、省等能够享有最多自由的是集中制共和国,而不是联邦制共和国。"①可见,美国共和党代表的大资产阶级力求避实击虚,利用意识形态话题转移民主党的社会主义色彩的阶级矛盾理论的攻击性,将属于阶级对立的问题转化为意识形态观点的某种议题的选择,从而淡化与中下层的阶级矛盾,将全球化逆转为反全球化赢得这部分选票。

3. 美国左翼学者团结一致打破原本彼此隔离的状态,通过设立新的共同政治目标解决现实问题

美国马克思主义理论家不是在一种封闭的而是在一种开放的体系中开展理论研究的,他们实际上越来越不满足于对一般性抽象学理公式的建构,而是越来越注重将理论的建构与突出的现实问题结合起来,由此开辟更为开阔的马克思主义发展的空间。一方面,随着哈维的新自由主义全球化和美国新帝国主义理论陷入困境,资本主义体系下很多结构性危机愈演愈烈,美国左翼思想家主动意识到需要团结起来进行反思批判;另一方面,欧洲主流社会民主党的向右渐转,给英美社会的马克思主义复兴运动留下了一块真空地带。底层社会对资本主义危机时代的社会抵抗运动的复兴也催生出一股新的力量填补此真空。中国特色社会主义的巨大成就对社会主义运动衰落及时止损,并极大促进了世界主要资本主义国家的中左派对中国特色的社会主义理论的研究热情。海外中国学、中国共产党学的"研究热"就反映了近年来西方发达国家在后危机时代的重大思想变化。近十年来,美国马克思主义理论家对阶级问题的集中研究,由分析的马克思主义、生态学马克思主义以及辩证法的马克思主义,回归将马克思的政治经济学和政治哲学作为焦点的理论方向"正脉",例如伊拉克和阿富汗战争及其这些战争所带来的一系列诸如经济、民主、人权等经济、政治和社会问题;2008年金融危机令资本主义再生产难以持续及意识形态的霸权问题;向大资本家和政治保守主义者妥协的战争和经济危机导致的种种恶果(包括失业比例增高、工资收入减少等)问题。上述这种问题的出现,促使国外马克思主义者和国外共产

---

① 列宁:《国家与革命》,人民出版社,1975年,第66页。

党和中左翼组织重新回到对资本主义社会批判最深刻的马克思主义经典理论中去寻找解决问题的资源,推进具有本土特色的社会主义理论与行动。毋庸置疑,社会主义理论的探索是多样的,是全球共同参与的共同体。左翼思想在美国体制内的渗透是漫长的,民主党的向左转势必促进美国马克思主义研究对社会主义理论的补充与创新,从而纳入当代国外马克思主义发展的历史逻辑之中。

(二)当代美国马克思主义理论的新变化

美国左翼关于社会主义理论的研究由来已久。自 1869 年 John Humphrey Noyes 首次出版《美国社会主义史》①之后,现代"美国社会主义运动"(Modern American Socialist Movement)便成为美国无人不晓的概念。但一百多年来,作为发达资本主义国家,为什么美国的马克思主义理论发展裹足不前,这其中的哲学基础是什么?

2008 年金融危机之后,美国的马克思主义研究越来越重视方法论,尤其是与实用主义方法论相结合,即重视解决现实社会问题,将重大现实问题重新纳入理论逻辑创新之中,力图开辟更为广阔的英美马克思主义发展空间。与传统的西方马克思主义相比,"跨国资本家阶级"理论出现新变化。金融危机之后,来自欧陆自由主义的英美精英主义和民粹主义伴随着全球化日益凸显出大资本家阶级与工人阶级的阶级对立和阶级矛盾。2011 年美国威斯康星州爆发了一场维护而不是取消工会组织的斗争。因此,近年来美国马克思主义理论家集中对阶级问题展开研究。自大卫·哈维(David Harvey)提出"新帝国主义"理论研究资本主义与空间权力问题以来,自由主义作为解决全球低积累率和刺激全球经济增长的策略已宣告失败。自由主义的精英阶级借助新自由主义掌握了社会重新分配权力和财富的权力,并使全球精英阶级在全球化中结成松散的帝国同盟。以西方左翼学者莱斯利·斯克莱尔(Leslie Sklair)、威廉·罗宾逊(William Robinson)、彼得·迪肯和杰里·哈里斯等为代表,通过对当代资产阶级进行分析批判进一步提出,新的阶级出现了,

---

① John Humphrey Noyes, *History of American Socialists*, Forbidden Books, 2016.

这就是"跨国资本家阶级"（Transnational Capitalist Class）①理论。

"跨国资本家阶级"代表了美国后工业社会的后现代性需要，其内涵就是全球性生产、销售和金融循环不受某一特定国家的领土和认同所束缚，单一资本主义实体国家的组织形式正在解体，单一民族国家的资产阶级逐渐发展为跨国资本家阶级崛起，争夺跨国国家组织的跨国霸权。凌驾于本国之上的全球资本积累民族国家的资本家阶级利益已经不再是现代性背景下的资本主义组织原则，不再是阶级利益调节的"容器"②。在后现代主义去中心化思想的影响下，"为新的全球霸权资本主义生产体系的接力棒从民族国家传给一个即将形成的跨国霸权在世界各地不受束缚地运行，提供最有利的思想和舆论条件"③。尽管莱斯利·斯克莱尔和威廉·罗宾逊二人关于"国际化"与"跨国化"的理解不尽相同，但威廉在哈维基础上拓展了哲学空间与资本的关系研究，他认为"阶级是这样一类群体，他们在社会生产和再生产过程中拥有共同的生产关系，并在社会权利斗争的基础上相互作用而得以形成"④。由于受到20世纪早期意大利的黑格尔主义的马克思主义代表葛兰西的影响，近年来对"文化霸权""共识支配"霸权和"延伸国家"⑤霸权概念的关注，为全球资本主义理论研究开辟了新的方向。莱斯利·斯克莱尔和威廉·罗宾逊指出，跨国资本家阶级将取代单一国家组织形式，成为推行全球资本主义文化和实现跨国霸权的新形式。除了经济领域，未来文化领域将会是跨国资本家阶级争夺跨国霸权的主要战场。

关于资本的扩张性质，马克思早在《共产党宣言》中就指出了资本的世界性和资本主义对外侵略扩张的本性。对于资本在向全世界扩张中所出现的跨国资本家阶级的趋势，马克思也深刻地做出过预测，认为这是"在亚洲为西方式的社会奠定物质基础"⑥。1900年前后的欧美资本主义制度曾出现大量的外部资源和财富流入美国，成为战后美国金融资本崛起的重要特点。

---

① [英]莱斯利·斯克莱尔：《跨国资本家阶层》，刘欣、朱晓东译，江苏人民出版社，2002年，第36页。

②③④ 戴卫华：《跨国经济、跨国阶级和跨国霸权》，《国外社会科学前沿》，2019年第9期。

⑤ See Antonio Gramsci, *Selections Notebooks*, International Publishers, 1971.

⑥ 《马克思恩格斯全集》（第12卷），人民出版社，1998年，第246页。

来自殖民地的社会财富和剩余价值不断流入美国，令美国国内的阶级矛盾大为缓和。因此，来自亚非拉的财富不仅养活了大资本家，还使美国称霸世界，这种模式到二战后得到进一步强化。

关于跨国资本家阶级的产生问题，哈里斯所谓的"时空压缩"将"生产关系性质改变，不再主要局限于国家边界之内，而是基于全球性劳动力、投资和资产，重新界定了资本家阶级的特征"。威廉·罗宾逊认为："全球化进程是由生产和生产体系以及资本所有权的跨国化所推动的，而这反过来又导致全球秩序顶点资产阶级的崛起。"①例如在美国最大的公司中，国外收入和国外资产经常占全部收入和全部资产的50%以上。②外包、转包和跨国公司内部贸易等行为在全球化背景下迅速扩展，实际掩盖了已经全球一体化的国家生产链条上的数据。③正如布迪厄的"文化资本"理论所指出，这种生活方式及其获取行为又再次强化了跨国资本家阶级的跨国统治；哈贝马斯所谓的"全世界生活殖民化"的反映，文化生活中的迪士尼化或可口可乐殖民化就是市场意识形态同质化倾向的结果。由此可见，跨国资本家阶级以"恐怖统治和无耻的资产阶级钻营的形态"④手段，以霸权主义和强权政治的内在特点，使美国的中下层无产阶级和小资产阶级利益萎缩和赤贫化。要想摆脱这种被霸凌的从属性阶级地位，全世界无产阶级必须有意识地团结起来，这是世界共产党团结的首要条件，也是未来社会主义运动的世界性准备。

1. "跨国资本家阶级"的霸权主体变化：实体民族国家转变为非实体化的跨国国家组织

作为一种新阶级概念，莱斯利·斯克莱尔认为"跨国资本家阶级"由几类社会群体构成：跨国公司的执行总裁、"正在被全球化的官僚、政客和专业人员"以及媒体和商业领域的"消费精英"共同构成。⑤跨国资本家阶级不属于

---

① [英]莱斯利·斯克莱尔：《跨国资本家阶层》，刘欣、朱晓东译，江苏人民出版社，2002年，第36页。

② 参见[英]莱斯利·斯克莱尔：《跨国资本家阶层》，刘欣、朱晓东译，江苏人民出版社，2002年，第36页。

③ 同上，第37页。

④ 《马克思恩格斯全集》（第3卷），人民出版社，1960年，第214页。

⑤ 参见[英]莱斯利·斯克莱尔：《跨国资本家阶层》，刘欣、朱晓东译，江苏人民出版社，2002年，第47页。

资本主义对抗性的阶级，而属于跨国资本主义的基本生产关系体现的基本阶级类型。

跨国资本一方面必然会从实体性民族国家解放出来，从跨国资本家阶级对资本进行跨国经营、运作的目的来看，他们不是为了任何民族国家，而是为了拓展全球资本的利益。贸易国际化是以民族国家为基础的、离散经济主体之间的公平交易。而跨国公司是世界贸易的中心，这就意味着贸易全球化而非仅仅是贸易国际化。跨国资本打破原有贸易国际化而迈入贸易全球化。这不仅是跨界流动量的提升，而且是资本流动的性质发生了改变。另一方面，跨国资本跃过民族国家将国家阶级变为跨国阶级，目的还在于实现其政治意蕴。国家阶级的缺陷是，民族国家作为跨国生产消费的基本单元，改变这种机制、生产、阶级等全球结构，将跨国资本、全球社会结构与全球社会生活相结合，利于世界资本霸权的全球传播。

在其代表作《跨国资本家阶层》和《全球资本主义论：跨国世界中的生产、阶级和国家》中，莱斯利·斯克莱尔和威廉·罗宾逊研究了近年来跨国资本家阶级在全球大力推行自由主义对民族国家及其阶级变化的影响，肯定了自由主义背景下的跨国公司结成跨国资本家阶级以维系跨国霸权，继续推行其在全世界范围内被迫认可的野蛮剥夺的合法性基础。这就意味着全球化背景下，西方社会不可调和的自我矛盾不仅没有控制在实体国家之内，反而不得不向外扩展寻求力量。跨国资本家阶级结成跨国国家组织的意图在于，以更加强大的国家组织力量，保卫资产阶级法权关系。在研究马克思主义的资产阶级法权关系之后，哈里斯认为资本主义的阶级关系因跨国公司而导致"生产关系性质已经改变，不再主要局限于国家边界之内，而是基于全球性劳动力、投资和资产，这重新界定了资本家阶级的特征"①。罗宾逊则认为，在全球化时代，民族国家的功能尽管没有"萎缩"，但单一实体国家形式正在消亡，并成为更大的跨国国家组织的一个有机组成部分，但资本家阶级特征并没有发生根本变化。西方左翼这种寄希望于资产阶级制度自身限度和哲学范围内对生产关系和阶级关系的反思，在没有革命性风暴，平静

---

① 马克思：《黑格尔法哲学批判》，人民出版社，1963 年，第 138 页。

而缓慢地变化中实体国家自行消亡的观点，尽管在一定程度上反映了全球化时代跨国资本家阶级关系的新变化，看到了国际行为主体的多样性以及全球化"地球村"对民族国家主权产生的冲击，但美国对内矛盾的外化与国际关系的变化仅仅是其国内矛盾的外延，生产关系的资本主义性质并没有发生根本改变，因此阶级的属性不会发生根本动摇。

马克思针对黑格尔的资产阶级私有财产观的批判仍然意味深长，"伦理理念的现实在这里成了私有财产的宗教"，自由主义一旦被瓦解，"私有财产成了意志的主体，意志则成了私有财产的简单谓语"①。马克思恩格斯在《家庭、私有制和国家的起源》一书中针对"国家"的分析指出，国家不是"黑格尔伦理观念的现实"，国家是表示"这个社会陷入了不可解决的自我矛盾，分裂为不可调和的对立面而又无力摆脱这些对立面"②的产物。马克思对以黑格尔为代表的资产阶级法权关系的深刻批判，揭露了资本主义"伦理实体"和"意志自由"的虚伪性。英美左翼学者认为，当代基于民族国家的资本主义传统实体国家形式正在被新自由主义和虚无主义哲学消解和重构，中下层无产阶级的权益甚至丧失了资产阶级法权的保护。跨国资本家阶级塑造的时空关系，对世界生产与领土关系形成新的挑战，对当前民族国家的社会、政治和文化形成新的压力。牛津大学最新出版的爱普斯坦·威廉的《民众是统治阶级：浪漫主义、民粹主义和美国福利》(2018)，爱普斯坦·布莱恩的《蚂蚁陷阱：重建社会科学基础》(2015 年)，以及 2016 年第五次再版的希尔奎特：《美国社会主义史》(1910 年)，尽管没有明确指出借助了马克思恩格斯经典哲学理论以及马克思主义哲学思想，但都从马克思主义哲学的不同侧面深入研究了美国社会的国家治理问题，尤其是中下层收入群体工资增长缓慢，中高层利益群体却收入飞涨的问题、研究并探讨了马克思主义哲学的历史遗产和当代意义，主要涉及资本主义生产和再生产的历史形态和新形态问题。哈维认为，美国和中国解决经济危机的可能方案，蕴含了经济霸权转移的出路。③研究组织问题和日常生活形式之间的主要文化矛盾、研究阶级斗

---

① 马克思：《黑格尔法哲学批判》，人民出版社，1963 年，第 138 页。
② 《马克思恩格斯全集》（第 21 卷），人民出版社，1973 年，第 194 页。
③ 参见李佃来：《美国马克思主义的流派及其理论进展》，《学术月刊》，2010 年第 4 期。

争的实质和特性，与霸权相关的消费主义的重要性等问题。尽管全球化背景下的跨国资本家阶级结成联盟，但仍没有真正成为整个社会生产资料的代表，社会对抗性阶级和资产阶级法权关系仍然存在，资产阶级实体性的民族国家在这一时期也就不可能伴随全球化和多元化"自行"走向解体。更为重要的是，这一历史进程的逻辑主体离不开世界工人阶级有意识地参与和推动。

2."跨国资本家阶级"去中心化的跨国霸权结构：从集权政治向多头政治转变

二战后福特主义的弹性积累模式，使美国收获了全球资本流动性红利，这也是"跨国资本家阶级"的金融本性，而这种资本的全球性流动必然趋向与政治制度、哲学的世界性和社会主义运动相结合，才能解决美国政治和经济利益的根本冲突。当前如果"非主流"或"反建制"的社会主义运动登上美国历史舞台，必将全面搅动美国政局和既有国家治理模式。从19世纪晚期美国社会主义运动出现至今，美国主流意识形态的性质并未发生根本动摇，未来一两年将是非常重要的观察期。当然，"后危机时代"对美国霸权力量的削弱及美国民主党和民社成员的新变化已促使美国社会开始思考超越目前主流意识形态的可能性，并试图从国家治理方案上改变"美国不会有社会主义"的独断论。

"人间正道是沧桑"。在2016年美国大选中脱颖而出的民社党等新党，其在社会主义运动中迅速崛起的速度令民主党深感不安，这一方面加剧了民主党意识形态向左转的速度，另一方面民主党在2017年也开启了团结改革，限制党外人员参选资格，以控制民社党的未来发展规模。因此，美国资本主义制度范围内的社会主义经济、政治和制度改革重组终将被限定在资产阶级生产关系的范围之内，民社成员企图通过选举，以和平方式谋求"弯道超车"的第三条道路是行不通的。但就民社成员向左转本身看，民本主义思想替代自由主义的精英主义和民粹主义，在一定范围内调整了大资产阶级与中下层无产阶级的阶级矛盾与对立，例如全民医保、大学教育免费、性别平等、宽松的移民政策，以及减税政策等，在一定程度上缓和了美国国内剧烈的社会矛盾，破坏了资本的干预、分割和统治能力，但右翼民粹主义代表的大资本的局限性阻挡了民主党进一步触及贫富差距的两极分化以及社会阶层的流动性问题，因此桑德斯最终在 2016 年大选中失败也就在意料之中。但我们也应看到，以资产阶级体制内的学院派知识分子为先锋，逐步转变为中下层阶级参与的美国群众性社会主义运动，标志着 21 世纪的美国左翼力量进入一个极为重要的历史发展阶段，左翼将有机会在更加根本性和原则性的问题上提出国家政治治理模式的修正案。

尽管普选制是"测量工人阶级成熟型的标尺"，但"在先进的国家里，普选制不能而且永远不会提供更多的东西。"①因此，美国民主党如果不想方设法发动国内 73% 贫困人口的群众力量，而仅仅选择加入选举竞技场的荆棘之路，那么即便是他们所支持的候选人赢得了选举，这条道路也根本不可能有所收获。马克思与恩格斯在《共产党宣言》开篇中指出"到目前为止的一切社会的历史都是阶级斗争的历史"，这个科学论断至今没有改变。当前美国的中下层阶级的生存状态验证了马克思在《德意志意识形态》中做出的结论："革命之所以必须，不仅是因为没有任何其他的办法能够推翻统治阶级，而且还因为推翻统治阶级的那个阶级，只有在革命中才能抛掉自己身上的一切陈旧的肮脏的东西，才能成为社会的新基础。"②因此，实体性国家正在消亡的观点仍旧带有浓厚的无政府主义色彩。在资产阶级法权彻底走向民主之前，即便出现"政治国家"向"非政治国家"的过渡，也不能不承认国家在向社会主义过渡过程中的作用。当然我们也要承认，21 世纪的美国民主社会党成员出现年轻化倾向，也许在未来他们会成为中坚力量。

3. 美国民主党社会改革的新定位

21 世纪的美国对发达资本主义国家未来的社会变革会通向社会主义和共产主义道路，具有重要影响力。20 世纪 90 年代苏联解体东欧剧变后，西方社会民主党被视为欧洲西方左翼的代表。美国民主党对社会主义的思考方案与 20 世纪末欧洲社会主义密切相关。然而欧盟国家的右翼在选举中普遍战胜社会民主党的事实表明，尽管欧洲社会主义仍然是一股生机勃勃的力

---

① 列宁：《国家与革命》，人民出版社，1975 年，第 14 页。
② 《马克思恩格斯选集》（第一卷），人民出版社，1995 年，第 91 页。

量,但新自由主义和福利消费主义令福利社会主义国家模式在欧洲几乎无法存在下去。①当下关于福利的再分配和社会保障制度改革的内容是欧盟和美国社会改革的关键。

然而美国为了解决政治上落后的英国代议制问题而实行了联邦制,今天全球化背景下"跨国资本家阶级"的出现需要美国在经济上以更加强有力的联邦政府摆脱"封建制度"的松散政治权力。然而与英国盎格鲁–撒克逊人具有同样文化背景的美国如何避免走上与欧洲社会民主党一样被自由主义裹挟而发生向右转和复兴"议会道路"的老路?如何超越单一成本效益的实用主义分析,为美国社会问题提供更强有力的解决方案?这些时代课题又需要美国超越"侵略竞争"的自由主义对外政策,找寻一种"内生的""大众的""微观的"新型社会治理目标,这又再次加剧了美国内部政治与经济的利益冲突。

美国社会在经济和文化上的去中心化、大众性和微观性的后工业社会特点,以及政治上的整体性、确定性和中心化的现代性特点彼此交融又相互对立,使得主流意识形态的方向摇摆不定、甚至停滞不前,最后妥协的还是市场。伯恩鲍姆·诺曼(Birnbaum Norman)提出一种使市场与人民的社会需求相平衡的观点,敦促美国将市场置于强而有力的总统政治之下。他集中讨论了三个问题:即市场的政治控制、重新定义工作和公民教育,以此作为美国社会新改革计划的起点。②曾在 20 世纪 80 年代提出共产主义失败的伯恩鲍姆·诺曼,这次也大胆提出了美国联邦制政府对国家经济与政治生活中人民的公平与正义负有责任的问题,认为美国在以市场为主导的社会主义运动中,教育成为种族主义的牺牲品,丧失了对未来人类发展具有信念和责任的公民教育,最终使社会成为"逐利的市场",大众也变为"成本因素"。③然而由于欧盟的教训,美国社会主义改革方案也并不完全赞同高福利的欧洲社会主义模式。甚至连路透社的评论员也认为,21 世纪的美国发达资本主义现在需要内在"大修"。但全球化背景下多元国家体系不是自我调整的机器,大修不能防止霸权崛起的平衡。这意味着美国的社会改革包括在金融体系、政府

① See Birnbaum, Norman, *After progress: American Social Reform and European Socialism in Twenties Century*, Oxford University Press, 2011.
②③ Ibid., p.378.

角色、社会公平等方面都有可能催生社会激烈变革。美国"衰老了":一方面是经济变革需要以生产资料的、更大程度的社会化为基础,以解决当代"大众的反抗"问题,包括移民、黑人、女性主义、生态环境等政治学问题;另一方面政治变革需要各州形成统一而强有力的现代国家治理结构,强化各州之间美国人的身份认同和统一性,建立现代国家治理模式的哲学思想基础。

(三)影响当代美国意识形态变化的哲学因素

当年困扰马克斯·韦伯和"西方"学者的哲学问题,为何中国历史上的政治现代化在没有经济现代化,即资本主义市场经济的陪伴下,却仍然建立起了在当时非常强大的中华帝国的问题,[①]答案在于中国哲学之中。反观今天的美国,美国的资本主义市场经济困境是否在于哲学上没有彻底完成美国1774年建国以来政治现代化的历史任务?从美国意识形态领域出现的上述新变化可见,美国国内经济和政治的主要矛盾,根源于当代美国政治现代化历史逻辑的哲学困境。换句话说,美国要想以统一的国家形式解决国内经济和政治的矛盾,思想领域和主流意识形态势必出现新的变化,这是21世纪美国国家治理和政治现代化任务在哲学上的必然要求。

一方面,哲学上面临现代性与后现代性矛盾关系的挑战。后工业社会背景下美国政治秩序的衰退速度超过了全球化背景下跨国资本家阶级的经济增长。20世纪90年代,亨廷顿在《变化社会中的政治秩序》一书中就已提出,未来现代化理论并非线性循序渐进,随着时间推移旧的平衡被打破,新的平衡需要建立新的规则和制度来恢复秩序。进入后工业社会之后,现代主义线性的、基础性的、总体性思维方式进一步被后现代主义哲学的不确定性、模糊性甚至偶然性所打破,在历史哲学中体现为现代性所代表的美国自由主义精英阶层与后现代主义代表的微观大众阶层的尖锐文化冲突。前者代表自柏拉图—康德—黑格尔以来的以"现代性"为特征的西方现代主义哲学,即强调零和关系、表象主体认识论,统治与被统治的主—客二元关系以及逻

---

① 参见[美]弗朗西斯·福山:《政治秩序的起源:从前人类时代到法国革命》,毛俊杰译,广西师范大学出版社,2012年,第123页。

格斯中心主义；20世纪中晚期以来，后者在后工业社会经济和政治上塑造了"跨国资本家阶级"。跨国资本家阶级体现了西方理性以现代性与后现代性交织的经济与政治关系的矛盾打破了西方主体思想与文化禁锢和集权，改变理性的压迫性和强迫性，追求差异性和多元性的内在需求。矛盾在于，如果不改变"西方"的表象认识论和基础主义哲学、市场理性，则永远无法消除微观大众在政治生活中被剥削被压迫的不幸根源。因此，西方现代主义的核心概念"理性"和"启蒙"，需要在21世纪重新寻找理性"启蒙"的阿基米德点；而如果放弃表象认识论和基础主义，西方哲学如何再造"共识"和认知领域的形而上学基础，以摆脱形而上学迷茫的危机？

　　另一方面，哲学上面临个体与群体的矛盾关系挑战。这对关系具体表现为自由主义与共同体之间的矛盾。"从文化哲学的立场上理解，文化的核心价值体系是指一个民族的文化在历史发展过程中凝结成的，以基本的存在方式和生活方式为基础的，以基本的价值取向为核心的一系列价值原则的统一。文化的核心价值决定一个民族对世界的感知方式和感知内容，决定一个民族特定的表现方式和表达方式。"①美国的自由民主政治体系和政府组织缺乏强有力的、统一的共同文化目标，只能借助意识形态转移国内矛盾的注意力。"如果政府不能采取团结行动，没有广泛接受的共同目标，就无法奠定政治自由的真正基石。"②

　　历史地看，1689年后的英国代议制在美国没能行得通，最终美国通过战争将代议制妥协为联邦制。但联邦制的国家治理模式在当代美国社会体现出缺乏强而有力的、统一的共同文化目标；北欧的经验一直被美国视为理想，希望在美国出现丹麦、挪威等北欧式的社会民主主义政治改革。可是，欧洲大陆哲学文化领域的统一基础有宗教改革，丹麦尽管没有强有力的社会组织执行代议制民主，但丹麦拥有良好的宗教文化传统，最终路德教会和格隆维的意识形态自上而下地对贫富差距进行了革命。对于哲学文化传统，

---

① 丁立群：《核心价值体系：一种文化哲学阐释》，《学习与探索》，2014年第9期。
② ［美］弗朗西斯·福山：《政治秩序的起源：从前人类时代到法国革命》，毛俊杰译，广西师范大学出版社，2012年，第422页。

1850 年法国历史学家托克维尔这样批评美国:"在文明世界里没有一个国家像美国那样不注重哲学。美国人没有自己的哲学派别,对欧洲的相互对立的一切学派也漠不关心,甚至连它们的名称都几乎一无所知"①。二十多年后美国诞生了实用主义哲学,并渗透于美国的全部政治、经济、思想文化和社会生活。20 世纪的实用主义一度被认为是最能体现美国民族精神和生活方式的主流哲学②,为二战后美国崛起发挥了重要作用。实用主义的重要特点在于强调面向现实生活,倡导民主和自由精神,因而在一定程度上适应了现代社会发展的需要,使美国能够在特定的历史条件下发挥积极作用。由于对古典自由主义的政府治理模式的不满,美国实用主义哲学家的代表杜威提出民主的"共同体"③的特定政治哲学概念,之后共同体成为美国哲学中的一个重要中心论题。来自于英国经验自然主义和黑格尔哲学的实用主义,使其成为自由主义与"共同体生活自身的观念"相嫁接的哲学基础。杜威的民主共同体最终拒绝了黑格尔的辩证法,而强调"个人利益"为主导的、又与社会生活具有"共识性"的社会联合,以此来保证个体民主生活方式的实现同时又为每个人的全面发展提供前提的理想模型。④最终,杜威的共同体囿于自由主义,在现实中的个人私利结成的民主和自由关系也没能挽救美国的自由主义。

综上所述,20 世纪的美国意识形态变化,无论是美国的实用主义哲学,还是当代自由主义、新自由主义思潮,都因无法调整个体与群体的辩证关系,缺乏共同责任政府、统一文化的共同目标和命运共同体的哲学基础,因而不断陷入迷茫。21 世纪及其未来,面对美国社会松散型的社会组织对贫富差距和公平正义缺乏负责任政府的有效治理,美国国家治理现代化的难题如果不能在危机和不确定性中,与当代美国马克思主义社会组织协同并进,那么美国意识形态转向最终也就是一种虚幻的"镜像"罢了。

---

① 赵敦华:《实用主义与中国文化精华》,《哲学研究》,2014 年第 1 期。
② 参见刘放桐:《实用主义与中国现代的政治和文化冲突》,《学习与探索》,2004 年第 2 期。
③ [美]约翰·杜威:《杜威全集》(第 17 卷),孙宁译,华东师范大学出版社,2017 年,第 118~125 页。
④ 参见[美]约翰·杜威:《杜威全集》(第 16 卷),孙宁译,华东师范大学出版社,2017 年,第 36~46 页。

四、知识与全球化

2012 年 3 月 27 日至 4 月 4 日,第四届全球化国际专题研讨会在美国纽约州立大学古西堡分校召开。纽约州立大学古西堡分校哲学系的资深教授、全球学术出版机构(Global Academic Publication)主任墨锐之(Parviz Morewedge)博士同时主持了 2012 年第四届决策伦理学会议(Decision Ethics:2012)。两个大型探讨会的共同主题是"知识的全球化:中国、伊斯兰与全球",包括教育全球化和国际关系全球化。来自美国、德国、日本、俄罗斯等 15 个国家和地区的三十余名代表参会,代表所涉及的学科有哲学、文学、医学、经济学、伦理学、社会学、人类学、国际关系、教育问题、国际政治和全球地缘政治等十几个学科,聚焦三大问题,即知识论、多元文化观和伦理学等。

(一)文化的本土性与世界性:伊斯兰与俄罗斯

在国际金融危机之后, 世界文化的多样性与本土化的关系问题再次成为全球化讨论的焦点。美国新保守主义认为,全球要想在民主问题上达成共识是不可能的,它与全球化背景下的文化观念自相矛盾。然而伊斯兰和俄罗斯文化研究呈现相反的结论,引起国内外学者们的关注。

西方经济学理论的核心是利润最大化, 自由竞争是西方经济学理论强有力的机制保证,一直以来都作为西方发达资本主义国家利用强大经济实力向发展中国家施加政治压力和推行西方价值观的工具。伴随国际金融危机的余波,伊斯兰的金融理论重回人们的视野。那些曾经认为伊斯兰文明与全球化冲突的论调,也在金融危机的洗礼下逐渐改变着以往的偏见。伊斯兰金融价值观背后蕴含着丰富的"分配正义"内涵,凸显了福利特征。因此,这也就是伊斯兰文化在利息、分配、福利等伦理问题上都与西方价值观相悖的原因。当然,在全球化经济一体化的趋势下,伊斯兰的金融利息理论也曾做出一定让步,但《古兰经》在伊斯兰社会的巨大宗教力量,仍在呼唤竞争和利他的完美和谐。伊斯兰文化属于伦理型文化,鼓励人们在追求物质的同时,注重对真、善、美的追求和深层内心价值的发掘,既反对极端利己主义,也反对纯粹利他主义或集体主义,强调个人与群体的相互关注,合理分配。

伊斯兰本土文化在融入全球化过程中十分重视保持传统文化和传统宗教。伴随着伊斯兰文化复兴运动,出现了新的"伊斯兰化运动"。伊斯兰各国对伊斯兰精神的具体理解以及各国国情的千差万别,导致没有一个宗教权威组织制定统一准则来调节伊斯兰与西方在文化上存在的矛盾和冲突,因此本土化与全球化的关系问题成为制约当代伊斯兰文化发展的瓶颈。

与此同时,在全球化背景下千方百计想"回归欧洲"的俄罗斯,伴随着美国的"重返亚洲"战略,其在欧洲的政治势力被欧美发达国家有意削弱。今天的俄罗斯因严厉打击车臣分裂势力和采取有效措施令俄罗斯的民族意识得到振奋。然而从经济全球化到知识全球化,俄罗斯的现代化进程一直未得到欧美国家的普遍认同。这令俄罗斯长达 18 年的入世谈判困难重重。经济规模达到 1.9 万亿美元的俄罗斯是迄今唯一尚未加入世界贸易组织(WTO)的世界大国,也是二十国集团中唯一的非世界贸易组织成员国,它花在"入世"谈判上的时间远多于其他任何国家,甚至超过了中国的漫漫 15 年入世之路。而俄罗斯"入世"的最大障碍来自格鲁吉亚——苏联的一个共和国。为了改变这种现状,俄罗斯不断加强与中国等亚洲国家的合作,积极参与国际组织间的合作,最终于 2011 年 12 月 15 日加入世界贸易组织。

作为一个具有悠久历史和灿烂文化的国家,俄罗斯的价值观和文化传统,塑造了独具特色的世界一部分。俄罗斯文明的特点决定了俄罗斯的财富、经济和国家治理形式。一方面俄罗斯支持走向欧洲,必然欢迎全球化;但另一方面,在俄罗斯也存在着强大的全球化反对派和保守主义。二者的矛盾主要体现在俄罗斯的宗教。宗教在俄罗斯国家政治生活中位居重要地位,但并没有形成对俄罗斯现代化的思想和启蒙支持,没有形成宗教对于促进开放的、统一规范的俄罗斯现代文化及其多元文化间的相互对话机制。正如俄罗斯保守主义思想家(斯拉夫主义者、И.А.伊里奇、К.П.巴别德诺斯采夫等)所指出的,俄罗斯独立的本土文化首先要解决的是如何在全球化背景下实现自身的现代化问题,其次要对美国为首的西方发达国家的文化哲学重新定位,否则无法对国家主流意识形态给予全面解答。

全球化进程发展到今天,以美国式全球化为单一认识标准和价值规范的全球化模式,非但没有给世界发展中国家带来经济和文化的繁荣昌盛,反而越来越受到发展中国家的普遍质疑。伊斯兰和俄罗斯所面临的全球化与本土化的矛盾不是少数,实践中的美国全球化模式的经验教训在于,如何在新的历史条件下继承和发展本国的民族文化传统,同时在实践中不断融合人类文明的多样性,创造一条使本国既能适应现代化进程又能融入世界的发展之路,是摆在各个发展中国家面前的首要任务。

(二)生命伦理学的创新:中国哲学的生命关怀

生命,既是一个伦理学问题,也是一个认识论问题。如何在全球化进程中深化和重构人类对于生命的伦理认识,这是全球范围内文化精神交流和融合的内在要求,也是自然科学技术发展到高级阶段的哲学反思。伴随着全球化的发展,基因工程和生命科学在世界范围内广泛开展合作,取得越来越多令人振奋的成绩,使人们对生命的认识越来越深入和细致。与此同时,全球范围内要求对生命伦理开展新一轮反思的呼声也愈演愈烈。

目前全世界影响最大的生命伦理学原则是来自美国的伦理学界。被世界卫生组织和联合国教科文卫组织官方采用的教科书继承了康德哲学的伦理学精神,蕴含着西方哲学的典型思维方式,深刻影响了近代以来西方及全球的生命伦理学研究进程,已成为世界生命伦理学的基本话语策略,但是进入全球化和后工业文明之后,生命伦理学原则越来越受到世界各国多元文化的挑战。多元文化在基本价值观念上的分歧不可能通过普遍原则的"圆满的理性论证"得到解决。这是全球化中"反原则主义"的产生的原因,反原则主义者从认识论和伦理学的角度分析了生命伦理学原则的内在局限性。

目前的生命伦理研究是建立在西方伦理学,尤其是美国伦理学基础上的,实践证明这一前提并不适合发展中国家的生命伦理学研究及其伦理实践。如何研究具有本土特色的生命伦理观,将伦理规范的内容以法律的形式加以确定,构建具有发展中国家本土特色的生命伦理学和法学体系,让发展中国家在国际学术舞台上拥有自己的生存权和话语权,成为新一轮全球化的重点。

中国伦理学传统强调以仁为安身立命的基础,以义为道德伦理的核心,强调家国情怀,在实践中重视兼济天下的价值追求。就中国生命伦理传统而言,讨论个人与家庭的地位、一般德性原则与具体利益规则的不同作用,探索和重构德性论的框架,不是要回到过去,而是要挖掘中国哲学传统在家庭、君子与德性上的道德关怀与承诺的当代启示。中国生命伦理学重视以德性为导向、以家庭为基础的多元伦理对现实问题的道德责任,阐释了当代中国的人格观念"以实践为导向、以关系为基础和与程度相关联"的伦理特征,揭示了现代中国伦理学的诚信原则不仅是表里如一、诚实守信,更是群与己,个体与社会、自然,天道与人道中"至真"的道德境界。将这种至真境界实践于生活,将个体生活的意义哲学化、认知化、艺术化,对当代生命哲学的价值评价模式具有重要意义。

无论在怎样的全球化进程中,生命伦理学都是生命发展到高级阶段出现的人对生命和自我的深层次理解,是社会实践发展的必然产物,是人类文明的结晶。具有五千年历史的中华文明如何在全球化背景下构建具有当代中国文化特色的生命伦理学原则,不仅对中国的医疗改革与实践具有深远意义,而且对世界文化的多元发展与繁荣具有非常大的影响。因此,从西方生命伦理学出发,研究并探讨当代生命伦理学原则的方法论问题,从西方哲学思维方式的角度深入研究西方文化,这个过程既是了解西方、学习西方的认知过程,即知识论的层面,同时也是定位自身、认识自己、继承创新的文化全球化融合的过程,即实践论的层面。因此,坚持什么样的方法论不仅体现当代道德追求的核心价值观念与思维方式,而且决定了未来塑造什么样的人,体现着对人类前途命运的高度负责态度。

(三)知识的全球化:新一轮知识论研究

2008 年由美国次贷危机引发的全球金融危机,使知识全球化中新一轮的知识论研究再次成为哲学研究的核心。知识论,即我们如何认识和获取知识的方法。当数字化知识成为全球化的一种新的生活方式时,它不再局限于哲学的认识论之中,还扩展到文学的知识论、后现代政治学的知识论、经济学的知识论等多元文化领域。全球化背景下新一轮的知识论反思,对当代中国哲学而言,既响应了当代最新哲学思潮,也与对中国哲学传统的诠释密切相关。如果说当代诠释学业已确立起作为一般人文科学方法的重要地位，那么知识论无疑可以作为一种新的哲学规划来重新思考哲学在全球化的未来。

西方哲学认为，本体论与诠释学建立在完整的知识论基础上这一点是可以有许多发挥的空间的。然而，西方哲学本体论与诠释学的认识论问题反映在东西融合问题上，表现出对认知逻辑理解差异所导致的对认知对象的逻辑理解受到个体经验、阅历和人生智慧的影响，因此根据这样的认知逻辑做出现实生活的道德判断也就大相径庭。因此，多重现代性的评价标准在跨文化的共识中提出了一个新的认识论问题：我们能否找到一个坚实基础为道德和知识辩护？如果没有这样一个坚实基础的话，我们是否必须从根本上放弃西方哲学传统认识论中的"真理"观？库恩的"范式论"会不会导致相对主义，是否与实在论同样是一个不确定的问题？波兰尼纠正了近代以来的西方认识论传统。一方面他像库恩那样，反对基础主义的知识论；另一方面并不怀疑知识的真理地位，他设法把反对基础主义与实在论结合起来。他关注的是这样一种形式的知识：它可以说是真的，但不是基础的，无法像在一个公理体系中那样一步步地还原到最基本的东西上去。认识论中确实有基础的东西，但这些基础的东西并不是时时都被明确提出的。哲学家只有当其理论受到了挑战的时候，才发现原来有一个基础的东西；而反对笛卡尔主义的罗蒂以为，我们要么选择基础主义，要么选择反实在论。这种转变的伦理后果涉及我们如何生活、如何对待自己、如何对待他人的问题。

从古希腊哲学开始，西方哲学诠释学的知识论就涉及人类自身命运的根本。从古至今，人类不会因为普遍知识没有充分关照到这个问题而放弃对人类自身的这种关切。在全球化背景下，现代科技社会发展增添了人类知识丰富多样性的同时，也流露出对促进人类生存与发展，创造和谐的科技与人文智慧，超越单纯普遍知识思维方式的深刻意图。体现在现代科技越发达的社会，对现代科技思维方式，即本质主义和理性主义把活生生的人排除在外，或者最多也是像谈论关于自然的知识一样来谈论人，这种人与自然关系的思考就越发深刻而尖锐。尤其值得注意的是，法国后现代主义者福柯的知识考古学方法和利奥塔等人关于知识问题的直接评论。在自然科学知识盛行的情况下，许多不能纳入自然科学的知识往往被当作有局限的、不确定的、个别的经验知识予以贬斥，甚至当作神秘主义和迷信的东西而遭到舍弃。随着自然科学的传入，这种倾向在中国也表现出来了，最典型的莫过于对待中医的问题，有的人因为中医、传统医学等不是自然科学而欲加以排斥、甚至大加挞伐。毫无疑问，自然科学知识对于人类生存是具有重要意义的知识。但是同样毫无疑问的是，自然科学的知识并不能取代非自然科学的知识，那些非自然科学的即非普遍必然的知识对于人的生存同样是不可或缺的。知识是一个能力问题，这种能力的发挥，远远超过简单"真理标准"的认识和实践，再进一步，扩延到效率（技术是否合格），公正和快乐（伦理智慧），声音和色彩之美（听觉和视觉的感知性）等标准的认定和应用。一方面是自然科学知识的迅猛发展，另一方面，最后明确为不是反对一切知识，而是对于自然科学知识掩盖、忽略，甚至否定等非自然科学知识倾向的反对。这一对立往往又是与理性主义和非理性主义的对立交织在一起。发展中国家的学者们在自然科学知识对于非自然科学的掩盖、忽略甚至否定的倾向是存在的这一观点上达成一致。如果没有这种倾向，就不会有狄尔泰呼吁人文历史科学区别于自然科学的必要。福柯和利奥塔经过对知识的考古，恢复知识的本来意义的直接意义也在于此。

　　自然科学知识是具有普遍必然性的知识，换句话说，它是确定的知识，在给定的条件下是可以重复的，因而据说是不会因人而异的。这样，严格来说，只有数学和理论物理学才是这样的知识，也就是康德在《纯粹理性批判》中追问的"数学知识何以可能？""自然科学知识何以可能？"中的数学和自然科学知识。但是并不是所有的知识都是普遍必然性的知识，例如关于股票市场的知识，如果这门知识是具有普遍必然性的知识，那么掌握了这门知识的人就一定只赚不亏了。事实上，经济理论方面哪怕根据统计计算出来的概率，也不能保证是确定的。至于伦理学、价值学……就更难形成普遍必然的知识。柏拉图早期的许多对话揭露，在一种情况下被认为是美德的行为，在另一种情况下，却可能不是美德。伦理和价值问题涉及人的评价活动，而对同一件事情各人的评价不会完全一样，这不仅决定于人的社会地位等外在标志，而且联系着人的教育程度、个人的秉性爱好等。自然科学知识对于人类生存具有重要意义。但是同样毫无疑问的是，自然科学的知识并不能取代非自然科学的知识，那些非自然科学的即非普遍必然的知识，人文科学知识，同样对于人的生存不可或缺。例如当代大学课堂里有许多课程并不教授普遍必然性的真理或知识，但并不是说他们对于人生思考、社会生活和民主法治都不重要。一种知识重要与否首先不应该仅仅聚焦于理性主义或逻格斯中心主义，而在于它在帮助人们思考、生活、交流中所发挥的积极作用，当然这还不是为非普遍知识辩护的全部理由。

西方哲学传统的确是理性中心主义或逻格斯中心主义的，但理性的力量不是靠文学修辞补充加强的，而是哲学理性和科学理性相互加强。哲学和科学技术的互补逻辑是一荣皆荣、一损俱损的关系。康德哲学得出了一个重要的结论，即数学和自然科学知识的普遍必然性是人类对经验材料进行整理的结果，这种整理方式即人类自己固有的认知能力。换一句话说，与普遍知识对应的是人类自己的一种思维方式，即康德以范畴表达的先天认知能力，只有进入这样一种认知状态，才能建构出普遍必然的知识。康德的反思，让我们看到了普遍知识的局限性。马克思主义中国化的现实也让我们重新思考理论和实践的认识论关系，继续反思理论的归宿是什么，我们应该选择什么。

由于西方哲学研究中长期形成的惯性，西方哲学的处境化研究重点的确仍然存在"自说自话"的问题。这些问题在中国传统哲学、西方哲学、马克思主义哲学等哲学领域都存在，对重大社会现实问题缺乏敏感性和针对性研究的现象更加值得我们检讨。由此可见，如何克服 20 世纪哲学留下的弊端，是中西马哲学共同的长期任务。

附　录

用中国人的眼光看哲学①

一、以哲学研究作为志业的学术人生

《中国社会科学报》：谢谢您接受《中国社会科学报》的采访。从一些原来对您的采访及您的自述中，我们发现您是一个热爱生活、热爱哲学的人，能谈谈您当年为什么选择哲学研究作为志业吗？

赵敦华：这事说起来就话长了。实际上我也没有刻意地选择。在 1965 年或者 1966 年的时候，我在中学图书馆借了一本书《西方名著提要：哲学、社会科学部分》，由中国青年出版社 1957 年出版。这本书翻译得非常好，我到现在都不知道它的译者是谁，它的译者化名叫何宁，选本都是经典，提要写得比较详细，我至今还记得第一篇是《苏格拉底的申辩》，然后是《会饮》和《理想国》，最后一篇就是尼采的《查拉图斯特拉如是说》。我当时看了以后就着迷了。当然，那个时候看得似懂非懂，但内容太丰富了，对我有很大的吸引力。1966 年以后，除了"毛选四卷"之外，我还可以看一些马列的著作。当时我家里还有一套中央编译局最早编的两卷本的《马克思恩格斯文选》，是 1961 年出版的。我当时从头到尾看，做了详细的笔记。而且它还有很详细的注释，在讲到西方的某个人物、著作和典故的时候，都有一些解释。这两套书对我影响很大，那个时候只有十七八岁，记忆力特别好，再加上做了笔记，后来我

---

① 本文系 2018 年 6 月 14 日赵敦华教授接受《中国社会科学报》采访的原文，略有改动。

上大学的时候,在学习"马克思主义哲学原理"这门课时,坦白地说,我都没听课,但考的分数很高。高考的政治课,还有研究生考试的政治课,我的考分都比较高,这得益于开始那段经历。后来我就到了国外,有机会接触大量的西方哲学,但是少年时代的烙印还在,回国以后便将西方哲学和马列著作结合起来进行研究。有些人觉得很奇怪,说:"你是学西方哲学的,怎么对马恩著作那么熟悉?"我心里想,你们都不知道马恩著作和《西方哲学提要》是我的哲学启蒙书。

《中国社会科学报》:20世纪80年代,您当时作为公派留学生留学比利时鲁汶大学,当时为什么您不是去英美国家或者德国和法国,而选择了比利时?

赵敦华:这也不是我自己的选择,我考的是武汉大学由陈修斋、杨祖陶先生代招的出国公派研究生。我第一次到导师陈先生家去的时候,陈先生就告诉我,这个名额是他专门打报告向国家教委争取来的,理由是应该派研究生出去研究中世纪哲学。陈先生讲:"从古希腊哲学到近代哲学,还有德国古典哲学,我们都有一定的基础,也有一定的研究,北大洪谦先生主编的《西方哲学原著选辑》包括了这些部分的最基本的资料,但是中世纪哲学的选辑一直没有编出来。当时国内资料缺乏,研究也不够。比利时鲁汶大学是研究中世纪哲学的一个中心,到时候你要填志愿就填这所大学吧。"

《中国社会科学报》:1988年,您学成回国进入北大哲学系任教,当时有没有想过,或者有没有选择在国内外其他的科研机构从事哲学研究呢?

赵敦华:国内外是吧?讲老实话,国外我根本没有考虑。我现在不会去讲在国外什么什么大学有机会留下但还是回来报效祖国,实际上国外对学哲学的需求不大,没人找我,我也没有考虑过申请。我觉得既然是公派的留学生,回国效劳理所当然。当时我那批派往比利时鲁汶大学的,有三十多个人。我们是同一架飞机到,就我一个人来学哲学。我是1988年7月初答辩的,1987年底的时候,我就开始联系国内的高校。当时《人民日报·海外版》会登一些招聘广告,到海外招聘哲学博士的当年还不少,像复旦大学、南京大学等,包括在我的家乡的中国科学技术大学,也要招海外哲学博士。除了按照招聘的地址投简历之外,我还托人联系过一些高校。只有北京大学我没有联系,却首先给我来了函,这个函是打字机打的发黄纸片,上面写着:

"我们同意你来北京大学哲学系任讲师职务,分配一间住房。"我就向陈先生咨询,陈先生也是北大的老师,他是 1956 年为了支持武汉大学重建哲学系,和杨祖陶老师一起去的武汉,很了解北大哲学系的传统和现状。他说:"你到北大哲学系很好,那是一个能够出人才的地方。"我听了陈先生的话,就来到北大。到了北大以后,得到系里老师的关心,特别是老先生,对我和他们的弟子是同等看待的,当我做出一些成绩以后,也像对待他们的弟子那样给予厚爱。这里特别要提到的是洪谦先生、黄楠森先生,两位先生是最早向教育部给我写推荐信的,让我拿到了教育部第一笔科研基金。北大百年校庆时出了一本回忆录《精神的魅力》,我写了一篇文章《有容乃大》,对这些事情都有记载。

《中国社会科学报》:我们知道 2018 年是您从教 30 周年,曾经长期担任北大哲学系、宗教系的主任。作为长期工作在哲学研究和哲学教育第一线的哲学家,在您看来,21 世纪以来,哲学教育机制和原来比较起来有哪些新的特点和变化呢?

赵敦华:变化是非常大的。在担任副主任期间,我就参与了哲学教育的改革。当时我是负责本科教育和研究生教育的,干了 8 年,然后我又做了 8 年的系主任。刚刚当副系主任的时候,应该是 1993 年吧,北京大学启动了教学改革,当时有"十六字方针",就是"加强基础,淡化专业,因材施教、分流培养",现在北大的教学改革,我觉得还是"十六字方针"的继续。与此同时,教育部也启动基础学科人才培养基金项目,基础学科以文、史、哲为主,当时也是为了保护、扶持这种长线的基础学科。当时我还主持了教育部的一个重大项目——"哲学教学体系和课程内容的改革"。分几个分课题,一个分课题是"哲学导论",由孙正聿老师负责,他的项目成果是大名鼎鼎的《哲学通论》。"中国哲学史"由武汉大学的郭齐勇和中山大学的冯达文两位老师负责,他们两个出版了《新编中国哲学史》,影响也很大。西方哲学,包括"西方哲学史"和"现代西方哲学",由我负责。2001 年我出版了《西方哲学简史》和《现代西方哲学新编》这两本书,一直到现在不少学校还在使用。北大建设了全国的哲学人才培养基地,随着北大和国家教学改革的深入发展,北大又推出了"文史哲试验班"和"元培计划",我参与了策划、组织。现在教育部、北大都很明确地规定,要把培养人才作为高校的首要目的。我觉得,国家不管是从政策,还是从资金、从人力方面的投入都是很大的,但要不断总结经验,把以前成功的做法积累下来,建立起相对稳定的教学体系和教材体系。

二、"化繁为简"的西方哲学史研究

《中国社会科学报》:刚才您提到了您的西方哲学史的研究,我们大家都知道《基督教哲学 1500 年》是您第一部产生较大影响的著作,填补了中国西方中世纪哲学研究的空白。这本书出版之后好评如潮,1993 年出版的这个著作为中世纪哲学在我国的西方哲学研究中争得了一席之地。20 年之后,2013 年我们知道您担任共同主编的《西方古典哲学原著选辑:中世纪哲学》两卷本也出版了, 这部书成为我国大学哲学系重要的教学参考书和参考资料之一。您能谈谈这部书出版有什么意义吗?

赵敦华:《基督教哲学 1500 年》实际上是我向老师陈修斋先生交账的一本书,陈老师第一次和我谈话的时候,就给了我这个任务。到了鲁汶大学我发现情况不一样了,它不再是一个单纯的国际中世纪研究中心,而在哲学的各个领域和各个阶段都成为一个国际化教学与研究的重镇。我到那里以后,不能够直接攻读博士学位,而必须从本科、硕士开始补课,要补我们在国内没有学过的那些西方哲学的课程。只有你在硕士阶段的成绩是优异,你才可以继续攻读博士,它的淘汰制度是很严格的。前三年我实际上就是在西方哲学各个阶段各个领域补课,到第四年才进入博士阶段。这时剩下来的时间只有两年到三年了,当时国家教委给我们的留学时间就是五年,特殊情况需要打报告,比如哲学特别难学,可以延长到六年。只有三年了,我发现,如果以中世纪为博士论文题目, 按照规定, 必须要通过拉丁文和希腊文的等级考试,等级考试都是最高级的第三级考试,当时我只学了初级,觉得时间来不及了,就转个方向吧,于是转到了分析哲学的方向。当时鲁汶高等哲学所的所长斯蒂尔在给我的《基督教哲学 1500 年》写序言的时候讲,他第一次见到我的时候,我提出要学中世纪哲学,但是后来他遗憾地发现我改做了分析哲学,觉得中世纪哲学就少了一个人才。但我回国以后,想到的首先是要完成老师交给我的任务和我出国的目的。在鲁汶的时候,在前三年的本科和硕士阶段,我有意识地多学了中世纪哲学方面的课,选修课我都尽量先选中世纪哲学的文本和专题,积累了不少资料,虽然不够做博士论文,但是写一本中世纪哲学通论,这些资料还是足够的。我花了两年的时间写完了这本书。后来,商务印书馆又找到了我,说《西方古典哲学原著选辑》有一个空白,没有中世纪这一段,当时由社科院的傅乐安先生来负责主编,陈修斋先生协助傅乐安先生来编这本书。我刚刚回国的时候,陈先生还委托我校过几篇稿子。但是这些稿子交到商务印书馆以后,两位先生去世了。商务印书馆是很严谨的,一直没有人来审核、整理、编辑,稿子便束之高阁,放了将近十年。我看那些已经发黄、发脆的厚厚一大摞稿纸,都是用方格纸写的,想起了当年陈先生对我的嘱咐,要我帮助出版这本书。我和傅乐安先生也很熟,傅先生到鲁汶大学进修时,我跟他在一起两年,他和我谈了国内中世纪研究的一些情况,他编辑"选辑"的情况。我觉得接过前辈留下的工作,对我来讲是义不容辞的责任,所以花了很多功夫。我首先把这些稿子转化成电子稿,审核后发现十几年前用的资料现在有了更好更新的内容可以补充,于是又增加了大概三分之一的篇幅,找人进行了翻译。这个时候正好我推荐到鲁汶去读博士的吴天岳回国了,他跟斯蒂尔教授读中世纪哲学。他年轻、记性好、头脑好使,他希腊文、拉丁文方面达到了做博士论文的要求,我请他当总审核。在有疑难的地方,他根据拉丁文或者希腊文进行了一些审核,并且在下面做了详细的注释。这部书算是傅乐安先生、吴天岳老师和我三个人共同完成的,填补了《西方古典哲学原著选辑》的一段空白;虽然是最后完成的,但篇幅最大,是一百多万字厚厚的两本书。我觉得,这对我国中世纪哲学研究是一个推动。现在,我国中世纪哲学研究队伍已经建立起来了,成果也很多,还成立了中世纪哲学学会。

三、"哲学可以说现代汉语"

《中国社会科学报》:在近些年的西方哲学的研究中,我们发现有一种英美哲学跟欧陆哲学会通的工作，而且这个工作吸引了国内外许多学者积极地参与。能请您谈谈对这个方面研究动态的看法吗？

赵敦华：我想结合自己的体会谈谈。我是学分析哲学出身的，我的博士论文写的是《维特根斯坦和罗素的关系研究》，这种分析哲学的训练对我后来的哲学研究有很大的帮助。比如我写中世纪哲学的时候，就觉得中世纪哲学的史料那么多，汗牛充栋，论辩那么复杂，怎么能够把它的观点梳理清楚？分析哲学的训练使我受益匪浅。后来我负责整理西方哲学史，从古希腊一直写到当代西方哲学，那么多的问题、那么多的线索、那么多的概念，如何能够把它讲清楚？我就觉得分析哲学对我有很大的帮助。以前英美的分析哲学和欧陆哲学是对立的，但是现在欧陆哲学，特别是在德国和法国，哲学有分析化的趋势，我想这实际上是一个结合。一方面，分析哲学比较强调论证的精细，理论的建构，对文本、哲学史不够重视；另一方面，欧陆哲学对文本、对哲学史很重视，但是它的语言的清晰性或明晰性不太够。有一次，图宾根大学校长到北大哲学系来访问，他不是研究哲学的，是一个经济学家，他问我在教什么，我讲我在教黑格尔的"精神现象学"。他问用什么教材，我讲我们有中文的译本，学生也能读英文的译本，当然我们在中国，最崇尚的是读黑格尔的德文原著。不料他说："我们看黑格尔的时候也要借助英文的翻译，英文的翻译比黑格尔德文的原著在语法、句法这方面更加清晰。其他现代德法哲学家的文本，大多也有这个问题，用分析哲学的方法进行分析、整理，可以把他们的理由清晰地呈现出来。这两者之间的会通，对我们研究马克思主义哲学、中国哲学也有借鉴作用。"

《中国社会科学报》：从您刚才提到的关于哲学研究和哲学史的书写的问题，我们知道现代中国人研究的西方哲学，实际上是现代中国哲学一个有机的组成部分。而现在的中国哲学不仅仅有中国人的西方哲学研究，也有中国哲学的研究，还有马克思主义哲学的研究。您如何看待当代中国哲学研究的整个历史和逻辑呢？

赵敦华：这个问题也是我长期关注的问题。我过去一直是强调中、西、马哲学的对话。我现在还是强调对话，我不认为这三者能够打通，能够贯通，但是我觉得对话是非常必要的，符合20世纪以来一百多年哲学发展的趋势。如果把 20 世纪以来哲学在中国的发展趋势,用一句话来概括,就是"哲学的古代形态向现代形态的转型"。在这段历史中,不管是马克思主义哲学,还是中国传统哲学,还是西方哲学在中国的传播,基本上都按照这个趋势来展开。这种趋势就是"马克思主义哲学的中国化""中国传统哲学的现代化"和"西方哲学的处境化"。"三化"不是三条线索,从新文化运动前后就是在相互交叉、相互激荡。到了 20 世纪三四十年代,三者关系就更为密切和突出了。新中国成立后,改革开放之前,虽然走了一段弯路,但是这个"三化"还是给我们留下了一些宝贵的遗产。改革开放四十多年来,三者的关系更加密切了,有分歧、有争论,甚至有冲突,但是在这个趋势之中,冲突和争论往往是达到和解的必要途径。我相信,中、西、马哲学这三者之间的对话,如果能够持久下去、深入下去,那么我们中国哲学的现代形态会走到世界哲学的前列。

四、科学与人文:科技时代中的道德与心灵

《中国社会科学报》:您十年前曾经提出一个观点,就是黑格尔之后的西方哲学在经历公元前 5 世纪自然哲学危机、罗马后期伦理哲学危机、16 世纪经院哲学危机之后的第四次哲学危机,前三次哲学危机都迎来了哲学的进一步发展,但西方哲学现在仍然处在第四次哲学危机的阴影之下前途未卜。您当时说您还没想好以何种立场来看待这个问题,您现在如何来看待这个问题呢?

赵敦华:我是在 2001 年出版的《现代西方哲学新编》的结束语中提出了这个观点的。我当时是没怎么想好,所以《现代西方哲学新编》第二版就把结束语给删掉了。我现在受到了一点启发。面对哲学的变革和危机,不要回溯得那么远,只要从 17 世纪科学革命时期吸收经验教训就可以了。那个时代的西方哲学家创造了和新科学结盟的哲学体系。可以说,科技革命和哲学同步的进程,不断推进着西方哲学的发展,而且强势地影响到东方世界。现代哲学所面临的危机,不仅仅是西方哲学面临的危机,我们中国的哲学也面临着危机,在大学教育中我们也感到了这种危机。但是我们要反思自己,是不

是在哪些方面做得不够呢？参照 17—19 世纪西方哲学这面镜子，对我们是有启发的。特别是现在科学技术已经成了第一生产力，科技的进展日新月异，改变着世界和人的存在方式。如果哲学家还执着于哲学史的某个片段，以传统的形而上学观念，或者是以近代认识论为标准，对科技的创新指手画脚，进行先验裁判，质疑它们，这也不对，是有危害的。这样下去，科技专家就会对哲学不屑一顾，大众将热衷于科技创新和科技文化，而不会对哲学产生兴趣。

《中国社会科学报》：对，您提到了一个重要的问题，我们知道现在比较流行的，像大数据、人工智能、区块链等，就不断地改变着人类的日常生活。作为哲学家，您能进一步谈谈科技的发展对人甚至对人类会产生怎样深远的影响吗？

赵敦华：我觉得这个为我们哲学的未来发展，提供了很多新的课题，开拓了广阔的发展空间。我们要有跨学科、交叉学科的视野，把跨学科、交叉学科和应用学科当作我们哲学研究和教学的一些方法。可以举些例子，比如实验哲学中神经科学和意识的具身化。意识的具身化是梅洛·庞蒂的观点，身体哲学在国内也很热，就连中国传统哲学都在研究身体哲学。但是对于身体哲学，我们只是从文本和哲学史的角度来诠释，而不联系现在神经科学面临的实验问题。如果能够把具身化的意识和神经科学问题结合起来，那对哲学和科学都会有很大的促进。另外，还有生命科学的伦理问题，现在生命医学已经达到能够克隆人，能够造人，能够换人的脑袋那种水平，但一定要考虑到它对人际关系，对个人身份和同一性等方面的伦理后果，要用普遍的伦理规范进行约束。还有机器人和人工智能发展的伦理的政策和导向的问题，中国的人工智能的制造业如果要走向世界，要和西方合作，那么一定要告诉它们中国的伦理标准和伦理准则。现在我们主要讲美学理论、艺术史，如果和科技美学、工业设计联系在一起，那是非常有前途的。国外有一个新的科目，叫 STEAM，就是科学、技术、工程、人文、数学的教学科目，哲学的作用不仅局限于这五个学科里面的人文，而与哲学和数学、科技、工程设计等都有关联，哲学在这个科目中可以起到贯通的作用。如果我们能够在这些方面开辟一些新的领域，并且在这些方面踏踏实实地推进我们哲学的创新，推进我们高端哲学人才培养的话,我想我们哲学一定是大有前途的。

《中国社会科学报》:我们跳出来看,其实您也提到,就像您也经营公众号一样,科技的创新使现代的学术生产和传播的机制发生了很大的变化,所以就很想听听您对这个问题的看法。

赵敦华:对,我们现在还是停留在一个传统的观念层面,我们的科研成果就是指出版的专著和发表的论文,这些科研成果被分为各种等级。我觉得现在传媒的数字化已经开始改变这个局面,一方面,读者不一定都要看纸版的信息, 还可以看电子信息。我现在对自己的论文发表在什么等级的期刊上,是你们《中国社会科学报》还是一个师范学院的学报,并不是很在乎。关键看它能不能变成电子资源。学者现在查询资料一定是从网上查,中国期刊网,或者是中国社会科学网,输入关键词以后,发表在不同等级的期刊上的相关论文目录就全部都出来了, 不一定发表在 A 级期刊上的论文对他的帮助是最大的、最切题的,也许是发表在一般期刊上的论文对他最有用。另一方面,可以用视频、音频来代替阅读。现在一些商业机构和大学都在推行网络课程。我觉得,由行政管理部门、商业部门来做,不如由我们教学第一线的教师自己来做。因为我们能够摆脱商业上的考虑, 也不完全按照行政的要求,可以更快、更好地把自己的一些教学的成果和自己的一些新的观点发表出来,传播开来,如果教学第一线的老师能够积极参与的话,我们哲学的教育和哲学研究就会呈现百花齐放、百家争鸣的局面。

参考文献

一、中文著作

(一)马克思恩格斯列宁毛泽东著作

1.《马克思恩格斯全集》(第 1 卷),人民出版社,1995 年。

2.《马克思恩格斯全集》(第 2 卷),人民出版社,2005 年。

3.《马克思恩格斯全集》(第 3 卷),人民出版社,1998 年。

4.《马克思恩格斯全集》(第 5 卷),人民出版社,1974 年。

5.《马克思恩格斯全集》(第 10 卷),人民出版社,1998 年。

6.《马克思恩格斯全集》(第 11 卷),人民出版社,1995 年。

7.《马克思恩格斯全集》(第 12 卷),人民出版社,1998 年。

8.《马克思恩格斯全集》(第 13 卷),人民出版社,1998 年。

9.《马克思恩格斯全集》(第 14 卷),人民出版社,2013 年。

10.《马克思恩格斯全集》(第 16 卷),人民出版社,2007 年。

11.《马克思恩格斯全集》(第 19 卷),人民出版社,2006 年。

12.《马克思恩格斯全集》(第 21 卷),人民出版社,2003 年。

13.《马克思恩格斯全集》(第 23 卷),人民出版社,1972 年。

14.《马克思恩格斯全集》(第 25 卷),人民出版社,2001 年。

15.《马克思恩格斯全集》(第 26 卷),人民出版社,2014 年。

16.《马克思恩格斯全集》(第 28 卷),人民出版社,2018 年。

17.《马克思恩格斯全集》(第 30 卷),人民出版社,1995 年。

18.《马克思恩格斯全集》(第 31 卷),人民出版社,1998 年。

19.《马克思恩格斯全集》(第 32 卷),人民出版社,1998 年。

20.《马克思恩格斯全集》(第 33 卷),人民出版社,2004 年。

21.《马克思恩格斯全集》(第 34 卷),人民出版社,2008 年。

22.《马克思恩格斯全集》(第 35 卷),人民出版社,2013 年。

23.《马克思恩格斯全集》(第 36 卷),人民出版社,2015 年。

24.《马克思恩格斯全集》(第 37 卷),人民出版社,2019 年。

25.《马克思恩格斯全集》(第 38 卷),人民出版社,2020 年。

26.《马克思恩格斯全集》(第 42 卷),人民出版社,2017 年。

27.《马克思恩格斯全集》(第 43 卷),人民出版社,2016 年。

28.《马克思恩格斯全集》(第 44 卷),人民出版社,2001 年。

29.《马克思恩格斯全集》(第 45 卷),人民出版社,2003 年。

30.《马克思恩格斯全集》(第 46 卷),人民出版社,2003 年。

31.《马克思恩格斯全集》(第 47 卷),人民出版社,2004 年。

32.《马克思恩格斯全集》(第 48 卷),人民出版社,2007 年。

33.《马克思恩格斯全集》(第 49 卷),人民出版社,2016 年。

34.《马克思恩格斯文集》(第一卷),人民出版社,2009 年。

35.《马克思恩格斯文集》(第二卷),人民出版社,2009 年。

36.《马克思恩格斯文集》(第三卷),人民出版社,2009 年。

37.《马克思恩格斯文集》(第四卷),人民出版社,2009 年。

38.《马克思恩格斯文集》(第五卷),人民出版社,2009 年。

39.《马克思恩格斯选集》(第一卷),人民出版社,1995 年。

40.《马克思恩格斯选集》(第二卷),人民出版社,1995 年。

41.《马克思恩格斯选集》(第三卷),人民出版社,1995 年。

42.《马克思恩格斯选集》(第四卷),人民出版社,1995 年。

43.《列宁全集》(增订版 1—60 卷),人民出版社,2017 年。

44.《毛泽东选集》(第 1—4 卷),人民出版社,1991 年。

(二)其他著作

1. [法]阿尔都塞:《黑格尔的幽灵:政治哲学论文集[Ⅰ]》,唐正东、吴静译,南京大学出版社,2005 年。

2. [德]安东尼奥·葛兰西:《狱中札记》,葆煦译,人民出版社,1983 年。

3. 北京大学哲学系编:《西方哲学原著选读》,商务印书馆,1981 年。

4. 北京大学哲学系外国哲学史教研室编译:《古希腊罗马哲学》,商务印书馆,1961 年。

5. 北京大学哲学系中国哲学教研室:《中国哲学史》,北京大学出版社,2003 年。

6. [美]伯恩斯坦:《伽达默尔论黑格尔》,张志伟译,光明日报出版社,1992 年。

7. 冯契:《中国古代哲学的逻辑发展》(上中下),上海人民出版社,1983 年、1984 年、1985 年。

8. 冯友兰:《中国哲学简史》,北京大学出版社,1996 年。

9. 冯友兰:《中国哲学史》,华东师范大学出版社,2000 年。

10. 冯友兰:《中国哲学史新编》(上中下),人民出版社,1998 年、1998 年、1999 年。

11. 冯友兰:《中国哲学小史》,商务印书馆,1933 年。

12. [德]伽达默尔:《哲学解释学》,夏镇平、宋建平译,上海译文出版社,1994年。

13. [德]黑格尔:《精神现象学》(下卷),商务印书馆,贺麟等译,1979年。

14. [德]黑格尔:《小逻辑》,贺麟译,商务印书馆,1981年。

15. [德]黑格尔:《哲学史讲演录》(第四卷),商务印书馆,贺麟等译,1978年。

16. 洪谦主编:《西方现代资产阶级哲学论著选辑》,商务印书馆,1964年。

17. 侯外庐:《中国近代启蒙思想史》,人民出版社,1993年。

18. [德]霍克海默等:《启蒙辩证法》,渠敬东等译,上海人民出版社,2006年。

19. [德]加达默尔:《真理与方法》(上下卷),洪汉鼎译,上海译文出版社,2004年。

20. [匈]卡尔·波兰尼:《巨变:当代政治与经济的起源》,黄树民译,社会科学文献出版社,2017年。

21. [德]卡尔·洛维特:《从黑格尔到尼采》,李秋零译,生活·读书·新知三联书店,2006年。

22. [德]卡尔·洛维特:《韦伯与马克思:以及黑格尔与哲学的扬弃》,刘心舟译,南京大学出版社,2019年。

23. [德]康德:《纯粹理性批判》,李秋零译,中国人民大学出版社,2004年。

24. [德]康德:《判断力批判》(上下卷),宗白华译,商务印书馆,1964年。

25. [德]康德:《实践理性批判》,韩水法译,商务印书馆,1999年。

26. [法]雷蒙·阿隆:《想象的马克思主义:从一个神圣家族到另一个神圣家族》,姜志辉译,上海世纪出版集团,2007年。

27. 黎靖德：《朱子语类》，中华书局，1986年。

28. 李元、骆夷：《20世纪马克思主义中国化的哲学基础》，中国言实出版社，2020年。

29. ［匈］卢卡奇：《历史与阶级意识》，杜章智等译，商务印书馆，1992年。

30. 陆九渊：《陆九渊集》，中华书局，1980年。

31. ［德］马丁·海德格尔：《黑格尔》，赵卫国译，南京大学出版社，2017年。

32. 苗力田主编：《古希腊哲学》，中国人民大学出版社，1989年。

33. 任继愈主编：《中国哲学史简编》，人民出版社，1984年。

34. 任继愈主编：《中国哲学史》（第1—4卷），人民出版社，1979年。

35. 陶德麟、何萍主编：《马克思主义哲学中国化：历史与反思》，北京师范大学出版社，2007年。

36. 王守仁：《王阳明全集》，上海古籍出版社，1992年。

37. 吴晓明、王德峰：《马克思的哲学革命及其当代意义》，人民出版社，2005年。

38. 杨国荣主编：《中国哲学史》，中国人民大学出版社，2013年。

39. 张立文主编：《中国哲学史新编》，中国人民大学出版社，2007年。

40. 张载：《张载集》，中华书局，1978年。

41. 赵敦华：《马克思哲学要义》，江苏人民出版社，2018年。

42. 周敦颐：《周敦颐集》，中华书局，1990年。

43. 朱熹：《四书章句集注》，中华书局，1983年。

二、外文著作

1. Cooper, R., *The Logical Influence of Hegel on Marx*, Settle, 1925.

2. Fischer, *Marx and Marxism*, New York, 1971.

3. Gavin Rae(Editor),Emma Ingala(Editor),*Subjectivity and the Political: Contemporary Perspectives (Routledge Studies in Contemporary Philosophy)*, 2017.

4. Graham,K.,*Karl Marx.Our Cntempoarary*,Hemel Hempstead,1992.

5. Hunt,R.,*The Political Ideas of Marx and Engels,2 vols*,London,1974 and 1983.

6. James Campbell,*Dewey's Understanding of Marx and Marxism*,in Context over Foundation,1988.

7. Jacob Dahl Rendtorff,*French Philosophy and Social Theory:A Perspective for Ethics and Philosophy of Management*,Springer,2014.

8. Kautsky,K.,*Ethics and the Materialist Conception of History*,trans. by John Askew. C. H. Kerr,1906.

9. Kamenka,E.,*The Ethical Foundations of Marxism*,Routledge and Kegan Paul,1962.

10. K.Marx,F.Engels,*Gesamtausgabe(MEGA)*,Karl Dietz Verlag,1958.

11. K.Marx,F.Engels,*Werke(MEW)*,43vols,Berlin,1956–1990.

12. Lewis,J.,*The Marxism of Marx*,London,1972.

13. Lukes,S.,*Marxism and Morality*,Clarendon Press,1985.

14. Joseph O'Malley and Richard Davis eds. and trans.,*Marx's Early Political Writings*,Cambridge University Press,1845.

15. Marx,K. and Engels,F.,*The German Ideology:Parts Ⅰ & Ⅲ.*,International Publishers,1845–1846.

16. Marx,K.,*Marx's Concept of Man*,trans. by Tom Bottomore,Second Part. Contimuum,1844.

17. Moore,S.,*From Marx to Markets*,Philadelphia,1993.

18. Tom Rockmore(Edior), Norman Levine(Edior), *The Palgrave Handbook of Leninist Political Philosophy*, Palgrave Macmillan, 2018.

19. Seiger, M., *The Marxist Conception of Ideology*, Cambridge, 1979.

20. Walker, A., *Marx: His Theory and Its Context*, Rivers Oram, 1990.

后　记

　　2018 年是马克思诞辰二百周年，是中国改革开放四十周年，也是《实践是检验真理唯一标准》一文发表四十周年。国内外相继举办了与马克思二百周年诞辰相关的各种纪念活动。而一场突如其来的、发生在 2020 年春节的全球新冠肺炎疫情，给世界带来的灾难世所罕见，对社会思潮也有很大冲击。在百年未有之大变局中，我们感受到 20 世纪哲学在中国的"马克思主义哲学中国化""中国传统哲学现代化"和"西方哲学处境化"的三大趋势，意义深远、气势磅礴。

　　《20 世纪中西马哲学会通的历程和逻辑》一书，由国家出版基金资助，天津人民出版社出版，历史地呈现了 20 世纪的中国在中国共产党的领导下，在思想解放、改革开放的伟大实践中，探索中国社会主义革命与建设的宝贵精神财富，论述了唯物史观与辩证法在中国化语境中相结合的精神价值及其哲学理路；既对马克思哲学基础理论问题，也对启蒙、现代性、政治哲学和全球化等前沿问题，进行了深入探讨。

　　这部书稿由北京大学博雅讲席教授、著名的西方哲学研究专家赵敦华先生和我合著，是我们多年研究成果的集合。所集内容由国家社会科学基金重大项目、中央马工程重大委托项目、教育部重大项目、省级智库项目等资助成果组成。另外，赵敦华先生在《哲学研究》《世界哲学》《伦理学研究》《马克思主义与现实》《文史哲》《北京大学学报》(哲学社会科学版)、《中国高校社会科学》《探索与研究》《江海学刊》等国内权威核心期刊发表论文的基础上，我在《马克思主义研究》《自然辩证法》《世界社会主义》《社会科学》等国内权威核心期刊发表论文的基础上，又精心挑选出一些重要的代表性论文充实其中。全书内容包括20世纪马克思主义哲学中国化、中国传统哲学现代化和西方哲学处境化的"三化"历程，马克思主义哲学中国化，中国传统哲学现代化和西方哲学处境化四大部分。每一部分有内容导言，又分为2~3章。其中，赵敦华教授负责40万字，我负责10万字，全书共计50万字。

在全球抗疫的特殊时期，赵敦华先生要求对写作提纲、资料整理和修改完善的每个细节更加严格把关。赵敦华先生严谨的治学态度和谦虚谨慎的道德品格给予我巨大的鼓舞和教育。同时，天津人民出版社王康总编辑和本书的责任编辑林雨老师，为保障本书的顺利出版提供了许多建设性的建议与意见，林老师更是牺牲了许多宝贵的休息时间，沟通协调出版工作的各个环节，给我留下了深刻印象。在此，特别向天津人民出版社表达我们最衷心的感谢和最诚挚的敬意！

对于本书不当之处，我们虚心接受国内外专家学者们的批评和指正。

李　元

2020年5月于北京